Christophe Giolit
Laurent Bouvet

La culture générale à Sciences Po

3ᵉ édition

Collection Impulsion

Parmi nos autres publications pour préparer Sciences Po

Ticket d'entrée pour Sciences Po, J.-P. Marty, 2009
L'histoire à l'examen d'entrée à Sciences Po, B. Pellistrandi, 4e édition, 2007.

© Éditions Sedes, 2009, 2012 pour la présente impression
© Armand Colin, 2001 et 2005 pour les précédentes éditions
ISBN : 978-2-301-00026-2

www.armand-colin.com

 Tous droits de traduction, d'adaptation et de reproduction par tous procédés, réservés pour tous pays. Toute reproduction ou représentation intégrale ou partielle, par quelque procédé que ce soit, des pages publiées dans le présent ouvrage, faite sans l'autorisation de l'éditeur, est illicite et constitue une contrefaçon. Seules sont autorisées, d'une part, les reproductions strictement réservées à l'usage privé du copiste et non destinées à une utilisation collective et, d'autre part, les courtes citations justifiées par le caractère scientifique ou d'information de l'œuvre dans laquelle elles sont incorporées (art. L. 122-4, L. 122-5 et L. 335-2 du Code de la propriété intellectuelle).

ARMAND COLIN ÉDITEUR • 21, RUE DU MONTPARNASSE • 75006 PARIS

Présentation

Un outil spécifique

La troisième édition de cet ouvrage s'inscrit dans la continuité des deux premières, tout en présentant des modifications notables. À partir de notre pratique de professeurs, dans l'expérience que nous avons acquise de la préparation des étudiants aux concours des *Instituts d'études politiques* au sein de ceux-ci ou à l'université, nous avons souhaité permettre à nos élèves de disposer d'un manuel de base, fiable et pratique, adapté aux épreuves de culture générale, d'enjeux politiques et de réflexion sur le débat public contemporain, à l'entrée et au cours de la scolarité des IEP, ainsi qu'aux concours administratifs. Les nouveautés de cette édition résident dans une refonte des présentations, un redécoupage des textes, l'ajout de propositions de traitements de sujets.

LE PRINCIPE

Dans l'élaboration de ce livre, nous avons tenté de satisfaire au besoin que nous ressentions, candidats et professeurs, de disposer d'un instrument facilitant notre travail. Pour aborder une dissertation d'ordre général, il convient de rendre disponible ou de se constituer une culture, ce qui exige un effort de lecture. Mais si la connaissance d'un large paysage intellectuel ne peut s'acquérir que par un accès direct aux grands textes, elle ne saurait supposer l'appropriation *in extenso* de toutes les œuvres majeures de notre tradition. La formule du recueil de courts extraits nous est ainsi apparue la plus efficace. Pourtant, ces passages sont loin de valoir par eux-mêmes. Ils doivent être saisis comme fragments : écrits porteurs d'un sens qui reste partiel. Ils relèvent d'un genre, d'une tendance ou d'une école, s'inscrivent dans un contexte, procèdent d'un débat. Ils appellent de la sorte une interprétation qui permette de comprendre leur filiation et d'apprécier leur pouvoir novateur, voire leur pérennité. Ils sont donc, dans les pages qui suivent, présentés, *mis en perspectives*. Les propos qui constituent le premier volet de chaque section n'ont pourtant pas été strictement conçus comme une introduction aux textes retenus. Mais ces présentations ne constituent pas non plus un cours autonome. Nous avons cherché un équilibre entre le traitement du thème de chaque section (chaque chapitre se compose de quatre sections) et le repérage des auteurs qui permettent de marquer les moments les plus importants de l'histoire des notions en question. Le second volet de chaque section se compose d'extraits de huit à douze textes qui sont essentiels pour penser le thème concerné. Les thèmes sélectionnés sont ceux qui interviennent le plus souvent dans les sujets de culture générale proposés à l'entrée des IEP : sans pouvoir être exhaustif, nous avons cherché à ne pas faire d'impasse. Dans le choix des extraits, on a essayé également de couvrir le champ le plus vaste, sollicitant la pensée politique, la philosophie, la littérature et les sciences humaines, autant que possible, depuis l'Antiquité jusqu'à nos jours. Certes, de sévères éliminations ont été nécessaires. Notre souci n'était évidemment pas d'être complets, mais de permettre un repérage rapide de grandes aires culturelles. Cette nouvelle édition, diversifiant encore les textes présentés, s'efforce de faire place à des extraits plus nombreux, à une plus large palette d'auteurs, sous la forme de textes courts et maniables.

L'UTILISATION

Nous avons visé à satisfaire des impératifs d'utilisation : chaque section est conçue comme une unité de travail conduisant à mobiliser des moyens élémentaires pour aborder un domaine. La présentation rassemble les connaissances essentielles, suivie de quelques références fondamentales. L'ensemble constitué par une section peut correspondre à une séance de préparation : exigeant, du point de vue de l'effort d'attention, maîtrisable dans le temps (deux ou trois heures). Il est donc propre à mobiliser une demi-journée d'un candidat moyen. L'originalité de ce manuel ne tient pas seulement à sa conception : elle résulte aussi de choix différentiels. Nous n'avons pas voulu, comme d'autres ouvrages, présenter d'abondants conseils méthodologiques, ni un cours à prétention trop globale. Nous avons fait le pari que la confrontation directe avec les problèmes traditionnels et les textes qui les ont portés, étroitement associée à l'entraînement personnel à la construction de dissertations, sont les conditions primordiales d'une préparation efficace. Nous nous contentons de donner quatre exemples de plans pouvant traiter un sujet, simples moyens de saisir l'organisation du propos exigée lors d'une épreuve d'ordre général. La nouvelle édition perpétue ces options, tout en présentant un contenu actualisé, tant au moyen de présentations remaniées que par l'ajout de textes récents. Seuls vos propres efforts et votre réussite, auxquels nous espérons modestement contribuer, pourront confirmer encore l'opportunité de nos choix. Bon travail !

Christophe Giolito est l'auteur des chapitres 1, 5, 7, des deux premières sections du chapitre 6, ainsi que des propositions de traitement de sujets.

Laurent Bouvet est l'auteur des chapitres 2, 3, 4 et des deux dernières sections du chapitre 6.

Site auteurs :
Christophe Giolito :
http ://culture-generale-concours.com
Laurent Bouvet :
http ://laurentbouvet.wordpress.com

1
L'homme en questions

Section 1. Humanisme et éducation
    1.1. Sens de l'humanisme
    1.2. L'esprit de la Renaissance
    1.3. Rousseau et l'attention à l'enfant
    1.4. La pédagogie entre les Lumières et l'éducation nouvelle
    1.5. Les humanismes en débat
    1.6. Une éducation sans valeurs ?

    Textes
    1. Sophocle, *Antigone* (vers 440 av. J.-C.)
    2. Érasme, *Le plan des études* (1512)
    3. Jean-Jacques Rousseau, *Discours sur l'origine de l'inégalité parmi les hommes* (1754)
    4. Jean-Jacques Rousseau, *L'Émile ou De l'éducation* (1762)
    5. Jean-Paul Sartre, *L'existentialisme est un humanisme* (1946)
    6. Maurice Merleau-Ponty, *Sens et Non-sens* (1947)
    7. Hannah Arendt, *La crise de l'éducation* (1958)
    8. Célestin Freinet, *Les invariants pédagogiques* (1964)
    9. Jacques Lacan, *Écrits* (1966)
    10. Philippe Joutard et Claude Thélot, *Réussir l'école. Pour une politique éducative* (1999)
    11. Loi n° 2005-380, du 23 avril 2005, d'orientation et de programme pour l'avenir de l'école
    12. Jean-Marie Schaeffer, *La fin de l'exception humaine* (2007)

Section 2. Moralité et subjectivité
    2.1. Le problème de la connaissance de soi
    2.2. La moralité comme valeur
    2.3. L'opacité à soi-même
    2.4. Le sujet comme acteur
    2.5. Le jeu des responsabilités

    Textes
    1. Cicéron, *Les devoirs* (44 av. J.-C.)
    2. René Descartes, *Méditations métaphysiques* (1641)
    3. Jean-Jacques Rousseau, *Les confessions* (vers 1766)
    4. Emmanuel Kant, *Fondements de la métaphysique des mœurs* (1785)
    5. Arthur Rimbaud, *Lettres à Paul Demeny* (1871)
    6. Max Weber, « La profession et la vocation de politique » (1919)
    7. Luigi Pirandello, *On ne sait jamais tout* (1924)
    8. Gilles Deleuze, *Logique du sens* (1969)
    9. Gilles Lipovetsky, *Le crépuscule du devoir* (1992)

10. Alain Etchegoyen, *Le temps des responsables* (1993)
11. Marcel Gauchet, *La condition historique* (2003)
12. Ruwen Ogien, *L'éthique aujourd'hui. Maximalistes et minimalistes* (2007)

Section 3. Individu et libéralisme
3.1. Des personnes non individualisées
3.2. Genèse moderne de la notion
3.3. Les risques d'une scission intérieure
3.4. L'individu et la société
3.5. Les avatars du libéralisme

Textes
1. Saint Augustin, *Les confessions* (vers 397-400)
2. Montaigne, *De ménager sa volonté* (vers 1586)
3. Alfred de Musset, *La nuit de décembre* (1835)
4. Robert Louis Stevenson, *Le cas étrange du Dr Jekyll et de Mr Hyde* (1886)
5. Henri Michaux, *La nuit remue* (1932)
6. Norbert Elias, *La société des individus* (1939)
7. Armand Robin, *Ma vie sans moi* (1970)
8. Pierre Rosanvallon, *Le libéralisme économique. Histoire de l'idée de marché* (1979 et 1989)
9. Pierre Manent, *Histoire intellectuelle du libéralisme* (1987)
10. Alain Renaut, *L'ère de l'individu* (1989)
11. Alain Ehrenberg, *Le culte de la performance* (1991)
12. Lucien Jaume, *L'individu effacé ou le paradoxe du libéralisme français* (1997)

Section 4. La rationalité et ses doutes
4.1. La formulation de principes rationnels
4.2. Le rationalisme absolu
4.3. Critiques de la raison
4.4. La rationalité relativisée
4.5. Conceptions pragmatiques et cognitivistes

Textes
1. René Descartes, *Règles pour la direction de l'esprit* (vers 1630)
2. René Descartes, *Discours de la méthode* (1637)
3. Leibniz, *La monadologie* (1714)
4. Emmanuel Kant, *Réponse à la question : qu'est-ce que les lumières ?* (1784)
5. G. W. F. Hegel, *Principes de la philosophie du droit* (1821)
6. Max Horkheimer, *Éclipse de la raison* (1947)
7. Jürgen Habermas, *Morale et communication* (1983)
8. Paul Feyerabend, *Adieu la raison* (1987)
9. Edgar Morin, *Introduction à la pensée complexe* (1990)
10. Sylvie Mesure et Alain Renaut, *La guerre des dieux. Essai sur la querelle des valeurs* (1996)
11. Raymond Boudon, *Raison, bonnes raisons* (2003)

SECTION 1. HUMANISME ET ÉDUCATION

L'être humain a perdu au XXe siècle la confiance en lui qui définit l'humanisme. **La valeur « homme » n'a plus sa fonction fédératrice et universaliste**, bien qu'elle n'ait été remplacée par aucun autre fondement. L'existentialisme ou le personnalisme, qui se prévalaient encore de l'humanisme, sont désormais désuets. Pourtant, comment agir, si ce n'est au nom de quelque projet qui présente un intérêt pour l'humanité ? L'humain demeure le foyer de la dernière table de valeurs de l'Occident, les droits de l'homme. La pédagogie est la proie de doutes ; mais c'est toujours sur une conception de l'homme que l'on fonde une instruction. **L'éducation classique reposait sur ces « humanités » permettant à chacun de cultiver sa dignité** par la conscience de son appartenance à l'espèce seule capable de régner sur la création. Notre époque est aussi celle d'un développement considérable de l'enseignement et de la formation. Le monde scolaire et universitaire est périodiquement secoué par des crises que scandent des réformes dont le rythme semble s'accélérer. Comme **privée de ses fondements, l'éducation** paraît osciller entre une attitude de repli sur ses prérogatives traditionnelles et un effet de fuite en avant dû à la multiplication des objectifs d'enseignement. D'où viennent et quel rôle jouent encore ces notions qui paraissent aussi indispensables que trop générales ?

1.1. Sens de l'humanisme

Le terme « humanisme » désigne, au sens historique, ce mouvement intellectuel du XVIe siècle qui a produit, autour de Pétrarque, Budé, Érasme, une **valorisation de l'esprit humain par l'étude des auteurs grecs et latins et l'émergence de la notion d'individu**. Dès lors, on qualifie d'« humaniste » toute doctrine reposant sur la **dignité inaliénable de la personne**, assurant sa promotion théorique et sa défense pratique contre l'oppression. L'« humanisme » est aussi une philosophie pour laquelle l'homme, affranchi de toute croyance religieuse, doit construire par lui-même son avenir. Le terme peut donc prendre deux sens opposés, selon que l'on affirme que l'homme doit se soumettre à des valeurs données, ou bien accéder par lui-même aux conditions de sa propre dignité. Il s'agira alors soit d'instruire en fonction de fondements théoriques partagés, soit de chercher à susciter chez les nouvelles générations une capacité d'innovation. La **magnification des facultés humaines** repose sur la prise de conscience de ce qui sépare radicalement notre espèce des autres. Notre intellect, notre technicité, à travers la navigation, l'agriculture, la chasse et la domestication des bêtes : telles sont les différentes capacités que loue le chœur d'Antigone (Sophocle, texte 1). L'origine de cette supériorité réside dans la pensée, source de parole et de moralité, ce qui nous permet de constituer des communautés (cf. aussi Cicéron I, 2 texte 1). Les paroles du chœur d'*Antigone* soulignent les menaces pesant sur l'homme : les élans qui assurent la vitalité de nos créations peuvent aussi conduire à la démesure, s'ils ne sont pas maîtrisés. Dans l'Antiquité, les peines sont souvent associées aux grandeurs de la condition humaine : les facultés qui nous permettent de nous élever au-dessus de l'animalité peuvent également nous faire déchoir en deçà. Pour l'homme, les moyens de domination, source de dignité et de grandeur, constituent des **risques de déchéance**. Pascal, en présentant l'homme comme un « roseau pensant » (*Œuvres complètes*, coll. « Pléiade », 1954, p. 1157), insiste sur la suprématie humaine (cf. aussi

V, 3 texte 2) ; mais, en parlant de l'être « le plus faible de la nature », il retrouve l'accent des avertissements antiques sur la vulnérabilité de l'être humain. Cette conscience de la dépendance de notre espèce à l'égard d'un ordre naturel qui la conditionne et d'un ordre sacré qui la régit laisse l'humanité en proie à l'étonnement face au spectacle impressionnant du cosmos.

1.2. L'esprit de la Renaissance

L'intérêt renouvelé pour l'Antiquité romaine, en Italie, la redécouverte des manuscrits grecs, la volonté de partager ce bien commun mettent un terme au temps où seule une minorité ecclésiastique détenait les moyens d'accéder à la culture. L'**attitude humaniste** se définit non pas comme un souci historique de reconstitution de la pensée des auteurs de l'Antiquité, mais comme un **effort de formation personnelle** visant à éprouver et partager notre communauté avec les Anciens. Cette formation est d'abord linguistique : pour se nourrir de leurs chefs-d'œuvre, il faut d'abord en maîtriser l'expression (Érasme, texte 2). Les langues anciennes doivent être apprises directement dans les particularités stylistiques des meilleurs ouvrages, qui développeront notre intelligence du monde. Il s'agit aussi de s'élever à la connaissance la plus complète possible : non pas celle d'un auteur, qui aliénerait notre liberté, mais celle des éléments les plus importants de notre savoir. Ainsi se définit une formation générale qui prétend à une complétude encyclopédique : avoir une vue d'ensemble savante et cohérente, bien qu'elle se contente de perspectives globales. Bénéficiant de l'enseignement des Anciens, dont il se fait l'élève, l'esprit humaniste se préoccupe d'éducation. L'échange avec la nouvelle génération non seulement visera la transmission des connaissances fondatrices, mais permettra encore au maître de vérifier sa compréhension de ce qu'il enseigne. La valorisation des facultés humaines comporte toujours des enjeux pédagogiques. Initialement, lors de la Renaissance, la distance à l'égard des auteurs antiques produit comme un éveil de l'esprit humain à lui-même. Ceux qu'on lit à nouveau, malgré leurs mœurs relativement lointaines, ont pourtant pour les renaissants une voix familière. Sûr de sa subsistance à travers le temps, l'esprit humain peut affirmer sa suprématie. De l'humanisme émane une conception traditionnelle de l'éducation, conçue comme une **élévation de l'esprit au moyen de la perpétuation d'une tradition**. L'enseignement est moins orienté en fonction de ceux qui le reçoivent que par ceux qui le dispensent, eux-mêmes dépositaires du legs de l'histoire. C'est à partir des XVIe et XVIIe siècles que s'est développée la valorisation des capacités personnelles d'acquisition des connaissances et de la vertu. Luther et la Réforme n'y sont sans doute pas étrangers : il est devenu nécessaire de former chaque individu à l'intelligence de la foi. Progressivement, l'époque moderne a abandonné l'idée d'une définition permanente de l'humanité, assignable *a priori*. C'est dire que les objectifs de l'éducation en viennent à s'exprimer en termes de capacités, d'aptitudes.

1.3. Rousseau et l'attention à l'enfant

Le temps des **Lumières** a développé une grande **confiance en l'humanité**, au point de **la définir par ses potentialités d'évolution**. Bien qu'en opposition au courant encyclopédiste vouant un culte au progrès, Rousseau a proposé une caractérisation de l'homme par sa **perfectibilité** (texte 3). Le pouvoir de s'améliorer n'est pas tant une qualité donnée qu'une potentialité qui peut s'appliquer à toutes nos propriétés, comme une capacité générique. Avec cette définition, l'homme ne peut être conçu comme donné : il doit bien plutôt produire sa propre humanité. Autant dire qu'il est caractérisé par son « éducabilité ». Cependant, Rousseau s'oppose aux Lumières : il lit la socialisation dont témoigne l'histoire de l'humanité comme une dégradation. Par exemple, il fonde la morale moins sur la conception d'une loi rationnelle (cf. I, 2 texte 3) que sur un sentiment naturel. La pitié n'est pas mauvaise en elle-même ; les passions ne nous éloignent pas de nos semblables, mais nous les font plutôt aimer. La société qui cherche à épanouir les facultés humaines peut à terme les pervertir (texte 3). L'ouverture de son traité sur l'éducation reprend cette posture théorique : « tout est bien, sortant des mains de l'auteur des choses : tout dégénère entre les mains de l'homme. » (*Émile* in *Œuvres complètes IV*, Gallimard, coll. « Pléiade », 1969, p. 245). Cet ouvrage de 1762 accomplit une révolution de laquelle on peut dater la naissance de la pédagogie : « on ne connaît point l'enfance […]. Les plus sages s'attachent à ce qu'il importe aux hommes de savoir, sans considérer ce que les enfants sont en état d'apprendre. Ils cherchent toujours l'homme dans l'enfant, sans penser à ce qu'il est avant que d'être homme. Voilà l'étude à laquelle je me suis appliqué. » (*Ibidem*, p. 241-242) Pour la première fois, et définitivement, **l'attention est focalisée sur l'enfant**. Rousseau recommande de prendre le contre-pied des usages, dans la mesure où ceux-ci visaient dans l'élève l'adulte à venir plutôt que le jeune en devenir (texte 4). **L'activité éducative sera désormais essentiellement celle de l'élève**, et non plus seulement celle de son guide.

1.4. La pédagogie entre les Lumières et l'éducation nouvelle

Pourtant, au XVIIIe siècle, le but de l'enseignement reste de soumettre à une autorité. Car pour se développer, **l'enfant a besoin d'un maître** ; ensuite, pour développer ses facultés propres, l'enfant obéit à des règles qu'il se donne lui-même. S'il n'est pas requis de se conformer à un modèle prédéterminé, il s'agit bien de s'élever soi-même **pour réaliser sa propre humanité**. Les Lumières préconisent de régler l'obéissance, plutôt que sur des normes inflexibles, sur **des règles communes qui peuvent évoluer, pourvu qu'elles soient rationnelles**. On voit que l'abandon de la référence aux Anciens, loin d'affaiblir l'humanisme, le renforce par la confiance dont on témoigne envers les facultés d'émancipation de l'esprit humain. Rousseau est bien l'initiateur de la pédagogie telle que nous la connaissons. Depuis Pestalozzi, qui fonda en Suisse des institutions inspirées des idées rousseauistes jusqu'au mouvement d'« éducation nouvelle », les XIXe et XXe siècles n'ont cessé de développer notre intérêt pour l'enseigné. L'« **éducation nouvelle** » est d'abord issue d'innovations dans le monde anglo-saxon ; elle ne constitue pas un mouvement unifié mais peut être caractérisée par certaines orientations. L'acte pédagogique est défini en fonction de l'enfant ; l'éducateur passe au second plan. De « maître », il devient « accompagnateur ». Nourris de psychologie, les formateurs doivent avoir pour principe le **respect de l'individualité par un enseignement différencié, adapté à chaque élève** selon ses capacités et ses goûts. Les centres d'intérêt des enfants vont devenir le moteur de l'acquisition des connaissances, dans un cadre moins directif qui suppose l'autodiscipline et développe l'initiative. Cette pédagogie correspond aussi à un projet social : **donner à chacun les chances de développer ses aptitudes**. Non seulement la perpétuation d'une tradition est devenue secondaire, mais encore l'enseignement est ouvert sur l'avenir et les transformations de la société. En France, de nombreuses initiatives isolées sont prises par des pédagogues qui s'inspirent des innovations anglo-saxonnes. C'est Célestin Freinet qui a donné une large audience à la rénovation pédagogique, en développant des procédés avant tout ouverts et populaires. Il se défend de vouloir établir une nouvelle méthode, insiste sur le tâtonnement de ses pratiques, qu'il entend justifier par leurs résultats. Il est donc artificiel d'isoler dans les travaux de ce pédagogue des principes (texte 8), qu'il n'a présentés que sous forme d'opuscules, accompagnés de conseils pratiques et de tests révélateurs de l'attitude ouverte qui peut caractériser l'éducation nouvelle.

1.5. Les humanismes en débat

Alors même qu'au cours du XXe siècle cette éducation nouvelle augmentait de façon prodigieuse son influence, **l'holocauste** s'inscrit comme une **déchirure qui impose de repenser les facultés humaines**. Après guerre, il semble nécessaire de fonder une morale qui permette de conjurer les menaces meurtrières du totalitarisme en promouvant des valeurs régulatrices. Seulement, alors que les droits de l'homme constituent pour certains le socle nécessaire de toute éthique, pour d'autres l'attitude qui fait de l'homme la valeur suprême est à l'origine de la barbarie, puisqu'elle ne soumet l'organisation sociale à aucun ordre supérieur. Une question noue tous les débats qui s'ensuivront : **l'inhumain est-il le produit de l'homme ?** Si c'est le cas, il faut se défaire de l'idée d'homme véhiculée par la tradition humaniste. Telle est la tentative de Heidegger, pour lequel la phénoménologie doit permettre de se situer hors du champ de la métaphysique, qui a toujours prétendu assigner à l'être, et par suite à l'humain, ses déterminations. La parole poétique a parfois le bonheur de dire la vérité de l'homme : l'être lui confère ses possibilités, qu'il reçoit sans pouvoir se les approprier rationnellement. Dépossédé de sa propre essence, l'homme n'est plus le maître du sens qu'il exprime : il ne lui reste qu'à laisser résonner en lui la parole de l'être. Sans reprendre à son compte ces analyses du « second » Heidegger, Sartre s'attache à concevoir l'homme à partir de la situation dans laquelle il est « échéant », c'est-à-dire projeté comme « hors de lui-même ». **L'être de l'homme consiste à ne pas avoir d'essence déterminée** : il doit la produire lui-même à partir de sa propre existence. L'existentialisme tente de sauver l'humanisme non plus en soutenant une définition générale de l'homme, mais en défendant la valeur de chaque sujet singulier (texte 5). Si l'individu est conçu en fonction de ses engagements, si l'existence est toujours appréhendée « en situation », se pose la question de la détermination du sujet par les conditions matérielles ou sociales dans lesquelles il s'inscrit (Merleau-Ponty, texte 6). Loin de nier le rôle des circonstances extérieures pour la manière dont l'être humain se conçoit lui-même, **l'existentialisme a toujours caractérisé l'homme par sa liberté**. Même quand il n'a pas choisi une attitude, il en est rendu responsable. Selon le mot de Sartre, il peut toujours choisir, mais il ne peut pas choisir de ne pas choisir : il est « condamné à être libre ». **L'humanisme fut battu en brèche par le structuralisme.** Dans plusieurs champs des sciences humaines (l'ethnologie, avec Lévi-Strauss, le marxisme, avec Althusser, la psychanalyse, avec Lacan, la critique littéraire, avec Barthes), des études s'inspirant de la linguistique ont entrepris d'analyser nos productions culturelles comme systèmes de variations réglées. Alors même que nous croyons être maîtres des décisions qui régissent nos actes, on peut montrer que celles-ci s'inscrivent dans des structures qui les conditionnent. Ainsi du rôle de l'inconscient thématisé par Lacan comme un langage (texte 9). Une fois ordonné à son désir compris en fonction de l'Autre (le lieu vide à partir duquel le sujet interprète la sollicitation de son désir), l'être humain est destitué de la propriété de ses intentions. Soumis aux ensembles langagiers qui définissent les conditions de son action, **le sujet humain est conçu comme pris dans un réseau de forces qui le structurent**, « le parlent », **le déterminent**. Aujourd'hui, l'humanisme est récusé au nom des acquis des sciences comportementales et cognitives. L'idée d'un privilège de l'humanité parmi les espèces vivantes et sociales (la « thèse » de « l'exception humaine ») apparaît surannée : une justification, par la métaphysique occidentale, de l'image que le savant se fait de lui-même (Schaeffer, texte 12).

1.6. Une éducation sans valeurs ?

La pédagogie peut-elle s'accommoder de cette situation de remise en cause de l'humain ? L'éducation depuis les Lumières se donnait pour objectif de promouvoir un esprit, de lui permettre d'**accéder à l'autonomie**, de **faire un usage propre de ses facultés** (Kant, cf. I, 4 texte 4). Même pour les tenants de la pédagogie nouvelle, cette élévation est soumission à une autorité ; seulement, cette dernière est plutôt une faculté intérieure qu'une discipline extérieure. Les règles du raisonnement ne constituent pas uniquement un instrument, mais un modèle de comportement, d'organisation sociale : celui de la société bourgeoise policée. En s'efforçant de développer chez les élèves une créativité non stéréotypée, échappe-t-on au reproche de les soumettre encore à des attentes déterminées (en l'occurrence non conventionnelles) ? L'éducation, même si elle connaît des transformations, ne peut manquer de perpétuer par ses pratiques des valeurs humanistes traditionnelles. Car on n'enseigne pas à innover. **L'acte d'apprendre consiste toujours en la transmission d'une tradition** ; il a pour objet de permettre aux enfants de comprendre le monde. Éduquer suppose en outre de donner à l'élève les moyens de se conduire. Il s'agit finalement d'actes d'amour et de responsabilité : aimer assez le monde pour en faire part, **assumer sa responsabilité envers la prochaine génération** en lui confiant la tâche de renouveler notre œuvre (Hannah Arendt, texte 7). Pourtant, l'accomplissement ultime du programme moderne conduit à une impasse : de l'affranchissement de toute autorité extérieure au profit de l'entendement, on est passé à la récusation de toute autorité. Corrélativement, l'attention se déplace au cours du XXe siècle depuis le contenu de l'enseignement vers l'acte d'enseigner. Un discours théorique prenant l'enseignement pour objet spécifique s'est développé : avec la didactique, on admet aujourd'hui que, pour enseigner, **il faut avoir appris à apprendre**. Sans doute la spécialisation des savoirs, l'essor de nombreuses disciplines nouvelles justifient une réflexion sur l'acte de formation en général. D'un côté, les **sciences de l'éducation** peinent à élaborer leur discours indépendamment des contenus de formation spécifiques à chaque domaine. De l'autre, la **didactique des disciplines** risque de perdre en lisibilité, si elle admet sa relativité à chaque spécialité. L'éducation est périodiquement le théâtre d'une réactualisation de la querelle des Anciens et des Modernes (cf. V, 3) ; le rôle des classiques étant désormais tenu par les Modernes ou « Républicains », tandis que les novateurs se rangent – avec plus ou moins d'unité – sous la bannière de la didactique (les « pédagogues »). Leurs débats supposent toutefois hâtivement que l'éducation peut être appréhendée globalement comme un tout, pouvant faire l'objet d'une politique unifiée.

Ainsi, l'humanisme de la Renaissance a prôné une éducation générale et complète sous la forme de l'étude des Anciens. Cette formation était centrée sur les savoirs, dont l'ampleur était encore au XVIe siècle suffisamment restreinte pour qu'on puisse ambitionner de les englober. Avec les Lumières, les valeurs humaines restaient des idéaux qu'on pouvait cultiver au moyen d'un effort toujours à reconduire pour parvenir à l'autonomie. L'unité des facultés humaines, les utopies pacifistes permettaient de ne pas désespérer de la réconciliation du genre humain avec lui-même. L'éducation moderne se construit autour de l'individu ; la plupart de nos institutions restent imprégnées de ce modèle. Mais l'humanisme risque désormais d'être assimilé à la valorisation de l'individu, dissocié de la promotion de l'humanité en lui. Car l'histoire intellectuelle s'est trouvée ébranlée par les génocides dont les hommes se sont montrés capables : **une fois l'inhumain devenu humain, fallait-il abandonner la notion même d'humanité ?** Des théoriciens s'y sont essayés. Mettant à jour les déterminations dont nous sommes habités, ils ne sont pourtant pas parvenus à départir les notions de sujet et d'individu de leur importance pour notre organisation sociale. Il reste que les remises en cause de l'humain sont venues saper la confiance des formateurs en eux-mêmes et en la tradition qu'ils véhiculent. **L'attention éducative en est donc venue à se porter sur l'acte d'enseignement**, c'est-à-dire en quelque façon sur le formateur lui-même. L'apprentissage, dans lequel on privilégie la relation de l'élève au savoir, quitte à voir le pédagogue s'effacer devant son objet, n'a plus qu'une place réduite dans nos représentations et nos institutions. Dans ce cadre au sein duquel les idéaux humains sont menacés, l'enseignement a connu un accroissement considérable de son public : élargissement des populations concernées, allongement de la durée d'études, formation au long de la vie. Dans nos sociétés développées, la part des individus en formation s'est considérablement accrue au XXe siècle (par exemple, en France, le nombre d'élèves a doublé entre 1950 et 2000). Le **système éducatif**, concernant aujourd'hui en France treize millions de personnes en formation, mobilisant plus de la moitié de la fonction publique d'État, est confronté à des difficultés multiples qui ne peuvent trouver de solutions uniformes et radicales. Suite à un vaste débat, la loi d'orientation sur l'avenir de l'école consacre la nécessité d'un recentrage sur les savoirs fondamentaux, en instituant la garantie, à l'issue de la scolarité obligatoire, des « moyens nécessaires à l'acquisition » d'un socle de connaissances et de compétences communes (Loi du 23 avril 2005, texte 11). Face à l'échec des attentes placées dans de nombreuses réformes (notamment en termes de sortie du système sans qualification, ainsi qu'en matière d'enseignement des langues), il convient de rappeler l'importance des acteurs de l'éducation, des inflexions de leurs pratiques. Il reste à conjuguer un pilotage national contrôlant le respect des valeurs fondamentales, une **autonomie des responsables locaux encadrée par la contractualisation**, une évaluation dont les résultats soient véritablement exploités (Joutard et Thélot, texte 10). Ni le conservatisme ni le pédagogisme ne vaincront : le terrain des querelles scolaires est devenu trop étendu pour laisser le moindre espoir de victoire globale. Dès lors, sans doute convient-il **d'assumer notre responsabi-**

lité collective envers la génération qui deviendra l'humanité à notre place, notre responsabilité personnelle envers les enfants que nous côtoyons. Cela suppose toujours que nous ayons quelque idée des valeurs qui permettront leur épanouissement commun, et quelque sensibilité dans les politiques éducatives par lesquelles nous les traduisons.

Textes

– Texte 1 –

■ Sophocle, *Antigone* (vers 440 av. J.-C.)
Qu'il est de merveilles ! mais rien
qui soit plus merveilleux que l'homme.
Par la mer chenue,
sous les tempêtes du sud,
il s'en va
au-delà des houles grondantes.
Et la plus grande des déesses, la Terre
impérissable, inépuisable, il la fatigue
du va-et-vient de ses charrues,
il la retourne d'année en année avec ses mulets.
[…]
La parole, le souffle de la pensée
et les passions civiques
il s'en instruit ; et à échapper
aux célestes traits du gel pénible
et à ceux des pluies mauvaises.
Nul chemin ne lui est fermé,
l'avenir s'ouvre à lui.
La mort seule il ne l'évite point,
mais il a trouvé remède
à d'invincibles maladies.
Avec son savoir ingénieux
qui passe toute attente,
il progresse vers le mal ou vers le bien.
S'il observe les lois du pays
et la divine justice des serments,
grande est la cité. Mais que l'audace
soit en lui, plus de cité !
Que n'ait point part à mon foyer
ni à mon âme
celui qui se conduit de la sorte.
[…]
Bientôt comme avant et pour toujours
prévaudra cette loi
qu'aucun excès n'entre
dans une vie humaine sans la perdition.

L'espérance vagabonde
profite à bien des hommes,

mais elle trompe les vains désirs de beaucoup ;
elle les gagne à leur insu avant qu'ils sentent
l'ardent feu sous leurs pieds.
Fort sage
est cette fameuse parole de quelqu'un :
quiconque prend le mal pour le bien,
c'est qu'un dieu mène
son âme à l'égarement,
il n'échappe pas longtemps à la perdition.
(Trad. J. Grosjean, Gallimard, coll. « Bibliothèque de la Pléiade », 1967, p. 580-581, 592.
Trad. R. Pignarre, Garnier-Flammarion, 1964, p. 77, 83-84.)

– Texte 2 –

■ Érasme, *Le plan des études* (1512)

Tout d'abord, d'une manière générale, la connaissance se présente sous un double aspect : connaissance des choses, connaissance des mots. Celle des mots a la priorité, celle des choses le plus d'importance. […]
En conséquence, la grammaire réclame pour elle-même la première place, et elle doit être, sans tarder, enseignée aux enfants sous la double forme, je veux dire la grammaire grecque et la grammaire latine. Et non seulement parce que ces deux langues nous ont transmis presque tout ce qui paraît digne d'être connu, mais aussi parce qu'elles ont entre elles tant de parenté que toutes les deux peuvent être enseignées conjointement d'une manière plus rapide que l'une sans l'autre ou, du moins, que le latin sans le grec. […]
Ainsi donc, une fois acquise l'aptitude à parler, sinon abondamment, du moins correctement, l'esprit doit s'appliquer bientôt à l'intelligence des choses. Car ces écrivains que nous lisons pour acquérir un langage raffiné ont beau nous fournir également, d'une manière incidente, la matière de connaissances non négligeables, nous devons néanmoins, d'une manière systématique, tirer des auteurs grecs la quasi-totalité des connaissances scientifiques. Car enfin, où pourrions-nous puiser avec plus de pureté, de rapidité ou d'agrément qu'aux sources mêmes du savoir ? […]
L'avantage sera considérable à plus d'un titre, et même à tous égards, si tu as en outre à enseigner fréquemment d'autres que toi-même. Car il n'y a pas de meilleur moyen pour toi de découvrir ce que tu comprends et ce que tu ne comprends pas. En même temps, des idées nouvelles se présentent au cours du commentaire et de la discussion, et tout s'imprime plus profondément dans l'esprit. […]
Quiconque voudra donner à autrui quelque enseignement, accordera tous ses soins à fournir immédiatement à son élève les connaissances les meilleures ; mais celui qui veut les enseigner de la meilleure façon devra, de toute nécessité, être omniscient ; ou, si cela n'est pas permis à un esprit humain, qu'il connaisse au moins les éléments principaux de chaque discipline. Pour cela, […] j'exigerai le cercle complet du savoir, afin que même celui qui se prépare à un enseignement élémentaire soit au courant de tout. Il lui faudra donc vagabonder à travers tous les genres de littérature, de sorte que, tout en lisant en priorité et sans exception les meilleurs auteurs, il n'en néglige pas pour autant un seul, même s'il est très médiocre. Et pour qu'il puisse faire ce travail avec le plus grand profit, qu'il ait à sa dis-

position des lieux communs, des classifications, et des rubriques préparées à l'avance, afin que tout ce qu'il aura rencontré de notable au hasard de sa lecture, il l'inscrive à son rang.
(Trad. Jean-Claude Margolin in *Œuvres*, © Robert Laffont, coll. « Bouquins », 1992, p. 442, 443, 445, 447, 448.)

– Texte 3 –

■ Jean-Jacques Rousseau, *Discours sur l'origine de l'inégalité parmi les hommes* (1754)

Il y a une autre qualité très spécifique qui les distingue [l'homme et l'animal...] c'est la faculté de se perfectionner ; faculté qui, à l'aide des circonstances, développe successivement toutes les autres, et réside parmi nous tant dans l'espèce, que dans l'individu, au lieu qu'un animal est, au bout de quelques mois, ce qu'il sera toute sa vie, et son espèce, au bout de mille ans, ce qu'elle était la première année de ces mille ans. Pourquoi l'homme seul est-il sujet à devenir imbécile ? N'est-ce point qu'il retourne ainsi dans son état primitif, et que, tandis que la Bête, qui n'a rien acquis et qui n'a rien non plus à perdre, reste toujours avec son instinct, l'homme reperdant par la vieillesse ou d'autres accidents, tout ce que sa perfectibilité lui avait fait acquérir, retombe ainsi plus bas que la Bête même ? Il serait triste pour nous d'être forcés de convenir, que cette faculté distinctive, et presque illimitée, est la source de tous les malheurs de l'homme ; que c'est elle qui le tire, à force de temps, de cette condition originaire, dans laquelle il coulerait des jours tranquilles et innocents ; que c'est elle, qui faisant éclore avec les siècles ses lumières et ses erreurs, ses vices et ses vertus, le rend à la longue le tyran de lui-même, et de la Nature. [...]

Il est donc bien certain que la pitié est un sentiment naturel, qui modérant dans chaque individu l'activité de l'amour de soi-même, concourt à la conservation mutuelle de toute l'espèce. C'est elle, qui nous porte sans réflexion au secours de ceux que nous voyons souffrir : c'est elle qui, dans l'état de Nature, tient lieu de Lois, de mœurs, et de vertu, avec cet avantage que nul n'est tenté de désobéir à sa douce voix. C'est elle qui détournera tout sauvage robuste d'enlever à un faible enfant, ou à un vieillard infirme, sa subsistance acquise avec peine, si lui-même espère pouvoir trouver la sienne ailleurs.
(Orthographe actualisée, Gallimard, coll. « Bibliothèque de la Pléiade », 1964, p. 142, 156, 157.)

– Texte 4 –

■ Jean-Jacques Rousseau, *L'Émile ou De l'éducation* (1762)

La nature a, pour fortifier le corps et le faire croître, des moyens qu'on ne doit jamais contrarier. Il ne faut point contraindre un enfant de rester quand il veut aller, ni d'aller quand il veut rester en place. Quand la volonté des enfants n'est point gâtée par notre faute, ils ne veulent rien inutilement. Il faut qu'ils sautent, qu'ils courent, qu'ils crient quand ils en ont envie. Tous leurs mouvements sont des besoins de leur constitution qui cherche à se fortifier : mais on doit se défier de ce qu'ils désirent sans le pouvoir faire par eux-mêmes et que d'autres sont obligés de faire pour eux. [...]

Savez-vous quel est le plus sûr moyen de rendre votre enfant misérable ? C'est de l'accoutumer à tout obtenir ; car ses désirs croissant incessamment par la facilité de les satisfaire, tôt ou tard l'impuissance vous forcera malgré vous d'en venir au refus, et ce refus inaccoutumé lui donnera plus de tourment que la privation même de ce qu'il désire. […]

La nature veut que les enfants soient enfants avant que d'être hommes. Si nous voulons pervertir cet ordre nous produirons des fruits précoces qui n'auront ni maturité ni saveur et ne tarderont pas à se corrompre : nous aurons de jeunes docteurs et de vieux enfants. L'enfance a des manières de voir, de penser, de sentir qui lui sont propres ; rien n'est moins sensé que d'y vouloir substituer les nôtres. […]

On a essayé tous les instruments hors un. Le seul précisément qui peut réussir ; la liberté bien réglée. […] Ne donnez à votre élève aucune espèce de leçon verbale, il n'en doit recevoir que de l'expérience ; ne lui infligez aucune espèce de châtiment, car il ne sait ce que c'est que d'être en faute ; ne lui faites jamais demander pardon, car il ne saurait vous offenser. Dépourvu de toute moralité dans ses actions, il ne peut rien faire qui soit moralement mal, et qui mérite ni châtiment ni réprimande. […]

Prenez le contre-pied de l'usage et vous ferez presque toujours bien. Comme on ne veut pas faire d'un enfant un enfant mais un docteur, les pères et les mères n'ont jamais assez tôt tancé, corrigé, réprimandé, flatté, menacé, promis, instruit, parlé raison. Faites mieux, soyez raisonnable, et ne raisonnez point avec votre élève, surtout pour lui faire approuver ce qui lui déplaît ; car amener ainsi toujours la raison dans les choses désagréables, ce n'est que la lui rendre ennuyeuse et la discréditer de bonne heure dans un esprit qui n'est pas encore en état de l'entendre.

(*Œuvres complètes IV*, Gallimard, coll. « Bibliothèque de la Pléiade », 1969, p. 312, 314, 319, 321, 324.)

– Texte 5 –

■ **Jean-Paul Sartre, *L'existentialisme est un humanisme* (1946)**

Par humanisme on peut entendre une théorie qui prend l'homme comme fin et comme valeur supérieure. […] Un personnage déclare, parce qu'il survole des montagnes en avion : l'homme est épatant. Cela signifie que moi, qui n'ai pas construit les avions, je bénéficierai de ces inventions particulières, et que je pourrai me considérer comme responsable et honoré par des actes particuliers à quelques hommes. Cela supposerait que nous pourrions donner une valeur à l'homme d'après les actes les plus hauts de certains hommes. […] Mais on ne peut admettre qu'un homme puisse porter un jugement sur l'homme. […] L'existentialiste ne prendra jamais l'homme comme fin, car il est toujours à faire. […]

Il y a un autre sens de l'humanisme : l'homme est constamment hors de lui-même, c'est en se projetant et en se perdant hors de lui qu'il fait exister l'homme et, d'autre part, c'est en poursuivant des buts transcendants qu'il peut exister. […] Il n'y a pas d'autre univers qu'un univers humain, l'univers de la subjectivité humaine. Cette liaison de la transcendance, comme constitutive de l'homme non pas au sens où Dieu est transcendant, mais au sens de dépassement et de la subjectivité, au sens où l'homme n'est pas enfermé en lui-même mais présent toujours dans un univers humain, c'est ce que nous appelons l'humanisme existentialiste. Humanisme, parce que nous rappelons à l'homme qu'il n'y a pas d'autre législateur que lui-même.

(Nagel, p. 90-94.)

– Texte 6 –

■ Maurice Merleau-Ponty, *Sens et non-sens* (1947)

D'un côté l'homme est une partie du monde, de l'autre il est conscience constituante du monde. Aucune de ces deux vues n'est satisfaisante. [...] Il faut reconnaître à l'homme une manière d'être très particulière, l'être intentionnel, qui consiste à viser toutes choses et à ne demeurer en aucune. Mais si l'on voulait conclure de là que, par notre fond, nous sommes esprit absolu, on rendrait incompréhensibles nos attaches corporelles et sociales, notre insertion dans le monde, on renoncerait à penser la condition humaine. [...] L'existence au sens moderne, c'est le mouvement par lequel l'homme est au monde, s'engage dans une situation physique et sociale qui devient son point de vue sur le monde. Tout engagement est ambigu, puisqu'il est à la fois l'affirmation et la restriction d'une liberté : je m'engage à rendre ce service, cela veut dire à la fois que je pourrais ne pas le rendre et que je décide d'exclure cette possibilité. De même mon engagement dans la nature et dans l'histoire est à la fois une limitation de mes vues sur le monde et une seule manière d'y accéder, de connaître et de faire quelque chose. Le rapport du sujet et de l'objet n'est plus ce rapport de connaissance dont parlait l'idéalisme classique et dans lequel l'objet apparaît toujours comme construit par le sujet, mais un *rapport d'être* selon lequel paradoxalement le sujet est son corps, son monde et sa situation, et, en quelque sorte, *s'échange*.
(Nagel, p. 124-125.)

– Texte 7 –

■ Hannah Arendt, *La crise de l'éducation* (1958)

Le rôle de l'école est d'apprendre aux enfants ce qu'est le monde, et non pas de leur inculquer l'art de vivre. Étant donné que le monde est vieux, toujours plus vieux qu'eux, le fait d'apprendre est toujours tourné vers le passé, sans tenir compte de la proportion de notre vie qui sera consacrée au présent. Deuxièmement, la ligne qui sépare les enfants des adultes devrait signifier qu'on ne peut ni éduquer les adultes, ni traiter les enfants comme de grandes personnes. [...] À l'éducation, dans la mesure où elle se distingue du fait d'apprendre, on doit pouvoir assigner un terme. [...] On ne peut éduquer sans en même temps enseigner ; et l'éducation sans enseignement est vide et dégénère donc aisément en rhétorique émotionnelle et morale. Mais on peut très facilement enseigner sans éduquer et on peut continuer à apprendre jusqu'à la fin de ses jours sans jamais s'éduquer pour autant. [...] L'éducation est le point où se décide si nous aimons assez le monde pour en assumer la responsabilité, et de plus, le sauver de cette ruine qui serait inévitable sans ce renouvellement et cette arrivée de jeunes et de nouveaux venus. C'est également avec l'éducation que nous décidons si nous aimons assez nos enfants pour ne pas les rejeter de notre monde, ni les abandonner à eux-mêmes, ni leur enlever leur chance d'entreprendre quelque chose de neuf, quelque chose que nous n'avions pas prévu, mais les préparer d'avance à la tâche de renouveler un monde commun.
(In *La crise de la culture* (1968), trad. C. Vezin, Gallimard, 1972, rééd. coll. « Folio », p. 250-252.)

– Texte 8 –

■ Célestin Freinet, *Les invariants pédagogiques* (1964)

L'enfant est de la même nature que l'adulte.

Le comportement scolaire d'un enfant est fonction de son état physiologique, organique et constitutionnel.
Nul – l'enfant pas plus que l'adulte – n'aime être commandé d'autorité.
Chacun aime choisir son travail, même si ce choix n'est pas avantageux.
Il nous faut motiver le travail.
Tout individu veut réussir. L'échec est inhibiteur, destructeur de l'allant et de l'enthousiasme.
Ce n'est pas le jeu qui est naturel à l'enfant, mais le travail.
La voie normale de l'acquisition n'est nullement l'observation, l'explication et la démonstration, processus essentiel de l'école, mais le tâtonnement expérimental, démarche naturelle et universelle.
Les acquisitions ne se font pas, comme l'on croit parfois, par l'étude des règles et des lois, mais par l'expérience. Étudier d'abord ces règles et ces lois, en français, en art, en mathématiques, en sciences, c'est placer la charrue devant les bœufs.
L'intelligence n'est pas, comme l'enseigne la scolastique, une faculté spécifique fonctionnant comme en circuit fermé, indépendamment des autres éléments vitaux de l'individu.
L'enfant n'aime pas écouter une leçon ex cathedra.
Les notes et les classements sont toujours une erreur.
Parlez le moins possible.
L'ordre et la discipline sont nécessaires en classe.
La vie nouvelle de l'école suppose la coopération scolaire, la gestion par les usagers, l'éducateur compris, de la vie et du travail scolaires.
La surcharge des classes est toujours une erreur pédagogique.
(In *Œuvres pédagogiques II*, Seuil, 1994, p. 387-409.)

– Texte 9 –

■ Jacques Lacan, *Écrits* (1966)

Le sujet donc, on ne lui parle pas. Ça parle de lui, et c'est là qu'il s'appréhende, et ce d'autant plus forcément qu'avant que du seul fait que ça s'adresse à lui, il disparaisse comme sujet sous le signifiant qu'il devient, il n'était absolument rien. Mais ce rien se soutient de son avènement, maintenant produit par l'appel fait dans l'Autre au deuxième signifiant. [...]
Le registre du signifiant s'institue de ce qu'un signifiant représente un sujet pour un autre signifiant. C'est la structure, rêve, lapsus et mot d'esprit, de toutes les formations de l'inconscient. Et c'est aussi celle qui explique la division originaire du sujet. Le signifiant se produisant au lieu de l'Autre non encore repéré, y fait surgir le sujet de l'être qui n'a pas encore la parole, mais c'est au prix de le figer.
Une chose est sûre : si le sujet est bien là, au nœud de la différence, toute référence humaniste y devient superflue, car c'est à elle qu'il coupe court. [...]
Il n'y a pas de science de l'homme, parce que l'homme de la science n'existe pas, mais seulement son sujet.
On sait ma répugnance pour l'appellation de sciences humaines, qui me semble être l'appel même de la servitude. [...]
Dans des sciences autrement valables, même si leur titre est à revoir, nous constatons que de s'interdire l'illusion archaïque que nous pouvons généraliser dans le terme de psychologisation du sujet, n'en entrave nullement la fécondité.
(Seuil, p. 835, 840, 857, 859, 860, rééd. « Points », 1999, tome II, p. 315, 320, 337, 339, 340.)

– Texte 10 –

■ Philippe Joutard et Claude Thélot, *Réussir l'école. Pour une politique éducative* (1999)

À travers une diversification des excellences et grâce à une individualisation des pratiques éducatives, l'école doit être capable de réussir l'éducation de masse, c'est-à-dire de fournir à chaque élève les connaissances, les compétences et les comportements qui lui seront nécessaires pour créer et être capable d'adaptation. C'est la maîtrise de ce triptyque qui fera de lui une personne autonome et responsable. [...]

« Tout est dans l'exécution » : il y a déjà eu trop de programmes parfaits qui ont simplement oublié leurs conditions concrètes d'application. [...]

« Tout se gagne sur le terrain, au cœur des classes et des établissements. » [...] Autonomie des établissements et liberté pédagogique ne sont pas synonymes d'indépendance et de laxisme. Elles sont bornées par la réussite des élèves, de tous les élèves, elles doivent être à son service. Elles sont d'autre part indissolublement liées à un pilotage national ferme et à une évaluation dont on tire les conséquences. Cadre et orientations nationales, autonomie des acteurs concrétisée dans un contrat, évaluation des résultats obtenus et prise en compte de ses enseignements, ces trois éléments doivent être présents, solides et intimement articulés. [...] Souplesse, pragmatisme, refus du dogmatisme, voilà les maîtres mots. [...] Les inflexions, les évolutions doivent avoir pour unique but de libérer les capacités d'innovation qui sont réelles en son sein, et qui lui ont déjà permis de changer sans bruit sur de nombreux points.
(Seuil, p. 271-273.)

– Texte 11 –

Loi n° 2005-380, du 23 avril 2005, d'orientation et de programme pour l'avenir de l'école

Exposé des motifs :
En contrepartie de l'effort considérable consenti par la Nation, celle-ci attend de son école une élévation globale du niveau de la formation initiale des Français et une solution efficace aux principaux problèmes qui lui sont posés. Parmi ceux-ci la permanence de l'échec scolaire et la faiblesse relative de nos performances en langues vivantes demeurent préoccupantes. [...]

Le projet de loi réaffirme le rôle primordial de l'école dans la transmission des valeurs de la République. La création d'un Haut Conseil de l'éducation, la fixation d'objectifs concrets et la définition d'un socle de connaissances et de compétences indispensables qui doit impérativement être acquis à l'issue de la scolarité obligatoire sont autant de mesures qui permettent d'assurer un véritable contrôle de la Nation sur son école sans en réserver l'exercice à un petit nombre d'experts et de spécialistes. Le projet de loi doit ainsi permettre à chaque citoyen, à chaque parent d'élève de demander des comptes à son école.

Pour une école plus juste, plus efficace et plus ouverte, le projet de loi met en place les instruments – en particulier le contrat individuel de réussite éducative – qui concourent à la réussite de tous les élèves. Il adapte l'organisation et le contenu des enseignements aux évolutions de la société. Il renforce l'autorité des enseignants et fait à tous les niveaux le choix de la responsabilité.

Articles :
Art. L. 122-1-1. [Code de l'éducation] – La scolarité obligatoire doit au moins garantir à chaque élève les moyens nécessaires à l'acquisition d'un socle commun constitué d'un ensemble de connaissances et de compétences qu'il est indispensable de maîtriser pour accomplir avec succès sa scolarité, poursuivre sa formation, construire son avenir personnel et professionnel et réussir sa vie en société. Ce socle comprend :
– la maîtrise de la langue française ;
– la maîtrise des principaux éléments de mathématiques ;
– une culture humaniste et scientifique permettant le libre exercice de la citoyenneté ;
– la pratique d'au moins une langue vivante étrangère ;
– la maîtrise des techniques usuelles de l'information et de la communication.
Ces connaissances et compétences sont précisées par décret pris après avis du Haut Conseil de l'éducation.
L'acquisition du socle commun par les élèves fait l'objet d'une évaluation, qui est prise en compte dans la poursuite de la scolarité.
Le Gouvernement présente tous les trois ans au Parlement un rapport sur la manière dont les programmes prennent en compte le socle commun et sur la maîtrise de celui-ci par les élèves au cours de leur scolarité obligatoire.
Parallèlement à l'acquisition du socle commun, d'autres enseignements sont dispensés au cours de la scolarité obligatoire.

– Texte 12 –

Jean-Marie Schaeffer, *La fin de l'exception humaine* (2007)
L'être de l'humanité coïncide strictement avec son « devenir » : à n'importe quel moment donné, ce qu'*est* l'humanité conçue comme espèce biologique se réduit à ce qu'elle est *devenue*. En deuxième lieu, dans la mesure où les individus qui constituent l'humanité sont des organismes biologiques, la cause qui engendre l'humanité est elle-même de nature biologique. En ce sens, la biologisation de la question de l'homme implique bien une *identification stricte* de ce qui fait l'humanité d'un être humain à ce qui en fait le membre qu'il est dans la lignée dont il fait partie. [...] Cette perspective nous engage à poser la question de l'identité humaine non plus en termes individuels abstraits – en tant qu'identité de l'Homme – mais en termes collectifs concrets – en tant qu'identité d'une population interféconde vivant au milieu d'autres espèces et liée généalogiquement et écologiquement à elles. La notion même d'« humanité » ou de « genre humain » doit être examinée dès lors à la lumière des contraintes qui la régissent comme espèce biologique. La notion d'« espèce » elle-même, nous l'avons vu, doit être prise en un sens non substantialiste, à savoir un ensemble populationnel interfécond constituant une lignée généalogique.
(Gallimard, 2007, p. 200-201.)

SECTION 2. MORALITÉ ET SUBJECTIVITÉ

Fragilisé, le sujet humain reste pourtant au cœur des interrogations contemporaines. Les massacres du XXe siècle, en défiant toute moralité, ont remis en cause l'humanité de l'homme. Les « philosophies du sujet », qui faisaient de l'identité à soi le socle des connaissances et des activités de l'individu, relèvent d'une tradition dépassée. On ne jure cependant que par l'homme : motif de toutes les indignations, on développe ses droits ; les projets politiques ne semblent pas se donner d'autres horizons. Et comme notre époque apparaît au plus haut point individualiste, il faut comprendre ce qui est remis en cause dans la notion de **sujet humain**. Celle-ci désigne l'individu lorsqu'on se réfère en lui à la présence d'une activité : il est **source de ses connaissances, de ses actions**. Le terme sujet vient d'un mot latin signifiant « ce qui est jeté sous, ce qui supporte ». Pour être au fondement de tous ses actes, le sujet doit être doué d'une permanence substantielle : il reste le même, derrière la variation de ses propriétés à travers le temps. **La subjectivité désigne d'abord l'intériorité d'une personne, son moi** : mais celui-ci semble échapper à l'observation empirique (il est impalpable) comme à la conceptualisation (il n'est pas définissable au moyen de propriétés simples). C'est ce que note Pascal : « où est donc ce *moi*, s'il n'est ni dans le corps, ni dans l'âme ? et comment aimer le corps ou l'âme, sinon pour ces qualités, qui ne sont point ce qui fait le *moi*, puisqu'elles sont périssables ? » (*Œuvres complètes*, Pléiade, 1954, p. 1165) La difficulté est massive : à quoi sert de poser un fondement premier de tous nos actes, s'il se révèle inaccessible ? On peut définir cette intériorité selon trois dimensions essentielles. Détenir la raison de tous ses choix, ce serait se connaître soi-même. Penser, voire agir selon les mêmes orientations, ce serait disposer d'une constance qui pourrait constituer notre identité. Faire un choix correct, bien formulé, ce serait faire le bien : être moral. **Transparence à soi, permanence dans le temps, moralité rationnelle sont les propriétés classiques du sujet humain**, qui trouvent une théorisation accomplie chez Kant (texte 4).

2.1. Le problème de la connaissance de soi

La spécificité du sujet humain a pu être définie par rapport aux animaux : il est doué de propriétés (rationalité, personnalité) qui lui confèrent, comme le souligne Cicéron (texte 1) une dignité supérieure. Par son sentiment du temps, il définit son devoir et construit sa place dans la communauté. Au moyen de sa raison, il conçoit ce qu'il convient de faire, ce qui lui impose des devoirs. La pensée antique n'a cessé de louer la vertu et les grandes âmes. Pourtant, **avant la Renaissance, le rapport entre l'action et l'agent n'est pas une question personnelle**. Les choix pratiques ne sont pas pensés comme dépendant exclusivement de notre volonté : ainsi le chœur d'Antigone : « quiconque prend le mal pour le bien, c'est qu'un dieu mène son âme à l'égarement. » (à la suite du texte 1 [I, 1]) Les Grecs conçoivent l'âme humaine comme traversée par des forces qui ne lui laissent pas d'autonomie. Songeons à Œdipe, conduit à sa perte dans le mouvement même par lequel il cherche à éviter l'oracle funeste. Socrate non plus ne manque pas d'invoquer son démon pour justifier ses choix (ou plutôt ses abstentions). C'est que les trois dimensions constitutives de la subjectivité (connaissance de soi, identité durable, moralité) ne seront étroitement liées qu'au début des temps modernes. Même quand l'âme a été définie par la pensée religieuse, elle était à l'origine moins orientée vers l'individualisation que vers la fusion avec le cosmos. Dans les institutions romaines, avec l'idée d'une constance des devoirs qui s'imposent aux maîtres de maison, émerge sans doute le statut de la personne, qui devra connaître ses offices et se maîtriser pour s'en rendre digne (Cicéron évoque notre « personnage propre »).

Que le sujet doive être identifié comme semblable à lui-même ne fait aucun doute. Mais rien ne dit que cette identification repose sur la subordination de ses activités à la raison, ni que ses actions soient bonnes parce qu'elles sont rationnellement réfléchies. Le lien entre la rationalisation de nos intentions et la moralité de nos actes a été établi par la connaissance de soi. L'inscription au fronton du temple de Delphes : « **connais-toi toi-même** » **semble engager le sujet humain à se définir**. Le questionnement sur l'acte de connaître commence par soi : pour savoir quelque chose, il faudrait savoir qui détient ce savoir. Pourtant, lorsque Critias propose de définir la sagesse comme connaissance de soi, Socrate ne manque pas de s'interroger sur l'existence d'un savoir du savoir (Platon, *Charmide*, 163c-172c, Pléiade, 1950, p. 268-280), en notant que nos autres facultés, elles, ne peuvent pas s'appréhender elles-mêmes : elles sont plutôt transitives que réflexives. L'homme le plus sage de la cité est contraint d'enquêter pour vérifier l'oracle qui lui donne ce titre (*Apologie de Socrate*, 20e-23b, *ibidem*, p. 152-156). Son savoir se résout en pure ignorance (« je ne sais qu'une seule chose, c'est que je ne sais rien »), puisqu'il ne correspond à aucune conception positive. Les investigations de Socrate présentées dans les dialogues de Platon restent incomplètes : elles se terminent par une interrogation problématique.

2.2. La moralité comme valeur

En s'appuyant sur la réflexivité de la pensée, **Descartes** accomplit l'acte fondateur de la philosophie moderne comme théorie du sujet. Sa démarche consiste d'abord en une quête de certitude : il cherche moins un savoir qu'une position indubitable (texte 2). **Dans l'épreuve du doute** (j'essaie de penser que tout cela n'est pas, mais je ne peux penser que je ne le pense pas), **le sujet découvre la vérité absolue de son existence comme pensée réflexive**. Celle-ci le définit comme substance : réalité qui ne peut être déduite d'aucune autre, mais à laquelle tout autre peut être rapportée (à chaque fois que je pense quelque chose, je puis aussi penser que c'est moi qui le pense). Ainsi la pensée prévaut-elle sur ses objets, et Descartes finit par déclarer « qu'il n'y a rien qui ne soit plus facile à connaître que mon esprit » (texte 2). Pourtant, même si on peut définir cet esprit par ses facultés (entendement, volonté, imagination), la connaissance que nous en prenons risque de ne jamais être différente des intellections singulières qu'elles produisent. Si la connaissance de soi devait se réduire à une seule propriété de la pensée (la réflexivité), elle resterait vide. Même si « *le je pense* doit *pouvoir* accompagner toutes mes représentations », « la conscience de soi-même est donc bien loin d'être une connaissance de soi-même. » (Kant, *Critique de la raison pure*, in *Œuvres philosophiques I*, Pléiade, 1980, p. 853 et 871). Notre esprit est conçu comme une forme, qui ne peut être jugée permanente et stable qu'au moyen d'un postulat théorique : celui qui fait du sujet humain une unité substantielle.

La moralité de nos décisions se manifesterait dans les cas où l'option prise par le sujet s'oppose à tous ses intérêts : pour le bien, on s'exposerait à tout perdre. **L'action bonne se manifeste à l'individu comme inconditionnée**. La formule qui la prescrit (une maxime) n'est pas hypothétique : elle ne comporte aucun « si... », contrairement à la plupart de nos choix, par lesquels nous visons notre propre intérêt (texte 4). Kant précise que le devoir est connu immédiatement par sa forme : celle d'une loi universelle. La raison nous permet d'appréhender sa nécessité absolue, qui s'impose indépendamment des circonstances. **L'individu, en obéissant à des lois qui le dépassent**, même si les capacités de son esprit lui permettent de les atteindre, **acquiert une valeur absolue**. Si le devoir, manifesté sous la forme d'une loi universelle, a une valeur absolue, alors l'instance qui le produit doit avoir la même dignité. Agir pour le bien, c'est aussi respecter l'humanité en la personne de chacun de ses représentants. À travers la notion d'**autonomie de la personne**, Kant lie conceptuellement la réflexivité de la connaissance, la rationalité du sujet et la moralité de ses actes. Pour les doctrines classiques, l'être conscient peut être caractérisé par ses facultés, qui le rendent capable de moralité et le définissent comme maître de ses actes.

2.3. L'opacité à soi-même

Pourtant, les relations entre rationalité, moralité et dignité méritent d'être interrogées. Rousseau faisait du sentiment l'origine de nos actions morales. Ainsi la pitié nous pousse-t-elle à ménager autrui autant que cela est possible (cf. I, 1, texte 3). Dans la *Profession de foi du vicaire savoyard*, la conscience morale est présentée comme un « instinct divin », un sublime penchant qui nous fait sentir ce qu'il faut faire (*Œuvres IV*, Pléiade, 1969, p. 600-601). Par opposition à tous les calculs que peut faire la raison dans des situations de conflits d'intérêts, **le sentiment nous incline infailliblement à la bonté**, dans sa dimension humaine. La moralité définie par Kant est pure, mais elle est formelle : elle suppose que la rationalité se manifeste toujours comme universalité, et non sous l'aspect d'évaluations ratiocinantes. En outre **la dignité peut avoir une autre source que la position de valeurs**. Ainsi la pensée contemporaine lit volontiers le respect comme imposé par tout individu quand je le perçois (je suis sensible à son expression, son visage, son regard). Surtout, la relation entre réflexivité et rationalité a été remise en question. Rousseau entreprend l'écriture de ses *Confessions* dans une intention de se justifier : il s'agit de répondre aux accusations véhiculées par Voltaire. Mais, à travers la description du seul homme qui n'ait agi qu'en se conformant à la nature, l'auteur présente une investigation morale : il s'agit de **témoigner**, par le biais de l'œuvre, **de la pureté d'un cœur** (texte 3). La médiation de l'œuvre sert à rendre compte aux yeux de la postérité de la cohérence d'une démarche raillée par ses contemporains ; si la raison selon Rousseau n'est pas le fondement de la morale, elle est l'instrument de sa défense. Rimbaud s'attache à explorer la diversité de nos contenus de pensée. Ce décentrement de l'attention est radical et raisonné : en s'abandonnant à sa propre versatilité, le sujet peut prendre acte de l'**hétérogénéité à soi de sa propre personnalité**. L'autonomie qui s'appuyait sur la pensée réflexive est mise à mal, et la raison doit se rendre : « **on me pense** » (texte 5). L'hypothèse d'une unité de la production de nos connaissances n'est pas validée par l'expérience que nous faisons de notre rapport à nous-mêmes. Le savoir de soi prend dès lors chez le poète la forme d'une quête de son âme errante. L'exploration d'une subjectivité instable peut même conduire à remettre en cause la moralité. Chez Pirandello, par exemple, l'analyse d'individualités en proie à des convictions et aspirations contradictoires va jusqu'à présenter la conscience morale comme la projection fictive de son sentiment intérieur dans l'horizon rassurant d'une collectivité animée des mêmes principes (texte 7). Dès lors, l'élément constitutif de la subjectivité serait moins la définition ou la maîtrise de ses propres principes que l'attitude qui interroge et recherche ses valeurs. La forme de l'autonomie du sujet est essentiellement celle de la réflexivité (Gauchet, texte 11) ; la conception moderne du sujet est moins dans l'univocité d'un rapport à soi problématique que dans la **variation des formes de la réflexivité**.

2.4. Le sujet comme acteur

D'autant que, si l'on admet que la rationalité s'impose à l'individu comme une extériorité, il ne saurait en conquérir de maîtrise réflexive : elle peut donc receler des déterminations propres à ses groupes d'appartenance. Ceux que Ricœur et Foucault ont qualifiés de « penseurs du soupçon » (Nietzsche, Marx, Freud) ont compris nos options morales comme le produit de notre histoire personnelle ou collective. Traduction de nos conflits familiaux, de notre appartenance de classe, de notre vitalité (définie comme une capacité de s'opposer à la majorité), nos aspirations morales ne seraient ni universelles, ni rationnelles, mais conditionnées par les groupes auxquels nous appartenons. Les **valeurs traditionnelles** sont lues comme l'**expression d'intérêts relatifs**. La morale, entendue comme doctrine qui définit le sujet humain de telle sorte qu'il détermine sa conduite par rapport à une loi prescriptive, serait donc destituée. Nous vivons à l'ère des **éthiques, recherches par lesquelles les individus ou les corporations se construisent progressivement des normes circonscrites**, explicitant ce qui convient le mieux. En outre, si l'acte moral est imposé à l'individu par sa raison, il peut constituer lui aussi pour la conscience comme une altérité intérieure. La raison, en tant qu'elle se manifeste *a priori*, produisant une loi universelle et absolue, pourrait presque être regardée comme étrangère au sujet. Cela conduirait à conclure qu'il n'y a de moralité que parce qu'on est capable de s'échapper à soi-même.

Le **sujet** apparaît dès lors comme le lieu indéterminé qui se fait le **support de transformations historiques**. S'il n'est pas purement aliéné aux conditions de son action, il doit pourtant compter avec les déterminations qui s'imposent à lui, dont il n'est sans doute que l'autre face. La pensée contemporaine appréhende le sujet à partir de ce qu'il n'est pas : le « pré-individuel », les « singularités » dont il émane. Il doit être conçu comme une aire de jaillissement dont les sources ne sont accessibles qu'à travers leurs effets : la profondeur ne peut alors être identifiée qu'à la superficie. Le « je » est une affaire de surface ; son unité tient de la nature de l'enveloppe, réseau de provenances et d'expressions. Le sujet y perd son intériorité ; son dedans n'est que « coextensif au dehors », il se constitue par le « plissement du dehors » (Deleuze, *Foucault*, 1986, p. 125 *et sqq.*). Aux figures traditionnelles de l'autonomie, qui rassemblaient les différents aspects de la subjectivité dans une unité constituante, pour la rendre maître de son jeu, on oppose la face de l'acteur. Ainsi conçu, **le sujet contemporain** est tout **soumis à son texte, à la mise en scène, à son public**. L'accomplissement de la subjectivité passe alors par la saisie de toute singularité comme acte et de chaque acte comme lié à la totalité mouvante de la représentation (texte 8). Le sujet n'advient que dans la destitution de son intériorité et l'abandon à une extériorité dont il n'est plus qu'un envers.

2.5. Le jeu des responsabilités

Reste à préciser le devenir de la moralité dans nos sociétés : loin d'en être absentes, les consciences y sont souvent promptes à l'indignation. Alors que les devoirs, en tant que s'imposant à l'individu et lui commandant un sacrifice, paraissent définitivement résiliés, on assiste à des élans rigoristes qui ont pu faire parler de « retour d'un ordre moral ». Lipovetsky a souligné la coexistence d'aspirations morales radicales avec l'adaptation pragmatique de plusieurs éthiques (texte 9). Weber (texte 6) avait distingué l'**éthique de conviction** et l'éthique de responsabilité : la première repose sur **l'obéissance inconditionnée à des principes**, indépendamment des conséquences que peut avoir leur application. Elle trouve sa source dans l'attitude morale qui fait de son principe de bonté un absolu. C'est cette disposition morale qui conduit des hommes, depuis l'Antiquité, à accepter la mort plutôt qu'à répudier leur honnêteté. La conviction bonne s'inscrit dans le monde sans compromission ; elle suppose que la réalité ne pourra que se conformer, fût-ce à long terme, au Bien. **L'éthique de responsabilité**, en revanche, tend à **régler les principes de l'action sur les conséquences de celle-ci**. À la prescription de fins, elle oppose l'adaptation des moyens. Cette opposition perdure au sein de la philosophie morale anglo-saxonne dans le débat entre conséquentialistes et déontologistes. Tandis que ces derniers prônent une action ordonnée à des principes moraux, les premiers préconisent de faire prévaloir les suites effectives d'une décision. Ce faisant, ils retrouvent le principe ultime de la responsabilité, que Goethe énonçait sous la forme : « mieux vaut une injustice qu'un désordre ». Périsse un homme innocent plutôt que cent du fait de l'avoir sauvé ; à cela s'oppose l'indignation de Dostoïevski (cf. VI, 2 texte 6) : périsse l'humanité plutôt que de devoir sa survie au supplice d'un enfant. Conviction contre responsabilité : deux attitudes qui, à leurs extrêmes, ne sauraient se rejoindre, mais que doit pourtant, comme le souligne Weber, conjoindre l'action politique. En tant que gouvernant, le politique est plutôt porté par une conviction, celle même que doit savoir épouser le fonctionnaire qui est à son service. En tant que responsable, il doit savoir se mettre à l'écoute de son administration qui, pragmatique, lui présente lucidement les développements et les risques des options qui sont les siennes.

Notre temps fait nettement **prévaloir les responsabilités sur la conviction**. Ce n'est pas seulement que la technocratie prend le pas sur la politique entendue comme vision d'avenir. C'est que l'on demande de plus en plus à tous les décideurs de répondre de leurs actes. Cela se traduit par la judiciarisation des activités professionnelles autrefois régies par la confiance en une compétence appuyée sur une formation spécialisée et sur une expérience. Cela s'exprime aussi par la recherche, quelquefois vaine, de responsables désignés. Mais cette responsabilité diffuse engage aussi les sujets à adopter des attitudes moralement responsables. En tant que principe de conduite, la responsabilité s'oppose à l'intention, dans la mesure où elle vise moins une fin sans condition que les résultats possibles de la mise en œuvre de moyens conditionnés (texte 10). Etchegoyen présente la responsabilité avant tout comme une attitude morale ; lorsqu'elle est recherchée comme l'origine de la culpabilité, elle apparaît aussi comme facteur de condamnation, prompte à engendrer des excès de rigueur. Il y a donc d'une part la disposition intérieure des responsables, quête déterminée mais indéfinie le long des chaînes de conséquences, de l'autre la propension des enquêteurs à faire reposer la responsabilité sur le moindre suspect. Cela rejoint le dualisme des attitudes permissives et rigoristes présentes dans nos sociétés (Lipovetsky, texte 9). La tendance moralisatrice à légiférer – individuellement ou collectivement – pour autrui peut être qualifiée de paternalisme, que Ruwen Ogien considère caractériser encore nos démocraties.

Il oppose à ce « maximalisme » moral un « **minimalisme** » **qui vise la coexistence des droits et des passions** et qui entend laisser chacun élaborer son rapport à soi sans lui imposer des principes (texte 12).

Ainsi, on ne considère plus que la finalité ultime de nos actes est le bien absolu ; les sociétés actuelles sont lues comme animées de multiples conflits d'intérêt. L'humanité serait une notion sans contenu, dans la mesure où aucune valeur ne s'impose absolument à tous. La recherche d'une morale universelle a fait place au développement d'éthiques spécialisées. Certes les commandements traditionnels perdurent, mais ces interdits se montrent à la fois des évidences en situation normale, et des prescriptions vaines face à des circonstances extrêmes. **Aux convictions absolues de la morale se sont substituées les exigences de l'éthique de responsabilité**. Dès lors, l'attitude morale est plus que jamais exigeante, fragile, toujours à reconduire : une recherche pour répondre de nos décisions également dans la mesure où elles ne dépendent pas de nous. Certes, cette aspiration doit coexister en nous avec d'autres ; de plus, elle ne s'inscrit aucunement dans un sujet transparent à lui-même. Nous ne disposons que de connaissances extrêmement fragmentaires de ce que nous sommes. Imprégnés de tendances sociales et historiques, nous découvrons en nous une altérité qui peut ébranler les limites de notre subjectivité. Bien que nos fonctions sociales nous conduisent à assumer une identité à travers le temps, nous ne pouvons nous définir que par une pluralité de strates difficiles à hiérarchiser. Loin d'être fondés sur la transparence d'une autonomie, les comportements éthiques s'inscrivent dans une **distance à soi constitutive : c'est aussi parce qu'il est inconnaissable que le sujet est moral**. Par la réflexion, nos actes se révèlent à nous et permettent d'explorer un abîme entre le souci de se connaître et les bornes étroites de la conscience de soi. La pensée classique conjurait cette distance du sujet à lui-même (manifestée entre la forme désintéressée du devoir et l'étroitesse personnelle de ses intérêts) par l'affirmation de son autonomie, la position de sa dignité. Il n'apparaît plus possible d'assumer cette auto-constitution du sujet : l'individu se donne plutôt comme un acteur acceptant pleinement chacun de ses rôles, tout en rechignant à s'identifier avec le comédien qui, enchaînant ses rôles, construit sa carrière (à l'image de l'homme sans qualités peint par Musil – cf. V, 4 texte 1). On tend aujourd'hui à considérer que **le rapport du sujet à lui-même s'instaure par la médiation de ses actions**. Ainsi les critiques de la morale semblent plutôt des remises en cause des présupposés de la subjectivité que des dénégations de notre aspiration au bien en général. Celle-ci ne s'exprime plus que dans des sujets comme diffractés, aux prises avec un tissu de relations d'interdépendance qui rend complexes leurs intentions. La certitude d'une conviction bonne parce que conforme à des injonctions absolues a fait place aux affres d'un effort de responsabilisation ordonné à la réévaluation incessante des moyens d'agir.

Textes

– Texte 1 –

■ Cicéron, *Les devoirs* (44 av. J.-C.)

Entre l'homme et la bête, ceci diffère surtout que la bête se meut pour autant que ses sens la meuvent, et qu'elle s'adapte seulement à cela qui lui est présent dans l'espace et dans le temps, car elle a fort peu le sens du passé ou de l'avenir. L'homme au contraire, parce qu'il participe à la raison, grâce à elle, discerne les enchaînements, voit les causes des choses ; […] aux choses présentes il relie et rattache les choses futures, ainsi il embrasse aisément de son regard le cours de toute la vie et, pour la mener, prévoit ce qui est nécessaire. Cette même nature, par la vertu de la raison, incline l'homme vers l'homme, en vue d'une communauté de langage et de vie. […]

Il y a d'abord ce que l'on observe dans la société du genre humain tout entier. Le lien de cette société, c'est la raison et la parole, qui par l'enseignement et l'étude, en permettant de communiquer, de discuter et de juger, associent les hommes entre eux et les unissent dans une sorte de société naturelle. Et rien ne nous éloigne davantage de la nature des bêtes […].

Il faut encore comprendre que la nature nous a fait endosser en quelque sorte deux personnages ; l'un nous est commun, du fait que nous participons tous à la raison et à cette dignité qui nous élève au-dessus des bêtes, d'où découlent toute la beauté morale et tout le convenable, et à quoi l'on demande la connaissance du devoir ; quant à l'autre, il nous a été attribué à chacun personnellement. […]

Dans toute action à entreprendre, il faut observer trois principes : en premier lieu, que les désirs obéissent à la raison, et rien n'est plus propice au respect de nos devoirs ; ensuite, examiner quelle est l'importance de l'affaire que nous voulons mener à bien, afin de ne s'imposer ni plus ni moins de travail que n'en réclame la chose ; en troisième lieu, pour tout ce qui concerne les apparences extérieures et la dignité de la vie libérale, veiller à la mesure. […]

L'association et la communauté des hommes l'emportent sur le goût de la connaissance.

(Livre I, 11-12, 50, 107, 141, 155-157, trad. M. Testard, © Les Belles Lettres, Paris, 1965, p. 110, 129, 159, 178-179, 188.)

– Texte 2 –

René Descartes, *Méditations métaphysiques* (1641)

Archimède, pour tirer le globe terrestre de sa place et le transporter en un autre lieu, ne demandait rien qu'un point qui fût fixe et assuré. Ainsi j'aurai droit de concevoir de hautes espérances, si je suis assez heureux pour trouver seulement une chose qui soit certaine et indubitable.

Je suppose donc que toutes les choses que je vois sont fausses ; je me persuade que rien n'a jamais été de tout ce que ma mémoire remplie de mensonges me représente ; je pense n'avoir aucun sens ; je crois que le corps, la figure, l'étendue, le mouvement et le lieu ne sont que des fictions de mon esprit. Qu'est-ce donc qui pourra être estimé véritable ? Peut-être rien autre chose, sinon qu'il n'y a rien au monde de certain.

Mais que sais-je s'il n'y a point quelque autre chose différente de celles que je viens de juger incertaines, de laquelle on ne puisse avoir le moindre doute ? N'y a-t-il point quelque Dieu ou quelque autre puissance qui me met en l'esprit ces pensées ? Cela n'est pas nécessaire ; car peut-être que je suis capable de les produire de moi-même. Moi donc à tout le moins ne suis-je point quelque chose ? Mais j'ai déjà nié que j'eusse aucun sens ni aucun corps. J'hésite néanmoins, car que s'ensuit-il de là ? Suis-je tellement dépendant du corps et des sens que je ne puisse être sans eux ? Mais je me suis persuadé qu'il n'y avait rien du tout dans le monde, qu'il n'y avait aucun ciel, aucune terre, aucuns esprits, ni aucuns corps ; ne me suis-je donc pas aussi persuadé que je n'étais point ? Non certes ; j'étais sans doute, si je me suis persuadé, ou seulement si j'ai pensé quelque chose. Mais il y a un je ne sais quel trompeur très puissant et très rusé, qui emploie toute son industrie à me tromper toujours. Il n'y a donc point de doute que je suis, s'il me trompe ; et qu'il me trompe tant qu'il voudra, il ne saurait jamais faire que je ne sois rien tant que je penserai être quelque chose. De sorte qu'après y avoir bien pensé et avoir soigneusement examiné toutes choses, enfin il faut conclure, et tenir pour constant que cette proposition : *je suis, j'existe*, est nécessairement vraie, toutes les fois que je la prononce ou que je la conçois en mon esprit. […]

Mais qu'est-ce donc que je suis ? Une chose qui pense. Qu'est-ce qu'une chose qui pense ? C'est-à-dire une chose qui doute, qui conçoit, qui affirme, qui nie, qui veut, qui ne veut pas, qui imagine aussi, et qui sent. Certes ce n'est pas peu si toutes ces choses appartiennent à ma nature. Mais pourquoi n'y appartiendraient-elles pas ? Ne suis-je pas encore ce même qui doute presque de tout, qui néanmoins entends et conçois certaines choses, qui assure et affirme celles-là seules être véritables, qui nie toutes les autres, qui veux et désire d'en connaître davantage, qui ne veux pas être trompé, qui imagine beaucoup de choses, même quelquefois en dépit que j'en aie, et qui en sens aussi beaucoup, comme par l'entremise des organes du corps ? […]

Puisque c'est une chose qui m'est à présent connue, qu'à proprement parler nous ne concevons les corps que par la faculté d'entendre qui est en nous, et non point par l'imagination ni par les sens, et que nous ne les connaissons pas de ce que nous les voyons, ou que nous les touchons, mais seulement de ce que nous les concevons par la pensée, je connais évidemment qu'il n'y a rien qui me soit plus facile à connaître que mon esprit.

(*Méditation seconde*, trad. De Luynes revue par Descartes (1647), Gallimard, coll. « Bibliothèque de la Pléiade », 1953, p. 274-275, 278, 283.)

– Texte 3 –

■ **Jean-Jacques Rousseau**, *Les confessions* (vers 1766)

Voici le seul portrait d'homme, peint exactement d'après nature et dans toute sa vérité, qui existe et qui probablement existera jamais. […]

Je veux montrer à mes semblables un homme dans toute la vérité de sa nature ; et cet homme, ce sera moi.

Moi seul. Je sens mon cœur et je connais les hommes. Je ne suis fait comme aucun de ceux que j'ai vus ; j'ose croire n'être fait comme aucun de ceux qui existent. Si je ne vaux pas mieux, au moins je suis autre. Si la nature a bien ou mal fait de briser le moule dans lequel elle m'a jeté, c'est ce dont on ne peut juger qu'après m'avoir lu.

Que la trompette du jugement dernier sonne quand elle voudra ; je viendrai ce livre à la main me présenter devant le souverain juge. Je dirai hautement : voilà ce que j'ai fait, ce que j'ai pensé, ce que je fus. J'ai dit le bien et le mal avec la même franchise. Je n'ai rien tu de mauvais, rien ajouté de bon, et s'il m'est arrivé d'employer quelque ornement indifférent, ce n'a jamais été que pour remplir un vide occasionné par mon défaut de mémoire ; j'ai pu supposer vrai ce que je savais avoir pu l'être, jamais ce que je savais être faux. Je me suis montré tel que je fus, méprisable et vil quand je l'ai été, bon, généreux, sublime quand je l'ai été : j'ai dévoilé mon intérieur tel que tu l'as vu toi-même. Être éternel, rassemble autour de moi l'innombrable foule de mes semblables : qu'ils écoutent mes confessions,

qu'ils gémissent de mes indignités, qu'ils rougissent de mes misères. Que chacun d'eux découvre à son tour son cœur au pied de ton trône avec la même sincérité ; et puis qu'un seul te dise, s'il l'ose : *je fus meilleur que cet homme-là.*
(In *Œuvres complètes I*, Gallimard, coll. « Bibliothèque de la Pléiade », 1959, p. 3 et 5.)

– Texte 4 –

■ Emmanuel Kant, *Fondements de la métaphysique des mœurs* (1785)

Quand je conçois un impératif *hypothétique* en général, je ne sais pas d'avance ce qu'il contiendra, jusqu'à ce que la condition me soit donnée. Mais si c'est un impératif *catégorique* que je conçois, je sais aussitôt ce qu'il contient. Car, puisque l'impératif ne contient en dehors de la loi que la nécessité, pour la maxime (principe subjectif de l'action), de se conformer à cette loi, et puisque la loi ne contient aucune condition à laquelle elle soit astreinte, il ne reste rien que l'universalité d'une loi en général, à laquelle la maxime de l'action doit être conforme, et c'est seulement cette conformité que l'impératif nous représente proprement comme nécessaire. Il n'y a donc qu'un impératif catégorique, et c'est celui-ci : *Agis uniquement d'après la maxime qui fait que tu puisses vouloir en même temps qu'elle devienne une loi universelle.* […]
La volonté est donc conçue comme une faculté de se déterminer soi-même à agir *conformément à la représentation de certaines lois*. Et une telle faculté ne peut se rencontrer que dans des êtres raisonnables. Or, ce qui sert à la volonté de principe objectif pour se déterminer elle-même, c'est la *fin*, et, si celle-ci est donnée par la seule raison, elle doit valoir également pour tous les êtres raisonnables. […]
À supposer qu'il y ait quelque chose *dont l'existence en soi-même* ait une valeur absolue, quelque chose qui, comme *fin en soi*, pourrait être un principe de lois déterminées, c'est alors en cela, et en cela seulement, que se trouverait le principe d'un impératif catégorique possible, c'est-à-dire d'une loi pratique. […]
Si donc il doit y avoir un principe pratique suprême, et au regard de la volonté humaine un impératif catégorique, il faut qu'il soit tel que, par la représentation de ce qui, étant *une fin en soi*, est nécessairement une fin pour tout homme, il constitue un principe *objectif* de la volonté, que par conséquent il puisse servir de loi pratique universelle. Voici le fondement de ce principe : *la nature raisonnable existe comme fin en soi*. L'homme se représente nécessairement ainsi sa propre existence ; c'est donc en ce sens un principe *subjectif* d'actions humaines. Mais tout autre être raisonnable se représente également ainsi son existence, en conséquence du même principe rationnel qui vaut aussi pour moi ; c'est donc en même temps un principe *objectif* dont doivent pouvoir être déduites, comme d'un principe pratique suprême, toutes les lois de la volonté. L'impératif pratique sera donc celui-ci : *Agis de telle sorte que tu traites l'humanité aussi bien dans ta personne que dans la personne de tout autre toujours en même temps comme une fin, et jamais simplement comme un moyen.*
(Seconde section, trad. Victor Delbos et Ferdinand Alquié, in *Œuvres philosophiques II*, Gallimard, coll. « Bibliothèque de la Pléiade », 1985, p. 284-285, 292, 293, 294-295.)

– Texte 5 –

■ Arthur Rimbaud, *Lettres à Paul Demeny* (1871)

Il s'agit d'arriver à l'inconnu par le dérèglement de *tous les sens*. Les souffrances sont énormes, mais il faut être fort, être né poète, et je me suis reconnu poète. Ce n'est pas du tout ma faute. C'est faux de dire : je pense : on devrait dire on me pense. – Pardon du jeu de mots.

JE est un autre. Tant pis pour le bois qui se trouve violon, et nargue aux inconscients, qui ergotent sur ce qu'ils ignorent tout à fait ! […]

Ni plaisanterie, ni paradoxe. La raison m'inspire plus de certitudes sur le sujet que n'aurait jamais eu de colères un Jeune-France. Du reste, libre aux *nouveaux !* d'exécrer les ancêtres : on est chez soi et l'on a le temps.

On n'a jamais bien jugé le romantisme. Qui l'aurait jugé ? Les critiques ! Les romantiques, qui prouvent si bien que la chanson est si peu souvent l'œuvre, c'est-à-dire la pensée chantée *et comprise* du chanteur ?

Car Je est un autre. Si le cuivre s'éveille clairon, il n'y a rien de sa faute. Cela m'est évident : j'assiste à l'éclosion de ma pensée : je la regarde, je l'écoute : je lance un coup d'archet : la symphonie fait son remuement dans les profondeurs, ou vient d'un bond sur la scène.

Si les vieux imbéciles n'avaient pas trouvé du moi que la signification fausse, nous n'aurions pas à balayer ces millions de squelettes qui, depuis un temps infini, ont accumulé les produits de leur intelligence borgnesse, en s'en clamant les auteurs ! […]

La première étude de l'homme qui veut être poète est sa propre connaissance, entière ; il cherche son âme, il l'inspecte, il la tente, l'apprend. Dès qu'il la sait, il doit la cultiver ; cela semble simple : en tout cerveau s'accomplit un développement naturel ; tant d'*égoïstes* se proclament auteurs ; il en est bien d'autres qui s'attribuent leur progrès intellectuel ! – Mais il s'agit de faire l'âme monstrueuse : à l'instar des comprachicos, quoi ! Imaginez un homme s'implantant et se cultivant des verrues sur le visage.

Je dis qu'il faut être *voyant,* se faire *voyant*.

([13] et 15 mai 1871, Gallimard, coll. « Bibliothèque de la Pléiade », 1972, p. 249-251.)

– Texte 6 –

Max Weber, « La profession et la vocation de politique » (1919)

Il y a une opposition profonde entre l'action qui se règle sur la maxime de l'éthique de la conviction (en termes religieux : « le chrétien agit selon la justice, et il s'en remet à Dieu pour le résultat »), et celle qui se règle sur la maxime de l'éthique de responsabilité selon laquelle on doit assumer les *conséquences* (prévisibles) de son action. […]

Le partisan de l'éthique de la responsabilité compte avec les défauts moyens des hommes […], il ne se sent pas en état de rejeter sur d'autres les conséquences de sa propre action, dans la mesure où il pouvait les anticiper. Il demandera que ces conséquences soient imputées à son action. Le partisan de l'éthique de conviction ne se sent responsable que d'une chose : empêcher que ne s'éteigne la flamme de la pure conviction […]. Attiser toujours à nouveau cette flamme est le but de ses actions, parfaitement irrationnelles du point de vue de leur résultat possible, et qui ne peuvent et ne doivent avoir qu'une valeur exemplaire. […]

Aucune éthique au monde ne peut éluder le fait que pour atteindre des fins qui sont « bonnes », on est obligé, dans de nombreux cas, de s'accommoder de moyens douteux ainsi que de la possibilité, voire de la probabilité de conséquences accessoires mauvaises. […]

L'éthique de conviction et l'éthique de la responsabilité ne sont pas des contraires absolus, mais elles se complètent l'une l'autre, et c'est ensemble seulement

qu'elles constituent l'homme authentique, celui qui peut avoir la « vocation pour la politique ».
(In *Le savant et le politique*, trad. C. Colliot-Thélène, La Découverte, 2003, p. 192, 193, 204.)

– Texte 7 –

Luigi Pirandello, *On ne sait jamais tout* (1924)

Tu te refuses donc à comprendre que ta conscience, c'est précisément « les autres en toi » ? [...] Qu'est-ce que cela veut dire, je te prie, qu'« il te suffit d'avoir ta conscience pour toi » ? Que les autres peuvent penser de toi ce qu'ils veulent et te juger comme il leur plaît, voire même injustement, toi, tu n'en es pas moins convaincu et certain de ne pas avoir mal agi. [...]
Et qui te donne cette certitude, sinon les autres ? [...] En dehors des cas concrets et particuliers que nous offre la vie [...], il existe certains principes abstraits et généraux, sur lesquels nous pouvons tous être d'accord. Mais réfléchis un instant : si tu te renfermes dédaigneusement en toi-même, soutenant qu'il te suffit d'avoir ta conscience pour toi, c'est parce que tu sais que tout le monde te condamne, te désapprouve ou se moque de toi ; sinon tu ne le dirais pas. La vérité, c'est que les principes restent des abstractions et que personne ne parvient à les voir comme tu les as vus, toi, dans la situation où tu t'es trouvé, pas plus que personne ne parvient à se voir commettant l'acte que tu as commis. Et alors peux-tu me dire à quoi te suffit ta conscience ? À te sentir seul ? Non, surtout pas ! La solitude t'épouvante. Et qu'est-ce que tu fais alors ? Tu imagines une multitude de têtes, toutes semblables à la tienne, des têtes qui ne sont même que la tienne, et qui, dans un cas donné, tirées par un fil, te disent, comme tu le souhaites, oui ou non, non ou oui. Et cela te confirme dans ton sentiment et te rassure.
(Trad. M. Arnaud, Gallimard, coll. « Bibliothèque de la Pléiade », 1985, p. 153.)

– Texte 8 –

Gilles Deleuze, *Logique du sens* (1969)

Toute sa personnalité, l'acteur la tend dans un instant toujours encore plus divisible, pour s'ouvrir au rôle impersonnel et préindividuel. Aussi est-il toujours dans la situation de jouer un rôle qui joue d'autres rôles. Le rôle est dans le même rapport avec l'acteur que le futur et le passé avec le présent instantané qui leur correspond sur la ligne de l'Aiôn. L'acteur effectue donc l'événement, mais d'une tout autre manière que l'événement s'effectue dans la profondeur des choses. Ou plutôt cette effectuation cosmique, physique, il la double d'une autre, à sa façon, singulièrement superficielle, d'autant plus nette, tranchante et pure pour cela, qui vient délimiter la première, en dégage une ligne abstraite et ne garde de l'événement que le contour ou la splendeur : devenir le comédien de ses propres événements, *contre-effectuation*. [...]
Il faudrait que l'individu se saisisse lui-même comme événement. Et que, l'événement qui s'effectue en lui, il le saisisse aussi bien comme un autre individu greffé sur lui. Alors, cet événement, il ne le comprendrait pas, ne le voudrait pas, ne le représenterait pas sans comprendre et vouloir aussi tous les autres événements comme individus, sans représenter tous les autres individus comme événements. Chaque individu serait comme un miroir pour la condensation des singularités,

chaque monde une distance dans le miroir. Tel est le sens ultime de la contre-effectuation.
(Minuit, p. 176, 208-209.)

– Texte 9 –

Gilles Lipovetsky, *Le crépuscule du devoir* **(1992)**
Voici une société qui, loin d'exalter les commandements supérieurs, les euphémise et les décrédibilise, qui dévalue l'idéal d'abnégation en stimulant les désirs immédiats, la passion de l'ego, le bonheur intimiste et matérialiste. Nos sociétés ont liquidé toutes les valeurs sacrificielles [...], la culture quotidienne n'est plus irriguée par les impératifs hyperboliques du devoir mais par le bien-être et la dynamique des droits subjectifs, nous avons cessé de reconnaître l'obligation de nous attacher à autre chose qu'à nous-mêmes. [...] Les démocraties ont basculé dans l'au-delà du devoir, elles s'agencent non « sans foi ni loi » mais selon une éthique faible et minimale, « sans obligation ni sanction » ; la marche de l'histoire moderne a fait éclore une formation d'un genre inédit : les sociétés *postmoralistes*. [...]
Ce n'est pas le laxisme et la spirale diabolique des droits subjectifs qui avancent, c'est l'essor parallèle de deux manières antithétiques de se rapporter aux valeurs, deux modes contradictoires de réguler l'état social individualiste [...]. D'un côté, une logique souple et dialoguée, libérale et pragmatique s'attachant à la construction graduée des limites, définissant des seuils, intégrant des critères multiples, instituant des dérogations et exceptions. De l'autre, des dispositifs manichéens, des logiques strictement binaires, des argumentations plus doctrinales que réalistes, plus soucieuses de rigorisme affiché que de progrès humanistes, de répression que de prévention.
(Gallimard, coll. « Folio », p. 15 et 17.)

– Texte 10 –

Alain Etchegoyen, *Le temps des responsables* **(1993)**
L'être responsable [...] développe l'action *efficace* comme si chaque maillon des séries causales pouvait lui être *imputé*. Certes, il sait bien que tout ne dépend pas de lui, mais il tient à penser, à connaître et à reconnaître sa part dans les événements qui, sans lui, n'auraient pu advenir. L'homme responsable n'est pas seulement celui qui *peut* répondre, c'est celui qui agit en pensant qu'il *devra* répondre et qui donc *veut* répondre. [...]
Dans la responsabilité se manifeste une double volonté : voir le plus loin possible et répondre de cet éloignement même. Il est certain que, dans un certain nombre de cas, la vue ne peut aller jusqu'au bout des conséquences. [...]
Dans la république et dans le meilleur sens de notre démocratie, le pouvoir se paie toujours en responsabilités. Qui désire l'un doit l'autre. C'est pourquoi la responsabilité s'adapte aux circonstances et aux situations. [...]
La responsabilité porte à l'action. Elle est ce concept qui permet de penser la morale sans la déconnecter des actions non seulement possibles, mais réelles ; ce concept qui m'oblige à faire se dépasser ma propre intention pour y intégrer les opérations mêmes qu'elle engage. [...]
Plus je prévois, plus je vérifie, plus j'acquiers de connaissances sur ce que produisent mes actes, plus je suis apte à devenir un homme responsable. [...]

Ce n'est pas un code, c'est une exigence. [...] La morale sollicite les consciences ; elle n'est pas un livre de recettes.
(Julliard, rééd. Pocket, coll. « Agora », p. 53, 55-56, 65, 71, 73.)

– Texte 11 –

Marcel Gauchet, *La condition historique* **(2003)**
S'il y a lieu de parler de subjectivité à propos de ce rapport de soi à soi médié par une altérité interne, c'est en raison de la réflexivité d'un type nouveau qui lui est inhérent. Il impose de se rendre compte à soi-même de ce qu'on est et de ce qu'on fait, sans pouvoir supposer de donné ou d'acquis, ou de moins en moins. On voit cette exigence autocompréhensive et autojustificatrice se développer à tous les niveaux. L'action historique en offre une illustration particulièrement saillante. Plus elle s'amplifie, plus elle s'effectue en conscience, moins il lui est permis d'être naïve et spontanée ; plus elle appelle de s'expliquer avec le passé, le présent et le futur. Mais on peut en dire autant du processus politique ou de la conduite des personnes [...] qui sont de plus en plus requises, à leurs propres yeux et aux yeux des autres, de s'expliquer avec elles-mêmes, de s'interroger sur leur identité véritable, sur leurs désirs authentiques, sur leurs motivations, sur leurs ressources, sur ce qui leur permettrait d'être pleinement elles-mêmes. C'est en cela qu'elles [...] participent d'une subjectivité qui ne s'arrête pas à elles, mais qui introduit dans leur expérience un impératif de réflexivité [...] qui les détourne de la confiance naïve dans la présence à elles-mêmes : il les confronte à leur opacité constitutive. La subjectivité dans son acception la plus générale désigne ce mode de fonctionnement qui naît avec la recomposition du monde humain sous le signe de l'autonomie.
(Stock, 2003, p. 202-03, rééd. coll. « Folio », p. 257-258.)

– Texte 12 –

Ruwen Ogien, *L'éthique aujourd'hui. Maximalistes et minimalistes* **(2007)**
On continue de stigmatiser ou de pénaliser le suicide assisté même lorsqu'il est réclamé de façon insistante par des malades incurables, l'usage des drogues même lorsqu'elles sont dites « douces », les échanges sadomasochistes même lorsqu'ils sont le fait d'adultes consentants, les grossesses pour autrui même sans compensations financières, la prostitution quelles que soient les conditions dans lesquelles elle est exercée, etc. [...]
Pour qualifier ces interventions répressives de l'État (la pénalisation) et ces ingérences plus informelles de chacun et de tout le monde (la stigmatisation), on peut parler de « police morale » mais aussi de « paternalisme moral ». [...]
J'ai présenté des arguments contre le paternalisme moral en invoquant les principes d'une éthique minimale.
Son idée centrale c'est que ce que nous faisons de nous-mêmes n'a pas d'importance morale, tant que nous ne causons pas de tort direct à autrui. C'est une conception qui repose sur trois principes seulement :
1. Indifférence morale du rapport à soi-même.
2. Non-nuisance à autrui.
3. Égale considération de chacun.

> Pratiquement, l'éthique minimale nous demande d'éviter de juger « moral » ou « immoral » tout ce qui, dans nos façons de vivre ou nos actions, ne concerne que nous-mêmes. Pour l'éthique minimale, la vocation de la morale n'est pas de régenter absolument tous les aspects de notre existence, mais d'affirmer des principes élémentaires de coexistence des libertés individuelles et de coopération sociale équitable.
>
> (Gallimard, 2007, « Folio essais », p. 195-199.)

SECTION 3. INDIVIDU ET LIBÉRALISME

Nos sociétés libérales sont jugées « individualistes », voire « hyper-individualistes ». Les propriétés de la subjectivité (possibilité de se connaître, de rester identique à soi, d'agir de façon rationnelle, cf. I, 2) constituent les assises de l'individualité. Mais **notre culture individualiste**, explorant les différentes facettes de la personnalité, **remet en cause la transparence à soi du sujet**. Ou bien ce sont les propriétés du sujet humain qui doivent être redéfinies ou réévaluées, ou bien l'individualisme contemporain repose sur autre chose que ce que la tradition définit comme « subjectivité ». L'individu est caractérisé par deux dimensions fondamentales : il est indivisible (du moins dans sa partie essentielle, le système nerveux central), et il est différent de tout autre. C'est la seconde détermination de la subjectivité que traduit le terme d'**individualité : identité à soi, permanence dans le temps, irréductibilité à tout autre individu**. Qu'est-ce qui permet à chacun de se saisir ou d'être saisi selon son originalité propre ? La notion d'individu a été promue par la modernité, de même que les idées libérales. **Le libéralisme** désigne d'abord, au sens philosophique, le postulat selon lequel **les êtres humains disposent de droits**, indépendamment de toute appartenance à la société – l'organisation politique n'a pour rôle que de les garantir. Le libéralisme est aussi une doctrine économique qui affirme l'**autosuffisance du marché** ; la recherche par chacun de son intérêt personnel assurant la réalisation de l'intérêt général, les rapports commerciaux ne requièrent pas de régulation extérieure. Le libéralisme désigne enfin la pensée politique selon laquelle **l'État doit être réduit à ses fonctions essentielles** (régaliennes : défense, police, justice) ; voire la doctrine selon laquelle l'État doit être tempéré dans ses fonctions, dans une logique de limitation des pouvoirs. L'individualisme pose l'individu comme fondement de la société : contrairement à la personne, définie par rapport aux autres, l'individualité est conçue comme une nature. Il convient d'interroger l'émergence et les avatars de ce « principe d'identité », et de comprendre comment il a pu à la fois justifier le libéralisme et paraître en résulter.

3.1. Des personnes non individualisées

Les sociétés pré-modernes, holistes, font prévaloir l'organisation de l'ensemble sur chacun de ses éléments. Dumont définit par opposition à nos sociétés modernes ces collectivités au sein desquelles la valeur est placée dans le tout (cf. II, 1 texte 7). Pour que l'individu soit valorisé, il faudra passer par l'étape d'une extériorisation : en définissant l'âme dans sa relation à Dieu, le christianisme place en quelque façon l'individu hors du monde. Si la pensée antique découvre l'interrogation sur l'esprit, et même sur la personne, elle reste largement étrangère aux notions de subjectivité et d'identité individuelle. La personnalité est la proie de forces qu'elle ne maîtrise pas : non seulement leur puissance la dépasse, mais encore elle éprouve le plus grand mal à les interpréter. Dans l'Antiquité, l'homme est distingué des bêtes, moins par son rapport à soi que par sa relation aux autres : il peut constituer des communautés. **Aristote considère que l'organisation humaine sous la forme d'ensembles politiques est un fait de nature** (*Les politiques*, I, 2). Dans cette perspective, la cité grecque, comme la famille et le village dont elle résulte, relèverait de la satisfaction des besoins naturels. Respectivement, on s'accouple pour se reproduire, on échange pour se nourrir, on se réunit pour se défendre. Ses facultés naturelles font de l'homme un être social : par exemple, son langage vise moins l'expressivité que le partage de notions morales. Et la moralité fonde moins la responsabilité personnelle que l'affirmation de valeurs communes. Aristote formule le principe anti-individualiste qui prévaudra jusqu'à la Renaissance : « le tout est antérieur à la partie ». On en trouve des échos chez Cicéron (cf. I, 2 texte 1), qui subordonne la dignité personnelle au respect des devoirs que l'homme libre a envers ses semblables. Certes, il existe des explorations de la subjectivité dans l'Antiquité ; par exemple, saint Augustin engage le lecteur de ses *Confessions* à méditer sur ses facultés, en se servant de l'une pour appréhender l'autre (texte 1). Mais c'est pour l'inviter à mesurer l'irréductible distance qui le sépare de l'être infini. L'être suprême reste le révélateur d'une **âme trop insuffisante à elle-même pour constituer une individualité**.

3.2. Genèse moderne de la notion

L'émergence de la notion d'individu est préparée par certaines valorisations du singulier aux dépens de la généralité des concepts. Guillaume d'Ockham, par exemple, au XIVe siècle, récuse le privilège que l'Antiquité avait attribué à l'universalité : « aucun universel n'est une substance existant hors de l'âme. » (*Somme de logique*, chap. 15, trad. J. Biard, TER, 1988, p. 51). Si les concepts généraux des substances n'existent que dans l'esprit, alors il n'y a rien de réel au-delà de l'être spécifié, particularisé. La promotion de l'individuel est assurée par l'exploration d'une intériorité psychologique. Les poètes de la Renaissance (notamment Dante et Pétrarque) découvrent entre leur moi tel qu'il s'inscrit dans la société et tel qu'ils l'appréhendent eux-mêmes une distance qu'ils expriment comme une sorte de détresse au monde. L'élection de la Dame contribue à la genèse de l'identité personnelle : Béatrice, Laure incarnent le regard pénétrant qui permet de consacrer une intériorité comme individualité. **Le moi n'est accessible, comme il n'est aimable, qu'indirectement** : c'est par une aberration que Narcisse croit saisir son image et la vénérer. La pensée de la Renaissance a radicalement modifié la conception de l'être connaissant. Englobant ce qui l'englobe, il est caractérisé comme miroir de la nature, ainsi que l'illustrent les célèbres images figurant des correspondances entre l'univers et le corps humain. La nature devient, à l'aube de l'époque moderne, un cadre vide, conçu comme un ensemble de fonctions. De même, au cours des XVe et XVIe siècles, la conscience se trouve libérée des forces mystérieuses, voire transcendantes, qui l'habitaient : dès lors, le sujet devient pour lui-même une tâche ; il peut constituer sa personnalité. Montaigne explicite dans plusieurs passages de ses *Essais* le souci de se consacrer à soi-même. Il ne s'agit pas encore au

XVIe siècle de se constituer ; il est question plutôt de s'accepter, de manifester des capacités de réserve et d'adaptation. Le sujet, comme en retrait de lui-même, peut alors se prêter à ses activités sans se réduire à tel ou tel de ses engagements (texte 2). **Les circonstances (« la fortune ») ont plus de part dans la configuration de notre individualité que nous-mêmes.** En le reconnaissant, nous sommes plus en conformité avec notre nature qu'en cherchant à déterminer notre essence. Loin d'être un abandon à l'extériorité, l'attitude de Montaigne vise à se mettre en adéquation avec le monde : il est superficiel, il se prête plus aux glissements qu'à la pénétration. Bien sûr, on peut se constituer son lot de sagesse, mais il risque de n'arriver que trop tard, au terme de la vie, lors même qu'il est devenu inutile. On ne peut accéder à la vérité de soi qu'au moment où s'achève notre expérience terrestre ; seul le masque mortuaire fait figure de visage vrai. **L'individu se conquiert dans le mouvement même par lequel il constate sa perte.** La notion d'individualité trouve son accomplissement chez Leibniz, qui la définit comme métaphysique. Le principe des indiscernables concerne en effet l'être même des choses : si deux réalités ne peuvent être distinguées, alors elles sont identiques. Par suite, deux entités, du fait même de leur dualité (en deux endroits différents, par exemple), sont nécessairement singularisées par quelque propriété qui les individualise. Pour Leibniz, chaque substance (au premier chef le sujet conscient), pour exister, doit être complète ; c'est-à-dire qu'elle comprend dans sa notion tout ce qui permet de la définir et de la distinguer de toute autre. Elle est douée d'une richesse de qualités qui non seulement interdit de la confondre avec d'autres, mais lui permet encore de se découvrir elle-même.

3.3. Les risques d'une scission intérieure

Alors même qu'elle devient un objet d'investigation, cette riche unité intérieure se révèle fuyante. Pascal remarquait déjà qu'« il n'y a point d'homme plus différent d'un autre que de soi-même dans les divers temps » (*Œuvres II*, Pléiade, 2000, p. 174). Les temps modernes, entre le XVIIe et le XXe siècle, développent chez l'individu le sentiment d'une diversité d'aspects de son intériorité. Le détour de l'œuvre constitue un moyen pour tenter de saisir le moi qui paraît échapper à toute description. « Voyons si, en faisant mon examen de conscience la plume à la main, j'arriverai à quelque chose de *positif* et qui reste *longtemps vrai* pour moi. » (Stendhal, *Souvenirs d'égotisme*, 1832, 1893, *Œuvres intimes*, Pléiade, 1955, p. 1427). L'écriture de sa propre vie a lieu sous certaines conditions : un pacte avec le lecteur, devant épouser en quelque sorte la démarche de l'auteur ; un effort pour s'adonner à la tâche pénible de l'introspection, une hypothèse de publication posthume. Ainsi la vérité de soi n'est-elle supposée accessible qu'à terme, et encore. Les confessions avaient pour Augustin une vocation d'édification ; chez Rousseau, elles veulent constituer une réhabilitation (elles ont encore une fonction morale et sociale) ; avec Stendhal, l'individu est seul face à lui-même : il ne s'agit que de s'identifier. Le XIXe siècle destitue la conscience de sa transparence à elle-même ; est mise en évidence **l'action de forces profondes, intérieures à l'individu sans lui être manifestes, qui peuvent prendre la forme d'une entité différenciée**, voire d'une personnalité. Cette altération de soi peut prendre la forme pathologique de l'autoscopie, vision ou perception de soi comme un autre. Chez Musset, l'autre soi est présenté comme un compagnon éphémère de différents moments de la vie. La poésie permet de donner une unité à ces visions, de les interpréter, de les apaiser (texte 3). Maupassant a décrit presque mécaniquement l'envahissement de l'individu par son double dans *Le Horla* (seconde version 1887, *Contes et nouvelles II*, Pléiade, 1979, p. 913-938). Le narrateur prend successivement toutes les mesures pour échapper à cette présence ressentie comme la plus grande menace. Après avoir incendié son domicile, il songe au suicide pour échapper à cette négation d'être que constituerait l'objectivation de soi. **Poursuivant l'exploration de l'individualité, la littérature fantastique ne cesse d'en redécouvrir la divisibilité.** Stevenson relate l'expérience d'un médecin qui parvient à traduire physiquement sa schizophrénie. Puisqu'il donne à la dualité de sa nature un sens moral, la créature qu'il engendre au moyen d'un procédé biochimique (Mr Hyde) est un être maléfique. Dans la « confession du Dr Jekyll » (texte 4), celui-ci inscrit son projet dans une histoire (certains ont pu charger d'autres de leurs crimes) et dans une prospective : on pourra sans doute découvrir d'autres personnalités intérieures à un même sujet. La continuité qui permet d'identifier quelqu'un n'apparaît que sur fond de différences. L'individu, constamment intérieur à lui-même, fait beau jeu, lorsqu'il s'analyse, de son identité à soi. Oscar Wilde présente Dorian Gray, qui a réussi à dissocier son apparence (restant alors inchangée) de ses aspirations profondes (rendant son portrait hideux). Il souligne combien il trouve étroites les conceptions qui prêtent au moi une stricte unité (*Le portrait de Dorian Gray*, 1891, in *Œuvres*, Pléiade, 1996, p. 485). Voulant maîtriser, comme Jekyll, son identité en se départissant de certains de ses éléments, le jeune dandy finit également par être victime de lui-même : on le retrouve mort après qu'il a voulu assassiner son portrait, comme Jekyll périt de vouloir éliminer Hyde. L'unité qui définit un individu doit être saisie par autrui plutôt que par soi. Les auteurs du XXe siècle expriment l'opacité à soi, l'altérité intérieure comme constitutive de leur personnalité. C'est la recherche d'unité, de transparence, qui serait désormais déplacée. Le « je » apparaît comme en retrait de sa propre vie (Michaux, texte 5) ; cette extériorité peut même prendre la forme d'un exil volontaire (Robin, texte 7). **Du regard porté sur soi naît désormais une hétérogénéité vagabonde plutôt que la certitude d'une unité fondatrice.**

3.4. L'individu et la société

Pour le sujet, la liberté est conçue comme soumission à une autorité, tandis que pour l'individu, elle se manifeste comme exigence d'indépendance (Renaut, texte 10). La logique de la subjectivité est celle d'une promotion à la socialité ; tandis que l'individualisme correspond à une différenciation sans cesse accrue. Il convient donc de **réhabiliter la notion de sujet à l'encontre de la dérive individualiste qui l'a indûment isolé de la collectivité humaine**. À l'extrême, l'individu ne veut rien devoir à personne, et fonder tous ses titres sur ses seules revendications (cf. Stirner, *L'unique et sa propriété*, 1844). En tant qu'unique, il cultive le fantasme d'une illusoire indépendance à l'égard du monde, et n'accepte rien de l'extériorité, sinon comme don, voire comme dû. Source d'inspiration des anarchistes, Stirner s'affranchit radicalement du libéralisme, dans la mesure où il conçoit abusivement l'individu comme séparé du contrat qui a fait de lui un citoyen. Mais, puisqu'il ne peut s'instituer lui-même, sauf à se découvrir autre, l'individu doit pourtant prendre acte de sa dépendance à l'égard de l'instance qui le promeut. On a pu soutenir que la constitution même de l'individualité ne relèverait que de la fiction. Si la socialité est la première et seule réalité, elle réduit l'idée d'individu à une abstraction (cf. Auguste Comte *Discours sur l'esprit positif*, 1844, in *Œuvres*, tome XI, Appendice, p. 74). Certes, le sujet est constitué par son appartenance à une communauté, jusque dans son originalité. Inversement, toute collectivité n'est composée que de sujets. L'identité individuelle est un produit de la société dans laquelle elle émerge. **L'indépendance résulte en effet de liens, comme l'individu peut être compris au sein d'un réseau.** Le sociologue Norbert Elias (texte 6) montre que les réseaux mobiles et souples définissent des perspectives de décision pour les individus : seul l'ensemble des options est conditionné absolument par la structure sociale. L'évolution de la civilisation occidentale moderne a conduit à donner aux sujets un rôle de plus en plus déterminant. La « civilisation » des mœurs, d'abord au sein de la cour, conduit à valoriser les personnalités, qui en viennent à se distinguer comme « individualités ». Michel Foucault met en évidence dans son *Histoire de la sexualité* (1976-1984) des manifestations individualistes : valorisation de la vie privée, intensité des rapports à soi. Nos sociétés sont facteur d'individualisation : elles manifestent un « processus de personnalisation », selon l'expression de Gilles Lipovetsky (*L'ère du vide*, Gallimard, 1983). **Chacun est conduit par les pratiques sociales à épouser le narcissisme ambiant.** Nos mœurs semblent pousser à son paroxysme l'individualisme. Nous sommes déterminés à constituer nous-même notre propre singularité et à manifester cette constitution (Ehrenberg, texte 11). Portés par le mouvement d'une déchéance générale des valeurs, nous clamons que nous n'avons pas d'autre certitude que nous-même. Là réside le **dernier refuge de nos convictions : la fragile vérité de soi-même.** Pourtant, il ne s'agit pas seulement de témoigner en face des autres dans une attitude sincère. Il est de mise, en visant l'authenticité, de manifester la correspondance entre une identité supposée profonde et ses expressions propres. En d'autres termes, il est question d'abolir la distance entre l'individu et lui-même. L'individu risque pourtant d'échouer à concilier les différentes propriétés qui sont à l'origine même de sa définition. Il ne peut se rendre transparent ni aux autres, ni à lui-même ; au demeurant, en se singularisant, il se conforme encore à une norme commune. Tout en **valorisant l'individualité, nous réduisons la part accordée par chacun à son opacité intérieure.** La modernité politique s'accomplit moins en un humanisme du sujet qu'en un individualisme, qui constitue la forme sociale du libéralisme.

3.5. Les avatars du libéralisme

La pensée libérale prend son origine dans l'idée que les droits individuels (au premier rang desquels la liberté) préexistent à la société. Pour Locke (*Second Traité du gouvernement civil*, 1690), à l'inverse de Rousseau, le contrat ne fonde pas les droits, mais il ne fait que leur donner une garantie politique (cf. Chapitre III, 3.2.) Par exemple, la propriété est un droit naturel, qui résulte du pouvoir reconnu à l'être humain sur les produits de son travail. Pourtant, cette version libérale du pacte étatique ne va pas de soi : comment penser des individus indépendants de tout ordre social, sinon à titre hypothétique ? Hobbes a procédé à une naturalisation de la violence constitutive de l'ordre politique afin de légitimer l'obéissance au souverain, que ni la grâce ni la connaturalité des hommes ne pouvaient plus justifier. **Le libéralisme philosophique consiste à prendre l'individualité**

pour une donnée absolue, afin de justifier la limitation du pouvoir sur les sujets. Le projet politique est par suite subordonné au respect des individus dont il émane. Mais concevoir des citoyens indépendamment du pacte qui les institue dans leurs droits conduit à l'idée contradictoire d'une autonomie absolue, qui revient à dissocier les droits subjectifs (les prérogatives personnelles) des individus des droits objectifs (leur formulation légale) qui les fondent. **L'individualisme revendique** par suite **des droits personnels de plus en plus nombreux**. Il s'agit d'abord de droits civils (droit de posséder, de contracter, d'échanger, de choisir sa confession, son conjoint et ses mœurs), auxquels s'ajouteront des droits économiques et sociaux, voire des droits de troisième génération (dits de solidarité : droit à l'environnement, à la paix, au développement). Dès lors, la tendance de l'individualisme consiste à multiplier les attributions qui permettent à chacun de se différencier des autres par ses choix. Pierre Rosanvallon présente le libéralisme économique comme une voie alternative au contrat social pour instituer de façon laïque une société. Le marché permet de penser les rapports effectifs entre les nations et entre les individus : le commerce leur impose des relations normées, à tendance pacifique. En supposant un espace homogène dans lequel le marché peut indéfiniment se déployer, **le libéralisme conduit à une déterritorialisation de l'économie** (texte 8). Dans son versant politique, le libéralisme, qui tend justement à réduire l'importance de la politique, constitue une idéologie. Cette alliance des aspects économique et politique du libéralisme méconnaît son fondement philosophique ; la souveraineté de l'individu. D'ailleurs, la tradition libérale française, si elle ne fait pas droit à l'esprit pluraliste qui trouve son origine chez Locke, se montre plus sensible au rôle dévolu aux institutions dans la défense des individus. C'est ce que montre Lucien Jaume (texte 12). Les libéraux français sont inspirés d'une philosophie politique plutôt que d'une conception de l'économie. Reste que le libéralisme attribue aux individus une multiplicité de fonctions dont il n'est pas sûr qu'ils disposent des moyens de les accomplir.

Ainsi, par opposition à la personne, définie devant les autres, au sujet, défini par lui-même en fonction d'une constitution fondatrice, l'individu est caractérisé par son unité et son unicité. Ces propriétés n'ont été reconnues au sujet humain qu'au cours de la période moderne. Elles sont mises en valeur par **le libéralisme**, qui **suppose une société atomisée et des personnes fondant leurs entreprises sur leur créativité**. Pourtant, à trop attribuer de prérogatives aux individus, on s'expose au risque de dispenser les sujets de se penser comme membres d'une communauté. **L'individu est une notion descriptive ; elle pâtit donc d'être érigée en concept normatif.** À l'inverse, le sujet est toujours envisagé dans la pluralité de ses dimensions, dans son irréductibilité à un donné. Il peut donc être périodiquement redéfini, à la faveur de sa propre opacité. Le libéralisme promeut l'individualisme ; mais ce dernier ne s'oppose pas nécessairement aux institutions. En effet, d'une part les libéraux français défendent l'étatisme, d'autre part le succès de l'économie de marché s'est fait aux dépens de la collectivisation des moyens de production bien plus qu'à l'encontre de l'autorité de l'État. Encore aujourd'hui, le triomphe de l'économie libérale doit autant à la définition de nouvelles formes de régulation qu'aux dérégulations accomplies dans les années 1980. Pas plus que d'autres doctrines, le libéralisme ne peut passer outre les contradictions fondatrices de toute politique : comme le montre Pierre Manent (texte 9), il s'appuie sur un **postulat contestable, celui d'un individu indépendant de la société** ; il se déploie dans une histoire qui témoigne de ses antagonismes autant que de sa fécondité.

Textes

– Texte 1 –

■ Saint Augustin, *Les confessions* (vers 397-400)

Je voudrais que les hommes considérassent attentivement en eux-mêmes ces trois choses, l'être, le connaître, et le vouloir. Je sais bien qu'elles sont très éloignées et très différentes de la sainte Trinité : mais je les propose seulement afin qu'ils s'exercent à les méditer, et qu'ils découvrent et reconnaissent la distance infinie de cette imparfaite copie avec son divin original. Qu'ils considèrent donc en eux l'être, le connaître, et le vouloir. Car je suis, je connais, et je veux. Je suis ce qui connaît et ce qui veut : je connais que je suis et que je veux ; et je veux être et connaître. [...] Que chacun prenne donc garde à ce qui se passe dans lui, qu'il le considère, et qu'il me le dise.
Mais lorsqu'il aura fait quelque considération et quelques réflexions sur ce sujet, qu'il ne s'imagine pas pour cela d'avoir compris quelle est cette essence immuable si élevée au-dessus de tout ce qui est, et qui est immuablement, qui connaît immuablement, et qui veut immuablement. [...]
Et moi-même souvent je m'écrie : « Où êtes-vous, mon Dieu, où êtes-vous ? » Et je respire un peu en vous, lorsque mon âme se répand en elle-même par la joie qu'elle ressent de confesser votre grandeur, et de publier vos louanges. Mais elle ne laisse pas d'être encore triste, parce qu'elle retombe bientôt dans ses faiblesses et qu'elle devient un abîme, ou pour mieux dire, elle connaît qu'elle est encore un abîme. [...] Espère en Dieu. Je me tiendrai présent, Seigneur, devant vous au point du jour, et en contemplant vos grandeurs je les publierai sans cesse : je me tiendrai devant vous au point du jour, et ainsi je verrai mon Dieu, le Dieu de mon salut, qui a vivifié nos corps mortels par le Saint-Esprit qui habite en nous, et qui par sa miséricorde était porté sur les replis les plus cachés de nos âmes toutes ténébreuses et toutes flottantes.
(Trad. A. d'Andilly établie par O. Barenne, de la Bibliothèque de la société de Port-Royal, XIII, 11 et XIII, 14, Gallimard, coll. « Folio », 1993, p. 504-505 et 508-509.)

– Texte 2 –

■ Montaigne, *De ménager sa volonté* (vers 1586)

Autant que je puis, je m'emploie tout à moi ; et en ce sujet même, je briderais pourtant et retiendrais volontiers mon affection qu'elle ne s'y plonge trop entière, puisque c'est un sujet que je possède à la merci d'autrui, et sur lequel la fortune a plus de droit que je n'ai. [...]
Mais aux affections qui me distraient de moi et attachent ailleurs, à celles-là certes m'opposé-je de toute ma force. Mon opinion est qu'il se faut prêter à autrui et ne se donner qu'à soi-même. [...] J'ai assez affaire à disposer et ranger la presse domestique que j'ai dans mes entrailles et dans mes veines, sans y loger, et me fouler d'une presse étrangère ; et je suis assez intéressé de mes affaires essentielles, propres et naturelles, sans en convier d'autres étrangères. Ceux qui savent combien ils se doivent et de combien d'offices ils sont obligés à eux-mêmes, trouvent que nature leur a donné cette commission assez entière et nullement oisive. Tu as bien largement affaire chez toi, ne t'éloigne pas. [...]
Je me tiens sur moi, et communément désire mollement ce que je désire, et désire peu ; m'occupe et m'embesogne de même ; rarement et tranquillement. Tout ce

qu'ils veulent et conduisent, ils le font de toute leur volonté et véhémence. Il y a tant de mauvais pas que, pour le plus sûr, il faut un peu légèrement et superficiellement couler ce monde. Il le faut glisser, non pas s'y enfoncer. […]
Celui-ci, sachant exactement ce qu'il se doit, trouve dans son rôle qu'il doit appliquer à soi l'usage des autres hommes et du monde, et, pour ce faire, contribuer à la société publique les devoirs et offices qui le touchent. Qui ne vit aucunement à autrui, ne vit guère à soi. « Sachez que quand on est ami de soi-même on est ami de tout le monde. » (Sénèque) La principale charge que nous ayons, c'est à chacun sa conduite, et c'est ce pour quoi nous sommes ici. […]
J'ai pu me mêler des charges publiques sans me départir de moi de la largeur d'un ongle, et me donner à autrui sans m'ôter à moi. […]
Il ne faut pas se précipiter si éperdument après nos affections et intérêts. Comme, étant jeune, je m'opposais au progrès de l'amour que je sentais trop avancer sur moi, et veillais à ce qu'il ne me fut si agréable qu'il vint à me forcer enfin et captiver du tout à sa merci, j'en use de même à toutes autres occasions où ma volonté se prend avec trop d'appétit : je me penche à l'opposé de son inclination, comme je le vois se plonger et enivrer de son vin ; je me garde de nourrir son plaisir si avant que je ne l'en puisse plus ravoir sans perte sanglante. […]
Moi qui m'en vais, donnerais facilement à quelqu'un qui vient, ce que j'apprends de prudence pour le commerce du monde. Moutarde après dîner. Je n'ai que faire du bien duquel je ne puis rien faire. À quoi bon la science à qui n'a plus de tête ?
(In *Essais*, III, 10, in *Œuvres complètes*, éd. A. Thibaudet et M. Rat, orthographe et lexique modernisés, Gallimard, coll. « Bibliothèque de la Pléiade », 1962, p. 980, 981, 982, 984, 985, 986, 987, 991-992, éd. P. Villey, PUF, 1924, rééd. coll. « Quadridge », 1992, p. 1003-1009, 1010, 1014.)

– Texte 3 –

■ Alfred de Musset, *La nuit de décembre* (1835)

Qui donc es-tu, toi que dans cette vie,
Je vois toujours sur mon chemin ?
Je ne puis croire, à ta mélancolie,
Que tu sois mon mauvais Destin.
Ton doux sourire a trop de patience,
Tes larmes ont trop de pitié.
En te voyant, j'aime la Providence.
Ta douleur même est sœur de ma souffrance ;
Elle ressemble à l'Amitié. […]

Qui es-tu donc, spectre de ma jeunesse,
Pèlerin que rien n'a lassé ?
Dis-moi pourquoi je te trouve sans cesse
Assis dans l'ombre où j'ai passé.
Qui es-tu donc, visiteur solitaire,
Hôte assidu de mes douleurs ?
Qu'as-tu donc fait pour me suivre sur terre ?
Qui donc es-tu, qui donc es-tu, mon frère,
Qui n'apparais qu'au jour des pleurs ?

■ *La vision*
– Je ne suis ni dieu ni démon,
Et tu m'as nommé par mon nom,
Quand tu m'as appelé ton frère ;
Où tu vas, je serai toujours,
Jusques au dernier de tes jours,
Où j'irai m'asseoir sur ta pierre.

Le ciel m'a confié ton cœur,
Quand tu seras dans la douleur,
Viens à moi sans inquiétude.
Je te suivrai sur le chemin ;
Mais je ne puis toucher ta main,
Ami, je suis la Solitude.
(In *Poésies complètes*, Gallimard, coll. « Bibliothèque de la Pléiade », 1957, p. 313 et 315.)

– Texte 4 –

■ Robert Louis Stevenson, *Le cas étrange du Dr Jekyll et de Mr Hyde* (1886)

De jour en jour, et par les deux côtés de mon intelligence, le moral et l'intellectuel, je me rapprochai donc peu à peu de cette vérité, dont la découverte a entraîné pour moi un si terrible naufrage : à savoir que l'homme en réalité n'est pas un, mais bien deux. Je dis deux, parce que l'état de mes connaissances propres ne s'étend pas au-delà. Mais d'autres viendront après moi, qui me dépasseront dans cette voie ; et j'ose avancer l'hypothèse que l'on découvrira finalement que l'homme est formé d'une véritable confédération de citoyens multiformes, hétérogènes et indépendants. [...] Des hommes, jadis, prenaient à gages des spadassins pour exécuter leurs crimes, tandis que leur propre personne et leur réputation demeuraient à l'abri. Je fus le tout premier qui en agit de la sorte pour ses plaisirs. [...]
Cette partie de moi-même que j'avais le pouvoir de projeter au-dehors, avait en ces temps derniers pris beaucoup d'exercice et de nourriture ; il me semblait depuis peu que le corps d'Edward Hyde augmentait de taille et que j'éprouvais, sous cette forme, un afflux de sang plus généreux. [...] Tandis qu'au début la difficulté consistait à dépouiller le corps de Jekyll, elle s'était depuis peu, par degrés mais de façon indiscutable, reportée de l'autre côté. Tout donc semblait tendre à cette conclusion : savoir, que je perdais peu à peu la maîtrise de mon moi originel et supérieur, pour m'identifier de plus en plus avec mon moi second et inférieur. Entre les deux, je le compris alors, il me fallait opter. [...] Il advint de moi, comme il advient de la plupart de la plus grande majorité de mes frères humains, que je choisis le meilleur rôle mais que je manquai finalement d'énergie pour y persévérer.
(Trad. T. Varlet, Flammarion, coll. « GF », 1994, p. 117-118, 124, 131.)

– Texte 5 –

■ Henri Michaux, *La nuit remue* (1932)
Tu t'en vas sans moi, ma vie.
Tu roules,

Et moi j'attends encore de faire un pas.
Tu portes ailleurs la bataille.
Tu me désertes ainsi.
Je ne t'ai jamais suivie.
Je ne vois pas clair dans tes offres.
Le petit peu que je veux, jamais tu ne l'apportes.
À cause de ce manque, j'aspire à tant.
À tant de choses, à presque l'infini…
À cause de ce peu qui manque, que jamais tu n'apportes.
(Gallimard, coll. « Poésie », 1967, p. 88.)

– Texte 6 –

■ Norbert Elias, *La société des individus* (1939)

Les uns disent : « Tout dépend des individus. » Les autres disent : « Tout dépend de la société. » Les uns disent : « Mais ce sont toujours et exclusivement des individus isolés qui décident de faire ou de ne pas faire telle ou telle chose. Les autres disent : « Mais les décisions des individus sont conditionnées par la société. » Les uns disent : « Mais ce que vous appelez "conditionnement social" de l'individu provient uniquement de ce que d'autres individus veulent et font quelque chose. » Les autres répondent : « Mais ce que les autres individus veulent et font est à son tour conditionné socialement. »

Répétons-le : un homme qui ne grandirait pas dans le cadre d'une société humaine ne parviendrait jamais à ce type d'individualité, pas plus qu'un animal. Seul le long et difficile ciselage de ses fonctions psychiques par le rapport avec les autres confère à sa commande de son comportement la forme unique caractéristique de l'individualité spécifiquement humaine. Seul le modelage social fait que se développent aussi chez l'individu, dans le cadre de caractères typiquement sociaux, les traits et les comportements par lesquels l'individu se distingue de tous les autres représentants de sa société. *La société n'est pas seulement le facteur de caractérisation et d'uniformisation, elle est aussi le facteur d'individualisation.*
(In *La société des individus*, Fayard, 1991, rééd. Pocket, p. 65, 70, 71, 91, 97, 103.)

– Texte 7 –

■ Armand Robin, *Ma vie sans moi* (1968)

Me chassant de pays en pays, j'ai cherché dans toutes terres des complices pour m'aider durement à m'exiler ; hôte sauvagement ingrat, j'ai prié les vents qui m'accueillaient de me porter vers des orages où me sentir flottant et menacé.
Je serai pour toute ère un étrange étranger :
J'aurai passé mes jours à supprimer ma vie.
(Gallimard, coll. « Poésie », 1970, p. 164.)

– Texte 8 –

Pierre Rosanvallon, *Le libéralisme économique. Histoire de l'idée de marché* (1979 et 1989)

Le fantasme universaliste, autrefois vécu dans l'image de la chrétienté, retrouve avec Smith un nouveau visage et un nouvel élan sur un mode radicalement laïcisé.

[...] La territorialisation du monde occidental s'était en effet effectuée avec l'émergence des États-nations. Cette territorialisation exprimait alors une forme nécessaire d'émancipation du politique vis-à-vis du religieux dans un monde dominé par une culture chrétienne politiquement liée à la forme diffuse de l'empire. L'autonomisation du politique ne pouvait ainsi se réaliser qu'en édifiant de petits espaces clos dans un monde globalement ouvert. [...]
Le libéralisme comme idéologie de la société de marché s'affirme ainsi dans le combat pour déterritorialiser l'économie et construire un espace fluide et homogène, structuré par la seule géographie des prix. Il s'agit donc de briser le territoire, de le dépolitiser au sens fort du terme. Mais comment faire ? La solution libérale est simple. Elle consiste à prôner une privatisation générale du territoire pour le morceler en une mosaïque de propriétés individualisées. Cette solution est d'ailleurs en accord avec la théorie de la propriété développée depuis Locke : l'affirmation des droits de l'individu est indissociable de son droit à la propriété. Dire individu et dire propriété, c'est au fond la même chose. C'est pourquoi l'ouverture de l'espace économique et la clôture de l'espace juridique vont de pair.
(Seuil, 1979, rééd. coll. « Points », 1989, p. 94 et 107.)

– Texte 9 –

Pierre Manent, *Histoire intellectuelle du libéralisme* (1987)

Donc, ne pouvant se créer de ses propres mains, l'homme se divise, il donne mission à sa nature de créer sa souveraineté, à celle-ci de créer ou recréer celle-là. Présupposant l'« état de nature » ou la société qui doit le créer, il s'est toujours déjà créé puisqu'il vit dans un corps politique ; affirmant sa souveraineté, celle de l'« État », il continue de se créer ou de se recréer à chaque instant, puisqu'il donne des ordres, des lois, à sa nature, à la société. [...]
Le ressort du mouvement historique moderne apparaît donc double : le désir naturel, et le projet d'échapper au pouvoir politique d'une religion qui se donne comme révélée ; le désir non moins naturel, et le projet d'échapper au dispositif qu'il a conçu et réalisé pour satisfaire le premier désir, accomplir le premier projet. [...]
L'accentuation de l'un des termes, de la nature ou de la loi, de la société ou de l'État, du représenté ou du représentant, finit par manifester, après un temps d'illusion « libérale » ou « étatique », que la division est toujours présente, que l'on est toujours incapable de la surmonter. En construisant une loi qu'il veut souveraine absolue de la nature, mais qui ne doit et ne peut trouver ses motifs qu'en celle-ci [...] le dispositif moderne rend la loi de plus en plus unique souveraine, la nature de plus en plus libre, mais l'une et l'autre de plus en plus faibles, jusqu'à ce que la nature et la loi ne soient plus occupées qu'à s'ôter l'une à l'autre leur force respective.
(Calmann-Lévy, 1987, rééd. coll. « Pluriel », 1997, p. 246-248.)

– Texte 10 –

Alain Renaut, *L'ère de l'individu* (1989)

Alors que la notion d'autonomie admet parfaitement l'idée d'une soumission à une loi ou à une norme dès lors qu'elles sont librement acceptées (le schème contractualiste exprimant précisément cette soumission à une loi que l'on s'est soi-même donnée), l'idéal de l'indépendance, tendanciellement, ne s'accommode plus d'une telle limitation du Moi et vise au contraire l'affirmation pure et simple du Moi comme valeur imprescriptible. À la normativité auto-fondée de l'autonomie, tend alors à se substituer un pur et simple « souci de soi ». Corrélativement, à la communication ou au *consensus* autour de normes partagées, tend à se substituer la scission du public et du privé, avec cette valorisation des bonheurs privés et cette désertion parallèle de l'espace public que décrit si bien Tocqueville.

Une telle distinction entre humanisme (valorisation de l'autonomie) et individualisme (valorisation de l'indépendance) permet alors de formuler une hypothèse nouvelle sur ce qui se serait accompli au sein de l'histoire de la subjectivité. [...] Simplement, dans le cadre défini par cette irruption des valeurs nouvelles de la subjectivité et de l'autonomie, il se pourrait que la logique de la modernité, s'il en est une, se soit dessinée comme celle de la substitution progressive et différenciée de l'*individualité* à la *subjectivité*, avec pour corollaire le déplacement d'une éthique de l'autonomie vers une éthique de l'indépendance. Certes l'individu reste une figure du sujet, en ce sens, il faut y insister, que sont requises, pour que l'individualisme puisse se développer, des conditions qui sont bien celles de la modernité, à savoir l'installation de l'homme comme « valeur propre » dans un monde non intrinsèquement hiérarchisé : aussi l'individualisme constitue-t-il assurément, lui aussi, une figure, ou un moment de l'humanisme moderne. [...]

Plus précisément, avec l'idée même de normativité et celle d'intersubjectivité (comme accord autour de normes communes, si l'on veut : comme *culture*), ce que sape l'individualisme en faisant disparaître toute autre valeur que celle de l'affirmation du Moi, c'est fondamentalement et paradoxalement (puisqu'il en procède) l'idée d'autonomie : la perspective d'une soumission à des lois que je me suis *moi-même* données suppose en effet la possible référence à une telle ipséité du *moi-même*, posée comme distincte de ce qui, en moi, s'y soumet ; l'idéal d'autonomie qui définit l'humanisme requiert donc la définition en moi d'une part d'humanité *commune*, irréductible à l'affirmation de ma seule singularité, – ce que justement, par définition, l'individualisme nie en posant qu'il n'est que des différences irréductibles.
(© Éditions Gallimard, p. 56, 58, 59.)

– Texte 11 –

Alain Ehrenberg, *Le culte de la performance* (1991)

L'individualisme est moins un retour au sujet que l'aspect le plus visible d'un changement global de la relation à l'égalité dans la société française. La nouveauté est l'exigence sociale, valable désormais pour tous – et non admise par tous, ce qui est un autre problème –, de se comporter en individus ; la nouveauté est ce processus impersonnel, ce mode de socialisation qui pousse chacun à se rendre visible et le contraint à l'autonomie. Ce changement global est le corrélat de trois déplacements qui ont modifié les représentations que la société française se donne d'elle-même, ces techniques d'exercice du pouvoir et sa culture politique. Il correspond d'abord à l'effondrement de la représentation de la société en termes de classes sociales qui avait été amorcée dans la vie privée par la consommation de masse grâce à la croissance d'après-guerre et à la généralisation de l'État-providence. La société pensée comme rapport entre le bas et le haut se vide progressivement de son sens et perd de sa légitimité au profit d'autres modes de hiérarchisation entre les individus que ceux de la seule appartenance sociale. Ensuite, il accompagne le recul de l'assujettissement disciplinaire qui enfermait les individus à une place et les individualisait comme nombres interchangeables au profit de modes d'exercice du pouvoir qui passent par le challenge permanent et la mise en avant de la singularité de chacun. Enfin, il prend la place laissée vacante par l'effondrement des diverses politiques de l'émancipation collective et de leur utopie de la société réconciliée avec elle-même (société assurancielle, société sans classes, etc.) au profit de celles qui consistent à se produire soi-même dans un projet personnel. [...]

Chacun doit vivre sa vie et la réussir puisqu'elle est sans au-delà politique ou religieux. La stratégie familiale type se caractérisait traditionnellement par une ascension sociale lente et l'accumulation patiente d'un patrimoine à transmettre ; son échelle temporelle se déroulait sur deux ou trois générations (père ouvrier, fils instituteur, petit-fils ingénieur, par exemple). Elle devient insatisfaisante et recule devant la norme de réussir vite et jeune parce que la sécularisation de l'existence rétrécit notre expérience du temps. L'égalité d'aujourd'hui n'a de sens que dans le temps court d'une vie humaine.

L'aventure entrepreneuriale de l'individu-trajectoire est la synthèse de ces déplacements. En faisant de l'entreprise une communauté d'appartenance et du travail un moyen de s'épanouir, elle prolonge dans la vie publique la mythologie de l'autoréalisation qui était auparavant promue dans le seul registre de la vie privée à l'égard des classes moyennes, et sous le mode d'une compensation, par la consommation. Là réside l'essentiel : dans ce processus continu et croissant d'interprétation entre les activités et les normes relevant traditionnellement de la vie privée et celles qui gouvernent la vie publique. L'individu est seulement l'écume de cette double transformation des rapports entre le public et le privé, il est son apparence. [...]

L'héroïsme de masse devient le mode d'action de chacun lorsque les derniers grands repères collectifs qui nous donnaient une vision claire de l'avenir se sont effondrés et lorsque la politique n'est plus capable de prendre en charge à elle seule la providence. *Il est le style de la certitude quand il n'y a plus de certitude*, quand nous n'avons plus que nous-mêmes pour nous servir de référence. Bref, quand, contraint d'intégrer l'incertain en nous, nous devenons note propre transcendance, mais sans les garanties qu'elle procurait auparavant. Qu'est-ce que l'individu ? Une incertaine transcendance.

(© Calmann-Lévy, p. 280-281, 286-287.)

– Texte 12 –

Lucien Jaume, *L'individu effacé ou le paradoxe du libéralisme français* (1997)

Faut-il renverser les institutions de l'Empire, les fameuses « masses de granit », ou faut-il les garder en les *libéralisant* ? Telle est la question qui court sans cesse au sein de ce que nous appellerons la mouvance libérale, aussi divisée soit-elle sur des questions comme : l'enseignement, la centralisation, la presse, le jury, la justice et son Conseil d'État. Faut-il admettre un droit de l'individu, et notamment le droit de juger de son droit, face au pouvoir politique et administratif – ou faut-il, plutôt, envisager les libertés du point de vue de la puissance publique, comme autant de limitations que, par bénévolence, elle s'inflige ? Mais, à travers toutes ces interrogations, on retrouvera la même alternative, tantôt clairement formulée, tantôt obscurément ressentie : privilégier l'individu, jusqu'à, éventuellement, un libéralisme du sujet (Mme de Staël), assujettir l'individu à un esprit de corps qui le discipline (point de

> départ de Guizot). Le libéralisme français a, très majoritairement adopté la seconde voie, celle d'un libéralisme par l'État, et non contre ou hors l'État.
> (Fayard, 1997, p. 11.)

SECTION 4. LA RATIONALITÉ ET SES DOUTES

Nous avons façonné le monde dans lequel nous vivons en le rationalisant. Les paysages naturels ont été transformés par la technique. Nous comprenons nos relations en fonction de principes abstraits dont on s'efforce de rendre les implications administratives cohérentes. On entend fréquemment des « appels à la raison » visant à réglementer et modérer nos conduites et nos découvertes. Pourtant, alors même que nous nous reconnaissons héritiers de « l'esprit cartésien » foncièrement rationnel, l'étiquette de « rationaliste » paraît désormais dater. **La raison est une propriété humaine fondamentale, c'est un idéal qui commande une attitude, c'est une méthode d'investigation. Faculté des principes**, elle apparaît comme la principale de nos attributions intellectuelles. Le début de l'évangile de Jean peut être traduit par : « au commencement était le Verbe » ou par « au principe est la raison ». Parce que la **rationalité** est **originelle**, elle est **déterminante** : si on se place à la racine, « ce qui est premier » signifie « ce qui gouverne », car ce qui vient après en dépend. Certes, la raison se « dit » toujours ; elle s'inscrit dans des formules. Mais elle a vocation à conditionner tout discours sensé. S'exprimant par le langage, elle veut pourtant le structurer. L'histoire des conceptions de la raison est travaillée par la question cruciale de la fondation : la faculté propre à produire toutes nos lois devrait s'auto-légitimer. Quels que soient les avatars de cette quête fondatrice, **la rationalité** s'est toujours présentée sous la **double forme de la pensée correcte, normative et de la pensée normée, calculatoire**. Elle procède d'une formalisation qu'on peut imposer au discours soit comme rapport de l'esprit aux idées, soit comme relation réglée entre des éléments articulés. Dans le premier cas, la raison intuitive se donne comme fondement de l'adéquation entre notre intellect et les objets du monde. Selon la seconde perspective, la raison démonstrative organise et hiérarchise les termes de notre discours. La rationalité entend d'abord **rendre intelligible notre expérience à partir de principes antérieurs** à celle-ci. Corrélativement, le rationalisme fait ensuite correspondre ses constructions *a priori* à un ordre des choses soit idéal, soit donné, soit construit au cours du progrès historique. La raison est affectée d'une première inquiétude, en ce qu'elle se trouve ébranlée par la remise en cause des valeurs universelles depuis le XIXe siècle (cf. V, 1) : on ne la conçoit plus comme fondement originaire. Dans un de ses principaux domaines d'application, la science, elle voit au XXe siècle ses lois fondamentales (le principe de contradiction, le principe de causalité) discutées et relativisées (cf. VII, 1). Pouvoir de généralisation, la raison relie et abstrait : n'est-elle pas **excessivement centralisatrice ?** Ce soupçon pèse aussi bien sur ses applications techniques que sur ses implications politiques. On peut en outre s'inquiéter du rapport entre la fondation de la raison et ses productions : ses effets dévastateurs relèvent-ils de sa nature ou de conséquences malencontreuses ? Finalement, dans un monde pluraliste, ou les effets de la rationalité apparaissent diversifiés dans leur nature, concurrencés par des modalités de pensée et d'action moins transparentes, quelle place accorder à la raison ?

4.1. La formulation de principes rationnels

En Grèce ancienne, la raison s'institue à partir de son acte : identifier les éléments communs aux objets pour les comprendre sous la même notion et, de là, généraliser. Platon est conduit à fonder notre puissance d'abstraction sur l'existence d'entités formelles éternelles, absolues : les Idées. Après la diffusion du christianisme, la pensée médiévale conjugue la puissance rationnelle de l'esprit avec l'autre source fondamentale du savoir : la foi. De nombreux auteurs subordonnent nos facultés à la vérité révélée, dans une attitude plus ou moins mystique. **La raison, en tant que naturelle, reste soumise à la connaissance qui emprunte des voies divines.** À partir du XVIe siècle, les succès de l'esprit scientifique conduiront les penseurs à vouloir émanciper la raison des limites que lui imposait la pensée chrétienne du Moyen Âge. Descartes, avant de réaliser son entreprise fondatrice, prend d'abord conscience de l'autonomie d'usage de la raison. Lorsqu'il s'adonne aux mathématiques, il n'a besoin que de rigueur et d'application pour résoudre des problèmes restés avant lui sans solution. Les sciences ne sont que le produit de notre esprit : telle est l'intuition dont les œuvres cartésiennes vont développer les conséquences. Par opposition aux arts, les différentes sciences ne dépendent pas de leurs objets, mais peuvent être rapportées intégralement à l'unité de leur principe : la lumière naturelle ou *mathesis universalis* (texte l). Le savoir scientifique est une mathématique dont on étend l'application à toutes choses : chaque problème sera traité par les moyens de l'ordre et de la mesure. On instaure par là des règles de conception, d'analyse et d'énumération qui, en tant que lois fondamentales de la pensée, pourront s'appliquer indifféremment à toutes les questions (texte 2). Descartes institue la liaison qui définit le rationalisme et qui prévaut jusqu'à Hegel : puisqu'on ne peut remonter en deçà de la Lumière naturelle pour la fonder, il n'existe pas, en droit, de limites à son application. La fondation originaire apparaît garante de la validité universelle. Non seulement les règles de la science sont utilisables partout, mais encore elles le sont par tous : **la raison est un attribut commun**. Les différences de nos réalisations individuelles peuvent être expliquées par l'intervention d'autres facultés comme la mémoire, l'imagination (texte 2). Dès lors, le rationalisme deviendra souci partagé d'appliquer rigoureusement notre esprit, d'abord à la nature extérieure, puis à nous-mêmes, pour réguler nos actions et nos collectivités. Épurer l'usage de la raison, de sorte que nos raisonnements ne soient pas nourris de **données hétérogènes, sources d'erreur** ; telle sera la fonction de toute méthode. **La pureté des principes garantit leur applicabilité** : les structures de notre esprit peuvent alors constituer les modèles valides de lecture de l'expérience.

4.2. Le rationalisme absolu

L'esprit adopte des règles pour guider sa démarche de connaissance. Il est par là obligé de supposer une correspondance entre ses propres procédés et les relations intrinsèques qu'entretiennent ses objets : **les principes de la pensée deviennent** ainsi **des lois de la nature**. On le mesure dans la formulation par Leibniz du principe de raison suffisante (« toute chose a une cause assignable »), qui s'applique aussi bien aux faits qu'aux énoncés destinés à en rendre compte (texte 3). « La cause dans les choses répond à la raison dans les vérités. » (*Nouveaux essais sur l'entendement humain*, 1704, Gerhardt V, p. 457). La raison s'applique par essence aux vérités formelles : ce dont le contraire comporte contradiction est vrai. Cependant, les vérités de fait relèvent aussi d'une analyse rationnelle : même si nous ne pouvons accéder à la série infinie de leurs causes, celle-ci existe et définit leur raison dernière. En droit, c'est-à-dire pour un esprit infini, tout ce qui est peut être compris. Ainsi s'accomplit le rationalisme absolu par l'identification sans reste de l'ordre des choses avec l'ordre des idées. La vérité est adéquation au réel. C'est là le postulat de toute intellection (en particulier de l'explication scientifique), auquel les philosophes classiques ont donné une expression achevée. Hegel précise, avant d'étudier les principes du droit, que la philosophie par définition prend pour objet la totalité du réel. La rationalité se confond avec l'effectivité : tout ce qui est peut être conçu par les règles formelles que se donne notre esprit. Si la rationalité peut négliger l'enveloppe contingente des faits (texte 5), c'est qu'elle accède à l'essence du présent en saisissant la vérité de sa vie interne. **La raison retrouve l'animation intime des choses, saisit la logique de l'esprit dans l'histoire.** Elle s'incarne dans des moments dont chacun possède sa vérité mais qui ne peuvent être compris que par référence à la totalité de l'évolution de l'humanité. Par exemple, l'examen des régimes traditionalistes d'Asie, de ceux de l'Antiquité et de l'État moderne révèle un progrès de la liberté, successivement accordée à un seul, à quelques-uns, à tous. Depuis l'avènement des philosophies de l'histoire (cf. V, 2), nous concevons tous les principes, y compris ceux avec lesquels s'identifie la raison, en fonction de leur évolution. Dès lors, la vérité sera moins image adéquate du monde que compréhension de ses transformations. Si le rationalisme a pu conduire à la définition d'un savoir absolu, c'est qu'il a prétendu, avec Hegel, atteindre le moment définitif de l'histoire, celui qui permet de les comprendre tous, parce qu'il les résorbe en lui-même. Nous n'avons plus l'espoir d'une telle intellection ultime, parce que nous ne croyons plus au caractère originaire de la raison. L'idée d'une fondation de la rationalité par elle-même est souvent comparée de nos jours à la situation du baron de Münchhausen qui tentait de se tirer hors de l'eau en tirant sur ses propres cheveux. Les potentialités (et les risques) de la raison sont désormais évalués comme les productions d'une faculté parmi d'autres. Les privilèges exorbitants dont elle a pu bénéficier nous apparaissent indus.

4.3. Critiques de la raison

Si notre époque n'apparaît plus rationaliste, ce n'est pas parce que nos activités ne relèveraient pas de la raison. C'est bien plutôt parce que nos productions ne sont pas unifiées par une assise commune : le principe qui associait un fondement à ses applications n'a plus cours. **Nos œuvres sont certes de mieux en mieux rationalisées, mais des conceptions globales leur font défaut. La raison a été destituée de ses prétentions à l'hégémonie** par les sciences sociales, la psychanalyse, les valorisations de l'intuition, le renouveau des religions. La critique radicale développée par l'école de Francfort – héritière de l'influence prise à l'Institut de recherches sociales par les années 1920-1930 par Max Horkheimer et Theodor Wiesengrund Adorno – consiste à lier étroitement les fonctions de la raison à sa nature de fondation. Autrement dit, les conséquences de la rationalité, qu'elles soient problématiques, comme l'intensification des communications, ou dramatiques, comme l'holocauste, ne peuvent être conçues comme circonstancielles, mais doivent être rapportées à la nature même de la raison. Ses propriétés en tant que fondation permettent en effet de comprendre les dangers de ses productions. Parce qu'elle est fondement unique, elle se manifeste comme uniformisation, inapte à comprendre les différenciations et les métamorphoses qui caractérisent la vie. Parce qu'elle n'est jamais indépendante d'un programme d'action, la rationalité fondatrice est toujours intéressée, relative aux effets qu'elle poursuit. Parce qu'elle prétend être fondement ultime, elle vise des applications sans reste. Parce qu'elle se définit comme fondement déterminant, elle se déploie dans des applications autoritaires. On en vient ainsi à considérer que le regard que porte l'esprit rationnel sur ses objets est celui d'un prédateur qui, dans une attitude paranoïaque, chercherait à se protéger d'une extériorité menaçante en la dominant (texte 6). Ces critiques fructueuses de la rationalité doivent être tempérées : car le projet d'une destitution de la raison dans ses prétentions devrait s'assortir d'un programme de substitution par d'autres facultés qui permettraient de suppléer ses productions. Mais ce serait oublier que **la critique de la raison n'est autre qu'une activité rationnelle**. Horkheimer ménage la voie qui sera empruntée après-guerre par l'école de Francfort : la raison, devenue consciente d'elle-même, peut se prémunir contre les effets dévastateurs de sa nature dominatrice. C'est dire qu'elle devra être conçue comme une faculté parmi d'autres, moins définie dans sa nature que dans les procédures par lesquelles elle s'applique.

4.4. La rationalité relativisée

Abandonnant ses prétentions fondatrices, la raison poursuit ses activités désormais appréciées dans leur efficacité relative. Telle est la perspective prônée par Edgar Morin. Prenant acte des impasses du projet de rationalisation absolue des temps modernes (il est moniste, simplificateur, ethnocentriste), il confie à la raison le soin de reconnaître ses propres insuffisances (texte 9). **L'esprit rationnel n'est pas imbu de puissance comme le « rationalisateur » : il se déploie dans le dialogue**, s'accommodant et se nourrissant de la résistance du réel. Ses productions sont donc mixtes, complexes, relatives. Sans doute ce projet, qui peut expliquer sa formulation incomplète par la nécessaire incomplétude de tout ensemble théorique, procède-t-il d'un solide optimisme. Car la pensée contemporaine, se déployant en l'absence de fondement, s'expose à des risques de diversification et de dispersion. Mais la fragilisation de la raison ne doit pas conduire à lui dénier toute valeur. Considérons par exemple le rôle qui lui est attribué dans nos jugements moraux. L'idée kantienne d'une autonomie de la raison, produisant des lois inconditionnées propres à éclairer nos choix, est devenue presque archaïque. Déjà, à partir de Rousseau (cf. I, 1 texte 3), on peut juger que notre sensibilité explique la bienveillance de nos comportements à l'égard d'autrui. La rationalité est de surcroît soupçonnée de masquer des intérêts propres à nos groupes d'appartenance (cf. I, 2). Certes, la rationalisation n'épuise pas les processus de décision que nous mettons en œuvre. En effet, nous agissons selon des déterminations qui sont loin d'être exclusivement rationnelles. Cela ne signifie pas que la modélisation de nos choix par la raison ne soit pas efficace pour expliquer et même améliorer nos conduites. La rationalisation peut n'être pas toujours le meilleur mode d'action. Il n'en reste pas moins que l'éclairage rationnel peut constituer un outil privilégié de décision. Kant lui-même reconnaissait qu'il est des circonstances dans lesquelles l'usage de la raison est conditionné. Par exemple, pour un serviteur de l'État, s'adresser en toute liberté au public a pour contrepartie d'accepter l'aliénation de son jugement dans le cadre de ses fonctions (ce que Kant appelle « usage privé de la raison », sous le titre duquel on peut comprendre le « devoir de réserve » texte 4). **Privée de l'hégémonie que lui conféraient ses prétentions fondatrices, la raison déploie ses productions comme des outils qui sont évalués à l'aune de leurs résultats : sa valeur est désormais fonction de ses applications.** La critique développée par Feyerabend conduit à une relativisation plutôt qu'à un abandon de la rationalité. Sans doute la raison est multiforme, parce qu'elle n'a pas de contenu ; elle peut conduire à des égarements ; elle doit être associée à d'autres procédures dans le cadre d'une logique ouverte et inventive (texte 8). Elle reste pourtant l'outil d'homogénéisation le plus efficace. Et ses fonctions d'unification restent très utiles.

4.5. Conceptions pragmatiques et cognitivistes

L'idée d'une dépendance de la rationalité à l'endroit de son usage est contemporaine : elle caractérise l'attitude pragmatique. La tradition a toujours analysé les propositions en fonction de leur sens. La sémantique, étudiant les significations des termes employés, suffisait à l'interprétation des discours, conçus comme indépendants des conditions dans lesquelles ils ont été produits. À l'inverse, la pragmatique rapporte tout énoncé à sa situation d'énonciation et permet d'en saisir le sens en fonction de l'échange effectif de propos tel qu'il a lieu entre des interlocuteurs. Des philosophes contemporains, notamment Karl-Otto Appel et Jürgen Habermas, défendent la perspective d'une pragmatique transcendantale. Par l'analyse formelle des **exigences de toute discussion réelle**, ils identifient des **principes de la raison**, qualifiée alors de **communicationnelle**. Toute négociation suppose la volonté de parvenir à un accord : en ce sens, elle comporte des clauses de véracité et d'honnêteté. Ces présuppositions rationnelles sont subordonnées à la volonté d'aboutir à une conclusion commune (texte 7). On doit mesurer que cette conclusion, qui constitue une norme de communication, n'est pas antérieure à l'acte même de dialogue : **ces principes rationnels sont subordonnés à leur effectuation.** Nécessité de viser un accord collectif, souci de ne pas introduire d'erreurs (*a fortiori* de tromperie fallacieuse) dans son argumentation constituent des impératifs moraux relatifs à la forme même de l'échange verbal. Non normatifs, parce qu'ils ne définissent pas le bien mais statuent sur les conditions de toute définition d'un bien commun, ils constituent une « éthique de la discussion ». Il s'agit d'une conception procédurale de la vérité : le vrai n'est pas antérieur à l'échange argumentatif, mais dépend de la recherche de validité mise en œuvre. Les normes instituées de façon pragmatique peuvent soit être relatives à un groupe restreint, en tant qu'elles constituent des présuppositions locales, soit tendre à valoir pour tous et revendiquer une prétention à l'universalisation. Loin de l'universalisme *a priori* de la raison classique, **la raison communicationnelle ne suppose qu'une « universalisabilité » comme horizon a posteriori.**

L'idée que les actes d'un individu procèdent de choix qui peuvent être exprimés par des formules qui les expliquent caractérise la théorie des choix rationnels. Développées dans le cadre de l'analyse des décisions par des philosophes anglo-saxons qui ont pris pour objet les relations économiques, ces conceptions peuvent être qualifiées de cognitivistes, dans la mesure où elles rendent compte de comportements en fonction des connaissances en vertu desquels les sujets les ont adoptés. Dans l'extension de ses applications, cette démarche conforte et contextualise la rationalité. La raison est toujours mise en situation, conditionnée par les dilemmes qu'elle rencontre, les moyens dont elle dispose pour les formuler. Les études des choix rationnels, héritières de la théorie des jeux, mettent en œuvre une formulation qui renvoie à une conception unitaire de l'information, à un postulat d'explicitabilité des préférences, et à des données rationnelles formalisables, telles que les notions de supériorité, d'optimalité. Les paradoxes que soulève et tente de résoudre la théorie des jeux résultent de la conjonction de plusieurs actes rationnels : les décisions d'un agent doivent être prises en fonction de celles d'un autre. Le dilemme du prisonnier, symbolique de la théorie des choix, conduit à un conflit entre la rationalité collective (chacun dénonce l'autre pour réduire sa peine) et la rationalité individuelle (chacun a intérêt à se taire). **La théorie des choix rationnels postule l'individualisme méthodologique** (tout phénomène social est l'effet de décisions individuelles) ; **la compréhensibilité des comportements humains ; leur rationalité cognitive** (ils sont causés dans l'esprit des acteurs sociaux par des raisons), mais aussi que les choix des individus procèdent de l'évaluation de leurs conséquences (instrumentalisme) qu'ils procèdent de l'évaluation des effets des actes sur eux-mêmes ou leurs proches (égoïsme), qu'ils procèdent de l'évaluation du bilan coûts-bénéfices le plus favorable (optimalisme). Pour apporter remède aux insuffisances de la théorie des choix rationnels, Raymond Boudon propose une conception élargie de la rationalité, en récusant les trois derniers postulats (*Essais sur la théorie générale de la rationalité*, PUF, 2007). Cette position le conduit à récuser la réduction de la rationalité à sa fonction instrumentale, à son aspect subjectif, à sa dimension calculatoire (texte 11). **Nos rationalisations mettent en œuvre des préférences en termes de valeur, de collectivité et de qualité.** La raison doit donc être considérée aussi dans ses dimensions axiologique, impersonnelle, informelle.

Notre faculté rationnelle ne saurait plus se prévaloir d'une hégémonie absolue sur l'ensemble de nos activités ; elle ne peut plus prétendre se fonder elle-même. Mais elle n'abandonne pas toute prétention unificatrice. Le relativisme suppose en effet que l'on puisse manifester la relativité de toute option. Mais la manifestation de cette relativité, à titre de comparaison, de mise en perspective, suppose une activité rationnelle (Mesure et Renaut, texte 10). La rationalité ne peut rester muette devant les relativistes qui prétendent réduire sa valeur en la comparant à celle de l'irrationnel. Déjà tous les rationalismes absolus ne pouvaient donner à notre faculté rationnelle le plus grand rôle que dans la mesure où ils ménageaient un espace d'indétermination pour son activité : par exemple, chez Leibniz, la multiplicité des points de vue ; chez Hegel, la relativité de chaque esprit historique. En Dieu, dans le savoir absolu, la raison n'a plus aucune fonction. On peut attribuer un rôle négatif aux entreprises de légitimation absolue : en manifestant leur dépendance à l'égard d'une époque et de principes circonscrits, les recherches fondatrices attestent a contrario l'inaccessibilité d'un fondement inconditionné. **On étudie aujourd'hui plus volontiers la rationalité que la raison ; celle-ci ne peut en effet être pensée que dans le cadre de ses applications circonstanciées, localisées.** Ce n'est

pas à dire que la rationalisation soit disqualifiée : elle n'a plus un rôle de fondation, mais seulement d'explication. On demandait jadis à la raison de conjurer les doutes en les supprimant ; actuellement nos raisonnements doivent intégrer nos incertitudes pour tenter de mieux les comprendre.

Textes

– Texte 1 –

■ René Descartes, *Règles pour la direction de l'esprit* (vers 1630)

Étant donné que toutes les sciences ne sont rien d'autre que la sagesse humaine, qui demeure toujours une et toujours la même, si différents que soient les objets auxquels elle s'applique, et qui ne reçoit pas plus de changement de ces objets que la lumière du soleil de la variété des choses qu'elle éclaire, il n'est pas besoin d'imposer de bornes à l'esprit : la connaissance d'une vérité ne nous empêche pas en effet d'en découvrir une autre, comme l'exercice d'un art nous empêche d'en apprendre un autre, mais bien plutôt elle nous y aide. En vérité il me semble étonnant que presque tout le monde étudie avec le plus grand soin les mœurs des hommes, les propriétés des plantes, les mouvements des astres, les transformations des métaux et d'autres objets d'étude semblables, tandis que presque personne ne songe au bon sens ou à cette sagesse universelle, alors que cependant toutes les autres choses doivent être appréciées moins pour elles-mêmes que parce qu'elles y ont quelque rapport. [...]

Si quelqu'un veut chercher sérieusement la vérité, il ne doit donc pas choisir l'étude de quelque science particulière : car elles sont toutes unies entre elles et dépendent les unes des autres ; mais il ne doit songer qu'à accroître la lumière naturelle de sa raison, non pour résoudre telle ou telle difficulté d'école, mais pour qu'en chaque circonstance de la vie son entendement montre à sa volonté le parti à prendre.

(Règle 1, AT X, 360 et 361, trad. G. Le Roy, Gallimard, coll. « Bibliothèque de la Pléiade », 1953, p. 37-39.)

– Texte 2 –

■ René Descartes, *Discours de la méthode* (1637)

Le bon sens est la chose du monde la mieux partagée : car chacun pense en être si bien pourvu, que ceux même qui sont les plus difficiles à contenter en toute autre chose n'ont point coutume d'en désirer plus qu'ils en ont. En quoi il n'est pas vraisemblable que tous se trompent ; mais plutôt cela témoigne que la puissance de bien juger et distinguer le vrai d'avec le faux, qui est proprement ce qu'on nomme le bon sens ou la raison, est naturellement égale en tous les hommes ; et ainsi, que la diversité de nos opinions ne vient pas de ce que les uns sont plus raisonnables que les autres, mais seulement de ce que nous construisons nos pensées par diverses voies, et ne considérons pas les mêmes choses. Car ce n'est pas assez d'avoir l'esprit bon, mais le principal est de l'appliquer bien. Les plus grandes âmes sont capables des plus grands vices aussi bien que des plus grandes vertus, et ceux qui ne marchent que fort lentement peuvent avancer beaucoup davantage, s'ils suivent toujours le droit chemin, que ne font ceux qui courent et qui s'en éloignent. Au lieu de ce grand nombre de préceptes dont la logique est composée, je crus que j'aurais assez des quatre suivants, pourvu que je prisse une ferme et constante résolution de ne manquer pas une seule fois à les observer.

Le premier était de ne jamais recevoir aucune chose pour vraie, que je ne la connusse évidemment être telle : c'est-à-dire, d'éviter soigneusement la précipitation et la prévention ; et de ne comprendre rien de plus en mes jugements, que ce qui se présenterait si clairement et si distinctement à mon esprit, que je n'eusse aucune occasion de le mettre en doute.

Le second, de diviser chacune des difficultés que j'examinerais, en autant de parcelles qu'il se pourrait, et qu'il serait requis pour les mieux résoudre.

Le troisième, de conduire par ordre mes pensées, en commençant par les objets les plus simples et les plus aisés à connaître, pour monter peu à peu, comme par degrés, jusques à la connaissance des plus composés ; et supposant même de l'ordre entre ceux qui ne se précèdent point naturellement les uns les autres.

Et le dernier, de faire partout des dénombrements si entiers, et des revues si générales, que je fusse assuré de ne rien omettre.

(AT VI, 1-2 et 18-19, Gallimard, coll. « Bibliothèque de la Pléiade », 1953, p. 126 et 137-138.)

– Texte 3 –

■ Leibniz, *La monadologie* (1714)

Nos raisonnements sont fondés sur deux grands principes, celui de la contradiction en vertu duquel nous jugeons faux, ce qui en enveloppe, et vrai ce qui est opposé ou contradictoire au faux.

Et celui de la raison suffisante, en vertu duquel nous considérons qu'aucun fait ne saurait se trouver vrai, ou existant, aucune énonciation véritable, sans qu'il y ait une raison suffisante pour quoi il en soit ainsi et non pas autrement. Quoique ces raisons le plus souvent ne puissent point nous être connues.

Il y a deux sortes de vérités, celles de raisonnement et celles de fait. Les vérités de raisonnement sont nécessaires et leur opposé est impossible, et celles de fait sont contingentes et leur opposé est possible. Quand une vérité est nécessaire, on en peut trouver la raison par l'analyse, la résolvant en idées et en vérités plus simples jusqu'à ce qu'on vienne aux primitives.

C'est ainsi que chez les mathématiciens, les théorèmes de spéculation et les canons de pratique sont réduits par l'analyse aux définitions, axiomes et demandes.

Et il y a enfin des idées simples dont on ne saurait donner la définition ; il y a aussi des axiomes et demandes ou en un mot, des principes primitifs, qui ne sauraient être prouvés et n'en ont point besoin aussi ; et ce sont les énonciations identiques dont l'opposé contient une contradiction expresse.

Mais la raison suffisante se doit trouver aussi dans les vérités contingentes ou de fait, c'est-à-dire, dans la suite des choses répandues par l'univers des créatures ; où la résolution en raisons particulières pourrait aller à un détail sans bornes, à cause de la variété immense des choses de la nature et de la division des corps à l'infini.

(§ 31-36, Gerhardt, VI, Berlin, 1885, rééd. Olms, 1978, p. 612-613.)

– Texte 4 –

Emmanuel Kant, *Réponse à la question : qu'est-ce que les lumières ?* (1784)

Les lumières se définissent comme la sortie de l'homme hors de l'état de minorité, où il se maintient par sa propre faute. La minorité est l'incapacité de se servir de son entendement sans être dirigé par un autre. Elle est due à notre propre faute quand elle résulte non pas d'un manque d'entendement, mais d'un manque de résolution et de courage pour s'en servir sans être dirigé par un autre. *Sapere aude !* Aie le courage de te servir de ton propre entendement ! Voilà la devise des lumières. [...]

L'usage public de notre raison doit toujours être libre, et lui seul peut répandre les lumières parmi les hommes ; mais son *usage privé* peut souvent être étroitement limité, sans pour autant empêcher sensiblement le progrès des lumières. Or j'entends par usage public de notre propre raison celui que l'on en fait comme *savant* devant l'ensemble du public *qui lit*. J'appelle « usage privé » celui qu'on a le droit de faire de sa raison dans tel ou tel *poste civil,* ou fonction, qui nous est confié. Or, pour maintes activités qui concernent l'intérêt de la communauté, un certain mécanisme est nécessaire, en vertu duquel quelques membres de la communauté doivent se comporter de manière purement passive, afin d'être dirigés par le gouvernement, aux termes d'une unanimité factice, vers des fins publiques ou, du moins, afin d'être détournés de la destruction de ces fins.
(Trad. H. Wismann, in *Œuvres philosophiques II*, Gallimard, coll. « Bibliothèque de la Pléiade », 1985, p. 209, 211.)

– Texte 5 –

G. W. F. Hegel, *Principes de la philosophie du droit* (1821)

Ce qui est rationnel est effectif ; et ce qui est effectif est rationnel.
C'est dans cette conviction que se tient toute conscience impartiale, ainsi que la philosophie, et c'est d'elle que celle-ci part dans l'examen de l'univers *spirituel* aussi bien que *naturel*. Lorsque la réflexion, le sentiment ou quelque autre figure qu'aurait la conscience subjective regarde le *présent* comme quelque chose de *vain*, le toise de haut, en sait plus long, la conscience se trouve dans le domaine du vain et, parce qu'elle n'a d'effectivité que dans le présent, elle n'est ainsi elle-même que vanité. Réciproquement, lorsque *l'idée* passe pour n'être qu'une idée, qu'une représentation dans un acte-d'opiner, la philosophie accorde au contraire le discernement de ce que rien n'est effectif, sinon l'idée. Il importe alors de connaître, dans l'apparence de ce qui est temporel et passager, la substance qui est immanente et l'éternel qui est présent. Car le rationnel, qui est synonyme de l'idée, en pénétrant en même temps, en son effectivité, dans l'existence externe, s'avance au milieu d'une richesse infinie de formes, de phénomènes et de configurations, et habille son noyau de l'écorce colorée dans laquelle la conscience loge d'abord. Cette écorce, seul le concept la perce pour trouver la pulsation interne et sentir encore son battement même dans les configurations externes.
(Trad. J.-F. Kervégan, PUF, 1998, p. 85.)

– Texte 6 –

Max Horkheimer, *Éclipse de la raison* (1947)

Les systèmes philosophiques de la raison objective impliquaient la conviction que l'on pouvait découvrir une structure englobante ou fondamentale de l'être, et que l'on pouvait en tirer une conception de la destination de l'homme. Pour eux, une science digne de ce nom se comprenait comme la mise en œuvre d'une telle réflexion, d'une telle spéculation. Ils s'opposaient à toute épistémologie qui réduirait la base objective de notre connaissance à un chaos de données sans coordination

aucune, et identifierait notre travail scientifique à une pure et simple organisation, classification ou estimation de telles données. Ces dernières activités, en quoi la raison subjective tend à voir la fonction essentielle de la science, sont, sous l'angle des systèmes classiques de la raison objective, subordonnées à la spéculation. [...]
En fait, toute philosophie qui aboutit à l'affirmation de l'unité de la nature et de l'esprit en tant que soi-disant donnée ultime, c'est-à-dire toute espèce de monisme philosophique, sert à fortifier l'idée de la domination de l'homme sur la nature. [...] La tendance même à postuler l'unité représente une tentative de consolider la prétention de l'esprit à la domination totale, même lorsque cette unité se présente au nom du contraire absolu de l'esprit, la nature : car rien n'est censé demeurer en dehors de ce concept global. [...]
S'il nous fallait parler d'une maladie qui affecte la raison, il serait nécessaire de comprendre que cette maladie n'a pas frappé la raison à un moment historique donné, mais qu'elle a été inséparable de la nature de la raison dans la civilisation telle que nous l'avons connue jusque-là. La maladie de la raison c'est que la raison naquit de la tendance impulsive de l'homme à dominer la nature et le « rétablissement » dépend de la connaissance de la nature de la maladie originelle et non point de la guérison de ses symptômes les plus tardifs. [...] Depuis le temps où la raison est devenue l'instrument de domination de la nature humaine et extrahumaine par l'homme – c'est-à-dire depuis ses débuts – elle a été frustrée de sa propre intention de découvrir la vérité. Cela est dû au fait même qu'elle a fait de la nature un simple objet et qu'elle n'a pas su découvrir la trace d'elle-même dans une telle objectivation, que ce soit dans les concepts de matière et de choses ou dans ceux de Dieux et d'esprit. On pourrait dire que la folie collective, qui s'étend aujourd'hui des camps de concentration jusqu'aux réactions, en apparence des plus inoffensives, de la culture de masse, était déjà présente en germe dans l'objectivation primitive, dans la contemplation intéressée du monde en tant que proie par le premier homme. La paranoïa, cette folie qui bâtit des théories logiquement élaborées de la persécution, n'est pas simplement une parodie de la raison, elle se manifeste, d'une manière ou d'une autre, en toute forme de raison qui n'est que recherche de buts déterminés. [...]
Ainsi le dérangement de la raison va bien au-delà des malformations évidentes qui la caractérisent à l'heure actuelle. La raison ne peut réaliser ce qui est raisonnable en elle que par la réflexion sur la maladie du monde telle qu'elle est produite et reproduite par l'homme. Dans une telle autocritique la raison, en même temps, restera fidèle à elle-même en sauvegardant de toute application pour des mobiles inavoués le principe de vérité dont à elle seule nous sommes redevables. La sujétion de la nature régressera vers la sujétion de l'homme et vice versa, aussi longtemps que l'homme ne comprendra pas sa propre raison et le processus de base par lequel il a créé et maintiendra l'antagonisme qui est sur le point de le détruire. La raison peut être plus que la nature, mais seulement si elle se fait une idée nette et concrète de son « naturel » – qui tient dans sa tendance à la domination – cette tendance même qui, paradoxalement, l'aliène de la nature. Ainsi, en étant l'instrument de la réconciliation, elle sera également plus qu'un instrument.
(Trad. J. Debouzy, © Payot, 1974, p. 22, 182, 183.)

– Texte 7 –

Jürgen Habermas, *Morale et communication* (1983)

J'appelle communicationnelles, les interactions dans lesquelles les participants sont d'accord pour coordonner en bonne intelligence leurs plans d'action ;

l'entente ainsi obtenue se trouve alors déterminée à la mesure de la reconnaissance intersubjective des exigences de validité. Lorsqu'il s'agit de processus d'intercompréhension explicitement linguistiques, les acteurs, en se mettant d'accord sur quelque chose, émettent des exigences de validité ou plus précisément des exigences de vérité, de justesse ou de sincérité. [...] Dans l'activité communicationnelle chacun est motivé rationnellement par l'autre à agir conjointement et ce en vertu des effets d'engagement illocutoires inhérents au fait que l'on propose un acte de parole. [...]

La clé de voûte d'une éthique de la discussion est donc constituée par les deux hypothèses suivantes : l'hypothèse (a) selon laquelle les exigences normatives de validité ont un sens cognitif et peuvent être traitées comme des exigences de vérité ; l'hypothèse (b) selon laquelle il est requis de mener une discussion réelle pour fonder en raison normes et commandements, cela se révélant, en dernière analyse, impossible à mener de manière monologique, c'est-à-dire au moyen d'une argumentation hypothétiquement développée en pensée. [...]

L'argumentation n'est donc nécessaire en tant que mise en scène intersubjective que parce qu'il est nécessaire, lorsque l'on définit une manière d'agir collective, de coordonner les points de vue individuels et, par là même, d'aboutir à une conclusion commune. Toutefois, la norme arrêtée ne peut être tenue pour justifiée que si la conclusion est tirée à partir d'argumentations, autrement dit que si elle est obtenue selon les règles pragmatiques d'une discussion. Il faut, en effet, que soit garanti le fait que chaque personne concernée a eu toutes les possibilités de donner son adhésion de son plein gré. [...]

Le programme qui propose de fonder en raison l'éthique de la discussion exige bien de : (1) introduire un principe d'universalisation faisant fonction de règle argumentative ; (2) identifier les présuppositions pragmatiques de l'argumentation en général, qui sont incontournables et dont le contenu est normatif ; (3) présenter explicitement ce contenu normatif en lui donnant, par exemple, la forme des règles de la discussion, et ; (4) démontrer qu'il existe entre (3) et (1) un rapport d'implication matérielle en relation avec l'idée de justification des normes. [...]

Le principe d'une éthique de la discussion se réfère à une *procédure* qui consiste, en l'occurrence, à honorer par la discussion des exigences normatives de validité. On taxera donc, à juste titre, l'éthique de la discussion de *formelle*. Elle ne livre pas des orientations relatives au contenu, mais une manière de procéder : la discussion pratique. L'objet de cette manière de procéder n'est assurément pas de produire des normes légitimées. Il consiste bien plutôt à tester la validité de normes qui sont proposées ou envisagées à titre d'hypothèse. Il faut donc que les discussions pratiques reçoivent leurs contenus de l'extérieur. Sans l'horizon propre au monde vécu d'un certain groupe social, et sans conflits d'action inhérents à une situation donnée dans laquelle les participants estiment devoir régler par le consensus une querelle portant sur un problème de société, vouloir mener une discussion pratique ne présenterait aucun intérêt. C'est la situation initiale concrète qui se donne, selon le cas, comme l'antécédent auquel se réfère la discussion pratique, qui détermine, dans la négociation, l'« émergence » d'objets et de problèmes. [...]

Certes, les valeurs culturelles sont porteuses d'une exigence de validité intersubjective, mais elles sont à ce point prises dans la totalité d'une forme de vie particulière qu'elles ne peuvent pas prétendre, d'emblée, à une validité normative au sens strict. Tout au plus *sont-elles candidates* au statut de normes susceptibles de promouvoir un intérêt universel.

(Trad. C. Bouchindhomme, © Éditions du Cerf, 1986, rééd. Flammarion, coll. « Champs », p. 79, 89, 93, 118, 125.)

– Texte 8 –

Paul Feyerabend, *Adieu la raison* (1987)
Tout comme le langage, l'art ou le rite, le raisonnement est universel ; mais, à nouveau comme le langage, l'art ou le rite, il se présente sous de nombreuses formes. […] Ce que les Grecs ont inventé, ce n'est pas le raisonnement en tant que tel, mais une manière spéciale et standardisée de raisonner qui, selon eux, était indépendante du contexte et dont les résultats avaient une autorité universelle. […] Et le fait d'être rationnel ou de faire appel à la raison s'identifia dès lors à l'utilisation de ces méthodes et à l'acceptation de leurs résultats. […]
L'hypothèse qu'il existe des règles (des critères ?) de connaissance et d'action universellement valides et contraignantes est un cas particulier d'une croyance […qui] peut se formuler de la manière suivante : il existe une bonne manière de vivre et le monde doit être organisé pour s'y conformer. […] Évidemment, chaque mouvement donne à cette croyance un contenu particulier qui lui est propre ; ce contenu change dès que des difficultés surgissent et se pervertit dès que des avantages personnels ou de groupes sont impliqués. […]
Mais le rationalisme n'a pas de contenu identifiable et la raison n'a pas de programme reconnaissable en dehors et au-dessus des principes du parti qui, par hasard, s'est approprié son nom. Son seul effet actuel est de contribuer à la tendance générale vers la monotonie. Il est temps de désengager la raison de cette tendance et, comme elle s'est profondément compromise par association, de lui faire nos adieux.
(Trad. B. Jurdant, Seuil, 1989, rééd. coll. « Points », p. 14-15, 17-18, 20.)

– Texte 9 –

Edgar Morin, *Introduction à la pensée complexe* (1990)
La rationalité c'est le jeu, c'est le dialogue incessant entre notre esprit qui crée des structures logiques, qui les applique sur le monde et qui dialogue avec ce monde réel. Quand ce monde n'est pas d'accord avec notre système logique, il faut admettre que notre système logique est insuffisant, qu'il ne rencontre qu'une partie du réel. La rationalité, en quelque sorte, n'a jamais la prétention d'épuiser dans un système logique la totalité du réel, mais elle a la volonté de dialoguer avec ce qui lui résiste. […]
La rationalisation consiste à vouloir enfermer la réalité dans un système cohérent. Et tout ce qui, dans la réalité, contredit ce système cohérent est écarté, oublié, mis de côté, vu comme illusion ou apparence.
Ici nous nous rendons compte que rationalité et rationalisation ont exactement la même source, mais qu'en se développant elles deviennent ennemies l'une de l'autre. Il est très difficile de savoir à quel moment nous passons de la rationalité à la rationalisation ; il n'y a pas de frontière ; il n'y a pas de signal d'alarme. Nous avons tous une tendance inconsciente à écarter de notre esprit ce qui va la contredire, en politique comme en philosophie. […]
Nous devons sans cesse lutter contre la déification de la Raison qui est pourtant notre seul instrument de connaissance fiable, à condition d'être non seulement critique mais autocritique.
(ESF, p. 94-96.)

– Texte 10 –

Sylvie Mesure et Alain Renaut, *La guerre des dieux. Essai sur la querelle des valeurs* (1996)

On ne peut pas fonder en raison une quelconque option (y compris celle qui se prononce en faveur de la raison) comme absolument préférable aux autres options possibles. L'adversaire de la raison imagine triompher et voir le rationaliste en venir lui-même à la conviction que, rien n'étant absolument préférable, tout se vaut, et notamment que la raison ne vaut pas mieux que la déraison. Or, […] poser que la raison ne vaut pas mieux que son contraire, c'est soutenir que tout énoncé normatif est exposé à la possibilité infinie de la critique – laquelle possibilité infinie de la critique est justement le principe même de la rationalité bien comprise, c'est-à-dire redéfinie par un rationalisme post-métaphysique. […] En ce sens, quand bien même on a reconnu que tous les choix […] sont susceptibles d'être soumis à critique, et dès lors que l'on a procédé à cette reconnaissance, les options en présence ne sont pour autant nullement équivalentes. Une telle critique n'est compatible en effet, comme possibilité infinie, qu'avec des individus et des cultures qui ont fait le choix de la raison.
(Grasset, p. 236-237.)

– Texte 11 –

Raymond Boudon, *Raison, bonnes raisons* (2003)

Une raison, un système de raisons ne sont identifiés comme tels par l'acteur que s'il a l'impression que cette raison ou que ce système de raisons sont partagés par d'autres. Cette situation est banale dans la vie scientifique, mais aussi dans la vie ordinaire.

Souligner la dimension cognitive de la rationalité, c'est en même temps se donner les moyens de formuler une théorie unitaire de la rationalité et éviter ainsi de se contenter de faire éclater la rationalité en un ensemble de types distincts.

C'est aussi se donner les moyens d'échapper aux délimitations arbitraires entre rationalité et irrationalité, comme celle qui oppose l'irrationalité de l'*explication par les normes* à une rationalité réduite à la rationalité instrumentale ou celle qui confond la *rationalité* et la *validité* des croyances. […]

Dès lors que les jugements appréciatifs ou normatifs s'appuient sur des systèmes de raisons, il est possible de développer aussi par l'éducation le sens de la complexité des phénomènes relevant de la morale ou de la philosophie politique. La diminution du rôle de la violence dans la solution des conflits […] résulte aussi de ce que des procédures plus complexes de résolution des conflits ont été identifiées et se sont installées. Mais leur compréhension ne relève pas davantage de la simple intuition que la compréhension des vérités de la physique ou de la théorie économique.
(PUF., 2003, p. 160 et 164.)

2
L'organisation du lien social

Section 1. La société
    1.1. Communauté et société
    1.2. La société avant l'individu
    1.3. La constitution de la société civile

    Textes
    1. John Locke, Traité du gouvernement civil (1690)
    2. Ferdinand Tönnies, Communauté et société (1887)
    3. Émile Durkheim, De la division du travail social (1893)
    4. Max Weber, Économie et société (1921)
    5. Norbert Elias, La dynamique de l'Occident (1939)
    6. Jacques Le Goff, Pour un autre Moyen Âge (1977)
    7. Louis Dumont, Essais sur l'individualisme (1983)

Section 2. L'économie
    2.1. L'économie dans sa forme primitive
    2.2. Naissance de l'économie politique
    2.3. L'économie comme modèle de la vie sociale
    2.4. Critique de l'économie politique
    2.5. L'économie comme adaptation au capitalisme

    Textes
    1. Aristote, La Politique (vers 340 av. J.-C.)
    2. Adam Smith, Recherches sur la nature et les causes de la richesse des nations (1776)
    3. David Ricardo, *Principes de l'économie politique* (1817)
    4. Karl Marx, Salaire, prix et profit (1865)
    5. John Maynard Keynes, Théorie générale de l'emploi, de l'intérêt et de la monnaie (1936)

Section 3. Le travail
    3.1. Le travail sans valeur
    3.2. L'invention du travail
    3.3 Le travail entre aliénation et émancipation
    3.4. Droit au travail et droit du travail

    Textes
    1. Aristote, La Politique (vers 340 av. J.-C.)
    2. John Locke, Deuxième traité du gouvernement civil (1690)
    3. Adam Smith, Recherches sur la nature et les causes de la richesse des nations (1776)
    4. Karl Marx, « Notes de lecture », Économie et philosophie (1844)
       Karl Marx, Le Capital (1867)

    5. Jürgen Habermas, Écrits politiques (1990)
    6. Dominique Méda, Le travail, une valeur en voie de disparition (1995)

Section 4. L'art
    4.1. L'art comme représentation du monde
    4.2. L'autonomisation de l'art
    4.3. L'art comme transgression
    4.4. L'éclatement de l'art
    4.5. Art et pouvoir

    Textes
    1. Platon, La République (vers 375 av. J.-C.)
    2. William Shakespeare, Comme il vous plaira (vers 1600)
    3. Emmanuel Kant, Critique de la faculté de juger (1790)
    4. Paul Valéry, « La conquête de l'ubiquité », Pièces sur l'art (1928)
    5. Hannah Arendt, La Crise de la culture (1961)

SECTION 1. LA SOCIÉTÉ

La société peut être à la fois être définie de manière dynamique comme **l'ensemble de relations entre les individus qui l'habitent** (lien social, pouvoir, domination, égalité...) et, de manière statique, comme **une institution ou un type de groupe humain différent d'autres formes constituées** (État, nation, peuple, communauté, tribu, classe, famille, entreprise...). Norbert Elias nous mettait déjà en garde devant la difficulté d'appréhender une telle notion : « Chacun sait ce que signifie le mot "société", chacun croit du moins le savoir. On se transmet ce mot de l'un à l'autre, comme une pièce de monnaie dont on aurait plus besoin de vérifier la valeur » (in *La société des individus*, 1939, trad. J. Etoré, Fayard, 1991, p. 37). Quelle est donc cette société « que nous constituons tous ensemble et que pourtant personne d'entre nous, ni nous tous réunis, n'avons voulue ni projetée telle qu'elle existe aujourd'hui, et qui n'existe pourtant que par la présence d'une multitude d'hommes et ne continue de fonctionner que parce qu'une multitude d'individus veulent et font quelque chose, mais dont la construction et les grandes transformations historiques ne dépendent cependant manifestement pas de la volonté des individus ? » (*Ibid.*) (cf. également texte 5).

Répondre à cette question suppose une démarche à la fois anthropologique, historique et sociologique qui occupe les sciences *sociales* à plein temps depuis la fin du XIXe siècle. Il n'est donc pas question ici de tenter d'en résumer les réponses, mais plutôt d'essayer d'en donner un aperçu selon deux axes : analytiquement par la distinction entre société et communauté, et historiquement par la constitution de la société civile comme espace de légitimation d'un « social » autonome, dégagé à la fois de la politique (cf. 4.1.) et de l'économie (cf. 2.2.).

1.1. Communauté et société

La différenciation entre deux modèles, celui de l'unité organique fondée sur le statut, la communauté (*Gemeinschaft*), et celui de l'association d'échanges volontaire fondée sur le contrat, la société (*Gesellschaft*), présentée par le sociologue allemand Ferdinand Tönnies en 1887 (cf. texte 2), permet d'établir analytiquement les caractères fondamentaux de l'organisation des groupes sociaux humains, que l'on peut inscrire sur un continuum entre les deux pôles communautaire et social. La Gemeinschaft renvoie à une unité morale, à l'enracinement, à l'intimité et à la parenté. Il s'agit d'un type d'organisation sociale qui réalise pleinement les valeurs d'historicité et de mutualité entre ses membres, et qui ne laisse qu'une faible place à l'autonomie individuelle. Les croyances et les institutions ne sont pas choisies ou délibérées, elles sont données, elles ont une valeur légitime intrinsèque. Il renvoie à un modèle social traditionnel, celui des « sociétés holistes » décrites par Louis Dumont. Tönnies utilise pour décrire la communauté l'image du corps (sur le modèle de la « solidarité organique » de Herbert Spencer que reprend Émile Durkheim pour l'opposer à la solidarité mécanique, De la division du travail social, 1893 – cf. texte 3) vivant par opposition à la machine que serait la société moderne, associée à la déshumanisation des grandes villes notamment. Dans ces conditions, les gens restent unis malgré tous les facteurs de division, alors que dans la Gesellschaft, ils restent divisés malgré tous les facteurs d'unification. Tönnies décèle dans ces deux modèles une manière spécifique de penser, de ressentir et d'agir : la Wesenwille pour la Gemeinschaft et la Kürwille pour la Gesellschaft. La première est issue d'une volonté naturelle ou spontanée (littéralement une « volonté issue de l'essence »), elle s'inscrit dans l'évolution historique et culturelle du groupe, elle insiste sur la continuité et sur la conformité de la personne à l'intérieur du groupe. La seconde est un choix arbitraire et rationnel qui vient d'une volonté réfléchie (littéralement une « volonté fondée sur un choix »). Les buts dans la Gesellschaft ne sont pas imposés par la tradition, ils sont adaptés aux circonstances et aux changements constatés par l'individu ainsi qu'à ses désirs. La Gesellschaft, c'est la société moderne, celle de l'âge de la domination « légale-rationnelle » décrite par Max Weber qui approfondit et perfectionne la distinction de Tönnies, celle aussi d'une division en classes conformément à l'industrialisation de la production (Économie et société, 1921 – cf. texte 4).

1.2. La société avant l'individu

La société pour les Anciens comme pour les Chrétiens au Moyen Âge était avant tout conçue comme **un ordre social dans lequel chacun avait une place déterminée par sa naissance, son activité et son statut, et auquel il était difficile d'échapper**. L'homme comme « animal politique et social » (celui d'Aristote et de saint Thomas d'Aquin) n'est en fait que la part humaine d'un monde organisé et ordonné en dehors de lui et au-delà de lui, selon la Nature ou selon le monde divin, à la fois modèles et sources d'harmonie, du « bien » et du « vrai », vers lesquels l'organisation sociale doit incessamment tendre. La société est « holiste » et hiérarchisée, chacun y remplit un rôle précis (cf. texte 6), et seule la société elle-même a de la « valeur » (Louis Dumont, *Essais sur l'individualisme*, 1983 – cf. texte 7).

L'avènement du sujet individuel moderne bouleverse les relations et l'organisation sociales. La « société des individus » qui s'organise à partir des XVIe et XVIIe siècles, se caractérise essentiellement, sur le plan du lien social, par l'autonomisation de différentes sphères d'activité et d'identification de l'individu : la sphère privée (de l'intime et du familial, mais aussi de l'activité économique – qui va prendre de plus en plus d'importance), la sphère publique (lieu du politique dans laquelle les relations entre l'État, acteur social né avec l'individu) et une sphère intermédiaire, zone de contact entre les deux précédentes et dont la définition reste problématique : la société, au sein de laquelle l'individu moderne travaille par exemple... Le lien social moderne prend tout son sens à travers l'entre-deux permanent entre privé et public qu'incarne la « société civile ».

1.3. La constitution de la société civile

C'est au XVIIe siècle, dans l'œuvre de Thomas Hobbes, que l'on trouve défini pour la première fois le terme de « société civile ». **Hobbes veut en effet « instituer le social » en distinguant une société civilisée, organisée et structurée par l'existence d'un pouvoir politique pourvoyeur de paix, de l'état de nature qui est, selon lui, l'état de la vie humaine individualisée**, de cet homme libre qu'est l'homme moderne. Pour sortir de cet état de « guerre de tous contre tous » qui se résume à la loi du plus fort, les individus libres vont passer un contrat social et instituer ainsi une société « civile », qui se confond encore avec la société politique, car il s'agit d'un ensemble qui s'oppose à l'état de nature. Le social et la société sont institués ou caractérisés par le passage d'un état à un autre, passage rendu concret par le pacte social, pacte de soumission à un souverain absolu, le Léviathan (cf. chapitres 3.2./3.3.).

À la fin du XVIIe siècle, **John Locke introduit un élément nouveau dans la définition de la société civile : la propriété**. Locke poursuit la préoccupation de Hobbes en ce qu'il essaie lui aussi de comprendre comment les hommes peuvent former une société en sortant de l'état de nature, sur la seule base de la réalisation des droits naturels, à partir du plus fondamental d'entre eux, le droit de propriété (cf. chapitre 3.4 – cf. texte 1). L'homme social lockéen est déjà en cela un « *homo œconomicus* » préoccupé non seulement par la préservation de sa vie mais également par celle de ses biens. Locke esquisse à cette occasion une première distinction entre société civile et État, bien qu'il ne les oppose pas. **La société civile apparaît en effet comme le lieu « de la propriété et des échanges », alors que l'État fait déjà figure de protecteur des intérêts collectifs**. Cette esquisse de différenciation annonce l'émergence d'une double conception de la société civile : d'un côté une société civile « politique » issue du contrat social et incarnation de l'intérêt général – ce sera celle de Rousseau –, de l'autre une société civile « économique », lieu d'un ajustement spontané des intérêts particuliers, régulé par ses propres lois et qu'Adam Smith n'aura aucun mal à identifier au marché en l'opposant à l'État.

Cette double origine de la société civile reste présente aujourd'hui encore dans les différentes conceptions de la société. D'un côté, la société est conçue comme un espace purement privé, réservé aux relations interindividuelles, et qui se situent eux-mêmes dans la tradition libérale en opposant la société civile à l'État – conçu lui-même comme lieu du politique et comme sphère publique dont il faut veiller à limiter l'extension. De l'autre, la société civile est conçue comme sphère publique et comme le lieu par excellence du débat politique.

Au XVIIIe siècle, la question du lien et de l'organisation sociale se transforme. **Du souci d'institution du social et de formation de la société civile, on passe progressivement à une préoccupation de « régulation du social », de recherche des moyens de l'harmonisation des relations sociales entre individus**. C'est la réponse apportée par « l'économie politique » – dont Adam Smith expose la théorie dans *La Richesse des nations* (1776) (cf. chapitre 2.2.) – qui s'impose peu à peu comme la seule manière de concevoir la régulation sociale. Les autres réponses apportées au cours du XVIIIe siècle échouent en effet à fournir à la société un principe d'harmonie, qu'il soit politique comme chez Rousseau ou juridique, comme c'est le cas à travers la figure du « législateur » chère aux premiers utilitaristes – Helvétius et Bentham notamment. Smith est le premier à systématiser les notions de besoin et d'intérêt sans avoir recours à une intervention extérieure pour fonder l'ordre social – législateur ou politique. Il borde ainsi le lien social entre la nécessité empirique de l'être-ensemble, du « sens commun » social, mise à jour par David Hume au début du siècle et la gestion pratique des intérêts des individus entre eux, sous la figure de la « Main invisible ». Il le borde aussi contre les passions dévastatrices dont sont capables les hommes lorsqu'ils sortent de la logique à la fois raisonnable et rationnelle de l'échange civilisé, du « doux commerce » cher à Montesquieu qui résume ainsi l'essentiel de l'enjeu social moderne : « Il est heureux pour les hommes d'être dans une situation où, pendant que leurs passions leur inspirent la pensée d'être méchants, ils ont pourtant intérêt de ne pas l'être » (*Esprit des Lois*, XXI, 20).

Au début du XIXe siècle, Hegel, lecteur attentif des penseurs anglo-écossais car il s'agit là dit-il « d'une de ces sciences qui sont nées des temps modernes comme d'un terrain qui leur est propre » (Hegel, *Principes de la philosophie du droit*, 1821), critique l'idée d'une société civile dominante occupant la totalité de l'espace social, qu'elle phagocyterait au détriment du politique et de son bras armé, l'État. Il le fait dans un contexte nouveau, à double titre : alors que les sociétés d'Europe occidentale commencent à s'industrialiser et que l'homme moderne prend la figure du « bourgeois » et alors qu'émerge l'État-nation qui accentue la cassure entre la société civile conçue comme un simple marché et l'État, représentant l'autorité politique (cf. 3.2 et 4.2.). Il en déduit une notion : la *bürgerliche Gesellschaft* (la société civile bourgeoise), conçue comme un « système des besoins », intermédiaire entre la famille et l'État. **Hegel attribue à la société civile un rôle supplémentaire, historique, d'émancipation de l'homme**. C'est en effet dans la société civile que « l'homme vaut parce qu'il est homme, non parce qu'il est juif, catholique, protestant, allemand ou italien » (*Ibid.*). Toutefois, ce serait diminuer considérablement l'apport de Hegel au débat sur la société civile que de le cantonner à un rôle de mise en forme philosophique de l'économie politique du XVIIIe siècle. Il va construire une critique des insuffisances de la société civile en établissant des relations complexes entre celle-ci et l'État qui acquiert chez lui un rôle majeur. Il développe ainsi une véritable philosophie de la société qui n'attend pas que l'économie réalise le politique. C'est d'ailleurs sur ce point que **Marx s'oppose à Hegel lorsqu'il défend la réduction de l'espace politique à la société civile** – il entend « remettre Hegel sur ses pieds » (*Le Capital*, postface de 1873) –, seule à même de représenter, à ses yeux, un universel véritable. Il ne sert à rien en effet de vouloir à toute force construire un autre espace, forcément artificiel, comme le fait Hegel. Il s'agit, paradoxalement, d'une conception de la société civile proche de celle des libéraux, visant au « dépérissement du politique » représenté chez Marx par le dépérissement ultime de l'État, après lequel ne subsisterait qu'une société sans classes, une société de la fin de l'histoire et de la lutte des classes. **Une partie du courant marxiste, à la suite d'Antonio Gramsci dans les années 1920, présente une conception différente de la société civile comme le regroupement d'institutions qui n'ont rien à voir ni avec le marché ni avec l'État, telles que les associations, les églises… afin de leur faire jouer un rôle révolutionnaire alors qu'elles ne se sont pas construites dans le mouvement ouvrier, classiquement en charge de la révolution.**

L'affrontement au XXe siècle de deux systèmes de pensée et de pouvoir issus du capitalisme et du libéralisme d'une part, du socialisme et du marxisme d'autre part, laisse la question de la société civile dans l'état qui était le sien au XIXe siècle. **Elle « renaît » dans les années 1960 et surtout au début des années 1970 avec l'avènement sur la scène publique de la critique du totalitarisme communiste menée par certains intellectuels à l'Ouest et les dissidents à l'Est.** Son développement comme lieu du débat public et de la liberté en fait dès lors l'agent de la démocratie contre toute forme d'oppression, mais aussi contre l'unicité et l'universalité de l'État comme garant et représentation de l'intérêt général.

Textes

– Texte 1 –

■ **John Locke**, *Traité du gouvernement civil* (1690)

87. Les hommes étant nés tous également, ainsi qu'il a été prouvé, dans une *liberté* parfaite, et avec le droit de jouir paisiblement et sans contradiction, de tous les droits et de tous les privilèges des *lois de la nature* ; chacun a, par la *nature*, le pouvoir, non seulement de conserver ses biens propres, c'est-à-dire, sa vie, sa *liberté* et ses richesses, contre toutes les entreprises, toutes les injures et tous les attentats des autres ; mais encore de juger et de punir ceux qui violent les *lois de la nature*, selon qu'il croit que l'offense le mérite, de punir même de mort, lorsqu'il s'agit de quelque crime énorme, qu'il pense mériter la mort. Or, parce qu'il ne peut y avoir de *société politique,* et qu'une telle société ne peut subsister, si elle n'a en soi le pouvoir de conserver ce qui lui appartient en propre, et, pour cela, de punir les fautes de ses membres ; là seulement se trouve une *société politique*, où *chacun des membres s'est dépouillé de son pouvoir naturel, et l'a remis entre les mains de la société, afin qu'elle en dispose dans toutes sortes de causes, qui n'empêchent point d'appeler toujours aux lois établies par elle*. Par ce moyen, tout jugement des particuliers étant exclu, la *société* acquiert le droit de souveraineté ; et certaines lois étant établies, et certains hommes autorisés par la communauté pour les faire exécuter, ils terminent tous les différends qui peuvent arriver entre les membres de cette *société-là*, touchant quelque matière de droit, et punissent les fautes que quelque membre aura commises contre la *société* en général, ou contre quelqu'un de son corps, conformément aux peines marquées par les lois. Et par là, il est aisé de discerner ceux qui sont ou qui ne sont pas ensemble en *société politique*. Ceux qui composent un seul et même corps, qui ont des lois communes établies et des juges auxquels ils peuvent appeler, et qui ont l'autorité de terminer les disputes et les procès, qui peuvent être parmi eux et de punir ceux qui font tort aux autres et commettent quelque crime : ceux-là sont en *société civile* les uns avec les autres ; mais ceux qui ne peuvent appeler de même à aucun tribunal sur la terre, ni à aucunes *lois positives*, sont toujours dans *l'état de nature* ; chacun, où il n'y a point d'autre juge, étant juge et exécuteur pour soi-même, ce qui est, comme je l'ai montré auparavant, le véritable et parfait *état de nature*.

(Chap. « De la société civique ou politique », trad. D. Mazel, © Éditions Flammarion, coll. « GF », 1984, p. 206-207).

– Texte 2 –

■ **Ferdinand Tönnies**, *Communauté et société* (1887)

Le rapport lui-même, et par conséquent l'association, peut être compris soit comme une vie réelle et organique, c'est alors l'essence de la *communauté*, soit comme une représentation virtuelle et mécanique, c'est alors le concept de la *société*. [...] Tout ce qui est confiant, intime, vivant exclusivement ensemble est compris comme la vie en *communauté*. La *société* et ce qui est public ; elle est le monde, on se trouve au contraire en communauté avec les siens depuis la naissance, liés à eux dans le bien comme dans le mal. On entre dans la société comme en terre étrangère. [...]

En un sens général on pourra parler d'une *communauté* englobant l'humanité entière, telle que veut l'être l'Église. Mais la *société* humaine est comprise comme

67

une pure juxtaposition d'individus indépendants les uns des autres. [...] Communauté est vieux, société est nouveau comme chose et comme nom. [...]
Ce qui de tout temps a fait le prix de la vie à la campagne, c'est que la communauté y est plus forte et plus vivante entre les hommes : la communauté est la vie commune vraie et durable ; la société est seulement passagère et apparente. Et l'on peut, dans une certaine mesure, comprendre la communauté comme un organisme vivant, la société comme un agrégat mécanique et artificiel.
(8e éd., 1935, trad. J. Leif, PUF, 1944, p. 3-5.)

– Texte 3 –

■ Émile Durkheim, *De la division du travail social* (1893)

Il y a dans chacune de nos consciences, avons-nous dit, deux consciences : l'une, qui nous est commune avec notre groupe entier, qui, par conséquent, n'est pas nous-même, mais la société vivant et agissant en nous ; l'autre qui ne représente au, contraire que nous dans ce que nous avons de personnel et de distinct, dans ce qui fait de nous un individu. La solidarité qui dérive des ressemblances est à son *maximum* quand la conscience collective recouvre exactement notre conscience totale et coïncide de tous points avec elle : mais, à ce moment, notre individualité est nulle. [...]
Les molécules sociales qui ne seraient cohérentes que de cette seule manière ne pourraient donc se mouvoir avec ensemble que dans la mesure où elles n'ont pas de mouvements propres, comme font les molécules des corps inorganiques. C'est pourquoi nous proposons d'appeler mécanique cette espèce de solidarité. Ce mot ne signifie pas qu'elle soit produite par des moyens mécaniques et artificiellement. Nous ne la nommons ainsi que par analogie avec la cohésion qui unit entre eux les éléments des corps bruts, par opposition à celle qui fait l'unité des corps vivants. Ce qui achève de justifier cette dénomination, c'est que le lien qui unit ainsi l'individu à la société est tout à fait analogue à celui qui rattache la chose à la personne. La conscience individuelle, considérée sous cet aspect, est une simple dépendance du type collectif et en suit tous les mouvements, comme l'objet possédé suit ceux que lui imprime son propriétaire.
Il en est tout autrement de la solidarité que produit la division du travail.
Tandis que la précédente implique que les individus se ressemblent, celle-ci suppose qu'ils diffèrent les uns des autres. La première n'est possible que dans la mesure où la personnalité individuelle est absorbée dans la personnalité collective ; la seconde n'est possible que si chacun a une sphère d'action qui lui est propre, par conséquent une personnalité. Il faut donc que la conscience collective laisse découverte une partie de la conscience individuelle, pour que s'y établissent ces fonctions spéciales qu'elle ne peut pas réglementer ; et plus cette région est étendue, plus est forte la cohésion qui résulte de cette solidarité. En effet, d'une part, chacun dépend d'autant plus étroitement de la société que le travail est plus divisé, et, d'autre part, l'activité de chacun est d'autant plus personnelle qu'elle est plus spécialisée. Ici donc, l'individualité du tout s'accroît en même temps que celle des parties ; la société devient plus capable de se mouvoir avec ensemble, en même temps que chacun de ses éléments a plus de mouvements propres. Cette solidarité ressemble à celle que l'on observe chez les animaux supérieurs. Chaque organe, en effet, y a sa physionomie spéciale, son autonomie, et pourtant l'unité de l'organisme est d'autant plus grande que cette individuation des parties est plus marquée. En raison de cette analogie, nous proposons d'appeler organique la solidarité qui est due à la division du travail.
(PUF, 1973, p. 98-101.)

– Texte 4 –

■ Max Weber, *Économie et société* (1921)

Nous appelons « communalisation » [*Vergemeinschaftung*] une relation sociale lorsque, et tant que, la disposition de l'activité sociale se fonde – dans le cas particulier en moyenne ou dans le type pur – sur le sentiment subjectif (traditionnel ou affectif) des participants *d'appartenir* à une *même communauté* [*Zusammengehörigkeit*]. Nous appelons « sociation » [*Vergesellschaftung*] une relation sociale lorsque, et tant que, la disposition de l'activité sociale se fonde sur un *compromis* [*Ausgleich*] d'intérêts motivé rationnellement (en valeur ou en finalité) ou sur une *coordination* [*Verbindung*] d'intérêts motivée de la même manière. En particulier, la sociation peut (mais non uniquement) se fonder typiquement sur une *entente [Vereinbarung]* rationnelle par engagement mutuel [*gegenseitige Zusage*]. C'est alors que l'activité sociétisée s'oriente, dans le cas rationnel : a) de façon rationnelle en valeur, d'après la croyance en son propre caractère obligatoire [*Verbindlichkeit*] ; b) de façon rationnelle en finalité, par anticipation de la loyauté du *partenaire.*

1. Notre terminologie rappelle la distinction que F. Tönnies a établie dans son ouvrage fondamental, *Gemeinschaft und Gesellschaft*. Toutefois Tönnies lui a aussitôt donné, pour des fins qui lui sont propres, un contenu beaucoup plus spécifique qu'il n'est utile pour nos propres fins. Les types les plus purs de la *sociation* sont : a) l'échange [*Tausch*], rigoureusement rationnel en finalité, sur la base d'un libre accord sur le marché – compromis actuel entre les intéressés à la fois opposés et complémentaires ; b) *la pure association* à *but déterminé* [*Zweckverein*] établie par libre accord, par une entente concernant une activité continue qui, par son intention aussi bien que par ses moyens est instituée purement en vue de la poursuite des intérêts matériels (économiques ou autres) des membres ; c) l'association à base de *convictions* [*Gesinnungsverein*] motivée de façon rationnelle en valeur, telle que la secte rationnelle, dans la mesure où elle se détourne du souci d'intérêts affectifs ou émotionnels et ne cherche qu'à servir la « cause » (ce qui, en vérité, ne se rencontre sous la forme d'un type tout à fait pur que dans des cas très particuliers).

2. Une *communalisation* peut se fonder sur n'importe quelle espèce de fondement affectif émotionnel ou encore traditionnel, par exemple une communauté spirituelle de frères, une relation érotique, une relation fondée sur la piété, une communauté « nationale » ou bien un groupe uni par la camaraderie. La communauté familiale en constitue le type le plus commode. Cependant la grande majorité des relations sociales ont *en partie* le caractère d'une communalisation, *en partie* celui d'une sociation.

(Vol. I, chapitre premier, B, 9 « Communalisation et sociation », trad. J. Chavy et E. de Dampierre (dir.), © Éditions Plon, Pocket-Agora, 1995, p. 78-79.)

– Texte 5 –

■ Norbert Elias, *La dynamique de l'Occident* (1939)

Les sociétés au sein desquelles la violence n'est pas monopolisée sont des sociétés où la division des fonctions est peu développée, où les chaînes d'actions qui lient leurs membres les uns aux autres sont courtes. Inversement, les sociétés dotées de monopoles de la contrainte physique plus consolidés – monopoles incarnés d'abord par les grandes cours princières ou royales – sont des sociétés où la division des fonctions est développée, où les chaînes d'actions sont longues. [...]

L'individu y est à peu près à l'abri d'une atteinte brutale à son intégrité physique ; mais il est aussi forcé de refouler ses propres passions, ses pulsions agressives [...]. Dans la mesure où s'amplifie le réseau d'interdépendances dans lequel la division des fonctions engage les individus ; [...] l'homme incapable de réprimer ses impulsions et passions spontanées compromet son existence sociale ; l'homme qui sait dominer ses émotions bénéficie au contraire d'avantages sociaux évidents, et chacun est amené à réfléchir, avant d'agir, aux conséquences de ses actes. Le refoulement des impulsions spontanées, la maîtrise des émotions, l'élargissement de l'espace mental, c'est-à-dire l'habitude de songer aux causes passées et aux conséquences futures de ses actes, voilà quelques aspects de la transformation qui suit nécessairement la monopolisation de la violence et l'élargissement du réseau des interdépendances. Il s'agit donc bien d'une transformation du comportement dans le sens de la « civilisation ».
(Trad. P. Kamnitzer, Calmann-Lévy, 1975, coll. « Pocket », 1990, p. 189-190.)

– Texte 6 –

■ Jacques Le Goff, *Pour un autre Moyen Âge* (1977)
L'ordre clérical est caractérisé par la prière, ce qui indique peut-être une certaine primauté accordée à l'idéal monastique, à celui plutôt d'un certain monachisme. [...] Roi des *oratores*, le monarque participe d'une certaine façon de la nature et des privilèges ecclésiastiques et religieux et d'autre part entretient avec l'ordre clérical les relations ambivalentes de protecteur et de protégé de l'Église.
L'ordre militaire n'est pas lui non plus simple à appréhender. [...] Le terme de *milites* qui, à partir du XIIe siècle, aura tendance à désigner habituellement l'ordre militaire dans le schéma triparti, correspondra à l'émergence de la classe des chevaliers au sein de l'aristocratie laïque, mais apportera plus de confusion que de clarté dans les rapports entre la réalité sociale et les thèmes idéologiques prétendant l'exprimer. Il reste que, du IXe au XIIe siècle, l'apparition des *bellatores* dans le schéma triparti correspond à la formation d'une nouvelle noblesse et, à cette époque de profonde transformation de la technique militaire, à la prépondérance de la fonction guerrière chez cette nouvelle aristocratie [...]
Qui sont les *laboratores* ? S'il est clair, comme l'attestent les équivalents *agricolae* ou *rustici* que nous avons rencontrés, qu'il s'agit de ruraux, il est plus difficile de déterminer quel ensemble social est ici désigné. On considère en général que ce terme désigne le reste de la société, l'ensemble de ceux qui travaillent, c'est-à-dire en fait essentiellement la masse paysanne.
(Gallimard, p. 34 et p. 86.)

– Texte 7 –

■ Louis Dumont, *Essais sur l'individualisme* (1983)
Quand nous parlons d'« individu », nous désignons deux choses à la fois : un objet hors de nous, et une valeur [...]. D'un côté, le sujet *empirique* parlant, pensant et voulant, soit l'échantillon individuel de l'espèce humaine, tel qu'on le rencontre dans toutes les sociétés, de l'autre l'être *moral* indépendant, autonome, et par suite essentiellement non social, qui porte nos valeurs suprêmes et se rencontre en premier lieu dans notre idéologie moderne de l'homme et de la société. De ce point de vue, il y a deux sortes de sociétés. Là où l'individu est la valeur suprême

> je parle d'*individualisme* ; dans le cas opposé, où la valeur se trouve dans la société comme un tout, je parle de *holisme*.
> En gros, le problème des origines de l'individualisme est de savoir comment, à partir du type général des sociétés holistes, un nouveau type a pu se développer qui contredisait fondamentalement la conception commune. […] Depuis plus de deux mille ans la société indienne est caractérisée par deux traits complémentaires : la société impose à chacun une interdépendance étroite qui substitue des relations contraignantes à l'individu tel que nous le connaissons, mais par ailleurs l'institution du renoncement au monde permet la pleine indépendance de quiconque choisit cette voie. […]
> Le renonçant se suffit à lui-même, il ne se préoccupe que de lui-même. Sa pensée est semblable à celle de l'individu moderne, avec pourtant une différence essentielle : nous vivons dans le monde social, il vit hors de lui.
> (Seuil, p. 34-36.)

SECTION 2. L'ÉCONOMIE

L'économie peut se définir comme le système de production, d'échange et de consommation des biens et services. Elle constitue à ce titre une part essentielle de l'existence humaine, occupant la majeure partie du temps social consacré au « vivre ensemble ». Elle est notamment distinguée, comme activité, de la politique – on évoque beaucoup aujourd'hui le fait que celle-ci ait perdu de son influence sur celle-là.

Il n'en a pas toujours été ainsi. D'abord parce que l'activité économique n'a pas toujours été valorisée ; ensuite parce qu'elle a connu une évolution considérable de sa conception même ; enfin parce que la détermination même de cette conception a fait l'objet – si ce n'est pas toujours le cas aujourd'hui – de combats politiques et sociaux virulents.

2.1. L'économie dans sa forme primitive

À l'origine, le terme « économie » désigne essentiellement le principe d'organisation (*nomos*) de la maison (*oikos*), en fait de l'espace privé (familial au sens élargi, comprenant les esclaves notamment) par opposition à l'espace public, « la vie de la cité » (Aristote, *Les Politiques*, Livre Ier, chapitre 3 notamment). C'est-à-dire l'espace dans lequel se déroulent les activités de production, d'échange et de consommation, mais aussi les relations interindividuelles (famille, travail…) par opposition à celui où se déroulent les activités politiques (*polis*, les affaires de la cité), l'espace des besoins et de la nécessité par opposition à celui de l'activité libre et utile au bien commun (cf. le parallèle avec le travail, 2.3.). Cette définition de l'économie comme gestion de la « maisonnée » exclut une activité considérée aujourd'hui comme partie intégrante de l'économie : l'acquisition de biens et de richesses (ce que l'on désignerait aujourd'hui par deux activités : la production et l'échange de biens) (voir Aristote, *ibid.*, chapitres 8 et 9, sur « l'art naturel d'acquérir » et la « chrématistique », cf. texte 1).

Le développement des échanges entre les différentes régions européennes qui s'accélère à la fin du Moyen Âge après une longue période autarcique due notamment aux grandes invasions provoque des modifications importantes dans les modalités de l'échange des biens et marchandises – avec le développement à partir du XIIIe siècle des routes maritimes, du mécanisme de la « lettre de change », des procédures d'assurance, de banques qui essaiment leurs comptoirs à travers l'Europe… Une véritable culture marchande, ferment d'une forme primitive de capitalisme se met en place, dans les grandes cités-États d'Italie du Nord et sur le littoral flamand notamment. **Face à cette dynamique, les gouvernements des premiers États modernes, en formation, en France et en Angleterre principalement, commencent à développer les instruments d'une gestion des échanges sur leur territoire, par le système fiscal en particulier**. Dès le XVIe siècle, la nécessité se fait rapidement sentir d'une expression traduisant ce nouveau mode d'appréhension de l'espace public. Des termes tels que « économie publique » et « économie politique » commencent d'être utilisés. C'est le *Traité d'économie politique* d'Antoine de Montchrétien (1615) qui « popularise » l'expression : « Aussi l'art politique dépend de l'économique ; et comme il en tient beaucoup de conformité, il doit pareillement emprunter son exemple. Car le bon gouvernement domestique, à le bien prendre, est un patron et modèle du public ».

2.2. Naissance de l'économie politique

De cette origine commune, deux acceptions vont se succéder dans le temps. Celle d'abord dont témoigne Jean-Jacques Rousseau dans son article « Économie politique » pour *l'Encyclopédie* (1755) et qui domine jusqu'à la Révolution, suivant l'idée que **l'État doit réguler l'espace de la production et des échanges de la même manière que l'espace politique**. « Économie politique » signifie alors ni plus ni moins, comme le dit Rousseau, critique acerbe du libéralisme économique naissant de son époque, que « gouvernement » (on dirait aujourd'hui « administration »), qu'il distingue de l'exercice de la souveraineté, proprement politique. Celle ensuite qui s'y substitue, dont Adam Smith est le « père fondateur », dans le sens d'une étude de l'activité des phénomènes de production et d'échange, d'une « science économique », détachée du politique. C'est cette seconde acception, construction historique et détachement disciplinaire de la philosophie morale, qui fait figure de définition de l'économie aujourd'hui encore.

La « redécouverte » de la pensée d'Aristote par les auteurs scolastiques à partir du XIIIe siècle (saint Thomas d' Aquin), au moment même où les échanges se multiplient et le protocapitalisme se développe, conduit à de nombreuses interrogations sur les phénomènes économiques : nature et fonctions de la monnaie, définition du « juste prix », question de l'usure… Les débats qui en découlent restent cependant prisonniers du cadre théologique même s'ils présentent parfois des avancées analytiques qui seront reprises aux XVIIe et XVIIIe siècle par les premiers « économistes ». **À partir du XVIe siècle, l'interrogation sur le rôle de l'État et l'émergence, avec la Réforme protestante, d'une doctrine religieuse plus favorable aux pratiques marchandes que le catholicisme (Max Weber, *L'Éthique protestante et l'esprit du capitalisme*, 1905), conduisent à un nouveau cadre d'analyse et à de nouveaux objets d'étude**. Il ne s'agit plus de comprendre les phénomènes économiques dans le cadre théologique, mais de produire une connaissance de ceux-ci utile au pouvoir politique : amélioration de la fiscalité, équilibre de la « balance du commerce », organisation de la production… Le « mercantilisme » qui désigne cet ensemble de nouvelles réflexions triomphe au XVIIe siècle à partir de l'idée que la richesse d'un pays dépend de son stock de métaux précieux qu'il faut accroître par tous les moyens : par l'exploitation extérieure (des pays du « Nouveau monde » notamment) et par le développement de la production et des échanges dans les pays européens. La production de biens de plus en plus complexes (riches en valeur ajoutée) permet d'accroître plus rapidement le stock d'or que le simple échange agricole ou de produits peu élaborés – les productions se spécialisent pour mieux s'échanger. C'est sur ces principes que s'appuie Colbert, ministre de Louis XIV, en France pour développer une organisation quasi-militaire de l'économie française. **Le mercantilisme encourage aussi la levée des différentes barrières douanières à l'intérieur d'un pays tout en prônant un protectionnisme fort entre les pays.** Le mercantilisme apparaît en fait comme la doctrine économique de l'affirmation de l'État moderne puisqu'il nécessite la sécurité extérieure (pour les échanges coloniaux, par l'intermédiaire des grandes compagnies notamment) et la paix intérieure pour le développement de la production et du commerce.

2.3. L'économie comme modèle de la vie sociale

C'est pendant les Lumières que l'économie politique devient réellement une manière autonome de comprendre le lien social, qu'elle s'érige en discipline, dépassionnant les rapports sociaux en les soumettant à la stricte logique de l'utilité et de l'intérêt, seules voies susceptibles de libérer l'individu dans la quête de son propre bonheur. Un premier pas important sur cette voie est franchi par le Hollandais Bernard de Mandeville (*La Fable des Abeilles,* 1714) qui scandalise l'Europe intellectuelle. Sous les dehors d'une fiction mettant en scène une ruche, on peut y lire que l'homme, loin d'être tenu à une quelconque loi naturelle ou morale, est un être égoïste et porté vers le mal plutôt que vers le bien. En fait que le comportement de l'homme ne peut tendre de par sa seule volonté vers le bien commun, et que malgré cela, la société en tire avantage. **La société, réduite à un système d'échanges entre individus égaux sur la base d'un contrat, n'a pas besoin d'intervention extérieure pour fonctionner correctement.** Cette idée qui se développe à travers l'Europe est résumée par la formule « laissez faire, laissez passer » des « Physiocrates ». La doctrine physiocratique, édictée par les Français François Quesnay (*Tableau économique*, 1758) et Turgot (*Réflexion sur la formation et la distribution des richesses*, 1766), repose sur l'idée qu'une loi de nature ordonne l'ensemble de l'activité humaine : **l'individu ne peut atteindre le bonheur qu'en accumulant les jouissances que prodiguent les biens économiques – avant tout agricoles et fonciers**. La loi de nature consacre la propriété, car seule l'appropriation privée encourage la multiplication des subsistances, l'abondance, et donc… le bonheur. Pour que la propriété soit réellement efficace, il faut que le propriétaire soit réellement libre de toute contrainte – l'État doit « laisser faire, laisser passer ».

Adam Smith prolonge et fait la synthèse de cette nouvelle vision du monde pour en apparaître finalement comme le « père fondateur ». Dans *La Richesse des nations* (1776), il expose que chaque homme étant naturellement porté à l'échange pour se procurer ce qu'il ne peut produire lui-même en travaillant, la division du travail se renforce et devient le principe même de l'existence humaine, c'est d'ailleurs cette division du travail qui crée la « richesse des nations ». **L'échange, et l'équilibre qui se crée à cette occasion, conduit donc à l'harmonie mécanique des intérêts individuels les uns par rapport aux autres, chacun y trouvant la satisfaction de ses besoins. La société résulte de cet équilibre spontané où dépendance mutuelle et autonomie individuelle sont intrinsèquement liées – ce que Smith résume dans la célèbre métaphore de la « main invisible », fondateur de l'économie libérale de marché** (cf. texte 2). Le pouvoir politique est entièrement subordonné à cet équilibre au sein d'une « société civile » qui se confond avec le marché économique (cf. 2. 1.). L'État, qui existe en tant qu'acteur social, est là pour assurer la fluidité des échanges et garantir le bon fonctionnement du mécanisme marchand. Il a essentiellement un rôle régalien et d'éducation du peuple.

Il appartient, au début du XIXe siècle, aux économistes « classiques » de développer l'intuition smithienne de l'économie de marché. Les développements critiques qui en résultent, à partir des travaux de David Ricardo (cf. texte 3), Thomas Robert Malthus, James et John Stuart Mill, Jean-Baptiste Say – ils développent des théories sur l'échange, la valeur, les facteurs de production, la loi de l'offre et de la demande, etc. – constituent les fondements de la réflexion économique contemporaine. Leur argumentation, à partir d'exemples précis et souvent chiffrés, se fait plus rigoureuse. L'économie entre, avec les sociétés occidentales dont elle entend décrire les mécanismes, dans l'âge de la science et de l'industrie.

2.4. Critique de l'économie politique

La Révolution industrielle et la mondialisation des échanges – processus qui s'amorcent dès la fin du XVIIIe siècle et qui se développent ensuite par vagues successives malgré la litanie des crises de production et de débouchés qui jalonnent l'histoire économique depuis deux siècles – ont conduit les sociétés occidentales, puis à partir d'elles, le monde dans son ensemble, à une surdétermination de la vie sociale et individuelle par l'économie. **Le bourgeois et le prolétaire, le capitaliste et le travailleur sont devenus les figures dominantes de l'*homo œconomicus*.** Le paradigme d'un capitalisme lié à l'économie de marché s'est imposé à la faveur de ce double phénomène, malgré la contestation radicale dont il a été l'objet – essentiellement de la part du marxisme qui l'a déconstruit pour proposer un paradigme alternatif, mais aussi à une moindre échelle par tout un ensemble de critiques plus « spécialisées », portant sur certains de ses aspects, de la critique morale du capitalisme par le catholicisme à la critique écologiste.

En plein cœur du XIXe siècle, Marx livre la critique, à la fois la plus approfondie et la plus riche de développements concrets, du système capitaliste et de l'économie de marché (essentiellement dans *Les Fondements d'une critique de l'économie politique*, 1857 et dans *Le Capital*, 1867). Il se pose en contempteur de l'économie politique qu'il érige en théorie parfaite du système capitaliste, tout en reconnaissant, avec Smith et Ricardo, que le travail est au fondement de la valeur des biens. En revanche, à ses yeux, le travail se présente sous un double jour : concret (manifeste dans les activités de production et créateur de la valeur d'usage) et abstrait (dépense d'énergie commune à tous les travailleurs, rendus de ce fait solidaires) (cf. 2. 3.). La valeur d'un bien peut donc s'exprimer quantitativement par le temps de travail nécessaire à sa production. C'est à partir de cette « théorie de la valeur » que Marx analyse la société capitaliste de son temps. Or le capitalisme tend depuis ses origines vers un accroissement continu de la quantité de valeur – c'est l'accumulation. Le système capitaliste ne peut réaliser cet accroissement continu de la valeur que grâce au « profit », c'est-à-dire en détenant une valeur finale supérieure à la valeur investie dans le processus de production. Pour réaliser ce tour de force, le capitalisme exploite le travail salarié en percevant une « plus-value » qui correspond à la différence entre valeur d'usage et valeur d'échange (le salaire) du travail. Celui-ci étant calculé au plus juste pour assurer une simple reproduction à l'identique de la force de travail (cf. texte 4). Il y a donc « exploitation » des travailleurs, c'est sur elle que repose le conflit de classe entre bourgeoisie et prolétariat. Le problème de ce système tient à ce que le développement de la production ne s'accompagne pas d'une augmentation proportionnelle de la demande (la loi des débouchés de Say n'est pas valable). Le taux de profit est donc condamné à baisser du fait de l'accumulation continue de capital et de la concurrence entre les capitalistes pour trouver des débouchés – l'accumulation renforce encore la faillite inévitable du système puisqu'elle favorise la machinisation contre le travail humain, seul créateur de valeur. L'analyse critique que Marx livre du capitalisme et de l'économie de marché fait pourtant de lui un héritier de l'économie politique. Pour lui en effet, « l'infrastructure » (l'économie, les rapports de production) détermine le reste de l'activité sociale et politique (la « superstructure » : politique, État, droit, religion, famille...). Ce matérialisme appliqué à une lecture dialectique de l'histoire comme des luttes de classes successives le conduit à envisager la réorientation de l'histoire (et sa fin) vers une ultime étape (après la Révolution prolétarienne et le socialisme) : la satisfaction pleine et entière des besoins des hommes (le communisme) (K. Marx et F. Engels, *Manifeste du Parti communiste*, 1848).

2.5. L'économie comme adaptation au capitalisme

En parallèle de cette radicalisation – en même temps que systématisation – des aspirations socialistes du XIXe siècle face aux duretés de la société industrielle, l'effort de réflexion économique dans le cadre de la société capitaliste se poursuit, dans une perspective critique visant à développer le bien-être général (J. S. Mill, G. Sismondi) ou dans le sens d'une radicalisation du modèle du marché (L. Walras).

La poursuite du développement du capitalisme conduit à un changement important des conditions économiques et sociales à la fin du XIXe siècle, avec l'émergence d'une classe moyenne – l'extension de la classe bourgeoise par intégration progressive de prolétaires et de paysans – favorisée par le développement de l'enseignement et les progrès sanitaires et sociaux. Face à ces changements, certains socialistes, tels que Eduard Bernstein, tentent de « réviser » la doctrine marxiste dans le sens d'un réformisme démocratique (*Les présupposés du socialisme et les tâches de la social-démocratie*, 1899) donnant naissance à un courant social-démocrate qui affrontera tout au long du XXe siècle à la fois le système communiste d'économie planifiée et le système capitaliste libéral marchand dont les États-Unis vont devenir le modèle. **La crise économique des années 1930 et la Seconde Guerre mondiale conduiront à une révision du capitalisme par la socialisation d'une part de l'économie (politique d'intervention de l'État par le budget et la monnaie, nationalisations, État-providence, planification indicative, paritarisme...) dont John Maynard**

Keynes a posé les bases dans sa *Théorie générale de la monnaie et des prix* **(1936) (cf. texte 5).** La crise des années 1970 provoquera dans les années 1980 une réaction inverse, d'accentuation des traits de l'économie de marché, sous l'appellation de « néolibéralisme » : indépendance des banques centrales, déréglementation, privatisation, « financiarisation » de l'économie...

L'effondrement du communisme après la chute du Mur de Berlin en 1989 dû en grande partie à un échec de son modèle économique et le mouvement de globalisation actuel – nouvelle Révolution industrielle autour des technologies de l'information, de la communication, du développement durable et de la biologie, émergence de nouveaux grands acteurs (les « BRIC » : Brésil, Russie, Inde, Chine) dans la compétition mondiale, et accélération des échanges sur le long terme malgré les crises et les menaces régulières de retour au protectionnisme – conduit à une victoire et une extension du modèle capitaliste, libéral et marchand face auquel les États ont du mal à adapter leur stratégie. **La régulation politique de l'économie – par quels moyens, jusqu'où... – apparaît aujourd'hui au centre des débats nationaux et internationaux comme l'ont montré tant les manifestations contre la mondialisation sous sa forme récente que la crise profonde et les tentatives d'en sortir dans laquelle le monde entier est plongé depuis l'été 2008** (cf. chap. 6. 4.). Les aspirations dominantes des populations de pays touchés par la crise (chômage de masse, exclusion sociale, transformations des conditions de la production...) et aujourd'hui soucieuses du renouveau de la croissance dans le monde tendant à la fois à valider le marché comme mode de création optimal des richesses et à réclamer plus de contrôle et de prévention contre ses effets négatifs et les risques qu'il induit.

L'économie politique semble ainsi pour la première fois de son histoire faire l'objet d'un vaste consensus tout en méritant, là encore pour la première fois à ce point, son nom où se mêlent souci de liberté et souci de régulation.

Textes

– Texte 1 –

■ Aristote, *La Politique* (vers 340 av. J.-C.)

Chacune des choses dont nous sommes propriétaires est susceptible de deux usages différents […]. L'un est l'usage propre de la chose, et l'autre est étranger à son usage propre. Par exemple, une chaussure a deux usages : l'un consiste à la porter et l'autre à en faire un objet d'échange : l'un et l'autre sont bien des modes d'utilisation de la chaussure, car même celui qui échange une chaussure avec un acheteur qui en a besoin, contre de la monnaie ou de la nourriture, utilise la chaussure en tant que chaussure, mais il ne s'agit pas là toutefois de l'usage propre, car ce n'est pas en vue d'un échange que la chaussure a été faite. Il en est de même encore pour les autres objets dont on est propriétaire, car la faculté de les échanger s'étend à eux tous, et elle a son principe et son origine dans l'ordre naturel, en ce que les hommes ont certaines choses en trop grande quantité et d'autres en quantité insuffisante. Pris en ce sens-là, il est clair aussi que le petit négoce n'est pas par nature une partie de la chrématistique, puisque, dans la mesure exigée pour la satisfaction de leurs besoins, les hommes étaient dans la nécessité de pratiquer l'échange. […] Un tel mode d'échange n'est ni contre nature, ni une forme quelconque de chrématistique proprement dite (puisqu'il est, avons-nous dit, des-

tiné à suffire à la satisfaction de nos besoins naturels). Cependant, c'est de lui que dérive logiquement la forme élargie de l'échange.
(I, 9, 1257a 6-31, trad. J. Tricot, Vrin, 1962, p. 56-57.)

– Texte 2 –

■ Adam Smith, *Recherches sur la nature et les causes de la richesse des nations* (1776)

Livre Ier, chapitre 2, p. 82 (volume 1).
[...] l'homme a presque continuellement besoin du secours de ses semblables, et c'est en vain qu'il l'attendrait de leur seule bienveillance. Il sera bien plus sûr de réussir, s'il s'adresse à leur intérêt personnel et s'il leur persuade que leur propre avantage leur commande de faire ce qu'il souhaite d'eux.
C'est ce que fait celui qui propose à un autre un marché quelconque ; le sens de sa proposition est ceci : *Donnez-moi ce dont j'ai besoin, et vous aurez de moi ce dont vous avez besoin vous-mêmes* ; et la plus grande partie de ces bons offices qui nous sont nécessaires s'obtiennent de cette façon. Ce n'est pas de la bienveillance du boucher, du marchand de bière et du boulanger, que nous attendons notre dîner, mais bien du soin qu'ils apportent à leurs intérêts. Nous ne nous adressons pas à leur humanité, mais à leur égoïsme ; et ce n'est jamais de nos besoins que nous leur parlons, c'est toujours de leur avantage. »

Livre IV, chapitre 2, p. 42-43 (volume 2).
À la vérité, l'intention (de l'individu) en général n'est pas en cela de servir l'intérêt public, et il ne sait même pas jusqu'à quel point il peut être utile à la société. En préférant le succès de l'industrie nationale à celui de l'industrie étrangère, il ne pense qu'à se donner personnellement une plus grande sûreté ; et en dirigeant cette industrie de manière à ce que son produit ait le plus de valeur possible, il ne pense qu'à son propre gain ; en cela, comme dans beaucoup d'autres cas, il est conduit par une main invisible à remplir une fin qui n'entre nullement dans ses intentions ; et ce n'est pas toujours ce qu'il y a de plus mal pour la société, que cette fin n'entre pour rien dans ses intentions. Tout en ne cherchant que son intérêt personnel, il travaille souvent d'une manière bien plus efficace pour l'intérêt de la société, que s'il avait réellement pour but d'y travailler. Je n'ai jamais vu que ceux qui aspiraient, dans leurs entreprises de commerce, à travailler pour le bien général, aient fait beaucoup de bonnes choses. Il est vrai que cette belle passion n'est pas très commune parmi les marchands, et qu'il ne faudrait pas de longs discours pour les en guérir.
(trad. G. Garnier, © Éditions Flammarion, coll. « GF », 1991).

– Texte 3 –

■ David Ricardo, *Principes de l'économie politique* (1817)
Lorsque des hommes font un premier établissement dans une contrée riche et fertile, dont il suffit de cultiver une très petite étendue pour nourrir la population, ou dont la culture n'exige pas plus de capital que n'en possèdent les colons, il n'y a point de rente ; car qui songerait à acheter le droit de cultiver un terrain, alors que

tant de terres restent sans maître, et sont par conséquent à la disposition de quiconque voudrait les cultiver ?

Par les principes ordinaires de l'offre et de la demande, il ne pourrait être payé de rente pour la terre, par la même raison qu'on n'achète point le droit de jouir de l'air, de l'eau, ou de tous ces autres biens qui existent dans la nature en quantités illimitées. Moyennant quelques matériaux, et à l'aide de la pression de l'atmosphère et de l'élasticité de la vapeur, on peut mettre en mouvement des machines qui abrègent considérablement le travail de l'homme ; mais personne n'achète le droit de jouir de ces agents naturels qui sont inépuisables et que tout le monde peut employer. De même, le brasseur, le distillateur, le teinturier, emploient continuellement l'air et l'eau dans la fabrication de leurs produits ; mais comme la source de ces agents est inépuisable, ils n'ont point de prix. Si la terre jouissait partout des mêmes propriétés, si son étendue était sans bornes, et sa qualité uniforme, on ne pourrait rien exiger pour le droit de la cultiver, à moins que ce ne fût là où elle devrait à sa situation quelques avantages particuliers. C'est donc uniquement parce que la terre varie dans sa force productive, et parce que, dans le progrès de la population, les terrains d'une qualité inférieure, ou moins bien situés, sont défrichés, qu'on en vient à payer une rente pour avoir la faculté de les exploiter. Dès que par suite des progrès de la société on se livre à la culture des terrains de fertilité secondaire, la rente commence pour ceux des premiers, et le taux de cette rente dépend de la différence dans la qualité respective des deux espèces de terre. Dès que l'on commence à cultiver des terrains de troisième qualité, la rente s'établit aussitôt pour ceux de la seconde, et est réglée de même par la différence dans leurs facultés productives. La rente des terrains de première qualité hausse en même temps, car elle doit se maintenir toujours au-dessus de celle de la seconde qualité, et cela en raison de la différence de produits que rendent ces terrains avec une quantité donnée de travail et de capital. À chaque accroissement de population qui force un peuple à cultiver des terrains d'une qualité inférieure pour en tirer des subsistances, le loyer des terrains supérieurs haussera.

(Chapitre II, trad. Guillaumin [1847], Pocket, « Les classiques de l'économie », 1991, p. 124-125.)

– Texte 4 –

■ Karl Marx, *Salaire, prix et profit* (1865)

La *valeur* de la force de travail est déterminée par la quantité de travail nécessaire pour la conserver ou la reproduire, mais *l'emploi* de cette force n'a d'autres limites *que* celles des énergies actives et de la force physique du travailleur. La *valeur* journalière ou hebdomadaire de la force de travail est tout à fait distincte de son exercice journalier ou hebdomadaire ; de même, il faut bien distinguer entre la nourriture dont un cheval a besoin, et le temps durant lequel il est capable de porter son cavalier. La quantité de travail qui limite la *valeur* de la force de travail de l'ouvrier n'impose aucune limite à la quantité de travail que cette force est capable d'exécuter. Voyez l'exemple de notre fileur. Nous avons vu que pour renouveler tous les jours sa force de travail, il doit produire chaque jour une valeur de 3 sh., et cela en travaillant 6 heures. Or cela ne le rend point incapable de travailler 10, 12 heures ou plus. Il se trouve qu'en payant la *valeur* quotidienne ou hebdomadaire de la force de travail, le capitaliste a acquis le droit de l'utiliser pendant *toute la journée ou toute la semaine*. Il va donc faire travailler l'ouvrier plus longtemps, mettons *douze* heures par jour. En sus des six heures nécessaires à la reproduction de

son salaire, c'est-à-dire de la valeur de sa force de travail, le fileur devra travailler *six autres heures,* que j'appellerai *heures de surtravail* ; ce surtravail se réalise en une *plus-value* et en un *surproduit*. Si notre fileur, qui travaille 6 heures, ajoute au coton une valeur de 3 sh., une valeur parfaitement égale à son salaire, il ajoutera en 12 heures *une* valeur de 6 sh., et produira *un surplus de filé en proportion*. Comme il a vendu sa force de travail, la valeur totale du produit qu'il a créé appartient au capitaliste, possesseur temporaire de la force de travail. Celui-ci va débourser 3 sh., et réalisera ainsi *une* valeur de 6 sh. Il aura en effet déboursé une valeur dans laquelle 6 heures de travail sont cristallisées, et reçu en échange une valeur dans laquelle 12 heures de travail sont cristallisées. En répétant cette opération chaque jour, le capitaliste déboursera chaque fois 3 sh. et en empochera 6, dont une moitié servira à payer un nouveau salaire, et l'autre moitié constituera une *plus-value* pour laquelle le capitaliste ne paie aucun équivalent. C'est sur cette sorte *d'échange entre le capital et le travail* qu'est fondée la production capitaliste. Ce système, qui est celui du salariat, a pour résultat constant de reproduire le travailleur comme travailleur, et le capitaliste comme capitaliste.
(Trad. M. Rubel, © Éditions Gallimard, coll. « Bibliothèque de la Pléiade », *Œuvres,* Économie I, 1965, p. 512-513).

– Texte 5 –

■ **John Maynard Keynes,** *Théorie générale de l'emploi, de l'intérêt et de la monnaie* **(1936)**
Lorsque l'emploi croît, le revenu réel global augmente. Or l'état d'esprit de la collectivité est tel que, lorsque le revenu réel global croît, la consommation globale augmente, mais non du même montant que le revenu. Par suite les employeurs réaliseraient une perte si l'emploi accru était consacré en totalité à produire des biens de consommation. Pour qu'un certain volume d'emploi soit justifié, il faut donc qu'il existe un montant d'investissement courant suffisant pour absorber l'excès de la production totale sur la fraction de la production que la collectivité désire consommer lorsque l'emploi se trouve à ce niveau. Car, faute d'un tel montant d'investissement, les recettes des entrepreneurs seraient inférieures au montant nécessaire pour les inciter à offrir ce volume d'emploi. Il s'ensuit que, pour une valeur donnée de ce que nous appellerons la propension de la collectivité à consommer, c'est le montant de l'investissement courant qui détermine le niveau d'équilibre de l'emploi, c'est-à-dire le niveau où rien n'incite plus les entrepreneurs pris dans leur ensemble à développer ni à contracter l'emploi. Le montant de l'investissement courant dépend lui-même de ce que nous appellerons l'incitation à investir et nous verrons que l'incitation à investir dépend de la relation entre la courbe de l'efficacité marginale du capital et la gamme des taux d'intérêt afférents aux prêts selon leurs échéances et leurs risques respectifs.
(Introduction, trad. J. de Largentaye, Payot, 1942, p. 49-50.)

SECTION 3. LE TRAVAIL

Le travail est dans sa forme moderne à la fois le principal moyen d'acquisition des revenus permettant aux individus de vivre, un rapport social fondamental et l'activité qui permet d'atteindre l'objectif d'abondance que se fixe une société. De manière plus philosophique, on pourrait avancer qu'il est à la fois le moyen et la réponse au questionnement sur le bien-être matériel de la modernité. Le travail ne joue en fait un tel rôle que depuis deux siècles, à la suite de son « invention » économique. C'est celle-ci qui l'a constitué historiquement comme valeur, au prix d'une dualité toujours irrésolue aujourd'hui entre aliénation et émancipation, souffrance et réalisation de soi.

Pourtant **la remise en cause, depuis une trentaine d'années, de ce qui était apparu peu à peu comme le mode de fonctionnement normal d'une véritable « société du travail » – le plein-emploi à plein temps pour tous – a conduit à une réflexion approfondie sur la « valeur » travail elle-même et sur son caractère central dans notre vie sociale et individuelle** ; une réflexion qui va bien au-delà de l'interrogation économique sur le chômage et les moyens de le surmonter.

3.1. Le travail sans valeur

Les sociétés humaines n'ont pas toujours été structurées par le travail. Ainsi, dans la Grèce antique, le travail était-il défini comme un ensemble de tâches dégradantes, sans valeur. Les activités humaines sont ordonnées selon la proximité dont elles témoignent avec l'ordre naturel : plus elles ressemblent à l'immuabilité et à l'éternité, plus elles sont valorisées. L'activité contemplative, philosophique ou scientifique, exercée par la raison est celle qui rapproche le plus l'homme de l'ordre cosmogonique ou naturel en ce qu'elle le soustrait de l'action du temps, c'est donc elle qui est la plus haute dans la hiérarchie. L'activité politique est également valorisée, notamment chez Aristote (cf. chapitre 3.1.), car elle permet à l'homme d'exercer pratiquement son humanité, la raison et la parole, dans la Cité. **Le lien politique unit des hommes égaux à travers ce qui ressemble à de l'amitié (*philia*) alors que le lien matériel ne crée que des relations de service et de dépendance.** Les activités philosophiques et politiques sont valorisées parce qu'elles relèvent de la liberté, de ce qui est propre à l'homme, alors que le travail relève de la nécessité, il ramène l'homme à sa condition animale, à la satisfaction de besoins dont ne dépend pas le bonheur aux yeux des Grecs. Ainsi le travail ne peut-il en aucun cas être le fondement du lien social, et les activités qu'il recouvre, notamment productives, sont-elles méprisées – et leurs titulaires exclus de la citoyenneté (cf. texte 1). On distingue les activités pénibles (*ponos*) confiées aux esclaves, les activités « d'imitation » liées à la production d'objets pour la satisfaction des besoins (*ergon*) confiées aux artisans et les activités agricoles, fortement liées à la religion, qui constituent une catégorie à part. Il n'y a donc aucune distinction possible entre « œuvre » et « travail » (cf. H. Arendt, *La condition de l'homme moderne*, 1961, chapitre III). Dans les *Travaux et les jours* d'Hésiode, on peut ainsi voir que les activités sont hiérarchisées selon le degré de dépendance qu'elles impliquent. Ce modèle d'opposition entre ceux qui travaillent et sont méprisés, et ceux qui vivent du travail des autres et occupent le haut de la hiérarchie sociale que reprennent les Romains (distinction *labor/otium*, travail/loisir) puis le Moyen Âge chrétien (le travail est une malédiction et une punition de l'homme marqué par le péché originel, mais une punition qu'il doit accepter sous peine d'être à nouveau châtié, la paresse étant érigée en péché capital), s'il peut être lu sous le prisme moderne ne détermine pourtant pas l'ordre social, dans le sens où **le travail n'est pas au centre des représentations que la société se fait d'elle-même**.

L'évolution médiévale (travail des moines, séparation des activités créatrices valorisées comme « œuvre » et des activités marchandes « impures », émergence de bourgeoisies puissantes appuyées sur le travail) conduit à l'élaboration de l'idée d'utilité commune que codifie saint Thomas d'Aquin au XIIIe siècle : « La valeur de la chose ne résulte pas du besoin de l'acheteur ou du vendeur, mais de l'utilité et du besoin de toute la communauté [...] Le prix des choses est estimé non pas d'après le sentiment ou l'utilité des individus, mais de manière commune » (*Somme théologique*, question 77), ce qui conduit notamment à valoriser, pour la première fois dans l'histoire humaine, le travail et, de là, à libérer les capacités d'invention et de création artistique, favorisant la Renaissance. Au XVIe siècle, le terme travail (*tripalium*) se substitue à ceux de « labeur » et « d'ouvrage » pour désigner l'activité humaine de production de biens, même s'il continue de renvoyer à la fois à la souffrance et au moyen de lutter contre la paresse et l'oisiveté génératrices de vices (Calvin valorise dans ce sens le travail manuel, tout comme les Jansénistes au XVIIe siècle pour leur pénitence).

3.2. L'invention du travail

Mais ce n'est qu'avec la naissance de la pensée économique (cf. chapitre 2.2.) à la fin du XVIIe et surtout au XVIIIe siècle que le travail, en tant qu'activité productive unifiée de l'homme désormais considéré comme individu, est pensé comme tel et qu'il acquiert une valeur sociale propre. Il devient dès lors un moyen d'accroissement des richesses (un facteur de production) et d'émancipation. Pour John Locke, le rapport de l'homme à la nature se définit désormais comme travail, c'est le travail qui crée la propriété. L'homme n'est plus naturellement un animal politique, il est d'abord un animal travailleur et propriétaire. La valeur des choses vient du travail humain et non de la bonté de la nature (*Traité du gouvernement civil*, 1690, cf. texte 2). **La liberté humaine s'exprime maintenant dans le travail.** Ce mouvement de valorisation conduit également à en faire l'objet d'un échange marchand : on échange sa propre force de travail dont on est propriétaire contre rémunération, afin d'acquérir d'autres biens. C'est Adam Smith qui le met en évidence à partir de la théorie de Locke : « La plus sacrée et la plus inviolable de toutes les propriétés est celle de son propre travail, parce qu'elle est la source originaire de toutes les autres propriétés. Le patrimoine du pauvre est dans sa force et dans l'adresse de ses mains ; et l'empêcher d'employer cette force et cette adresse de la manière qu'il juge la plus convenable, tant qu'il ne porte dommage à personne, est une violation manifeste de cette liberté primitive. » (*La Richesse des nations*, 1776, Livre I, chap. X, 2, Garnier-Flammarion, 1991, p. 198). **Le travail peut dès lors se spécialiser, se diviser, et s'échanger sur la base de cette spécialisation et de cette division.** L'individu autonome qui peut vendre son travail apparaît comme un homme libre par rapport aux différentes formes d'utilisation de la main-d'œuvre de l'époque : esclavage, servage... mais son travail apparaît aussi, immédiatement, comme une marchandise, comme une part de l'activité humaine détachable de l'individu. Cette conception est reconnue par la Révolution française qui considère vendeurs et acheteurs ou loueurs de travail comme des individus libres et égaux traitant par contrat. Les organisations et corporations qui régulaient les métiers et les rémunérations sont supprimées (loi sur le travail comme négoce du 17 mars 1791 et loi Le Chapelier du 14 juin 1791).

3.3 Le travail entre aliénation et émancipation

La Révolution française et la Révolution industrielle bouleversent à nouveau la conception du travail qui va devenir le modèle de l'activité créatrice. **Face aux conditions de plus en plus aliénantes de l'activité productive, une représentation idéale du travail se met en place : il faut libérer les travailleurs de leur condition afin qu'ils puissent retrouver la vérité du travail comme activité créatrice, comme expression de soi, bref, comme « essence de l'homme ».** Le but de toute réflexion sur le travail étant désormais de le rendre conforme à son essence. Ce bouleversement a lieu, au début du XIXe siècle, en France où il prend la forme du socialisme utopique (de Saint-Simon à Fourier) et surtout en Allemagne où Hegel lui donne une portée philosophique. L'homme, à la manière de l'Esprit dans l'Histoire (cf. chapitre 5.2.), travaille à sa propre réalisation. En s'opposant à la nature, en la transformant, en inventant les moyens de son utilisation, l'homme se révèle à lui-même et se crée lui-même (cf. *La philosophie de l'esprit*, 1805, « travail, instrument, ruse »). Par le travail, il devient toujours plus humain, il se rapproche des autres hommes et tend à former une communauté d'interdépendance qui à son tour peut faire avancer l'Histoire au-delà de la forme particulière du travail à un moment donné en l'occurrence, industriel et salarié au XIXe siècle (cf. *Principes de la philosophie du droit*, 1821, § 243-245). Hegel met ainsi à jour le travail comme essence de l'humanité, à la fois activité créatrice et expression de soi. C'est sur la confrontation entre cette essence et la réalité du travail tel qu'il se pratique au XIXe siècle, dans les manufactures anglaises notamment, que Marx bâtit sa propre théorie, réalisant la synthèse des approches hégélienne du travail comme expression de soi et smithienne du travail comme rapport social marchand. **L'homme pour Marx n'est homme que par le travail, que s'il imprime à toute chose la marque de son humanité, s'il humanise la nature.** Idéalement, le travail permet à l'homme de se révéler à lui-même, de tisser la sociabilité des hommes entre eux et de transformer le monde (cf. texte 4). **Malheureusement, cette « essence » n'a jamais existé historiquement, elle ne peut être pensée, à la suite de la longue évolution des rapports de productions dans les sociétés humaines, que comme un aboutissement, lorsque les conditions seront réunies d'une adéquation entre vérité et réalité.** Pour « réaliser » l'essence du travail, Marx élabore sa critique du capitalisme autour de l'idée d'une aliénation du travail qui réduit l'homme à la nécessité (cf. texte 4). L'ouvrier travaille de manière contrainte pour un autre que lui-même, à cause de la propriété privée traitée comme un « fait naturel » par l'économie politique (cf. chapitre 2.2.) alors qu'il ne s'agit jamais que d'un rapport d'exploitation construit historiquement qui fausse les relations entre les hommes. **Aussi toute la pensée de Marx sur le travail consiste-t-elle à renverser les deux erreurs commises à ses yeux par l'économie politique : faire du travail un simple facteur de production et une marchandise, et considérer le travail comme une peine, comme quelque chose de négatif (cf. texte 4).**

3.4. Droit au travail et droit du travail

La Révolution de 1848 marque le moment où les ouvriers et leurs porte-parole, les socialistes Joseph Proudhon et Louis Blanc, manifestent leurs aspirations à sortir le travail d'une pure logique de subsistance. Ils revendiquent le travail comme processus de création, devant être rémunéré comme tel plutôt que le capital, un travail collectif qui doit pouvoir bénéficier à tous les travailleurs. **Face à l'incertitude apportée par l'industrialisation et les crises cycliques à la vie économique, chacun doit se voir reconnaître un droit au travail rémunéré.** Ce droit se présente comme une créance de l'individu sur la société, créance qui doit être garantie par l'État (cf. chapitre 3.4.), le travail ne doit plus dépendre du contrat inégal entre travailleur et propriétaire. Les libéraux voient dans le droit au travail, l'amorce de l'Étatisme et le combattent à ce titre (c'est le cas d'Alexis de Tocqueville notamment en temps que député de l'Assemblée de 1848). Si le droit au travail divise socialistes et libéraux, chacun s'accorde néanmoins sur le fait que **le travail est désormais au cœur du lien social et qu'il constitue une source d'épanouissement pour l'individu** – même si les uns veulent réaliser cette potentialité en garantissant à chacun l'accès au travail et les autres veulent laisser faire le marché et l'initiative individuelle.

Si les socialistes échouent à voir reconnaître un droit au travail en 1848, la mise en place progressive de droits sociaux (dès la fin du XIXe siècle dans l'Allemagne bismarckienne par exemple) puis de l'État-providence entre les années 1930 et l'après-guerre dans les sociétés occidentales (cf. chapitre 3.2.), conduit à une protection des travailleurs dans leur activité même (syndicats, grève, limitation horaire, travail de nuit, des enfants...) et plus largement contre les risques de la vie, notamment contre les accidents du travail et contre le chômage ainsi qu'à la mise en place de politiques de l'emploi, notamment en période de crise économique (dans les années 1930 ou dans les années 1980). **Dans les périodes de prospérité et de croissance (pendant les « Trente Glorieuses » de 1945 à 1975 par exemple), la perspective du plein-emploi permet une amélioration de la condition salariale** – une meilleure répartition des fruits de la croissance en faveur du travail. Mais, crise ou croissance, cette évolution protectrice consacre un retour à la réalité : l'objectif n'est plus d'atteindre l'utopie du travail émancipateur, son « essence », mais plus simplement de rendre sa réalité supportable (cf. texte 5). Comme le rappelle Hannah Arendt, face à cette « normalisation », il faut être vigilant face au « danger qu'une telle société, éblouie par l'abondance de sa fécondité, prise dans le fonctionnement béat d'un processus sans fin, ne soit plus capable de reconnaître sa futilité – la futilité d'une vie qui "ne se fixe ni ne se réalise en un sujet permanent qui dure après que son labeur est passé" (A. Smith) » (*op. cit.*, p. 186).

Reste à savoir si cette « normalisation », accrue ces dernières années par une crise profonde de la société du travail et de l'État social, ne conduit pas à envisager « la fin, historiquement prévisible, de la société fondée sur le travail » (Jürgen Habermas, *Le discours philosophique de la modernité*, 1985), et, de là, à chercher d'autres espaces ou d'autres activités susceptibles de nourrir le lien social. Qu'il s'agisse de l'action comme le défend Hannah Arendt ou d'un espace public où chacun pourrait devenir « multiactif » grâce à un nouveau rapport au temps entre travail, loisir et engagement par exemple (D. Méda, *Le travail. Une valeur en voie de disparition*, Aubier 1995, cf. texte 6).

Textes

– Texte 1 –

Aristote, *La Politique* (vers 340 av. J.-C.)

Le citoyen, est-ce seulement celui qui a droit de participer au pouvoir, ou doit-on aussi admettre comme citoyens les travailleurs manuels ? Si l'on doit les admettre, eux qui n'ont aucune part aux magistratures, la perfection qu'on aura définie ne pourra qualifier n'importe quel citoyen, puisque le travailleur manuel aussi est citoyen ; d'autre part, si aucun des artisans n'est citoyen, dans quel groupe faut-il ranger chacun d'eux ? Ce ne sont ni des métèques, ni des étrangers. Allons-nous dire du moins qu'une telle affirmation n'entraîne rien d'absurde, puisque les esclaves non plus ne font pas partie des classes indiquées, et les affranchis pas davantage ? La vérité, c'est qu'on ne doit pas admettre comme citoyens tous ceux qui sont indispensables à l'existence de la cité […]. Aux temps anciens, certes, les artisans, dans certains États, étaient des esclaves ou des étrangers : ceci explique qu'un grand nombre de travailleurs le soient encore aujourd'hui ; la cité parfaite, elle, ne fera pas d'un artisan un citoyen. Si cependant l'artisan, lui aussi, est citoyen, il ne faut plus dire que cette perfection du citoyen dont nous avons parlé qualifie n'importe quel citoyen, ni même l'homme libre à ce seul titre, mais uniquement ceux qui sont libérés des tâches indispensables. Quant à ces tâches indispensables, ceux qui s'en chargent pour un particulier sont des esclaves, ceux qui s'en acquittent pour la communauté sont des ouvriers et de petits salariés (des manœuvres).

(III, 5, 1277b34-1278a13, trad. J. Aubonnet, Les Belles Lettres, 1971, p. 62-63.)

– Texte 2 –

John Locke, *Deuxième traité du gouvernement civil* (1690)

27. Bien que la terre et toutes les créatures inférieures appartiennent en commun à tous les hommes, chacun garde la *propriété* de sa propre *personne*. Sur celle-ci, nul n'a droit que lui-même. Le *travail* de son corps et l'*ouvrage* de ses mains, pouvons-nous dire, sont vraiment à lui. Toutes les fois qu'il a fait sortir un objet de l'état où la Nature l'a mis et l'a laissé, il y mêle son *travail*, il y joint quelque chose qui lui appartient et de ce fait, il se l'*approprie*. Cet objet, soustrait par lui à l'état commun dans lequel la Nature l'avait placé, se voit adjoindre par ce *travail* quelque chose qui exclut le droit commun des autres hommes. Sans aucun doute, ce *travail* appartient à l'ouvrier ; nul autre que l'ouvrier ne saurait avoir de droit sur ce à qui le travail s'attache, dès lors que ce qui reste suffit aux autres, en quantité et en qualité.

28. […] Sur les *terres communes*, qui restent telles par convention, nous voyons que le *fait générateur du droit de propriété*, c'est l'acte de prendre une partie quelconque des biens communs à tous et de la retirer de l'état où la Nature la laisse. Cependant, le fait qu'on se saisisse de ceci ou de cela ne dépend pas du consentement exprès de tous. Ainsi, l'herbe qu'a mangée mon cheval, la tourbe qu'a fendue mon serviteur et le minerai que j'ai extrait, partout où j'y avais droit en commun avec d'autres, deviennent ma *propriété* sans la cession ni l'accord de quiconque. Le travail, qui m'appartenait, y a *fixé* mon droit de propriété.

(Chapitre 5, « De la propriété », trad. B. Gilson, Vrin, 1985, p. 91-92.)

– Texte 3 –

■ Adam Smith, *Recherches sur la nature et les causes de la richesse des nations* (1776)

Mais cet état primitif, dans lequel l'ouvrier jouissait de tout le produit de son propre travail, ne put pas durer au-delà de l'époque où furent introduites l'appropriation des terres et l'accumulation des capitaux. Il y avait donc longtemps qu'il n'existait plus, quand la puissance productive du travail parvint à un degré de perfection considérable, et il serait sans objet de rechercher plus avant quel eût été l'effet d'un pareil état de choses sur la récompense ou le salaire du travail.

Aussitôt que la terre devient une propriété privée, le propriétaire demande pour sa part presque tout le produit que le travailleur peut y faire croître ou y recueillir. Sa rente est la première déduction que souffre le produit du travail appliqué à la terre.

Il arrive rarement que l'homme qui laboure la terre possède par-devers lui de quoi vivre jusqu'à ce qu'il recueille la moisson. En général, sa subsistance lui est avancée sur le capital d'un maître, le fermier qui l'occupe, et qui n'aurait pas d'intérêt à le faire s'il ne devait pas prélever une part dans le produit de son travail, ou si son capital ne devait pas lui rentrer avec un profit. Ce profit forme une seconde déduction sur le produit du travail appliqué à la terre.

Le produit de presque tout autre travail est sujet à la même déduction en faveur du profit. Dans tous les métiers, dans toutes les fabriques, la plupart des ouvriers ont besoin d'un maître qui leur avance la matière du travail, ainsi que leurs salaires et leur subsistance, jusqu'à ce que leur ouvrage soit tout à fait fini. Ce maître prend une part du produit de leur travail ou de la valeur que ce travail ajoute à la matière à laquelle il est appliqué, et c'est cette part qui constitue son profit.

À la vérité, il arrive quelquefois qu'un ouvrier qui vit seul et indépendant, a assez de capital pour acheter à la fois la matière du travail et pour s'entretenir jusqu'à ce que son ouvrage soit achevé. Il est en même temps maître et ouvrier, et il jouit de tout le produit de son travail personnel ou de toute la valeur que ce travail ajoute à la matière sur laquelle il s'exerce. Ce produit renferme ce qui fait d'ordinaire deux revenus distincts, appartenant à deux personnes distinctes, les profits du capital et les salaires du travail.

Ces cas-là, toutefois, ne sont pas communs, et dans tous les pays de l'Europe, pour un ouvrier indépendant, il y en a vingt qui servent sous un maître ; et partout on entend, par *salaires du travail,* ce qu'ils sont communément quand l'ouvrier et le propriétaire du capital qui lui donne de l'emploi sont deux personnes distinctes. C'est par la convention qui se fait habituellement entre ces deux personnes, dont l'intérêt n'est nullement le même, que se détermine le taux commun des salaires. Les ouvriers désirent gagner le plus possible ; les maîtres, donner le moins qu'ils peuvent ; les premiers sont disposés à se concerter pour élever les salaires, les seconds pour les abaisser.

(Livre I, chapitre 8, « Des salaires du travail », trad. G. Garnier, 1991, Garnier-Flammarion, p. 136-137.)

– Textes 4 –

■ Karl Marx, « Notes de lecture », *Économie et philosophie* (1844)

« Supposons, dit-il, que nous produisions comme des êtres humains : chacun de nous s'affirmerait doublement dans sa production, soi-même et l'autre. 1. Dans ma production, je réaliserais mon individualité, ma particularité ; j'éprouverais, en travaillant, la jouissance d'une manifestation individuelle de ma vie, et dans la contemplation de l'objet, j'aurais la joie individuelle de reconnaître ma personnalité comme une puissance réelle, concrètement saisissable et échappant à tout doute. 2. Dans ta jouissance ou ton emploi de mon produit, j'aurais la joie spirituelle de satisfaire par mon travail un besoin humain de réaliser la nature humaine et de fournir au besoin d'un autre l'objet de sa nécessité. 3. J'aurais conscience de servir de médiateur entre toi et le genre humain, d'être reconnu et ressenti par toi comme un complément à ton propre être et comme une partie nécessaire de toi-même, d'être accepté dans ton esprit comme dans ton amour. 4. J'aurais, dans mes manifestations individuelles, la joie de créer la manifestation de ta vie, c'est-à-dire de réaliser et d'affirmer dans mon activité individuelle ma vraie nature, ma sociabilité humaine. Nos productions seraient autant de miroirs où nos êtres rayonneraient l'un vers l'autre.

[...]

Plus la production et les besoins sont variés, plus les travaux du producteur sont uniformes et plus son travail tombe sous la catégorie du travail lucratif. À la fin, le travail n'a plus que cette signification-là, et il est tout à fait accidentel ou inessentiel que le producteur se trouve vis-à-vis de son produit dans un rapport de jouissance immédiate et de besoin personnel. Peu importe également que l'activité, l'action de travail soit pour lui une jouissance de sa personnalité, la réalisation de ses dons naturels et de ses fins spirituelles.

(*Œuvres*, Économie, II, trad. M. Rubel, © Éditions Gallimard, coll. « Bibliothèque de la Pléiade », 1979, p. 22, 27.)

■ Karl Marx, *Le Capital* (1867)

Le règne de la liberté commence seulement à partir du moment où cesse le travail dicté par la nécessité et les fins extérieures ; il se situe donc, par sa nature même, au-delà de la sphère de la production matérielle proprement dite. Tout comme l'homme primitif, l'homme civilisé est forcé de se mesurer avec la nature pour satisfaire ses besoins, conserver et reproduire sa vie ; cette contrainte existe pour l'homme dans toutes les formes de la société et sous tous les types de production. [...] Dans ce domaine, la liberté ne peut consister qu'en ceci : les producteurs associés – l'homme socialisé – règlent de manière rationnelle leurs échanges organiques avec la nature et les soumettent à leur contrôle commun au lieu d'être dominés par la puissance aveugle de ces échanges ; et ils les accomplissent en dépensant le moins d'énergie possible, dans les conditions les plus dignes, les plus conformes à leur nature humaine. Mais l'empire de la nécessité n'en subsiste pas moins. C'est au-delà que commence l'épanouissement de la puissance humaine qui est sa propre fin, le véritable règne de la liberté qui, cependant, ne peut fleurir qu'en se fondant sur ce règne de la nécessité. La réduction de la journée de travail est la condition fondamentale de cette libération.

(*Ibid.*, © Éditions Gallimard, p. 1487.)

– Texte 5 –

■ Jürgen Habermas, *Écrits politiques* (1990)

[...] dans le projet d'État social, le noyau utopique – la libération du travail hétéronome – a fini par prendre une autre forme. L'obtention de conditions de vie qui soient émancipées et à la mesure de la dignité humaine, a cessé d'être conditionnée par une révolution dans les conditions de travail, et donc par une transmuta-

tion du travail hétéronome en activité autonome. Mais pour autant la réforme des conditions de l'emploi conserve encore dans ce projet une position centrale. C'est encore à elle que l'on se réfère, non seulement quand il s'agit de prendre des mesures visant à humaniser un travail dont les conditions restent fixées par des instances autres que le travailleur lui-même, mais encore et surtout lorsqu'on met en place des dispositions compensatoires qui doivent contrebalancer les risques majeurs inhérents au travail salarié (accident, maladie, perte de l'emploi, absence de retraite de vieillesse). [...] L'équilibre n'est possible que si le rôle du salarié à temps plein devient la norme. Le citoyen est dédommagé pour la pénibilité qui reste, quoi qu'il en soit, attachée au statut du salarié même s'il est plus confortable ; il est dédommagé par des droits dans son rôle d'usager des bureaucraties mises en place par l'État-providence, et par du pouvoir d'achat, dans son rôle de consommateur de marchandises. Le levier permettant de pacifier l'antagonisme de classe reste donc la neutralisation de la matière à conflit que continue de receler le statut du travail salarié.
(Chapitre VI, « La crise de l'État-providence et l'épuisement des énergies utopiques », trad. C. Bouchindhomme, Cerf, 1990, p. 111-112.)

– Texte 6 –

■ Dominique Méda, *Le travail, une valeur en voie de disparition* (1995)
Nous devrions cesser d'appeler travail ce « je-ne-sais-quoi » censé être notre essence, et bien plutôt nous demander par quel autre moyen nous pourrions permettre aux individus d'avoir accès à la sociabilité, l'utilité sociale, l'intégration, toutes choses que le travail a pu et pourra sans doute encore donner, mais certainement plus de manière exclusive. Le problème n'est donc pas de donner la forme du travail à des activités de plus en plus nombreuses, mais au contraire de réduire l'emprise du travail pour permettre à des activités aux logiques radicalement différentes, sources d'autonomie et de coopération véritables, de se développer. Désenchanter le travail, le décharger des attentes trop fortes que nous avions placées en lui, et donc le considérer dans sa vérité, commence par un changement radical de nos représentations et des termes mêmes que nous employons. C'est à cette condition que nous pourrons, d'une part, libérer un espace véritablement public où s'exerceront les capacités humaines dans leur pluralité et, d'autre part, réorganiser le travail.
(Flammarion, rééd. coll. « Champs », 1998, p. 294.)

SECTION 4. L'ART

Quel que soit le sens que l'on donne au mot « culture » – ensemble de représentations, formation de l'esprit par lui-même ou organisation sociale –, l'art en fait pleinement partie, à côté des sciences, des techniques ou de la religion. Les productions relevant des beaux-arts sont cependant des éléments spécifiques d'un système culturel. On leur a constamment reconnu la faculté de condenser les représentations d'une collectivité à une époque donnée. Mais la conception moderne de l'œuvre comme cristallisation d'un esprit commun, ainsi que la figure du génie qui la sous-tend, sont récentes et probablement révolues. Il s'agit d'abord de saisir comment on a pu reconnaître aux œuvres d'art la faculté de révéler une culture, et de mesurer les différentes places que nos sociétés ont successivement réservées aux artistes. À terme, il faut comprendre comment les beaux-arts ont pu se rendre à ce point indépendants de notre culture qu'ils peuvent paraître ne faire que s'y opposer. **L'histoire des productions artistiques peut ainsi se lire comme celle d'une formidable émancipation, dans laquelle le pouvoir politique a joué un rôle non négligeable**. Aujourd'hui, l'art est à la fois le vecteur essentiel de notre culture et le moyen privilégié d'accéder à d'autres traditions. Et parce qu'il n'est plus désormais réservé à une élite, des polémiques se développent périodiquement au sujet de l'art contemporain et de son financement, dont les critères sont régulièrement remis en cause.

4.1. L'art comme représentation du monde

Même si, depuis Platon, les artistes sont condamnés au titre de mauvais imitateurs des beautés naturelles, leurs œuvres sont toujours jugées dignes d'attention, susceptibles de représenter un idéal (cf. texte 1). Aristote oppose les disciplines contemplatives (théoriques) aux disciplines praxiques (culturelles), qui visent la transformation du sujet qui s'y consacre, et poïétiques (productives), qui visent la transformation d'objets (cf. chapitre 3.3.). Les œuvres ne sont pas des choses comme les autres : c'est que, même si leur fabrication est dépréciée, à travers elles s'accomplit une communication privilégiée entre des inspirations emblématiques et l'appréciation de l'amateur. Elles cristallisent une culture ; elles en condensent les traits fondamentaux et permettent de les saisir sous la forme d'un objet. **Les sensations éprouvées devant un chef-d'œuvre ne renvoient pas seulement à un original représenté, mais semblent valoir par elles-mêmes** : elles se répondent dans un mouvement harmonique, prenant leur indépendance par rapport au monde. De cette valeur en soi, les œuvres musicales paraissent le modèle : ainsi Proust fait-il de *La sonate de Vinteuil* le support intemporel de ses sentiments. On comprend dès lors que les beaux-arts aient pu se développer à l'encontre de la dépréciation dont la pensée antique avait frappé les arts de fabrication en tant que reproducteurs d'êtres naturels.

On peut d'ailleurs expliciter l'avènement du monde moderne comme une inversion des rapports entre la nature et l'art. Jusqu'à la fin du Moyen Âge, l'homme est compris comme un élément de l'Univers ; ses pouvoirs de figuration sont donc nécessairement subordonnés à l'existence d'une totalité première. L'un des thèmes favoris de la Renaissance est l'homme comme miroir de la nature, reflétant elle-même les propriétés essentielles de l'humanité. L'humanité commence à nourrir une certaine confiance en ses capacités. Ses facultés de représentation peuvent se reconnaître une valeur, en ce qu'elles ne sont plus jugées à l'aune d'une fidélité à ce qu'elles montrent. Jusqu'alors soumises au monde donné, elles peuvent tenter de constituer une mesure pour la compréhension de ce qui est. Il ne s'agirait plus de savoir si l'art est digne de son modèle, mais si la réalité est à la hauteur d'une représentation artistique. « *All the world is a stage* » (le monde entier est une scène) proclame Shakespeare en assimilant notre situation à une partition théâtrale (*Comme il vous plaira*, Acte II, scène 7, cf. texte 2). Descartes, dans ses *Méditations métaphysiques* (1647) requiert une confiance en la véracité de notre créateur pour laver de tout soupçon d'irréalité le monde que nous percevons. L'œuvre d'art a donc conquis droit de cité parmi les productions culturelles, au point de permettre à la culture de se penser comme intention artistique.

4.2. L'autonomisation de l'art

À l'autonomie des œuvres répond la définition d'un jugement esthétique spécifique. Kant le distingue du plaisir sensible procuré par l'œuvre. Il convient de ne pas réduire l'appréciation esthétique à un agrément propre à la sensation (*Critique de la faculté de juger*, 1790, cf. texte 3). Mais le goût pour une composition ne peut non plus être assimilé à un intérêt intellectuel, par exemple moral. Le propre d'une culture artistique, c'est de déceler les correspondances spécifiques que certaines œuvres établissent entre des idées et un moyen de figuration. Le « jeu de l'imagination » dont parle Kant, c'est la faculté d'associer, à l'occasion d'une production originale, des concepts (difficiles à saisir en eux-mêmes) avec des représentations originales. Ainsi, par exemple, de la notion de faste royal, rendue par les efflorescences baroques. L'œuvre d'art est donc par essence expression : elle donne à ce qui n'a pas d'existence sensible une forme figurée accessible à la sensation. Ceci explique le pouvoir révélateur qui est attribué aux chefs-d'œuvre : face à eux, l'esprit reconstitue les traits d'une époque, les aspects essentiels d'une culture à partir de leur « présentification » expressive.

Cette émancipation de l'art n'a été possible que par une transformation du statut de ses producteurs. Toutes les religions monothéistes avaient assorti leur accès à la révélation de la condamnation des idoles. Le second Concile de Nicée (787) admet une vénération des images relativement à l'accès qu'elles ménagent à leur objet sacré. Au Moyen Âge, les « ouvriers de l'image », bâtisseurs, sculpteurs, enlumineurs, sont organisés en corporations, comme les autres artisans. Peu à peu, on reconnut à ces techniciens la faculté de transcrire le message divin : les cathédrales devenant des expressions de plus en plus illustrées de la révélation. **Au cours des siècles, le statut de l'artiste se modifiera progressivement mais radicalement.** Certes, seuls d'abord des personnages d'exception, tels Léonard de Vinci, Le Caravage ou Rembrandt purent échapper à la logique du métier et de la demande. Mais **on en vint à admettre que l'on se consacre à l'art par vocation plutôt que par profession ; l'inspiration se substituant au travail et le talent au mérite**. Dès la Renaissance, se construit l'image du génie. C'est pourtant à travers le retour aux œuvres antiques que va se développer l'intuition de la grandeur de l'homme. L'artiste acquiert une position sociale, les premières académies se développent, donnant une consécration institutionnelle aux ateliers dans lesquels les grands peintres font travailler leurs disciples.

4.3. L'art comme transgression

Pourtant, au cours des XVIe et XVIIe siècles, les artistes restent le plus souvent soumis au pouvoir. Au XVIIIe siècle, les peintres, sculpteurs, poètes restent dans une large majorité défenseurs des valeurs morales et sociales. En marge du mouvement des Lumières, se développent toutefois des tendances remettant en cause le classicisme, soit à travers le libertinage (Boucher, Fragonard), soit par la recherche d'une « beauté de la laideur » (chez Goya, bien qu'on puisse déjà l'observer chez Jérôme Bosch, fin XVe). C'est l'émergence d'un art de la transgression, dont l'emblème est le marquis de Sade. **Le terme « artiste » n'est d'ailleurs utilisé dans son sens actuel qu'à partir de la fin du XVIIIe siècle.**

Au XIXᵉ siècle se développent les grandes figures mythiques du créateur : vie de bohème, solitude dans la foule, génie méconnu, poète maudit. Cette valorisation de la singularité conduit à une conception nouvelle de l'activité artistique : vocation plutôt qu'apprentissage, inspiration personnelle plutôt que labeur, innovation plutôt que conformation à des canons. **On assiste à une diversification des courants esthétiques,** en même temps que les créateurs se regroupent en clubs, correspondant moins à des sociétés instituées qu'à des collectifs informels se reconnaissant dans certains quartiers comme Montmartre ou Montparnasse. Cet éclatement des courants artistiques va destituer progressivement le Salon officiel de sa crédibilité. Les personnalités révoquées par le jury créent le salon des refusés, dont les années 1863, 1864 et 1873 donnèrent naissance à l'impressionnisme. Dans la transgression des valeurs établies, dans l'efflorescence de ses manifestations comme « avant-garde », l'activité artistique acquiert ses lettres de noblesse. Semblant échapper à toute dégénérescence alors même qu'elle se voue à la perdition, délivrée de sa soumission à un modèle, affranchie de sa dépendance à l'égard de la structure sociale qui lui donne naissance, la création peut se revendiquer pour elle-même, défendre sa valeur en soi. En adoptant la devise « l'art pour l'art », des artistes comme Charles Baudelaire, Théophile Gautier ou Oscar Wilde soulignent que l'art n'a pas à se soumettre à une autre norme que lui-même. **L'art n'obéissant à d'autre but que lui-même est le point limite à partir duquel les créations ne se définiront plus comme anticipations d'un avenir, mais comme tentatives de destitution des catégories de la culture dans laquelle elles sont nées.** Dès lors, à partir de la fin du XIXᵉ siècle, la modernité connaît un processus d'accélération par lequel elle va se dépasser elle-même. Avec le développement des technologies de communication, les œuvres reçoivent les moyens d'une large diffusion. Paul Valéry note le profond changement de statut que le phonographe fait subir aux œuvres musicales et prévoit que les mêmes transformations affecteront les autres domaines de l'art (cf. texte 4). Dès lors, se pose la question de la réception des productions artistiques par un large public.

4.4. L'éclatement de l'art

L'art du XXᵉ siècle ne se contente pas d'accompagner l'époque ou d'en transgresser les valeurs ; il l'interroge dans ses fondements, puisqu'il tend à se destituer de ses pouvoirs d'expression d'une culture. Au-delà de tout futurisme, deux gestes vont s'avérer fondateurs pour l'art contemporain. D'abord, l'art pictural rompt avec la figuration, sous l'égide du peintre Vassili Kandinsky. L'abstraction suspend le jugement portant sur la valeur de représentation de l'œuvre et convie l'esthétique à des appréciations inédites. Vient ensuite l'acte de Marcel Duchamp, qui en 1917 place un urinoir dans un musée : avec le *ready-made*, c'est le statut de l'œuvre d'art qui est mis en question. Que faire quand on a épuisé le contenu de l'œuvre, ce à quoi semble aboutir le célèbre *Carré blanc sur fond blanc* de Malévitch (1920) ? Soit on continue la remise en cause de l'œuvre en contestant son cadre : le *Body-art*, le *Land-art*, les installations ne vont cesser d'étendre le champ de l'œuvre d'art. Soit on développe une réflexion artistique sur le statut de la création : Joseph Beuys incarne ironiquement le prophète de la barbarie ordinaire d'une société sans dieux. L'art conceptuel ne cesse de solliciter le public sur la nature même du geste artistique et de ses résultats. Dès lors, il semble que le souci de transgression prenne quelquefois le pas sur l'élan de création, ce qui n'est pas sans interroger le statut de l'art lui-même. D'abord, toutes les formes de *Performing art* (*happening*, *Process art*) tendent à élargir le terrain sur lequel se définit une œuvre.

À terme, la revendication de l'art total (« tout est art ») se révèle destituante pour l'activité artistique elle-même. C'est pourquoi on peut, à l'instar de certains critiques, requérir du créateur une circonscription du champ de sa production. L'amateur ne peut focaliser son attention et cultiver sa sensibilité que si l'art s'inscrit dans un cadre qui, pour être variable, n'en demande pas moins à être prédéfini. À l'inverse, on peut cautionner les tentatives théoriques par lesquelles l'art entend se rendre indépendant de toute sensibilité. Sous la bannière de l'art conceptuel, on définira les œuvres comme des problèmes philosophiques ou linguistiques, qui s'exposent sous la forme de propositions ou de textes. **Une fois défait de toute connivence avec la sensibilité, l'art se donne pour fonction de ne cesser de se redéfinir lui-même, pour mieux interroger la culture dont son intention veut vraisemblablement consacrer l'instabilité et la fragilité.**

4.5. Art et pouvoir

L'évolution de l'art comme fonction sociale pose, tout au long de son histoire, la question de sa relation au pouvoir. **À l'âge moderne, l'institutionnalisation de l'art correspond à l'affirmation de la puissance de l'État.** En France, les « institutions de l'esprit » : Collège de France, Académie française (1636), Académie de peinture et de sculpture (1648)... sont créées par le Roi qui tente d'absorber la création artistique, de faire entrer les pratiques de mécénat dans l'espace public. **La Révolution ne fait que « républicaniser » cette pratique de l'instrumentalisation de l'art au service de la politique** (cf. le rôle joué par le peintre David), encore accrue au XIXe siècle. Ainsi Napoléon III développe-t-il l'idée d'un « État créateur de la création » (Salon officiel, restaurations architecturales de Viollet-Leduc, grands travaux urbains d'Haussmann...) susceptible d'incarner un « esprit français » conçu comme universellement rayonnant. La IIIe République, à côté d'un art officiel destiné à exploser sous les coups de boutoir de la « modernité artistique » (cf. chap. 5.3.), innove en créant l'éducation à l'art à l'école, encourageant les vocations et augmentant l'accès aux œuvres. Le Front populaire (Jean Zay, Léo Lagrange) accentue encore, juste avant la guerre cette idée de culture populaire avec « l'art pour tous ». **Cette idée est reprise par l'ensemble des forces politiques après la Seconde Guerre mondiale où se créent un véritable « État culturel » et son expression tout aussi exceptionnelle : un « ministère de la culture »,** dont les titulaires d'André Malraux à Jack Lang vont faire le cœur du dispositif d'une politique dynamique d'aide à la création, à la protection et à la diffusion des activités artistiques en France (MJC, TNP, prix unique du livre, avance sur recettes pour le cinéma...). Cette intervention de l'État dans la création représentant à la fois une garantie et une menace : garantie contre l'envahissement marchand, notamment en période de domination des produits culturels américains, mais aussi menace de par la tentation toujours présente d'un art officiel, voire obligatoire.

La relation tissée entre art et pouvoir au XXe siècle, enrichie de l'extension des domaines de création et de l'amélioration continue des techniques, reste marquée par le stade ultime de l'instrumentalisation développée par les régimes totalitaires, des œuvres de propagande (les films de Riefenstahl pour Hitler et de

Eisenstein pour Staline) aux formes variées de « l'art aryen » et du « réalisme socialiste ». **Le poids de ce détour encombrant continue de lester aujourd'hui encore la relation art/pouvoir, les forces économiques du marché qui ont bien souvent pris le relais des puissances publiques comme financiers de l'art apparaissent en effet comme un moindre mal,** alors que leur capacité d'influencer et d'orienter la création paraît de plus en plus susceptible de « fabriquer » un art tout aussi canonique et obligé que celui voulu par le pire démiurge totalitaire, parce que légitimé par le désir du consommateur en quête de loisirs dans la société de masse (cf. texte 5).

Textes

– Texte 1 –

■ Platon, *La République* (vers 375 av. J.-C.)

Socrate – Veux-tu alors, dis-je, que sur ces mêmes bases nous recherchions, à propos de cet imitateur, ce qu'il peut bien être ?
Glaucon – Si tu le veux, dit-il.
– Eh bien ces lits sont de trois genres. Le premier est celui qui est dans la nature, celui dont nous pourrions affirmer, je crois, que c'est un dieu qui l'a fabriqué. Qui d'autre ?
– Personne, je crois.
– Un autre est celui qu'a fabriqué le menuisier.
– Oui, dit-il.
– Et un enfin celui qu'a fabriqué le peintre. N'est-ce pas ?
– Admettons.
– Donc peintre, fabricant de lits, dieu, ces trois-là président à trois espèces de lits.
– Oui, ces trois-là.
– Le dieu, lui, soit qu'il ne l'ait pas voulu, soit que quelque nécessité se soit imposée à lui de ne pas fabriquer plus d'un lit dans la nature, le dieu ainsi n'a fait que ce seul lit qui soit réellement lit. Mais le dieu n'a pas donné naissance à deux lits de cet ordre, ou à plus, et il est impossible qu'ils viennent à naître.
– Comment cela ? dit-il.
– C'est que, dis-je, s'il en créait ne fût-ce que deux, en apparaîtrait à nouveau un unique dont ces deux-là, à leur tour, auraient la forme, et ce serait celui-là qui serait ce qui est réellement un lit, et non pas les deux autres.
– C'est exact, dit-il.
– Sachant donc cela, je crois, le dieu, qui voulait d'être réellement le créateur d'un lit qui fût réellement, et non pas d'un lit parmi d'autres ni un créateur de lit parmi d'autres, a fait naître celui-là, qui est unique par nature.
– Oui, c'est sans doute cela.
– Eh bien veux-tu que nous lui donnions le nom d'auteur naturel de cet objet, ou quelque autre nom de ce genre ?
– Oui, ce serait juste, dit-il, puisque c'est bien par nature qu'il l'a créé, aussi bien que toutes les autres choses.
– Et quel nom donner au menuisier ? N'est-ce pas : celui d'artisan du lit ?
– Si.
– Et le peintre, sera-t-il lui aussi l'artisan, et le créateur d'un tel objet ?
– Non, d'aucune façon.
– Que déclareras-tu alors qu'il est, par rapport au lit ?

— Voici, dit-il, à mon avis le nom le plus approprié dont on pourrait le nommer : imitateur de ce dont eux sont les artisans.
— Soit, dis-je. Donc tu nommes imitateur l'homme du troisième degré d'engendrement à partir de la nature ?
— Oui, exactement, dit-il.
— C'est donc aussi ce que sera le faiseur de tragédies, si l'on admet que c'est un imitateur : par sa naissance il sera en quelque sorte au troisième rang à partir du roi et de la vérité ; et de même pour tous les autres imitateurs.
— Oui, c'est bien probable.
— Nous voilà donc tombés d'accord sur l'imitateur. Mais dis-moi, à propos du peintre : te semble-t-il entreprendre d'imiter, pour chaque chose, cela même qu'elle est par nature, ou bien les ouvrages des artisans ?
— Les ouvrages des artisans, dit-il.
— Tels qu'ils sont, ou tels qu'ils apparaissent ? Tu dois en effet faire encore cette distinction.
— En quel sens l'entends-tu ? dit-il.
— En ce sens-ci : un lit, que tu le regardes de côté, de face, ou sous n'importe quel angle, diffère-t-il de lui-même en quoi que ce soit, ou bien n'en diffère-t-il en rien, mais apparaît-il seulement différent ? Et de même pour les autres objets ?
— C'est la seconde réponse, dit-il : il apparaît différent, mais ne diffère en rien.
— Alors examine ce point précisément : dans quel but a été créé l'art de peindre, pour chaque chose : en vue d'imiter ce qui est, tel qu'il est, ou bien ce qui apparaît, tel qu'il apparaît ? Est-il une imitation de la semblance, ou de la vérité ?
— De la semblance, dit-il.
— Par conséquent l'art de l'imitation est assurément loin du vrai et, apparemment, s'il s'exerce sur toutes choses, c'est parce qu'il ne touche qu'à une petite partie de chacune, et qui n'est qu'un fantôme. Ainsi le peintre, affirmons-nous, nous peindra un cordonnier, un menuisier, les autres artisans, alors qu'il ne connaît rien à leurs arts. Cependant, pour peu qu'il soit bon peintre, s'il peignait un menuisier et le leur montrait de loin, il pourrait tromper au moins les enfants et les fous, en leur faisant croire que c'est véritablement un menuisier.
— Oui, forcément.
— Eh bien, mon ami, voici, je crois, ce qu'il faut penser de toutes les choses de ce genre. Lorsque quelqu'un nous annonce, en parlant d'un certain homme, avoir rencontré en lui un homme qui connaît tous les arts et tous les autres savoirs que tel ou tel possède, chacun pour sa part, un homme dont il n'est rien qu'il ne connaisse plus exactement que quiconque, il faut lui répliquer qu'il est un naïf, et qu'il a apparemment rencontré un sorcier, un imitateur, et s'est si bien laissé tromper par lui, que ce dernier lui a semblé être un expert universel, parce que lui-même n'est pas capable de distinguer le savoir du manque de savoir et de l'imitation.
— C'est tout à fait vrai, dit-il.
(Livre X, 597b-598d, trad. P. Pachet, © Éditions Gallimard, 1993.)

– Texte 2 –

William Shakespeare, *Comme il vous plaira* (vers 1600)

Jacques – Le monde entier est une scène,
Hommes et femmes, tous, n'y sont que des acteurs,
Chacun fait ses entrées, chacun fait ses sorties,

Et notre vie durant, nous jouons plusieurs rôles.
C'est un drame en sept âges. D'abord, le tout petit
Piaulant et bavant aux bras de sa nourrice,
Puis, l'écolier qui pleurniche, avec son cartable,
Et son teint bien lavé qu'il n'a que le matin.
Il s'en va lambinant comme un colimaçon
Du côté de l'école. Et puis c'est l'amoureux
Aux longs soupirs de forge et sa ballade triste
En l'honneur des sourcils parfaits de sa maîtresse.
Et puis vient le soldat tout couvert de jurons
Et de poils, comme une panthère, querelleur.
Poursuivant cette bulle d'air qu'on nomme la gloire,
Il veille, l'arme au pied, sur sa réputation
Et jusque sous la gueule en flammes du canon.
Puis le juge, entouré de sa panse fourrée
D'un bon chapon ; œil dur et barbe formaliste,
Plein de sages dictons, d'exemples familiers.
Ainsi joue-t-il son rôle…
Le sixième âge porte un maigre pantalon,
D'où sortent des pantoufles,
Les lunettes au nez, le bissac au côté,
Les hauts-de-chausses qu'il avait dans sa jeunesse
Avec soin conservés, sont trop larges d'un monde
Pour ses mollets ratatinés.
Et sa voix qui jadis était forte et virile
Revenant au fausset de l'enfance, module
Un son siffleur. Et voici la scène finale
Qui met un terme au cours de cette étrange histoire,
Il redevient enfant, l'enfant qui vient de naître,
Sans mémoire, sans dents, sans yeux, sans goût, sans rien.
(Acte II, scène 7, trad. J. Supervielle, © Éditions Gallimard, coll. « Bibliothèque de la Pléiade », *Œuvres complètes*, II, éd. H. Fluchère, 1959.)

– Texte 3 –

■ **Emmanuel Kant**, *Critique de la faculté de juger* (1790)

Ce caractère étrange : l'universalité d'un jugement esthétique, qui se rencontre dans un jugement de goût, est une chose remarquable sinon pour la logique, du moins pour la philosophie transcendantale ; ce n'est pas sans beaucoup de peine qu'elle en découvre l'origine, mais ce faisant, elle découvre une propriété de notre faculté de connaître qui, sans cette analyse, serait restée inconnue.

Il faut d'abord se bien convaincre de ceci : par le jugement de goût (sur le beau) on attribue à *chacun* la satisfaction que donne un objet, sans pourtant se fonder sur un concept (car il s'agirait alors du bien) ; et cette prétention à l'universalité est si essentielle au jugement par lequel nous déclarons une chose *belle* que si elle manquait personne n'aurait l'idée d'employer cette expression ; nous rapporterions alors à l'agréable tout ce qui plaît sans concept ; or, pour ce qui est de l'agréable on laisse chacun suivre son humeur et nul n'exige d'autrui qu'il tombe d'accord avec son jugement de goût, comme il arrive toujours dans le jugement de goût sur le beau. La première sorte de goût peut s'appeler goût des sens, la seconde, goût de la réflexion ; la première porte de simples jugements individuels, la seconde des jugements qui prétendent avoir valeur commune (publics), mais toutes deux portent des jugements esthétiques (et non pratiques), jugements qui ne concernent que le rapport de la représentation de l'objet au sentiment de plaisir ou de peine. Or il y a là quelque chose d'étonnant : d'une part, pour le goût des sens, non seulement l'expérience montre que son jugement (sur le plaisir ou la peine que l'on prend à quelque chose) n'a pas de valeur universelle, mais encore tout le monde est assez modeste pour renoncer à l'assentiment d'autrui (encore qu'en fait on trouve assez souvent une très large unanimité dans les jugements de cette sorte) ; mais d'autre part, le goût de la réflexion – qui a pourtant bien souvent, l'expérience le montre, du mal à faire admettre les prétentions de ses jugements – peut néanmoins regarder – et regarde en fait – comme possible de former des jugements qui aient le droit d'exiger cette adhésion universelle, et dans le fait il l'exige de chacun, pour chacun de ses jugements ; et les disputes entre ceux qui jugent ne portent pas sur la possibilité d'une telle prétention, mais seulement sur l'application qu'il convient d'en faire dans des cas particuliers.

Remarquons ici d'abord qu'une universalité qui ne repose pas sur des concepts de l'objet (pas même sur des concepts empiriques) n'est point logique, mais esthétique, c'est-à-dire qu'elle ne renferme aucune quantité objective du jugement mais seulement une quantité subjective ; j'emploie pour désigner celle-ci l'expression de *valeur commune* qui signifie la valeur qu'a pour tout sujet le rapport d'une représentation non à la faculté de connaître mais au sentiment de plaisir et de peine.

(« Analytique du beau », § 8, trad. J. Barni, 1845, édition F. Khodoss, © PUF, 1991.)

– Texte 4 –

▪ Paul Valéry, « La conquête de l'ubiquité », *Pièces sur l'art* (1928)

La Musique, entre tous les arts, est le plus près d'être transposé dans le mode moderne. Sa nature et la place qu'elle tient dans le monde la désignent pour être modifiée la première dans ses formules de distribution, de reproduction et même de production. Elle est de tous les arts le plus demandé, le plus mêlé à l'existence sociale, le plus proche de la vie dont elle anime, accompagne ou imite le fonctionnement organique. Qu'il s'agisse de la marche ou de la parole, de l'attente ou de l'action, du régime ou des surprises de notre durée, elle sait en ravir, en combiner, en transfigurer les allures et les valeurs sensibles. Elle nous tisse un temps de fausse vie en effleurant les touches de la vraie. On s'accoutume à elle, on s'y adonne aussi délicieusement qu'aux substances *justes, puissantes et subtiles* que vantait Thomas de Quincey. Comme elle s'en prend directement à la mécanique affective dont elle joue et qu'elle manœuvre à son gré, elle est universelle par essence ; elle charme, elle fait danser sur toute la terre. Telle que la science, elle devient besoin et denrée internationaux. Cette circonstance, jointe aux récents progrès dans les moyens de transmission, suggérait deux problèmes techniques :

I. – Faire entendre en tout point du globe, dans l'instant même, une œuvre musicale exécutée n'importe où.

II. – En tout point du globe, et à tout moment, restituer à volonté une œuvre musicale.

Ces problèmes sont résolus. Les solutions se font chaque jour plus parfaites.

Nous sommes encore assez loin d'avoir apprivoisé à ce point les phénomènes visibles. La couleur et le relief sont encore assez rebelles. Un soleil qui se couche sur le Pacifique, un Titien qui est à Madrid ne viennent pas encore se peindre sur le mur de notre chambre aussi fortement et trompeusement que nous y recevons une symphonie.

Cela se fera. Peut-être fera-t-on mieux encore, et saura-t-on nous faire voir quelque chose de ce qui est au fond de la mer. Mais quant à l'univers de l'ouïe, les sons, les bruits, les voix, les timbres nous appartiennent désormais. Nous les évoquons quand et où il nous plaît. Naguère, nous ne pouvions jouir de la musique à notre heure même, et selon notre humeur. Notre jouissance devait s'accommoder d'une occasion, d'un lieu, d'une date et d'un programme. Que de coïncidences fallait-il ! C'en est fait à présent d'une servitude si contraire au plaisir, et par là si contraire à la plus exquise intelligence des œuvres. Pouvoir choisir le moment d'une jouissance, la pouvoir goûter quand elle est non seulement désirable par l'esprit, mais exigée et comme déjà ébauchée par l'âme et par l'être, c'est offrir les plus grandes chances aux intentions du compositeur, car c'est permettre à ses créatures de revivre dans un milieu vivant assez peu différent de celui de leur création. Le travail de l'artiste musicien, auteur ou virtuose, trouve dans la musique enregistrée la condition essentielle du rendement esthétique le plus haut.

(© Éditions Gallimard, coll. « Bibliothèque de la Pléiade », *Œuvres II*, 1960, p. 1285-1286.)

– Texte 5 –

Hannah Arendt, *La Crise de la culture* (1961)

Quoi qu'il arrive : tant que l'industrie des loisirs produit ses propres biens de consommation, nous ne pouvons pas plus lui faire reproche du caractère périssable de ses articles qu'à une boulangerie dont les produits doivent, pour ne pas être perdus, être consommés sitôt qu'ils sont faits. La caractéristique du philistinisme cultivé a toujours été le mépris des loisirs et du divertissement sous une forme ou une autre, parce qu'aucune valeur n'en pouvait être tirée. La vérité est que nous nous trouvons tous engagés dans le besoin de loisirs et de divertissement sous une forme ou une autre, parce que nous sommes tous assujettis au grand cycle de la vie ; et c'est pure hypocrisie ou snobisme social que de nier pour nous le pouvoir de divertissement et d'amusement des choses, exactement les mêmes, qui font le divertissement et le loisir de nos compagnons humains. Pour autant que la survie de la culture est en question, elle est certainement moins menacée par ceux qui remplissent leur temps vide au moyen des loisirs que par ceux qui le remplissent avec quelques gadgets éducatifs au bonheur la chance, en vue d'améliorer leur position sociale. Et pour autant que la productivité artistique est en question, il ne devrait pas être plus difficile de résister aux massives tentations de la culture de masse, ou d'éviter d'être détraqué par le bruit et le charlatanisme de la société de masse, qu'il n'y avait de difficulté à éviter les tentations plus sophistiquées et les bruits plus insidieux des snobs cultivés dans la société raffinée.

Malheureusement, la question n'est pas si simple. L'industrie des loisirs est confrontée à des appétits gargantuesques, et puisque la consommation fait disparaître ses marchandises, elle doit sans cesse fournir de nouveaux articles. Dans cette situation, ceux qui produisent pour les mass media pillent le domaine entier de la culture passée et présente, dans l'espoir de trouver un matériau approprié. Ce matériau, qui plus est, ne peut être présenté tel quel ; il faut le modifier pour qu'il devienne loisir, il faut le préparer pour qu'il soit facile à consommer.

La culture de masse apparaît quand la société de masse se saisit des objets culturels, et son danger est que le processus vital de la société (qui, comme tout processus biologique, attire insatiablement tout ce qui est accessible dans le cycle de son métabolisme) consommera littéralement les objets culturels, les engloutira et les détruira. Je ne fais pas allusion, bien sûr, à la diffusion de masse. Quand livres ou reproductions sont jetés sur le marché à bas prix, et sont vendus en nombre considérable, cela n'atteint pas la nature des objets en question. Mais leur nature est atteinte quand ces objets eux-mêmes sont modifiés – réécrits, condensés, digérés, réduits à l'état de pacotille pour la reproduction ou la mise en images. Cela ne veut pas dire que la culture se répande dans les masses, mais que la culture se trouve détruite pour engendrer le loisir. Le résultat n'est pas une désintégration, mais une pourriture, et ses actifs promoteurs ne sont pas les compositeurs de Tin Pan Alley, mais une sorte particulière d'intellectuels, souvent bien lus et bien informés, dont la fonction exclusive est d'organiser, diffuser, et modifier des objets culturels en vue de persuader les masses qu'*Hamlet* peut être aussi divertissant que *My Fair Lady*, et, pourquoi pas, tout aussi éducatif. Bien des grands auteurs du passé ont survécu à des siècles d'oubli et d'abandon, mais c'est encore une question pendante de savoir s'ils seront capables de survivre à une version divertissante de ce qu'ils ont à dire.
(Trad. P. Lévy (dir.), © Éditions Gallimard, 1972, p. 264-266.)

3
Les fondements de l'ordre politique

Section 1. La politique
    1.1. Politique des Anciens et ordre théologico-politique
    1.2. Le moment machiavélien
    1.3. Au risque de l'absolutisme
    1.4. Réaliser la promesse démocratique
    1.5. L'impasse totalitaire
    1.6. Une crise de la politique : la fin des idéologies ?

    Textes complémentaires
    1. Aristote, Les Politiques (vers 340 av. J.-C.)
    2. Nicolas Machiavel, Discours sur la Première Décade de Tite-Live (1513)
    3. Jean-Jacques Rousseau, Du contrat social (1762)
    4. Alexis de Tocqueville, De la démocratie en Amérique (1835-1840)
    5. Carl Schmitt, La notion de politique (1932)

Section 2. L'État
    2.1. La monopolisation de la contrainte légitime
    2.2. De la réduction de l'incertitude à la production de l'universel
    2.3. Ordre bureaucratique et risque totalitaire
    2.4. L'État comme « instituteur du social »
    2.5. Constitution et crise de l'État-providence

    Textes complémentaires
    1. Jean Bodin, Les six livres de la République (1576)
    2. Charles-Louis de Secondat, baron de Montesquieu, De l'esprit des lois (1748)
    3. G. W. F. Hegel, Principes de la philosophie du droit (1821)
    4. Max Weber, Le Savant et le Politique (1919)
    5. Karl Popper, La société ouverte et ses ennemis (1962)
       Friedrich von Hayek, Droit, législation et liberté (1973)
       Robert Nozick, Anarchie, État et Utopie (1974)

Section 3. Le contrat social
    3.1. L'idée de contrat
    3.2. Du contrat social
    3.3. Contre le contrat social

    Textes complémentaires
    1. Thomas Hobbes, Le Citoyen (1642)
    2. Thomas Hobbes, Léviathan (1651)

3. John Locke, « Des fins de la société politique et du gouvernement », Le second traité du gouvernement (1690)
4. Jean-Jacques Rousseau, Discours sur l'origine et les fondements de l'inégalité parmi les hommes (1754)
Jean-Jacques Rousseau, Du contrat social (1762)
5. Benjamin Constant, « De la souveraineté du peuple », *Principes de politique* (1815)
6. G. W. F. Hegel, *Principes de la philosophie du droit* (1821)

**Section 4. Du droit naturel
aux droits de l'homme**
    4.1. Le droit naturel ancien
    4.2. Le droit naturel moderne
    4.3. Les droits de l'homme
    4.4. La critique des droits de l'homme
    4.5. Les générations de droits

Textes complémentaires
1. Saint Thomas d'Aquin, *Somme théologique* (1266-1273)
2. Thomas Hobbes, *Léviathan* (1651)
3. Déclaration des Droits de l'Homme et du Citoyen du 26 août 1789
4. Edmund Burke, *Réflexions sur la révolution de France* (1790)
5. Déclaration universelle des droits de l'homme, adoptée par l'Assemblée générale des Nations unies le 10 décembre 1948 (extrait)

SECTION 1. LA POLITIQUE

Pour définir un terme aussi vague que polysémique, **on retiendra deux sens principaux, l'un lié à l'action, l'autre à la recherche du pouvoir – deux termes identiques en français mais pour lesquels l'anglais, notamment, dispose de deux mots distincts :** *policy* **et** *politics*. Un gouvernement peut ainsi mener une politique particulière, c'est-à-dire agir dans un sens déterminé – voire dans un domaine particulier, on parle ainsi, par exemple, de la politique éducative –, alors que la politique lorsqu'elle est indéterminée signifie l'organisation d'ensemble (partis, institutions, pratiques...) de la lutte pour accéder, et se maintenir, au pouvoir. Ces deux sens sont bien évidemment liés l'un à l'autre, puisque vouloir accéder au pouvoir c'est souvent vouloir agir *politiquement*. Si bien que **lorsque l'on parle de « faire de la politique », on comprend aussi bien la lutte pour le pouvoir que l'action elle-même** – en arrivant même à définir parfois l'une par l'autre.

1.1. Politique des Anciens et ordre théologico-politique

La politique revêt un double visage dès son invention, dans l'Antiquité grecque. Non tant qu'il n'y ait jamais eu d'action ordonnée ou de lutte pour le pouvoir avant les cités grecques du Ve siècle avant J.-C., mais parce que la conjonction de la naissance de la philosophie et de l'invention de la démocratie comme pratique politique a donné une structure intellectuelle permettant de penser, et de codifier, l'exercice politique. La politique présente ainsi chez les penseurs grecs qui lui ont donné son nom un double visage, tel le dieu Janus des Romains : celui de **la recherche de l'harmonie dans la vie de la Cité –** *polis* **–**, afin d'agir conformément à l'ordre de la nature et celui d'**un conflit pour le pouvoir –** *polemos* **–** pouvant aller jusqu'à la guerre dans laquelle le stratège prussien Carl von Clausewitz voyait la « simple continuation de la politique par d'autres moyens » (*De la guerre*, 1832-1837) ; pratique politique dont Thucydide donne le premier grand traité en même temps qu'il en livre une première histoire dans *La Guerre du Péloponnèse* (vers 400 avant J.-C.) – cf. chapitre 5.2. **L'organisation non violente du conflit pour le pouvoir dans l'intérêt de la Cité donne à la politique une autre de ses caractéristiques premières : la composition, autour d'intérêts notamment, de groupes humains acteurs de la politique, les « partis » de la Cité.** C'est Aristote qui nous explique que le conflit politique se matérialise souvent sous la forme d'un affrontement entre le plus grand nombre (le peuple, la multitude, les plus pauvres) et le petit nombre (les aristocrates, les plus riches), pour le contrôle de la Cité. Une forme de dialectique entre cet affrontement, structurant les rapports dans la Cité, et la recherche d'une manière idéale de gouverner caractérise ainsi la politique classique, jusqu'à la Renaissance. La lutte pour le pouvoir, et surtout son résultat : la domination de l'un des « partis » sur l'autre, qui ne gouverne qu'en fonction de son intérêt et non celui de la Cité – ce qu'Aristote nomme des « formes déviées » dans sa typologie des régimes (cf. texte 1) –, sont néfastes au bien-être de la Cité. Elles sont le contraire de la politique idéale entendue comme harmonie dans la Cité. **Seul le « gouvernement ou régime mixte », la république, – c'est-à-dire le meilleur des régimes tel que le définit Aristote (*politeia*), traduit par *res publica* pour les Romains – est susceptible de résoudre la contradiction entre la divergence des intérêts et la recherche du bien**

commun. Il mêle étroitement le meilleur de chaque pouvoir présent dans la Cité : le principe monarchique de la puissance, le principe aristocratique de la sagesse et le principe démocratique de la liberté du peuple. Pour le Cicéron qui défend cette vision classique de la politique au Ier siècle de notre ère, la *res publica* doit ainsi se composer « d'une autorité supérieure et royale, (d')une part faite aux grands, et aussi des affaires laissées au jugement et à la volonté de la multitude » (Cicéron, *De la République*, I, 45, trad. Ch. Appuhn, Garnier, 1965).

Le Moyen Âge apparaît, politiquement, comme le temps passé par l'Occident chrétien à résoudre son « **problème théologico-politique** » : **s'inspirer de l'ordre divin pour façonner l'ordre humain, mais sous la contrainte, nouvelle, d'une institution universelle, l'Église**. Cette prétention contraint les formes classiques de la politique, la Cité et l'Empire, à une lutte incessante contre l'Église ; lutte qui va en épuiser la vitalité au profit d'une forme politique nouvelle, l'État moderne, et du premier régime qui l'incarne, la monarchie – absolue ou nationale (Pierre Manent, *Histoire intellectuelle du libéralisme en dix leçons*, Calmann-Lévy, 1987, chapitre premier : « Le problème théologico-politique »).

1.2. Le moment machiavélien

C'est **Machiavel** qui introduit la première grande rupture dans ce schéma classique de la politique. D'une part, **il décrit la politique non plus comme une fin – la recherche de l'harmonie dans la Cité conformément aux fins naturelles de l'homme – mais comme l'ensemble des moyens pratiques par lequel le « Prince », en fait celui ou ceux qui exercent concrètement le pouvoir, est susceptible de conserver son pouvoir** – l'homme pouvant ainsi devenir une véritable « bête » si la situation l'exige, en usant aussi bien de la ruse (du renard) que de la force (du lion) par exemple (*Le Prince*, 1513, chapitre XVIII) – ; et d'autre part en légitimant le conflit politique, la lutte entre les intérêts et les « partis » qui se disputent le pouvoir dans la Cité : les « grands » et le peuple. Pour Machiavel, qui fait ainsi entrer la politique dans la modernité, le conflit n'est plus synonyme de chaos mais de force créatrice : c'est en effet le bon usage de la désunion et des dissensions partisanes qui font naître la liberté, véritable bien commun de la république (cf. texte 2). « Toutes les lois favorables à la liberté, nous dit Machiavel, ne naissent que de l'opposition » entre les partis de la Cité. Si le modèle de la Cité et du « régime mixte » restent un idéal indépassable pour l'ensemble des penseurs politiques, c'est le modèle impérial qui s'est imposé depuis le Ier siècle – et dont la Chrétienté a repris le cadre, non sans conduire dès le début du second millénaire à un conflit profond entre ses deux chefs putatifs, l'Empereur, glaive terrestre, et le Pape, glaive céleste. **Le moment machiavélien est aussi celui de l'avènement de l'État moderne qui sort la politique de l'alternative entre Cité et Empire pour la plonger dans un nouveau contexte, celui de la souveraineté**. Machiavel, « second chancelier » de la République de Florence en 1498, en charge notamment de missions diplomatiques, fait le voyage à la Cour de Louis XII, roi de France, pour demander son aide contre Pise. Il découvre à cette occasion ce qu'est un grand État moderne, auprès duquel Florence fait pâle figure. À partir de cette expérience, Machiavel comprend qu'il s'agit désormais de la seule entité politique capable de rivaliser avec l'Empire et l'Église, validant ainsi l'évolution historique de son temps ; la Cité, modèle classique de la république, devant se transformer sous peine de disparaître.

1.3. Au risque de l'absolutisme

La naissance de l'État moderne pose dans des termes renouvelés la question du pouvoir. Celui-ci est d'abord conçu comme ne pouvant être qu'absolu dès lors que la souveraineté pleine et entière est reconnue à l'État – les premiers théoriciens de l'État souverain, de la fin du xvie au milieu du xviie siècle, développent une théorie politique de l'absolutisme (cf. III. 2). Théorie qui s'appuie, et justifie, les pratiques des grandes monarchies de l'époque qui mettent en place des pouvoirs centraux puissants face aux incertitudes nées des troubles religieux (guerres de religion), civils (« Fronde » en France, Révolution anglaise) et militaires (Guerre de Trente Ans) de la fin du xvie siècle jusqu'au milieu du xviie. **L'absolutisme, conformément à la doctrine de Hobbes (*Le Léviathan*, 1651), est surtout vu, dans la première partie du xviie siècle, comme le moyen de résoudre l'insécurité et les incertitudes nées des troubles précités.** On peut d'ailleurs souligner que si Louis XIV a si bien réussi à mettre en place ce qui fait figure de système absolutiste par excellence, c'est en grande partie parce qu'il est apparu au début de son règne comme un pacificateur aimé de son peuple. **Ce n'est que dans la seconde partie du xviie siècle que la critique de l'absolutisme prend corps, à travers l'élaboration de notions telles que la souveraineté du peuple ou la représentation – que l'on trouve chez Locke par exemple (*Deuxième traité du gouvernement civil*, 1690).** Montesquieu fait l'éloge de la monarchie parlementaire anglaise et insiste sur la séparation et l'équilibre entre les différents pouvoirs, réfutant l'idée de souveraineté absolue – qu'elle soit celle du roi ou celle du peuple – pour limiter précisément les risques de l'abus du pouvoir. À ses yeux, seul le pouvoir est en mesure d'arrêter le pouvoir. **Montesquieu substitue ainsi à la souveraineté absolue, qui décide de tout et en dernier ressort, un mécanisme de prise de décision qui la rend inutile (*De l'esprit des lois*, 1754).** Avec Locke et Montesquieu, puis à travers la pensée anglo-écossaise qui se développe tout au long du xviiie siècle de David Hume (Traité de la nature humaine, livre III, « La Morale », 1740) à Adam Smith (La richesse des nations, 1776), **la critique de l'absolutisme s'articule essentiellement autour de la notion de liberté individuelle – que celle-ci s'appuie sur les droits naturels (jusnaturalisme) ou sur l'utilité sociale (utilitarisme) –, donnant ainsi naissance au libéralisme.**

1.4. Réaliser la promesse démocratique

Si la pensée politique libérale naissante apparaît à la pointe du combat contre l'absolutisme, elle n'en reste pas moins méfiante vis-à-vis du peuple, et de la démocratie (cf. 4.1.). C'est précisément sur ce point que **Rousseau**, en se plaçant en position de critique du libéralisme de son temps, notamment de Montesquieu, donne une nouvelle définition de l'idéal politique en combinant la volonté d'un retour à la politique des Anciens, autour de l'indispensable « vertu » civique, et la souveraineté (absolue) du peuple – réconciliant ainsi démocratie et république (*Le contrat social*, 1762, cf. texte 3). **Une fois la souveraineté populaire reconnue – historiquement à travers les révolutions américaine et française de la fin du xviiie siècle – comme le fondement légitime du pouvoir politique, la « question politique » change à nouveau de nature.** Les divisions entre les composantes de la Cité ou de l'État s'organisent désormais à l'intérieur du cadre même de la démocratie : le conflit politique et la recherche du bien commun, ou du moins d'un accord sur le lien social, sont « internalisés », en même temps que s'établit un clivage, en forme de *continuum* politique sur un axe gauche-droite constitué à l'occasion de la Révolution française, entre progressistes et conservateurs ; les uns voulant poursuivre, approfondir ou dépasser l'œuvre révolutionnaire, les autres, la modérer, l'atténuer ou l'effacer. **Les nouveaux problèmes soulevés, sources de division entre les forces se réclamant de ce clivage, sont désormais liés à l'extension du suffrage et des droits et libertés politiques au plus grand nombre**, ainsi que celui de la meilleure (la plus juste) représentation des différents intérêts dans le cadre démocratique : c'est-à-dire de la manière dont les exclus traditionnels de la politique – les moins riches, les femmes… – vont pouvoir être peu à peu intégrés au sein du « peuple souverain » (voir Pierre Rosanvallon, *Le sacre du citoyen. Histoire du suffrage universel en France*, Gallimard, 1992).

Le nouveau cadre du débat politique suscite aussi le renouvellement de l'interrogation sur l'organisation du champ politique et l'affrontement qui s'y déroule. **Pour représenter les différences, notamment les différents intérêts, des « partis politiques » s'organisent à la fin du XIXe siècle** (voir Moïsei Ostrogorski, *La démocratie et l'organisation des partis politiques*, 1996). Ils correspondent à une phase d'institutionnalisation du fonctionnement de la démocratie moderne. **De la même manière, d'autres acteurs indispensables à ce fonctionnement, tels que les syndicats, se mettent également en place dans la deuxième moitié du XIXe siècle**. Ce sont des outils de représentation politique et sociale qui permettent d'affiner la représentation démocratique de type parlementaire, en multipliant les lieux de débat, en spécifiant les intérêts et en permettant à certaines revendications d'avancer en dehors du cadre politique *stricto sensu*. Deux conceptions d'ensemble de la politique se dessinent alors : une conception étroite institutionnelle qui débouche sur l'élitisme (le gouvernement des meilleurs qu'il faut élire pour leur compétence) et une conception plus large (incluant toutes les formes de représentation des intérêts, des différences sociales, etc.), de démocratie « substantielle » dans laquelle la majorité – le peuple – a toujours raison.

C'est en partie au nom de cette représentation trop formelle du peuple que se construit, à partir du milieu du XIXe siècle, la contestation marxiste et que vont, plus généralement, se structurer les partis socialistes puis communistes. Une « démocratie réelle » doit ainsi être opposée à la « démocratie formelle », bourgeoise, c'est-à-dire une démocratie qui prenne en compte le peuple comme entité formée de travailleurs, de producteurs, et plus seulement de ceux qui possèdent le capital, et le confisquent, au nom du droit de propriété. La politique peut à cette seule condition devenir véritablement l'affaire de tous, un tous incarné par le peuple, conformément à la promesse de l'idéal révolutionnaire de souveraineté populaire. Cette approche ouvre, en même temps qu'une tentative « scientifique » de répondre à cette promesse, le temps de **l'idéologie qui va caractériser l'affrontement politique au XXe siècle en l'entraînant vers un phénomène qui lui est propre, celui du totalitarisme**.

1.5. L'impasse totalitaire

Le totalitarisme comme phénomène politique est propre au XXe siècle. Il soulève ainsi la question du caractère moderne du XXe siècle lui-même : est-ce que le totalitarisme est le débouché nécessaire du projet politique moderne ou bien est-ce que c'est une régression par rapport à ce projet, un moment de recul dans l'évolution de l'humanité telle qu'elle a été pensée par la modernité ? (cf. 5.4.). Le phénomène totalitaire (violence politique organisée, éradication des différences individuelles, déshumanisation, emprise absolue et arbitraire de l'État...) a conduit la pensée politique et morale moderne, à la remise en cause d'un certain nombre de notions fondatrices ou consubstantielles de la modernité politique : ainsi est-il difficile aujourd'hui d'échapper à une réflexion sur la formation et la forme même des États modernes, sur l'existence d'un monde commun, sur la place du peuple en politique... Le totalitarisme que l'on peut en première approximation qualifier de tentative de contournement si ce n'est de résolution des contradictions de la modernité – par exemple comment conduire à l'unité d'une société en la fondant sur la légitimité de la différence individuelle sans en appeler à une quelconque transcendance... – apparaît précisément comme la négation exacte de la promesse d'émancipation moderne.

L'élaboration même de la notion de totalitarisme atteste de la volonté de comprendre ce phénomène politique original. C'est Hannah Arendt qui l'a explicitée le plus complètement dans sa série sur *les Origines du totalitarisme* (en trois volumes : *Sur l'antisémitisme, l'impérialisme, le système totalitaire* publiés à partir de 1951). **Arendt tente de saisir la genèse de ce phénomène, en montrant comment s'est déployé le mouvement sans fin de « domination ou de maîtrise (*Herrschaft*) totale » qui fait disparaître le singulier sous l'universel abstrait – qui opère le passage de l'unique comme individualité irréductible à l'unique comme totalité indivisible**. La différence radicale du totalitarisme avec les autres formes de pouvoir et d'oppression politiques connues jusqu'alors tient dans le saut qualitatif qu'il opère dans nos grilles d'appréhension du monde, dans notre compréhension des phénomènes de domination et d'asservissement de l'être humain. Le totalitarisme apparaît aux yeux de Arendt comme la dissolution du peuple – c'est-à-dire du cœur de la démocratie moderne – dans une masse homogène, interdisant toute expression de la différence à l'intérieur de celle-ci, réservant l'expression politique (parole et acte politique) à « l'État-parti-unité » au sommet duquel trône son incarnation symbolique : le chef, qu'il soit *Duce*, *Führer* ou « Petit père des peuples ». Le ressort premier de la constitution d'une idéologie totalitaire est celui de l'ennemi politique – du « bouc émissaire » à l'intérieur du corps social, et de l'ennemi étranger à l'extérieur, d'où le recours fréquent au nationalisme comme arme de combat – appuyé sur une conception conflictuelle de la politique qu'a exposée Carl Schmitt (*La notion de politique*, 1932 – cf. texte 5), mais organisée dans le but d'établir une forme d'ordre politique qui devra être immuable.

1.6. Une crise de la politique : la fin des idéologies ?

La levée de l'hypothèque communiste en 1989, à l'occasion de la chute du Mur de Berlin et de l'effondrement des régimes prosoviétiques d'Europe de l'Est, marque incontestablement, en même temps que la victoire de l'idéal démocratique moderne, une nouvelle étape dans la manière d'appréhender la politique ; même si c'est sous une figure nouvelle, qui renvoie bien souvent à une recherche d'équilibre entre triomphe (idéologique ?) de l'économie de marché et d'un capitalisme financier mondialisé, dépolitisation des citoyens dans les démocraties (les enjeux politiques devenant moins conflictuels, affaiblissement du clivage droite-gauche) et ouverture de nouveaux territoires de conquête (extension de la régulation par le droit au niveau mondial, lutte contre les nouveaux risques : environnement, santé, violence… Cf. chap. 6.3. et 6.4.).

Est-ce pour autant que l'on peut parler de signe d'une fin des « idéologies » telles qu'elles ont souvent prospéré dans une version criminelle au XXe siècle ? Pour reprendre une analyse classique du phénomène, proche du marxisme, l'idéologie répond à une fonction essentielle au sein de la structure sociale : les hommes en produisant leurs conditions d'existence se produisent eux-mêmes, c'est la fameuse « condition dernière de la production ». La reproduction des conditions de la production permet de maintenir la domination d'une classe – et, classiquement, dans la tradition marxiste, cette fonction est assurée par l'État comme appareil répressif. Or, comme le disait déjà Rousseau : « Le plus fort n'est jamais assez fort pour être toujours le maître, s'il ne transforme sa force en droit et l'obéissance en devoir » (Contrat social, I, 3). On trouve la même idée chez Max Weber, pour lequel aucune domination, notamment moderne, ne peut s'exercer par la force brute. Elle ne peut s'imposer que si elle est légitime. La notion d'idéologie s'enrichit donc d'un sens nouveau, bien perçu par Louis Althusser notamment, elle n'est plus seulement instance de dissimulation et facteur d'illusion, elle devient aussi instance de légitimation. C'est le rôle des fameux « appareils idéologiques de l'État » (AIE) que la tradition marxiste a peu exploré, qui donnent tout son sens au marxisme d'Althusser. Ainsi pour lui, « l'idéologie fait-elle organiquement partie, comme telle, de toute totalité sociale. Tout se passe comme si les sociétés humaines ne pouvaient subsister sans formations spécifiques, ces systèmes de représentations – de niveau divers – que sont les idéologies… **Seule une conception idéologique du monde a pu imaginer des sociétés sans idéologies, et admettre l'idée utopique d'un monde où l'idéologie – et non telle de ses formes historiques – disparaîtrait sans laisser de trace pour être remplacée par la science** » (Louis Althusser, *Pour Marx*, 1965).

Textes

– Texte 1 –

■ Aristote, *Les Politiques* (vers 340 av. J.-C.)

[2] Puisque constitution et gouvernement signifient la même chose, et qu'un gouvernement c'est ce qui est souverain dans les cités, il est nécessaire que soit souverain soit un seul individu, soit un petit nombre, soit un grand nombre de gens. Quand cet individu, ce petit ou ce grand nombre gouvernent en vue de l'avantage commun, nécessairement ces constitutions sont droites, mais quand c'est en vue de l'avantage propre de cet individu, de ce petit ou de ce grand nombre, ce sont des déviations. Car ou bien il ne faut pas appeler citoyens ceux qui participent à la vie de la cité, ou bien il faut qu'ils en partagent les avantages.

[3] Nous appelons royauté celle des monarchies qui a en vue l'avantage commun ; parmi les constitutions donnant le pouvoir à un nombre de gens petit mais supérieur à un, nous en appelons une l'aristocratie soit parce que les meilleurs y ont le pouvoir, soit parce qu'on y gouverne pour le plus grand bien de la cité et de ceux qui en sont membres. Quand c'est la multitude qui détient le gouvernement en vue de l'avantage commun, la constitution est appelée du nom commun à toutes les constitutions, un gouvernement constitutionnel. […]

[5] Les déviations des constitutions qu'on a indiquées sont : la tyrannie pour la royauté, l'oligarchie pour l'aristocratie, la démocratie pour le gouvernement constitutionnel. Car la tyrannie est une monarchie qui vise l'avantage du monarque, l'oligarchie celui des gens aisés, la démocratie vise l'avantage des gens modestes.
(Livre III, 7, 1279a, trad. P. Pellegrin, © Flammarion, coll. « GF », 1990, p. 229-230.)

– Texte 2 –

■ Nicolas Machiavel, *Discours sur la Première Décade de Tite-Live* (1513)

Je soutiens à ceux qui condamnent les querelles du Sénat et du peuple qu'ils condamnent ce qui fut le principe de la liberté, et qu'ils sont beaucoup plus frappés des cris et du bruit qu'occasionnaient sur la place publique que des bons effets qu'elles produisaient. Dans toute république, il y a deux partis : celui grands et celui du peuple ; et toutes les lois favorables à la liberté ne naissent que de leur opposition. Depuis les Tarquins jusqu'aux Gracques, c'est-à-dire durant trois cents ans, les troubles n'y occasionnèrent que peu d'exils, et coûtèrent encore moins de sang ; on ne peut les croire bien nuisibles, ni les regarder comme bien funestes à une république qui, durant le cours de tant d'années, vit à peine, à leur occasion huit ou dix citoyens envoyés en exil, n'en fit mettre à mort qu'un très petit nombre, et en condamna même très peu à des amendes pécuniaires. On ne peut davantage qualifier de désordonnée une république où l'on voit briller tant de vertus : c'est la bonne éducation qui les fait éclore, et celle-ci n'est due qu'à de bonnes lois ; les bonnes lois, à leur tour, sont le fruit de ces agitations que la plupart condamnent si inconsidérément. Quiconque examinera avec soin l'issue de ces mouvements, ne trouvera pas qu'ils aient été cause d'aucune violence qui ait tourné au préjudice du bien public ; il conviendra même qu'ils ont fait naître des règlements à l'avantage de la liberté, « Mais, dira-t-on, quels étranges moyens ! Quoi, entendre sans cesse les cris d'un peuple effréné contre le Sénat, et du Sénat déclamant contre le peuple ; voir courir la populace en tumulte par les rues, fermer ses boutiques, et même sortir de Rome en masse ! Toutes choses qui épouvantent encore, rien qu'à les lire. » Je dis que chaque État libre doit fournir au peuple un débouché normal à son ambition, et surtout les républiques, qui, dans les occasions importantes, n'ont de force que par ce même peuple. Or tel était le débouché à Rome : quand celui-ci voulait obtenir une loi, il se portait à quelques-unes de ces extrémités dont nous venons de parler, ou il refusait de s'enrôler pour aller à la guerre ; en sorte que le Sénat était obligé de le satisfaire.

Les soulèvements d'un peuple libre sont rarement pernicieux à sa liberté. Ils lui sont inspirés communément par l'oppression qu'il subit ou par celle qu'il redoute. Si ses craintes sont peu fondées, on a le recours des assemblées, où la seule éloquence d'un homme de bien lui fait sentir son erreur. « Les peuples, dit Cicéron, quoique ignorants, sont capables d'apprécier la vérité, et ils s'y rendent aisément quand elle leur est présentée par un homme qu'ils estiment digne de foi. »

On doit donc se montrer plus ménager de ses critiques envers le gouvernement romain, et considérer que tant de bons effets forçant l'admiration ne pouvaient provenir que de très bonnes causes. Si les troubles de Rome ont occasionné la création des tribuns, on ne saurait trop les louer. Outre qu'ils mirent le peuple à même d'avoir sa part dans l'administration publique, ils furent établis comme les gardiens les plus assurés de la liberté romaine.

(Livre Ier, chapitre 4, « Que les différends entre le Sénat et le Peuple ont rendu la République romaine puissante et libre », in *Œuvres complètes*, éd. E. Barincou, © Éditions Gallimard, coll. « Bibliothèque de la Pléiade », 1952, p. 390-391.)

– Texte 3 –

■ Jean-Jacques Rousseau, *Du contrat social* (1762)

Chap. 1 : « Que la souveraineté est inaliénable »
La première et la plus importante conséquence des principes ci-devant établis est que la volonté générale peut seule diriger les forces de l'État selon la fin de son institution, qui est le bien commun : car si l'opposition des intérêts particuliers a rendu nécessaire l'établissement des sociétés, c'est l'accord de ces mêmes intérêts qui l'a rendu possible. C'est ce qu'il y a de commun dans ces différents intérêts qui forme le lien social, et s'il n'y avait pas quelque point dans lequel tous les intérêts s'accordent, nulle société ne saurait exister. Or c'est uniquement sur cet intérêt commun que la société doit être gouvernée. Je dis donc que la souveraineté n'étant que l'exercice de la volonté générale ne peut jamais s'aliéner, et que le souverain, qui n'est qu'un être collectif, ne peut être représenté que par lui-même ; le pouvoir peut bien se transmettre, mais non pas la volonté. En effet, s'il n'est pas impossible qu'une volonté particulière s'accorde sur quelque point avec la volonté générale, il est impossible au moins que cet accord soit durable et constant ; car la volonté particulière tend par sa nature aux préférences, et la volonté générale à l'égalité. Il est plus impossible encore qu'on ait un garant de cet accord quand même il devrait toujours exister ; ce ne serait pas un effet de l'art mais du hasard. Le souverain peut bien dire : Je veux actuellement ce que veut un tel homme ou du moins ce qu'il dit vouloir ; mais il ne peut pas dire : Ce que cet homme voudra demain, je le voudrai encore ; puisqu'il est absurde que la volonté se donne des chaînes pour l'avenir, et puisqu'il ne dépend d'aucune volonté de consentir à rien de contraire au bien de l'être qui veut. Si donc le peuple promet simplement d'obéir, il se dissout par cet acte, il perd sa qualité de peuple ; à l'instant qu'il y a un maître il n'y a plus de souverain, et dès lors le corps politique est détruit.

Chap. 2 : « Que la souveraineté est indivisible »
Par la même raison que la souveraineté est inaliénable, elle est indivisible. Car la volonté est générale ou elle ne l'est pas ; elle est celle du corps du peuple, ou seulement d'une partie. Dans ce premier cas cette volonté déclarée est un acte de souveraineté et fait loi. Dans le second, ce n'est qu'une volonté particulière, ou un acte de magistrature ; c'est un décret tout au plus. Mais nos politiques ne pouvant diviser la souveraineté dans son principe la divisent dans son objet ; ils la divisent en force et en volonté, en puissance législative et en puissance exécutive, en droits d'impôts, de justice, et de guerre, en administration intérieure et en pouvoir de traiter avec l'étranger : tantôt ils confondent toutes ces parties et tantôt ils les séparent ; ils font du souverain un être fantastique et formé de pièces rapportées ; c'est comme s'ils composaient l'homme de plusieurs corps dont l'un aurait des yeux, l'autre des bras, l'autre des pieds, et rien de plus. Les charlatans du Japon dépècent, dit-on, un enfant aux yeux des spectateurs, puis jetant en l'air tous ses membres l'un après l'autre, ils font retomber l'enfant vivant et tout rassemblé. Tels sont à peu près les tours de gobelets de nos politiques ; après avoir démembré

le corps social par un prestige digne de la foire, ils rassemblent les pièces on ne sait comment. Cette erreur vient de ne s'être pas fait des notions exactes de l'autorité souveraine, et d'avoir pris pour des parties de cette autorité ce qui n'en était que des émanations. Ainsi, par exemple, on a regardé l'acte de déclarer la guerre et celui de faire la paix comme des actes de souveraineté, ce qui n'est pas ; puisque chacun de ces actes n'est point une loi mais seulement une application de la loi, un acte particulier qui détermine le cas de la loi, comme on le verra clairement quand l'idée attachée au mot *loi* sera fixée. En suivant de même les autres divisions on trouverait que toutes les fois qu'on croit voir la souveraineté partagée on se trompe, que les droits qu'on prend pour des parties de cette souveraineté lui sont tous subordonnés, et supposent toujours des volontés suprêmes dont ces droits ne donnent que l'exécution.
(Livre II, éd. P. Burgelin, Flammarion, coll. « GF », 1992, p. 51-53.)

– Texte 4 –

■ Alexis de Tocqueville, *De la démocratie en Amérique* (1835-1840)

Quoique les hommes ne puissent devenir absolument égaux sans être entièrement libres, et que par conséquent l'égalité, dans son degré le plus extrême, se confonde avec la liberté, on est donc fondé à distinguer l'une de l'autre.

Le goût que les hommes ont pour la liberté et celui qu'ils ressentent pour l'égalité sont, en effet, deux choses distinctes, et je ne crains pas d'ajouter que, chez les peuples démocratiques, ce sont deux choses inégales. Si l'on veut y faire attention, on verra qu'il se rencontre dans chaque siècle un fait singulier et dominant auquel les autres se rattachent ; ce fait donne presque toujours naissance à une pensée mère, ou à une passion principale qui finit ensuite par attirer à elle et par entraîner dans son cours tous les sentiments et toutes les idées. C'est comme le grand fleuve vers lequel chacun des ruisseaux environnants semble courir.

La liberté s'est manifestée aux hommes dans différents temps et sous différentes formes ; elle ne s'est point attachée exclusivement à un état social et on la rencontre autre part que dans les démocraties. Elle ne saurait donc former le caractère distinctif des siècles démocratiques.

Le fait particulier et dominant qui singularise ces siècles, c'est l'égalité des conditions ; la passion principale qui agite les hommes dans ces temps-là, c'est l'amour de cette égalité.

Ne demandez point quel charme singulier trouvent les hommes des âges démocratiques à vivre en égaux, ni les raisons particulières qu'ils peuvent avoir de s'attacher si obstinément à l'égalité plutôt qu'aux autres biens que la société leur présente : l'égalité forme le caractère distinctif de l'époque où ils vivent ; cela seul suffit pour expliquer qu'ils la préfèrent à tout le reste.

Mais, indépendamment de cette raison, il en est plusieurs autres qui, dans tous les temps porteront habituellement les hommes à préférer l'égalité à la liberté.

Si un peuple pouvait jamais parvenir à détruire ou seulement à diminuer lui-même dans son sein l'égalité qui y règne, il n'y arriverait que par de longs et pénibles efforts. Il faudrait qu'il modifiât son état social, abolît ses lois, renouvelât ses habitudes, altérât ses mœurs. Mais, pour perdre la liberté politique, il suffit de ne pas la retenir, et elle s'échappe.

Les hommes ne tiennent donc pas seulement à l'égalité parce qu'elle leur est chère ; ils s'y attachent encore parce qu'ils croient qu'elle doit durer toujours. […]

Les biens que la liberté procure ne se montrent qu'à la longue, et il est toujours facile de méconnaître la cause qui les fait naître.

Les avantages de l'égalité se font sentir dès à présent, et chaque jour on les voit découler de leur source.

La liberté politique donne de temps en temps à un certain nombre de citoyens de sublimes plaisirs.

L'égalité fournit chaque jour une multitude de petites jouissances à chaque homme. Les charmes de l'égalité se sentent à tous moments et ils sont à la portée de tous ; les plus nobles cœurs n'y sont pas insensibles, et les âmes les plus vulgaires en font leurs délices. La passion que l'égalité fait naître doit donc être tout à la fois énergique et générale.

Les hommes ne sauraient jouir de la liberté politique sans l'acheter par quelques sacrifices, et ils ne s'en emparent jamais qu'avec beaucoup d'efforts. Mais les plaisirs que l'égalité procure s'offrent d'eux-mêmes. Chacun des petits incidents de la vie privée semble les faire naître, et, pour les goûter, il ne faut que vivre. [...]

Chez la plupart des nations modernes, et en particulier chez tous les peuples du continent de l'Europe, le goût et l'idée de la liberté n'ont commencé à naître et à se développer qu'au moment où les conditions commençaient à s'égaliser, et comme conséquence de cette égalité même. Ce sont les rois absolus qui ont le plus travaillé à niveler les rangs parmi leurs sujets. Chez ces peuples l'égalité a précédé la liberté ; l'égalité était donc un fait ancien, lorsque la liberté était encore une chose nouvelle ; l'une avait déjà créé des opinions des usages, des lois qui lui étaient propres, lorsque l'autre se produisait seule, et pour la première fois, au grand jour. Ainsi la seconde n'était encore que dans les idées et dans les goûts, tandis que la première avait déjà pénétré dans les habitudes, s'était emparée des mœurs, et avait donné un tour particulier aux moindres actions de la vie. Comment s'étonner si les hommes de nos jours préfèrent l'une à l'autre ?

Je pense que les peuples démocratiques ont un goût naturel pour la liberté ; livrés à eux-mêmes, ils la cherchent, ils l'aiment et ils ne voient qu'avec douleur qu'on les en écarte. Mais ils ont pour l'égalité une passion ardente, insatiable, éternelle, invincible ; ils veulent l'égalité dans la liberté, et, s'ils ne peuvent l'obtenir ils la veulent encore dans l'esclavage. Ils souffriront la pauvreté, l'asservissement la barbarie mais ils ne souffriront pas l'aristocratie.

Ceci est vrai dans tous les temps, et surtout dans le nôtre. Tous les hommes et tous les pouvoirs qui voudront lutter contre cette puissance irrésistible seront renversés et détruits par elle. De nos jours la liberté ne peut s'établir sans son appui et le despotisme lui-même ne saurait régner sans elle.

(Volume II, deuxième partie, chapitre Ier, « Pourquoi les peuples démocratiques montrent un amour plus ardent et plus durable pour l'égalité que pour la liberté », éd. J. Jardin, © Gallimard, coll. « Folio », 1961, p. 138-139, 140-142.)

– Texte 5 –

■ Carl Schmitt, *La notion de politique* (1932)

La distinction spécifique du politique, à laquelle peuvent se ramener les actes et les mobiles politiques, c'est la discrimination de l'ami et de l'ennemi. Elle fournit un principe d'identification qui a valeur de critère et non une définition exhaustive ou compréhensive. Dans la mesure où elle ne se déduit pas de quelque autre critère, elle correspond, dans l'ordre du politique, aux critères relativement autonomes de diverses autres oppositions : le bien et le mal en morale, le beau et le laid en esthétique, etc. Elle est autonome en tout cas, non pas au sens où elle correspondrait à un champ d'activité original qui lui serait propre, mais en cela qu'on ne saurait ni la fonder sur une ou plusieurs de ces autres oppositions, ni l'y réduire. Si déjà l'opposition entre le bien et le mal n'est pas purement et simplement identique à celle du beau et du laid ou à celle de l'utile et du nuisible et n'y est pas directement réductible, à plus forte raison faut-il éviter de confondre ou d'amalgamer l'opposition ami-ennemi avec l'une des oppositions précédentes. Le sens de cette distinction de l'ami et de l'ennemi est d'exprimer le degré extrême d'union ou de désunion, d'association ou de dissociation ; elle peut exister en théorie et en pratique sans pour autant exiger l'application de toutes ces distinctions morales, esthétiques, économiques ou autres. L'ennemi politique ne sera pas nécessairement mauvais dans l'ordre de la moralité ou laid dans l'ordre esthétique, il ne jouera pas forcément le rôle d'un concurrent au niveau de l'économie, il pourra même, à l'occasion, paraître avantageux de faire des affaires avec lui. Il se trouve simplement qu'il est l'autre, l'étranger, et il suffit, pour définir sa nature, qu'il soit, dans son existence même et en un sens particulièrement fort, cet être autre, étranger et tel qu'à la limite des conflits avec lui soient possibles qui ne sauraient être résolus ni par un ensemble de normes générales établies à l'avance, ni par la sentence d'un tiers, réputé non concerné et impartial. Un monde d'où l'éventualité de cette lutte aurait été entièrement écartée et bannie, une planète définitivement pacifiée serait un monde sans discrimination de l'ami et de l'ennemi et par conséquent un monde sans politique. Ce monde-là pourrait présenter une diversité d'oppositions et de contrastes peut-être intéressants, toutes sortes de concurrences et d'intrigues, mais il ne présenterait logiquement aucun antagonisme au nom duquel on pourrait demander à des êtres humains de faire le sacrifice de leur vie et donner à certains le pouvoir de répandre le sang et de tuer d'autres hommes. Une fois de plus, il est sans importance pour la définition du politique que l'on appelle ou non de ses vœux, comme un idéal, ce monde sans activité politique.

(Trad. Steinhauser, © Calmann-Lévy, 1972, reprint Flammarion, coll. « Champs », 1992, p. 64-65.)

SECTION 2. L'ÉTAT

L'État, comme forme d'organisation politique, est né en Europe à partir de la fin du Moyen Âge, à l'issue d'un processus historique de « monopolisation de la contrainte » que Norbert Elias décrit dans *La dynamique de l'Occident* (1939, cf. chapitre 2.1). Cette forme d'organisation peut se définir comme **une autorité souveraine qui s'exerce sur l'ensemble d'un peuple et d'un territoire déterminé**. À partir du XVIe siècle, les guerres de religion entraînées par la Réforme conduisent à un profond changement de la nature du conflit en politique. C'est cette évolution qui va donner à l'État moderne son premier grand rôle : assurer durée et unité à l'organisation politique en opérant comme « réducteur d'incertitudes », et garantir la sûreté de ses sujets à l'intérieur comme à l'extérieur.

Cette nouvelle forme de pouvoir est rapidement décrite comme une puissance absolue, l'État moderne disposant de l'*imperium* comme le souligne Jean Bodin dès 1576 en élaborant une théorie de la souveraineté. Le processus d'autonomisation par rapport à l'Église afin d'assurer la liberté religieuse (Édit de Nantes en 1598) et la constitution d'un « ordre westphalien » (structurant l'Europe autour de grandes entités étatiques souveraines après la Guerre de Trente Ans qui se termine par les Traités de Westphalie en 1648) correspond à l'affirmation de ce nouveau rôle de l'État, dans l'ordre interne comme externe. Même si **certains auteurs commencent à penser, au XVIIe siècle et toujours dans le cadre de la garantie de la sûreté des sujets, à une limite possible à l'*imperium*, au nom d'un droit naturel moderne** – Grotius, Hobbes, Spinoza, Pufendorf, Locke (cf. chapitre 3.1).

Au XVIIIe siècle, le développement de l'économie et la prise de conscience d'un lien social de nature économique conduit à l'**opposition entre l'État et la société civile** (cf. chapitre 2.1). À partir du XIXe, l'État intervient de manière croissante dans la société pour limiter les effets destructeurs de la Révolution industrielle – élaboration d'un droit protecteur des travailleurs par exemple – en même temps qu'il devient la forme de « droit commun » de la construction de l'espace politique sous le vocable d'**État-nation**. C'est le moment d'une nouvelle définition de l'État à la fois comme État-nation et comme **État-providence** – dimensions qui se développent au cours du XXe siècle, et qui sont aujourd'hui en crise.

2.1. La monopolisation de la contrainte légitime

Historiquement, le pouvoir de l'État s'est constitué contre d'autres pouvoirs. Contre le pouvoir de l'Église (lien temporel-spirituel), contre le pouvoir impérial, contre les multiples pouvoirs féodaux. Le processus a été le même partout en Europe, il a d'abord consisté dans la monopolisation des ressources financières – impôt d'État, monopole des postes instauré sous Louis XI en France – et des ressources militaires. C'est en effet dans la violence et par la guerre que se constitue peu à peu l'espace politique qui va donner naissance à l'État. Au départ, ce sont souvent des seigneurs qui ont vaincu les autres qui ont constitué les premiers États modernes. L'État parvient ainsi au monopole de la violence légitime lorsqu'il n'est plus contesté par une autre autorité sur un territoire donné – c'est le cas en France sous le règne de Louis XIV (1661-1715). Après la victoire sur la Fronde, la noblesse est peu à peu soumise au Roi qui distribue seul charges et offices. L'Église catholique ne conteste plus l'autorité du Roi, et échange la reconnaissance d'une monarchie de droit divin contre le fait d'être la seule religion reconnue – religion d'État, élimination des contestations internes (des Jansénistes, par exemple, dans les années 1660), « dragonnades » dans les années 1680, révocation de l'Édit de Nantes en 1685. Les derniers « États » provinciaux – au sens ancien du terme : États du Dauphiné, de Normandie… – cessent de se réunir, ils ne sont plus convoqués.

2.2. De la réduction de l'incertitude à la production de l'universel

Philosophiquement, l'État apparaît comme un réducteur d'incertitudes, destiné à garantir la durée et la sûreté d'une communauté politique. Ainsi Machiavel qui est le premier à parler d'État au sens moderne au début du XVIe siècle, considère-t-il que le plus important pour le Prince est de se maintenir au pouvoir, quels que soient les moyens qu'il utilise, afin d'assurer la pérennité de l'État au-delà des péripéties politiques – et non en vue de la réalisation de son intérêt personnel (cf. chapitre 3.2.). L'autonomisation de l'État et son appropriation de l'*imperium* sont également le sens de la théorie de la souveraineté développée par Bodin dans *Les Six Livres de la République* en 1576 (cf. texte 1). Hobbes donne à l'État absolu du *Léviathan* (1651) son caractère essentiel de « réducteur d'incertitude », puisqu'il assure la sécurité intérieure et la paix extérieure grâce au pouvoir absolu qu'il reçoit des citoyens qui ne conservent que le droit de sûreté – celui qu'ils jugent le plus important, celui qui leur permet d'échapper à l'état de nature où règne la « guerre de tous contre tous ». **L'État garantit par son monopole légitime de la violence physique la sûreté de chacun** – « les contrats sans l'épée ne sont que des mots » – et remplace l'arbitraire comme facteur régulateur de la société. **Pour Montesquieu, au XVIIIe siècle, cette conception absolutiste de l'État est de nature despotique**. La souveraineté pour être maintenue doit être mixte, et le pouvoir pour ne pas s'opposer à la liberté doit être à la fois séparé et équilibré (cf. texte 2). Il prend pour exemple la « constitution anglaise » issue de la Glorieuse Révolution (1688).

Après la Révolution française, l'État revêt une nouvelle dimension philosophique avec le dépassement du débat entre pouvoir absolu qui protège ses sujets/citoyens et organisation technique du gouvernement représentatif permettant la reconnaissance de la liberté. Cette nouvelle dimension fait de lui un « producteur d'universel » au nom de son rôle d'unification de la société – ce que Rousseau avait avancé à travers les notions de « souveraineté populaire » et de « volonté générale » dans le *Contrat social* (1762). **L'État doit désormais non plus seulement garantir l'aspiration à la liberté mais aussi réaliser l'égalité**. Il est à la fois garant et acteur de l'unité politique face à la diversité inhérente à la société moderne : pluralisme des opinions, des croyances, des valeurs... Son rôle est de créer le lien social entre des individus tous à la fois libres, égaux et différents. Au début du XIXe siècle, Hegel donne à cette nouvelle dimension de l'État sa forme canonique : « L'État est l'Idée universelle, la vie spirituelle universelle. Du fait qu'ils y sont nés, les individus se trouvent envers lui dans un rapport de confiance et d'accoutumance ; c'est en lui qu'ils ont leur être et leur réalité, leur savoir et leur vouloir, et c'est par lui qu'ils acquièrent une valeur et se maintiennent à l'existence. » (Hegel, *La Raison dans l'Histoire*, 1822-1828). L'État, esprit objectif, s'oppose à l'individu, le sujet contractant de la société civile qui n'a ni éthique sociale propre ni vérité, qui ne peut donc les acquérir qu'en étant membre de l'État – qu'en lui appartenant. L'intérêt commun (général) transcende les intérêts différenciés (particuliers) qui s'opposent dans la société civile, mais la manière de les transcender passe par la règle de droit – édictée par l'État de droit – et non par la fiction de la volonté générale comme le pense Rousseau (cf. texte 3).

2.3. Ordre bureaucratique et risque totalitaire

Pour Max Weber, auteur de la célèbre définition de l'État comme « monopole de la violence légitime », l'État moderne met en œuvre les règles universelles du droit à travers l'administration bureaucratique – qui est la forme pratique de la domination légale rationnelle. **La norme légale rationnelle représente l'ensemble des règles de droit d'une société. Elle signifie que l'on n'obéit plus à une personne mais à un ordre immanent, impersonnel et universel.** Cette norme est mise en œuvre par une administration bureaucratique – type d'administration que l'on peut retrouver appliqué à toute organisation :

hôpital, entreprise… et pas seulement à « l'administration » *stricto sensu*. Cette forme de domination moderne succède à la forme « charismatique » appuyée sur l'émotion et à la forme « traditionnelle » adossée à l'idée de transmission. **La domination légale rationnelle est consubstantielle à la modernité**, elle est inévitable dans un « monde désenchanté », sécularisé, où règne l'autonomie du sujet rationnel (cf. texte 4).

Au XXe siècle, le phénomène totalitaire tel que le décrit Hannah Arendt confirme et infirme à la fois la conception légale rationnelle de l'État, en développant à l'extrême le contrôle bureaucratique et la mainmise sur les consciences mais en abdiquant aussi du caractère public de l'État dans le sens où il y a destruction de toute séparation public-privé indispensable à la pensée moderne – annihilation du privé au public et disparition de l'espace public lui-même par sa totalisation (cf. chapitre 3.1).

2.4. L'État comme « instituteur du social »

La participation de l'État à la construction d'un espace social organisé et peu à peu autonomisé est une des données essentielles de l'époque contemporaine. Ainsi Tocqueville souligne-t-il dans *l'Ancien Régime et la Révolution* (1856) que la centralisation administrative qui existait sous l'Ancien Régime avait fait passer l'État du simple statut de puissance souveraine à celui de « tuteur du corps social » : incitation à la création d'activités, grands travaux… C'est d'ailleurs cette constatation qui est pour Tocqueville à la base de la disparition des « corps intermédiaires » si nécessaires à la démocratie moderne : « Au-dessus de ceux-là [les individus] s'élève un pouvoir immense et tutélaire, qui se charge seul d'assurer leur jouissance et de veiller sur leur sort. Il est absolu, détaillé, régulier, prévoyant et doux. Il ressemblerait à la puissance paternelle si, comme elle, il n'avait pour objet de préparer les hommes à l'âge viril ; mais il ne cherche, au contraire, qu'à les fixer irrévocablement dans l'enfance ; il aime que les citoyens se réjouissent, pourvu qu'ils ne songent qu'à se réjouir. Il travaille volontiers à leur bonheur ; mais il veut en être l'unique agent et le seul arbitre ; il pourvoit à leur sécurité, prévoit et assure leurs besoins, facilite leurs plaisirs, conduit leurs principales affaires, dirige leur industrie, règle leurs successions, divise leurs héritages ; que ne peut-il leur ôter entièrement le trouble de penser et la peine de vivre ? » (*De la démocratie en Amérique*, 1836.)

La tendance décrite par Tocqueville pour l'Ancien Régime se poursuit après la Révolution, **dès lors que l'État n'a plus affaire qu'à des individus désocialisés : c'est à lui qu'appartient de créer de la sociabilité**. C'est une situation particulière à la France car elle a perdu ses structures de socialisation traditionnelles avec la Révolution qui a parachevé l'évolution centralisatrice de l'Ancien Régime. La France a ainsi connu à la fois une Révolution libérale – celle des droits de 1789 – et démocratique – au sens de « l'égalisation des conditions » de Tocqueville –, contrairement, par exemple, à l'Angleterre où ont survécu en s'adaptant les structures anciennes à partir des révolutions du XVIIe siècle. C'est cette particularité qui a déterminé en France l'interventionnisme de l'État dans de nombreux domaines de la vie sociale : organisation politique du pays – c'est l'État qui produit la Nation par l'uniformisation du territoire : création révolutionnaire des départements, réforme des poids et mesures, imposition du français comme langue nationale… –, lutte contre les particularismes – abolition des privilèges, loi Le Chapelier... –, éducation – monopole de l'État destiné à « produire » des citoyens, à créer une histoire commune avec ses fêtes, la célébration de sa mémoire, une politique du patrimoine... Le Révolutionnaire Fabre d'Églantine, créateur du calendrier révolutionnaire, résumait ainsi cette perspective : « Il faut se saisir de l'imagination des hommes pour les gouverner ».

2.5. Constitution et crise de l'État-providence

Dans la perspective de l'État « instituteur du social », le phénomène le plus significatif reste l'émergence de l'État-providence. **L'avènement de la « société industrielle » va forcer l'État à intervenir pour limiter les effets sociaux de la Révolution industrielle.** En France, les premières lois sociales sont adoptées entre 1860 et 1890 – 1864 : droit syndical, 1884 : droit de grève, 1892 : interdiction de travail de nuit des femmes, limitation du travail des enfants... **L'État commence à produire des « certitudes » sur la société** : développement de l'information statistique, des enquêtes démographiques, d'un véritable « savoir propre » qui renforce et accroît son pouvoir – voir à ce sujet les analyses de Michel Foucault dans *Surveiller et punir* notamment. Cet aspect de prise en charge globale de la société fait un grand pas à l'occasion de chaque guerre mondiale avec leur cortège de politiques de reconstruction, de pensions, de lutte contre le chômage... **C'est en 1945 que se réalise pleinement l'État-providence, dans tous ses droits, dans les pays occidentaux.** La révolution keynésienne en économie – Keynes écrit avant la guerre pour résoudre les problèmes posés par la Crise de 1929 et des années 1930 mais sa théorie triomphe après la Seconde Guerre mondiale, même si quelques-uns des principes qu'il défend sont déjà à l'œuvre dans la politique du *New Deal* de Roosevelt aux États-Unis avant la guerre – qui formule les principes de l'intervention de l'État dans l'économie vient légitimer, économiquement, l'État-providence. La légitimité de l'intervention de l'État dans les domaines économiques – nationalisations, politiques monétaire et budgétaire – et sociaux est validée par les Trente Glorieuses qui permettent aux pays occidentaux de connaître une phase de croissance économique et d'amélioration des conditions sociales sans précédent.

La crise économique des années 1970 entraîne une crise des finances publiques qui conduit à une menace sur la redistribution sociale. Dans ce contexte, les contributions qui augmentent (impôts et cotisations) pour faire face à la crise ne sont plus vécues comme une juste solidarité mais comme une contrainte d'autant plus insupportable que le chômage de masse, la précarité et l'exclusion sociale se développent. À la crise économique, s'ajoute une crise idéologique de l'État-providence rendu responsable de la crise sociale par l'inefficacité de sa politique égalitariste et centralisatrice, comparée à celle des pays communistes : **l'État-providence couplé à une politique économique keynésienne – bref, le compromis social d'après-guerre – est analysé comme une antichambre au totalitarisme par la droite néolibérale qui s'inscrit en cela dans la filiation de la pensée libérale du XXe siècle** – Friedrich von Hayek, Ludwig von Mises, Karl Popper (cf. textes 5). Une troisième crise de l'État-providence, de nature philosophique, met en jeu les représentations que nous nous faisons de la solidarité : dissociation de l'univers de l'assurance et de celui de la solidarité. L'État-providence correspond en effet de moins en moins aux besoins et aux demandes qui s'expriment depuis une vingtaine d'années : les définitions des populations sont plus floues et plus individualisées comme celles des classes de risques qui se multiplient, alors que les progrès de la connaissance des situations individuelles (notamment en matière médicale) conduisent à une logique assurancielle privative, laissant à la solidarité nationale les risques les plus graves, les plus chers et les plus difficiles à assurer compte tenu du risque qu'ils représentent (Pierre Rosanvallon, *La crise de l'État-providence*, 1980, et *La nouvelle question sociale*, 1995).

Textes

– Texte 1 –

■ Jean Bodin, *Les six livres de la République* (1576)

La souveraineté est la puissance absolue et perpétuelle d'une République [...]. Poursuivons maintenant l'autre partie de notre définition, et disons que signifient ces mots, puissance absolue... Cette puissance est absolue et souveraine car elle n'a autre condition que la loi de Dieu et de nature ne commande... car si nous disons que celui a puissance absolue, qui n'est point sujet aux lois, il ne se trouvera Prince au monde souverain : vu que tous les Princes de la terre sont sujets aux lois de Dieu, et de nature, et à plusieurs lois humaines communes à tous peuples... Or il faut que ceux qui sont souverains ne soient aucunement sujets aux commandements d'autrui, et qu'ils puissent donner loi aux sujets, et casser ou anéantir les lois inutiles, pour en faire d'autres : ce que ne peut faire celui qui est sujet aux lois, ou à ceux qui ont commandement sur lui. C'est pourquoi la loi dit, que le Prince est absous de la puissance des lois : et ce mot de loi emporte aussi en Latin le commandement de celui qui a la souveraineté. Aussi voyons-nous qu'en tous édits et ordonnances on y ajoute cette clause. Nonobstant tous édits et ordonnances, auxquels nous avons dérogé, et dérogeons par ces présents, et à la dérogatoire des dérogatoires : clause qui a toujours été ajoutée aux lois anciennes : soit que la loi fût publiée du même Prince, ou de son prédécesseur... Et tout ainsi que le Pape ne se lie jamais les mains, comme disent les canonistes : aussi le Prince souverain ne se peut lier les mains, quand même il le voudrait. Aussi voyons-nous à la fin des édits et ordonnances ces mots : car tel est notre plaisir, pour faire entendre que les lois du Prince souverain, bien qu'elles fussent fondées en bonnes et vives raisons, ne dépendent néanmoins que de sa pure et franche volonté. Mais quant aux lois divines et naturelles, tous les Princes de la terre y sont sujets, et n'est pas en leur puissance d'y contrevenir, s'ils ne veulent être coupables de lèse-majesté divine, faisant guerre à Dieu, sous la grandeur duquel tous les Monarques du monde doivent faire joug, et baisser la tête en toute crainte et révérence. Et par ainsi la puissance absolue des Princes et seigneuries souveraines, ne s'étend aucunement aux lois de Dieu et de nature : et celui qui a mieux entendu que c'est de puissance absolue, et qui a fait ployer les Rois et Empereurs sous la sienne, disait que ce n'est autre chose que déroger au droit ordinaire : il n'a pas dit aux lois divines et naturelles... le Prince n'est point sujet à ses lois, ni aux lois de ses prédécesseurs, mais bien à ses conventions justes et raisonnables, et en l'observation desquelles les sujets en général ou en particulier ont intérêt.
(Livre Ier, chapitre 8, éd. Gabriel Corti, 1593, reprint Fayard, 1986 et Livre de Poche, 1993, p. 118-122.)

– Texte 2 –

■ Charles-Louis de Secondat, baron de Montesquieu, *De l'esprit des lois* (1748)

Il y a dans chaque État trois sortes de pouvoirs ; la puissance législative, la puissance exécutrice des choses qui dépendent du droit des gens, et la puissance exécutrice de celles qui dépendent du droit civil.

Par la première, le prince ou le magistrat fait des lois pour un temps ou pour toujours, et corrige ou abroge celles qui sont faites. Par la seconde, il fait la paix ou la guerre, envoie ou reçoit des ambassades, établit la sûreté, prévient les invasions. Par la troisième, il punit les crimes, ou juge les différends des particuliers. On appellera cette dernière la puissance de juger, et l'autre simplement la puissance exécutrice de l'État.

La liberté politique dans un citoyen est cette tranquillité d'esprit qui provient de l'opinion que chacun a de sa sûreté ; et pour qu'on ait cette liberté, il faut que le gouvernement soit tel qu'un citoyen ne puisse pas craindre un autre citoyen.

Lorsque dans la même personne ou dans le même corps de magistrature, la puissance législative est réunie à la puissance exécutrice, il n'y a point de liberté ; parce qu'on peut craindre que le même monarque ou le même sénat ne fasse des lois tyranniques pour les exécuter tyranniquement.

Il n'y a point encore de liberté si la puissance de juger n'est pas séparée de la puissance législative et de l'exécutrice. Si elle était jointe à la puissance législative, le pouvoir sur la vie et la liberté des citoyens serait arbitraire ; car le juge serait législateur. Si elle était jointe à la puissance exécutrice, le juge pourrait avoir la force d'un oppresseur.

Tout serait perdu si le même homme, ou le même corps des principaux, ou des nobles, ou du peuple, exerçaient ces trois pouvoirs : celui de faire des lois, celui d'exécuter les résolutions publiques, et celui de juger les crimes ou les différends des particuliers.

Dans la plupart des royaumes de l'Europe, le gouvernement est modéré, parce que le prince, qui a les deux premiers pouvoirs, laisse à ses sujets l'exercice du troisième. Chez les Turcs, où ces trois pouvoirs sont réunis sur la tête du sultan, il règne un affreux despotisme.

Dans les républiques d'Italie, où ces trois pouvoirs sont réunis, la liberté se trouve moins que dans nos monarchies. Aussi le gouvernement a-t-il besoin, pour se maintenir, de moyens aussi violents que le gouvernement des Turcs ; témoins les inquisiteurs d'État, et le tronc où tout délateur peut, à tous les moments, jeter avec un billet son accusation.

Voyez quelle peut être la situation d'un citoyen dans ces républiques. Le même corps de magistrature a, comme exécuteur des lois, toute la puissance qu'il s'est donnée comme législateur. Il peut ravager l'État par ses volontés générales, et, comme il a encore la puissance de juger, il peut détruire chaque citoyen par ses volontés particulières.

Toute la puissance y est une ; et, quoiqu'il n'y ait point de pompe extérieure qui découvre un prince despotique, on le sent à chaque instant.

Aussi les princes qui ont voulu se rendre despotiques ont-ils toujours commencé par réunir en leur personne toutes les magistratures ; et plusieurs rois d'Europe, toutes les grandes charges de leur État.

(Livre XI, chapitre 6, « De la Constitution d'Angleterre », éd. V. Goldschmidt, Flammarion, coll. « GF », 1979, tome I, p. 294-295.)

– Texte 3 –

■ G. W. F. Hegel, *Principes de la philosophie du droit* (1821)

L'État, comme réalité en acte de la volonté substantielle, réalité qu'elle reçoit dans la conscience particulière de soi universalisée, est le rationnel en soi et pour soi : cette unité substantielle est un but propre absolu, immobile, dans lequel la liberté obtient sa valeur suprême, et ainsi ce but final a un droit souverain vis-à-vis des individus, dont le plus haut devoir est d'être membres de l'État.

R : Si on confond l'État avec la société civile et si on le destine à la sécurité et à la protection de la propriété et de la liberté personnelles, l'intérêt des individus en tant que tels est le but suprême en vue duquel ils sont rassemblés et il en résulte qu'il est facultatif d'être membre d'un État. Mais sa relation à l'individu est tout autre ; s'il est l'esprit objectif, alors l'individu lui-même n'a d'objectivité, de vérité et de moralité que s'il en est un membre. L'association en tant que telle est elle-même le vrai contenu et le vrai but, et la destination des individus est de mener une vie collective ; et leur autre satisfaction, leur activité et les modalités de leur conduite ont cet acte substantiel et universel comme point de départ et comme résultat. La rationalité, considérée abstraitement, consiste essentiellement dans l'unité intime de l'universel et de l'individuel et ici concrètement, quant au contenu, dans l'unité de la liberté objective, c'est-à-dire de la volonté générale substantielle et de la liberté subjective comme conscience individuelle et volonté recherchant ses buts particuliers ; quant à la forme, c'est par suite une conduite qui se détermine d'après des lois et des principes pensés donc universels. Cette idée est l'être universel et nécessaire en soi et pour soi de l'esprit. Maintenant l'origine historique de l'État ou plutôt de chaque État particulier, de son droit et de ses modalités : est-il sorti des relations patriarcales, de la crainte ou de la confiance, ou de la corporation, et comment a été conçu et affermi dans la conscience le fondement de tels droits, est-ce comme droit divin, positif ou comme contrat, coutume, etc., ce sont des questions qui n'intéressent pas l'idée d'État elle-même mais, eu égard à la connaissance philosophique, dont seule il est question ici, c'est un simple phénomène, une affaire historique ; eu égard à l'autorité d'un État réel si elle se fonde sur des principes, ceux-ci sont pris des formes du droit en vigueur chez lui.

(IIIe partie, 3e section, § 258, trad. A. Kaan, © Éditions Gallimard, 1940, rééd. coll. « Tel », 1989, p. 270-272.)

– Texte 4 –

■ Max Weber, *Le Savant et le Politique* (1919)

Mais qu'est-ce donc qu'un groupement « politique » du point de vue du sociologue ? Qu'est-ce qu'un État ? Lui non plus ne se laisse pas définir sociologiquement par le contenu de ce qu'il fait. Il n'existe en effet presque aucune tâche dont ne se soit pas occupé un jour un groupement politique quelconque : d'un autre côté il n'existe pas non plus de tâches dont on puisse dire qu'elles aient de tous temps, du moins *exclusivement*, appartenu en propre aux groupements politiques que nous appelons aujourd'hui États ou qui ont été historiquement les précurseurs de l'État moderne. Celui-ci ne se laisse définir sociologiquement que par le *moyen* spécifique qui lui est propre, ainsi qu'à tout autre groupement politique, à savoir la violence physique.

« Tout État est fondé sur la force », disait un jour Trotski à Brest-Litovsk. En effet cela est vrai. S'il n'existait que des structures sociales d'où toute violence serait absente, le concept d'État aurait alors disparu et il ne subsisterait que ce qu'on appelle, au sens propre du terme, l'« anarchie ». La violence n'est évidemment pas l'unique moyen normal de l'État, – cela ne fait aucun doute – mais elle est son moyen spécifique. De nos jours la relation entre État et violence est particulièrement intime. Depuis toujours les groupements politiques les plus divers – à commencer par la parentèle – ont tous tenu la violence physique pour le moyen normal du pouvoir. Par contre il faut concevoir l'État contemporain comme une communauté humaine qui, dans les limites d'un territoire déterminé – la notion de territoire étant une de ses caractéristiques – revendique avec succès pour son propre compte *le monopole de la violence physique légitime*. Ce qui est en effet le propre de notre époque, c'est qu'elle n'accorde à tous les autres groupements ou aux individus, le droit de faire appel à la violence que dans la mesure où l'État le tolère, celui-ci passe donc pour l'unique source du « droit » à la violence. Par conséquent, nous entendrons par politique l'ensemble des efforts que l'on fait en vue de participer au pouvoir ou d'influencer la répartition du pouvoir, soit entre les États, soit entre les divers groupes à l'intérieur d'un même État.

[...] Comme tous les groupements politiques qui l'ont précédé historiquement, l'État consiste en un rapport de *domination* de l'homme sur l'homme fondé sur le moyen de la violence légitime (c'est-à-dire sur la violence qui est considérée comme légitime). L'État ne peut donc exister qu'à la condition que les hommes dominés se soumettent à l'autorité revendiquée chaque fois par les dominateurs. Il existe en principe trois raisons internes qui justifient la domination, et par conséquent il existe trois fondements de la *légitimité*. Tout d'abord l'autorité de l'« éternel hier », c'est-à-dire celle des coutumes sanctifiées par leur validité immémoriale et par l'habitude enracinée en l'homme de les respecter. Tel est le « pouvoir traditionnel » que le patriarche ou le seigneur terrien exerçaient autrefois. En second lieu l'autorité fondée sur la grâce personnelle et extraordinaire d'un individu (charisme) : elle se caractérise par le dévouement tout personnel des sujets *à* la cause d'un homme et par leur confiance en sa seule personne en tant qu'elle se singularise par des qualités prodigieuses, par l'héroïsme ou d'autres particularités exemplaires qui font le chef. C'est là le pouvoir « charismatique » que le prophète exerçait ou – dans le domaine politique – le chef de guerre élu, le souverain plébiscité, le grand démagogue ou le chef d'un parti politique. Il y a enfin l'autorité qui s'impose en vertu de la « légalité », en vertu de la croyance en la validité d'un statut légal et d'une « compétence » positive fondée sur des règles établies rationnellement, en d'autres termes l'autorité fondée sur l'obéissance qui s'acquitte des obligations conformes au statut établi. C'est là le pouvoir tel que l'exerce le « serviteur de l'État » moderne ainsi que tous les détenteurs du pouvoir qui s'en rapprochent sous ce rapport.
(Trad. J. Freund, © Plon, 1959, rééd. UGE, coll. « 10/18 », 1963, 1982, p. 100-103.)

– Textes 5 –

Karl Popper, *La société ouverte et ses ennemis* (1962)

Libéralisme et intervention de l'État ne sont pas contradictoires ; aucune liberté n'est possible si l'État ne la garantit pas. Ainsi, un certain contrôle de l'État sur l'enseignement est nécessaire pour que l'école soit accessible à tous et les enfants protégés contre la négligence éventuelle de leurs parents ; cependant, un contrôle excessif aboutirait à l'endoctrinement. Il n'existe pas de formule toute faite qui permette de résoudre le grave problème des limitations de la liberté. Il y aura toujours des cas marginaux et il faut s'en réjouir, car, sans le stimulant qu'ils constituent, la volonté des citoyens de combattre pour la liberté s'évanouirait, et avec

elle cette liberté même. Vu dans cette lumière, le prétendu conflit entre liberté et sécurité – cette dernière étant garantie par l'État n'existe pas. Car, d'un côté, il n'y a de liberté qu'assurée par l'État et, de l'autre, seul un État contrôlé par des citoyens libres peut vraiment leur donner la sécurité.
(Trad. J. Bernard & P. Monod, © Éditions du Seuil, 1979, tome I, p. 98.)

■ **Friedrich von Hayek, *Droit, législation et liberté* (1973)**
Pour retrouver certaines vérités fondamentales que des générations de démagogie ont oblitérées, il est nécessaire de réapprendre le sens des valeurs fondamentales de la grande Société, de la Société ouverte ou élargie, et pourquoi elles sont nécessairement négatives, garantissant à l'individu le droit dans un domaine connu de poursuivre ses objectifs à lui en s'appuyant sur ce qu'il sait personnellement. Seules de telles règles négatives rendent possible la formation d'un ordre autogénéré, mettant en œuvre les connaissances et servant les désirs des individus. Nous devrons nous faire à l'idée encore étrange que, dans une société d'hommes libres, la plus haute autorité doit en temps normal n'avoir aucun pouvoir de commandement, ne donner aucun ordre quel qu'il soit. Son seul pouvoir devrait être celui d'interdire en fonction d'une règle, de telle sorte qu'elle devrait sa suprématie à sa fidélité, en tout acte, à un principe général.
(Trad. R. Audouin, PUF, 1983, rééd. « Quadrige », 1995, tome 3, p. 155.)

■ **Robert Nozick, *Anarchie, État et Utopie* (1974)**
L'État minimal nous traite comme des individus inviolés, qui ne peuvent pas être utilisés de certaines façons par d'autres, comme moyens, outils, instruments, ou ressources ; il nous traite comme des personnes ayant des droits individuels avec la dignité que cela suppose. Nous traitant avec respect et respectant nos droits, il nous permet, individuellement ou avec ceux que nous choisissons, de choisir notre vie et de réaliser nos desseins et notre conception de nous-mêmes, dans la mesure où nous pouvons le faire, aidés par la coopération volontaire d'autres individus possédant la même dignité. Comment un État ou un groupe d'individus *ose-t-il* en faire plus ? Ou moins ?
(Trad. E. d'Auzac de Lamartine, PUF, 1988, chapitre 10, p. 405.)

SECTION 3. LE CONTRAT SOCIAL

Le contrat social comprend deux dimensions : il est à la fois un « pacte d'association » (*pactum societatis*) et un « pacte de sujétion » (*pactum subjectionis*). Cette double caractéristique permet de déterminer à la fois la manière dont les hommes décident de s'unir les uns aux autres pour former une société – c'est le contrat des individus entre eux – et ainsi de sortir de l'état de nature, et la manière dont ils vont mettre en place les moyens de leur obéissance à l'autorité politique – c'est le contrat entre les individus et l'État. Celui-ci apparaissant alors comme l'acteur susceptible de garantir l'ordre politique et social, et ainsi d'assurer la bonne « exécution » du contrat.

3.1. L'idée de contrat

La plupart des communautés humaines semblent attacher de l'importance au fait que leurs membres partagent des valeurs communes. **En Europe, depuis l'Antiquité grecque au moins, l'idée d'un accord sur le sens de ce qui est**

commun est devenu un élément essentiel de la vie sociale – ne serait-ce que pour sa compréhension, son explication et sa justification. La vie politique de la Cité grecque, particulièrement sous sa forme démocratique – à Athènes au Ve siècle par exemple –, dépendait ainsi directement d'une sorte de « raisonnement public », au moins pour les décisions majeures. Cette préoccupation a conduit, notamment, à une intense activité d'analyse de la nature des valeurs humaines, définie comme une véritable « invention de la politique » elle-même (Moses Finley, *L'invention de la politique*, Flammarion, 1985 – cf. chapitre 3.1.). Ainsi les penseurs grecs ont-ils débattu très tôt du fait de savoir si la société, le droit et le pouvoir étaient le résultat de choix de la part des hommes, de « conventions » qu'ils auraient établies entre eux – c'est le cas du « conventionnalisme » des Sophistes par exemple auxquels s'oppose Socrate –, ou bien s'il s'agissait de nécessités renvoyant l'homme à un « ordre naturel » transcendant. **Pendant la période chrétienne, on retrouve la forme contractuelle à travers le « serment féodal »** notamment qui fait reposer l'ordre social sur un lien de subordination : celui du vassal vis-à-vis de son seigneur – le vassal promettant aide et service à son seigneur en échange de la protection de ce dernier. Il s'agit d'un échange : « obéissance » contre « protection », assuré par une promesse mutuelle, par une forme de contrat bilatéral de droit privé. Or, comme l'a souligné l'historien Marc Bloch, cette forme primitive de contrat ne pouvait que se transmettre à la sphère politique en en modifiant considérablement les contours. **C'est dans la France de la fin du XVIe siècle qu'on trouve une première formulation explicite du contrat social, à travers la théorie politico-juridique des Monarchomaques** (François Hotman, Théodore de Bèze, Philippe du Plessis-Mornay, Hubert Languet). C'est en réaction au massacre de la Saint-Barthélemy en 1572, et à la montée en puissance des thèses absolutistes – dont Jean Bodin expose la première grande théorie en 1576, cf. chapitre 3.2. – que des penseurs politiques protestants français élaborent une critique de l'autorité politique du roi en mettant en avant des notions qui vont être développées au XVIIe et XVIIIe siècles par les critiques de l'absolutisme : résistance au tyran (voire tyrannicide), consentement du peuple et contractualisation des rapports politiques. Ils appuient leur « droit de résistance » sur les limites imposées au pouvoir du roi par deux contrats symétriques : un premier, du roi et de son peuple solidairement devant Dieu (le roi doit respecter la vraie foi et les commandements de Dieu, et si c'est le cas son peuple lui obéir) ; et un second, entre le roi et le peuple (si le roi règne avec justice, le peuple lui obéit, sinon le peuple est délié de son devoir d'obéissance, et le peuple peut se lever contre le roi – c'est la théorie dite de la « résistance constitutionnelle »).

3.2. Du contrat social

Hobbes, philosophe de la première moitié du XVIIe siècle, marqué par les violences de la guerre de Trente Ans (1618-1648) et de la Première révolution anglaise, **place au centre de sa réflexion la manière dont le lien social est fondé en raison. Il développe l'idée d'un contrat social absolutiste**. À ses yeux, les hommes ne peuvent pas vivre en paix dans l'état de nature, représentation d'un monde où « l'homme est un loup pour l'homme », soumis à la loi du plus fort. Ils doivent trouver un accord qui leur permette de se protéger. Pour échapper à la peur de mourir qui les anime et garantir leur sûreté personnelle – premier droit naturel (cf. chapitre 3.4.) –, les hommes se soumettent au souverain – que Hobbes appelle le Léviathan (*Le Léviathan*, 1651) – dans les mains duquel ils remettent l'ensemble de leurs droits en échange de sa protection. Cette protection est rendue à la fois indispensable et opératoire par la monopolisation au profit du Léviathan de la violence légitime (cf. chapitre 3.2). C'est désormais l'autorité, celle que donne le contrat passé par les individus entre eux (pacte d'association) au Léviathan (pacte de sujétion), qui fait la loi, et non plus la vérité, qu'elle soit issue de l'ordre naturel ou de l'ordre divin (cf. textes 1 et 2).

Locke fait passer le contrat social du statut de simple acte rationnel de calcul d'intérêts vitaux – mettre fin au risque de la mort violente par la soumission à une autorité politique extérieure –, à celui d'acte raisonnable – acte de confiance établi entre individus afin d'améliorer leurs situations respectives. Pour Locke, philosophe anglais de la fin du XVIIe siècle et théoricien de la Seconde révolution anglaise, l'essentiel de ce qui est nécessaire à l'homme pour vivre parmi ses semblables est déjà présent dans l'état de nature : c'est la relation d'individu à individu, notamment par l'établissement de contrats particuliers fondés, par exemple, sur la parole donnée. L'institution de la société, par un contrat d'ensemble, se fait donc en continuité avec les relations interindividuelles établies entre des hommes naturellement égaux – **c'est un contrat social libéral. Il a pour but d'améliorer la qualité de ces relations et de cette égalité**. Pour Locke, la morale naturelle issue de la loi naturelle reste fondatrice de la morale sociale, c'est le fondement même de la justice sociale (cf. texte 3). Ce qui compte, c'est la garantie par la société du respect de la morale individuelle, des devoirs afférents aux libertés et droits des individus, dont le premier est la propriété (*Deuxième traité du gouvernement civil*, 1690). Celle-ci a remplacé la sûreté comme problème central de l'institution de l'ordre politique. Locke bâtit ainsi, en même temps qu'une nouvelle théorie du contrat social, les fondations du libéralisme classique par opposition à la solution absolutiste de Hobbes. Un libéralisme dans le cadre duquel la société civile instituée par le contrat peut se contenter d'un État minimal destiné à assurer le bon fonctionnement des échanges interindividuels – société civile et échanges qui prendront progressivement au XVIIIe siècle la figure du marché dans la pensée anglo-écossaise, notamment dans la synthèse qu'en fait Adam Smith en 1776 dans *La Richesse des nations*.

Au XVIIIe siècle, **Rousseau détache l'idée de contrat social à la fois de ses présupposés libéraux (Locke) et de l'idée de soumission (Hobbes)**. Le contrat social devient avec lui l'acte par lequel l'abandon unanime des volontés particulières fait naître la volonté générale du corps public (cf. texte 4). À la multitude naturelle des individus et aux inégalités qui en découlent, le contrat substitue dès lors l'unité du peuple en corps. Pour Rousseau, la loi de nature ne peut fonder l'ordre social, il faut donc qu'il y ait un moment particulier de fondation pour éviter l'état dans lequel se trouvent les hommes dès lors qu'ils se rencontrent et se côtoient dans l'état de nature, en fait dès lors qu'ils « inventent » la propriété (*Discours sur l'origine et les fondements de l'inégalité parmi les hommes*, 1754). Mais il serait tout autant dangereux que les hommes acceptent de mettre leur liberté dans les mains d'un seul. **Le contrat établit donc la souveraineté du peuple comme entité, cette souveraineté s'incarnant dans la volonté générale dont la loi est l'expression**. Les individus ne se défont plus d'une partie de leur liberté et de leur souveraineté au profit d'un prince tout puissant, comme chez Hobbes, mais au profit d'un ensemble politique : le « peuple souverain » qui les dépasse tout en les contenant (*Le contrat social*, 1762). **C'est le sens de la volonté générale qui n'est pas la simple addition des volontés particulières mais le dépassement de celles-ci dans une unité et une totalité qui emportent l'adhésion unanime des individus devenus citoyens.** Les conditions mêmes du gouvernement qui découlent de cette fondation originale de l'ordre politique conduisent à une égalité exigeante entre les citoyens : gouvernement direct du peuple par lui-même dans une république de petite taille – pas de représentation, pas de partage de la souveraineté, taille réduite du corps politique, rotation rapide des responsabilités, etc.

3.3. Contre le contrat social

Au lendemain de la Révolution française, le contrat social est soumis à une triple critique. Celle, d'abord, des **Réactionnaires** (Joseph de Maistre, Louis de Bonald) pour lesquels la Révolution dans son ensemble est condamnable, et avec elle « l'esprit des Lumières », au nom de la rupture marquée par rapport à la société d'Ancien régime, organisée et hiérarchisée selon un ordre transcendant immuable dicté par la volonté de Dieu. La Révolution est également attaquée pour sa « part d'ombre » (la période de la Terreur notamment) par les **Libéraux** qui reprochent au contrat social, sous ses traits rousseauistes, d'être destructeur de l'individu et de sa liberté fondamentale. Pour Benjamin Constant, par exemple, la conciliation de la liberté et de la souveraineté absolue du peuple, au cœur de la théorie rousseauiste, passe par la réciprocité rigoureuse du contrat que chacun passe avec tous et par une exacte égalité dans la participation de tous au corps politique (cf. texte 5). Or, remarque Constant, dans la société ces deux conditions ne sont jamais réunies : « l'accord qui se fait au nom de tous étant nécessairement de gré ou de force à la disposition d'un seul ou de quelques-uns, il arrive qu'en se donnant à tous, il n'est pas vrai qu'on ne se donne à personne ; on se donne au contraire à ceux qui agissent au nom de tous » (*De la liberté des Modernes*, 1819). La loi comme expression de la volonté générale n'est dès lors pas l'instrument de la liberté que décrit Rousseau, elle peut s'y opposer – pour Constant, c'est l'idée de primauté de la loi qui a permis de justifier le despotisme de la Convention en 1793. Contemporain de Constant, **Hegel** a longtemps été vu comme le critique principal des théories du contrat social (cf. texte 6), comme le philosophe qui s'est intéressé à l'Histoire et à ses réalités objectives plutôt qu'aux abstractions des théories contractualistes, inaugurant ainsi une troisième lecture de l'après Révolution devant déboucher sur le dépassement de celle-ci, au nom du sens de l'Histoire et des progrès de l'Humanité. Pour Hegel, il est toujours possible de voir les individus comme des êtres soucieux de leur seul intérêt particulier et ainsi de concevoir le contrat comme le moyen le plus utile pour régler leurs relations – mais ces micro-relations contractuelles présupposent des liens qui ne sont pas de nature contractuelle. Ainsi considérer l'État comme le résultat d'un contrat ne peut qu'inverser la relation logique qui doit être établie entre les liens de type contractuel et les autres : l'inférence, à partir d'une communauté d'intérêts particuliers, d'un « être commun » politique est une erreur. Un simple accord de volontés ne peut créer le type d'unité que représente l'État – une « unité » qui renvoie à la fois à un contexte culturel et à un ensemble institutionnel. Au lieu de nous aider à clarifier notre compréhension de l'obligation politique, le langage contractualiste la rend floue en instaurant une confusion entre notre devoir de répondre volontairement aux engagements contractés et les fondements mêmes de nos devoirs. En fait pour Hegel, le contrat ne permet d'expliquer ni la mise en place, historique, des États, ni les fondements de nos devoirs envers l'État. À la suite de Hegel, au XIXe siècle, **Karl Marx** livre une critique virulente de la notion de contrat social. Il en rejette d'abord les prémices individualistes, considérant que l'individualisme a pour fonction d'universaliser et de « déshistoriciser » une conception de la nature humaine pour faire simplement apparaître celle-ci comme le produit de la société de marché qu'elle ne servirait qu'à justifier. **Il considère que l'individu envisagé par les contractualistes n'est qu'une fiction idéologique, celle du libéralisme.** Pour Marx, ensuite, la liberté formelle postulée dans la théorie libérale dessine le cadre d'une société dans laquelle la majorité des individus ne bénéficient pas de libertés réelles – ou substantielles. La majorité de la population ne pouvant fournir sur le marché que sa force de travail, elle ne peut disposer de la liberté dont disposent les détenteurs du capital. Ce qui détruit la possibilité même de l'homme de se réaliser en tant que tel, c'est-à-dire dans sa capacité à agir selon sa volonté. L'essence de l'homme est donc en contradiction avec son existence dans le régime capitaliste. Enfin, Marx ne se reconnaît pas dans la méthode abstraite des contractualistes, il entend appuyer sa théorie sur une base matérielle. Son matérialisme renvoie les contractualistes dans un autre univers : celui d'une philosophie politique non scientifique parce qu'elle ne prend pas en compte la réalité du monde, économique avant tout. **Le remplacement progressif de la question démocratique par la question sociale comme interrogation centrale des sociétés contemporaines, dont Marx va être le premier artisan, va reléguer la notion de contrat social au second plan,** celle-ci sombrant à l'occasion du grand débat idéologique au XXe siècle entre communisme et capitalisme. **La pensée contractualiste n'a trouvé, depuis, les moyens de sa résurgence qu'au travers des interrogations sur la justice sociale (cf. chapitre 4.3.).**

Textes

– Texte 1 –

■ Thomas Hobbes, *Le Citoyen* (1642)

IX. L'action de deux, ou plusieurs personnes, qui *transigent* mutuellement de leurs droits, se nomme un contrat. Or, en tout contrat, ou les deux parties effectuent d'abord ce dont elles ont convenu, en sorte qu'elles ne se font aucune grâce, ou l'une, effectuant, laisse à la bonne foi de l'autre l'accomplissement de la promesse, ou elles n'effectuent rien. Au premier cas, le contrat se conclut et finit en même temps. Aux autres, où l'une des parties se fie à l'autre, et où la confiance est réciproque, celui auquel on se fie promet d'accomplir ensuite sa promesse, qui est proprement le *pacte* du contrat.

X. Le *pacte* que celui auquel on se fie promet à celui qui a déjà tenu le sien, bien que la promesse soit conçue en termes du futur, ne transfère pas moins le droit pour l'avenir, que si elle était faite en termes du présent, ou du passé. Car l'accomplissement du pacte est un signe manifeste, que celui qui y était obligé a entendu les paroles de la partie à laquelle il s'est fié, comme procédant d'une pure et franche volonté de les accomplir au temps accordé. Et puisque ce dernier, ne doutant pas du sens auquel on prenait ses paroles, ne s'en est pas rétracté, il n'a pas voulu qu'on le prit d'autre façon, et s'est obligé à tenir ce qu'elles ont promis. Les promesses donc qui se font ensuite d'un bien qu'on a reçu (qui sont aussi des pactes) sont les signes de la volonté, c'est-à-dire du dernier acte de la délibération, par lequel on s'ôte la liberté de manquer à sa parole, et par conséquent, elles obligent. Car là où la liberté cesse, là l'obligation commence.

XI. Les pactes qui se font en un contrat, où il y a une confiance réciproque, au délai qui se fait de l'accomplissement des promesses, sont invalides en l'état de nature, si l'une des parties a quelque juste sujet de crainte. Car celui qui accomplit le premier sa condition, s'expose à la mauvaise foi de celui avec lequel il a contracté ; tel étant le naturel de la plupart des hommes, que, par toutes sortes de moyens, ils veulent avancer leurs affaires. Et il ne serait pas sagement fait à quelqu'un, de se mettre le premier en devoir de tenir sa promesse, s'il y a d'ailleurs quelque apparence que les autres ne se mettront pas à son imitation en la même posture. [...] Mais si les choses vont de la sorte en l'état de nature, il n'en est pas ainsi en celui de la société civile, où il y a des personnes qui peuvent contraindre les réfractaires, et où celui qui s'est obligé par le contrat à commencer, peut hardiment le faire, à cause que l'autre demeurant exposé à la contrainte, la raison pour laquelle il craignait d'accomplir sa condition, est ôtée.
(Section I, chapitre II, « De la loi de nature en ce qui regarde les contrats », trad. S. Sorbière, © Éditions Flammarion, coll. « GF », 1982, p. 106-107.)

– Texte 2 –

Thomas Hobbes, *Léviathan* (1651)

Chapitre XIII : « De la condition naturelle des hommes en ce qui concerne leur félicité et leur misère ».
Aussi longtemps que les hommes vivent sans un pouvoir commun qui les tienne tous en respect, ils sont dans cette condition qui se nomme guerre, et cette guerre est guerre de chacun contre chacun. [...] Toutes les conséquences d'un temps de guerre où chacun est l'ennemi de chacun, se retrouvent aussi en un temps où les hommes vivent sans autre sécurité que celle dont les munissent leur propre force ou leur propre ingéniosité. Dans un tel état, il n'y a [...] pas de société ; et ce qui est le pire de tout, la crainte et le risque d'une mort violente ; la vie de l'homme est alors solitaire, besogneuse, pénible, quasi animale, et brève.

Chapitre XVII : « Des causes de la génération et de la définition de la république ».
La seule façon d'ériger un tel pouvoir commun, apte à défendre les gens de l'attaque des étrangers, et des torts qu'ils pourraient se faire les uns aux autres, et ainsi à les protéger [...] c'est de confier le pouvoir à un seul homme ou à une seule assemblée, qui puisse réduire toutes leurs volontés. [...] Cela va plus loin que le consensus ou concorde : il s'agit d'une unité réelle de tous en une seule et même personne, unité réalisée par une convention de chacun avec chacun passée de telle sorte que c'est comme si chacun disait à chacun : j'autorise cet homme ou cette assemblée, et je lui abandonne mon droit à me gouverner moi-même, à cette condition que tu lui abandonnes ton droit et que tu autorises toutes ses actions de la même manière. Cela fait, la multitude ainsi unie en une seule personne est appelée République, en latin *Civitas*. Telle est la génération de ce grand Léviathan, ou plutôt pour parler avec

révérence, de ce dieu mortel, auquel nous devons, sous le Dieu immortel, notre paix et notre protection. Car en vertu de cette autorité qu'il a reçue de chaque individu de la République, l'emploi lui est conféré d'un tel pouvoir et d'une telle force, que l'effroi qu'ils inspirent lui permet de modeler les volontés de tous, en vue de la paix à l'intérieur et de l'aide mutuelle contre les ennemis de l'extérieur.
(Trad. F. Tricaud, © Sirey, 1971, p. 124-125 et p. 177-178, cet ouvrage a fait l'objet d'une nouvelle édition en 1999, collection « Bibliothèque Dalloz ».)

– Texte 3 –

■ John Locke, « Des fins de la société politique et du gouvernement », *Le second traité du gouvernement* (1690)

123. Si l'homme, dans l'état de nature, est aussi libre qu'on l'a dit ; s'il est le maître absolu de sa personne et de ses possessions, s'il est l'égal des plus grands et s'il n'est assujetti à personne, pourquoi renoncerait-il à sa liberté ? Pourquoi abandonnerait-il cet empire pour se soumettre de lui-même à la domination et au contrôle d'un autre pouvoir ? La réponse est évidente : c'est que s'il possède bien un tel droit dans l'état de nature, la jouissance en est cependant très incertaine, et constamment exposée aux empiétements des autres. Étant donné que tous sont rois autant que lui, que chacun est son égal, et que la plupart n'observent pas l'équité ni la justice, la jouissance de la propriété qu'il détient dans cet état est très incertaine et fort peu garantie. Cela fait qu'il est désireux de quitter cette condition qui, malgré sa liberté, est remplie de craintes et de continuels dangers. Ce n'est donc pas sans raison qu'il cherche à en sortir, et qu'il désire se joindre en société avec d'autres qui sont déjà unis, ou qui ont le projet de s'unir pour la *préservation* mutuelle de leur vie, de leur liberté et de leurs biens, ce que j'appelle du nom générique de *propriété*.
(Trad. J.-F. Spitz et C. Lazzeri, PUF, 1994, p. 90.)

– Textes 4 –

■ Jean-Jacques Rousseau, *Discours sur l'origine et les fondements de l'inégalité parmi les hommes* (1754)

Le premier qui ayant enclos un terrain s'avisa de dire : Ceci est à moi, et trouva des gens assez simples pour le croire, fut le vrai fondateur de la société civile. Que de crimes, de guerres, de meurtres, que de misères et d'horreurs n'eût point épargné au genre humain celui qui, arrachant les pieux ou comblant le fossé, eût crié à ses semblables : "Gardez-vous d'écouter cet imposteur ; vous êtes perdus si vous oubliez que les fruits sont à tous, et que la terre n'est à personne !" Mais il y a grande apparence qu'alors les choses en étaient déjà venues au point de ne pouvoir plus durer comme elles étaient : car cette idée de propriété, dépendant de beaucoup d'idées antérieures qui n'ont pu naître que successivement, ne se forma pas tout d'un coup dans l'esprit humain : il fallut faire bien des progrès, acquérir bien de l'industrie et des lumières, les transmettre et les augmenter d'âge en âge, avant que d'arriver à ce dernier terme de l'état de nature.
(éd. J. Roger, 1971, rééd. Flammarion, coll. « GF », 1992, p. 222.)

■ Jean-Jacques Rousseau, *Du contrat social* (1762)

Je suppose que les hommes parvenus à ce point où les obstacles qui nuisent à leur conservation dans l'état de nature l'emportent, par leur résistance, sur les forces que chaque individu peut employer pour se maintenir dans cet état. Alors cet état primitif ne peut plus subsister ; et le genre humain périrait s'il ne changeait pas sa manière d'être.

Or, comme les hommes ne peuvent engendrer de nouvelles forces, mais seulement unir et diriger celles qui existent, ils n'ont plus d'autre moyen, pour se conserver, que de former par agrégation une somme de forces qui puisse l'emporter sur la résistance, de les mettre en jeu par un seul mobile et de les faire agir de concert.

Cette somme de forces ne peut naître que du concours de plusieurs : mais la force et la liberté de chaque homme étant les premiers instruments de sa conservation, comment les engagera-t-il sans se nuire et sans négliger les soins qu'il se doit ? Cette difficulté, ramenée à mon sujet, peut s'énoncer en ces termes : « Trouver une forme d'association qui défende et protège de toute la force commune la personne et les biens de chaque associé, et par laquelle chacun, s'unissant à tous, n'obéisse pourtant qu'à lui-même, et reste aussi libre qu'auparavant. » Tel est le problème fondamental dont le contrat social donne la solution. [...] « Chacun de nous met en commun sa personne et toute sa puissance sous la suprême direction de la volonté générale ; et nous recevons encore chaque membre comme partie indivisible du tout. »

À l'instant, au lieu de la personne particulière de chaque contractant, cet acte d'association produit un corps moral et collectif, composé d'autant de membres que l'assemblée a de voix, lequel reçoit de ce même acte son unité, son moi commun, sa vie et sa volonté. Cette personne publique, qui se forme ainsi par l'union de toutes les autres, prenait autrefois le nom de cité et prend maintenant celui de république ou de corps politique, lequel est appelé par ses membres État quand il est passif, souverain quand il est actif, puissance en le comparant à ses semblables. À l'égard des associés, ils prennent collectivement le nom de peuple, et s'appellent en particulier citoyens, comme participant à l'autorité souveraine, et sujets, comme soumis aux lois de l'État. Mais ces termes se confondent souvent et se prennent l'un pour l'autre ; il suffit de les savoir distinguer quand ils sont employés dans toute leur précision.

(Livre Ier, éd. P. Burgelin, © Éditions Flammarion, coll. « GF », 1992, p. 38-39.)

– Texte 5 –

■ Benjamin Constant, « De la souveraineté du peuple », *Principes de politique* (1815)

[Rousseau] définit le contrat passé entre la société et ses membres, l'aliénation complète de chaque individu avec tous ses droits et sans réserve à la communauté. Pour nous rassurer sur les suites de cet abandon si absolu de toutes les parties de notre existence au profit d'un être abstrait, il nous dit que le souverain, c'est-à-dire le corps social, ne peut nuire ni à l'ensemble de ses membres, ni à chacun d'eux en particulier ; que chacun se donnant tout entier, la condition est égale pour tous, et que nul n'a intérêt de la rendre onéreuse aux autres ; que chacun se donnant à tous, ne se donne à personne ; que chacun acquiert sur tous les associés les mêmes droits qu'il leur cède, et gagne l'équivalent de tout ce qu'il perd avec plus de force pour conserver ce qu'il a. Mais il oublie que tous ces attributs préservateurs qu'il confère à l'être abstrait qu'il nomme le souverain, résultent de ce que cet être se compose de tous les individus sans exception. Or, aussitôt que le souverain doit faire usage de la force qu'il possède, c'est-à-dire, aussitôt qu'il faut procéder à une organisation pratique de l'autorité, comme le souverain ne peut l'exercer par lui-même, il la

délègue, et tous ces attributs disparaissent. L'action qui se fait au nom de tous étant nécessairement de gré ou de force à la disposition d'un seul ou de quelques-uns, il arrive qu'en se donnant à tous, il n'est pas vrai qu'on ne se donne à personne ; on se donne au contraire à ceux qui agissent au nom de tous. De là suit, qu'en se donnant tout entier, l'on n'entre pas dans une condition égale pour tous, puisque quelques-uns profitent exclusivement du sacrifice du reste ; il n'est pas vrai que nul n'ait intérêt de rendre la condition onéreuse aux autres, puisqu'il existe des associés qui sont hors de la condition commune. Il n'est pas vrai que tous les associés acquièrent les mêmes droits qu'ils cèdent ; ils ne gagnent pas tous l'équivalent de ce qu'ils perdent, et le résultat de ce qu'ils sacrifient, est, ou peut être l'établissement d'une force qui leur enlève ce qu'ils ont.
(Éd. Gauchet, *Écrits politiques*, © Éditions Gallimard, coll. « Folio », 1997, p. 313-314.)

– Texte 6 –

■ G. W. F. Hegel, *Principes de la philosophie du droit* (1821)

[Rousseau] en concevant la volonté seulement dans la forme définie de volonté individuelle (comme plus tard aussi Fichte), et la volonté générale, non comme le rationnel en soi et pour soi de la volonté, mais comme la volonté commune qui résulte des volontés individuelles comme conscientes, l'association des individus dans l'État devient un contrat, qui a alors pour base leur volonté arbitraire, leur opinion et une adhésion expresse et facultative et il s'ensuit les conséquences ultérieures purement conceptuelles, destructrices du divin existant en soi et pour soi de son autorité, de sa majesté absolues. [...] Arrivées au pouvoir, ces abstractions ont produit d'une part le plus prodigieux spectacle vu depuis qu'il y a une race humaine : recommencer *a priori*, et par la pensée, la constitution d'un grand état réel en renversant tout ce qui existe et est donné, et vouloir donner pour base un système rationnel imaginé ; d'autre part, comme ce ne sont que des abstractions sans Idée, elles ont engendré par leur tentative, les événements les plus horribles et les plus cruels.
(IIIᵉ partie, 3ᵉ section, § 258, trad. A. Kaan, © Éditions Gallimard, 1940, rééd. coll. « Tel », 1989, p. 272.)

SECTION 4. DU DROIT NATUREL AUX DROITS DE L'HOMME

Qu'ils soient l'objet d'une revendication ou d'un questionnement sur leur « universalité », notamment dans les pays où ils continuent d'être bafoués, les droits de l'homme restent au cœur des préoccupations politiques contemporaines malgré les progrès notables de la démocratie et de l'état de droit depuis quelques décennies.

Toutefois, au-delà de cette double manière de les réclamer ou de les percevoir, il semble que la condition de leur réalité ou de leur effectivité tienne aussi aux capacités de discernement que l'on doit déployer à leur endroit tant **une « politique des droits de l'homme » (Marcel Gauchet) qui se concevrait comme une clôture sur elle-même tendrait à vider l'exercice même de l'activité politique de toute substance**. Pour exercer notre discernement, il ne faut pas seulement tenter de bâtir une typologie des droits, mais également essayer d'en lire la généalogie depuis l'idée, fondatrice, de droit naturel.

4.1. Le droit naturel ancien

La dualité entre droit naturel et droit positif se fait jour dès l'Antiquité, avec la « découverte », philosophique, de la nature, et l'opposition entre celle-ci et la convention. Pour Aristote, les premiers philosophes sont ceux qui discourent sur « la nature » et non plus sur « les dieux ». Sophocle met en scène, dans *Antigone*, le dilemme entre les deux ordres ; lorsque Antigone expose à Ismène, sa sœur, son projet d'enterrer dignement Polynice, leur frère, alors même que Créon, roi de Thèbes, a strictement interdit ses obsèques puisqu'il a combattu contre la Cité, celle-ci est horrifiée : « Imagine la mort misérable entre toutes dont nous allons périr, si, rebelles à la loi, nous passons outre à la sentence ». Dans le *Criton*, Platon décrit la mort de Socrate comme le refus de désobéir à la loi de la Cité qui l'a condamné. **C'est Aristote qui formule la théorie classique du droit naturel : le droit est inscrit dans la nature, il s'agit pour l'homme de le découvrir, de le « mettre à jour », afin de trouver, dans le monde humain, dans la Cité, lieu de la vie sociale et politique, notamment, la voie dictée par l'ordre naturel, l'ordre cosmogonique.** Le « droit naturel classique » (Léo Strauss, *Droit naturel et histoire*, 1953) est donc celui des hommes comme êtres participants de l'ordre naturel. **Il s'agit d'un droit de la nature *en* l'homme.** Pour que la loi de la Cité autorise les hommes à vivre en harmonie, à être conformes à leur nature propre « d'animaux politiques » (Aristote, cf. chapitre 3.1.), elle doit elle-même être conforme à la loi naturelle. La place de l'homme dans la nature se réduit en effet à la place de l'homme dans la Cité. C'est pourquoi Solon, le réformateur athénien du VIe siècle avant J.-C. prétend retranscrire la loi naturelle le plus fidèlement possible dans la nouvelle constitution qu'il donne à Athènes. Platon applique le même principe de dévoilement du « bien commun » par la loi naturelle pour décrire sa Cité idéale dans *La République*. Aristote présente également la loi naturelle comme la source de la « justice générale », celle qui rend l'homme juste parce qu'il se soumet à la nécessité de son être en devenant en fait « ce qu'il est déjà », naturellement. Pour les Anciens, l'homme ne peut finalement devenir que lui-même, il ne peut échapper à « sa » nature, à la fois ontologique et transcendante, qu'au prix de sa propre mort, comme Antigone. Cette conception a été durcie lors de son **appropriation par la théologie chrétienne (saint Thomas d'Aquin au XIIIe siècle) qui a fait de la loi naturelle et du droit naturel une loi et un droit divins (cf. texte 1).**

4.2. Le droit naturel moderne

C'est contre cette conception théologique du droit naturel que se construit la conception moderne du droit naturel. Le droit naturel moderne est un droit individuel possédé en propre par chaque homme, fondé sur son caractère unique et détaché de toute transcendance. C'est le courant du « nominalisme » qui, au XIVe siècle (Guillaume d'Ockham, Dunn Scott), prépare le terrain à la notion moderne de droit naturel en aidant l'homme à se débarrasser de la vision du monde d'essences et de valeurs incarnées proposé par la philosophie ancienne puis par la théologie chrétienne. La nature devient un conglomérat d'atomes réfractaires à toute pensée du général, elle se limite à une « coutume » construite par l'homme avide d'un ordre nécessaire à son action. Une nouvelle conception du droit naturel prend peu à peu la place de la loi naturelle ancienne. C'est avec Hugo Grotius (*Du droit de la guerre et de la paix*, 1625), Thomas Hobbes (*Le Léviathan*, 1651), Samuel Pufendorf (*Du droit de la nature et des gens*, 1672), au XVIIe siècle, que **le droit naturel prend sa forme proprement « moderne » en passant d'un statut objectif – l'ordre juridique conforme à la loi naturelle ou à la loi divine – à un statut subjectif : un droit attaché à l'individu comme sujet autonome, libre de sa conscience par l'exercice de sa raison** (cf. texte 2). L'homme moderne est en mesure de déterminer lui-même ce qui est bon, juste, bien, vrai ou beau par lui-même. Sa raison ne lui sert plus à découvrir ou à révéler un ordre qui le dépasse et l'englobe à la fois, elle lui sert à comprendre comment le monde s'ordonne autour de lui : il est dans « sa » nature de pouvoir se donner sa propre loi. L'idée d'un droit naturel qui ne serait plus une simple « mise à jour » de l'ordre naturel ou divin, mais plutôt un droit humain supérieur opposable au droit positif qui peut s'avérer contraire au droit naturel devient possible en même temps que la distinction entre légitimité et légalité. **En remplaçant la loi divine comme justification ultime de tout ordre humain, le droit naturel moderne devient une référence proprement juridique qu'il va falloir définir et préciser. Ce processus conduit les auteurs du XVIIe siècle à « pluraliser » la notion : les droits naturels, et à la mise en avant de ceux-ci : le droit à la sûreté pour Hobbes, le droit à la liberté de conscience pour Spinoza, le droit de propriété pour Locke...** Poussée à son terme, à partir de la fin du XVIIe siècle, cette logique fait du droit naturel moderne une arme contre l'autorité : il n'est plus la transcription dans la vie humaine, politique notamment, de l'ordre naturel ; il n'est donc plus la justification de l'ordre établi, il permet au contraire sa contestation. Désormais, si le droit naturel peut permettre au Souverain d'édicter des lois (droit positif), il faut qu'elles soient conformes à celui-là, sinon il autorise leur renversement – des lois humaines contraires au droit naturel légitiment la désobéissance (Locke, *Deuxième traité du gouvernement civil*, 1690).

4.3. Les droits de l'homme

En perdant son caractère transcendant, le droit naturel moderne se pluralise et s'humanise, mais il reste à le généraliser et à l'universaliser. Car en tant qu'immanence il est confronté à une difficulté qui va hanter le siècle des Lumières : comment s'appuyer, de manière sûre et certaine, notamment pour contester l'absolutisme, sur des droits naturels de l'homme si celui-ci peut les définir, sans référence hors de lui-même ? **Comment ne pas risquer l'arbitraire et le relativisme des droits humains selon une nature de l'homme que l'on s'accorde à reconnaître comme différente sous tel ou tel « climat », dans tel ou tel « régime » (Montesquieu, *De l'Esprit des lois*, 1748). Comment rendre les droits de l'homme à la fois opératoires, universels et inaliénables ?** En les gravant dans le marbre, à la manière des lois anciennes et divines : en les « déclarant ». La fin du XVIIIe siècle va marquer le triomphe de **la déclaration des droits** : Déclaration d'indépendance américaine (1776), Déclaration des Droits de l'Homme et du Citoyen (1789), *Bill of Rights* américain (1789-1791). **L'acte déclaratoire va permettre d'ancrer les droits de l'homme dans la modernité politique, sans référence à une quelconque transcendance, tout en les plaçant**

au-dessus du droit positif, relatif à chaque société. La Déclaration de 1789 apparaît, dans l'imaginaire politique contemporain, comme le symbole même de la substitution d'une table des droits humains aux tables de la loi naturelle ou divine – les déclarations américaine et française sont souvent représentées, dans l'iconographie révolutionnaire, sous la forme d'une double « table de la loi » à la manière des Dix Commandements. La Déclaration de 1789 est d'abord un pur produit humain, la proclamation par un acte solennel d'une conception des droits de l'individu qui s'est progressivement élaborée aux XVIIe et XVIIIe siècles. Elle se présente également, en même temps, comme une nouveauté radicale, comme l'acte fondateur d'un nouvel ordre politique (cf. texte 3). Cette distinction va prendre forme avec la mise en place de constitutions écrites, dont les déclarations de droits vont souvent former le préambule, en leur donnant à la fois force de droit et en les plaçant au sommet de la hiérarchie des normes juridiques. Dans le cadre démocratique contemporain, la déclaration de droits doit être votée de manière solennelle et constitue une référence pour le juge constitutionnel. Même si sur ce point, **la Déclaration des droits de l'homme et du citoyen de 1789 relève d'une ambiguïté puisqu'elle est le résultat d'une synthèse délicate entre la conception jusnaturaliste moderne et la volonté des Révolutionnaires de 1789, fervents lecteurs de Rousseau, de donner à la loi toute sa puissance** ; c'est-à-dire d'une synthèse entre les exigences du droit naturel moderne et celles de la « volonté générale » qui peut aller contre ces droits naturels – ceux que l'homme possède intrinsèquement dès l'état de nature mais qui se transforment lorsqu'il se passe dans l'état civil par la voie du contrat social. La loi devient à partir de ce moment, et jusqu'à la prééminence constitutionnelle établie par la Ve République, dans la tradition juridico-politique française à la fois la garantie et la limitation des droits naturels de l'homme énoncés dans les articles de la Déclaration. Les droits sont ainsi des droits de l'homme *et* du citoyen de manière indissociable – certains auteurs distinguent même les droits civiques ou politiques d'une part (association, expression, opinion, manifestation) et les droits de l'homme *stricto sensu* de l'autre : sécurité et liberté personnelle, propriété, liberté de conscience ; d'autres, tels que Kant, assimilent les deux catégories : liberté de conscience et liberté d'expression par exemple.

4.4. La critique des droits de l'homme

La rupture voulue et proclamée par la Révolution française avec « l'ordre du temps », et dont la Déclaration de 1789 constitue le point de départ, provoque un rejet de la notion même de droits de l'homme, toute entière assimilée à la conception française ; alors que la Révolution américaine, plus respectueuse de la généalogie des droits par rapport à la « loi naturelle » citée par Jefferson dans sa Déclaration d'Indépendance de 1776, est mieux acceptée, comme une sorte de « troisième révolution » anglaise, après celles du XVIIe siècle, inscrivant l'homme dans la continuité de l'histoire. **La critique des droits de l'homme se confond ainsi avec celle de la Révolution française. C'est Edmund Burke qui, lorsqu'il condamne dès 1790 la Révolution française (*Réflexions sur la révolution de France*), au nom de la continuité de l'histoire, contre la rupture dont elle se réclame, fournit le premier fondement philosophico-politique d'une pensée critique des droits de l'homme** (cf. texte 4). À ses yeux, les droits de l'homme déclarés par l'Assemblée nationale française le 26 août 1789 sont contraires à l'idée de droits humains naturels véritables ; ils ne sont que métaphysiques et abstraits, car ils ne reposent pas sur une base empirique et historique leur permettant de trouver leur effectivité. Les droits de l'homme négligent l'inscription de la réalité humaine dans le temps et dans l'espace au prix d'un nouveau despotisme, celui du peuple comme masse, incontrôlable et tout-puissant. Il faut enraciner les droits pour qu'ils aient une réalité. Hannah Arendt reprend la thèse de Burke (*Essai sur la révolution*, 1963) en opposant le *Bill of Rights* américain – c'est-à-dire les neuf premiers amendements à la Constitution américaine –, lié intrinsèquement par son inclusion dans la Constitution à une organisation politique précise, historiquement définie, à la Déclaration des droits de l'homme et du citoyen qui proclame des droits indépendamment de toute organisation politique. Ce qui revient pour Arendt à ramener la condition politique des hommes à l'abstraction et à la nudité de la Nature, privant ainsi les peuples et les individus de la protection que peut seule leur donner l'appartenance à une communauté historique. **L'opposition aux droits de l'homme au nom de la continuité de l'ordre humain emprunte au tournant des XVIIIe et XIXe siècles, deux voies, également fécondes pour la naissance des grands courants politiques contemporains : une, opposée aux droits de l'homme au nom de la Providence, l'autre, au nom de l'Histoire.** Joseph de Maistre (*Considérations sur la France*, 1796) condamne ainsi les droits de l'homme au nom de l'oubli de Dieu et de la finalité humaine qu'ils représentent mais aussi en reprenant la critique de l'abstraction et du caractère anhistorique de la nouvelle société proclamée par la Révolution : « J'ai vu dans ma vie, des Français, des Italiens, des Russes, etc. Je sais même grâce à Montesquieu qu'on peut être Persan : mais quant à l'homme, je déclare ne l'avoir rencontré de ma vie ; s'il existe, c'est bien à mon insu ». La table rase révolutionnaire est également mise en accusation par la philosophie de l'histoire. Hegel (*Principes de la philosophie du droit*, 1821) cite lui aussi Montesquieu pour montrer combien le volontarisme abstrait des droits de l'homme contredit l'inscription des sociétés humaines dans le temps. Marx reprend à son compte cette critique pour réclamer des droits réels, ancrés dans la nécessité sociale et historique du temps, contre les droits formels de l'homme abstrait déclarés par les Révolutionnaires français : « Il est assez énigmatique qu'un peuple, qui commence tout juste à s'affranchir […], à fonder une communauté politique, proclame solennellement le droit de l'homme égoïste […], que l'émancipation politique fait de la communauté politique, de la communauté civique, un simple moyen devant servir à la conservation de ces soi-disant droits de l'homme […], qu'enfin c'est l'homme en tant que bourgeois, et non pas l'homme en tant que citoyen, qui est considéré comme l'homme vrai et authentique » (*La Question juive*, 1844, trad. J.-M. Palmier, UGE 10/18).

4.5. Les générations de droits

Le contenu même des droits de l'homme a évolué depuis le XVIIIe siècle, se présentant à la manière d'un ensemble de couches successives ou de « générations ». On peut en distinguer trois. **La première génération des droits est celle qui est contenue dans les déclarations de la fin du XVIIIe siècle, directement issue des droits naturels, des droits qui selon Claude Lefort permettent à l'homme de « sortir de soi-même, de se lier aux autres hommes par la parole, l'écriture, la pensée »** (*L'invention démocratique*, 1981). Il s'agit des droits civils et politiques dont le premier, à l'origine de tous les autres est le droit à la sûreté mis en avant par Hobbes. Ils relèvent des libertés individuelles (propriété, mouvement, pensée, opinion, religion…) et de la libre participation à l'exercice politique (publicité, égalité, association, suffrage, résistance à l'oppression…). Ce sont des « **droits-libertés** » liés à la possibilité même d'une vie démocratique, les premiers à être bafoués et supprimés par les régimes totalitaires par exemple. **La deuxième génération de droits est née au XIXe siècle** (notamment en 1848 en France) et a atteint sa maturité au lendemain de la Seconde guerre mondiale, avec la Déclaration universelle des droits de l'Homme de 1948 et la naissance des systèmes étendus d'État-providence (cf. texte 5). Elle se présenta à la fois comme prolongement et comme contestation de la première, jugée insuffisante par les philosophies de l'Histoire notamment – cf. *supra*. **Ce sont des droits économiques et sociaux** qui s'adressent à l'homme comme membre de la société, comme être collectif, et qui sont le résultat d'une réflexion sur la société elle-même. Ce ne sont plus des droits naturels, mais des droits contextuels, adaptés et adaptables aux différentes conditions économiques et sociales. Ce sont des « **droits-créances** » qui permettent le passage des droits formels aux droits réels, en fait la réalisation effective des droits de la première génération, par la possibilité qu'ils ouvrent aux hommes de réclamer à l'État non plus une simple protection mais une action en leur faveur. Ce sont les droits non plus des hommes en tant que tels, individus ou citoyens, mais des hommes en tant que producteurs, travailleurs… en tant que ce que leur fonction ou leur rôle social leur assigne. Il s'agit notamment du droit au travail, du droit de se syndiquer, du droit de grève, du droit à l'éducation, du droit à la protection contre les risques sociaux : retraite, accident du travail, maladie, famille… **La troisième génération de droits est contemporaine. Il s'agit, comme le dit Marcel Gauchet, « de donner un nom générique et de fournir une compréhension unifiée à des grandes affirmations de la différence, sexuelle, ethnique, générationnelle qui ont marqué la dernière décennie (les années 1970-1980) »** (« Les droits de l'Homme ne sont pas une politique », *Le Débat*, n° 3, juillet-août 1980). Il s'agit en fait d'une catégorie hétérogène de « **nouveaux droits** » qui approfondissent ceux des précédentes générations ou envisagent l'homme dans des dimensions nouvelles, à la fois plus intimes et plus globales. On peut ainsi isoler d'une part les droits liés à l'adaptation de ceux de la première génération au monde contemporain : reconnaissance de droits spécifiques aux femmes, protection de la vie privée et de l'intimité, protection contre les risques liés au traitement automatisé de l'information, droit à disposer de son propre corps, droit à la satisfaction de son désir, droit à la différence…, d'autre part les droits liés à la « globalisation du monde » depuis la Seconde guerre mondiale : droit des peuples à disposer d'eux-mêmes, droit au développement, droit à la libre détermination, droit à la reconnaissance identitaire des minorités… Si on ajoute à cette énumération les questions nouvelles, et délicates, soulevées par les progrès de la génétique et des biotechnologies, on peut avancer que la multiplication des droits de toute nature, et les conflits entre droits concurrents ou contradictoires qui peuvent surgir, tend à rendre plus confuse encore la notion de progrès à laquelle les droits de l'homme sont liés depuis le XVIIIe siècle. **Si l'extension des droits représente incontestablement un mouvement de progrès dans l'histoire de l'humanité, on peut toutefois se demander si la capacité de mettre des limites à cette extension, ou du moins de l'organiser n'est pas la meilleure garantie de l'exercice effectif de ces droits.**

Textes

– Texte 1 –

■ **Saint Thomas d'Aquin,** *Somme théologique* (1266-1273)

Il paraît qu'il ne convient pas de diviser le droit en droit naturel et en droit positif.
1° Ce qui est naturel est immuable et le même chez tous les hommes. Or dans les choses humaines on ne trouve rien de pareil ; car toutes les règles du droit humain souffrent quelque exception, elles ne règnent pas également partout. Donc il n'y a pas de droit naturel.
2° On appelle droit positif celui qui procède de la volonté humaine. Or une chose n'est pas juste précisément parce qu'elle procède de la volonté humaine ; car, autrement, la volonté humaine ne pourrait pas être injuste. Donc le juste n'étant autre chose que le droit, on ne doit pas admettre le droit positif.
3° Le droit divin n'est pas un droit naturel puisqu'il dépasse la portée de la nature humaine ; il n'est pas un droit positif, puisqu'il repose sur l'autorité divine et non sur l'autorité humaine. Donc c'est à tort que le droit est divisé en droit naturel et en droit positif. Mais le Philosophe (Aristote) indique ainsi le contraire, *Ethic.*, V, 7 : « Dans la justice politique une chose est naturelle et une autre est légale, ou bien établie par une loi positive. »
(Conclusion. La division du droit en droit naturel et en droit positif, est juste et rationnelle.)
Comme nous venons de le dire dans l'article précédent, le droit ou le juste est une œuvre adéquate ou égale à une autre sous un rapport quelconque. Or une chose peut être adéquate. aux yeux d'un homme, de deux manières : d'abord, par la nature même de la chose, quand un homme. Par exemple, donne une chose pour recevoir exactement la même valeur ; et c'est ce qu'on appelle droit naturel. Une chose, en second lieu, est adéquate à une autre par suite d'une mesure établie ou d'une convention faite, quand un homme, par exemple, se tient pour satisfait si on lui donne telle chose. Et ceci encore put arriver de deux manières : ou bien en vertu d'une convention particulière, comme cela a lieu dans tout pacte entre personnes privées, ou bien en vertu d'une convention publique, comme quand tout le peuple consent à ce qu'une chose soit tenue par le prince qui gouverne ce peuple et le représente ; c'est là ce qu'on appelle le droit positif.
Je réponds aux arguments : 1° Ce qui est naturel à un être ayant une nature immuable, doit, à la vérité être toujours et partout le même ; mais la nature de l'homme est changeante : ce qui est naturel à l'homme doit par là même être sujet à des défectuosités et à des exceptions. Ainsi il est de droit naturel assurément que le dépôt soit rendu à celui qui vous l'a confié, et si la nature humaine était toujours droite et juste, cela serait invariablement observé ; mais comme il arrive parfois que la volonté humaine est dépravée, il arrive aussi que le dépôt ne doive pas être rendu, de peur qu'un homme dont la volonté est ainsi dépravée n'en fasse un mauvais usage, comme, par exemple, si un homme qui a perdu la raison ou un ennemi de l'État *(res publica)* redemandait les armes qu'il a remises en dépôt.
2° La volonté humaine, en vertu d'un consentement commun, peut déterminer le juste ou le droit dans des choses qui ne répugnent pas à la justice naturelle ; et c'est à cela que s'applique le droit positif. Voilà pourquoi ces paroles du Philosophe, *Ethic.*, V, 7 : « On appelle légalement juste ce qui peut d'abord être indifféremment d'une manière ou d'une autre, mais qui une fois établi doit demeurer tel. »
Quand une chose répugne de soi au droit naturel, il n'appartient pas à la volonté humaine de la rendre juste, comme si l'on voulait établir, par exemple. que le vol

ou l'adultère sont des choses permises ; ce qui fait dire au prophète, *Isa.*, X, 1 : « Malheur à ceux qui font des lois iniques. »

3° On appelle droit divin celui qui est promulgué par l'autorité même de Dieu. Il comprend en partie des choses naturellement justes, mais dont la justice échappe à la pensée humaine ; et en partie des choses qui deviennent justes en vertu de l'institution divine. De telle sorte que la division établie s'applique au droit divin, tout comme au droit humain. Dans la loi divine, en effet, il y a des choses commandées parce qu'elles sont bonnes, et des choses défendues parce qu'elles sont mauvaises ; et il y a aussi des choses bonnes parce qu'elles sont commandées, et des choses mauvaises parce qu'elles sont défendues.

(IIa, Q. 57, art. 2 : « Convient-il de diviser le droit entre droit naturel et droit positif ? », trad. Lachat, Vivès, 1857-1869, t. VIII, p. 417-420.)

– Texte 2 –

■ Thomas Hobbes, *Léviathan* (1651)

Le droit de nature, que les auteurs appellent généralement *jus naturale*, est la liberté qu'a chacun d'user comme il le veut de son pouvoir propre, pour la préservation de sa propre nature, autrement dit de sa propre vie, et en conséquence de faire tout ce qu'il considérera, selon son jugement et sa raison propres, comme le moyen le mieux adapté à cette fin. On entend par liberté, selon la signification propre de ce mot, l'absence d'obstacles extérieurs, lesquels peuvent souvent enlever à un homme une part du pouvoir qu'il a de faire ce qu'il voudrait, mais ne peuvent l'empêcher d'user du pouvoir qui lui est laissé, conformément à ce que lui dicteront son jugement et sa raison.

Une loi de nature (*lex naturalis*) est un précepte, une règle générale, découverte par la raison, par laquelle il est interdit aux gens de faire ce qui mène à la destruction de leur vie ou leur enlève le moyen de la préserver, et d'omettre ce par quoi ils pensent qu'ils peuvent être le mieux préservés. En effet, encore que ceux qui parlent de ce sujet aient coutume de confondre *jus* et *lex*, droit et loi, on doit néanmoins les distinguer, car le droit consiste dans la liberté de faire une chose ou de s'en abstenir, alors que la loi vous détermine, et vous lie à l'un ou à l'autre ; de sorte que la loi et le droit différent exactement comme l'obligation et la liberté, qui ne sauraient coexister sur un seul et même point.

Et parce que l'état de l'homme, comme il a été exposé dans le précédent chapitre, est un état de guerre de chacun contre chacun, situation où chacun est gouverné par sa propre raison, et qu'il n'existe rien, dans ce dont on a le pouvoir d'user, qui ne puisse éventuellement vous aider à défendre votre vie contre vos ennemis : il s'ensuit que dans cet état tous les hommes ont un droit sur toutes choses, et même les uns sur le corps des autres. C'est pourquoi, aussi longtemps que dure ce droit naturel de tout homme sur toute chose, nul, aussi fort ou sage fût-il, ne peut être assuré de parvenir au terme du temps de vie que la nature accorde ordinairement aux hommes.

En conséquence c'est un précepte, une règle générale, de la raison, *que tout homme doit s'efforcer à la paix, aussi longtemps qu'il a un espoir de l'obtenir ; et quand il ne peut pas l'obtenir, qu'il lui est loisible de rechercher et d'utiliser tous les secours et tous les avantages de la guerre*. La première partie de cette règle contient la première et fondamentale loi de nature, qui est de rechercher et de poursuivre la paix. La seconde récapitule l'ensemble du droit de nature, qui est le droit de se défendre par tous les moyens dont on dispose.

(Ire partie, chapitre XIV, « Des deux premières lois naturelles et des contrats », trad. F. Tricaud, © Éditions Sirey, 1971, 128-129.)

– Texte 3 –

■ Déclaration des Droits de l'Homme et du Citoyen du 26 août 1789

Les représentants du peuple français, constitués en Assemblée nationale, considérant que l'ignorance, l'oubli ou le mépris des droits de l'homme sont les seules causes des malheurs publics et de la corruption des Gouvernements, ont résolu d'exposer, dans une déclaration solennelle, les Droits naturels, inaliénables et sacrés de l'homme, afin que cette déclaration, constamment présente à tous les membres du corps social, leur rappelle sans cesse leurs droits et leurs devoirs ; afin que les actes du Pouvoir législatif et ceux du Pouvoir exécutif, pouvant être à chaque instant comparés avec le but de toute institution politique, en soient plus respectés ; afin que les réclamations des citoyens, fondées désormais sur des principes simples et incontestables, tournent toujours au maintien de la Constitution et au bonheur de tous. En conséquence, l'Assemblée nationale reconnaît et déclare, en présence et sous les auspices de l'Être suprême, les droits suivants de l'Homme et du Citoyen.

Article 1. – Les hommes naissent et demeurent libres et égaux en droits. Les distinctions sociales ne peuvent être fondées que sur l'utilité commune.

Article 2. – Le but de toute association politique est la conservation des droits naturels et imprescriptibles de l'homme. Ces droits sont la liberté, la propriété, la sûreté et la résistance à l'oppression.

Article 3. – Le principe de toute souveraineté réside essentiellement dans la Nation. Nul corps, nul individu ne peut exercer d'autorité qui n'en émane expressément.

Article 4. – La liberté consiste à pouvoir faire tout ce qui ne nuit pas à autrui ; ainsi, l'exercice des droits naturels de chaque homme n'a de bornes que celles qui assurent aux autres membres de la société la jouissance de ces mêmes droits. Ces bornes ne peuvent être déterminées que par la loi.

Article 5. – La loi n'a le droit de défendre que les actions nuisibles à la société. Tout ce qui n'est pas défendu par la loi ne peut être empêché, et nul ne peut être contraint à faire ce qu'elle n'ordonne pas.

Article 6. – La loi est l'expression de la volonté générale. Tous les citoyens ont droit de concourir personnellement, ou par leurs représentants, à sa formation. Elle doit être la même pour tous, soit qu'elle protège, soit qu'elle punisse. Tous les citoyens étant égaux à ses yeux, sont également admissibles à toutes dignités, places et emplois publics, selon leur capacité, et sans autre distinction que celle de leurs vertus et de leurs talents.

Article 7. – Nul homme ne peut être accusé, arrêté ni détenu que dans les cas déterminés par la loi, et selon les formes qu'elle a prescrites. Ceux qui sollicitent, expédient, exécutent ou font exécuter des ordres arbitraires, doivent être punis ; mais tout citoyen appelé ou saisi en vertu de la loi, doit obéir à l'instant : il se rend coupable par la résistance.

Article 8. – La loi ne doit établir que des peines strictement et évidemment nécessaires, et nul ne peut être puni qu'en vertu d'une loi établie et promulguée antérieurement au délit, et légalement appliquée.

Article 9. – Tout homme étant présumé innocent jusqu'à ce qu'il ait été déclaré coupable, s'il est jugé indispensable de l'arrêter, toute rigueur qui ne serait pas nécessaire pour s'assurer de sa personne, doit être sévèrement réprimée par la loi.
Article 10. – Nul ne doit être inquiété pour ses opinions, même religieuses, pourvu que leur manifestation ne trouble pas l'ordre public établi par la loi.
Article 11. – La libre communication des pensées et des opinions est un des droits les plus précieux de l'homme ; tout citoyen peut donc parler, écrire, imprimer librement, sauf à répondre de l'abus de cette liberté dans les cas déterminés par la loi.
Article 12. – La garantie des droits de l'homme et du citoyen nécessite une force publique ; cette force est donc instituée pour l'avantage de tous, et non pour l'utilité particulière de ceux auxquels elle est confiée.
Article 13. – Pour l'entretien de la force publique, et pour les dépenses d'administration, une contribution commune est indispensable : elle doit être également répartie entre tous les citoyens, en raison de leurs facultés.
Article 14. – Tous les citoyens ont le droit de constater, par eux-mêmes ou par leurs représentants, la nécessité de la contribution publique, de la consentir librement, d'en suivre l'emploi, et d'en déterminer la quotité, l'assiette, le recouvrement et la durée.
Article 15. – La société a le droit de demander compte à tout agent public de son administration.
Article 16. – Toute société dans laquelle la garantie des droits n'est pas assurée, ni la séparation des pouvoirs déterminée, n'a point de constitution.
Article 17. – La propriété étant un droit inviolable et sacré, nul ne peut en être privé, si ce n'est lorsque la nécessité publique, légalement constatée, l'exige évidemment, et sous la condition d'une juste et préalable indemnité.
(Éd. M. Delmas-Marty, *Libertés et droits fondamentaux*, Seuil, coll. « Points », 1996, p. 41-45.)

– Texte 4 –

■ Edmund Burke, *Réflexions sur la révolution de France* (1790)

Je suis aussi loin de dénier en théorie les *véritables* droits des hommes que de les refuser en pratique (en admettant que j'eusse en la matière le moindre pouvoir d'accorder ou de rejeter). En repoussant les faux droits qui sont mis en avant, je ne songe pas à porter atteinte aux vrais, et qui sont ainsi faits que les premiers les détruiraient complètement. Si la société civile est faite pour l'avantage de l'homme, chaque homme a droit à tous les avantages pour lesquels elle est faite. C'est une institution de bienfaisance ; et la loi n'est autre chose que cette bienfaisance en acte, suivant une certaine règle. Tous les hommes ont le droit de vivre suivant cette règle ; ils ont droit à la justice, et le droit de n'être jugés que par leurs pairs, que ceux-ci remplissent une charge publique ou qu'ils soient de condition ordinaire. Ils ont droit aux fruits de leur industrie, ainsi qu'aux moyens de faire fructifier celle-ci. Ils ont le droit de conserver ce que leurs parents ont pu acquérir ; celui de nourrir et de former leur progéniture ; celui d'être instruits à tous les âges de la vie et d'être consolés sur leur lit de mort. Tout ce qu'un homme peut entreprendre par lui-même sans léser autrui, il est en droit de le faire ; de même qu'il a droit à sa juste part de tous les avantages que procurent le savoir et l'effort du corps social. Dans cette association tous les hommes ont des droits égaux ; mais non à des parts égales. Celui qui n'a placé que cinq shillings dans une société a autant de droits sur cette part qu'en a sur la sienne celui qui a apporté cinq cents livres. Mais il n'a pas droit à un dividende égal dans le produit du capital total. Quant au droit à une part de pouvoir et d'autorité dans la conduite des affaires de l'État, je nie formellement que ce soit là l'un des droits directs et originels de l'homme dans la société civile ; car pour moi il ne s'agit ici que de l'homme civil et social, et d'aucun autre. Un tel droit ne peut relever que de la convention. [...] Le gouvernement des hommes n'est pas établi en vertu de droits naturels qui peuvent exister et existent en effet indépendamment de lui ; et qui, dans cet état d'abstraction, présentent beaucoup plus de clarté et approchent bien plus près de la perfection : mais c'est justement cette perfection abstraite qui fait leur défaut pratique. Avoir droit à toute chose, c'est manquer de toute chose. Le gouvernement est une invention de la sagesse humaine pour pourvoir aux *besoins* des hommes. Les hommes sont en droit d'obtenir de cette sagesse qu'elle réponde à ces besoins. Parmi ces besoins, il faut compter celui d'exercer sur les passions humaines une contrainte suffisante – cette contrainte qui fait défaut hors de la société civile.

(Éd. P. Raynaud, trad. Pierre Andler, © Hachette Littératures, 1989, p. 74-76.)

– Texte 5 –

■ **Déclaration universelle des droits de l'homme, adoptée par l'Assemblée générale des Nations unies le 10 décembre 1948 (extrait)**

Article 22 – Toute personne, en tant que membre de la société, a droit à la sécurité sociale ; elle est fondée à obtenir la satisfaction des droits économiques, sociaux et culturels indispensables à sa dignité et au libre développement de sa personnalité, grâce à l'effort national et à la coopération internationale, compte tenu de l'organisation et des ressources de chaque pays.

Article 23 – 1. Toute personne a droit au travail, au libre choix de son travail, à des conditions équitables et satisfaisantes de travail et à la protection contre le chômage.

2. Tous ont droit, sans aucune discrimination, à un salaire égal pour un travail égal.

3. Quiconque travaille a droit à une rémunération équitable et satisfaisante lui assurant ainsi qu'à sa famille une existence conforme à la dignité humaine et complétée, s'il y a lieu, par tous autres moyens de protection sociale.

4. Toute personne a le droit de fonder avec d'autres des syndicats et de s'affilier à des syndicats pour la défense de ses intérêts.

Article 24 – Toute personne a droit au repos et aux loisirs et notamment à une limitation raisonnable de la durée du travail et à des congés payés périodiques.

Article 25 – 1. Toute personne a droit à un niveau de vie suffisant pour assurer sa santé, son bien-être et ceux de sa famille, notamment pour l'alimentation, l'habillement, le logement, les soins médicaux ainsi que pour les services sociaux nécessaires ; elle a droit à la sécurité en cas de chômage, de maladie, d'invalidité, de veuvage, de vieillesse ou dans les autres cas de perte de ses moyens de subsistance par suite de circonstances indépendantes de sa volonté.

2. La maternité et l'enfance ont droit à une aide et à une assistance spéciales. Tous les enfants, qu'ils soient nés dans le mariage ou hors mariage, jouissent de la même protection sociale.

Article 26 – 1. Toute personne a droit à l'éducation. L'éducation doit être gratuite, au moins en ce qui concerne l'enseignement élémentaire et fondamental. L'enseignement élémentaire est obligatoire. L'enseignement technique et professionnel doit être généralisé ; l'accès aux études supérieures doit être ouvert en pleine égalité à tous en fonction de leur mérite.

2. L'éducation doit viser au plein épanouissement de la personnalité humaine et au renforcement du respect des droits de l'homme et des libertés fondamentales. Elle doit favoriser la compréhension, la tolérance et l'amitié entre toutes les nations et tous les groupes raciaux ou religieux, ainsi que le développement des activités des Nations Unies pour le maintien de la paix.

3. Les parents ont, par priorité, le droit de choisir le genre d'éducation à donner à leurs enfants.

Article 27 – 1. Toute personne a le droit de prendre part librement à la vie culturelle de la communauté, de jouir des arts et de participer au progrès scientifique et aux bienfaits qui en résultent.

2. Chacun a droit à la protection des intérêts moraux et matériels découlant de toute production scientifique, littéraire ou artistique dont il est l'auteur.

Article 28 – Toute personne a droit à ce que règne, sur le plan social et sur le plan international, un ordre tel que les droits et libertés énoncés dans la présente Déclaration puissent y trouver plein effet.

Article 29 – 1. L'individu a des devoirs envers la communauté dans laquelle seul le libre et plein développement de sa personnalité est possible.

2. Dans l'exercice de ses droits et dans la jouissance de ses libertés, chacun n'est soumis qu'aux limitations établies par la loi exclusivement en vue d'assurer la reconnaissance et le respect des droits et libertés d'autrui et afin de satisfaire aux justes exigences de la morale, de l'ordre public et du bien-être général dans une société démocratique.

3. Ces droits et libertés ne pourront, en aucun cas, s'exercer contrairement aux buts et aux principes des Nations Unies.

Article 30 – Aucune disposition de la présente Déclaration ne peut être interprétée comme impliquant pour un État, un groupement ou un individu un droit quelconque de se livrer à une activité ou d'accomplir un acte visant à la destruction des droits et libertés qui y sont énoncés.

(Éd. M. Delmas-Marty, *Libertés et droits fondamentaux*, Seuil, coll. « Points », 1996, p. 140-142.)

4
La construction de l'espace politique et social

Section 1. La démocratie
   1.1. Naissance de la démocratie
   1.2. Souveraineté et représentation
   1.3. Régime politique et état social
   1.4. Démocratie formelle et démocratie réelle
   1.5. L'incertitude démocratique

   Textes
   1. Platon, *La République* (vers 375 av. J.-C.)
   2. Charles-Louis de Secondat, baron de Montesquieu, *De l'esprit des lois* (1748)
   3. Jean-Jacques Rousseau, *Du contrat social* (1762)
   4. Alexis de Tocqueville, *De la démocratie en Amérique* (1835-1840)
   5. Claude Lefort, *Essais sur le politique. xixe-xxe siècles* (1986)

Section 2. La nation
   2.1. Nation ethnique ou nation civique
   2.2. De la nation au nationalisme
   2.3. La nation dans l'ère post-nationale

   Textes
   1. Johann Gottlieb Fichte, *Discours à la nation allemande* (1807-1808)
   2. Ernest Renan, *Qu'est-ce qu'une nation ?* (1882)
   3. Charles Maurras, « Patriotisme et nationalisme : définitions », *Mes idées politiques* (1937)
   4. Dominique Schnapper, *La communauté des citoyens. Sur l'idée moderne de nation* (1994)
   5. Jürgen Habermas, « Tirer la leçon des catastrophes », *Après l'État-nation. Une nouvelle constellation politique* (1998)

Section 3. La justice sociale
   3.1. Justice et égalité
   3.2. Théories classiques de la justice
   3.3. Théories modernes de la justice
   3.4. La théorie de la justice de John Rawls
   3.5. Les nouvelles dimensions de la justice sociale

   Textes
   1. Platon, *La République* (vers 375 av. J.-C.)

2. Emmanuel Kant, « Du rapport de la théorie avec la pratique dans le droit politique », *De ce proverbe : « Cela est bon en théorie, mais ne vaut rien en pratique »* (1793)
3. John Stuart Mill, « Du lien qui unit la justice et l'utilité », *L'utilitarisme* (1861)
4. John Rawls, « L'idée principale de la théorie de la justice », *Théorie de la justice* (1971)
5. Michael Walzer, « L'égalité complexe », *Sphères de justice. Une défense du pluralisme et de l'égalité* (1983)

Section 4. Le multiculturalisme
    4.1. Le raisonnement multiculturaliste
    4.2. Différence, reconnaissance et authenticité
    4.3. Minorités
    4.4. Identité et culture

Textes
1. Jean-Jacques Rousseau, *Les rêveries du promeneur solitaire* (1776)
2. John Stuart Mill, *De la liberté* (1859)
3. Charles Taylor, *Les sources du moi. La formation de l'identité moderne* (1989)
4. Jean-François Bayart, *L'illusion identitaire* (1996)
5. Alain Touraine, *Pourrons-nous vivre ensemble ? Égaux et différents* (1997)

SECTION 1. LA DÉMOCRATIE

À première vue, tout un chacun (responsables gouvernementaux, partis politiques, citoyens...) se réclame désormais de la démocratie. Elle est en effet le synonyme d'une garantie de liberté et d'égalité, voire de solidarité, sans commune mesure avec les autres formes de gouvernement passées ou présentes. La boutade célèbre de Winston Churchill, selon lequel « la démocratie est le pire des régimes à l'exception de tous les autres », semble ainsi se vérifier chaque jour à la lecture des événements de l'actualité.

Pourtant, **dès que l'on tente d'en préciser la définition, la démocratie apparaît comme un objet beaucoup plus insaisissable, et certainement en perpétuelle évolution : à la fois toujours incomplète et toujours inachevée** pour reprendre l'image donnée par Pierre Rosanvallon (*La démocratie inachevée*, Gallimard, 2000). La démocratie n'est en effet ni présente partout dans le monde ni véritablement satisfaisante dans les pays démocratiques – elle reste partout, sous des formes diverses, un combat. Pour saisir le sens de cette double perception d'évidence et d'inachèvement, il est indispensable de comprendre à la fois l'histoire de cette forme de gouvernement du peuple par lui-même et pour lui-même, et d'y dessiner, comme en creux, les traits du « combat » incessant, tant théorique que pratique, que représente l'idéal démocratique.

1.1. Naissance de la démocratie

Pour les Anciens, la démocratie – littéralement le pouvoir du peuple (*demos*) – se définit comme le gouvernement direct de la majorité des hommes libres dans une Cité – le corps des citoyens exclut en particulier les femmes, les esclaves et les étrangers. Mais cette approche positive de l'autonomie politique est immédiatement contrebalancée par un aspect négatif : la démocratie est aussi le régime de l'instabilité, du risque de désordre dans la Cité. Un régime démocratique est incapable d'exister, de manière durable, dans le temps. C'est le sens de la critique fondatrice de Platon quand il désignait la « permissive Athènes » : en instaurant le règne de la volonté populaire, la démocratie autorise la masse du peuple – la multitude, la populace – à se conduire à sa guise, sans qu'aucune limite ne puisse borner son action. La démocratie devient donc vite synonyme d'anarchie, de désordre, de règne des humeurs volages, d'un régime dans lequel la démagogie s'impose pour gouverner (*La République*, Livre VIII, 555b-569c – cf. texte 1). **La démocratie, gouvernement du peuple par le peuple pour le peuple, ne laisse de place ni à la vertu ni à l'excellence, mais exclusivement à la liberté.** Elle ne repose donc que sur le primat d'un intérêt particulier, celui du peuple qui a pour guide son désir insatiable de liberté. Une liberté qui prend très vite la forme de la licence. Or rien n'est plus contraire à l'exigence de défense du bien commun qui réside au cœur de la définition de l'idée du meilleur gouvernement : le gouvernement républicain (*politeia*) tel que défini par Aristote (cf. chapitre 3.1.) **La démocratie apparaît en effet chez Aristote, en regard de la république, comme la forme « déviée » du gouvernement populaire, puisqu'elle ne vise pas « l'avantage commun ».** Il précise d'ailleurs que davantage que le nombre de gens qui détiennent le pouvoir, c'est la possession de richesses qui distingue le régime démocratique. Il est celui des pauvres car « partout les gens aisés sont en petit nombre et les gens modestes en grand nombre » (*Les Politiques*, Livre III, 8, 1279b). La démocratie, dans sa forme athénienne classique, de Périclès à Démosthène (v[e] et ive siècles avant J.-C.), se caractérise par différentes tentatives d'organisation du pouvoir de la multitude autour de quelques règles : égalité arithmétique (chaque citoyen participe aux discussions publiques de l'*Agora* et prend part aux prises de décision les plus importantes), tirage au sort des magistrats parmi les citoyens et rotation rapide des fonctions (cf. Mögens Herman Hansen, *La démocratie athénienne à l'époque de Démosthène*, Les Belles Lettres, 1993). Pour les Anciens, l'idée démocratique reste néanmoins négative, elle est incapable de répondre aux exigences de la vie bonne et de l'harmonie. Elle sacrifie la noblesse et l'excellence de la vie morale et politique de l'homme – en abaissant les buts auxquels l'existence de celui-ci est téléologiquement ordonnée – à la satisfaction des besoins licencieux, ceux du peuple comme masse.

1.2. Souveraineté et représentation

Cette appréhension négative de la démocratie comme pouvoir d'une multitude remuante et menaçante reste en vigueur jusqu'au xixe siècle. Mais le caractère dégradé du terme lui-même n'empêche pas la lente montée en puissance, avec la modernité politique dont elle est un des éléments constitutifs, d'une réalité profondément démocratique : la souveraineté du peuple.

Au xvie siècle, tant Machiavel que Bodin s'érigent en critiques du « gouvernement populaire » – c'est-à-dire de la démocratie entendue au sens classique. Pour Machiavel (*Le Prince*, 1516), aucune des formes classiques de gouvernement – la monarchie ou principauté, l'aristocratie ou gouvernement des « *optimates* » et la démocratie ou « gouvernement populaire » – ne peut être stable et durer dans le temps. Pour Bodin (*Les Six livres de la République*, 1576), qui formule l'idée moderne de souveraineté, le « gouvernement populaire » sert de contre-modèle à la monarchie absolue – seul régime à même d'incarner la notion de souveraineté telle qu'il la définit (cf. chapitre 3.2.). La souveraineté nécessite en effet une obéissance absolue qui s'oppose à la recherche de la liberté dans la démocratie. La souveraineté ne peut donc en aucun cas être populaire. **Hobbes suit le même raisonnement au xviie siècle** lorsqu'il explique : « on ne peut concevoir que la multitude n'ait de la nature qu'une seule volonté, car chacun de ceux qui la composent a la sienne propre. On ne doit donc pas lui attribuer aucune action quelle qu'elle soit ; par conséquent, la multitude ne peut pas permettre, traiter, acquérir, transiger, faire, avoir, posséder, etc., s'il n'y a en détail autant de promesses, de traités, de transactions, et s'il ne se fait pas autant d'actes qu'il y a de personnes. De sorte que la multitude n'est pas une personne naturelle » (*Le Citoyen*, chapitre VI, 1, trad. S. Sorbière, Garnier-Flammarion, 1982, p. 149).

La critique de l'absolutisme dans la seconde moitié du xviie siècle et surtout au xviiie siècle laisse la démocratie, toujours entendue au sens du pouvoir du peuple, dans l'ombre. Et même si Locke évoque la possibilité, toujours temporaire et dans des conditions très particulières de renversement de la tyrannie, d'une souveraineté du peuple, il reste convaincu tout comme Montesquieu que le pouvoir du peuple n'est pas synonyme de liberté du peuple, car il peut se transformer en tyrannie du peuple, et donc ne pas valoir beaucoup mieux que la tyrannie d'un seul (cf. texte 2). À leurs yeux, le « gouvernement mixte » reste le meilleur et la technique de la représentation autorise l'exercice efficace du pouvoir sans encourir le risque de l'absolutisme. **Si la démarche de Montesquieu peut être considérée comme une double tentative d'invalidation de l'absolutisme et du gouvernement populaire au nom de la modernité politique conçue comme l'avènement de la liberté, les idées avancées par Rousseau conduisent au retour du gouvernement populaire et de l'esprit démocratique classique au cœur de l'interrogation politique du XVIIIe siècle.** Il entend en effet restaurer la vertu et l'égalité, écartées par Montesquieu au profit de l'honneur et de la liberté, comme principes politiques fondamentaux. La théorie politique de **Rousseau s'inscrit dans la tradition du gouvernement populaire classique** – ce trait est perceptible notamment dans sa description de la bonne taille et du bon poids démographique pour un État (Du Contrat social, Livre II, chapitres IX et X) – ; toutefois il ne se contente pas de la prolonger, il la dépasse en faisant de la république et de la démocratie directe, qu'il lie de manière étroite à la « souveraineté du peuple », un idéal neuf. **Il utilise ainsi la notion de souveraineté telle qu'elle a été mise à jour au XVIe siècle en lui attribuant un nouveau destinataire, désormais incontournable, le peuple** (cf. texte 3). Il fait entrer le peuple, et avec lui la souveraineté, dans l'âge moderne, avant que la Révolution française ne donne, avec l'instauration du suffrage universel, à ce pas philosophique sa réalité pratique, ouvrant ainsi sur une autre histoire, celle de la réponse, heurtée et sans cesse renouvelée, à la promesse démocratique.

Ainsi, à la veille de la Révolution française, gouvernement représentatif (mixte), seule manière de gouverner les États modernes pour Montesquieu, et démocratie (souveraineté du peuple), seul fondement légitime des États modernes pour Rousseau, sont-ils considérés comme incompatibles. Et pourtant la démocratie telle qu'elle va se dessiner à partir de l'expérience révolutionnaire, et telle que nous la connaissons aujourd'hui encore, est une « démocratie représentative ». **Ce passage de l'impossibilité d'une réconciliation des catégories classiques à l'âge moderne dont témoigne l'opposition entre Montesquieu et Rousseau, à une notion proprement moderne de la démocratie, ce sont les Fédéralistes américains qui vont en livrer le mécanisme, avant que la Révolution française n'en impose l'universalité du principe.** Hamilton, Jay et Madison dans *Le Fédéraliste* (1788, trad. A. Tunc, Économica, 1988) affirment que le fondement du gouvernement du peuple dans sa version moderne ne se trouve ni dans la taille de la république ni dans la proximité entre gouvernants et gouvernés, mais qu'il réside dans la souveraineté absolue du peuple représenté dans chacun des pouvoirs du gouvernement : exécutif, législatif et judiciaire. **Ce choix proprement « révolutionnaire » écarte d'un même mouvement le gouvernement mixte – lié à la représentation de la souveraineté partagée d'une société de corps différenciés – et la démocratie directe rousseauiste praticable seulement dans les petites entités politiques.** Il s'agit, pour les Pères Fondateurs américains, de construire un système constitutionnel de respect des libertés fondamentales, de présence du peuple (élections des différents pouvoirs y compris judiciaire) et véritable séparation des pouvoirs fondé sur la souveraineté populaire. Une démarche pleinement illustrée par les premiers mots de la constitution américaine : « *We the People* » (Nous, le peuple).

Les Américains semblent ainsi avoir réussi à concilier l'inconciliable : le principe démocratique moderne (la souveraineté du peuple) et l'aspiration à la liberté des individus, Rousseau et Montesquieu ; en fait à avoir trouvé le moyen de résoudre la question politique moderne : comment concilier la nécessité d'un lien social fort et le caractère incontournable, centrifuge, des aspirations individuelles. En France, le même débat anime toute la période révolutionnaire, mais l'exercice constitutionnel à répétition ne permet pas de lever la contradiction, comme en témoigne une des rares figures qui l'accompagne tout au long de son déroulement, l'abbé Sieyès (Q*u'est-ce que le Tiers État*, 1789) qui finit par chercher dans l'épée de Bonaparte le 18 brumaire la solution ultime au problème politique français. Comme le dit Pierre Rosanvallon, « Faute d'avoir pu esquisser la voie d'une démocratie représentative, les Français seront ensuite conduits à de dangereuses radicalisations pour entrer dans la modernité politique. » (*La démocratie inachevée*, op. cit., p. 91).

1.3. Régime politique et état social

Au début du XIXe siècle, la question démocratique se pose donc sous un jour nouveau : il ne s'agit plus en effet de contester sa validité, mais désormais de tenter d'en préciser la définition. La première des réponses à cette nouvelle formulation de la question démocratique est celle des **libéraux**, notamment français. Ils souhaitent préserver une part de l'héritage révolutionnaire, celui de 1789 et de 1795 (Thermidor) mais en rejettent les évolutions de 1793 (Terreur) et de 1798 (18 brumaire). Ils souhaitent un « gouvernement représentatif » afin d'éviter les dérives de la souveraineté populaire. Ils manifestent la même peur du peuple, et de la démocratie, que les classiques, tout en approuvant l'égalité entre les hommes et les libertés pour chacun. En fait, ils **souhaitent davantage de démocratisation de la vie sociale – la liberté et l'égalité –, notamment un plus grand respect par l'État des droits et libertés essentiels, mais ne veulent pas du suffrage universel**. La démocratie va désormais désigner avant tout un état social, c'est-à-dire le processus d'égalisation des conditions dans les sociétés modernes et non le régime politique dans lequel le peuple intervient directement dans la vie publique – qui est désigné par le terme « république » ou tout simplement par « souveraineté du peuple ». Pour Tocqueville : « La démocratie constitue l'état social, le dogme de la souveraineté du peuple constitue le droit politique. Ces deux choses ne sont point analogues. La démocratie est une manière d'être de la société, la souveraineté du peuple est une forme de gouvernement » (*Manuscrits de Yale* et cf. texte 4). Benjamin Constant en identifiant la volonté générale au consensus majoritaire et en constatant que la représentation est inévitable dans les sociétés modernes, invalide le système rousseauiste. Les droits et libertés de l'homme ne sont pas garantis par la volonté générale qui, même si elle doit légitimement fonder le régime politique, doit être encadrée par un système de protection des droits et libertés. « La souveraineté du peuple n'est pas illimitée ; elle est circonscrite dans les bornes que lui tracent la justice et les droits des individus » (*De la liberté des Modernes comparée à celle des Anciens*, 1819). Mais c'est François Guizot, ministre de Louis-Philippe dans les années 1830, qui théorise le plus crûment ce libéralisme : « Je ne crois ni au droit divin ni à la souveraineté du peuple, comme on les entend presque toujours. Je ne puis voir là que les usurpations de la force. Je crois à la souveraineté de la raison, de la justice, du droit : c'est là le souverain légitime que cherche le monde et qu'il cherchera toujours ; car la raison, la vérité, la justice ne résident nulle part complètes et infaillibles. Nul homme, nulle réunion d'hommes ne les possède et ne peut les posséder sans lacune et sans limites. » (*Du gouvernement de la France depuis la Restauration*, 1820). Il développe une théorie du gouvernement représentatif « capacitaire » réservant à une élite (à la fois financière et technocratique) le pouvoir. La représentation elle-même n'est pas destinée à exprimer des volontés individuelles ou des intérêts collectifs, elle est « un procédé naturel pour extraire au sein de la société la raison publique, qui seule a droit de la gouverner » (*Histoire des origines du gouvernement représentatif*, tome 2, 1856). La crainte libérale de la démocratie et les appels à un régime élitiste vont se poursuivre à travers de nombreux mouvements et régimes politiques, dont le caractère principal sera de refuser le suffrage universel. Pourtant, ce refus est emporté, au milieu du XIXe siècle, par les aspirations des peuples qui réunissent la définition sociale et la définition politique de la démocratie séparées tout au long de la première moitié du siècle. **Avec la Révolution de 1848, la démocratie prend corps tout à la fois comme régime politique du gouvernement du peuple, processus d'égalisation des conditions et cadre de la lutte sociale.**

1.4. Démocratie formelle et démocratie réelle

À partir de ce moment, une deuxième grande réponse apportée à la question démocratique se dessine à travers la poursuite du mouvement révolutionnaire par la lutte sociale. Elle se caractérise par **l'opposition à la démocratie « formelle » ou « bourgeoise » qui priverait le peuple de son pouvoir**. Malgré les différences qui animent le courant révolutionnaire, de l'anarchisme de Blanqui au socialisme scientifique de Marx en passant par le socialisme utopique de Fourier, ce qui est au cœur de la contestation radicale de la démocratie, c'est le fait que les procédures et les règles qu'elle suppose ne permettent pas de changer la société, et de réaliser une véritable égalité entre les hommes. Le fait d'obtenir le droit de vote et la garantie d'un minimum de libertés civiques et politiques, n'empêche pas la domination d'une classe, la bourgeoisie, sur une autre, le prolétariat. Ce qui compte avant tout ce n'est pas le rapport politique et, dans le cadre démocratique, le suffrage universel, mais le rapport de production, le rapport de force entre les travailleurs et les détenteurs du capital. **La politique se fond dans la question sociale.**

Ces préventions contre la démocratie bourgeoise n'empêchent pourtant pas une réappropriation du terme par le socialisme. Ainsi Marx voit-il dans la Commune de Paris s'esquisser ce que pourrait être une vraie démocratie sociale, loin de l'illusion de la démocratie représentative. La démocratie fait dès lors figure de « forme spécifique de dictature du prolétariat » (F. Engels, *Critique du programme d'Erfurt*). Lénine parachève l'édifice en notant que la démocratie, « meilleure enveloppe possible du capitalisme » se transforme avec le socialisme en dictature du prolétariat, puis dépérit avec l'État dans la société communiste : l'avènement d'une démocratie « véritablement réelle » conduisant ainsi à sa propre disparition (*L'État et la Révolution*, 1917). **Contrairement au fascisme et au nazisme, le marxisme et le communisme ne récusent donc pas la démocratie, ils se l'approprient pour en déduire ses formes « réelles ».** Ce qui va donner consistance au XXe siècle à un affrontement idéologique autour du thème démocratique : démocratie libérale représentative contre démocratie « populaire réelle ».

147

1.5. L'incertitude démocratique

Davantage que la « victoire » elle-même, obtenue par la démocratie représentative libérale sur le « socialisme réellement existant » des régimes communistes soviétique et est-européens en 1989 **à l'occasion de la chute du Mur de Berlin, c'est le contenu de cette démocratie victorieuse qui pose aujourd'hui problème.** L'extension de la démocratie dans les sociétés démocratiques s'est essentiellement accomplie avec l'accès des femmes au droit de vote, des années 1920 aux États-Unis au lendemain de la Seconde Guerre mondiale en France. L'extension de la démocratie hors des sociétés démocratiques a connu un renouveau important depuis les années 1970, et surtout depuis une dizaine d'années, à travers le phénomène de la « transition démocratique » (Amérique latine, Europe de l'Est, Asie, etc.).

En dehors de cette perspective d'extension de la démocratie, interne et externe, c'est surtout la question de son approfondissement, et finalement de la validité de ses modalités pratiques qui sont aujourd'hui en jeu. Une analyse purement fonctionnelle de la démocratie, comme sélection des élites, tend à réduire le peuple à une « fiction logique » (Giovanni Sartori, *Théorie de la démocratie*, trad. A. Colin, 1976). Cette conception élitiste défendue par des auteurs tels que Pareto, Mosca ou Schumpeter (*Capitalisme, socialisme et démocratie*, trad. Payot, 1979) fournit une explication convaincante au manque de légitimité de la démocratie moderne, qui se traduit notamment par une lassitude ou une désaffection des électeurs, mais insuffisante pour rendre compte de l'étendue de la question démocratique contemporaine. Le fonctionnalisme de la science politique ne permet pas par exemple de prendre en compte le lien étroit et ambigu qui unit démocratie et totalitarisme. Car la démocratie est à la fois le terreau fertile du totalitarisme et son ennemi le plus farouche. Pour Claude Lefort : « L'État totalitaire ne se laisse concevoir qu'en regard de la démocratie et sur le fond de ses ambiguïtés », il ajoute, plus loin : « Le totalitarisme ne s'éclaire à mes yeux qu'à la condition de saisir la relation qu'il entretient avec la démocratie. C'est d'elle qu'il surgit [...]. Il la renverse en même temps qu'il s'empare de certains de ses traits et leur apporte un prolongement fantastique. » (*L'Invention démocratique. Les limites de la domination totalitaire*, 1981 – cité dans l'édition Livre de Poche-Biblio essais, 1983 p. 42 et p. 178 – cf. également texte 5). **La thèse d'une filiation entre démocratie et totalitarisme actualise en fait la méfiance libérale envers la démocratie, envers le peuple comme multitude devenue masse (de manœuvre) dans le totalitarisme.** Pour Friedrich von Hayek, par exemple, il faut « protéger la démocratie contre elle-même » (*Droit, législation et liberté*, trad. PUF, 1983). Ce libéralisme classique rejoint, autre paradoxe, l'opposition antilibérale à la démocratie qu'il s'agisse des partisans de l'État total, comme Carl Schmitt (*Parlementarisme et démocratie*, Seuil, 1988) ou de la pensée conservatrice contemporaine fustigeant l'illusion démocratique (J. Plamenatz, *Democracy and Illusion*, 1973). Ainsi le totalitarisme a-t-il démontré, pratiquement et de manière ultime dans l'histoire de l'humanité, la portée du paradoxe de la démocratie soulevé un siècle plus tôt par Tocqueville, et la faible épaisseur de la frontière qui sépare le « tous » inclusif nécessaire à la démocratie du « tout » exclusif totalitaire.

Aujourd'hui, les appels à dépasser un pur formalisme, un pur procéduralisme, une démocratie qui serait finalement réduite à la formule « le marché plus les droits de l'homme » ou à une « éthique de la discussion » (chère aux philosophes allemands Jürgen Habermas, *De l'éthique de la discussion*, trad. Cerf, 1992 et Karl-Otto Apel, *Éthique de la discussion*, trad. Cerf, 1994) pour ne blesser aucune des conceptions de la vie bonne à l'heure du « fait du pluralisme » (John Rawls), sont nombreux. Ils renouent pour une bonne part avec des débats et des modèles hérités du XIXe siècle : qu'il s'agisse des multiples appels à la consultation directe du peuple – notamment à l'âge des nouvelles technologies et de l'Internet – par le référendum (anciennement le « gouvernement direct »), à « substancialiser » ou à « réintermédier » la démocratie en multipliant ses occasions et ses forums, de la vie associative à l'entreprise en passant par les « mouvements sociaux », bref à faire de la « société civile » (cf. 2.2.) la véritable instance démocratique.

Ainsi **la démocratie** se maintient-elle, malgré ses victoires sur le totalitarisme et sur les régimes qui en contestent la validité, dans une incertitude créatrice qui apparaît comme son principe d'action même. Elle **n'est jamais achevée mais toujours discutée, toujours susceptible d'améliorations et de détournements.**

Textes

– Texte 1 –

■ Platon, *La République* (vers 375 av. J.-C.)

557 a-c
– Or la démocratie, je crois, naît lorsque après leur victoire, les pauvres mettent à mort un certain nombre des autres habitants, en expulsant d'autres, et font participer ceux qui restent, à égalité, au régime politique et aux charges de direction, et quand, dans la plupart des cas, c'est par le tirage au sort qu'y sont dévolues les charges de direction.
– Oui, dit-il, c'est comme cela que la démocratie est instituée, que cela ait lieu par les armes, ou encore que l'autre parti, intimidé, cède la place.
– Eh bien, dis-je, de quelle façon ces gens-là se gouvernent-ils ? et quelle est cette fois-ci ce genre de régime politique ? Car il est visible que l'homme qui est comme nous apparaîtra être l'homme démocratique.
– Oui, c'est visible, dit-il.
– Eh bien en premier lieu, sans doute, ils sont libres, la cité devient pleine de liberté et de licence de tout dire, on y a la possibilité de faire tout ce qu'on veut ?
– Oui, on le dit en tout cas, dit-il.
– Or partout où existe cette possibilité, il est visible que chacun voudra, pour sa propre vie, l'arrangement particulier qui lui plaira.
– Oui, c'est visible.
– Je crois dès lors que c'est surtout dans ce régime politique qu'on pourrait trouver les hommes les plus divers.

562 c-e
– La liberté, dis-je. Car tel est le bien, n'est-ce pas, dont, dans une cité gouvernée de façon démocratique, tu pourrais entendre dire que c'est sa plus belle possession, ce qui fait d'elle la seule cité où il vaille la peine de vivre, quand on est, par nature, un homme libre.
– En effet, dit-il, c'est une phrase qu'on y prononce, et même souvent.

– N'est-ce pas par conséquent, repris-je, comme j'allais le dire à l'instant, le désir insatiable d'un tel bien, et le désintérêt pour tout le reste, qui déstabilisent aussi ce régime politique, et préparent le recours à la tyrannie ?
– De quelle façon ? dit-il.
– Cela arrive, je crois, lorsqu'une cité gouvernée de façon démocratique, et assoiffée de liberté, tombe sur des chefs qui savent mal lui servir à boire, lorsqu'elle s'enivre de liberté pure au-delà de ce qui conviendrait, et va jusqu'à châtier ses dirigeants s'ils ne sont pas tout à fait complaisants avec elle, et ne lui procurent pas la liberté en abondance : elle les accuse d'être des misérables, à l'esprit oligarchique.
– C'est en effet ce qu'ils font, dit-il.
– Quant à ceux qui sont obéissants envers les dirigeants, dis-je, elle les traîne dans la boue en les traitant d'esclaves consentants, et de nullités : en revanche, les dirigeants qui sont semblables à des dirigés, et les dirigés semblables à des dirigeants, elle en fait l'éloge et les honore aussi bien en privé que publiquement. N'est-il pas inévitable que dans une telle cité l'esprit de liberté aille jusqu'à atteindre tout domaine ? »
(Trad. P. Pachet, © Éditions Gallimard, 1993, p. 427-428 et 437.)

– Texte 2 –

■ Charles-Louis de Secondat, baron de Montesquieu, *De l'esprit des lois* (1748)

Chapitre 3, « Ce que c'est que la liberté »
Il est vrai que, dans les démocraties, le peuple paraît faire ce qu'il veut ; mais la liberté politique ne consiste point à faire ce que l'on veut. Dans un État, c'est-à-dire dans une société où il y a des lois, la liberté ne peut consister qu'à pouvoir faire ce que l'on doit vouloir, et à n'être point contraint de faire ce que l'on ne doit pas vouloir.
Il faut se mettre dans l'esprit ce que c'est que l'indépendance, et ce que c'est que la liberté. La liberté est le droit de faire tout ce que les lois permettent ; et si un citoyen pouvait faire ce qu'elles défendent, il n'aurait plus de liberté, parce que les autres auraient tout de même ce pouvoir.

Chapitre 4, « Continuation du même sujet »
La démocratie et l'aristocratie ne sont point des États libres par leur nature. La liberté politique ne se trouve que dans les gouvernements modérés. Mais elle n'est pas toujours dans les États modérés ; elle n'y est que lorsqu'on n'abuse pas du pouvoir ; mais c'est une expérience éternelle que tout homme qui a du pouvoir est porté à en abuser ; il va jusqu'à ce qu'il trouve des limites. Qui le dirait ! la vertu même a besoin de limites.
Pour qu'on ne puisse abuser du pouvoir, il faut que, par la disposition des choses, le pouvoir arrête le pouvoir. Une constitution peut être telle que personne ne sera contraint de faire les choses auxquelles la loi ne l'oblige pas, et à ne point faire celles que la loi lui permet.

Chapitre 6, « De la constitution d'Angleterre »
[...] Comme, dans un État libre, tout homme qui est censé avoir une âme libre doit être gouverné par lui-même, il faudrait que le peuple en corps eût la puissance

législative. Mais comme cela est impossible dans les grands États, et est sujet à beaucoup d'inconvénients dans les petits, il faut que le peuple fasse par ses représentants tout ce qu'il ne peut faire par lui-même [...].
(Livre XI, éd. V. Goldschmidt, p. 292-293 et 297.)

– Texte 3 –

■ Jean-Jacques Rousseau, *Du contrat social* (1762)

J'appelle donc République tout État régi par des lois, sous quelque forme d'administration que ce puisse être : car alors seulement l'intérêt public gouverne, et la chose publique est quelque chose. Tout gouvernement légitime est républicain : j'expliquerai ci-après ce que c'est que le gouvernement.

Les lois ne sont proprement que les conditions de l'association civile. Le Peuple soumis aux lois en doit être l'auteur ; il n'appartient qu'à ceux qui s'associent de régler les conditions de la société : mais comment les régleront-ils ? Sera-ce d'un commun accord, par une inspiration subite ? Le corps politique a-t-il un organe pour énoncer ces volontés ? Qui lui donnera la prévoyance nécessaire pour en former les actes et les publier d'avance, ou comment les prononcera-t-il au moment du besoin ? Comment une multitude aveugle qui souvent ne sait ce qu'elle veut, parce qu'elle sait rarement ce qui lui est bon, exécuterait-elle d'elle-même une entreprise aussi grande, aussi difficile qu'un système de législation ? De lui-même le peuple veut toujours le bien, mais de lui-même il ne le voit pas toujours. La volonté générale est toujours droite mais le jugement qui la guide n'est pas toujours éclairé. Il faut lui faire voir les objets tels qu'ils sont, quelquefois tels qu'ils doivent lui paraître lui montrer le bon chemin qu'elle cherche, la garantir de la séduction des volontés particulières, rapprocher à ses yeux les lieux et les temps, balancer l'attrait des avantages présents et sensibles, par le danger des maux éloignés et cachés. Les particuliers voient le bien qu'ils rejettent, le public veut le bien qu'il ne voit pas. Tous ont également besoin de guides. Il faut obliger les uns à conformer leurs volontés à leur raison ; il faut apprendre à l'autre à connaître ce qu'il veut. Alors des lumières publiques résulte l'union de l'entendement et de la volonté dans le corps social, de là l'exact concours des parties et enfin la plus grande force du tout. Voilà d'où naît la nécessité d'un législateur.
(Livre II, chapitre 6 « De la loi », éd. P. Burgelin, © Éditions Flammarion, coll. « GF », 1992, p. 63-64.)

– Textes 4 –

■ Alexis de Tocqueville, *De la démocratie en Amérique* (1835-1840)

I. Introduction

Parmi les objets nouveaux qui, pendant mon séjour aux États-Unis, ont attiré mon attention, aucun n'a plus vivement frappé mes regards que l'égalité des conditions. Je découvris sans peine l'influence prodigieuse qu'exerce ce premier fait sur la marche de la société ; il donne à l'esprit public une certaine direction, un certain tour aux lois ; aux gouvernants des maximes nouvelles, et des habitudes particulières aux gouvernés.

Bientôt je reconnus que ce même fait étend son influence fort au-delà des mœurs politiques et des lois, et qu'il n'obtient pas moins d'empire sur la société civile que sur le gouvernement : il crée des opinions, fait naître des sentiments, suggère des usages et modifie tout ce qu'il ne produit pas.

Ainsi donc, à mesure que j'étudiais la société américaine, je voyais de plus en plus, dans l'égalité des conditions, le fait générateur dont chaque fait particulier semblait descendre, et je le retrouvais sans cesse devant moi comme un point central où toutes mes observations venaient aboutir.

Alors je reportai ma pensée vers notre hémisphère, et il me sembla que j'y distinguais quelque chose d'analogue au spectacle que m'offrait le nouveau monde. Je vis l'égalité des conditions qui, sans y avoir atteint comme aux États-Unis ses limites extrêmes, s'en rapprochait chaque jour davantage : et cette même démocratie, qui régnait sur les sociétés américaines, me parut en Europe s'avancer rapidement vers le pouvoir.

I. Ire partie, chap. 3 : « Conséquences politiques de l'état social des Anglo-américains »

[...] Il est impossible de comprendre que l'égalité ne finisse pas par pénétrer dans le monde politique comme ailleurs. On ne saurait concevoir les hommes éternellement inégaux entre eux sur un seul point, égaux sur les autres ; ils arriveront donc, dans un temps donné, à l'être sur tous.

Or, je ne sais que deux manières de faire régner l'égalité dans le monde politique : il faut donner des droits à chaque citoyen, ou n'en donner à personne.

Pour les peuples qui sont parvenus au même état social que les Anglo-Américains, il est donc très difficile d'apercevoir un terme moyen entre la souveraineté de tous et le pouvoir absolu d'un seul.

Il ne faut point se dissimuler que l'état social que je viens de décrire ne se prête presque aussi facilement à l'une et à l'autre de ses deux conséquences.

Il y a en effet une passion mâle et légitime pour l'égalité qui excite les hommes à vouloir être tous forts et estimés. Cette passion tend à élever les petits au rang des grands ; mais il se rencontre aussi dans le cœur humain un goût dépravé pour l'égalité, qui porte les faibles à vouloir attirer les forts à leur niveau, et qui réduit les hommes à préférer l'égalité dans la servitude à l'inégalité dans la liberté. Ce n'est pas que les peuples dont l'état social est démocratique méprisent naturellement la liberté ; ils ont au contraire un goût instinctif pour elle. Mais la liberté n'est pas l'objet principal et continu de leur désir ; ce qu'ils aiment d'un amour éternel, c'est l'égalité ; ils s'élancent vers la liberté par impulsion rapide et par efforts soudains, et, s'ils manquent le but, ils se résignent ; mais rien ne saurait les satisfaire sans l'égalité, et ils consentiraient plutôt à périr qu'à la perdre.

D'un autre côté, quand les citoyens sont tous à peu près égaux, il leur devient difficile de défendre leur indépendance contre les agressions du pouvoir. Aucun d'entre eux n'étant alors assez fort pour lutter seul avec avantage, il n'y a que la combinaison des forces de tous qui puisse garantir la liberté. Or, une pareille combinaison ne se rencontre pas toujours.

(éd. J. Jardin, © Éditions Gallimard, coll. « Folio », 1961, p. 37-38 et 103-104.)

– Texte 5 –

■ **Claude Lefort**, *Essais sur le politique. XIXe-XXe siècles* (1986)

J'ai choisi de mettre en évidence un ensemble de phénomènes qui me paraît, le plus souvent, méconnu. L'essentiel à mes yeux, est que la démocratie s'institue et se maintient dans la *dissolution des repères de la certitude*. Elle inaugure une histoire dans laquelle les hommes font l'épreuve d'une indétermination dernière, quant au fondement du Pouvoir, de la Loi et du Savoir, et au fondement de la relation de *l'un avec l'autre*, sur tous les registres de la vie sociale (partout où la division s'énonçait autrefois, notamment la division entre les détenteurs de l'autorité et ceux qui leur étaient assujettis, en fonction de croyances en une nature des choses ou en un principe surnaturel). C'est ce qui m'incite à juger que se déploie dans la pratique sociale, à l'insu des acteurs, une interrogation dont nul ne saurait détenir la réponse et à laquelle le travail de l'idéologie, vouée toujours à restituer de la certitude, ne parvient pas à mettre un terme. Et voilà encore qui me conduit, non pas à trouver l'explication, mais du moins à repérer les conditions de la formation du totalitarisme. Dans une société où les fondements de l'ordre politique et de l'ordre social se dérobent, où l'acquis ne porte jamais le sceau de la pleine légitimité, où la différence des statuts cesse d'être irrécusable, où le droit s'avère suspendu au discours qui l'énonce, où le pouvoir s'exerce dans la dépendance du conflit, la possibilité d'un dérèglement de la logique démocratique reste ouverte. Quand l'insécurité des individus s'accroît, en conséquence d'une crise économique, ou des ravages d'une guerre, quand le conflit entre les classes et les groupes s'exaspère et ne trouve plus sa résolution symbolique dans la sphère politique, quand le pouvoir paraît déchoir au plan du réel, en vient à apparaître comme quelque chose de particulier au service des intérêts et des appétits de vulgaires ambitieux, bref se montre *dans* la société, et que du même coup celle-ci se fait voir comme *morcelée*, alors se développe le phantasme du peuple-un, la quête d'une identité substantielle, d'un corps social soudé à sa tête, d'un pouvoir incarnateur, d'un État délivré de la division.

La démocratie ne fait-elle pas déjà place à des institutions, des modes d'organisation et de représentation totalitaire, demande-t-on parfois ? Assurément. Mais il n'en reste pas moins vrai qu'il faut un changement dans l'économie du pouvoir pour que surgisse la forme de la société totalitaire.

(« La question de la démocratie », coll. « Esprit », © Éditions du Seuil, 1986, p. 29-30, coll. « Points Essais », 2001.)

SECTION 2. LA NATION

La nation est devenue depuis la Révolution française la forme privilégiée sinon unique de l'organisation politique dans le monde si bien qu'elle peut nous apparaître comme le cadre « naturel » dans lequel se pense et se vit le lien social et politique moderne ; celui aussi dans lequel s'exerce la solidarité entre les individus et les groupes sociaux. Pourtant rendre ce lien possible et efficace signifie également exclure certains groupes ou certains individus du cadre national. Ainsi la nation est-elle aussi, de manière quasi-mécanique, un lieu d'exclusion – celle-là même qui poussée à son paroxysme a pu conduire au nationalisme voire au totalitarisme.

Aujourd'hui, alors que le nationalisme reste une composante cruciale de la vie de nombreuses sociétés, la nation comme forme d'organisation politique est de plus en plus concurrencée par d'autres entités ou espaces de légitimation des relations économiques, politiques et sociales. Elle est ainsi remise en cause à la fois par le mouvement de mondialisation et la montée en puissance d'acteurs concurrents dans l'espace international – firmes multinationales, organisations non gouvernementales, organisations internationales, nouvelles entités politiques titulaires de la souveraineté... – et par l'évolution interne des sociétés contemporaines, entre individualisation du lien social et privatisation de la vie collective.

En Europe, la construction d'un nouveau cadre de référence politique qui se positionne d'emblée comme un « au-delà des nations » peut faire figure de résumé de la problématique post-nationale.

2.1. Nation ethnique ou nation civique

Pendant longtemps, les termes « ethnie » et « nation » ont été confondus. Au XIIIe siècle, on parlait ainsi de la « nation française » pour désigner les Français du royaume de France, au moment où l'historiographie se détache peu à peu de la religion pour s'intéresser à un objet nouveau, le peuple. La montée en puissance de l'État moderne, à partir du XVIe siècle (cf. 3.2.) provoque la cristallisation du sentiment national autour de l'unité politique, de la souveraineté et de l'appartenance à un corps commun. La nation moderne naît donc de la rencontre d'un héritage commun, des vieilles « nations » (*gens*) et d'une nécessité purement moderne : constituer un ensemble territorial suffisamment uni et puissant pour s'opposer aux autres. **C'est avec la Révolution française que la nation devient un concept politique essentiel pour comprendre le monde moderne** de par le transfert, juridique et émotionnel, à un être collectif nouveau des attributs de la souveraineté concentrés jusqu'ici dans la personne du roi. Le cri des troupes françaises à Valmy : « Vive la Nation ! » marque symboliquement le moment de cet avènement. Cette irruption est porteuse, immédiatement, d'une double signification : celle de la valeur historique et territoriale, voire ethnique, de la nation, et celle de son avenir politique. Dès lors, deux modèles nationaux se font jour, l'un en France, l'autre en Allemagne, inaugurant deux siècles qui seront marqués par l'affrontement des nations, notamment ces deux-là, au nom de leur principe même.

L'abbé Sièyes, dans sa brochure *Qu'est-ce que le Tiers État ?* (1789), donne le premier une **définition politique de la nation** : « un corps d'associés vivant sous une loi commune et représentée par la même législature », c'est-à-dire comme une communauté politique de citoyens formée par l'union des volontés individuelles en une association libre, fondée sur l'adhésion aux principes d'un contrat social. Il s'agit d'une conception de la nation héritée des Lumières et mise en pratique par la Révolution – la nationalité se confond avec la citoyenneté, et se définit comme l'adhésion rationnelle à des « principes », tels que ceux inscrits dans la Déclaration des droits de l'homme et du citoyen de 1789 (cf. 3.4). **C'est sur cette conception volontariste et contractualiste que s'appuie Ernest Renan, dans sa célèbre conférence à la Sorbonne du 11 mars 1882, lorsqu'il définit la nation comme « un plébiscite de tous les jours »** (cf. texte 2). Il n'existe des nations différentes que parce qu'il existe des régimes politiques différents : la différence entre nations est donc politique et non « naturelle ». Cette définition de la nation prend un relief particulier au lendemain de la défaite de 1870 contre l'Allemagne car elle implique de trouver un principe supérieur à celui du regroupement des individus et des peuples parlant la même langue dans une même entité politique. La nation française est ainsi censée constituer à la fois l'incarnation contingente et le point de départ d'une idée appelée à s'étendre dans le monde – y compris d'ailleurs comme justification de l'impérialisme et du colonialisme. Elle devient un modèle idéologique et fomente, sous des dehors patriotiques, un nationalisme. Pourtant, idéalement, cette nation « civique » ne peut se penser que dans la perspective de sa propre disparition comme nation distincte des autres, au moment où la communauté démocratique des citoyens se sera élargie à l'ensemble des peuples dans le cadre d'une « République universelle ». Cette perspective, c'est celle du **cosmopolitisme** défendu par Kant (*Idée d'une histoire universelle du point de vue cosmopolitique*, 1784), pour lequel **la « paix perpétuelle » est le corollaire de l'extension à tous les peuples, et dans le cadre des relations entre États, du modèle national contractualiste.**

À cette conception civique « à la française » de la nation s'oppose, classiquement, **la conception ethnique, « à l'allemande », forgée dans le mouvement romantique.** La nation est vue dans cette perspective comme un « esprit du peuple » (*Volksgeist*) par Johann Herder. Elle n'est plus un principe mais plutôt une « âme collective », unissant culturellement, à partir d'une langue commune par exemple, les hommes en un corps politique et social. L'appartenance à ce corps ne se décide pas, elle ne procède pas d'un choix ou d'une construction mais d'une nécessité identitaire, s'inscrivant dans l'histoire et la géographie. C'est la tradition, l'enracinement dans un passé dont la particularité est revendiquée comme telle et non la perspective d'un avenir à construire qui unit les hommes. **La nation est une totalité organique qui englobe chaque individu mais qui se réalise en dehors de lui, avant lui.** Les relations entre les nations peuvent être conflictuelles de manière tout à fait bénéfique puisqu'elles mettent en jeu l'existence des peuples eux-mêmes, dans la réalité de leur être et permettent de valider historiquement une hiérarchie entre les peuples. Fichte va exalter cette conception et l'ériger en modèle dans ses *Discours à la nation allemande* écrits en réaction à l'invasion de l'Allemagne par les troupes napoléoniennes après la victoire de Iéna en 1806 (cf. texte 1). La prise en compte d'éléments « objectifs » tels que la langue, la religion ou l'ethnie pour déterminer l'appartenance nationale conduit à l'adoption d'un droit du sang (*jus sanguinis*) strict selon lequel on ne pouvait pas devenir Allemand si l'on était pas né Allemand – l'Allemagne a modifié en 1999 son code de la nationalité en ouvrant plus largement aux personnes sans origine allemande la possibilité d'acquérir la nationalité allemande.

La présentation trop schématique des deux conceptions classiques de la nation pourrait laisser penser qu'il s'agit d'une surdétermination nationale de plus, et renvoyer une psychologie collective aussi imprécise qu'hasardeuse. Il suffit de rappeler que Maurice Barrès ou Charles Maurras, et Ernest Renan lui-même dans ses écrits d'avant 1870 lorsqu'il critique la philosophie égalitaire de la Révolution et invoque la « race », ont développé une vision ethniciste et historiciste de la nation qui atteint son apogée à la fin du XIXe siècle et au moment de l'Affaire Dreyfus pendant laquelle le thème du « bouc émissaire » étranger devient le ferment du nationalisme. En Allemagne, Kant bien sûr, mais aussi Fichte lui-même, dans ses *Considérations sur la Révolution française* ou dans *Fondement du droit naturel* (1797), présentent des thèses universalistes proches de la conception civique de la nation. D'ailleurs l'exemple de l'évolution d'un Fichte montre bien que **le « principe des nationalités », qui va embraser l'Europe après le passage de Napoléon et déboucher en 1848 sur une Europe traversée de clivages nationaux, s'il procède d'une logique de liberté propre au « modèle français » trouve souvent sa concrétisation et son expression dans l'ethnicisme du « modèle allemand ».** La nation moderne apparaît ainsi comme une tentative de faire coïncider le plus exactement possible ce que le philosophe américain contemporain Michael Walzer appelle la « communauté morale » et la « communauté légale », c'est-à-dire de recouper l'ensemble social pertinent de légitimation historique, géographique et culturel dans lequel vivent les individus – Walzer parle d'individus unis par leur compréhension partagée des liens les unissant – et l'ensemble politique choisi par ces mêmes individus pour exercer ce « vivre ensemble » – Walzer évoque des actes de consentement créant et délimitant l'autorité souveraine. Si le recoupement n'est pas total ou maximal, les citoyens s'interrogent sur la légitimité de l'entité politique dans laquelle ils vivent et peuvent la remettre en cause en allant jusqu'à la sécession (*Sphères de justice. Une défense du pluralisme et de l'égalité*, 1983 – trad. © Éditions du Seuil, 1997).

2.2. De la nation au nationalisme

De la nation au nationalisme, la frontière est ténue, car c'est dans l'exaltation de l'unité nationale, qu'il s'agisse de défendre des principes ou une identité, que se forge l'esprit d'une nation. Et qu'est-ce que cet esprit sinon la conviction partagée que l'appartenance à une entité politique commune doit se traduire par la mise en avant de différences avec ceux qui sont à l'extérieur de cette entité ? Or cette spécificité se traduit vite par une autre conviction, selon laquelle le caractère des individus qui composent cette entité est modelé par celui du groupe lui-même, en fonction d'une histoire commune et de principes partagés qu'il est difficile de dissocier. Et la pente naturelle du nationalisme ainsi approché le conduit au conflit, nécessaire pour souder l'unité nationale, contre l'extérieur, et pour tester la valeur intrinsèque de son modèle, supposé supérieur aux autres en raison de son caractère exceptionnel. L'universalisation du modèle français n'était pas conçue autrement, dès la Révolution. On perçoit mieux, dès lors, que si la conception ethniciste de la nation entretient une relation plus directe avec le nationalisme, dans la mesure où elle fait de la nation le lieu de la passivité et du non-délibéré et où elle l'inscrit dans le cadre d'une détermination naturelle que l'individu ne peut infléchir, on peut difficilement exonérer la conception contractualiste de toute tentation nationaliste dans la mesure où elle correspond à la recherche d'un fondement transcendant du politique, et qu'elle semble dès lors échapper au cadre même du débat démocratique.

Historiquement, le nationalisme plonge ses racines dans les transformations que subissent les sociétés industrielles au XIXe siècle, dans les « nécessités de la société industrielle » selon Ernest Gellner (*Nation et nationalismes*, 1989). L'émergence de la société industrielle tend en effet à promouvoir une homogénéisation culturelle du fait de la nécessité pour les individus de communiquer dans un idiome standardisé avec les autres acteurs d'une nouvelle division du travail beaucoup plus complexe que par le passé. **Le processus de construction nationale progresse ainsi au rythme de l'absorption dans le système éducatif de populations de plus en plus périphériques qui ont compris que l'apprentissage de la langue dominante était la condition de leur ascension sociale.** Le nationalisme se développe parce qu'il fait figure de substitut à l'ordre social ancien, « holiste », communautaire et hiérarchisé alors que la société individualiste, atomisée et égalitaire, entraîne la destruction des structures sociales traditionnelles. La croyance nationale satisfait ainsi un besoin humain, celui d'appartenir à une communauté cohérente et stable. **Le sentiment national lui-même se diffuse grâce aux nouveaux moyens de communication de masse – la presse écrite.** Son développement procure à des individus qui ne se connaissent pas, sur un territoire étendu, le sentiment d'appartenir à une « communauté imaginée ». Le fait « d'ouvrir un journal » est en effet paradoxal, il est effectué de manière individuelle, dans « une intimité silencieuse et absorbée », tout en sachant que cet acte est reproduit simultanément par des millions d'autres personnes, dont on est sûr de l'existence mais dont on ignore l'identité (Benedict Anderson, *L'imaginaire national*, 1996). **La nation moderne est bien ce rassemblement humain étendu dont les membres s'identifient à la collectivité sans se connaître, et pour laquelle on accepte de mourir en la défendant.** Et le nationalisme se définit bien dans « cette tension pour établir une congruence entre la culture et la société politique, dans l'effort pour que la culture soit dotée d'un seul et même toit politique », il ne se limite ni à un romantisme du sang et du sol ni au sentiment d'appartenance « à un même système d'idées, de signes, d'association et de modes de comportement et de communication » (Gellner, *op. cit.*, p. 11).

2.3. La nation dans l'ère post-nationale

Les excès du nationalisme au XXe siècle : guerres mondiales, colonialisme, guerres civiles, totalitarismes, « purification ethnique »… ont profondément ébranlé le modèle national. « Si l'on considère le sang qu'elle a fait couler au cours de l'histoire, la manière dont elle a contribué à nourrir les préjugés, le racisme, la xénophobie et le manque de compréhension entre les peuples et les cultures, l'alibi qu'elle a offert à l'autoritarisme, au totalitarisme, au colonialisme, aux génocides religieux et ethniques, la nation me semble l'exemple privilégié d'une imagination maligne » (Mario Vargas Llosa, cité dans Dominique Schnapper, *La communauté des citoyens*, 1994, p. 12). Dès la fin de la Première Guerre mondiale, l'idée de donner à un « concert des nations » défaillant, incapable d'empêcher la guerre, une structure juridique plus contraignante se fait jour. Ce sont la Société des Nations née de l'idéalisme du président américain Woodrow Wilson, et surtout, **après la Seconde Guerre mondiale**, l'Organisation des Nations Unies (cf. chap. 6.3.). La logique de cette approche internationale n'est plus la simple coexistence pacifique mais la coopération volontariste à un ensemble institutionnel. **On passe d'une régulation bilatérale directe entre les États à une régulation multilatérale par l'intermédiaire d'institutions nouvelles.** Des buts sont proclamés communs par les États adhérant aux institutions (buts inscrits dans des déclarations de principe ou des chartes : interdiction de la guerre, émancipation des peuples colonisés, droit au développement, protection du patrimoine de l'humanité…). Il s'agit donc de la véritable naissance d'une société internationale avec ses institutions et ses buts propres, irréductibles les unes et les autres aux États. La vocation de ces institutions et de ces buts est universelle. Aujourd'hui, après la fin de la guerre froide et de la bipolarité, le besoin d'une véritable régulation politique dépassant le cadre national s'est accru. Il ne s'agit plus seulement de contrôler la course aux armements ou de garantir la paix entre deux belligérants, il s'agit désormais de faire face à une multiplicité d'enjeux de taille mondiale : de la gestion des marchés financiers à celle de l'immigration, de la lutte contre la criminalité à celle contre les risques environnementaux. Pour faire face à ces bouleversements de l'ordre du monde qui ignorent de plus en plus les frontières, le modèle national paraît de moins en moins adapté.

Cette double crise de légitimité et d'efficacité de l'État-nation trouve aujourd'hui sa meilleure illustration dans la construction européenne ;

construction inédite parce que volontaire, qui s'opère entre des nations longtemps antagonistes et particulièrement attachées aux instruments de leur souveraineté. Trois grandes solutions s'offrent ainsi à une Europe politique entrée la première dans ce que Jürgen Habermas appelle « **l'ère post-nationale** ». D'abord, la poursuite de la méthode dite « fonctionnaliste », celle des Pères fondateurs, de Jean Monnet notamment, qui fait avancer la construction de l'Europe à « petits pas », et selon laquelle l'approfondissement communautaire des institutions européennes existantes doit suffire à rattraper le retard pris par rapport à l'intégration économique, juridique et administrative de l'Union européenne tout en autorisant l'accueil de nouveaux membres. La deuxième voie possible est celle du réinvestissement politique de la nation comme modèle européen spécifique tel que le proposent les « souverainistes », en France notamment, qui déboucherait sur une formule confédérale, limitant l'espace européen à un grand marché. Enfin, la voie d'un regroupement des États européens au sein d'une fédération par la mise en commun, organisée par un pacte constitutionnel, d'une part de leur souveraineté. Cette dernière voie, celle d'un **fédéralisme tempéré**, apparaît à la fois comme la plus novatrice et la plus prometteuse en ce qu'elle répond aux deux défis de la légitimité et de l'efficacité adressés aujourd'hui à la nation, en respectant à la fois la souveraineté des peuples nationaux, garants de la légitimité démocratique, et en permettant une meilleure adaptation du niveau de décision aux problèmes soulevés. Cette organisation fédérale repose en effet sur un pacte d'où résulte une union volontaire et libre entre les peuples des États membres. Mais ce pacte n'est pas un simple traité de droit international, il se rapproche davantage d'une constitution en ce qu'il crée une loi fondamentale qui règle l'organisation des pouvoirs publics ainsi que la répartition des compétences entre États et Fédération, tout en garantissant le respect des droits fondamentaux. Ainsi la nation européenne et son cortège de liens communs tissés tout au long de l'histoire n'est-elle pas appelée à disparaître, mais plutôt à s'adapter, au même titre que d'autres concepts et réalités qui lui sont contemporains : l'État, la souveraineté, la démocratie…, à un nouveau moment de cette « modernité inachevée » comme le dit Habermas.

Textes

– Texte 1 –

■ Johann Gottlieb Fichte, *Discours à la nation allemande* (1807-1808)

Et c'est ainsi que doit enfin ressortir dans sa parfaite clarté ce que nous avons voulu *dire* en parlant des Allemands dans la description que nous avons proposée jusqu'ici. Voici le véritable principe de distinction croit-on à l'existence, en l'homme lui-même, de quelque chose d'absolument premier et d'originel, à la liberté, à la possibilité d'un amendement infini, à un progrès éternel de l'espèce ? Ou bien n'y croit-on pas, et même se figure-t-on apercevoir et concevoir en toute clarté que c'est très exactement le contraire qui se produit ? Tous ceux qui vivent eux-mêmes une existence créatrice et productrice de nouveauté, ou bien qui, si cela leur a été refusé, du moins ont résolu de se désintéresser de ce qui est futile et restent dans l'attente du jour où, peut-être, le courant de la vie originelle viendra les saisir, ou encore ceux qui, sans être allés aussi loin, ont en tout cas un pressentiment de la liberté et ne la haïssent pas, ni ne s'effraient devant elle, mais au contraire l'aiment, tous ceux-là sont des hommes originels, ils constituent, quand on les considère collectivement, un peuple original, le peuple entendu absolument, bref des Allemands. Tous ceux qui acceptent d'être de second ordre, de n'avoir qu'une nature dérivée, qui se reconnaissent et se conçoivent explicitement comme tels, le sont en effet, et ils le deviennent toujours davantage à la faveur de cette croyance.

Ils constituent un appendice à la vie, laquelle s'est déployée devant eux, ou à côté d'eux, selon sa dynamique propre ils sont l'écho d'une voix déjà éteinte, que répercute la roche ; collectivement, ils sont exclus du peuple originel, et ils sont pour lui des étrangers. Dans la nation qui, jusqu'à aujourd'hui, se nomme le peuple par excellence, autrement dit le peuple allemand, quelque chose d'originel s'est manifesté à l'époque moderne, du moins jusqu'à maintenant, une force productrice du nouveau s'y est affirmée ; désormais, grâce à une philosophie devenue transparente à elle-même, cette nation disposera enfin du miroir dans lequel elle se forgera une conception claire de ce qu'elle fut jusqu'ici par nature, sans en avoir véritablement conscience, et à quoi elle était destinée par cette nature ; et invitation lui est faite de se rendre elle-même entièrement, grâce à cette conception claire et avec un art réfléchi autant que libre, telle qu'elle doit être, de renouveler le pacte et de boucler son propre cercle. On lui expose le principe d'après lequel elle a à boucler en un tel cercle quiconque croit à la spiritualité et à la liberté de cette spiritualité, et veut poursuivre par la liberté le développement éternel de cette spiritualité, – celui-là, où qu'il soit né et quelle que soit sa langue, est de notre espèce, il nous appartient et fera cause commune avec nous. Quiconque croit à l'immobilité, à la régression et à l'éternel retour, ou installe une nature sans vie à la direction du gouvernement du monde, – celui-là, où qu'il soit né et quelle que soit sa langue, n'est pas allemand et est un étranger pour nous, et il faut souhaiter qu'au plus tôt il se sépare de nous totalement.
(7e discours : « Définition approfondie du caractère originel et allemand d'un peuple », trad. A. Renaut, Imprimerie nationale, 1992, reprise dans E. Renan, *Qu'est-ce qu'une nation ?*, © Pocket, Agora, 1992, p. 244-245.)

– Texte 2 –

■ **Ernest Renan**, *Qu'est-ce qu'une nation ?* (1882)

Une nation est une âme, un principe spirituel. Deux choses qui, à vrai dire, n'en font qu'une, constituent cette âme, ce principe spirituel. L'une est dans le passé, l'autre dans le présent. L'une est la possession en commun d'un riche legs de souvenirs ; l'autre est le consentement actuel, le désir de vivre ensemble, la volonté de continuer à faire valoir l'héritage qu'on a reçu indivis. L'homme, messieurs, ne s'improvise pas. La nation, comme l'individu, est l'aboutissant d'un long passé d'efforts, de sacrifices et de dévouements. Le culte des ancêtres est de tous le plus légitime ; les ancêtres nous ont faits ce que nous sommes. Un passé héroïque, des grands hommes, de la gloire (j'entends de la véritable), voilà le capital social sur lequel on assied une idée nationale. Avoir des gloires communes dans le passé, une volonté commune dans le présent ; avoir fait de grandes choses ensemble, vouloir en faire encore, voilà les conditions essentielles pour être un peuple. On aime en proportion des sacrifices qu'on a consentis, des maux qu'on a soufferts. On aime la maison qu'on a bâtie et qu'on transmet. Le chant spartiate : « Nous sommes ce que vous fûtes ; nous serons ce que vous êtes » est dans sa simplicité l'hymne abrégé de toute patrie.

Dans le passé, un héritage de gloire et de regrets à partager, dans l'avenir un même programme à réaliser ; avoir souffert, joui, espéré ensemble, voilà ce qui vaut mieux que des douanes communes et des frontières conformes aux idées stratégiques ; voilà ce que l'on comprend malgré les diversités de race et de langue. Je disais tout à l'heure : « avoir souffert ensemble » ; oui, la souffrance en commun unit plus que la joie. En fait de souvenirs nationaux, les deuils valent mieux que les triomphes, car ils imposent des devoirs, ils commandent l'effort en commun.

Une nation est donc une grande solidarité, constituée par le sentiment des sacrifices qu'on a faits et de ceux qu'on est disposé à faire encore. Elle suppose un passé ; elle se résume pourtant dans le présent par un fait tangible : le consentement, le désir clairement exprimé de continuer la vie commune. L'existence d'une nation est (pardonnez-moi cette métaphore) un plébiscite de tous les jours, comme l'existence de l'individu est une affirmation perpétuelle de vie. Oh ! je le sais, cela est moins métaphysique que le droit divin, moins brutal que le droit prétendu historique. Dans l'ordre d'idées que je vous soumets, une nation n'a pas plus qu'un roi le droit de dire à une province : « Tu m'appartiens, je te prends. » Une province, pour nous, ce sont ses habitants ; si quelqu'un en cette affaire a droit d'être consulté, c'est l'habitant. Une nation n'a jamais un véritable intérêt à s'annexer ou à retenir un pays malgré lui. Le vœu des nations est, en définitive, le seul critérium légitime, celui auquel il faut toujours en revenir.
(© Éditions Pocket-Agora, 1992, p. 54-55.)

– Texte 3 –

■ Charles Maurras, « Patriotisme et nationalisme : définitions », *Mes idées politiques* (1937)

Les deux mots, par leur passé et par leur étymologie comme par leur sens, ont des acceptions parfaitement distinctes. Patriotisme s'est toujours dit de la piété envers le sol national, la terre des ancêtres et, par extension naturelle, le territoire historique d'un peuple la vertu qu'il désigne s'applique surtout à la défense du territoire contre l'Étranger. Comme le mot suppose une frontière déterminée, un État politique défini, il a quelque chose d'officiel et d'installé. Les intrigants et les flibustiers, comme disait Mistral, sont bien obligés de lui tirer le chapeau. Mais, si nécessaire que soit le patriotisme, loin de rendre inutile la vertu de nationalisme, il la provoque à la vie. Nationalisme s'applique en effet, plutôt qu'à la Terre des Pères, aux Pères eux-mêmes, à leur sang et à leurs œuvres, à leur héritage moral et spirituel, plus encore que matériel.

Le nationalisme est la sauvegarde due à tous ces trésors qui peuvent être menacés sans qu'une armée étrangère ait passé la frontière, sans que le territoire soit physiquement envahi. Il défend la nation contre l'Étranger de l'intérieur. La même protection peut être due encore dans le cas d'une domination étrangère continuée dont la force consacrée par un droit écrit n'est pourtant pas devenue un droit réel ainsi qu'il était arrivé, notamment, pour la Pologne, pour l'Irlande et, plus anciennement, pour l'Italie du temps de *Mes Prisons*.

De ce qu'un peuple impose doctrine ou méthode à un autre peuple, il ne s'ensuit pas du tout qu'elle rapproche d'une culture plus générale et plus voisine de l'universel. Cela peut arriver. Cela n'arrive pas toujours.

Le propre de l'esprit classique français est de s'enrichir par adaptation, par interception de toutes les grandes découvertes de l'humanité. Ainsi Rome, d'après Montesquieu, s'honora d'utiliser tous les engins de guerre, toutes les bonnes méthodes qu'elle put observer chez ses ennemis. Le Germanisme se renferme au contraire dans l'étroite prison d'un esprit national qui n'a d'humain que ses prétentions, car il est, en fait, très strictement circonscrit dans l'espace et dans le temps.

Il y a donc nationalisme et nationalisme ? Il y a donc autant de nationalismes que de nations ? Mais la même difficulté peut se poser pour le patriotisme aussitôt qu'il se distingue de la simple piété élémentaire du sol natal et de son clocher. Pas plus que les hommes, les patries ne sont égales ni les nations. L'esprit doit se garder en tout ceci du piège que lui tendent le vocabulaire de la démocratie internationale et celui des juristes inattentifs aux différences des matériaux de leurs déductions. Le vieux mot n'a pas cessé d'être vrai, qu'une *science* est *d'abord une langue* bien *faite*. On n'abolit pas les distinctions nécessaires quand on les néglige. L'abstraction légitime a des règles précises, on peut les ignorer cela ne suffit pas pour les anéantir.

(Éd. Albatros, 1986, p. 305-306.)

– Texte 4 –

■ Dominique Schnapper, *La communauté des citoyens. Sur l'idée moderne de nation* (1994)

La construction européenne risque d'avoir pour effet pervers de contribuer à cette dépolitisation des démocraties libérales. La paix qu'elle a établie entre les nations européennes démobilise le sentiment national. Le système international européen d'avant 1914, fondé sur les rivalités entre nations voisines, nourrissait le patriotisme et entretenait l'intégration de chaque entité nationale. Toute guerre ou menace de guerre est un facteur d'intégration. Depuis la fin de la Seconde Guerre mondiale, les pays de l'Europe, où étaient nées les nations et où les guerres furent jusqu'au XXe siècle un instrument privilégié de la naissance et de la vitalité du sentiment national, ont conclu leurs rivalités par des négociations, des compromis et des accords. Maintenant que – à tort ou à raison – le communisme n'apparaît plus comme un danger, la situation extérieure risque paradoxalement d'accroître la menace de voir se déliter l'intégration nationale, lorsque, par ailleurs, se multiplie le nombre de ceux qui sont menacés par l'exclusion économique et sociale. Comment ou par qui remplacer les « ennemis héréditaires » que la France, l'Angleterre, l'Allemagne et la Russie ont, selon les périodes, joués l'une pour l'autre ?

La Communauté économique européenne a, d'autre part, créé une Europe des producteurs, des consommateurs et des marchands. Les autorités de Bruxelles interviennent essentiellement dans la vie économique et sociale, elles s'efforcent d'agir sur l'emploi, l'égalité entre les sexes, la rénovation urbaine et l'aménagement rural, la formation et la culture. Elles tendent à renforcer les pouvoirs des collectivités régionales, avec lesquelles elles traitent directement, aux dépens des États nationaux, et à réveiller la vivacité des identités infra-nationales. La citoyenneté « postnationale », d'ailleurs, qu'appellent de leurs vœux les philosophes et les juristes inquiets de toute dérive nationaliste, si elle était adoptée, agirait aussi dans le sens de la dépolitisation. C'est dans le cadre de la nation que s'étaient construites la légitimité et les pratiques de la démocratie : l'affaiblissement de l'État national, qui est une conséquence de la construction européenne, risque d'entraîner aussi celui de la démocratie. L'appel, souvent maladroit et toujours passionné en France, à « la République » à gauche, et au « patriotisme » et à la « souveraineté » à droite, l'inquiétude qui s'exprime dans toutes les démocraties libérales sur l'échec de l'École, où doit s'enseigner la démocratie, traduisent l'inquiétude que suscite

une évolution que le sociologue peut analyser dans ses propres termes. Dans des sociétés qui ne reconnaissent plus la légitimité du principe religieux, ni du principe dynastique, la dissolution du lien national par la citoyenneté dans l'Europe de l'Ouest risque d'affaiblir encore le lien social. Max Weber pensait qu'il n'y avait pas de nation sans volonté de puissance. Il ne pourra pas non plus y avoir d'Europe sans volonté politique commune. La participation au même système économique et social ne suffit pas à unir les hommes. Les sociologues devraient être les derniers à oublier que l'homme social n'est pas seulement un *homo œconomicus*, qu'il vit aussi de ses passions, de ses valeurs et de sa volonté.
(© Éditions Gallimard, coll. « NRF Essais », p. 197-198.)

– Texte 5 –

■ Jürgen Habermas, « Tirer la leçon des catastrophes », *Après l'État-nation. Une nouvelle constellation politique* (1998)

Les processus propres à la mondialisation qui ne sont pas purement économiques nous habituent petit à petit à une *autre* perspective. Celle-ci nous révèle toujours plus clairement l'étroitesse de nos théâtres sociaux, la communauté de risques et le tissu des destins collectifs que nous formons. L'accélération et l'intensification de la communication et des échanges réduisent les écarts spatiaux et temporels, alors même que l'expansion des marchés se heurte aux limites de la planète et l'exploitation des ressources à celles de la nature. Ne serait-ce qu'à moyen terme, l'horizon rétréci ne nous permet plus de nous débarrasser des conséquences de nos actions ; de plus en plus rarement, en effet, nous pouvons, sans encourir de sanctions, nous débarrasser de nos faux frais et de nos risques au détriment d'autres secteurs de la société, de régions lointaines, de cultures étrangères ou de générations futures. C'est là une chose évidente qui concerne à la fois les risques que nous fait courir la technologie, difficiles à délimiter, et la production industrielle de matières toxiques au sein des sociétés prospères qui menace désormais tous les continents. Mais alors, pendant combien de temps encore pourrons-nous faire assumer les faux frais de la logique économique aux fractions de la population ouvrière devenues « inutiles » ?
(Trad. Rainer Rochlitz, © Éditions Fayard, 2000, p. 36-37.)

SECTION 3. LA JUSTICE SOCIALE

La justice est à la fois une valeur, au sens moral, et une institution. Évoquer la justice sociale, c'est faire référence d'abord à la valeur, même si l'expression induit son inscription dans un contexte institutionnel : celui de l'organisation politique et du lien social. On parle aussi de justice distributive, celle-ci renvoyant à la question du juste et de l'injuste dans l'ordre politique et social.

S'interroger sur le caractère juste ou injuste d'une société, c'est s'interroger sur la manière dont un ensemble de biens matériels ou symboliques (droits et devoirs, pouvoirs et dépendances, richesse et pauvreté...) sont distribués en son sein. Et même s'il ne s'agit pas du seul critère d'appréciation d'une institution ou d'une société, l'évaluation de son caractère juste ou injuste apparaît, en particulier dans le cadre des sociétés démocratiques modernes, comme une donnée essentielle de sa légitimité pour les individus ou les groupes qui en reçoivent ou en subissent bienfaits et obligations.

Il y a deux manières différentes d'être juste pour un individu : soit il y trouve intérêt ou avantage, soit il accepte un devoir d'équité ou une attitude d'impartialité dans la réalisation des aspirations et intérêts de chacun. La première conception, dite de « la justice comme avantage mutuel », apparaît comme une manière classique de penser la justice depuis les Sophistes grecs. La justice se résume dès lors à un compromis entre des hommes qui reconnaissent certaines formes de conduite que leur dicte la prudence ; la justice étant alors conçue comme un pacte entre des égoïstes rationnels dont la stabilité dépend de l'équilibre des forces. La seconde conception, dite de « la justice comme impartialité », implique que le motif de l'action juste tienne au désir d'agir justement de l'agent, c'est-à-dire indépendamment de ses intérêts, voire à son détriment. C'est l'approche kantienne de la justice qui fait de l'acceptation d'un devoir d'équité par les participants à une pratique commune le reflet en chacun de la reconnaissance des aspirations et des intérêts des autres.

3.1. Justice et égalité

L'homme est avant tout sensible à l'injustice parce qu'elle correspond à la découverte d'une réalité insupportable, d'un dérangement de l'ordre du monde : « J'errai et je vis toutes les injustices commises sous le soleil et je vis les larmes des victimes de l'injustice [...]. Alors je louai les morts qui étaient déjà morts, plus que les vivants qui étaient encore en vie ; et plus heureux que les deux autres, celui qui ne vit pas encore, et qui n'a pas encore vu l'iniquité qui se commet sous le soleil » (*L'Ecclésiaste*, 4, 1-3). L'inégalité vient en second, car elle n'apparaît qu'avec l'émergence du sujet moderne, du sujet de droit (cf. V. 3.). **La sensibilité à l'injustice, et de là au sens du juste, est immédiate, alors qu'inégalité et égalité supposent une réflexion de la part de l'homme sur sa place dans le monde.** C'est cette réflexion qui fonde précisément la modernité philosophique et les combats politiques qui lui sont liés, qu'il s'agisse de la démocratie ou des droits de l'homme (cf. III. 4 et IV. 1.). L'injustice renvoie à la chute d'un absolu : la justice ; alors que l'inégalité n'est que l'expression d'une situation relative : l'égalité. Pourtant la justice est aussi une notion politique, à propos de laquelle les hommes n'ont de cesse de s'interroger depuis l'Antiquité.

3.2. Théories classiques de la justice

L'interrogation méthodique et philosophique sur la justice est née dans la Grèce antique. Avant les philosophes, au VIIIe siècle avant J.-C., le poète grec Hésiode nous dit, dans la *Théogonie,* que Zeus, en dieu souverain juste lui-même et en tant que modèle absolu, « a fait don aux hommes de la justice (*dikè*), qui de beaucoup est le bien le meilleur » (*Les travaux et les jours*, trad. P. Mazon, Les Belles Lettres, 1928, p. 279). C'est précisément en cultivant cette disposition à la justice, interdite aux animaux, que les hommes peuvent former cette communauté indispensable à leur survie, qu'ils peuvent connaître le bien. La question qui se pose dès lors est de nature politique : quelle est la relation entre le principe naturel unificateur de la justice et la Cité, lieu de la vie des hommes ? C'est à cette question que vont s'efforcer de répondre Sophistes et Philosophes, à partir du Vᵉ siècle, au moment où s'établit la démocratie à Athènes, autour de deux thèses principales organisant la justice selon la Nature ou selon la Loi, celle-ci étant une simple convention, une institution proprement humaine. Ainsi Socrate s'oppose-t-il aux Sophistes sur la question de la justice dans le *Gorgias* de Platon, en expliquant, notamment, que si l'on peut être heureux et injuste à la fois, à la manière du tyran qu'évoque Polos, alors il vaut mieux subir l'injustice que la commettre. Dans *La République*, Platon développe sa propre théorie de la justice selon laquelle la justice individuelle est une représentation en chacun de l'ordre harmonieux de la Cité autour des vertus (sagesse, courage et modération). Comme pour l'ordre social, la justice de l'âme vient de la répartition harmonieuse des vertus et l'injustice du désordre (texte 1). Pour Aristote, le juste, à l'image du bien, ne peut être de nature conventionnelle. Dans le livre V de l'*Éthique à Nicomaque*, il distingue deux conceptions de la justice : la justice générale et la justice particulière. La première se rapporte à la loi en général, la seconde à l'égalité. La justice générale est une vertu de surplomb – suprême dans le cadre d'une Cité idéale – qui comprend l'ensemble des autres vertus (telles que le courage et la tempérance par exemple) et dispose l'homme à la vie politique et sociale. Mais la justice est également particulière dans le sens où elle renvoie d'une part à la distribution des biens, des honneurs et des richesses, etc., dans la Cité : c'est la justice *distributive* ; d'autre part à la correction des injustices commises dans le cadre des relations privées : c'est la justice *corrective*, celle du juge évaluant le respect des termes d'un contrat par exemple. Ces deux dimensions, relatives à l'égalité dans la Cité sont sous-tendues par la notion de justice *commutative* qui permet de préciser la nature de l'échange et de fixer la valeur des biens dans le caractère de réciprocité de cet échange.

3.3. Théories modernes de la justice

L'avènement de la modernité politique, à partir du XVIᵉ siècle, rompt le rapport classique du juste au bien. Il ne s'agit plus de réaliser le juste en fonction d'une conception ordonnée du bien mais d'assurer la justice sociale entre des individus aux droits égaux et aux aspirations variées. **La justice sociale devient une question déontologique : elle n'est plus donnée, mais procède désormais de conventions entre les hommes par lesquelles elle doit être à la fois légalisée et légitimée.** La justice se confond alors de plus en plus avec le thème juridique de l'égalité. C'est Emmanuel Kant qui en s'inscrivant dans la tradition contractualiste (cf. chapitre 3.3.) produit le modèle moderne par excellence d'une théorie déontologique de la justice. Pour Kant, la recherche des conditions de la justice est liée à celle de la liberté dans son acception juridique, c'est-à-dire la liberté d'action circonscrite par les lois. La théorie de la justice de Kant vise ainsi à distinguer la définition juridique de la liberté, celle des hommes dans l'état social, de sa définition « sauvage », celle de la licence de l'état de nature. Le droit se définit pour Kant comme « l'ensemble des conditions au moyen desquelles la volonté de l'un peut s'accorder avec celle de l'autre, suivant une loi générale de liberté » (*Métaphysique des Mœurs*, 1797, « Doctrine du droit », introduction, B, trad. Barni, 1854). Or ce qui est conforme au droit est juste. Les principes de justice sont des principes moraux, ils sont formels et non matériels – ils sont indépendants des désirs, intentions, besoins… variables des individus –, ce sont des impératifs catégoriques. **La justice aux yeux de Kant peut donc être définie comme l'ensemble des conditions formelles qui permettent au libre choix de chacun d'être compatible avec la liberté de tous.** Il s'agit de la définition de la justice comme impartialité par excellence (cf. texte 2).

L'approche kantienne est réfutée, au XIXe siècle, par **John Stuart Mill** au nom d'une conception tout aussi canonique de la justice comme avantage mutuel. **Conception ouvertement utilitariste, celle où le juste n'est perçu comme tel que lorsque chacun y trouve son avantage.** Mill récuse ce qu'il appelle « l'absolutisme kantien » en constatant que « si la justice est absolument indépendante de l'utilité, si c'est un principe *per se* que l'esprit peut reconnaître par simple introspection, il est difficile de comprendre pourquoi cet oracle intérieur est si ambigu, et pourquoi tant de choses apparaissent tantôt comme justes, tantôt comme injustes, selon le jour sous lequel on les considère » (*L'Utilitarisme*, chapitre V – cf. également texte 3).

Rejetant les conceptions kantienne et utilitariste de la justice, **les marxistes considèrent la justice sociale comme le simple reflet des préjugés politiques et des besoins économiques des classes dirigeantes, dont le but ultime est la préservation de leur position.** Marx a fait la critique de deux discours sur la justice : celui qui en fait une vertu humaine éternelle et celui qui voudrait que l'égalité des droits conduise mécaniquement à l'égalité des résultats. Ainsi, dans sa *Critique du programme de Gotha*, Marx explique-t-il qu'en prenant en compte les droits et la justice distributive on pourrait certes parvenir à une forme de socialisme, mais qu'il est indispensable de se débarrasser de ces préoccupations bourgeoises pour atteindre une forme de société supérieure. À ses yeux, s'intéresser, comme le font certains socialistes, aux formes que pourrait prendre la « redistribution des richesses » dans la société reste une manière non scientifique d'aborder la question sociale. C'est l'analyse et la transformation des modes de production qui seules importent, les modes de distribution étant subordonnés. Pour Marx, le langage de la justice sociale, à l'image de celui des droits, conduit à la rhétorique de « l'égalité formelle », loin donc du processus dialectique qui permet d'atteindre « l'égalité réelle » que suppose la réalisation de la société communiste.

3.4. La théorie de la justice de John Rawls

La critique marxiste de l'idée de justice sociale et de la notion juridique moderne d'égalité va s'avérer dévastatrice, reléguant toute interrogation à son sujet au mieux dans les préoccupations des sociaux-démocrates et autres réformistes sur l'État-providence. Le combat idéologique qui s'engage autour de la question de l'égalité rend vain pendant de nombreuses années toute réflexion sérieuse sur le sujet. Ce n'est, au XXe siècle, qu'à la suite des doutes suscités, à la fois chez les auteurs libéraux modérés et les sociaux-démocrates, tant par l'approche des sociétés communistes – une justice sociale essentiellement fondée sur un égalitarisme volontariste au mépris de la liberté individuelle – que par la mise en échec à l'occasion de la crise économique du compromis qui avait débouché sur la création d'un État-providence protecteur « du berceau à la tombe » que la notion de justice sociale est revenue au centre des préoccupations à la fois philosophiques et politiques. C'est le philosophe américain John Rawls qui a été l'artisan de la relance d'un débat sur ce thème.

Rawls reformule la question de la justice sociale moderne : comment les hommes peuvent-ils rester égaux tout en reconnaissant et en formalisant publiquement leurs différences ? Rawls reprend, à la suite de Kant, la réflexion sur le moyen d'assurer à la fois un principe intangible de respect des libertés fondamentales de l'individu en même temps qu'un principe à la fois rationnel et raisonnable de traitement des différences de la situation de chaque individu au sein de la société. Il propose « deux principes de justice », le premier dit « d'égalité des libertés » : « chaque personne doit avoir un droit égal au système le plus étendu de libertés de base égales pour tous qui soit compatible avec le même système pour les autres » ; le second (double) dit « de différence » et de « juste égalité des chances », à propos de la répartition des richesses : « les inégalités sociales et économiques doivent être organisées de façon à ce que, à la fois, (a) l'on puisse raisonnablement s'attendre à ce qu'elles soient à l'avantage de chacun et (b) qu'elles soient attachées à des positions et à des fonctions ouvertes à tous » (John Rawls, *Théorie de la justice*, 1971, trad. C. Audard, Seuil, 1987, p. 91). Les inégalités sont ainsi reconnues comme incontournables mais corrigibles, de manière progressive, avant tout au profit de ceux qui bénéficient le moins du libre jeu politique, économique et social offert par la société libérale. Rawls entend ainsi relever le défi moderne de l'inévitable inégalité sans verser dans l'injustice : en assumant le « fait du pluralisme » des opinions, valeurs, conceptions de la vie bonne, etc., sans risquer de perdre le lien social dans le jeu de la concurrence débridée, et en réaffirmant l'égalité des droits. En fait, corriger les inégalités « réelles » sans sacrifier la liberté des individus et leur égalité juridique (cf. texte 4).

La critique principale adressée à la théorie de la justice de Rawls est venue d'auteurs dits « communautaristes » pour lesquels l'individualisme et le caractère purement déontologique de la conception rawlsienne sont en contradiction avec la réalité des sociétés et des aspirations humaines (Michael Sandel, *Le libéralisme et les limites de la justice*, 1982 ; Michael Walzer, *Sphères de justice*, 1983). Dans le modèle libéral défendu par Rawls, la société n'est pas fondée sur une identité partagée ou sur une compréhension partagée du « bien commun » mais constituée par des principes, règles et procédures de droit. C'est une communauté de droit, une communauté juridique ou légale plutôt qu'une communauté identitaire ou morale (cf. texte 5). Pour les communautaristes, le défaut de cette conception apparaît immédiatement. Il semble en effet indispensable de partager quelque chose : ne serait-ce que l'appartenance aux sociétés développées, démocratiques représentatives et libérales par exemple, afin de pouvoir se mettre d'accord sur les principes de justice qui vont régir la société et permettre le développement des différentes conceptions du bien.

3.5. Les nouvelles dimensions de la justice sociale

La remise en cause à l'occasion de la crise de l'État-providence (cf. 3.2.) des fondements du compromis social de l'après-guerre a conduit à l'émergence de nouvelles approches de la justice sociale. **La première s'inscrit dans une logique traditionnelle, proche de la théorie marxiste des classes sociales, en** mettant en avant la notion de « domination ». Il s'agit, pour l'essentiel, d'une prise en compte des divisions sociales et des relations conflictuelles qui en résultent selon les lignes de force de la structure productive (propriétaires du capital, travailleurs) mais en appliquant les concepts qui y sont liés – la domination, l'aliénation, les rapports de force, etc. – à de nouveaux groupes sociaux : les immigrés, les femmes, les homosexuels, etc. Des groupes qui ne sont plus nécessairement structurés autour du travail et dont le statut apparaît, sous plusieurs aspects, minoré dans la société. On trouve une illustration de cette approche dans les travaux les plus récents de **Pierre Bourdieu** notamment – sur les modes de reproduction des élites, sur la misère, sur la domination sexuelle... – qui présentent une vision de la société organisée selon des rapports conflictuels entre un « haut » et un « bas » : élite/peuple, hommes/femmes, nationaux/étrangers, journalistes/téléspectateurs, etc. La justice sociale reste, dans ce cadre, affaire de restauration des conditions d'une égalité réelle, celle-ci passant par l'identification précise des mécanismes de la domination sociale de certains groupes vis-à-vis d'autres et leur traitement politique.

Une deuxième approche tend à substituer à la question sociale classique de la redistribution des richesses, la préoccupation pour un phénomène nouveau et spécifique : l'exclusion sociale. Les auteurs qui privilégient l'étude de l'exclusion comme questionnement de la justice sociale distinguent non plus des « classes » mais des « populations », positionnées non plus selon une structure « haut/bas » mais entre un « centre » et une « périphérie » de la société selon leur plus ou moins grande « insertion » dans la vie économique, sociale, politique, culturelle de cette société. Les populations en question forment ainsi des groupes d'inclus, de reclus, et surtout d'exclus, identifiables tout particulièrement dans certains lieux témoins : l'école, les banlieues des grandes villes. Ce sont les traits particuliers qui caractérisent ces différentes populations ou encore les politiques publiques qui sont mises en œuvre pour remédier aux formes variées d'exclusion (les zones d'éducation prioritaire, le revenu minimum d'insertion, la politique de la ville... depuis une vingtaine d'années) qui intéressent les auteurs s'inscrivant dans cette perspective – tels que **Alain Touraine**, Michel Wieviorka, François Dubet ou Serge Paugam en France.

Pierre Rosanvallon propose une troisième approche, dans *La nouvelle question sociale* (1995) : **les phénomènes actuels d'exclusion ne renvoient pas aux catégories anciennes de l'exploitation, ils méritent plutôt d'être analysés d'une manière adaptée aux nouvelles conditions de la vie sociale : une vie sociale individualisée, dans laquelle il est de plus en plus difficile de parler de groupes sociaux et de classes homogènes.** Or, cette « **individualisation du social** » rend difficile toute politique indifférenciée de lutte contre les inégalités : en particulier en matière de protection sociale et de prise en compte des risques de la vie. « Le traitement de l'exclusion en particulier ne relève pas des mêmes formes d'action publique que celles qui ont été rodées par les politiques sociales inspirées par la lutte contre les inégalités. L'application de mesures générales ne convient pas ; il est nécessaire de mobiliser les ressources des réseaux locaux, un traitement particulier doit être mis en place pour chaque personne, envisagée dans sa singularité » (J. Affichard et Jean-Baptiste de Foucauld (dir.), Justice sociale et inégalités, Introduction, éd. Esprit, 1992, p. 17). Il s'agit donc de mieux appréhender les différences de statut et leur évolution pour chaque individu afin de mieux adapter la protection sociale notamment. On découvre ainsi, au bout de la démarche de la justice sociale comme équité, la notion de « **discrimination positive** » (traduction malheureuse de l'américain affirmative action) : c'est-à-dire la compensation des handicaps sociaux de certains individus ou de certaines catégories d'individus par l'attribution de droits dérogatoires. La discrimination positive conduit dès lors à une politique de traitement préférentiel de certains groupes sociaux ou individus afin qu'ils compensent leur handicap ou rattrapent leur retard sur les autres groupes ou individus de la société au sein de laquelle ils peuvent être en concurrence avec ceux-ci (cf. Gwénaële Calvès, La Discrimination positive, PUF, « Que sais-je ? », 2004). On passe ainsi graduellement d'une conception de la justice sociale comme correction des inégalités de richesse à la mise en œuvre d'une égalité de la dignité et de reconnaissance de l'identité propre et irréductible de chacun dans la société. Les institutions doivent tenir compte de la diversité des projets et des aspirations, ainsi que des situations concrètes.

Textes

– Texte 1 –

■ Platon, *La République* (vers 375 av. J.-C.)

Glaucon : [...] Pour en venir au jugement lui-même sur la vie des hommes dont nous parlons, c'est si nous savons distinguer l'un de l'autre l'homme le plus juste et l'homme le plus injuste, que nous serons capables de juger correctement, Sinon, nous ne le serons pas. Or comment opérer cette distinction ? Voici : n'enlevons rien ni à l'injustice de l'homme injuste, ni à la justice du juste, mais posons chacun des deux comme parfait dans ce qu'il pratique. Que pour commencer l'homme injuste agisse comme les hommes compétents dans leur art : comme un pilote, ou un médecin exceptionnel, distingue ce qui est impossible dans son art et ce qui est possible, pour entreprendre le second, en renonçant au premier ; et comme ensuite, si jamais il échoue sur quelque point, il se montre capable de se corriger ; il faudrait de même que l'homme injuste, entreprenant de façon correcte de commettre des injustices, sache passer inaperçu, si l'on veut qu'il soit tout à fait injuste. Quant à celui qui se fait prendre, il faut le considérer comme imparfait. Car l'extrême injustice, c'est de donner l'impression d'être juste, quand on ne l'est pas réellement. Il faut donc attribuer à celui qui est parfaitement injuste l'injustice la plus parfaite, sans rien en soustraire, et permettre qu'au moment où il commet les plus grandes injustices, la plus grande réputation de justice lui soit assurée ; et si cependant il échoue sur quelque point, le rendre capable de se corriger, en étant à la fois apte à parler pour convaincre, au cas où l'une de ses injustices serait dénoncée, ou à user de violence, dans tous les cas où il est besoin de violence, grâce à sa virilité, à sa force, et à sa provision d'amis et de richesses. L'ayant ainsi posé, dressons en paroles à côté de lui l'homme juste, un homme simple et noble, qui entend, comme le dit Eschyle, « non pas sembler, mais être » homme de bien. Oui, il faut enlever ce « sembler ». Car s'il semble être juste, a lui viendront les honneurs et les prébendes, qui vont à celui qui semble être tel. On ne pourrait plus voir alors si c'est en visant ce qui est juste, ou en visant les prébendes et les honneurs, qu'il serait tel. Il faut donc le dénuder de tout, sauf de justice, et faire qu'il soit dans une situation contraire à celle du précédent. Lui qui ne commet aucune injustice, qu'il ait la plus grande réputation d'injustice, de façon qu'on mette sa justice à l'épreuve, pour savoir si elle n'est pas émoussée par la mauvaise réputation et par ce qui en découle ; et qu'il aille sans se déjuger jusqu'à la mort, donnant l'impres-

sion, tout au long de sa vie, d'être injuste, alors qu'en réalité il est juste. Ainsi, l'un et l'autre étant allés jusqu'à l'extrême, l'un de la justice, l'autre de l'injustice, qu'on les juge pour savoir lequel d'entre eux est le plus heureux.
(Trad. P. Pachet, © Éditions Gallimard, coll. « Folio », 1993, p. 101-102.)

– Texte 2 –

■ Emmanuel Kant, « Du rapport de la théorie avec la pratique dans le droit politique », *De ce proverbe : « Cela est bon en théorie, mais ne vaut rien en pratique »* (1793)

[6] L'égalité, comme égalité des sujets. On peut la formuler de cette manière : chaque membre du corps commun a des droits de contrainte sur tout autre, le chef de l'État seul excepté (parce qu'il n'en est pas un membre mais le créateur ou le conservateur), qui a seul le pouvoir de contraindre sans être soumis lui-même à une loi de contrainte. Mais tout ce qui se trouve sous des lois est sujet d'un État et par conséquent est soumis au droit de contrainte, à l'égal de tous les autres membres du corps commun ; un seul est excepté (dans sa personne physique ou morale), le chef de l'État, qui seul peut exercer toute contrainte de droit. Car s'il pouvait lui aussi être contraint, il ne serait pas le chef de l'État et la série de subordination s'élèverait à l'infini. Mais s'il y en avait deux (deux personnes affranchies de toute contrainte), ni l'une ni l'autre ne serait sous des lois de contrainte et l'une ne pourrait pas commettre d'injustice envers l'autre, ce qui est impossible.

[7] Mais cette égalité générale des hommes dans un État comme sujets de l'État, est tout à fait compatible avec la plus grande inégalité quant au nombre et au degré de ce qu'ils possèdent, soit en fait de supériorité physique et intellectuelle sur les autres, soit en fait de biens de la fortune en dehors d'eux et de droits en général (et il peut y en avoir beaucoup) qu'ils peuvent avoir sur d'autres ; de sorte que le bien-être de l'un dépend beaucoup de la volonté de l'autre (le bien-être du pauvre de la volonté du riche) ; qu'il faut que l'un obéisse (comme l'enfant à ses parents ou la femme à son mari) et l'autre lui commande ; que l'un sert (en qualité de journalier) et l'autre paye, etc. Mais quant au *droit* (lequel, comme expression de la volonté générale, ne peut qu'être unique et concerne la forme du droit et non la matière ou l'objet sur lequel j'ai un droit), les hommes sont pourtant tous égaux, entre eux, comme sujets. Nul en effet ne peut contraindre un autre que par la loi publique (et l'exécuteur de cette loi, le chef de l'État), par laquelle cependant tout autre peut dans la même mesure résister aux autres, sans que personne ne puisse perdre sinon par son propre crime ce droit de contraindre (par conséquent ce droit envers autrui) ; nul ne peut même y renoncer de soi-même, c'est-à-dire faire par un contrat, par conséquent par un acte juridique, qu'il n'ait plus de droits mais simplement des devoirs, parce qu'il se priverait ainsi lui-même du droit de faire un contrat et que par suite le contrat se détruirait lui-même.

[8] De cette Idée de l'égalité des hommes dans un corps commun comme sujets résulte encore cette formule : il faut que tout membre de ce corps commun y puisse atteindre tout niveau de situation (pouvant revenir à un sujet) où peuvent l'élever son talent, son travail et sa chance ; et il n'est pas permis à ses co-sujets de lui barrer la route en vertu d'une prérogative *héréditaire* (comme privilégiés pour une certaine situation) qui le retienne éternellement, lui et ses descendants, à un rang inférieur au leur.
(Jean-Michel Muglioni, Théorie et pratique – Kant, coll. « Profil Philosophie », © Hatier, Paris, 1990, p. 49-50.)

– Texte 3 –

■ John Stuart Mill, « Du lien qui unit la justice et l'utilité », *L'utilitarisme* (1861)

Il existe un lien étroit entre l'idée d'impartialité et celle *d'égalité*. […] Chaque personne affirme que l'égalité est une exigence de la justice, sauf dans les cas où, à son avis, l'inégalité s'impose parce qu'elle est expédiente, La justice qui consiste à accorder une égale protection aux droits de tous est défendue par des gens qui se montrent partisans de l'inégalité la plus odieuse dans les droits eux-mêmes. Même dans les pays où l'on pratique l'esclavage, il est admis théoriquement que les droits de l'esclave, tels qu'ils sont, doivent être aussi sacrés que ceux du maître ; et qu'un tribunal qui ne les fait pas respecter avec une impartiale rigueur, n'est pas juste ; alors qu'en même temps des institutions qui laissent à l'esclave à peine quelques droits à faire valoir ne sont pas regardées comme injustes, parce qu'elles ne sont pas regardées comme inexpédientes. Ceux qui pensent que pour des raisons d'utilité, les distinctions de rang sont nécessaires, ne regardent pas comme injuste que les richesses et les privilèges sociaux soient inégalement répartis ; mais ceux qui considèrent cette inégalité comme inexpédiente pensent aussi qu'elle est injuste.
(Trad. G. Tanesse, Flammarion, coll. « Champs », 1988, p. 124-125.)

– Texte 4 –

■ John Rawls, « L'idée principale de la théorie de la justice », *Théorie de la justice* (1971)

Mon but est de présenter une conception de la justice qui généralise et porte à un plus haut niveau d'abstraction la théorie bien connue du contrat social telle qu'on la trouve, entre autres, chez Locke, Rousseau et Kant. Pour cela, nous ne devons pas penser que le contrat originel soit conçu pour nous engager à entrer dans une société particulière ou pour établir une forme particulière de gouvernement. L'idée qui nous guidera est plutôt que les principes de la justice valables pour la structure de base de la société sont l'objet de l'accord originel. Ce sont les principes mêmes que des personnes libres et rationnelles, désireuses de favoriser leurs propres intérêts, et placées dans une position initiale d'égalité, accepteraient et qui, selon elles, définiraient les termes fondamentaux de leur association. Ces principes doivent servir de règle pour tous les accords ultérieurs ; ils spécifient les formes de la coopération sociale dans lesquelles on peut s'engager et les formes de gouvernement qui peuvent être établies. C'est cette façon de considérer les principes de la justice que j'appellerai la théorie de la justice comme équité.

Par conséquent, nous devons imaginer que ceux qui s'engagent dans la coopération sociale choisissent ensemble, par un seul acte collectif, les principes qui doivent fixer les droits et les devoirs de base et déterminer la répartition des avantages sociaux. Les hommes doivent décider par avance selon quelles règles ils vont arbitrer leurs revendications mutuelles et quelle doit être la charte fondatrice de la société. De même que chaque personne doit décider, par une réflexion rationnelle, ce qui constitue son bien, c'est-à-dire le système de fins qu'il est rationnel pour elle de rechercher, de même un groupe de personnes doit décider, une fois pour toutes, ce qui, en son sein, doit être pour juste et pour injuste. Le choix que des êtres rationnels feraient, dans cette situation hypothétique d'égale liberté, détermine les principes de la justice – en supposant pour le moment que le problème posé par le choix lui-même ait une solution.

Dans la théorie de la justice comme équité, la position originelle d'égalité correspond à l'état de nature dans la théorie traditionnelle du contrat social. Celle position originelle n'est pas conçue, bien sûr, comme étant une situation historique réelle, encore moins une forme primitive de la culture. Il faut la comprendre comme étant une situation purement hypothétique définie de manière à conduire à une certaine conception de la justice. Parmi les traits essentiels de cette situation, il y a le fait que personne ne connaît sa place dans la société, sa position de classe ou son statut social, pas plus que personne ne connaît le sort qui lui est réservé dans la répartition des capacités et des dons naturels, par exemple l'intelligence, la force, etc. J'irai même jusqu'à poser que les partenaires ignorent leurs propres conceptions du bien ou leurs tendances psychologiques particulières. Les principes de la justice sont choisis derrière un voile d'ignorance. Ceci garantit que personne n'est avantagé ou désavantagé dans le choix des principes par le hasard naturel ou par la contingence des circonstances sociales. Comme tous ont une situation comparable et qu'aucun ne peut formuler des principes favorisant sa condition particulière, les principes de la justice sont le résultat d'un accord ou d'une négociation équitables *(fair)*. Car, étant donné les circonstances de la position originelle, c'est-à-dire la symétrie des relations entre les partenaires, cette situation initiale est équitable à l'égard des sujets moraux, c'est-à-dire d'êtres rationnels ayant leurs propres systèmes de fins et capables, selon moi, d'un sens de la justice. La position originelle est, pourrait-on dire, le *statu quo* initial adéquat et c'est pourquoi les accords fondamentaux auxquels on parvient dans cette situation initiale sont équitables. Tout ceci nous explique la justesse de l'expression « justice comme équité » : elle transmet l'idée que les principes de la justice sont issus d'un accord conclu dans une situation initiale elle-même équitable. Mais cette expression ne signifie pas que les concepts de justice et d'équité soient identiques, pas plus que, par exemple, la formule « la poésie comme métaphore » ne signifie que poésie et métaphore soient identiques. La théorie de la justice comme équité commence, ainsi que je l'ai dit, par un des choix les plus généraux parmi tous ceux que l'on puisse faire en société, à savoir par le choix des premiers principes qui définissent une conception de la justice, laquelle déterminera ensuite toutes les critiques et les réformes ultérieures des institutions. Nous pouvons supposer que, une conception de la justice étant choisie, il va falloir ensuite choisir une constitution et une procédure législative pour promulguer des lois, ainsi de suite, tout ceci en accord avec les principes de la justice qui ont été l'objet de l'entente initiale. Notre situation sociale est alors juste quand le système de règles générales qui la définit a été produit par une telle série d'accords hypothétiques. De plus, si on admet que la position originelle détermine effectivement un ensemble de principes (c'est-à-dire qu'une conception particulière de la justice y serait choisie), chaque fois que ces principes seront réalisés dans les institutions sociales, les participants pourront alors se dire les uns aux autres que leur coopération s'exerce dans des termes auxquels ils consentiraient s'ils étaient des personnes égales et libres dont les relations réciproques seraient équitables. Ils pourraient tous considérer leur organisation comme remplissant les conditions stipulées dans une situation initiale qui comporte des contraintes raisonnables et largement acceptées quant au choix des principes. La reconnaissance générale de ce fait pourrait fournir la base d'une acceptation par le public des principes de la justice correspondants.

(Trad. C. Audard, © Éditions du Seuil, 1987, pour la traduction française, p. 37-39, coll. « Points Essais », 1997.)

– Texte 5 –

■ Michael Walzer, « L'égalité complexe », *Sphères de justice. Une défense du pluralisme et de l'égalité* (1983)

S'agissant de justice distributive, l'histoire a révélé une grande variété de dispositifs et d'idéologies. Mais la première réaction du philosophe est de résister à ce que montre l'histoire, au monde des apparences, et de rechercher quelque unité sous-jacente, comme une courte liste de biens fondamentaux, vite ramenés à un seul, ou comme un critère de répartition unique ou un ensemble de critères de ce type, le philosophe se tenant, symboliquement tout du moins, à un point de décision unique. Je voudrais soutenir que rechercher une unité de ce genre c'est se méprendre sur la nature de la justice distributive. En un sens, pourtant, l'impulsion philosophique est inévitable. Même si nous optons pour le pluralisme, comme je le ferai ici, c'est un choix qu'il faut justifier de manière cohérente. Il doit exister des principes qui justifient le choix et qui lui imposent certaines limites, car le pluralisme n'implique pas que nous endossions n'importe quel critère de répartition pour n'importe quel agent possible. Il n'y a vraisemblablement qu'une seule forme correcte et légitime de pluralisme. Mais ce pluralisme sera sans doute de nature à autoriser un ensemble très vaste de répartitions. Par opposition, le présupposé le plus enraciné chez la plupart des philosophes qui ont écrit sur la justice, de Platon à nos jours, est qu'il n'y a qu'un et un seul système distributif que la philosophie puisse justifier.

Aujourd'hui, on décrit souvent ce système comme celui que des hommes idéalement rationnels choisiraient s'ils étaient forcés de choisir de manière impartiale, ignorant tout de leur propre situation, empêchés de faire des revendications au nom d'intérêts particuliers, et confrontés à un ensemble abstrait de biens. Si l'on détermine correctement les conditions portant sur les connaissances et les revendications des individus, et si l'on définit correctement les biens concernés, il est probable que l'on pourra arriver à une conclusion unique. Des hommes et des femmes rationnels, contraints de telle ou telle manière, choisiront un système distributif et un seul. Mais la force de cette conclusion unique n'est pas facile à mesurer. Il est certainement douteux que ces mêmes hommes et femmes, s'ils étaient transformés en individus ordinaires, avec un sens aigu de leur propre identité et leurs propres biens entre les mains, aux prises avec les soucis quotidiens, réitéreraient leur choix hypothétique ou même le reconnaîtraient comme étant le leur. Le problème ne tient pas principalement au particularisme des intérêts, que les philosophes ont toujours cru pouvoir aisément – c'est-à-dire sans que cela suscite d'objection – laisser de côté. Cela, les individus ordinaires peuvent aussi le faire, par exemple pour satisfaire l'intérêt général. Le problème véritable est celui du particularisme de l'histoire, de la culture et de l'appartenance à une communauté. Même s'ils sont censés être impartiaux, la question que se poseront le plus probablement les membres d'une communauté politique n'est pas : que choisiraient des individus rationnels dans telle ou telle condition propre à garantir l'universalité de leur choix ? mais : que choisiraient des individus comme nous, dans la situation qui est la nôtre, partageant une culture et déterminés à continuer à la partager ? Et cette question se transforme rapidement en celle-ci : quelles sortes de choix avons-nous déjà faits durant notre vie commune ? Et quelles conceptions avons-nous (vraiment) en commun ? La justice est une construction humaine, et il est

douteux qu'elle puisse se réaliser d'une seule manière. En tout cas, je commencerai par mettre en doute, et même faire plus que mettre en doute, ce présupposé philosophique. Les questions que pose la théorie de la justice distributive peuvent recevoir toute une série de réponses, qui sont compatibles avec l'existence de diversités culturelles et de choix politiques variés. Il ne s'agit pas seulement de réaliser un quelconque principe unique, ou un quelconque ensemble de principes dans diverses situations historiques. Personne ne songe à nier qu'il y ait toute une gamme de réalisations possibles moralement justifiables. La thèse que je veux défendre a une portée plus large : les principes de justice sont eux-mêmes pluralistes dans leur forme même ; on doit répartir différents biens sociaux pour toutes sortes de raisons, en accord avec toutes sortes de procédures, faisant chaque fois intervenir des agents différents ; et toutes ces différences ont leur source dans les conceptions différentes que l'on peut avoir des biens sociaux eux-mêmes, qui sont le produit inévitable de particularismes historiques et culturels.
(Coll. « La Couleur des idées » Trad. P. Engel, © Éditions du Seuil, 1997, pour la traduction française, p. 25-27.)

SECTION 4. LE MULTICULTURALISME

Les questionnements identitaires liés à l'appartenance culturelle (ethno-raciaux, de genre, de religion, d'orientation sexuelle...) structurent aujourd'hui une grande part du débat public : qu'il s'agisse, par exemple, de déterminer les politiques de justice sociale (cf. la section 3.5 du présent chapitre), **la politique familiale ou encore la place des religions dans les sociétés séculières.** De manière plus radicale encore : tensions nationalistes, fondamentalismes religieux, tentations de repli identitaire, mouvements d'affirmation culturelle, violences racistes... sont devenus le quotidien de nombre de sociétés humaines. Si tout ceci n'est pas nouveau, les conditions socio-historiques contemporaines entre individualisation du lien social, développement économique et « pacification » du monde – en dehors de quelques zones et pays toujours soumis à la violence politique comme moyen de règlement des conflits – favorisent désormais l'émergence de revendications identitaires appuyées sur des déterminations culturelles.

Il serait pourtant réducteur de limiter ces phénomènes à une conjoncture historique, aussi déterminante soit-elle. **La manière dont se pose aujourd'hui « la question identitaire » se présente sous les traits d'une nouvelle étape dans la longue histoire de ses formulations successives.** Cette interrogation sur son identité place, depuis l'avènement de la Modernité, l'individu face à lui-même. Détaché de toute hétéronomie, l'homme moderne doit constituer son propre système de valeurs et trouver par et en lui-même les moyens de tisser le lien social dans lequel il s'inscrit. Son existence est dès lors marquée par une quête continue de ces valeurs et de ce lien social qui ne cessent pourtant, en raison de leur caractère incertain et changeant, de lui échapper. Le monde idéal et le monde réel ne correspondent pas et tout l'effort humain consiste à ramener celui-ci vers celui-là. Mais l'homme moderne ignore comment s'y prendre puisqu'il ne dispose d'aucun autre repère que ceux dont il est en mesure de se doter lui-même.

4.1. Le raisonnement multiculturaliste

Le point de départ des réflexions contemporaines sur le multiculturalisme tient à une conception de l'identité fondée sur la différence culturelle entre les individus et les groupes d'individus. Celle-ci caractérise l'identité humaine à partir de ses appartenances culturelles multiples plutôt que de son individualité – critère réservé à la vision universaliste et égalitariste de l'homme. Le multiculturalisme nous enseigne que l'individu ne peut vivre la différence qui le constitue comme être humain qu'au travers de l'appartenance à un ou plusieurs groupes « culturels ». Ces différents groupes qui forment les sociétés humaines jouant ainsi le double rôle d'agrégats des différences individuelles – qui peuvent être infinies – et de lieux de socialisation primaire des individus, en leur fournissant des éléments d'identification et les moyens d'expression concrète de leur différence (cf. texte 3).

Cette première étape du raisonnement multiculturaliste débouche sur un certain nombre de conséquences fondamentales pour la constitution du lien social. **Les groupes culturels, en raison de données historiques, géographiques, démographiques, etc., ne sont pas égaux dans l'expression de leurs différences au sein des sociétés humaines** ; ils ne possèdent pas tous le même accès à l'espace public par exemple. Ainsi, certains groupes dominent-ils les autres en leur imposant leur propre vision du monde – qui est une des expressions de leur différence –, niant en cela la ou les différences des autres, dominés. C'est le cas, par exemple, aux yeux des auteurs multiculturalistes, de la culture occidentale d'origine européenne qui valorise l'individu comme être autonome et rationnel, dont l'idéal est l'émancipation de toute emprise collective. Cette domination culturelle impose un modèle unique de pensée (la pensée occidentale sécularisée issue des Lumières), de développement (l'économie capitaliste de marché), et politique (la démocratie des droits et des libertés individuelles) au nom d'un universalisme qui se pense lui-même comme évidence rationnelle (cf. texte 4). Cette domination a conduit à la valorisation d'un certain nombre de traits culturels spécifiques qui a conduit à son tour à l'oppression, voire à la persécution (par le colonialisme, l'impérialisme, le scientisme), des cultures valorisant d'autres traits culturels et d'autres règles sociales. La logique du multiculturalisme étant de renverser ce « sens de l'histoire ». **Il s'agit de rompre avec la domination d'un groupe culturel sur d'autres pour laisser place au respect de l'ensemble des cultures et de leurs différences** ; aucune culture, aucun groupe culturel, ne pouvant être jugé supérieur à un autre quant aux valeurs et aux règles qu'il défend. Pour répondre à ces raisons philosophiques et aux enseignements de l'histoire – domination et oppression –, ce multiculturalisme politique ou militant, fidèle en cela à son « invention américaine » depuis les années 1960-1970, propose de se situer sur le terrain du droit. Il prend ainsi une nouvelle dimension, celle de la revendication de droits par les groupes culturels dominés : les minorités. L'idée dominante étant qu'en revendiquant la mise en place de droits compensatoires propres aux groupes minoritaires victimes de la domination et de l'oppression, les sociétés contemporaines peuvent effacer peu à peu les séquelles de l'histoire – c'est-à-dire endosser concrètement la responsabilité de leur attitude vis-à-vis de victimes. On constate ainsi que différents niveaux d'analyse interviennent dans le « raisonnement » multiculturaliste. D'abord **un niveau philosophique** qui lie une vision anthropologique de l'homme comme membre de groupes culturels à une pensée de la différence comme fondement de l'identité ; ensuite un **niveau historique** qui présente l'histoire humaine comme une suite de rapports de domination et d'oppression de la part de certaines cultures sur d'autres, et notamment de la culture « mâle blanche occidentale d'origine européenne » ; enfin **un niveau à la fois sociologique et politique** qui trouve son débouché dans le droit comme pivot des revendications tant sur le mode d'une compensation aux « victimes » de l'Histoire (liant droit et responsabilité) que sur celui de la projection par rapport à une conception philosophique de l'homme et de la société – liant droit et norme sociale.

4.2. Différence, reconnaissance et authenticité

Le philosophe canadien Charles Taylor explique que **l'un des traits fondamentaux de « l'identité humaine » réside dans le besoin de reconnaissance que chacun d'entre nous éprouve** : « Notre identité est partiellement formée par la reconnaissance ou par son absence, ou encore par la mauvaise perception qu'en ont les autres : une personne ou un groupe de personnes peuvent subir un dommage ou une déformation réelle si les gens ou la société qui les entourent leur renvoient une image limitée, avilissante ou méprisable d'eux-mêmes […]. La reconnaissance n'est pas simplement une politesse que l'on fait aux gens : c'est un besoin humain vital. » (« La politique de reconnaissance », *Multiculturalisme, différence et démocratie*, Aubier, 1992, p. 41-42.) Un changement déterminant dans la conscience de l'homme moderne est à l'origine de ce lien étroit entre identité et reconnaissance. Il s'agit du passage, au cours du XVIIIe siècle, de la logique de l'honneur constitutive des sociétés « holistes » et hiérarchiques à celle de la dignité, propre à la société démocratique conformément à un « idéal d'authenticité » : la source de tout bien résidant désormais en nous-mêmes et non plus à l'extérieur de notre être. La consolidation philosophique de cet idéal d'authenticité s'est faite par l'intermédiaire de Jean-Jacques Rousseau et de Johannes Herder au XVIIIe siècle, puis de John Stuart Mill qui en fait un des arguments essentiels du chapitre 3 de son essai *Sur la liberté* (cf. textes 1 et 2). Comment dès lors définir ce qu'est concrètement ce sens de « l'identité » pour l'homme moderne ? Il s'agit de « l'arrière-plan à partir duquel nos goûts, nos désirs, nos opinions et nos aspirations prennent leur sens. [Par exemple] si certaines choses que j'apprécie le plus ne me sont accessibles que par la relation avec la personne que j'aime, celle-ci devient alors partie de mon identité […]. Ainsi la découverte de ma propre identité ne signifie pas que je l'élabore dans l'isolement, mais que je la négocie par le dialogue, partiellement extérieur, partiellement intérieur, avec d'autres » (C. Taylor, *ibid.*, p. 51-52.).

Depuis la fin du XVIIIe siècle, la formation dialogique de l'identité au sein d'une sphère privée autonome trouve son prolongement naturel dans la politique de reconnaissance égalitaire à l'œuvre dans la sphère publique. Or, c'est précisément parce que les modalités de la reconnaissance égalitaire sont déficientes à l'égard de « minorités » dans les sociétés contemporaines que la question identitaire est reformulée de manière parfois bruyante. La politique de reconnaissance égalitaire a en effet conduit à développer deux positions politiques différentes qui alimentent à leur tour la problématique de l'identité moderne. D'une part, le passage de la logique d'honneur à la logique de dignité a conduit à l'idée d'universalisme – l'égale dignité des hommes conduisant à l'égalité des droits (Kant) –, d'autre part, le développement de la notion moderne d'identité a conduit à la différenciation sociale – c'est-à-dire à la nécessité de reconnaître chacun en fonction de son identité propre. Or, comment faire respecter les différences identitaires dans l'espace public si l'universalisme « trahit » sa mission du fait de son appropriation, de manière à la fois idéologique et pratique, par une partie de l'humanité : l'homme (au sens sexué), blanc, européen, chrétien, hétérosexuel… au détriment de « minorités » aux traits identitaires différenciés. Dans cette perspective, la question identitaire moderne devient une interrogation très pragmatique puisqu'il s'agit de trouver concrètement un mode d'existence du lien social qui permette de faire vivre ensemble les individus présents au sein d'une société, y compris ceux qui n'appartiennent pas à sa majorité « culturelle » (cf. texte 5).

4.3. Minorités

Le groupe culturel couramment évoqué comme unité de mesure dans le débat contemporain sur le multiculturalisme prend le plus souvent les traits d'une « minorité ». En effet, pour que l'on puisse parler à la fois d'identité et de multiculturalisme dans les sociétés contemporaines, il est nécessaire que certains groupes se perçoivent ou soient perçus comme des minorités à caractère culturel ; c'est-à-dire dont le statut minoritaire dépend d'un critère culturel. **On distingue, de manière générale, deux types de minorités culturelles : les minorités indigènes ou nationales dont l'existence est inscrite par l'histoire sur un territoire donné et qui sont souvent géographiquement homogènes** (c'est le cas par exemple des aborigènes et des Indiens aux États-Unis, au Canada ou en Australie, c'est aussi le cas de nombreuses populations européennes minoritaires dans le cadre d'État-nations, ces minorités pouvant revendiquer une partie du territoire sur lequel elles vivent), **et les minorités immigrantes qui proviennent d'une immigration volontaire et dont le désir d'intégration dans la société d'accueil est supposé plus fort que pour la première catégorie** – celle dont le statut de minorité ne dépend pas d'une volonté –, cette deuxième catégorie comprenant les minorités issues des vagues d'immigration moderne, comme, par exemple, les hispaniques aux États-Unis, les Maghrébins en France ou les différents ressortissants de l'ancien Empire britannique en Grande-Bretagne. Les groupes de cette deuxième catégorie n'ont pas de territoire à revendiquer au sein de la société d'accueil, leurs revendications passent par d'autres biais que la reconnaissance de l'autonomie territoriale.

Si cette typologie classique a l'avantage de la clarté, elle ne répond pourtant pas entièrement aux situations minoritaires que l'on rencontre aujourd'hui dans les sociétés multiculturelles. Ainsi, pour ne prendre que deux exemples, les Noirs américains ne rentrent-ils dans aucune des deux catégories évoquées – ils ne sont ni des indigènes, ni des immigrants volontaires –, alors qu'ils sont incontestablement au cœur de la « question multiculturelle américaine » ; de même est-il difficile aujourd'hui de parler de multiculturalisme en se limitant aux minorités culturelles *stricto sensu*, de nouveaux critères de différenciation minoritaire étant peu à peu venus s'ajouter à la couleur de la peau, à l'appartenance ethnique, à la langue ou à la religion : on peut citer ici des critères tels que le genre (*gender*) pour les femmes et le comportement sexuel pour les homosexuels notamment. C'est pourquoi on présentera ici une classification plus complète empruntée en partie à Will Kymlicka (*Multicultural Citizenship*, 1995). **On peut distinguer cinq types de minorités en croisant trois critères** : la concentration ou la dispersion territoriale des minorités dans une société donnée, le caractère volontaire ou non de l'inclusion d'une minorité dans la société en question (l'esclavage et la colonisation s'opposant à l'immigration par exemple) et le caractère ethnique ou non ethnique du critère d'identité mis en avant (les Noirs étant, par exemple, opposés aux femmes ou aux homosexuels selon cette distinction). Les cinq situations que l'on peut identifier à partir de cette typologie sont :

1) des minorités à forte concentration géographique qui se sont « incorporées » volontairement à une collectivité nationale (cas de la Suisse et du Canada) ;

2) des minorités à forte concentration géographique mais « incorporés » de force à la collectivité nationale (cas des Indiens et plus généralement des populations aborigènes) ;

3) des minorités à faible concentration territoriale, adhérentes volontaires et de caractère ethnique (cas des immigrés dans les pays occidentaux et des réfugiés politiques, comme par exemple les hispanophones aux États-Unis) ;

4) des minorités à faible concentration territoriale mais incorporés involontairement à une collectivité nationale et de caractère ethnique (cas typique des Noirs américains descendants des esclaves) ;

5) des minorités à faible concentration géographique et volontaires mais dont la distinction principale concerne le caractère non ethnique de l'identification, et dont le statut de minorité tient à une discrimination à partir de critères imputés ou revendiqués comme distinctifs (cas des femmes et des homosexuels par exemple).

4.4. Identité et culture

L'appartenance à une culture ou à un « groupe » culturel peut apparaître comme une des dimensions essentielles de l'autonomie de l'individu. Dans la modernité, la culture à laquelle on appartient est le contexte qui permet à l'individu de faire des choix autonomes. Si cette culture est faiblement reconnue, alors la marge d'autonomie dont dispose l'individu est réduite. D'où l'importance de la reconnaissance. Si l'on ne se place plus seulement du point de vue de l'individu mais de celui de la société dans son ensemble, **la culture comme élément constitutif de l'identité devient incontournable : ignorée elle peut devenir source de conflit, reconnue et intégrée elle enrichit l'ensemble social.**

Si l'on veut vraiment comprendre ce qu'est l'identité culturelle pour l'individu comme pour la société, il est nécessaire de dépasser cette approche simpliste, ne serait-ce qu'afin de prendre en compte les situations moins nettes que constituent les appartenances culturelles multiples ou la mise en avant de volontés de rupture avec une affiliation culturelle. C'est-à-dire des situations courantes dans les sociétés multiculturelles contemporaines. Ainsi, les présupposés multiculturalistes, pertinents lorsqu'ils établissent la coexistence de cultures différentes et insistent sur la nécessité de reconnaître les aspirations des différents groupes présents au sein d'une société dans l'espace public, se trouvent-ils malmenés lorsqu'il s'agit de prendre en compte ce qui apparaît comme un phénomène intimement lié à cette « considération » pour la différence : à savoir la possibilité pour certains individus ou pour certains groupes de ne pas se reconnaître dans leur culture d'origine – celle à laquelle la société les rattache spontanément en raison de leur origine nationale, religieuse, ethnique, etc. – soit parce qu'ils ne le désirent pas, soit parce qu'ils ne le peuvent pas, soit que leur culture d'appartenance n'offre pas de ressources suffisantes pour pouvoir s'identifier pleinement à elle, soit qu'ils sont contraints par un événement à abandonner toute ou partie de leur identité, soit encore qu'ils désirent devenir « quelqu'un d'autre », membre d'une autre culture ou d'autres cultures. **Un conflit se dessine alors entre la « liberté de choix » de son appartenance – concrètement, d'affichage de tel ou tel critère de sa propre identité dans l'espace public – et les contraintes incontournables d'une appartenance marquée dans la société : couleur de peau, pratique religieuse visible, sexe, etc.** Ce conflit témoigne pleinement de la modernité et des difficultés de l'individu à se « situer » dans son environnement : à la fois semblable, parce qu'égal, aux autres hommes et radicalement différent d'eux, il a besoin d'indications pour s'orienter dans l'espace identitaire de la société et des communautés d'appartenance au sein desquelles il vit (cf. texte 3).

Textes

– Texte 1 –

■ Jean-Jacques Rousseau, *Les rêveries du promeneur solitaire* (1776)
Tel est l'état où je me suis trouvé souvent à l'Isle Saint Pierre dans mes rêveries solitaires, soit couché dans mon bateau que je laissais dériver au gré de l'eau, soit assis sur les rives du lac agité, soit ailleurs au bord d'une belle rivière ou d'un ruisseau murmurant sur le gravier.

De quoi jouit-on dans une pareille situation ? De rien d'extérieur à soi, de rien sinon de soi-même et de la propre existence, tant que cet état dure on se suffit à soi-même comme Dieu. Le sentiment de l'existence dépouillé de toute autre affection est par lui-même un sentiment précieux de contentement et de paix qui suffirait seul pour rendre cette existence chère et douce à qui saurait écarter de soi toutes les impressions sensuelles et terrestres qui viennent sans cesse nous en distraire et en troubler ici bas la douceur. Mais la plupart des hommes agités de passions continuelles connaissent peu cet état et ne l'ayant goûté qu'imparfaitement durant peu d'instants n'en conservent qu'une idée obscure et confuse qui ne leur en fait pas sentir le charme. Il ne serait pas même bon dans la présente constitution des choses, qu'avides de ces douces extases ils s'y dégoûtassent de la vie active dont leurs besoins toujours renaissants leur prescrivent le devoir. Mais un infortuné qu'on a retranché de la société humaine et qui ne peut plus rien faire ici bas d'utile et de bon pour autrui ni pour soi, peut trouver dans cet état à toutes les félicités humaines des dédommagements que la fortune et les hommes ne lui sauraient ôter.

(© Éditions Gallimard, coll. « Bibliothèque de la Pléiade », 1959, p. 1047.)

– Texte 2 –

■ John Stuart Mill, *De la liberté* (1859)

Celui qui laisse le monde, ou du moins son entourage, tracer pour lui le plan de sa vie, n'a besoin que de la faculté d'imitation des singes. Celui qui choisit lui-même sa façon de vivre utilise toutes ses facultés : l'observation pour voir, le raisonnement et le jugement pour prévoir, l'activité pour recueillir les matériaux en vue d'une décision, le discernement pour décider et, quand il a décidé, la fermeté et la maîtrise de soi pour s'en tenir à sa décision délibérée. Il lui faut avoir et exercer ces qualités dans l'exacte mesure où il détermine sa conduite par son jugement et ses sentiments personnels. Il est possible qu'il soit sur une bonne voie et préservé de toute influence nuisible sans aucune de ces choses. Mais quelle sera sa valeur relative en tant qu'être humain ? Ce qui importe réellement, ce n'est pas seulement ce que font les hommes, mais le genre d'homme qu'ils sont en le faisant. Parmi les œuvres de l'homme que la vie s'ingénie à perfectionner et à embellir, la plus importante est sûrement l'homme lui-même. À supposer que ce soit des machines, des automates d'apparence humaine qui construisent les maisons, cultivent le blé, se battent à la guerre, jugent les causes, élèvent des églises et disent les prières, ce serait encore une perte considérable d'échanger ces automates contre les hommes et les femmes qui peuplent aujourd'hui les parties les plus civilisées du monde, car ils ne sont que de tristes échantillons de ce que la nature peut et veut produire.
(Trad. D. White révisée, © Éditions Gallimard, coll. « Folio », 1990, p. 150-151.)

– Texte 3 –

■ Charles Taylor, *Les sources du moi. La formation de l'identité moderne* (1989)

La meilleure façon de comprendre cela est sans doute d'examiner le problème que nous décrivons habituellement aujourd'hui comme la question de l'identité. Nous en parlons en ces termes parce que les gens formulent spontanément cette question sous la forme : « Qui suis-je ? ». Or, on ne peut pas nécessairement répondre à une telle question en se nommant ou en déclinant sa généalogie. Notre réponse constitue une reconnaissance de ce qui importe essentiellement pour nous. Savoir qui je suis implique que je sache où je me situe. Mon identité se définit par les engagements et les identifications qui déterminent le cadre ou l'horizon à l'intérieur duquel je peux essayer de juger cas par cas ce qui est bien ou valable, ce qu'il convient de faire, ce que j'accepte ou ce à quoi je m'oppose. En d'autres mots, mon identité est l'horizon à l'intérieur duquel je peux prendre position.

Les gens peuvent concevoir que leur identité se définit en partie par un certain engagement moral ou spirituel : par exemple, ils sont catholiques ou anarchistes. Ils peuvent la définir aussi en partie par la nation ou par la tradition à laquelle ils appartiennent : ils sont Arméniens ou Québécois. Ce qu'ils laissent entendre par là, ce n'est pas uniquement qu'ils sont fermement attachés à ce point de vue spirituel ou à ce contexte, mais que ceux-ci leur fournissent le cadre à l'intérieur duquel ils peuvent déterminer leur position par rapport à ce qui est bien, digne, admirable, valable. À titre de contre-épreuve, cela revient à dire que s'ils en venaient à perdre leur engagement ou leur identification, ils seraient, en quelque sorte, égarés ; ils ne pourraient plus reconnaître, relativement à tout un éventail de questions, ce que les choses signifieraient à leurs yeux.

Bien entendu, il arrive à certaines personnes de connaître pareille situation. C'est ce que nous appelons une « crise d'identité », une forme aiguë de désorientation, que les gens décrivent souvent en disant qu'ils ne savent plus qui ils sont, mais qui peut également s'entendre comme une incertitude radicale relativement à leur situation. Il leur manque un cadre ou un horizon à l'intérieur duquel les choses pourraient prendre une signification stable, à l'intérieur duquel certaines possibilités de vie pourraient être perçues comme bonnes ou significatives, comme mauvaises ou futiles. Le sens de toutes ces possibilités devient flou, instable ou indéterminé. Il s'agit là d'une expérience douloureuse et terrifiante.

Elle met en lumière un lien essentiel entre l'identité et un type d'orientation. Savoir qui on est, c'est pouvoir s'orienter dans l'espace moral à l'intérieur duquel se posent les questions sur ce qui est bien ou mal, ce qu'il vaut ou non la peine de faire, ce qui à *ses* yeux a du sens ou de l'importance et ce qui est futile ou secondaire. J'éprouve ici le besoin d'employer une métaphore spatiale, mais je crois que cela tient à plus qu'une préférence personnelle. Il semble évident que l'orientation dans l'espace a des racines profondes dans la psyché humaine. Dans certaines formes extrêmes de ce qu'on appelle « désordres de personnalité narcissique », qui prennent la forme d'une incertitude radicale sur soi et sur ce qui compte pour soi, au moment des crises aiguës, les patients manifestent aussi des symptômes de désorientation dans l'espace. La désorientation et l'incertitude sur sa propre situation en tant que personne semblent se transposer en une perte de maîtrise de sa situation dans l'espace physique.

Pourquoi ce lien entre l'identité et l'orientation ? Nous pourrions peut-être formuler la question ainsi : qu'est-ce qui nous amène à transposer en termes d'orientation morale la question « qui sommes-nous ? » Cette seconde formulation indique qu'il n'en a pas toujours été ainsi. Le problème de l'« identité » au sens moderne aurait paru inintelligible à nos ancêtres d'il y a quelques siècles. Erikson a consacré une étude pénétrante à la crise de la foi chez Luther, qu'il a comprise à la lumière des crises d'identité contemporaines, mais Luther lui-même, de toute évidence, aurait trouvé cette description répréhensible, pour ne pas dire tout à fait incompréhensible. Derrière notre façon actuelle de parler de l'identité se profile l'idée qu'on ne peut résoudre les questions d'orientation morale simplement en termes universels. Cette idée se rattache à notre perception postromantique des différences individuelles aussi bien qu'à l'importance accordée à l'expression dans la découverte que chacun fait de son horizon moral personnel. Pour les contemporains de Luther, le problème du cadre moral fondamental qui orientait leur conduite pouvait se formuler *exclusivement* en termes universels. Rien d'autre n'avait de sens. Cela se rattache, bien entendu, au fait que la crise traversée par Luther portait sur le sentiment aigu d'une condamnation et d'un exil irrémédiable, plutôt que sur le sentiment moderne du non-sens, du manque de raison d'être ou du vide.

(Trad. C. Mélançon, © Éditions du Seuil, 1998, pour la traduction française p. 46-47.)

– Texte 4 –

■ **Jean-François Bayart,** *L'illusion identitaire* **(1996)**

La critique du culturalisme doit nous permettre de nous dégager du faux dilemme dans lequel les sociétés occidentales tendent à s'enfermer. L'alternative n'est pas entre l'universalisme par uniformisation, au mépris de la diversité des « cultures », et le relativisme par exacerbation des singularités « culturelles », au prix de quelques valeurs fondamentales. L'universalité équivaut à la réinvention de la différence, et il n'est nul besoin de faire de celle-ci le préalable de celle-là. Cette insistance n'est pas seulement pléonastique, elle est suspecte, car elle ouvre la voie à toutes sortes de restrictions mentales et politiques.

Le discours et, hélas, de plus en plus la diplomatie culturalistes emprisonnent les sociétés historiques concrètes dans une définition substantialiste de leur identité, en leur déniant le droit à l'emprunt, à la dérivation créative, c'est-à-dire au changement, éventuellement par invention paradoxale de la modernité. Il n'y a là rien d'autre qu'une Sainte-Alliance conservatrice entre les despotes indigènes et leurs protecteurs ou leurs complices occidentaux, une alliance dont nous avons vu les inconséquences en Irak, au Rwanda, en Algérie, en Serbie, en Chine, en Russie, et qui n'a même pas le mérite d'assurer la paix par la répression.

(Fayard, p. 242-243.)

– Texte 5 –

■ Alain Touraine, *Pourrons-nous vivre ensemble ? Égaux et différents* (1997)

[...] l'idée de société multiculturelle est incompatible avec les politiques identitaires, puisqu'elle repose sur la recherche de la communication entre les cultures, comme toute conception de la démocratie implique la reconnaissance du pluralisme des intérêts, des opinions, des valeurs. Parler de politique identitaire introduit au contraire un lien nécessaire entre culture, société et politique, ce qui définit, je l'ai rappelé, une communauté. À partir du moment où une population définie (au moins partiellement) par une culture est gérée par un pouvoir politique qui parle en son nom et exerce une autorité sur elle, on sort du domaine de la culture pour entrer dans celui de la communauté. Ce qui est d'autant plus dangereux que les cultures qui doivent être défendues sont le plus souvent minoritaires, et doivent par conséquent recourir à la violence dans une société démocratique, soumise à la loi de la majorité. Chaque fois qu'une catégorie a mené une action au service de sa seule différence, elle a couru le risque d'être entraînée vers la violence et de susciter des réactions de rejet. Le féminisme, en particulier américain, en a fait l'expérience. Plus il insistait sur le thème de la différence, plus il est devenu minoritaire.

C'est ce qui a conduit les mouvements féminins les plus radicaux à dénoncer la politique identitaire *(identity politics)*. Ils se sont en effet aperçus que l'affirmation féministe s'accompagnait de discrimination à l'égard des lesbiennes et que l'affirmation lesbienne était liée, à son tour (au moins aux États-Unis, où le mouvement *Queer* est puissant), à une discrimination contre les lesbiennes afro-américaines, ou hispano-américaines ou encore « butch ». Ceci qui a conduit des lesbiennes radicales à un renversement théorique de grande importance [...]. Au lieu de poursuivre une affirmation identitaire de plus en plus fragmentée, elles ont renoué avec l'étude du thème général de la sexualité qui avait été occulté par l'affirmation du genre *(gender)*. Ce thème doit occuper, dans une analyse du Sujet, une place aussi grande que celle de l'identité culturelle. Et c'est précisément ce travail qui constitue l'apport principal du mouvement des femmes, au-delà de l'égalitarisme libéral et de l'affirmation identitaire qui a nourri certains des courants les plus radicaux du mouvement. Par lui on sait en effet que la dualité de l'homme et de la femme est l'expression la plus générale du Sujet humain qui, loin de s'identifier à la raison, est toujours au point de rencontre de l'action rationnelle (qui est impersonnelle) et de la particularité individuelle et collective de chaque être humain. Ainsi, ce qui apparaît parfois comme un tic du langage « politiquement correct », dire par exemple « ceux et celles » au lieu de « ceux », est chargé d'un sens fort.

Aux politiques identitaires s'opposent les actions revendicatives. Il est vrai que ceux qui ont voulu réduire les luttes des femmes, des minorités ethniques ou des immigrés, aussi bien que des homosexuels, à des « fronts » spécialisés d'une lutte de classe générale ont échoué et ont été débordés par ceux ou celles qu'ils voulaient diriger. Mais la contestation d'un ordre idéologique, politique et social dominant a apporté et apporte à la défense des droits culturels des minorités et à ceux des femmes une dimension démocratique et populaire qui les renforce et transforme l'ensemble de la société. Les politiques identitaires, comme, à l'inverse, les appels purement universalistes à la citoyenneté, travaillent contre la société multiculturelle.

(© Librairie Arthème Fayard, p. 231-232.)

5
Valeurs et histoire

Section 1. Entre universalisme et nihilisme
   1.1. Les Idées comme modèles immuables
   1.2. Les valeurs comme horizon
   1.3. Le perspectivisme de Nietzsche
   1.4. Nihilisme et révolte
   1.5. Une situation historicisée
   1.6. Dispersion contemporaine du sens
   1.7. Un relativisme prospectif

   Textes
   1. Platon, *La République* (vers 375 av. J.-C.)
   2. Francis Bacon, *Du progrès et de la promotion des savoirs* (1605)
   3. Nietzsche, *Fragments posthumes* (1886-1888)
   4. Raymond Polin, *La création des valeurs* (1944)
   5. Jean-Paul Sartre, *Cahiers pour une morale* (1948)
   6. E. M. Cioran, *Précis de décomposition* (1949)
   7. Albert Camus, *L'homme révolté* (1951)
   8. Hans-Georg Gadamer, *Vérité et méthode* (1960)
   9. Jacques Derrida, « La structure, le signe et le jeu dans le discours des sciences humaines » (1966)
   10. Zaki Laïdi, *Un monde privé de sens* (1994)
   11. Tzvetan Todorov, « Les valeurs : unité ou pluralité ? » (1997)
   12. Daryush Shayegan, *La lumière vient de l'occident* (2001)
   13. Paul Ricœur, *Projet universel et multiplicité des héritages* (2004)

Section 2. Mémoire, histoire et sens de l'histoire
   2.1. Fragilité de la mémoire
   2.2. Naissance de l'histoire
   2.3. Les philosophies de l'histoire
   2.4. Critiques de l'historicisme
   2.5. Mutations du travail de l'historien

   Textes
   1. Thucydide, *La guerre du Péloponnèse* (vers 400 av. J.-C.)
   2. Saint Augustin, *La cité de Dieu* (412-427)
   3. La Popelinière, *L'idée de l'histoire accomplie* (1599)
   4. G. W. F. Hegel, *Encyclopédie des sciences philosophiques* (1817-1830)
   5. Jules Michelet, *Préface à L'histoire de France* (1869)
   6. Léon Tolstoï, *La Guerre et la Paix* (1869)
   7. Karl Popper, *Misère de l'historicisme* (1945)
   8. Michel Foucault, *L'archéologie du savoir* (1969)
   9. François Furet, *De l'histoire-récit à l'histoire-problème* (1975)

    10. Pierre Nora, *Les lieux de mémoire*, tome 1, *La République* (1984)
    11. Francis Fukuyama, *La fin de l'histoire ?* (1989)
    12. Tzvetan Todorov, *Les abus de la mémoire* (1995)
    13. Krzysztof Pomian, *Sur l'histoire* (1999)

Section 3. Le crépuscule de la modernité
    3.1. Caractérisations de la modernité
    3.2. Le moderne insaisissable ?
    3.3. La modernité à jamais
    3.4. La querelle des Anciens et des Modernes
    3.5. Une rupture toujours à reconduire
    3.6. Une modernité fragilisée

Textes
    1. René Descartes, *Discours de la méthode* (1637)
    2. Blaise Pascal, *Préface pour le traité du vide* (vers 1650)
    3. Jean de La Bruyère, *Discours sur Théophraste* (1688)
    4. Bernard le Bovier de Fontenelle, *Digression sur les Anciens et les Modernes* (1688)
    5. Charles Baudelaire, Le peintre de la vie moderne (1863)
    6. Paul Valéry, *La crise de l'esprit* (1919)
    7. Hannah Arendt, *Condition de l'homme moderne* (1958)
    8. Jürgen Habermas, *La modernité : un projet inachevé* (1980)
    9. Georges Balandier, *Le détour. Pouvoir et modernité* (1985)
    10. Peter Sloterdijk, *La mobilisation infinie* (1989)
    11. Antoine Compagnon, *Les cinq paradoxes de la modernité* (1990)
    12. Anthony Giddens, *Les conséquences de la modernité* (1990)
    13. Bruno Latour, *Nous n'avons jamais été modernes. Essai d'anthropologie symétrique* (1991)
    14. Zygmunt Bauman, *La vie liquide* (2005)

Section 4. Les précarités postmodernes
    4.1. Aux confins du moderne et au-delà
    4.2. Brouillage des repères
    4.3. Une relocalisation dispersive
    4.4. L'exacerbation des manifestations
    4.5. Une transition vers l'hypermoderne ?

Textes
    1. Robert von Musil, *L'homme sans qualités* (1933)
    2. Guy Debord, *La société du spectacle* (1967)
    3. Jean-François Lyotard, *La condition postmoderne* (1979)
    4. Jean Baudrillard, *Les stratégies fatales* (1983)
    5. Gilles Lipovetsky, *L'ère du vide. Essais sur l'individualisme contemporain* (1983)
    6. Umberto Eco, *Apostille au nom de la rose* (1983)
    7. Jacques Bouveresse, *Rationalité et cynisme* (1984)
    8. Vaclav Havel, *Allocution à l'Académie des sciences morales et politiques* (1992)
    9. Pierre-André Taguieff, *L'effacement de l'avenir* (2000)
    10. Michel Maffesoli, *Notes sur la postmodernité. Le lieu fait lien* (2003)
    11. Gilles Lipovetsky, *Les temps hypermodernes* (2004)
    12. François Ascher, *Le mangeur hypermoderne. Une figure de l'individu éclectique* (2005)

SECTION 1. ENTRE UNIVERSALISME ET NIHILISME

Nos actes sont des mouvements que nous constituons en engagements en leur donnant du sens. **Le sens, c'est à la fois une direction orientée et une signification.** Lorsque nous agissons, nous visons un objet auquel nous donnons une définition, et nous concevons nos actes en fonction de ce projet. Mais le sens est généralement conçu aujourd'hui comme distribué dans la multiplicité des interprétations ; il n'est plus appréhendé comme donné, mais à produire. Il dépend donc de nos engagements, qui sont eux-mêmes fonction de nos valeurs. Ces principes fondamentaux en fonction desquels nous jugeons et agissons sont à leur tour jugés dépendre des conditions historiques et sociales dans lesquelles ils sont identifiés. Cette circularité engendre ce qu'on nomme parfois « une **crise des valeurs** » ; un **relativisme généralisé**. Chaque société, chaque groupe d'intérêts aurait ses propres codes ; il serait vain de confronter leurs normes, posées comme incommensurables les unes aux autres. L'intention de les comparer est même parfois accusée de réactiver l'hégémonie de la rationalité occidentale. S'il y a « crise des valeurs », c'est que par définition une valeur, en tant qu'inconditionnée, devrait s'imposer à tous. **Les valeurs sont destinées à orienter de façon positive les choix individuels.** Le propre d'une valeur, c'est donc d'apparaître comme nécessaire ; sa force consiste à contraindre l'adhésion, de sorte qu'on ne puisse s'y soustraire. En d'autres termes, **une valeur est fondatrice, mais n'a pas à être fondée**. Si l'on doit récuser l'hégémonie de tout fondement ultime, peut-on se passer de tout idéal ? Comment penser une anarchie du sens ? Nos actions peuvent-elles se dispenser de l'horizon d'une visée prescriptive ? Pour comprendre comment et dans quelles mesures les valeurs peuvent être remises en question, il est utile de retracer l'évolution générale de leur statut dans notre tradition occidentale.

1.1. Les Idées comme modèles immuables

La culture grecque a promu des valeurs logiques, morales, esthétiques dans un effort d'harmonie et de rationalité. La dialectique platonicienne pense la quête de connaissance en continuité avec le désir de beauté. Il ne saurait y avoir de disjonction entre le bien et le beau (le grec les désigne souvent d'un même terme), ni entre le bien et le vrai : toute possession, toute pensée, tout jugement supposent une idée du bien (texte 1). Dans la pensée antique et médiévale, l'ontologie (théorie de l'être) ne se distinguait pas de l'axiologie (doctrine des valeurs). L'Idée du Bien, la plus fondamentale de toutes, parfaite, incorruptible, éternelle entre toutes (à la limite insaisissable) constitue la condition de la connaissance, de la moralité, de la beauté. Platon identifie là l'objet de toute recherche et ce qui confère sa réalité à tout objet comme à toute connaissance : le Bien est source des positivités que nous visons et garant du rapport entre nos idéaux. La **valeur** est donc posée comme **fondement premier** : **originel** (antérieur chronologiquement) et **originaire** (antérieur logiquement), même si l'aveuglement par les sens empêche d'en être absolument conscient (texte 1). Il s'ensuit que nos jugements se définissent par application d'une **norme universelle**. Quoique les registres de notre connaissance relèvent de différents archétypes (le vrai, le bien, le beau), ceux-ci constituent un ensemble unifié. Le Moyen Âge a thématisé cette unité des concepts fondateurs de nos connaissances : l'un, le vrai, le bien, le beau sont complémentaires et convertibles. C'est dire qu'il y a **congruence entre la morale, la logique et l'esthétique**. La pensée chrétienne a renforcé la hiérarchisation des fondements du savoir en identifiant l'être, celui qui rassemble tous les autres, à Dieu. L'être suprême est le support de toutes les valeurs, ultime sommet, clef de voûte de ce qu'on a pu appeler « la grande chaîne des êtres ». Pourtant, la dépendance des concepts inconditionnés à l'égard de Dieu est occasion de débats. Ainsi, on peut concevoir les valeurs comme expression de l'essence divine. S'y conformer, c'est participer du bien suprême. Telle est la position scolastique intellectualiste tenue par saint Thomas. Une conception plus volontariste, introduite par Descartes, admet que les valeurs sont l'objet d'un décret créateur et qu'elles n'ont d'absolu que ce qu'elles tiennent de la volonté divine. Il y a là une première relativisation des valeurs : les vérités éternelles sont conditionnées, subordonnées à l'autorité de Dieu ; elles ne sont pas douées de son éternité absolue. **L'esprit des temps modernes**, sans remettre en cause le Dieu créateur des êtres et fondateur pour nos connaissances, **inverse la relation que nous entretenons avec les valeurs**.

1.2. Les valeurs comme horizon

Bacon a soin de distinguer le domaine de la Révélation (dévolu à la théologie) de celui de la connaissance de la nature (texte 2). L'approfondissement de la philosophie naturelle ne saurait que rendre gloire au créateur, car le déchiffrement des lois de l'univers dévoile sa puissance. Le jugement n'est plus l'application d'un principe universel, mais doit se fonder sur une induction : un inventaire raisonné des cas. **La connaissance n'est plus une spéculation suspendue à une inspiration, mais c'est une découverte dont il s'agit de développer les sources terrestres**. Finalement, l'entreprise scientifique doit être conçue comme les autres œuvres humaines : elle s'inscrit, comme une conquête patiente et laborieuse de nouveaux territoires, dans un monde qui étend ses limites. Elle doit adopter des procédures pratiques qui la définissent comme une suite d'opérations. Ainsi, les différentes disciplines intellectuelles sont caractérisées par la répartition des tâches et l'implantation des ateliers. Bacon ne récuse pas les formes comme fondement de la connaissance ; il reproche à Platon de les avoir conçues comme des données immuables. Les formes ou idées sont à rechercher dans la matière même, là où elles sont imbriquées. Son attitude est novatrice jusqu'en morale : le répertoire des caractères et de leurs particularités n'est pas moins utile que la définition générale des vertus, à laquelle s'attachaient les Anciens. Héraut des temps modernes, il permet de mesurer combien **le vrai, le bien**, ne sont plus des concepts auxquels les activités humaines seraient subordonnées. Ils **deviennent notre production propre, le fruit de nos efforts. Les valeurs sont donc conçues désormais comme un horizon**. Le sens, même s'il est supposé universel, n'est plus donné ; il est à édifier patiemment, pratiquement, collectivement. La modernité est un esprit de conquête (cf. V, 3) : elle ne cessera de nourrir des idéaux pour légitimer ses entreprises. Le sens ainsi conçu requiert une conversion ; le statut des valeurs est renversé par la modernité. Car il ne s'agit plus de se conformer à des normes prédéterminées, mais de **construire laborieusement des projets permettant d'atteindre des idéaux**.

1.3. Le perspectivisme de Nietzsche

Comment les interrogations du projet moderne ont-elles conduit à repenser les valeurs, au risque de les remettre en cause ? Au cours du XIXe siècle, les premières recherches en sciences humaines, les critiques de Marx, de Schopenhauer, relativisent **nos valeurs**. En les rapportant à nos conditionnements sociaux, nos instincts, elles sont **dénoncées comme des illusions**. Qu'elles aient été posées au-dessus de nous (à titre de modèles immuables) ou en avant de nous (tels des idéaux à conquérir) ; une fois dévoilée leur origine, elles se trouvent récusées (texte 3). Le projet nietzschéen de renversement des valeurs ne procède pas d'une humeur particulière, mais d'une critique de la métaphysique (ontologie et théologie classiques). La destitution théorique des valeurs produit le sentiment que **tout est vain, dépourvu de sens** : une telle **attitude** peut être qualifiée de « **nihiliste** ». Elle s'appuie sur le dévoilement des origines de la morale : les valeurs étaient vouées à la protection du faible, elles visaient l'égalité. Ainsi le juste a été défini par le fait de ne pas utiliser sa force, alors qu'aux yeux de Nietzsche la vie, comprise comme volonté de puissance, légitime tout, y compris l'usage de la violence, pourvu qu'il soit créateur. Une fois les valeurs mises en perspective, on peut considérer que **tout se vaut : on n'a plus de volonté que pour le rien**. Est-ce n'avoir plus de volonté ? On peut inversement concevoir le nihilisme comme actif, volonté destructrice du donné, en l'occurrence la morale judéo-chrétienne du ressentiment. Ces deux aspects du nihilisme chez Nietzsche distinguent deux formes de dépassement de la tradition humaniste : le dernier homme d'une part, qui ne peut plus rien vouloir, le surhomme d'autre part, qui par son attitude destructrice se crée lui-même. Ce passage à une volonté constructive reste ténu, souvent incantatoire : l'édification de valeurs nouvelles reste chez Nietzsche programmatique.

1.4. Nihilisme et révolte

Mais le nihilisme ne peut s'en tenir à l'affirmation de l'absence de tout sens. Sous cette forme purement négatrice, il reste insuffisant à lui-même. S'il osait se définir comme projet de destruction effective (et non plus théorique), il révélerait sa propre contradiction : l'anéantissement devrait précéder tout programme. Pourtant, en interrogeant l'inanité de nos valeurs, le nihiliste cherche à dénoncer les prétentions de l'existence à « remettre les choses à leur place », celle d'un néant promu indûment à la dignité de l'être (Cioran, texte 6). Révélateur de l'inanité de notre condition et du monde apparent, **l'élan nihiliste a d'abord une fonction critique**. À l'instar du doute exacerbé qui permet d'évaluer la certitude de nos connaissances, il sert à tester la viabilité de nos convictions pratiques. Dans *Le mythe de Sisyphe* (1945), Albert Camus explicite les manifestations de l'absence de sens auxquelles nous sommes intimement confrontés : opacité du monde, répétitivité de nos actes, vieillissement inexorable vers la mort. Semblant s'insurger contre notre insuffisante logique, le sentiment absurde se retourne contre lui-même, en nous confrontant au problème du suicide. Face au problème de l'absence de sens, le sujet peut explorer la voie de la révolte. Tout aussi problématique que le suicide, l'insurrection suppose des valeurs qu'elle n'a pas les moyens de fonder (texte 7). Malgré sa foi utopique et son désespoir pathétique, **la révolte a des vertus : elle est active, elle suppose donc la possibilité de valeurs**. Quand bien même elle ne s'accomplirait jamais que par des moyens opposés à ses fins, sa possibilité même pose la dignité de ce qu'elle vise. Elle est **comme un nihilisme actif** : en guerre contre le sens tel qu'il est imposé par la collectivité, elle ne peut par définition conquérir assez de force pour y substituer ses propres valeurs. L'attitude de révolte nous enseigne donc que le nihilisme n'est qu'un état intermédiaire et que la négation dont procède l'insurrection peut définir une condition. C'est sans doute celle de l'homme contemporain, toujours animé d'une puissance critique suffisante pour s'élever contre les valeurs établies, jamais assez assuré du sens de ses propres actes pour l'institutionnaliser. Cette situation se traduit individuellement par le sentiment de très bien savoir ce qu'il ne faut pas faire, ce qui est intolérable, tandis que nous manquons de la connaissance de ce qu'il faut faire, de ce qui est louable. **Notre moralité commune ne va pas au-delà de la condamnation de l'horreur ; nos valeurs positives se dispersent sous la forme d'éthiques multiples** (cf. I, 2).

1.5. Une situation historicisée

Dans *Être et temps* (1927, cf. § 74), Heidegger a fait de la temporalité la propriété fondamentale de l'existant. Un sujet conscient n'est pas historique parce qu'il est dans l'histoire, mais parce qu'il possède une structure propre qui lui ouvre ses possibilités de compréhension historique. L'historicité étant conçue comme intérieure à la conscience, l'histoire n'apparaît plus comme une réalité objectivable. Il faudrait plutôt dire qu'on est sensible, en fonction des formes de représentation propres à notre époque, à l'historicité de certains phénomènes exclusivement. **En nous s'effectue un travail de l'histoire : nous percevons certaines œuvres en vertu d'une tradition qui nous anime.** La compréhension historique réside donc dans l'ouverture d'un horizon dont nous disposons déjà. Nos capacités d'interprétation historique sont ainsi foncièrement limitées. L'horizon de notre compréhension ne peut s'ouvrir au point d'englober la totalité du devenir. C'est que, si nous pouvons nourrir la conscience de la limitation de notre compréhension, nous ne pouvons énoncer et comprendre la nature des limites qui s'imposent à nous, puisqu'elles se confondent avec notre situation historique (Gadamer, texte 8). Pourtant, les limitations constitutives de notre conscience historique n'interdisent pas de comprendre les œuvres du passé, ni d'améliorer les lectures que nous en proposons. Le relativisme historique pose l'irréductibilité d'une époque à ses précédentes : nos descendants ne manqueront pas de renouveler le regard que nous portons sur le passé. Mais ce n'est pas à dire inversement que les œuvres humaines soient incommensurables à celles qui leur font suite : nous renouvelons nos ascendances en les repensant. Le relativisme historique n'est donc pas absolu : les époques ne sont pas imperméables les unes aux autres, mais les horizons de sens qui sont ouverts par une période donnée entrent en résonance avec ceux des époques antérieures. Gadamer définit ainsi la compréhension comme la fusion de perspectives d'interprétation. **Le relativisme contemporain doit donc être lui-même tempéré : si une collectivité ne détient pas le sens de ses normes, elle peut au moins les inscrire dans une tradition et s'efforcer de les évaluer à l'aune d'autres valeurs,** pour mieux renforcer son action, même sans chercher à l'universaliser. Nous pensons certes à partir d'une situation historiquement définie. L'effort de la pensée consiste justement à concevoir la commensurabilité de notre époque avec les moments qui l'ont précédée. Conscient de l'impossibilité d'accéder à l'universel, le sujet humain doit concevoir son action en fonction de la relativité de sa situation historique.

1.6. Dispersion contemporaine du sens

Le sujet contemporain ne peut s'accomplir dans la position de valeurs, immunisé contre les dangers de leur absolutisation, tant par l'histoire que par la dénonciation de ses illusions. Pourtant, il ne renonce pas au sens de ses actes ; en agissant, il crée du sens en même temps qu'il se crée (Polin, texte 4). Telle est la disposition ouverte dans laquelle on pense, après-guerre, les efforts collectifs : c'est l'esprit existentialiste, qu'on peut qualifier de « relativisme optimiste ». **Le sens, au lieu d'être conçu comme extérieur à nos engagements, se confond désormais avec nos propres activités**. Ainsi la liberté devient-elle la source des valeurs qu'elle construit face aux autres (Sartre, texte 5). Résignation et révolte constituent des substituts d'idéaux : en tant qu'attitudes effectives, elles peuvent valoir par elles-mêmes. Il n'est plus possible d'attendre d'un sens attesté *a priori* une caution extérieure qui viendrait fonder ou couronner nos entreprises. Les philosophies contemporaines ont traqué dans les discours les restes de l'hégémonie du sens. Pour Derrida, même lorsqu'on admet la polysémie des signifiants, on tend spontanément à rapporter les différents linéaments sémantiques à la trame d'un horizon commun. Pourtant, par le texte, le sens comme cadre se construit en même temps qu'on le suppose toujours déjà constitué. L'origine du discours, sa signification première, n'est pas assignable : elle relève d'une « différance » toujours à l'œuvre. Par ce néologisme (renvoyant aux deux sens du verbe « différer »), Derrida entend le jeu de production indéterminée des différences, en particulier des oppositions classiques à partir desquelles se constituent nos théorisations. **Le sens se dit dans des textes qui se répondent sans fin** (texte 9). La réévaluation des conceptions que les philosophes ont proposée du langage est solidaire d'une critique radicale de la tradition métaphysique. Depuis Platon le champ théorique s'élabore en dépréciant l'écrit au profit de l'oral. Ce phonocentrisme est solidaire des formes de pouvoir, de l'ontologie et de la pensée du propre que Derrida essaie de déconstruire (c'est-à-dire de les faire s'excéder elles-mêmes à partir d'une analyse interne). Par exemple l'**être**, valeur fondamentale de la métaphysique occidentale, est un **objet destitué de ses prétentions fondatrices**. Il n'apparaît que comme un pivot des discours philosophiques et ne peut être attesté comme présence ; il ne se révèle plus à l'analyse qu'en creux. Le sens se dépose dans la langue sous la forme d'une structure, mais n'est pas accessible lui-même sur un mode structural (défini comme un ensemble de distinctions assignables dans un champ clos). Différence à soi indéfiniment perpétuée, il échappe à jamais à toute détermination définitive. Les théorisations contemporaines prolongent les critiques des valeurs qui ont été développées depuis la fin du XIXe siècle. Elles conduisent à un monde destitué de ses repères ultimes, voué à des hésitations sémantiques. On aboutit moins à un abandon du sens qu'à sa fragmentation. Ce qui est récusé, c'est moins le sens que sa hiérarchisation. Cette perte de repères *a priori* peut être analysée dans le champ géopolitique. Selon Zaki Laïdi, **la fin du monde bipolaire a été aussi celle des projets d'émancipation issus des Lumières**. La modernité aurait perduré politiquement jusqu'à la fin du XXe siècle. Après la chute du bloc de l'est, les États adoptent une stratégie d'évitement. Sans cesser d'agir ni de s'engager, ils ne procèdent plus en fonction d'un sens prédéterminé (texte 10). Face à la fragmentation des enjeux, les variations des stratégies, les États se montrent plus pragmatiques, et ne présentent plus volontiers leurs entreprises sous la forme de projets volontaristes.

1.7. Un relativisme prospectif

Ainsi les valeurs se trouvent remises en cause, même à titre d'horizon : le sens ultime s'éloigne dans le mouvement même par lequel nous essayons de l'atteindre. Pour autant, doit-on affirmer que nous vivons une crise, voire une anarchie des valeurs (cf. V, 4) ? Le projet de déconstruction interroge nos valeurs pour en inquiéter le statut. S'il veut briser l'hégémonie du sens qui résulte du primat de la parole, de l'être, du maître, du propre, s'il entend ne pas leur substituer d'autres hiérarchies (sous cet aspect, il ne « veut rien dire »), cela ne fait pas de lui un subjectivisme. Soutenir que le sens doit être conçu comme inassignable, c'est affirmer qu'il ne cessera de nous échapper, ce qui est tout autre chose que considérer qu'il serait partout accessible. Si les valeurs fondamentales de notre tradition peuvent être critiquées, ce n'est pas à dire que tout se vaut. La fragilisation du sens a des conséquences relativistes. Mais **le relativiste est moins celui qui nie les valeurs que celui qui croit en leur multiplicité** ; qui ne se prononce pas sur leurs rapports, leur éventuelle hiérarchie, au risque de les affaiblir. Le nihiliste, qui lui s'en prend aux valeurs pour en nier l'existence, ne peut pourtant manquer d'affirmer la valeur de ses positions. Valorisant l'éphémère et le personnel, il est subjectiviste (Todorov, texte 11) et admet l'impossibilité de partager toute valeur. Le relativisme, lui, n'interdit pas de viser l'universel : alors même que les valeurs sont posées relatives à un groupe, une culture, les échanges auxquels elles donnent lieu se déploient dans un horizon de partage. Ricœur recourt pour présenter ce **modèle d'universalisation prospective** au paradigme de la traduction (texte 13) : l'universel non seulement n'est reconnu que comme un horizon toujours à poursuivre, mais encore il ne peut être visé que collectivement, progressivement. Les opérations de transcription qui le visent procèdent autant de la déperdition que de la conservation. **Le sens est fragmenté, ses éclats sont sans cesse à nouveaux frais assemblés, voire conjugués.** Daryush Shayegan, tout en reconnaissant l'universalité des valeurs de la modernité occidentale, caractérise notre monde par ses tendances à l'hybridation, l'entrecroisement des cultures (texte 12), ce qui lui permet d'insister sur les pensées de « l'entre-deux », témoignant d'un métissage d'influences.

Si nos sociétés valorisent l'individualisme, l'éphémère, cela ne revient donc pas à s'abandonner au nihilisme ou au subjectivisme. **Le pluralisme n'interdit pas une hiérarchie des valeurs ; il la suppose et la fonde, dès lors qu'il revient à organiser la concurrence des options différentes.** Cette compétition engage évidemment plusieurs perspectives ; il n'est pas moins clair que toutes ne peuvent dominer. On doit ainsi distinguer le plan de l'engagement et celui de la conception du plan sur lequel s'affrontent les engagements. Si ce dernier est nécessairement pluraliste (et par suite, en un sens, relativiste), nos engagements doivent opérer des hiérarchisations et doivent même, en tant que concurrents, développer des prétentions à l'universel. Le relativisme ne peut s'affirmer qu'avec relativité, et même en tolérant le dogmatisme qu'il récuse. Il n'est pas nécessaire de poser l'absoluité des valeurs pour mesurer que la concurrence de fait des perspectives confrontées dans un débat se nourrit de leur tension vers l'universel. Pour un pluralisme non relativiste, toutes nos interprétations ont une origine relative, à laquelle elles ne manquent jamais de chercher à échapper. L'opposition effective des partis n'interdit pas à chacun l'effort pour ramener l'autre à ses vues : au contraire, la concurrence rationalisée des positions fonde la multiplicité de nos échanges, même si chacun reste fragmentaire. **La fragilisation du sens et des valeurs par l'accélération de leurs destitutions et recompositions n'exclut pas les prétentions de nos aspirations prescriptives à s'imposer**, même relativement. Que chaque orientation reconnaisse la relativité de ses propres positions ne doit pas interdire, mais au contraire encourager la tendance respective de chaque courant à défendre sa position dans l'horizon d'un dialogue toujours à reconduire.

Textes

– Texte 1 –

■ Platon, *La République* (vers 375 av. J.-C.)

Cela donc, que recherche toute âme, c'est aussi en vue de cela qu'elle fait tout ce qu'elle fait, conjecturant que c'est vraiment quelque chose, mais embarrassée et incapable de saisir suffisamment ce que ce peut bien être ; non moins incapable de se faire à ce sujet une conviction aussi solidement confiante qu'à propos des autres objets […].

Eh bien ! ce principe qui aux objets de connaissance procure la réalité et qui confère au sujet connaissant le pouvoir de connaître, déclare que c'est la nature du Bien ! Représente-la toi comme étant cause du savoir et de la réalité, il est vrai en tant que connue ; mais, en dépit de toute la beauté de l'une et de l'autre, de la connaissance comme de la réalité, si tu juges qu'il y a quelque chose de plus beau encore qu'elles, correct sera là-dessus ton jugement ! Savoir et réalité, d'autre part, sont analogues à ce qu'étaient […] lumière et vue : s'il était correct de les tenir pour apparentés au soleil, admettre qu'ils soient le Soleil lui-même manquait de correction ; de même, ici encore, ce qui est correct, c'est que savoir et réalité soient, l'un et l'autre, tenus pour apparentés au Bien ; ce qui ne l'est pas, c'est d'admettre que n'importe lequel des deux soit le Bien lui-même ; la condition du Bien a droit au contraire d'être honorée à un plus haut rang ! – Beauté inimaginable, à t'entendre, dit-il, si savoir et réalité en sont les produits et que le Bien lui-même les surpasse en beauté !

(Livre VI, 505de, 508d-509a, trad. L. Robin, *Œuvres complètes I*, © Éditions Gallimard, coll. « Bibliothèque de la Pléiade », 1950, p. 1093 et 1097).

– Texte 2 –

Francis Bacon, *Du progrès et de la promotion des savoirs* (1605)

La connaissance de l'homme est semblable aux différentes sortes d'eau : certaines proviennent d'en haut, certaines jaillissent d'en bas. Certaine connaissance est enseignée par la lumière de Nature, une autre est insufflée par la Révélation divine. La lumière de Nature est constituée par les notions de l'esprit et les témoignages des sens. Quant à la connaissance que chacun apprend à l'école, elle est une cumulation et non une origine, comme cela se passe pour une eau qui non seulement est alimentée par sa propre source, mais est encore grossie par d'autres ruisseaux et d'autres flots. Ainsi, eu égard à ces deux sources différentes de lumière ou ces deux origines, la connaissance est, en tout premier lieu, divisée en Théologie et Philosophie. [...]

Parmi toutes les parties de la connaissance, la découverte des formes est la plus digne d'être recherchée, s'il est possible de la trouver. Quant à la possibilité, je dirai : ce sont de piètres découvreurs ceux qui pensent qu'il n'y a point de terre là où ils ne voient que la mer. Mais il est manifeste que Platon, haut esprit à la pointe d'une falaise, a discerné que « les formes étaient le véritable objet de la connaissance », dans sa théorie des idées. Mais il perdit le fruit réel de cette conception en considérant les formes comme absolument abstraites et séparées de la matière et non pas comme limitées et déterminées par elle : ainsi tourna-t-il sa pensée vers la théologie, qui a contaminé toute sa philosophie. Mais si quelqu'un garde sévèrement son regard braqué sur l'action, les opérations et l'usage de la connaissance, il pourra voir ce que sont les formes, dont la découverte est fructueuse et importante pour la condition humaine.

Que personne, sur la base d'une conception peu solide de la tempérance ou par une modération appliquée là où elle n'a pas lieu de l'être, ne pense ni soutienne qu'un homme peut pousser trop loin ses recherches, ou être trop versé dans l'étude du livre de la parole de Dieu ou dans celle du livre des œuvres de Dieu, c'est-à-dire en théologie ou en philosophie. Au contraire, que les hommes entreprennent d'avancer ou de progresser indéfiniment dans l'une et dans l'autre ; qu'ils prennent garde seulement à mettre en pratique l'une et l'autre en vue de la charité et non de l'orgueil, en vue de leur utilité et non de l'ostentation. [...]

On dirait que, dans la connaissance, ils escomptent trouver un lit pour reposer un esprit qui cherche et s'agite sans relâche, une terrasse sur laquelle une intelligence vagabonde et capricieuse puisse aller et venir en jouissant d'une belle vue, une tour dominante à laquelle puisse monter un esprit orgueilleux, un fort, une citadelle d'où commander batailles et discordes, une boutique pour le profit et le commerce : non un entrepôt opulent destiné à glorifier le Créateur et à porter secours à la condition humaine. C'est cela, pourtant, qui pourrait rehausser la dignité de la connaissance, si l'étude et l'action étaient plus unies, en conjonction plus étroite et plus directe qu'elles n'ont été jusqu'à présent. [...]

Et ce progrès de la navigation et des découvertes peut aussi fonder une espérance : celle de voir toutes les sciences aller de l'avant et augmenter. [...] Comme si le moment où le monde devait s'offrir au regard et être navigué de part en part, et le moment où la connaissance devait s'accroître, étaient destinés à survenir à la même époque. Nous voyons que cela est réalisé déjà en grande partie, car le savoir acquis ces derniers temps est rarement surpassé, même par les deux apogées que le savoir a connus précédemment, la première chez les Grecs, l'autre chez les Romains. [...]
(Trad. M. Le Dœuff, © Éditions Gallimard, coll. « Tel », 1991, p. 110-111, 123, 12, 46, 103.)

– Texte 3 –

■ Nietzsche, *Fragments posthumes* (1886-1888)

Les suprêmes valeurs au service desquelles l'homme devait *vivre*, notamment quand elles disposaient de lui de façon pénible et onéreuse : ces *valeurs sociales,* on les a édifiées dessus l'homme en tant que « réalité », que monde « vrai », en tant qu'espérance et monde *futur,* aux fins de leur *renforcement* tonal, comme si elles étaient des commandements de Dieu. Maintenant que l'origine mesquine de ces valeurs est mise au clair, le Tout de ce fait nous semble dévalorisé, « dépourvu de sens »... mais ceci n'est qu'un *état intermédiaire.* [...]

Les positions extrêmes ne sont pas relayées par des positions modérées mais par de nouvelles positions extrêmes, mais *inverses*. C'est ainsi qu'on croit à l'immoralité absolue de la nature, à l'absence de but et de sens des *affections* psychologiquement nécessaires, dès que la croyance en Dieu et en un ordre essentiellement moral n'est plus tenable. Le nihilisme apparaît aujourd'hui *non* parce que le dégoût de l'existence serait plus grand qu'autrefois, mais parce qu'on est devenu méfiant en général à l'égard d'un « sens » du mal, ou même de l'existence. *Une* interprétation s'est effondrée ; mais du fait qu'elle passait pour « *l'Interprétation* », il semble qu'il n'y ait plus aucun sens dans l'existence, que tout soit *en vain*.

Que cet « en vain ! » soit la caractéristique de notre nihilisme actuel, cela reste à démontrer. La méfiance envers nos appréciations de valeur antérieures culmine dans la question : « toutes les "valeurs" ne sont-elles pas des appeaux grâce auxquels la comédie traîne en longueur sans pour autant se rapprocher d'un dénouement ? » [...]

Mais la morale a protégé la vie du désespoir et du saut dans le néant, chez les hommes et les classes sociales que violentaient et opprimaient d'autres *hommes* : car c'est l'impuissance envers les hommes, *non* l'impuissance envers la nature qui engendre l'amertume la plus désespérée envers l'existence. La morale a traité les tenants de la puissance, les tenants de la violence, les « maîtres » en général comme les ennemis contre lesquels l'homme ordinaire doit être protégé, *c'est-à-dire d'abord encouragé et conforté*. La morale a par conséquent enseigné à *haïr* et à *mépriser* le plus profondément ce qui constitue le trait de caractère fondamental des dominateurs : *leur volonté de puissance*. [...]

C'est plutôt *l'inverse !* Il n'est rien dans la vie qui ait de la valeur, sinon le degré de puissance – à supposer justement que la vie elle-même soit volonté de puissance. La morale protégeait du nihilisme les *ratés* en conférant *à chacun* une valeur infinie, une valeur métaphysique, et en l'insérant dans un ordre qui ne concorde pas avec celui de la puissance et de la hiérarchie mondaines : elle enseignait le dévouement, l'humilité, etc. *À supposer que la foi dans cette morale soit anéantie,* les ratés perdraient leur consolation – et *seraient anéantis*.

Résultat final : toutes les valeurs au moyen desquelles jusqu'à maintenant nous avons cherché à rendre le monde d'abord appréciable et de la sorte même avons fini par le *déprécier* dès qu'elles se furent révélées inapplicables – toutes ces valeurs, à les recalculer psychologiquement, ne sont que les résultats de certaines perspectives de l'utilité propres à maintenir et à accroître des formations de domination humaine : et rien que fallacieusement projetées dans l'essence des choses. Le nihilisme représente un *état intermédiaire* pathologique (pathologique est l'énorme généralisation, la conclusion à une *absence totale de sens*) : soit que les forces productives ne soient encore assez puissantes ; soit que la *décadence* hésite et n'ait pas encore inventé ses remèdes.

(Éd. Colli-Montinari, © Éditions Gallimard, t. XII, trad. Julien Hervier, 1978, t. XIII, trad. Pierre Klossowski, 1976, successivement XIII, p. 245 ; XII, p. 212-213 ; XII, p. 213 ; XII, p. 214 ; XII, p. 215 ; XIII, p. 244 ; XIII, p. 28.)

– Texte 4 –

Raymond Polin, *La création des valeurs* (1944)

Dans l'action, l'homme se crée en même temps qu'il crée son œuvre. C'est pourquoi la vérité de l'action embrasse la totalité de l'œuvre et de son créateur. Elle est à la fois l'œuvre et l'homme qui accomplit cette œuvre. Chaque création humaine particulière constitue la vérité de chaque personne humaine créatrice et la révèle. En tant que création au sens passif et au sens actif, chaque œuvre est pour son créateur à la fois révélée et révélatrice. Cette vérité personnelle rejoint une vérité commune dans la mesure où une œuvre s'exécute en commun et naît d'un travail collectif. Pour le groupe, il y aura une vérité sinon universelle, du moins collective, celle que révèle l'action accomplie par une commune action créatrice. Mais il n'y aura pas de vérités éternelles, parce qu'il n'y aura pas d'œuvres éternelles. Toute réalité œuvrée et historique peut être à chaque instant remise en chantier, soit par son créateur, soit par d'autres hommes à venir. À la limite, il n'y aurait de vérité universelle et éternelle qu'à la fin de l'histoire, dans le monde immobile, sans valeurs et sans actions, de l'immanence totale.
(PUF, 1944, rééd. Vrin, 1977, p. 297-298.)

– Texte 5 –

Jean-Paul Sartre, *Cahiers pour une morale* (1948)

Que le monde ait une infinité d'avenirs libres et finis dont chacun soit directement projeté par un libre vouloir et indirectement soutenu par le vouloir de tous les autres, en tant que chacun veut la liberté concrète de l'autre, c'est-à-dire la veut non dans sa forme abstraite d'universalité mais au contraire dans sa fin concrète et limitée ; telle est la maxime de mon action. Vouloir qu'une valeur se réalise non parce qu'elle est mienne, non parce qu'elle est valeur mais parce qu'elle est valeur pour quelqu'un sur terre ; vouloir que les autres fassent exister de l'être dans le monde même si par principe le dévoilement existentiel ainsi réalisé m'est volé, faire qu'un avenir multidimensionnel vienne perpétuellement au monde, remplacer la totalité fermée et subjective comme idéal d'unité par une diversité ouverte d'échappements s'étayant les uns sur les autres, c'est poser qu'en tous cas la liberté vaut mieux que la non-liberté. [...] Toute fin de l'autre s'esquisse déjà comme une proposition puisque la *création* d'où qu'elle vienne est une valeur pour toute liberté et puisque la fin de l'autre ne peut être saisie dans le monde que par une compréhension qui la pose déjà à demi comme désirable pour celui qui la comprend. [...] Je renforce et élucide la pure position de ma fin en la constituant pour l'autre ; me fixant comme fin secondaire la compréhension de l'autre, je pose pour fin l'élucidation de ma fin [...] ; ma fin est de lui donner librement ma fin.
(Gallimard, 1983, p. 292-293.)

– Texte 6 –

E. M. Cioran, *Précis de décomposition* (1949)

Créateur de valeurs, l'homme est l'être délirant par excellence, en proie à la croyance que quelque chose existe, alors qu'il lui suffit de retenir son souffle : tout s'arrête ; de suspendre ses émotions : rien ne frémit plus ; de supprimer ses caprices : tout devient terne. La réalité est une création de nos excès, de nos démesures et de nos dérèglements. Un frein à nos palpitations : le cours du monde se ralentit ; sans nos chaleurs, l'espace est de glace. Le temps lui-même ne coule que parce que nos désirs enfantent cet univers décoratif que dépouillerait un rien de lucidité. Un grain de clairvoyance nous réduit à notre condition primordiale : la nudité ; un soupçon d'ironie nous dévêt de cet affublement d'espérances qui nous permettent de nous tromper et d'imaginer l'illusion : tout chemin contraire mène en dehors de la vie. L'ennui n'est que le début de cet itinéraire... Il nous fait sentir le temps trop long, – inapte à nous dévoiler une fin. Détachés de tout objet, n'ayant rien à assimiler de l'extérieur, nous nous détruisons au ralenti, puisque le futur a cessé de nous offrir une raison d'être.

L'ennui nous révèle une éternité qui n'est pas le dépassement du temps, mais sa ruine ; il est l'infini des âmes pourries faute de superstitions : un absolu plat où rien n'empêche plus les choses de tourner en rond à la recherche de leur propre chute.

La vie se crée dans le délire et se défait dans l'ennui.

(© Éditions Gallimard, rééd. coll. « Tel », p. 24-25.)

– Texte 7 –

Albert Camus, *L'homme révolté* (1951)

L'absurde, considéré comme règle de vie, est contradictoire. Quoi d'étonnant à ce qu'il ne nous fournisse pas les valeurs qui décideraient pour nous de la légitimité du meurtre ? [...] Si donc il était légitime de tenir compte de la sensibilité absurde [...] il est impossible de voir dans cette sensibilité, et dans le nihilisme qu'elle suppose, rien d'autre qu'un point de départ, une critique vécue, l'équivalent, sur le plan de l'existence, du doute systématique.

L'insurrection humaine, dans ses formes élevées et tragiques, n'est et ne peut être qu'une longue protestation contre la mort, une accusation enragée de cette condition régie par la peine de mort généralisée. Dans tous les cas que nous avons rencontrés, la protestation, chaque fois, s'adresse à tout ce qui, dans la création, est dissonance, opacité, solution de continuité. Il s'agit donc, pour l'essentiel, d'une interminable revendication d'unité. Le refus de la mort, le désir de durée et de transparence, sont les ressorts de toutes ces folies, sublimes ou puériles. [...] Le révolté ne demande pas la vie, mais les raisons de la vie. Il refuse la conséquence que la mort apporte. Si rien ne dure, rien n'est justifié, ce qui meurt est privé de sens. Lutter contre la mort, revient à revendiquer le sens de la vie, à combattre pour la règle et pour l'unité. [...]

La vraie générosité envers l'avenir consiste à tout donner au présent. [...]

Par-delà le nihilisme, nous tous, parmi les ruines, préparons une renaissance. Mais peu le savent.

(In *Essais*, © Éditions Gallimard, coll. « Bibliothèque de la Pléiade », 1965, p. 418, 419, 508, 509, 707.)

– Texte 8 –

Hans-Georg Gadamer, *Vérité et méthode* (1960)

Prendre conscience de ce travail de l'histoire : exigence qui s'impose à la conscience scientifique. [...] La conscience propre au travail de l'histoire est un moment de l'acte même de compréhension. [...]

La conscience propre au travail de l'histoire est d'abord conscience de la *situation* herméneutique. Or, acquérir la conscience d'une situation est dans tous les cas une tâche qui présente une difficulté propre. En effet, le concept de situation veut qu'on ne se trouve pas en face d'elle, qu'on ne puisse donc en avoir un savoir objectif. […] L'élucidation de cette situation, c'est-à-dire la réflexion sur le travail de l'histoire, ne peut pas, elle non plus, être menée à son accomplissement. Mais cette impossibilité ne tient pas à un manque de réflexion, elle s'inscrit dans l'essence de l'être historique que nous sommes. « *Être historique* » *signifie ne jamais pouvoir se résoudre en savoir de soi-même*. […]
En réalité, l'horizon du présent est en formation perpétuelle dans la mesure où il nous faut constamment mettre à l'épreuve nos préjugés. C'est d'une telle mise à l'épreuve que relève, elle aussi, la rencontre avec le passé et la compréhension de la tradition dont nous sommes issus. […] Il n'y a pas plus d'horizon du présent qui puisse exister à part qu'il n'y a d'horizons historiques que l'on devrait conquérir. *La compréhension consiste au contraire dans le processus de fusion de ces horizons soi-disant indépendants l'un de l'autre.*
(Trad. P. Fruchon, J. Grondin et G. Merlio, © Éditions du Seuil, 1996, p. 323-324, 328.)

– Texte 9 –

Jacques Derrida, « La structure, le signe et le jeu dans le discours des sciences humaines » (1966)
Dès lors a dû être pensée la loi qui commandait en quelque sorte le désir du centre dans la constitution de la structure, et le procès de la signification ordonnant ses déplacements et ses substitutions à cette loi de la présence centrale ; mais d'une présence centrale qui n'a jamais été elle-même, qui a toujours déjà été déportée hors de soi dans son substitut. Le substitut ne se substitue à rien qui lui ait en quelque sorte préexisté. Dès lors on a dû sans doute commencer à penser qu'il n'y avait pas de centre, que le centre ne pouvait être pensé dans la forme d'un étant-présent, que le centre n'avait pas de lieu naturel, qu'il n'était pas un lieu fixe mais une fonction, une sorte de non-lieu dans lequel se jouaient à l'infini des substitutions de signes. C'est alors le moment où le langage envahit le champ problématique universel ; c'est alors le moment où, en l'absence de centre ou d'origine, tout devient discours, c'est-à-dire système dans lequel le signifié central, originaire ou transcendantal, n'est jamais absolument présent hors d'un système de différences. L'absence de signifié transcendantal étend à l'infini le champ et le jeu de la signification.
(In *L'écriture et la différence*, © Éditions du Seuil, 1967, rééd. coll. « Points », p. 411.)

– Texte 10 –

Zaki Laïdi, *Un monde privé de sens* (1994)
La fin de la guerre froide n'a pas seulement enterré le communisme. Elle a, d'un même élan, d'une même humeur enseveli deux siècles de Lumières, deux siècles dont la guerre froide n'aura en définitive constitué que la phase historique la plus intense, l'expression géostratégique la plus vigoureuse, la forme idéologique la plus achevée. Le sentiment que nous avons de vivre depuis la chute du mur de

Berlin une rupture exceptionnellement forte dans l'ordre du monde se double d'une infirmité tout aussi grande à l'interpréter, à lui assigner un sens. Car si tous les bouleversements que nous subissons revêtent plusieurs significations, rien n'indique qu'ils aient un sens si par sens on se réfère à la triple notion de fondement, d'unité et de finalité. De fondement, c'est-à-dire de principe de base sur lequel s'appuie un projet collectif. D'unité, ensuite, c'est-à-dire de rassemblement, d'« images du monde » dans un schéma d'ensemble cohérent. De finalité enfin, c'est-à-dire de projection vers un ailleurs réputé meilleur. [...]
La puissance de moins en moins se conçoit et se vit comme un processus de cumul de responsabilités, mais plutôt comme un *jeu d'évitement* : évitement d'engagement collectif chez les individus, évitement de responsabilités sociales pour les entreprises, évitement de responsabilités planétaires pour les États. Chaque acteur social évite de prendre ses responsabilités ou des responsabilités car, en l'absence de projet de sens, il ne mesure celles-ci qu'en termes de coût.
(Fayard, 1994, © Hachette Littératures, coll. « Pluriel », 2001, p. 15, 33.)

– Texte 11 –

Tzvetan Todorov, « Les valeurs : unité ou pluralité ? » (1997)

La différence entre « adversaires » et « défenseurs » des valeurs n'est pas dans leur absence ou présence, mais dans l'extension qu'on leur réserve : nous sommes introduits par là à une différenciation des valeurs selon le nombre et la nature des personnes auxquelles elles s'appliquent. Le *nihiliste* n'est pas celui qui renonce à toute valeur (on a du mal à s'imaginer un tel être humain qui ne connaîtrait des désirs qu'immédiats), mais celui qui ne reconnaît des valeurs qu'individuelles et ponctuelles : le bien, pour lui, c'est alors son bonheur du moment, et rien d'autre. Celui qui croit que les valeurs peuvent aussi être collectives sans pour autant devenir universelles mérite d'être qualifié de *relativiste* : chaque société a ses valeurs, ou chaque époque, ou chaque partie du monde. Enfin celui qui admet, en plus des valeurs individuelles et collectives, d'autres encore qui seraient communes à l'espèce, pourrait être appelé l'*universaliste*. [...] L'universaliste en question sait bien que telle valeur est née un jour, en un lieu déterminé, et que par ailleurs elle n'est pas respectée partout, mais ces restrictions ne le dérangent pas. Une valeur universelle est celle qui a l'ambition de convenir à tous les hommes, sans plus ; que l'algèbre soit une invention des Arabes ne l'empêche pas d'avoir une semblable ambition d'universalité, pas plus que les fréquents meurtres d'individus humains n'empêche la maxime « tu ne tueras point » d'aspirer à l'universalité.
(In *Quelles valeurs pour demain ?*, 9ᵉ forum Le Monde-Le Mans, octobre 1997, © Éditions du Seuil, 1998, p. 18.)

– Texte 12 –

Daryush Shayegan, *La lumière vient de l'occident* (2001)

Le monde chaotique dans lequel nous vivons me semble être le point de convergence de trois phénomènes concomitants : le désenchantement, la destruction de la raison et la virtualisation. [...] Ces trois phénomènes se caractérisent par l'éclatement de toutes les ontologies. Et cet éclatement révèle une autre réalité qui en est d'ailleurs la conséquence logique : l'interconnectivité au sens très large. Celle-ci se manifeste à tous les niveaux de la réalité. Au niveau des cultures, elle met en

avant les relations rhizomatiques par une sorte de configuration mosaïque, où toutes les cultures s'emboîtent les unes dans les autres, créant des zones interstitielles de mélange et d'hybridité. Au niveau de la connaissance, elle se manifeste par l'éventail des interprétations et [...] l'être éclaté lui-même devient un processus infini d'interprétations diverses. [...] Tous ces événements vont dans le même sens : le refus des blocs monolithiques des croyances, des briques fondamentales de la matière, des systèmes arborescents de la pensée. En échange, ils valorisent tour à tour la pensée nomade, les modes relationnels de la mise en sympathie, l'hybridité, l'entrecroisement des cultures. [...] L'interconnectivité, du fait qu'elle met en relation les cultures, suscite par là même toutes sortes de mélanges. Cette zone d'hybridation est l'entre-deux par excellence. Elle met en exergue les métissages, en accentue les traits inédits, en dénonce l'hybridité, en révèle les innombrables contradictions.
(Éditions de l'Aube, 2001, p. 5-6, partiellement repris dans *Au-delà du miroir. Diversité des cultures et unité des valeurs*, L'Aube, 2002, p. 12-14.)

– Texte 13 –

Paul Ricœur, *Projet universel et multiplicité des héritages* (2004)
La seule universalité digne d'être invoquée ne peut être visée qu'à titre d'horizon des échanges entre héritages sémantiques formés et transmis par le canal des langues naturelles, soumises elles-mêmes à l'inexorable pluralité humaine. [...]
La traduction constitue un paradigme pour tous les échanges non seulement de langue à langue, mais de culture à culture. La voie est fermée du côté des universels abstraits, détachés de l'histoire culturelle des communautés réelles. Elle se rouvre du côté des universels concrets issus du travail de traduction. [...]
Si les meilleurs penseurs d'une certaine culture pensent sérieusement que cette culture est capable de transmettre aux autres des valeurs universelles, ils doivent admettre qu'il s'agit d'universels présumés, en quête de ratification, d'appropriation, d'adoption, de reconnaissance. Et c'est encore le travail de traduction qui soutient ces recherches d'universels concrets, marqués à la fois par l'histoire et par le regard critique sur l'histoire. Une seule certitude suffit : qu'il n'y a pas d'intraduisible absolu, que la traduction, malgré son inachèvement, crée de la ressemblance là où il ne semblait y avoir que de la pluralité. C'est dans cette ressemblance créée par le travail de traduction que se concilient « projet universel » et « multitude d'héritages ».
(In *Où vont les valeurs ?*, entretiens du XXIe siècle, J. Bindé (dir.), Unesco/Albin Michel, 2004, p. 77, 78, 79-80.)

SECTION 2. MÉMOIRE, HISTOIRE ET SENS DE L'HISTOIRE

Siècle de traumatismes pour l'humanité, le XXe a provoqué de grandes déchirures dans la mémoire collective. Mais il a finalement donné jour à des tentatives pour mieux penser, sinon apaiser nos liens avec le passé (mémoire et pardon). En même temps qu'ils apparaissent comme une exigence évidente, ces efforts de reconstitution d'une histoire douloureuse sont sujets à caution, accusés de ne pas remplir leur office de réconciliation. **La mémoire est un acte de restitution d'un passé appréhendé en quelque façon comme vécu.** Elle concerne donc toujours des aires culturelles restreintes. Le terme « **histoire** » désigne deux choses : **la réalité de l'évolution des sociétés humaines**, en tant qu'elle est révolue ; **l'étude de ce passé, en tant qu'il fait l'objet d'un travail spécifique**, constitutif d'une discipline. Certes le XIXe siècle paraît seul mériter le qualificatif de « siècle de l'histoire », parce qu'il a été celui des philosophies de l'histoire et celui de l'essor des études historiques en même temps que le moment où l'on s'est efforcé d'ordonner l'intention historique à un souci de rigueur disciplinaire. **Les philosophies de l'histoire**, reconstitutions globales et finalisées du devenir humain, ont été remises en cause dans la mesure où elles **soumettent l'humanité dans son ensemble à un principe unique d'évolution**. Mais la discipline historique a connu de nombreux développements et mutations au cours du XXe siècle, au point qu'on peut pratiquement parler pour caractériser notre époque d'un « règne des historiens ». Notre temps est sans doute animé d'un intérêt pour le passé, qu'atteste le succès des romans historiques. De surcroît, les productions intellectuelles sont de plus en plus marquées par un phénomène d'historicisation : elles tendent à se montrer conscientes de leur situation relativement à celles qui les ont précédées. De la sorte, le temps paraît tout emporter dans son courant, si bien que la difficulté paraît désormais consister en l'identification d'une donnée anhistorique. Il convient de retracer l'évolution des conceptions de l'histoire pour comprendre la spécificité de notre époque, qui paraît vouée à la **diffraction et à la conflagration des multiples productions mémorielles**.

2.1. Fragilité de la mémoire

Retour du passé dans le présent, la mémoire peut être orientée selon deux sens : du passé vers le présent, ou inversement (cf. Bergson, *Matière et mémoire*, 1896, p. 86-90). La mémoire souvenir constitue une représentation du passé par laquelle l'esprit se place en position de dépendance à l'égard de son objet révolu : il s'efforce de le restituer dans son intégralité. **La mémoire** habitude est toute entière tournée vers l'action : elle **reconstruit le souvenir pour mieux s'en servir**. La mémoire souvenir est plutôt inhibition, tandis que la mémoire action est accomplissement. Freud a d'ailleurs défini le traumatisme psychique comme un passé qui, ne pouvant pas passer, se rappelle à nous sous une forme pathologique. Nietzsche pour sa part a souligné l'inconvénient de la reconstruction historique pour l'activité vitale : « il y a un degré d'insomnie, de rumination, de sens historique qui nuit à l'être vivant et finit par l'anéantir, qu'il s'agisse d'un homme, d'un peuple ou d'une civilisation » (*Considérations inactuelles* II, 1 – 1874). **La mémoire paraît** donc réduite à **osciller entre un souci d'exactitude inhibiteur et une vitalité qui trahit le passé en le déformant**. L'histoire, lorsqu'elle est pensée en continuité avec la mémoire, est condamnée à la même aporie.

À l'époque où les transformations sociales engagent les individus et les institutions dans de profondes mutations qui les séparent de leur passé vivant, les historiens peuvent constituer une « histoire de la mémoire ». Mais, en étudiant notamment les « lieux de mémoire », ces jalons symboliques de l'histoire nationale qui ont cristallisé une part de l'identité française en acquérant un pouvoir fédérateur, ils risquent de mettre la mémoire à distance et comme de l'hypostasier. C'est que, comme le souligne Pierre Nora (texte 10), l'histoire s'oppose à la mémoire comme le réfléchi au vivant, le critique au spontané, le général au particulier, le relatif à l'absolu. **La constitution d'une mémoire est un acte naturel de la vie des sociétés**. L'appel à la mémoire est donc problématique. Certes, devant les souffrances oubliées, il participe du souci d'honorer les victimes et de comprendre pour, si possible, éviter la réitération des horreurs. Pourtant, l'institution d'un « devoir de mémoire » s'expose à plusieurs écueils. D'abord, un souvenir obéissant à une injonction n'est pas constitutif d'une mémoire comme acte d'identité collective. Ensuite, la réitération de l'acte de mémorisation, en même temps qu'elle risque de lui faire perdre sa valeur, peut engendrer un phénomène de victimisation artificielle (Todorov, texte 12). Enfin, du fait même qu'elle devient obligation, **la mémoire rendue dans le cadre d'un effort officiel risque précisément de rejeter son objet dans un passé cristallisé**, aboutissant à un résultat contraire à l'effet recherché. L'enjeu est donc de permettre à une mémorisation, artificielle parce que commandée occasionnellement, d'entrer en résonance avec des efforts fondateurs de repentance, de réconciliation, de vigilance. Ces actes ne peuvent être provoqués, il n'est possible que d'en appeler à cultiver l'usage productif de la mémoire, qui relie la réitération du passé à la construction d'un avenir collectif plus serein. Paul Ricœur (*La mémoire, l'oubli, l'histoire*, Seuil, 2000) appelle ainsi à substituer à la « mémoire malheureuse », celle qui fait du passé sépulture, qui ne cesse de renouveler la mise au tombeau, la « mémoire heureuse », qui fait de l'instauration d'un rapport à vocation authentique avec le passé un acte d'émancipation, de fondation, de création.

2.2. Naissance de l'histoire

On peut retracer l'évolution de l'intérêt pour l'histoire. Il suppose quelques conditions qui consacrent l'importance du devenir. Les cultures archaïques pensaient le temps comme cyclique, marqué par la répétition des rythmes naturels et des rites sacrés. **L'esprit historique** s'instaure à l'inverse par **la conviction que ce que font les hommes est décisif pour la suite des temps**. Thucydide ouvre son œuvre par l'affirmation qu'il ne s'était rien passé de tel que la guerre du Péloponnèse et que tout ce qui suivra en dépendra. En outre, pour consigner une suite d'événements, il faut nourrir la certitude que le passé est accessible : même s'il n'est pas identique à l'actuel, il est de même nature. Cela suppose l'idée que les hommes vivent dans un temps homogène qui est à la fois orienté et descriptible : ce que nous figurons couramment comme une flèche. Certes ce milieu peut être confronté à l'influence d'un autre ordre (le divin intemporel), mais ce dernier agissant dans le temps se juxtapose à lui sans briser sa linéarité. Une fois défini comme accessible, le passé risque néanmoins d'apparaître modulable, soumis à l'évaluation humaine. Plus qu'Hérodote, grand conteur et amateur d'histoires, Thucydide montre une inquiétude qui, sans pouvoir être qualifiée de « critique », n'en tient pas moins à se démarquer des auteurs apologétiques et des récits peu vraisemblables (texte 1). Sans instaurer de méthode systématique, il manifeste, le premier, un souci de confronter les témoignages discordants. On pourrait en ce sens considérer que **les problèmes de l'historiographie naissent en même temps que l'attention au passé**.

Pourtant, ce n'est que bien plus tard, au XVIIe siècle, que naît l'intention d'exactitude en histoire. Lancelot de La Popelinière s'en fait le héraut. Lorsqu'il donne une définition très générale de l'histoire (texte 3), c'est pour subordonner le récit à l'objectif de vérité, qu'ont manqué tous les historiens dont l'auteur présente une revue critique dans son *Histoire des histoires* (1599). L'érudition religieuse se développe dans l'étude des Pères de l'Église. Les Bénédictins de Saint-Maur élaborent le regard méticuleux qu'ils portent sur les documents historiques. La constitution d'une perspective informée naît d'abord de l'inquiétude portant sur la viabilité des sources. On peut en voir le symbole dans la remise en cause, dans les années 1670, de la crédibilité des papyrus mérovingiens que conservaient notamment les Bénédictins à Saint-Denis. Dans *La diplomatique*, en 1681, Dom Jean Mabillon use d'une méthode extensive, précise, linguistique, pour prouver l'authenticité des manuscrits : il examine et compare l'encre, l'écriture, la langue de nombreuses pièces. Se développe le sentiment qu'il n'y a pas de fait pur, d'activité vierge : **toute donnée est un témoignage dans lequel l'historien se trouve engagé**. Ce doute qui frappe tous les éléments légués par le passé conduit les historiens à définir les procédures qui permettront d'appréhender avec certitude les documents. Certes, l'idée de méthode ne prévaudra qu'à partir de la fin du XIXe siècle avec la *Revue historique* de l'école positiviste ; mais des règles s'imposent pour faire taire les objections portant sur les sources et définir collectivement le travail des chercheurs. Ainsi Mabillon écrit-il : « je me suis proposé pour la première de mes Règles, l'amour de la vérité. Mais j'y avais encore un engagement particulier, en donnant les originaux des choses » (*Brèves réflexions sur quelques règles de l'histoire*, POL, 1990, p. 105. B. Barret-Kriegel commente p. 142 : « en distinguant les originaux des copies, Mabillon sépare ici les sources de première main des sources de seconde main par quoi s'opère la constitution de l'histoire savante »). Cet effort critique sera mis en œuvre, depuis, par tous les historiens, qui lui donneront dans leurs œuvres différentes réalisations. Jules Michelet se distingue par son ambition de restituer la « totalité vécue » de la réalité historique. En revivant le passé, l'historien est amené à se confondre avec lui, à se comprendre comme un produit de l'histoire (texte 5) ; à ce titre, il appréhende de façon organique le donné historique.

2.3. Les philosophies de l'histoire

Le souci historique ne semble pas conduire immédiatement à l'unification de son objet. Les historiens semblent même plutôt associer l'intention d'exactitude avec celle de décomposition. Pourtant, depuis l'Antiquité, le récit présenté est supposé soustrait de **l'ensemble du temps, horizon de toute narration**. Il peut ainsi donner lieu à une conception globale de l'évolution des sociétés. Envisagée dans son ensemble dans le cadre de la chrétienté, l'Histoire, saisie comme une espèce de genèse à l'envers, un lent déclin tempéré, la préparation de la rédemption, appelle des soins de Dieu une régénérescence ultime. Cette perspective totalisante peut se marquer au moyen d'une majuscule. Ainsi se distinguent au principe **deux règnes, le spirituel et le temporel, constituant deux ordres par lesquels peut se définir la communauté humaine**, en fonction de l'objet, humain ou divin, de l'amour éprouvé par les hommes (saint Augustin, texte 2). Même si les deux cités sont en fait étroitement imbriquées, elles sont en droit distinguées en vertu de leur nature : l'histoire humaine tient son unité de sa sublimation en épopée sacrée. Cette tradition se perpétue jusqu'au *Discours* (1681) de Bossuet : « ce long enchaînement des causes particulières qui font et défont les empires dépend des ordres secrets de la divine

Providence. Dieu tient du plus haut des cieux les rênes de tous les royaumes » (*Discours sur l'histoire universelle*, GF, 1966, p. 427). **L'unification de l'Histoire est donc en Occident le fait de la théologie**, à l'origine des premières philosophies de l'histoire, définies comme visions d'ensemble du devenir humain. Les efforts de totalisation de l'évolution de l'humanité sont opposés au souci de porter un regard critique sur le contenu du passé.

Avec la **définition de procédés critiques** pour établir l'authenticité du legs de l'histoire, s'opère donc une **rationalisation de la discipline** : des principes de travail sont adoptés pour régler l'accès aux témoignages. La confiance en la raison développée au XVIIIe siècle conduit à de sévères remises en cause des anciennes pratiques historiographiques. Avec Montesquieu et Voltaire, sont définis de nouveaux objets d'intérêt pour l'historien : la géographie, les mœurs, la démographie. Mais, à la même époque, se constituent les prémices de représentations laïques de l'humanité en devenir : ces philosophies de l'histoire correspondent à une rationalisation outrancière de l'intérêt pour le passé. **La raison, instituant des procédures, permet de classer, d'évaluer, de finaliser les objets qu'elle considère**. Le déplacement d'attention depuis l'authenticité du document vers son rôle pour la compréhension d'un enchaînement d'événements fait de l'historien un philosophe. Leibniz (dans ses *Essais de Théodicée*, 1710), Kant (dans son *Idée d'une histoire universelle d'un point de vue cosmopolitique*, 1784), Hegel (dans ses cours des années 1820, par exemple ceux édités sous le titre *La raison dans l'histoire*, « 10/18 », 1965) accordent de plus en plus d'importance au principe de finalité (cf. aussi VI, 1, notamment textes 4 et 5). L'usage de ce principe (« toute chose existe conformément à un but ») constitue pour Hegel un complément nécessaire à l'étude de l'histoire (texte 4). Le but d'une formation historique (un peuple, une série d'événements, une époque) s'inscrit alors dans l'esprit qui préside à son développement. L'appréhension de cet esprit, tâche philosophique, devrait précéder la définition des options de recherche de l'historien et les déterminer. Idéalement, l'esprit qui constitue la trame vivante de la réalité doit animer le savant dans sa recherche. L'objectivité de son étude n'est pas l'impartialité illusoire d'une démarche scientifique, c'est un engagement dont les principes doivent être communs avec son objet. **La philosophie de l'histoire** cherchant, dans une inspiration vitaliste, à faire de l'évolution un objet de la raison, elle **substitue la finalisation au souci d'exactitude, autorisant ainsi les reconstructions globales *a priori***. L'affirmation selon laquelle on aurait atteint la fin de l'histoire, même lorsqu'elle s'appuie sur la constatation d'une progression de la libéralisation du marché global et de la démocratisation des régimes politiques (Fukuyama, texte 11), procède toujours d'une simplification et d'une idéalisation hâtives qui conduisent à nier la fécondité du devenir historique ; elle constitue l'ultime avatar de l'hypothèse d'une intelligibilité totale du destin de l'humanité.

2.4. Critiques de l'historicisme

Popper appelle historicisme la tentative plus ou moins accomplie de formuler des lois du devenir (texte 7). Durant la première moitié du XIXe siècle, non seulement en Allemagne, sous l'influence de Hegel, mais aussi dans toute l'Europe, a régné le climat des philosophies de l'histoire. En France, Auguste Comte fonde le positivisme, qui s'efforce de limiter toute étude à l'analyse des faits (expérimentables) et de leurs relations objectives. Bien qu'il prenne pour modèle la démarche scientifique, Comte institue aussi une philosophie de l'histoire sous les espèces de la loi des trois états : l'esprit humain passe nécessairement par l'âge théologique (de la fiction), l'âge métaphysique (de l'abstraction), l'âge positif (de la science), lequel est définitif (cf. VII, 1 texte 2). Des historiens comme Quinet ou Michelet n'hésitent pas à énoncer la finalité du devenir qu'ils retracent dans leurs écrits. C'est sans doute que **la forme même de la narration tend à faire d'un enchaînement d'événements une orientation**. L'esprit individuel du savant projette spontanément ses propriétés (le fait de poursuivre des objectifs) dans ce qu'il étudie : on assimile ainsi l'histoire d'une notion à la vie d'une entité. La forme du récit est congruente avec celle d'une vie (Furet, texte 9). Les chercheurs du XIXe siècle sont soumis à deux exigences conflictuelles : tantôt ils versent dans **l'élan historiciste, visant les globalisations finalisées**, tantôt ils souscrivent au souci de documentation critique que s'approprie et développe le positivisme dominant à la fin du siècle.

Au XXe siècle, les théorisations philosophiques s'écartent de plus en plus de l'esprit des philosophies de l'histoire. Karl Popper fustige toutes les formes d'évolutionnisme en sciences sociales : il soutient, contre la plupart des chercheurs, que les méthodes employées dans ce domaine sont les mêmes que celles des sciences de la nature (texte 7). Les historicistes tantôt tentent d'identifier une loi du devenir global de l'humanité, tantôt affirment que chaque moment historique, doué d'autonomie, reste irréductible aux autres. Or, d'une part **on ne peut formuler une loi d'évolution du tout sans être extérieur à cette totalité** ; d'autre part le relativisme historique qui consiste à affirmer que chaque époque est incommensurable aux autres suppose que le passage d'un moment à un autre de l'histoire ne peut être expliqué qu'en recourant à sa propre perspective, en quoi il se contredit. Popper propose de substituer à ces attitudes la disposition scientifique d'esprit ouvert qui conceptualise un seul des aspects de ses objets et l'étudie au moyen d'hypothèses constituant autant d'essais à confirmer ou à infirmer.

2.5. Mutations du travail de l'historien

La vérification des hypothèses est assurément plus difficile en sciences humaines. Elle paraît s'appliquer en l'homme à un matériau rétif à toute appréhension causale, comme l'a souligné la tradition sociologique allemande (issue de Dilthey). Pourtant, même si elle est réduite à obtenir des résultats moins probants, elle peut utiliser les mêmes procédures. C'est bien ce que suppose aussi Tolstoï qui, en comparant le mouvement historique au mouvement physique, souligne l'impossibilité d'en élaborer une connaissance parfaitement exacte (texte 6). Depuis le XIXe siècle, face aux difficultés radicales de l'entreprise de l'historien, s'est développé un souci normatif qui se traduit par la formulation de plusieurs exigences. Devant l'incertitude des témoignages et documents que recueille le témoin du passé, s'est progressivement imposé un effort de recoupement, d'examen et d'évaluation qui se définit finalement par une **critique de l'authenticité de tout document**. Devant la possibilité de remettre en cause toute conclusion, la connaissance historique s'est présentée de plus en plus sous la forme d'une argumentation élaborée, s'efforçant de conformer son procédé à un **ensemble de justifications rationnelles**. Enfin, pour faire pièce au soupçon de subjectivité qui pèse sur toute approche historique,

Ricœur soutient (*Histoire et Vérité*, Seuil, 1955, p. 23-34), non pas qu'on peut atteindre l'objectivité à l'aide de méthodes fondées, mais qu'il est possible de construire une « subjectivité de réflexion », qui énonce ses hypothèses et engage le lecteur comme les critiques à les accepter, au moins le temps d'examiner leur pouvoir explicatif. **L'étude historique adopte donc en quelque façon une forme hypothético-déductive, alors même qu'elle ne peut quantifier ses résultats.**

Au XXe siècle, les transformations qui ont affecté le travail des historiens ne sont pas seulement méthodologiques. Avec **l'école des Annales** (du nom de la revue fondée par Marc Bloch et Lucien Febvre à la fin des années 1920, et qui s'est imposée après-guerre), c'est à un renversement de perspective que l'on assiste. À l'histoire événementielle (qui privilégie l'étude des hauts faits, des grands hommes), se substitue l'examen des transformations de mœurs, de la vie quotidienne, des soubassements de la société. Foucault a résumé la profonde transformation à laquelle a abouti ce changement par la formule suivante : on est passé **de la mémoire des monuments à l'archéologie des documents**, ce qui entraîne l'acceptation des discontinuités et la démultiplication des chronologies (texte 8). François Furet a présenté les mutations du travail de l'historien au titre de la rupture entre l'histoire et le récit. L'étude historique renonce à prendre pour objet le temps effectivement passé et accepte de se présenter comme une reconstruction. Son auteur, dans la mesure où il choisit son objet, doit consentir à une critique rigoureuse de ses sources, qui le conduit souvent à « inventer » ses documents, c'est-à-dire à établir leur statut et à justifier leur intérêt (texte 9). Il en résulte un **éclatement des pratiques historiographiques**, en vertu des réponses différentes que les chercheurs apportent aux problèmes qui définissent leur activité. En outre, l'historiographie diversifie ses objets, et s'expose à de profondes transformations, comme le souligne Krzysztof Pomian (texte 13), en raison des apports techniques et de la conscience de sa propre historicité, dont elle se nourrit désormais.

Ainsi, si l'histoire est « fille de la mémoire », elle en est à ce point émancipée qu'elle peut y être foncièrement opposée. **La notion de récit maintenait un lien entre l'activité de remémoration et l'étude de l'historien.** Lorsque celle-ci se donnait une extension maximale et que l'historien entreprenait d'appréhender la finalité du cours des choses, alors il se faisait philosophe et construisait une interprétation globale se coupant de l'examen minutieux des réalités. La critique des excès de l'historicisme a pris le relais du souci de l'établissement des sources né à partir du XVIIIe siècle pour créer une **discipline à vocation scientifique**. Dès lors, **l'histoire a adopté des normes critiques qui l'ont conduite à se dissocier du travail collectif de mémoire** que les sociétés sont de plus en plus enclines à ritualiser. Si des historiens ont entendu témoigner aux procès de certains criminels de la Seconde Guerre mondiale, leur intervention constitue un acte politique autant que scientifique. À l'inverse, le pouvoir législatif devrait n'avoir aucune incidence sur les études historiques, mais cette indépendance est difficile à préserver, comme l'attestent les débats afférents aux récentes « lois mémorielles ». Lors des renaissances douloureuses de nations déchirées, la vertu de l'oubli peut s'imposer contre le devoir de mémoire (comme l'attestent les commissions procédant à une institutionnalisation de l'amnistie). Se pose dans ce cadre avec la plus grande acuité le problème de l'histoire du présent. L'actualité ne saurait se prêter à une construction critique, informée, ordonnée à des objectifs prédéfinis. Le présent n'est pas plus saisissable pour la conscience collective que pour la conscience individuelle. L'histoire constitue finalement une médiatisation très indirecte du rapport d'une société à elle-même. La conscience de mieux en mieux développée de notre historicité nous permet de diversifier, de renouveler et de faire progresser les perspectives que nous prenons sur notre passé, sans jamais être assurés d'utiliser ces études au mieux pour notre entreprise collective.

Textes

– Texte 1 –

■ Thucydide, *La guerre du Péloponnèse* (vers 400 av. J.-C.)

Les risques d'erreur sont faibles, si l'on s'en tient aux indices mentionnés ci-dessus et l'on peut estimer que l'aperçu que j'ai donné sur ces siècles passés est dans l'ensemble véridique. N'allons pas faire plus de cas des poètes, qui, pour les besoins de l'art, ont grandi les événements de ce temps, ni des *logographes*, qui, en écrivant l'histoire, étaient plus soucieux de plaire à leur public que d'établir la vérité. Les faits dont ils nous parlent sont incontrôlables. Ils se sont, au cours des âges, parés des prestiges de la fable, perdant ainsi tout caractère d'authenticité. Qu'on se contente donc pour ce passé lointain d'un savoir fondé sur des données absolument indiscutables. […]

J'ai prêté aux orateurs les paroles qui me paraissaient les mieux appropriées aux diverses situations où ils se trouvaient, tout en m'attachant à respecter autant que possible l'esprit des propos qu'ils ont réellement tenus.

Quant aux actions accomplies au cours de cette guerre, j'ai évité de prendre mes informations du premier venu et de me fier à mes impressions personnelles. Tant au sujet des faits dont j'ai moi-même été témoin que pour ceux qui m'ont été rapportés par autrui, j'ai procédé chaque fois à des vérifications aussi scrupuleuses que possible. Ce ne fut pas un travail facile, car il se trouvait dans chaque cas que les témoins d'un même événement en donnaient des relations discordantes, variant selon les sympathies qu'ils éprouvaient pour l'un ou l'autre camp ou selon leur mémoire.

(Trad. D. Roussel, © Éditions Gallimard, coll. « Bibliothèque de la Pléiade », 1964, Livre I, n° 21 et 22, p. 693-694, 705-706.)

– Texte 2 –

■ Saint Augustin, *La cité de Dieu* (412-427)

Deux amours ont bâti deux cités : celle de la terre par amour de soi jusqu'au mépris de Dieu, celle du ciel par amour de Dieu jusqu'au mépris de soi. L'une se glorifie en elle-même, l'autre dans le Seigneur. L'une en effet demande sa gloire aux hommes ; l'autre tire sa plus grande gloire de Dieu, témoin de sa conscience. L'une, dans sa gloire, redresse la tête ; l'autre dit à son Dieu : « Tu es ma gloire et tu élèves ma tête. » L'une, dans ses chefs ou dans les nations qu'elle subjugue, est dominée par le désir de dominer ; dans l'autre, on se rend service dans la charité, les gouvernants en prenant les résolutions, les sujets en obéissant. L'une, dans ses puissants, chérit sa propre force ; l'autre dit à son Dieu : « Je t'aimerai, Seigneur, toi ma force. »

C'est pourquoi, dans l'une, les sages vivant selon l'homme ont recherché les biens du corps ou de l'âme ; et ceux qui ont pu connaître Dieu « ne l'ont pas honoré comme Dieu et ne lui ont pas rendu grâces, mais se sont fourvoyés dans leurs pensées et leur cœur insensé a été obscurci ; se proclamant sages, ils sont devenus fous ; ils ont troqué la gloire du Dieu incorruptible contre des images de l'homme corruptible [...] et ils ont rendu un culte à la créature plutôt qu'au créateur qui est béni dans les siècles ».

Dans l'autre cité, la seule sagesse de l'homme est la piété qui rend un culte légitime au vrai Dieu et attend pour récompense dans la société des saints, hommes aussi bien qu'anges, « que Dieu soit tout en tous ».

(In *Œuvres II* (XIV, XXVIII), L. Jerphagon (dir.), trad. C. Salles, © Éditions Gallimard, coll. « Bibliothèque de la Pléiade », 2000, p. 594.)

– Texte 3 –

La Popelinière, *L'idée de l'histoire accomplie* (1599)

Pour droitement exprimer toute la substance de l'histoire, sans nous arrêter aux accidents de celle-ci, qui sont innombrables : crainte de tomber en un labyrinthe infini, qui ne reçoit point de science : ainsi seulement aux différences essentielles et formelles et de même main, faire connaître les fautes des historiens actuels, qui ont mieux aimé former l'histoire par effet, qu'en idées et imaginations. [...] La digne histoire sera un narré vrai, général, éloquent et judicieux, des plus notables actions des hommes, et autres accidents qui y sont représentés selon les temps, les lieux, leurs causes, progrès et événements. Afin que le narré lui soit substance commune. Et le reste autant de différences formelles, à tous autres discours. Le narré sera véritable et général des actions humaines : et notamment de toutes les affaires notables d'un ou plusieurs États. Bien ordonné, selon les lieux, les temps et la suite des affaires [qui y sont décrites] par leurs causes, progrès et issues. Grave, tant pour le choix des matières, que pour la façon de les exprimer. D'une éloquence surpassant le commun parler de son temps. Et le tout assaisonné d'un jugement exquis, qui portera tant sur la gravité et accommodement des matières que sur la liaison des clauses et parties avec tout le corps.

(In *L'histoire des histoires*, tome second, Fayard, coll. « Corpus », 1989, p. 33-34, expression actualisée.)

– Texte 4 –

G. W. F. Hegel, *Encyclopédie des sciences philosophiques* (1817-1830)

Que la présupposition d'un but étant en et pour soi, et des déterminations se développant à partir de lui suivant le concept, soit faite dans le cas de l'histoire, c'est là ce que l'on a nommé une considération *a priori* de celle-ci, et l'on a fait reproche à la philosophie d'écrire l'histoire *a priori* ; sur ce point, et sur l'historiographie en général, il faut faire observer de façon plus précise ce qui suit. Qu'au fondement de l'histoire et, en vérité, essentiellement de l'histoire mondiale, il y ait en et pour soi un but final, et que celui-ci ait été réalisé et soit réalisé effectivement en elle – c'est là le plan de la Providence –, que, d'une façon générale, il y ait de la *raison* dans l'histoire, cela doit être établi pour soi-même philosophiquement et, par là, comme étant en et pour soi nécessaire. Ce qui, seul, peut mériter le blâme, c'est de présupposer des représentations ou pensées arbitraires, et de vouloir trouver et représenter conformes à elles les événements et les actes. [...]

Tout ce qu'on accorde, c'est qu'un historien doit nécessairement, avoir un *objet*, par exemple Rome, son destin, ou la ruine de la grandeur de l'Empire romain. Il suffit d'un peu de réflexion pour discerner que c'est là le but présupposé qui est au fondement des événements eux-mêmes comme du jugement déterminant lesquels d'entre eux ont une importance, c'est-à-dire une relation plus prochaine ou plus lointaine avec lui. Une histoire sans un tel but et sans un tel jugement ne serait qu'une suite, sans grand sens, de la représentation, pas même un conte pour enfant, car même les enfants réclament, dans les récits, un intérêt, c'est-à-dire un but pour le moins donné à pressentir, et la mise en relation avec lui des événements et des actions. […]

Mais, en réalité, si, dans l'histoire politique, Rome ou l'Empire allemand, etc., sont un objet effectif et vrai, et le but auquel les phénomènes sont à rapporter et suivant lequel ils sont à apprécier, encore bien plus, dans l'histoire universelle, l'esprit universel lui-même, la conscience qu'il a de lui-même et de son essence, est un objet, un contenu, vrai et effectif, et un but auquel, en et pour lui-même, servent tous les autres phénomènes, de telle sorte que c'est uniquement par le rapport à lui, c'est-à-dire par le jugement dans lequel ils sont subsumés sous lui, et lui, inhérent à eux, qu'ils ont leur valeur ainsi que jusqu'à leur existence. Que, dans la marche de l'esprit (et c'est l'esprit qui ne plane pas seulement *sur* l'histoire comme sur les eaux, mais qui tisse sa trame en elle et y est seul le principe moteur), la liberté, c'est-à-dire le développement déterminé par le concept de l'esprit, soit le principe déterminant, et que seul le concept de l'esprit soit à lui-même le but final, c'est-à-dire la vérité, puisque l'esprit est conscience, ou – en d'autres termes – qu'il y ait de la raison dans l'histoire, cela, pour une part, sera au moins une croyance plausible, mais, pour une autre part, c'est une connaissance de la philosophie.
(III, § 549, trad. B. Bourgeois, © Vrin, 1986, 1988, p. 327, 329, 331, 2004.)

– Texte 5 –

Jules Michelet, *Préface à L'histoire de France* (1869)

La France a fait la France. Elle est fille de sa liberté. Dans le progrès humain, la part essentielle est à la force vive qu'on appelle l'homme. *L'homme est son propre Prométhée.*

L'histoire telle que je la voyais en ces hommes éminents (et plusieurs admirables) qui la représentaient me paraissait encore faible en ses deux méthodes :

Trop peu matérielle, tenant compte des races, non du sol, du climat, des aliments, de tant de circonstances physiques et physiologiques.

Trop peu spirituelle, parlant des lois, des actes politiques, non des idées, des mœurs, non du grand mouvement progressif, intérieur, de l'âme nationale.

Surtout peu curieuse du menu détail érudit où le meilleur, peut-être, restait enfoui aux sources inédites.

Ma vie fut en ce livre, elle a passé en lui. Il a été mon seul événement. Mais cette identité du livre et de l'auteur n'a-t-elle pas un danger ? L'œuvre n'est-elle pas colorée des sentiments du temps de celui qui l'a faite ?

C'est ce qu'on voit toujours. Nul portrait exact, si conforme au modèle, que l'artiste n'y mette un peu de lui. Nos maîtres en histoire ne se sont pas soustraits à cette loi. […] Si c'est là un défaut, il nous faut avouer qu'il nous rend bien service. L'historien qui en est dépourvu, qui entreprend de s'effacer en écrivant, de ne pas être, de suivre par derrière la chronique contemporaine n'est point du tout historien. […] L'histoire, dans le progrès du temps, fait l'historien bien plus qu'elle

n'est faite par lui. Mon livre m'a créé. C'est moi qui fus son œuvre. Ce fils a fait son père. S'il est sorti de moi d'abord, de mon orage (trouble encore) de jeunesse, il m'a rendu plus en force et en lumière, même en chaleur féconde, en puissance réelle de ressusciter le passé. Si nous nous ressemblons, c'est bien. Les traits qu'il a de moi sont en grande partie ceux que je lui devais, que j'ai tenus de lui.
(Préface à *L'histoire de France*, Lacroix, 1876, p. VIII-X.)

– Texte 6 –

Léon Tolstoï, *La Guerre et la Paix* (1869)

La continuité absolue du mouvement est incompréhensible pour l'esprit humain. L'homme ne parvient à comprendre les lois de n'importe quel mouvement que lorsqu'il l'a fractionné en unités arbitrairement choisies. [...]
Le mouvement historique, somme d'un nombre incalculable de décisions individuelles, libres, s'accomplit de façon continue.
La connaissance des lois de ce mouvement est le but de l'histoire. Mais pour connaître les lois de ce mouvement continu, somme de toutes les décisions libres, l'intelligence humaine le fragmente en unités discontinues. Le premier procédé de l'histoire consiste à choisir une série quelconque d'événements continus et à l'examiner en dehors des autres séries, alors qu'aucun événement n'a et ne peut avoir de commencement, mais que tout événement découle toujours de façon continue d'un autre. Le second procédé consiste à considérer l'activité d'un homme, un souverain, un chef d'armée, comme étant le produit des décisions libres des individus, alors que le produit de ces décisions ne s'exprime jamais dans les actes d'un seul personnage historique.
[...] La science historique adopte des unités de plus en plus réduites, cherchant par ce moyen à se rapprocher davantage de la vérité. Mais si petites que soient devenues ces unités, nous sentons qu'admettre des unités séparées les unes des autres, qu'un événement a un commencement et que les décisions de tous les hommes trouvent leur expression dans les actes d'un personnage historique, est complètement faux.
(Livre III, 3ᵉ partie, trad. B. De Schloezer, © Éditions Gallimard, 1960, coll. « Folio », p. 268-271. Cf. aussi Trad. H. Mongault, © Éditions Gallimard, coll. « Bibliothèque de la Pléiade », 1952, p. 1069-1070.)

– Texte 7 –

Karl Popper, *Misère de l'historicisme* (1945)

C'est une erreur de croire qu'il peut y avoir une histoire au sens totaliste, une histoire des « états de société » représentant « la totalité de l'organisme social » ou « tous les événements historiques et sociaux d'une époque ». Cette idée dérive d'une conception intuitive d'une *histoire de l'humanité* entendue comme un vaste et immense courant d'évolution. Mais une telle histoire ne peut pas être écrite. Toute histoire écrite est l'histoire d'un certain aspect limité de cette évolution « totale », et elle est, de toute façon, une histoire très incomplète de l'aspect choisi particulier, lui-même incomplet.
Ceci, pouvons-nous dire, est l'erreur centrale de l'historicisme. *Ses « lois d'évolution » s'avèrent être des tendances absolues* ; tendances qui, comme des lois, ne dépendent pas de conditions initiales, et qui nous emportent irrésistiblement selon

une certaine direction, vers l'avenir. Elles sont le fondement de *prophéties* inconditionnelles, contrairement aux *prédictions* scientifiques conditionnelles. [...]
En général, des points de vue historiques *ne peuvent pas être testés*. [...] Nous appellerons un tel point de vue sélectif, ou foyer de l'intérêt historique, lorsqu'on ne peut le formuler en une hypothèse testable, une *interprétation historique*.
[...] Tout semble se passer presque comme si les historicistes essayaient de se consoler de la perte d'un monde immuable en s'accrochant à la croyance que le changement peut être prévu parce qu'il est réglé par une loi immuable.
(Trad. H. Rousseau-R. Bouveresse, © Éditions Plon, 1956, Pocket, 1988, p. 103, 162, 189-190, 194, 201.)

– Texte 8 –

Michel Foucault, *L'archéologie du savoir* (1969)

L'histoire, dans sa forme traditionnelle, entreprenait de « mémoriser » les *monuments* du passé, de les transformer en *documents* et de faire parler ces traces qui, par elles-mêmes, souvent ne sont point verbales, ou disent en silence autre chose que ce qu'elles disent ; de nos jours, l'histoire, c'est ce qui transforme les *documents* en *monuments*, et qui, là où on déchiffrait des traces laissées par les hommes, là où on essayait de reconnaître en creux ce qu'ils avaient été, déploie une masse d'éléments qu'il s'agit d'isoler, de grouper, de rendre pertinents, de mettre en relations, de constituer en ensembles. L'archéologie, comme discipline des monuments muets, des traces inertes, des objets sans contexte [...], tendait à l'histoire et ne prenait sens que par la restitution d'un discours historique ; [...] l'histoire, de nos jours, tend à l'archéologie, – à la description intrinsèque du monument. [...]
Sont apparues, à la place de la chronologie continue de la raison, qu'on faisait invariablement remonter à l'inaccessible origine, [...] des échelles parfois brèves, distinctes les unes des autres, rebelles à une loi unique, porteuses souvent d'un type d'histoire qui est propre à chacune, et irréductibles au modèle général d'une conscience qui acquiert, progresse et se souvient. [...]
La discontinuité, c'était ce stigmate de l'éparpillement temporel que l'historien avait à charge de supprimer de l'histoire. Elle est devenue maintenant un des éléments fondamentaux de l'analyse historique.
(© Éditions Gallimard, p. 14-16.)

– Texte 9 –

François Furet, *De l'histoire-récit à l'histoire-problème* (1975)

L'histoire est fille du récit. Elle n'est pas définie par un objet d'étude, mais par un type de discours. Dire qu'elle étudie le temps n'a en effet pas d'autre sens que de dire qu'elle dispose tous les objets qu'elle étudie dans le temps : faire de l'histoire, c'est raconter une histoire.
Raconter, en effet, c'est dire « ce qui est arrivé » : à quelqu'un ou à quelque chose, à un individu, à un pays, à une institution, aux hommes qui ont vécu avant cet instant du récit et aux produits de leur activité. C'est restituer le chaos d'événements qui constituent le tissu d'une existence, la trame d'un vécu. Le modèle en est tout naturellement le récit biographique, parce qu'il raconte quelque chose qui se présente comme l'image même du temps pour l'homme ; la durée bien nette d'une vie, entre la naissance et la mort, et les dates repérables des grands événements

entre ce début et cette fin. Le découpage du temps est ici inséparable du caractère empirique du « sujet » de l'histoire. [...]

Le récit historique obéit donc à un découpage du temps inscrit dans le donné brut du vécu : au fond, il fixe les souvenirs des individus et des collectivités. Il conserve vivant ce qu'ils ont choisi de leur passé ou simplement du passé, sans défaire ni reconstruire les objets de ce passé : c'est qu'il parle de moments, non d'objets. [...]

En somme, l'histoire-récit est la reconstruction d'une expérience vécue sur l'axe du temps : reconstruction inséparable d'un minimum de conceptualisation, mais cette conceptualisation n'est jamais explicitée. Elle est cachée à l'intérieur de la finalité temporelle qui structure tout récit comme son sens même.

Or, ce qui me paraît caractériser l'évolution récente de l'historiographie, c'est le recul peut-être définitif de cette forme d'histoire, florissante toujours au niveau des productions de grande consommation, mais de plus en plus abandonnée par les professionnels de la discipline. Il me semble que nous sommes passés, sans toujours le savoir, d'une histoire-récit à une histoire-problème, au prix de mutations qui peuvent être résumées ainsi :

1. L'historien a renoncé à l'immense indétermination de l'objet de son savoir : le temps. Il n'a plus la prétention de raconter ce qui s'est passé, ou même ce qui s'est passé d'important, dans l'histoire de l'humanité, ou d'une portion d'humanité. Il est conscient qu'il choisit, dans ce passé, ce dont il parle, et que, ce faisant, il pose, à ce passé, des questions sélectives. [...]

2. En rompant avec le récit, l'historien rompt aussi avec son matériau traditionnel l'événement unique. Si, au lieu de décrire un vécu, unique, fugitif, incomparable, il cherche à expliquer un problème, il a besoin de faits historiques moins flous que ceux qu'il trouve constitués sous ce nom dans la mémoire des hommes. [...]

3. En définissant son objet d'étude, l'historien a également à « inventer » ses sources, qui ne sont généralement pas appropriées, telles quelles, à son type de curiosité. [...] Or, l'historien qui cherche à poser et à résoudre un problème doit trouver les matériaux pertinents, les organiser et les rendre comparables, permutables, de façon à pouvoir décrire et interpréter le phénomène étudié à partir d'un certain nombre d'hypothèses conceptuelles.

4. D'où la quatrième mutation du métier d'historien. Les conclusions d'un travail sont de moins en moins séparables des procédures de vérification qui les sous-tendent, avec les contraintes intellectuelles qu'elles entraînent.

(In *Diogène*, n° 89, janv-mars 1975, p. 112-113, 116 et 117, repris in *L'atelier de l'histoire*, Flammarion, 1982, p. 73-74, 76-77.)

– Texte 10 –

Pierre Nora, *Les lieux de mémoire*, tome 1, *La République* (1984)

Accélération : ce que le phénomène achève de nous révéler brutalement, c'est toute la distance entre la mémoire vraie, sociale et intouchée, celle dont les sociétés dites primitives, ou archaïques, ont représenté le modèle et emporté le secret – et l'histoire, qui est ce que font du passé nos sociétés condamnées à l'oubli, parce qu'emportées dans le changement.

La mémoire est la vie, toujours portée par des groupes vivants et à ce titre, elle est en évolution permanente, ouverte à la dialectique du souvenir et de l'amnésie, inconsciente de ses déformations successives, vulnérable à toutes les utilisations et manipulations, susceptible de longues latences et de soudaines revitalisations.

L'histoire est la reconstruction toujours problématique et incomplète de ce qui n'est plus. [...] L'histoire, parce qu'elle est opération intellectuelle et laïcisante, appelle analyse et discours critique. La mémoire installe le souvenir dans le sacré, l'histoire l'en débusque, elle prosaïse toujours. La mémoire sourd d'un groupe qu'elle soude [...] ; elle est, par nature, multiple et démultipliée, collective, plurielle et individualisée. L'histoire, au contraire, appartient à tous et à personne, ce qui lui donne vocation à l'universel. La mémoire s'enracine dans le concret, dans l'espace, le geste, l'image et l'objet. L'histoire ne s'attache qu'aux continuités temporelles, aux évolutions et aux rapports des choses. La mémoire est un absolu et l'histoire ne connaît que le relatif.
(© Éditions Gallimard, p. XVIII-XIX.)

– Texte 11 –

Francis Fukuyama, *La fin de l'histoire ?* (1989)

Le XXe siècle a vu le monde développé s'enfoncer dans un paroxysme de violence idéologique : ce fut d'abord la lutte du libéralisme contre les derniers bastions de l'absolutisme, puis contre le bolchevisme et le fascisme, et enfin contre un marxisme modernisé qui menaçait d'entraîner le monde dans l'apocalypse d'une guerre nucléaire. Mais ce siècle, qui fut à ses débuts plein de confiance dans le triomphe ultime de la démocratie libérale occidentale, semble être, sur sa fin, en train de revenir, au point d'où il est parti : non pas à la « fin des idéologies » ou à une convergence entre capitalisme et socialisme, mais à une victoire éclatante du libéralisme économique et politique. [...]
La fin de l'histoire sera une période fort triste. La lutte pour la reconnaissance, la disposition à risquer sa vie pour une cause purement abstraite, le combat idéologique mondial qui faisait appel à l'audace, au courage et à l'imagination, tout cela sera remplacé par le calcul économique, la quête indéfinie de solutions techniques, les préoccupations relatives à l'environnement et la satisfaction des exigences de consommateurs sophistiqués. Dans l'ère post-historique, il n'y aura plus que l'entretien perpétuel du musée de l'histoire de l'humanité. Je ressens, je vois ressentir une nostalgie puissante de l'époque où l'histoire existait. Cette nostalgie continuera, pour quelque temps encore, à alimenter la concurrence et le conflit dans le monde post-historique lui-même.
(In *Commentaire*, n° 47, automne, p. 457-459, 461-462 et 469. Cf. aussi l'ouvrage *La fin de l'histoire et le dernier homme*, © Éd. Flammarion, 1992 (coll. « Champs », 1993), qui développe les thèses du célèbre article de 1989.)

– Texte 12 –

Tzvetan Todorov, *Les abus de la mémoire* (1995)

Il ne se passe pas de mois sans que l'on commémore quelque événement remarquable, au point qu'on se demande s'il reste suffisamment de journées disponibles pour que s'y produisent de nouveaux événements... à commémorer au XXIe siècle. [...] La France se distingue par sa « maniaquerie commémorative », sa « frénésie de liturgies historiques ». Les récents procès pour crimes contre l'humanité, comme les révélations sur le passé de certains hommes d'État incitent à proférer des appels à la « vigilance » et au « devoir de mémoire » ; on nous dit que celle-ci « a des droits imprescriptibles » et qu'on doit se constituer en « militants de la mémoire ».

Cette préoccupation compulsive du passé peut être interprétée comme le signe de santé d'un pays pacifique où il ne se passe, heureusement, rien [...], ou comme la nostalgie pour une époque révolue où notre pays était une puissance mondiale ; mais [...] ces appels à la mémoire n'ont en eux-mêmes aucune légitimité tant qu'on ne précise pas à quelle fin on compte l'utiliser, nous pouvons aussi nous interroger sur les motivations spécifiques de ces « militants ». [...]

Commémorer les victimes du passé est gratifiant, s'occuper de celles d'aujourd'hui dérange ; « faute d'avoir une action réelle contre le "fascisme" d'aujourd'hui, qu'il soit réel ou fantasmé, on porte l'attaque, résolument, sur le fascisme d'hier ». [...]

Si personne ne veut *être* une victime, tous, en revanche veulent l'avoir été, sans plus l'être ; ils aspirent au *statut* de victime.
(Arléa, rééd. 1998, p. 51-52, 54, 56.)

– Texte 13 –

Krzysztof Pomian, *Sur l'histoire* (1999)

Pour ce qui est du traitement des sources, il semble qu'une révolution nous attend, consécutive à l'utilisation à grande échelle des ordinateurs et des scanners qui permettent de faire entrer dans leurs mémoires d'énormes masses documentaires auxquelles nous avons affaire, surtout pour l'âge statistique et plus particulièrement pour le XXe siècle. [...] Dans de nombreux domaines, cela devrait rendre possible l'abandon de l'approche impressionniste imposée par l'impossibilité où nous sommes de construire des échantillons représentatifs des ensembles documentaires non maîtrisables et d'approfondir par conséquent notre connaissance de certaines tendances lourdes de l'économie et de la vie sociale.

Parmi les percées conceptuelles en train de se dessiner, la première à mentionner consiste en une historicisation de l'histoire telle qu'elle est pratiquée par les historiens, c'est-à-dire en une prise de conscience par ces derniers de leur propre historicité. Cela signifie deux choses : d'une part, élimination de tout ce qui, dans la manière de penser les faits et de les décrire, procède de la conviction implicite d'être à la fin de l'histoire ; d'autre part, positivement, apprentissage de l'ouverture à l'avenir, forcément imprévisible et surprenant, même si l'on parvient à identifier des îlots de prévisibilité. La deuxième percée conceptuelle qui se dessine consiste en un dépassement du cadre national en tant qu'il organise les recherches, l'interprétation des faits et leur description.
(Gallimard, coll. « Folio Histoire », 1999, p. 383-384.)

SECTION 3. LE CRÉPUSCULE DE LA MODERNITÉ

Les responsables parlent encore souvent de « moderniser » des structures : une construction, une chaîne de relations, une administration. Mais plus personne ne se prévaut plus d'« être moderne ». Quelque chose, dans la relation de l'homme occidental à son époque, paraît s'être grippé. Pourtant, si la notion de modernité désigne l'adaptation à son temps, comment s'y soustraire ? En valorisant les avant-gardes, il ne s'agissait pas d'abord de se référer à une époque future, mais plutôt de concevoir le moment historique dans lequel on s'inscrit comme « toujours en progrès ». Ce « progressisme » qui caractérise les sociétés occidentales depuis le XVIIe siècle serait-il dépassé ? Peut-on aller au-delà de ce qui est « en avance » ? Et comment définir une position consistant à s'excepter d'un mouvement d'ouverture ? Car être moderne, c'est finalement se comprendre dans l'élan ambitieux d'une entreprise de libération collective. Outre les post-modernes, qui revendiquent sur notre époque un regard extérieur et critique (cf. V, 4), de nombreux auteurs ont dénoncé le cortège de destructions, d'aliénations, de déshumanisations auquel ont conduit les promesses modernistes de rédemption de l'humanité. La modernité, **projet de rationalisation indéfinie de nos collectivités**, porte sans doute en elle la menace que ses moyens se retournent contre ses fins (cf. les dangers de la rationalisation, I, 4, texte 6). **Les crimes contre l'humanité, la destruction de l'environnement, l'aliénation des sujets n'ont pas laissé indemne l'ambition moderne d'amélioration indéfinie de notre compréhension du monde.** Subsiste pourtant l'intention d'accomplir la modernité, c'est-à-dire le projet d'émancipation de l'homme issu de la philosophie des Lumières. Ainsi Habermas (texte 8) suggère-t-il que ce sont peut-être plus les tentatives de dépassement du projet moderne que son entreprise propre qui sont à l'origine des drames du XXe siècle. Dans quelle mesure cette notion de moderne, remise en cause, sinon récusée, sert-elle encore à penser notre époque ?

3.1. Caractérisations de la modernité

Défini historiquement, le monde moderne, entre la chute de Constantinople (1453) et la Révolution française (1789), est celui du développement des techniques, de la **conquête du monde à partir des voyages des grands explorateurs, de la diffusion de la culture** par l'essor de l'imprimé. Conceptuellement, la modernité, comme projet collectif d'émancipation par la rationalisation, jette ses fondements lors de la Renaissance et paraît se déployer sans heurts jusqu'au milieu du XIXe siècle. Ce progressisme est né de bouleversements occidentaux : la cartographie de la terre, la Réforme, les prémices d'une science nouvelle, fondée sur l'élaboration d'hypothèses rationnelles et sur l'interprétation du donné naturel exclusivement en fonction de ces modèles. Le projet moderne est d'abord celui d'une transformation du monde par la science : car l'entreprise cartésienne de refondation méthodique du savoir est ordonnée à l'intention d'agir sur la nature et par là d'améliorer notre condition (Descartes, texte 1). Déjà Bacon avait pensé la recherche comme vouée à l'utilité (cf. V, 1 texte 2). La modernité correspond au rétrécissement progressif des dimensions que nous attribuons à la terre, suite à l'accroissement de nos capacités de transport (Hannah Arendt, texte 7). Elle s'achève peut-être avec la possibilité de prendre un point de vue extérieur sur notre planète, qui rappelle la symbolique du point d'Archimède dont la fixité était comparée par Descartes à la certitude indispensable pour refonder le savoir. **La conquête rationnelle par laquelle se définit le projet moderne a pour corrélat l'entreprise d'émancipation individuelle** : est moderne celui qui d'abord s'en remet à sa raison pour agir (cf. Kant, I, 4 texte 4). C'est parce l'ingéniosité se manifeste chez des génies reconnus désormais comme des individus que l'entreprise de libération du joug de la nature est également une promotion à la gloire des personnes qui en sont les auteurs. Liberté et égalité des individus, valorisation de la passion et du travail, libéralisation des rapports marchands, sacralisation de la nation et privatisation de la religion expriment l'émancipation moderne des personnes à l'égard des tutelles qui les définissaient antérieurement. **Rationalité du savoir, conquête de la nature, autonomie du sujet** sont donc les éléments qui définissent l'entreprise collective de la modernité. Celle-ci s'exprime d'abord dans la **philosophie des Lumières** (voir l'importance accordée au savoir appliqué par l'*Encyclopédie*, cf. VII, 2, texte 1), et se traduit par les révolutions industrielles. Mais ce sont les développements de la technique qui introduisent justement les premières fissures dans le projet moderne, en disjoignant ses composantes.

3.2. Le moderne insaisissable ?

Au sens esthétique, le terme de modernité renvoie aux remous qui agitent l'Europe artistique à la fin du XIXe siècle, après l'affirmation d'autonomie de l'activité artistique (« l'art pour l'art », cf. II, 4,3). On peut voir dans le dandy esthète qui incarne cette modernité le personnage qui répond à la modernisation des conditions de vie au XIXe siècle. En vertu du développement de la presse, l'intellectuel a une conscience aiguë de l'actualité. Après que les villes ont été peu à peu redessinées par l'urbanisme, il se définit avant tout comme citadin errant dans un monde de mélanges : celui des classes sociales, des mouvements dans la foule. Baudelaire a caractérisé cette modernité par l'intention emblématique du peintre : « tirer l'éternel du transitoire », **poser le changeant comme valeur**. En même temps qu'un déplacement des objets de l'intérêt esthétique, s'opère une redéfinition du regard. Le temps porte en lui l'intemporel, qu'on ne peut saisir que par une intention datée, faisant du déplacement, du bougé, son centre d'intérêt (texte 5). Au début de la seconde moitié du XIXe siècle, alors que la modernité esthétique se découvre et s'affirme, elle valorise l'ébauche, l'inachevé. Dès lors, ou bien elle devra **se redéfinir sans cesse**, ou bien elle devra **assumer ses contradictions** (elle disqualifie les formes antérieures de son propre élan en valorisant l'innovation). Tant que le classicisme lui opposait la défense de formes équilibrées, donc stables et apaisées, le modernisme pouvait revendiquer à son profit la responsabilité de la crise. Mais dès lors que le propos moderniste est dominant, il s'assimile au discours de la crise et doit se scinder : il devient ainsi son propre ennemi. La brèche (qui est le lieu du moderne) devient alors cultivée, traditionnelle, au risque de se creuser, de devenir faille. Toute la difficulté est d'assigner un terme final à l'élan moderne. On peut repérer son moment initial comme la position d'une confiance immodérée dans les facultés humaines, dominées par la raison. Il en résulte une attitude de rupture avec le passé, qui fonde l'espoir de la reconstruction unifiée d'un monde nouveau. **Procédant de l'ouverture et de l'indétermination, l'attitude moderne** se laisse difficilement définir ; **mobilité généralisée, déploiement des possibles,** elle risque de ne se résoudre qu'en exploration des extrêmes (Balandier, texte 9). Cette tendance à la dispersion et à la fragmentation requiert un classicisme dominant pour prendre toute sa valeur par opposition. À défaut, livrée à elle-même, la modernité est caractérisée par ses propres paradoxes (cf. Compagnon, texte 11). Mais si la modernité fait du changement un mot d'ordre et finalement un fondement, elle ne peut manquer de s'accomplir dans un champ de contradictions.

3.3. La modernité à jamais

On pourrait alors définir la modernité comme le moment sublime de la rupture, épreuve de risques décisifs. L'ancien déclaré définitivement révolu s'ouvre sur l'inquiétante indétermination du monde nouveau. **Conception de la réalité matérielle comme mécanisable au XVIIe siècle, redéfinition de l'ordre social et politique au XVIIIe siècle, développement de l'industrialisation au XIXe siècle : la modernité, tout en se prétendant unique, ne cesse de renouveler son geste de rationalisation à vocation libératrice.** Elle se plaît d'ailleurs à condamner une « mauvaise modernité », inaccomplie, celle dont elle procède. La modernité aurait une propriété constitutive, celle de ne s'accomplir qu'en se niant elle-même, parce que son accomplissement en fait subrepticement une tradition. Prenant acte de la répétition indéfinie du geste moderne, certains auteurs en viennent à distinguer plusieurs phases des temps modernes. Ulrich Beck, constatant que la première modernité s'est elle-même « traditionalisée » (à travers la normalisation du progrès, des classes sociales, de la famille, des rôles sexuels), définit la seconde modernité comme essentiellement réflexive : les individus, les groupes, les concepts doivent sans cesse s'y redéfinir en se rapportant à eux-mêmes (*La société du risque*, 1986, trad. fr. 2001). Anthony Giddens préfère parler de « phase aiguë de la modernité » ou de « **modernité radicale** » : caractérisée par la séparation du temps et de l'espace, par le **développement des mécanismes de délocalisation**, par l'appropriation réflexive de la connaissance, la modernité ne manque pas de pouvoir encore être reconduite (texte 12). Une autre hypothèse serait que le projet moderne se formule par des impératifs antagonistes : son inachèvement ne serait dû qu'à l'impossibilité de concilier ses termes. Bruno Latour définit la modernité par le souci de distinguer deux grands types d'essences, les objets naturels d'un côté, les sujets pensants de l'autre. Cela exige d'effectuer un travail de purification préalable à toute étude, qui consiste à ramener chaque chose à l'une de ces essences pures. Il soutient à la fois qu'il est impossible d'être moderne, puisqu'il n'existe que des mixtes, à la fois qu'on ne peut qu'être moderne, puisque l'investigation des mixtes requiert la position des essences pures (texte 13). En d'autres termes, **on ne pourrait être moderne (ou le devenir enfin) qu'à la condition de ne l'être pas tout à fait, pas seulement**. Cela permettrait d'expliquer la difficulté à se dire moderne, seulement moderne : l'entreprise aurait porté dès l'origine les marques de son impossible accomplissement. La posture moderne se caractérise avant tout par son moment inaugural ; celui d'une démarcation, d'une rupture avec les temps qui ont précédé. La modernité se nourrit de l'histoire, mais ne veut voir dans les Anciens que des précurseurs, non les concurrents qu'une tradition stérile lui oppose. Alors que les Anciens poursuivent la recherche d'une cité susceptible d'instaurer le bien, les Modernes se caractérisent par le refus des jugements de valeur, au profit des sciences sociales (qui décrivent et présentent des outils plutôt qu'elles ne prescrivent). Ce faisant, ils appréhendent l'avenir comme ouvert au développement de communautés fondées sur des principes novateurs. En outre, la séparation entre vie publique et vie privée distingue l'individualisme moderne du civisme ancien. Plus prosaïquement, les Anciens sont ceux qui ont développé et perpétué les langues classiques, le grec et le latin, tandis que le propre des Modernes est d'avoir défendu les langues nationales. **Recherche de la nouveauté, de l'originalité, effort pour restreindre le champ des normes caractérisent donc le parti des Modernes.** La querelle, qui ne cessera de renaître, concernait initialement la pertinence du renouvellement des formes littéraires.

3.4. La querelle des Anciens et des Modernes

En faveur des Anciens, on peut présenter de nombreux arguments, qui se trouvent chez la plupart des écrivains du XVIe siècle, grands admirateurs et imitateurs des auteurs grecs et latins, encore renouvelés au XVIIe siècle par Boileau, La Fontaine, La Bruyère. Il y a d'abord l'argument d'antériorité : puisqu'ils étaient là avant, l'humanité leur doit plus de choses qu'à nous. Il repose sur la valeur fondatrice de leurs découvertes. On rencontre aussi un argument qu'on pourrait dire « de pureté » : les Anciens ont le charme des origines, ils sont la source du merveilleux, leur nature n'était pas encore souillée par les travers de notre culture. La simplicité des mœurs et des représentations n'était pas altérée par nos institutions illusoires. Intervient enfin un argument de pérennité : ayant duré plus longtemps, leur valeur est consacrée par l'usage. La défense des Anciens telle que la présente La Bruyère (texte 3) est solidaire d'un contexte social et théologique : le renouvellement des autorités artistiques risquerait de faire droit au jugement frivole des femmes et, au-delà, de remettre en cause la valeur de l'Évangile. Les tenants du parti moderne, tels Perrault et Fontenelle, après Bacon et Pascal, ont beau jeu de retourner ces arguments : **même si les anciens étaient là avant, nous sommes les plus neufs** ; ils n'ont pas le monopole de l'inédit, que nous renouvelons. Même si on prend en compte la difficulté de leur entreprise, puisqu'ils avaient tout à faire, leur tâche était en un sens plus facile, puisqu'ils n'étaient empêchés par aucun héritage de préjugés. Certes leur œuvre fut fondatrice, mais sa vertu inaugurale ne vaut qu'à la condition que nous continuions à la perpétuer. Pascal (texte 2) souligne que **c'est en les contredisant que nous les imitons**. D'ailleurs, nous leur sommes surtout redevables des erreurs qu'ils nous évitent de commettre, précise Fontenelle (texte 4). Même s'il se donne comme divin, le merveilleux se renouvelle : à preuve, le sacré chrétien est comme la modernisation du sacré païen. Bien sûr, les Anciens auront toujours duré plus longtemps que nous. Mais ils risquent par là même de s'en trouver plus usés, d'autant que les Modernes, dans les siècles à venir, entrent en concurrence dans la postérité, et peuvent éclipser la réputation de leurs prédécesseurs. La Bruyère allègue que les mœurs sont changeantes (texte 3), tandis que Fontenelle soutient que « la Nature a entre les mains une certaine pâte qui est toujours la même » (*Digression sur les Anciens et les Modernes*, 1688). Pour défendre l'innovation, on se réfère ainsi à une nature humaine éternelle (qui pourrait ne pas produire de créations), tandis qu'on associe le changement des hommes (qui devrait entraîner le renouvellement de leurs œuvres) à la défense de l'imitation. Ainsi les abeilles, dont l'activité est de butiner « traditionnellement » le meilleur des fleurs qu'elles trouvent, produisent toutefois un miel original, tandis que les araignées, qui prétendent tirer en novatrices tous leurs fils d'elles-mêmes, doivent accrocher leurs toiles aux branches fixes qu'elles trouvent et ne peuvent échafauder. **Valorisation de la tradition et de l'innovation ne manquent pas de se faire écho**.

3.5. Une rupture toujours à reconduire

Les arguments des deux partis peuvent donc être retournés : c'est dire **que la querelle peut se perpétuer indéfiniment**. Sa pérennité n'est pas dissociable du conflit qu'elle met en scène : les Anciens n'ont de valeur que par le renouvellement qui pourtant ne peut manquer de les déprécier. La querelle nous enseigne au moins que l'esprit a pour tâche d'évaluer son rapport au temps : les tenants des Anciens, en révérant la pérennité d'une tradition, vénéraient la jeunesse de l'humanité. L'émancipation moderne a changé des nains en géants. Les temps nouveaux ont en effet progressivement changé le sens de l'adage par lequel Bernard de Chartres avait au XIIe siècle explicité le rapport déférent qu'il convient d'entretenir avec une tradition (« nous sommes des nains sur les épaules de géants »). En effet, chacun des petits hommes a appris à grimper sur le dos des autres, si bien qu'on s'est mis à voir beaucoup plus loin qu'antan, et qu'on en est venu à se confondre, prenant la multiplicité pour un seul homme. Ce que manifeste la fameuse comparaison de la succession des hommes à un seul individu (Pascal, texte 2), c'est que l'âge n'est pas à évaluer par rapport à la nature (en faisant de la date de naissance un absolu), mais par rapport à la culture (la pérennité d'un auteur définissant sa participation à l'œuvre commune). Le succès des Modernes n'est que la victoire de l'esprit : devenue sûre d'elle-même, la culture affirme la certitude de sa régénération indéfinie. Fontenelle de préciser que **l'individu figurant les progrès de l'humanité n'aura pas de vieillesse : l'esprit se régénère indéfiniment**. Le moderne s'instaure donc moins contre l'ancien qu'à l'encontre du traditionnel. La tradition, qui se dit toujours au présent, fait de l'ancien un repère absolu. Le moderne à l'inverse reconnaît la relativité de tout repère. Si Aristote vieillit toujours, mais ne change pas d'époque, il constitue une référence : son antiquité ne sera jamais altérée. Mais, une fois reconnu que les contemporains sont la maturité de l'humanité, ils sont appelés à juger leur jeunesse, à réévaluer les idées aristotéliciennes. Certes on ne pourra jamais se défaire des Anciens qui constituent nos origines, mais la conception qu'on se fait d'eux ne manquera pas de varier. On peut parler d'un avènement des temps modernes : à partir du XVIIe siècle, l'esprit humain, animé d'une grande confiance en lui-même, tente de s'émanciper de tout pouvoir qui ne soit pas son propre. Le développement de la querelle a conduit à donner une valeur positive au terme « moderne » (signifiant « récent », il était péjoratif au XVIe siècle). **Dès lors, la culture s'explicite dans le cadre d'une polémique**, chaque époque étant partagée entre son irrépressible dépendance à l'égard du passé et son désir de rupture avec les Anciens. L'effort de dépassement de la tradition se traduit par un vœu d'unification générale du progrès qu'on instaure. Mais, dans la réitération de ses innovations, **le moderne** ne peut manquer de se diversifier. Et il semble d'autant plus affirmer son unité (en tant que perspective, ouverture, horizon) qu'il **ne cesse de se démultiplier**.

3.6. Une modernité fragilisée

Car l'esprit moderne inverse le précepte par lequel Vincent de Lérins avait défini au XIIe siècle la tradition de l'exégèse chrétienne (« *non nova, sed nove* ») : il dit désormais : jamais *de nouveau*, mais toujours *du nouveau*. **Le moderne, dès qu'il s'affirme, consacre la pluralité, puisqu'il est esprit de découverte**. Dès lors, en se perpétuant, il semble laisser derrière lui les vestiges de ses anciennes régénérations : il se déploie en de multiples cultures, tandis qu'il projette obstinément dans l'avenir son intention d'unité, de paix, d'harmonie. S'instaurant dans et par la dispersion des langues et des traditions, le moderne tente de conjurer sa diversification par un élan d'unification théorique. Il élabore un projet de réconciliation qui ne doit plus sa cohérence au divin ni au naturel, mais seulement à l'humain. Cette entreprise se traduit par ce que Jean-François Lyotard (cf. V, 4, texte 3) qualifie de « grands récits », autrement appelés « philosophies de l'histoire » (cf. V, 2,3). L'unité de la modernité est donc celle d'un **plan de domination de la nature unifié par la raison, qui devrait aussi permettre à terme d'instaurer l'harmonie dans l'humanité éclairée**. Si on décèle les prémices du modernisme aux XVe et XVIe siècles, il ne s'exprime pleinement qu'au XVIIe siècle, sous la forme des révolutions théoriques et de l'attitude critique à l'égard des auteurs de l'Antiquité. Mais il n'est pas sûr que le moderne en tant qu'unité dépasse l'état de projet. Car il n'a cessé d'être confronté à ses contradictions : valorisant le présent, il veut s'inscrire dans la durée ; visant l'unité, il ne cesse de se scinder, procédant de la séparation radicale des objets et des sujets, il s'épuise à ne découvrir que des mixtes ; espérant l'émancipation de l'homme, il instaure une planification technique qui risque de l'aliéner. Dans son rapport à elle-même, **la modernité** est sans doute incapable de se définir (Georges Balandier, texte 9). Messianisme de la grandeur de la science, elle nourrit aussi des aspects catastrophistes. En tant qu'incertitude, elle **valorise le bougé, le mouvement, l'acte, l'éphémère, jusqu'à se menacer elle-même**. Définie par Peter Sloterdijk comme mobilité, mobilisation, **automobilisation, la tendance moderne ne peut s'assigner un terme**, peut s'emporter dans un tourbillon vertigineux d'auto-destruction (texte 10). La difficulté d'établir des principes sur l'inachevé, le mobile, voire l'accélération, conduit l'époque moderne à ne se développer qu'en exacerbant les contradictions qu'elle recèle. Zygmunt Bauman considère que les individus sont victimes de l'accélération du régime de destruction que notre productivité engendre. Soumis à la liquéfaction des substances, les individus sont mis en devoir de se recycler en permanence (texte 14). **La réaffirmation incessante de la valeur du progrès conduit à l'érosion, la fragilisation de ses fondements**.

Ainsi l'esthétique moderne développée à la fin du XIXe siècle est bien celle d'une modernité qui s'interroge sur elle-même, au risque de s'avouer insaisissable. Peut-être, au vu des nombreuses réactions de rejet auxquelles la modernité a donné lieu au XXe siècle, faut-il la déclarer révolue (cf. V, 4). Encore faut-il évaluer le degré d'accomplissement du projet moderne. L'effort de rationalisation technique se poursuit ; la modernisation de nos productions, de nos espaces de vie, de nos administrations est plus que jamais à l'ordre du jour. Mais incontestablement la confiance en la modernité s'est perdue : nous sommes assurément **sortis du modernisme, défini comme croyance en la viabilité d'un projet collectif rationalisé** visant l'avènement de la liberté, du bonheur et de la paix des hommes par la domination de la nature. Nous en avons fini avec la pensée de l'humanité comme un seul homme. Le progrès technique nous menace de ses risques de plus en plus avérés ; la rationalisation à outrance des institutions politiques a entraîné des collectivités entières dans les abîmes de l'inhumain. Nous nous pensons à ce point désabusés de notre propre liberté que nous ne pouvons plus croire en un projet d'émancipation commun. On assiste à l'**affaissement de la modernité, mais** celle-ci connaît un **crépuscule interminable** : ne sachant pas comment mettre fin au projet des Lumières, nous laissons celui-ci conduire à ses propres contradictions, dans la conscience de notre aveuglement. Le moderne est avant tout intention, aspiration : il se dit d'activités plutôt que d'états. Certes, on ne voit pas comment camper une position extérieure à un paradigme qui se définit plus par un horizon que par un objectif déterminé. La force de la modernité réside dans son caractère de projet, toujours inaccompli et par conséquent toujours à poursuivre. C'est pourquoi elle ne cesse de se perpétuer, même si c'est en cahotant. S'étant épuisée à renier toute tradition, elle se fragmente indéfiniment. Aussi ne cesse-t-elle de s'en prendre à elle-même. **La modernité est aujourd'hui fissurée : sans être déchue, elle ne peut plus se revendiquer d'elle-même.** Les doutes qui l'ont assaillie à la fin du XIXe siècle (aliénation des ouvriers dans le monde industriel, perdition des artistes maudits, crises des fondements en mathématiques, puis en sciences) ont conduit à une remise en cause du projet occidental : Valéry diagnostique le déclin de l'Occident et anticipe sa domination par le continent asiatique (texte 6). C'en est fini de l'ambition universaliste qui a prévalu du XVIIe au XIXe siècle. On ne peut plus être naïvement moderne. Le cri de Rimbaud (« il faut être absolument moderne » in *Illuminations*, 1873), précède l'abandon d'une recherche esthétique pour la vente d'armes. On n'acceptera donc la posture moderne que par ironie, ou avec l'intention de la soumettre à une réévaluation radicale qui permet de corriger ses errements, ou encore avec la conscience de ses contradictions, afin de tenter, s'il est possible, de s'en prémunir. Si la modernité a une définition inaugurale, elle ne peut se donner de terme. Élan créateur, elle se déploie en se diversifiant et en s'altérant, puisque ses divers domaines et moyens en viennent à s'opposer ; se repliant sur eux-mêmes, ils risquent de se flétrir. **L'esprit moderne est désormais vieilli : il perdure sans se renouveler, n'y gagnant plus que la conscience de lui-même, qui ne lui permet que de mesurer ses propres écueils.**

Textes

– Texte 1 –

■ René Descartes, *Discours de la méthode* (1637)

Sitôt que j'ai eu acquis quelques notions générales touchant la physique, et que, commençant à les éprouver en diverses difficultés particulières, j'ai remarqué jusques où elles peuvent conduire, et combien elles diffèrent des principes dont on s'est servi jusques à présent, j'ai cru que je ne pouvais les tenir cachées, sans pêcher grandement contre la loi qui nous oblige à procurer, autant qu'il est en nous, le bien général de tous les hommes. Car elles m'ont fait voir qu'il est possible de parvenir à des connaissances qui soient fort utiles à la vie, et qu'au lieu de cette philosophie spéculative, qu'on enseigne dans les écoles, on en peut trouver une pratique, par laquelle, connaissant la force et les actions du feu, de l'eau, de l'air, des astres, des cieux, et de tous les autres corps qui nous environnent, aussi distinctement que nous connaissons les divers métiers de nos artisans, nous les pourrions employer en même façon à tous les usages auxquels ils sont propres, et ainsi nous rendre comme maîtres et possesseurs de la nature. Ce qui n'est pas seulement à désirer pour l'invention d'une infinité d'artifices, qui feraient qu'on jouirait, sans aucune peine, des fruits de la terre et de toutes les commodités qui s'y trouvent, mais principalement aussi pour la conservation de la santé, laquelle est sans doute le premier bien et le fondement de tous les autres biens de cette vie ; car même l'esprit dépend si fort du tempérament, et de la disposition des organes du

corps que, s'il est possible de trouver quelque moyen qui rende communément les hommes plus sages et plus habiles qu'ils n'ont été jusques ici, je crois que c'est dans la médecine qu'il faut le chercher.
(AT, VI, 62-63, © Éditions Gallimard, coll. « Bibliothèque de la Pléiade », 1953, p. 168-169.)

– Texte 2 –

■ Blaise Pascal, *Préface pour le traité du vide* (vers 1650)
Bornons ce respect que nous avons pour les anciens. Comme la raison le fait naître, elle doit aussi le mesurer ; et considérons que, s'ils fussent demeurés dans cette retenue de n'oser rien ajouter aux connaissances qu'ils avaient reçues, et que ceux de leur temps eussent fait la même difficulté de recevoir les nouveautés qu'ils leur offraient, ils se seraient privés eux-mêmes et leur postérité du fruit de leurs inventions.
Comme ils ne se sont servis de celles qui leur avaient été laissées que comme de moyens pour en avoir de nouvelles, et que cette heureuse hardiesse leur avait ouvert le chemin aux grandes choses, nous devons prendre celles qu'ils nous ont acquises de la même sorte, et à leur exemple en faire les moyens et non pas la fin de notre étude, et ainsi tâcher de les surpasser en les imitant. [...] Les hommes sont aujourd'hui en quelque sorte dans le même état où se trouveraient ces anciens philosophes, s'ils pouvaient avoir vieilli jusqu'à présent, en ajoutant aux connaissances qu'ils avaient celles que leurs études auraient pu leur acquérir à la faveur de tant de siècles. De là vient que, par une prérogative particulière, non seulement chacun des hommes s'avance de jour en jour dans les sciences, mais que tous les hommes ensemble y font un continuel progrès à mesure que l'univers vieillit, parce que la même chose arrive dans la succession des hommes que dans les âges différents d'un particulier. De sorte que toute la suite des hommes, pendant le cours de tant de siècles, doit être considérée comme un même homme qui subsiste toujours et qui apprend continuellement : d'où l'on voit avec combien d'injustice nous respectons l'antiquité dans ses philosophes ; car, comme la vieillesse est l'âge le plus distant de l'enfance, qui ne voit que la vieillesse dans cet homme universel ne doit pas être cherchée dans les temps proches de sa naissance, mais dans ceux qui en sont les plus éloignés ? Ceux que nous appelons anciens étaient véritablement nouveaux en toutes choses, et formaient l'enfance des hommes proprement ; et comme nous avons joint à leurs connaissances l'expérience des siècles qui les ont suivis, c'est en nous que l'on peut trouver cette antiquité que nous révérons dans les autres.
(In *Œuvres complètes I*, © Éditions Gallimard, coll. « Bibliothèque de la Pléiade », 1998, p. 454-455 et 456-457.)

– Texte 3 –

■ Jean de La Bruyère, *Discours sur Théophraste* (1688)
Ayons donc pour les livres des anciens cette même indulgence que nous espérons nous-mêmes de la postérité, persuadés que les hommes n'ont point d'usages ni de coutumes qui soient de tous les siècles, qu'elles changent avec les temps, que nous sommes trop éloignés de celles qui ont passé, et trop proches de celles qui règnent encore, pour être dans la distance qu'il faut pour faire des unes et des autres un juste discernement. Alors, ni ce que nous appelons la politesse de nos mœurs, ni la

bienséance de nos coutumes, ni notre faste, ni notre magnificence ne nous préviendront pas davantage contre la vie simple des Athéniens que contre celle des premiers hommes, grands par eux-mêmes, et indépendamment de mille choses extérieures qui ont été depuis inventées pour suppléer peut-être à cette véritable grandeur qui n'est plus.
La nature se montrait en eux dans toute sa pureté et sa dignité, et n'était point encore souillée par la vanité, par le luxe, et par la sotte ambition. Un homme n'était honoré sur la terre qu'à cause de sa force ou de sa vertu ; il n'était point riche par des charges ou des pensions, mais par son champ, par ses troupeaux, par ses enfants et ses serviteurs ; sa nourriture était saine et naturelle, les fruits de la terre, le lait de ses animaux et de ses brebis ; ses vêtements simples et uniformes, leurs laines, leurs toisons ; ses plaisirs innocents, une grande récolte, le mariage de ses enfants, l'union avec ses voisins, la paix dans sa famille. Rien n'est plus opposé à nos mœurs que toutes ces choses ; mais l'éloignement des temps nous les fait goûter, ainsi que la distance des lieux nous fait recevoir tout ce que les diverses relations ou les livres de voyages nous apprennent des pays lointains et des nations étrangères.
(*Les caractères*, in *Œuvres*, © Éditions Gallimard, coll. « Bibliothèque de la Pléiade », 1951, p. 32-33.)

– Texte 4 –

■ Bernard le Bovier de Fontenelle, *Digression sur les Anciens et les Modernes* (1688)

Les Anciens ont tout inventé, c'est sur ce point que leurs partisans triomphent ; donc ils avaient beaucoup plus d'esprit que nous : point du tout ; mais ils étaient avant nous. J'aimerais autant qu'on les vantât sur ce qu'ils ont bu les premiers l'eau de nos rivières, et que l'on nous insultât sur ce que nous ne buvons que leurs restes [...].
Étant éclairés par les vues des Anciens, et par leurs fautes mêmes, il n'est pas surprenant que nous les surpassions. Pour ne faire que les égaler, il faudrait que nous fussions d'une nature fort inférieure à la leur ; il faudrait presque que nous ne fussions pas hommes aussi bien qu'eux [...].
Un bon esprit cultivé est, pour ainsi dire, composé de tous les esprits des siècles précédents ; ce n'est qu'un même esprit qui s'est cultivé pendant tout ce temps-là. Ainsi cet homme qui a vécu depuis le commencement du monde jusqu'à présent, a eu son enfance, où il ne s'est occupé que des besoins les plus pressants de la vie ; sa jeunesse, où il a assez bien réussi aux choses d'imagination, telles que la Poésie et l'Éloquence, et où même il a commencé à raisonner, mais avec moins de solidité que de feu. Il est maintenant dans l'âge de la virilité, où il raisonne avec plus de force, et a plus de lumières que jamais : mais il serait bien plus avancé, si la passion de la guerre ne l'avait occupé longtemps, et ne lui avait donné du mépris pour les Sciences auxquelles il est enfin revenu.
Il est fâcheux de ne pouvoir pas pousser jusqu'au bout une comparaison qui est en si bon train : mais je suis obligé d'avouer que cet homme-là n'aura point de vieillesse ; il sera toujours également capable des choses auxquelles sa jeunesse était propre, et il le sera toujours de plus en plus de celles qui conviennent à l'âge de virilité ; c'est-à-dire, pour quitter l'allégorie, que les hommes ne dégénéreront jamais, et que les vues saines de tous les bons esprits qui se succéderont, s'ajouteront toujours les unes aux autres.

(In *Œuvres complètes*, tome II, Fayard, 1991, p. 417, 419, 425-426. In *La querelle des Anciens et des Modernes*, © Éditions Gallimard, coll. « Folio », 2001, p. 299, 301, 307-308.)

– Texte 5 –

■ Charles Baudelaire, Le peintre de la vie moderne (1863)

Ainsi il va, il court, il cherche. Que cherche-t-il ? À coup sûr, cet homme, tel que je l'ai dépeint, ce solitaire doué d'une imagination active, toujours voyageant à travers *le grand désert d'hommes*, a un but plus élevé que celui d'un pur flâneur, un but plus général, autre que le plaisir fugitif de la circonstance. Il cherche ce quelque chose qu'on nous permettra d'appeler la *modernité* ; car il ne se présente pas de meilleur mot pour exprimer l'idée en question. Il s'agit, pour lui, de dégager de la mode ce qu'elle peut contenir de poétique dans l'historique, de tirer l'éternel du transitoire. […] La modernité, c'est le transitoire, le fugitif, le contingent, la moitié de l'art, dont l'autre moitié est l'éternel et l'immuable. Il y a eu une modernité pour chaque peintre ancien ; la plupart des beaux portraits qui nous restent des temps antérieurs sont revêtus des costumes de leur époque. Ils sont parfaitement harmonieux, parce que le costume, la coiffure et même le geste, le regard et le sourire (chaque époque a son port, son regard et son sourire) forment un tout d'une complète vitalité. Cet élément transitoire, fugitif, dont les métamorphoses sont si fréquentes, vous n'avez pas le droit de le mépriser ou de vous en passer. En le supprimant, vous tombez forcément dans le vide d'une beauté abstraite et indéfinissable, comme celle de l'unique femme avant le premier péché. […] En un mot, pour que toute *modernité* soit digne de devenir antiquité, il faut que la beauté mystérieuse que la vie humaine y met involontairement en ait été extraite.

(In *Critique d'art, Œuvres complètes*, © Éditions Gallimard, coll. « Bibliothèque de la Pléiade », tome II, 1976, p. 694 et 695.)

– Texte 6 –

■ Paul Valéry, *La crise de l'esprit* (1919)

Nous autres, civilisations, nous savons maintenant que nous sommes mortelles. […]

Tout est venu à l'Europe et tout en est venu. Ou presque tout […].

La petite région européenne figure en tête de la classification, depuis des siècles. Malgré sa faible étendue, – et quoique la richesse du sol n'y soit pas extraordinaire, – elle domine le tableau. Par quel miracle ? Certainement le miracle doit résider dans la qualité de sa population. […] Une fois née, une fois éprouvée et récompensée par ses applications matérielles, notre science devenue moyen de puissance, moyen de domination concrète, excitant de la richesse, appareil d'exploitation du capital planétaire, – cesse d'être une « fin en soi » et une activité artistique. Le savoir, qui était une valeur de consommation devient une valeur d'échange […].

Donc, la *classification des régions habitables du monde tend à devenir telle que la grandeur matérielle brute, les éléments de statistique, les nombres, – population, superficie, matières premières, – déterminent enfin exclusivement ce classement des compartiments du globe.*

Et donc la balance qui penchait de notre côté, quoique nous *paraissions* plus légers, commence à nous faire doucement remonter, – comme si nous avions sottement fait passer dans l'autre plateau le mystérieux appoint qui était avec nous. *Nous avons étourdiment rendu les forces proportionnelles aux masses !*
(In *Variété 1*, 1934, © Éditions Gallimard, coll. « Bibliothèque de la Pléiade », 1957, p. 988, 995, 996 et 998.)

– Texte 7 –

■ Hannah Arendt, *Condition de l'homme moderne* (1958)

Trois grands événements dominent le seuil de l'époque moderne et en fixent le caractère : la découverte de l'Amérique suivie de l'exploration du globe tout entier ; la Réforme qui, en expropriant les biens ecclésiastiques et monastiques, commença le double processus de l'expropriation individuelle et de l'accumulation de la richesse sociale ; l'invention du télescope et l'avènement d'une science nouvelle qui considère la nature terrestre du point de vue de l'univers. On ne saurait dire que ce sont des événements modernes comme ceux que nous voyons se dérouler depuis la Révolution française, et bien qu'ils ne puissent s'expliquer par une chaîne de causalité quelconque (c'est le cas pour tout événement), ils se produisent cependant dans une continuité sans faille, avec des précédents qui existent et des précurseurs identifiables. On n'y aperçoit en aucune façon la marque singulière d'une éruption de courants souterrains dont la force grandit dans les ténèbres avant d'éclater brusquement. Les noms auxquels nous songeons à leur propos, Galileo Galilei, Martin Luther, et ceux des grands capitaines, explorateurs, aventuriers de l'âge des découvertes, appartiennent encore au monde prémoderne. Bien plus : l'étrange passion de la nouveauté, la prétention presque brutale de la plupart des écrivains, savants et philosophes, depuis le XVIIe siècle d'avoir vu ce que personne n'avait aperçu, pensé ce que nul n'avait pensé – voilà ce qu'on ne trouve chez aucun de ces hommes, même pas chez Galilée. Ces précurseurs ne sont pas des révolutionnaires ; leurs motifs et leurs intentions sont encore fermement enracinés dans la tradition […].

En fait, la découverte de la Terre, la cartographie des continents et des mers, a demandé des siècles et ne s'achève que de nos jours. Ce n'est qu'aujourd'hui que l'homme prend pleinement possession de sa demeure mortelle et qu'il rassemble les horizons infinis, jadis ouverts, tentations et interdits, en un globe dont il connaît les contours majestueux et la surface en détail comme les lignes de sa main. Au moment précis où l'on découvrit l'immensité de l'espace disponible sur Terre, commença le fameux rétrécissement de la planète, et pour finir, dans notre monde (qui est la conséquence de l'époque moderne, mais qui n'est absolument pas identique au monde de l'époque moderne), tout homme est un habitant de la Terre autant que de sa patrie. Les hommes vivent maintenant dans un tout continu aux dimensions de la Terre, où même la notion de distance, qui reste inhérente à la plus rigoureuse contiguïté d'objets distincts, succombe sous l'assaut de la vitesse. La vitesse a conquis l'espace ; et bien que ce processus de conquête doive s'arrêter à l'infranchissable frontière de la présence simultanée d'un corps en deux points différents, il fait de la distance une chose négligeable, puisqu'il n'y a plus besoin d'un fragment notable de la vie humaine – années, mois, ni semaines – pour atteindre quelque point que ce soit de la Terre.
(Trad. G. Fradier, © Calmann-Lévy, 1961, rééd. Pocket, 1983, p. 315-316, 317-318.)

– Texte 8 –

■ Jürgen Habermas, *La modernité : un projet inachevé* (1980)
Le projet de la modernité, tel que l'ont formulé au XVIIIe siècle les philosophes des Lumières, consiste quant à lui à développer sans faillir selon leurs lois propres les sciences objectivantes, les fondements universalistes de la morale et du Droit et enfin l'art autonome, mais également à libérer conjointement les potentiels cognitifs ainsi constitués de leurs formes nobles et ésotériques afin de les rendre utilisables par la pratique pour une transformation rationnelle des conditions d'existence […].
Ceux qui mettent en relation le projet de la modernité avec l'état d'esprit et les actes publics spectaculaires de terroristes individuels ne raisonnent pas moins sommairement que si l'on faisait de la terreur infiniment plus étendue et plus constante qui s'exerce dans l'ombre, dans les cachots des polices militaires et secrètes, dans les camps et les asiles psychiatriques, la raison d'être de l'État moderne (et de sa domination légale, positiviste et précaire) sous le seul prétexte que cette terreur utilise les moyens par lesquels l'appareil étatique exerce sa contrainte.
À mon sens, au lieu de renoncer à la modernité et à son projet, nous devrions tirer des leçons des égarements qui ont marqué ce projet et des erreurs commises par d'abusifs programmes de dépassement.
(Trad. G. Raulet in *Critique*, n° 413, 1981, p. 958 et 963.)

– Texte 9 –

■ Georges Balandier, *Le détour. Pouvoir et modernité* (1985)
La modernité ne se laisse pas facilement appréhender. Elle est essentiellement mouvement, mobilité généralisée ; elle rend plus évident ce qui est devenu impossible, mais elle ouvre les voies à de nombreux possibles ; elle confronte à des futurs mal définis et peu prévisibles : aucun référent de la tradition ne peut cautionner le choix de certains d'entre eux, puisqu'elle opère continuellement des ruptures, aucun savoir scientifiquement fondé ne peut les discriminer, puisqu'elle renforce par son action même les facteurs d'indétermination. […] La modernité, c'est le mouvement plus l'incertitude ; définition fragile, car elle se rapporte à ce qui, fuyant, échappe à toute mainmise conceptuelle […]. La modernité, c'est le bougé, la déconstruction et la reconstruction, l'effacement et l'apport neuf, le désordre de la création et l'ordre des choses encore en place […].
Ce qui est ainsi manifesté à l'œuvre dans la modernité présente, c'est un passage aux extrêmes : du désenchantement et du pessimisme radical, de l'enchantement et de l'optimisme absolu. Les désillusions engendrent l'effacement des espérances : celles de la réalisation d'un progrès continu, de la possibilité d'un libéralisme bien domestiqué, de la conduite d'une révolution globalement positive. Mais, à l'inverse, l'enchantement produit par l'accélération de l'avancée scientifique et technique et son extraordinaire capacité cumulative conduit à prédire : « demain tout est possible ».
(© Éditions Fayard, p. 13-14 et 152-153.)

– Texte 10 –

Peter Sloterdijk, *La mobilisation infinie* (1989)
Quand il est question de progrès, on pense au motif fondamental cinétique et cinesthésique de la modernité qui ne vise qu'à libérer l'automouvement de l'homme de ses limites. Au début de l'ère du progrès, on supposait – à la fois à tort et à raison – une initiative « morale » qui n'aurait pu se donner ni repos ni trêve avant que le meilleur ne soit le réel. L'expérience d'un progrès réel implique qu'une initiative humaine de valeur naisse « d'elle-même », qu'elle brise les vieilles limites de sa mobilité, qu'elle élargisse son champ d'action et qu'elle se mette en valeur avec bonne conscience face aux inhibitions intérieures et aux résistances extérieures. […].
La modernité suit l'impulsion qui la pousse à réaliser un projet infini sur une base finie. […]. Celui-ci s'actualise par nous dans la production d'une productivité élargie, dans la volonté d'une volonté qui vise plus haut, dans la représentation de représentabilités accrues, dans la création d'une créativité étendue, bref dans le mouvement vers le mouvement, *ad infinitum*. La modernité comme être-vers-le-mouvement, cette modernité est caractérisée comme « mobilisation en général », c'est-à-dire comme être-vers-l'auto-anéantissement. […] Pouvons-nous imaginer sérieusement notre désautomobilisation ? Pouvons-nous nous représenter un mode d'être dans lequel les sujets du système ne seraient plus propulsés par les hélices de leur auto-intensification ?
(trad. H. Hildebrand, Christian Bourgeois, 2000, rééd. coll. « Points », p. 33 et 78-79.)

– Texte 11 –

Antoine Compagnon, *Les cinq paradoxes de la modernité* (1990)
La tradition moderne commença avec la naissance du nouveau comme valeur, puisqu'il n'a pas toujours été une valeur. Mais ce mot même de naissance est troublant, parce qu'il appartient à un genre particulier du récit historique, le genre moderne justement. L'histoire moderne se raconte en fonction du dénouement auquel elle veut parvenir ; elle n'aime pas les paradoxes qui échappent à son intrigue, et les résout, ou les dissout en développements critiques ; elle s'écrit à partir des concepts assortis de tradition et de rupture, d'évolution et de révolution, d'imitation et d'innovation. […] Si l'expression de tradition moderne a un sens – un sens paradoxal –, l'histoire de cette tradition moderne sera contradictoire et négative : elle sera un récit qui ne mène nulle part. […] Cinq paradoxes de la modernité : la superstition du nouveau, la religion du futur, la manie théoricienne, l'appel à la culture de masse et la passion du reniement. La tradition moderne va d'une impasse à l'autre, elle se trahit elle-même et trahit la véritable modernité, qui est le laissé-pour-compte de cette tradition moderne.
(Seuil, 1990, p. 9-11.)

– Texte 12 –

Anthony Giddens, *Les conséquences de la modernité* (1990)
Nous sommes entrés dans une phase aiguë de la modernité, rompant avec les amarres rassurantes de la tradition, et avec ce qui a longtemps été une « position

avantageuse » bien ancrée, à savoir la prédominance de l'Occident. Bien que ses créateurs aient cherché à remplacer les dogmes pré-établis par des certitudes, la modernité implique dans les faits l'institutionnalisation du doute. Toute prétention de connaissance, dans la modernité, est de façon inhérente « circulaire ». [...] La modernité est par nature mondialisatrice, et les conséquences déstabilisatrices de ce phénomène, associées à la circularité de son caractère réflexif, élaborent un univers d'événements où risque et danger prennent un caractère nouveau. [...] Plus forte est l'emprise de la circularité de la modernité, plus le progrès se vide de tout contenu, et latéralement le flux quotidien d'information dans le sens extérieur-intérieur impliqué dans le fait de vivre dans un monde « unique » peut parfois être accablant. [...] C'est un mécanisme de transformation de la subjectivité et de l'organisation sociale mondiale, sur fond de risques majeurs. La modernité est par nature tournée vers l'avenir, de telle sorte que le « futur » a le statut d'une projection intellectuelle dans l'avenir.
(trad. O. Meyer, L'Harmattan, 1994, p. 183-184.)

– Texte 13 –

Bruno Latour, *Nous n'avons jamais été modernes. Essai d'anthropologie symétrique* (1991)

L'hypothèse est que le mot « moderne » désigne deux ensembles de pratiques entièrement différentes qui, pour rester efficaces, doivent demeurer distinctes mais qui ont cessé récemment de l'être. Le premier ensemble de pratiques crée, par « traduction », des mélanges entre genres d'êtres entièrement nouveaux, hybrides de nature et de culture. Le second crée, par « purification », deux zones ontologiques entièrement distinctes, celle des humains d'une part, celle des non-humains de l'autre. Sans le premier ensemble, les pratiques de purification seraient vides ou oiseuses. Sans le second, le travail de la traduction serait ralenti, limité ou même interdit [...].

Tant que nous considérons séparément ces deux pratiques, nous sommes modernes pour de vrai, c'est-à-dire que nous adhérons de bon cœur au projet de la purification critique, bien que celui-ci ne se développe que par la prolifération des hybrides. Dès que nous faisons porter notre attention à la fois sur le travail de purification et sur celui d'hybridation, nous cessons aussitôt d'être tout à fait modernes, notre avenir se met à changer [...].

C'est parce qu'elle croit à la séparation totale des humains et des non-humains et qu'elle l'annule en même temps, que la Constitution a rendu les modernes invincibles. [...] Tout se passe au milieu, tout transite entre les deux, tout se fait par médiation, par traduction et par réseaux, mais cet emplacement n'existe pas, n'a pas lieu. C'est l'impensé, l'impensable des modernes [...].

J'ai maintenant le choix : ou bien je crois à la Constitution moderne ou bien j'étudie à la fois ce qu'elle permet et ce qu'elle interdit, ce qu'elle éclaire et ce qu'elle obscurcit. Ou bien je défends le travail de purification – et je suis moi-même un purificateur et un gardien vigilant de la Constitution –, ou bien j'étudie à la fois le travail de médiation et celui de purification, mais je cesse alors d'être tout à fait moderne [...].

Une solution différente apparaît dès que nous suivons à la fois la Constitution et ce qu'elle interdit ou permet, dès que nous étudions en détail le travail de production d'hybrides et le travail d'élimination de ces mêmes hybrides. Nous nous apercevons alors que nous n'avons jamais été modernes au sens de la Constitution. La

modernité n'a jamais commencé. Il n'y a jamais eu de monde moderne. L'usage du passé composé est ici d'importance car il s'agit d'un sentiment rétrospectif, d'une relecture de notre histoire. Nous n'entrons pas dans une nouvelle ère ; nous ne continuons plus la fuite éperdue des post-post-post-modernistes ; nous ne nous accrochons plus à l'avant-garde de l'avant-garde ; nous ne cherchons plus à être encore plus malins, encore plus critiques, à creuser encore davantage l'ère du soupçon. Non, nous nous apercevons que nous n'avons jamais commencé d'entrer dans l'ère moderne. Cette attitude rétrospective qui déploie au lieu de dévoiler, qui ajoute au lieu de retrancher, qui fraternise au lieu de dénoncer, qui trie au lieu de s'indigner, je la caractérise par l'expression non moderne (ou amoderne). Est non moderne celui qui considère à la fois la Constitution des modernes et les peuplements d'hybrides qu'elle dénie.
(© La Découverte, coll. « L'armillaire », 1991, rééd. « La Découverte Poche » 1997, p. 20-21, 57, 67-68, 68-69.)

– Texte 14 –

Zygmunt Bauman, *La vie liquide* (2005)

Dans une société moderne liquide, l'industrie de broiement des ordures s'empare des positions de force dans l'économie de la vie liquide. La survie de cette société et le bien-être de ses membres tiennent à la rapidité avec laquelle les produits sont jetés aux ordures, et à la vitesse et à l'efficacité du broiement des déchets. Dans cette société, rien ne peut revendiquer l'exemption à la règle universelle du jetable, et rien ne peut être autorisé à durer plus qu'il ne doit. [...] La vie dans une société moderne liquide ne peut rester immobile. Elle doit se moderniser ou périr. Poussée par l'horreur de l'expiration, la vie dans une société moderne liquide n'a plus besoin d'être attirée par des merveilles imaginées à l'autre bout des travaux de modernisation. [...] La « destruction créatrice » décrit le mode d'action de la vie liquide, mais ce que cette expression dissimule, ce qu'elle passe sous silence, c'est que ladite création détruit d'autres formes de vie et donc, indirectement, les humains qui les pratiquent. La vie dans la société moderne liquide est une version sinistre du jeu des chaises musicales – disputée pour de vrai. Le véritable enjeu de la course consiste à être sauvé (temporairement) de la relégation dans le rang des détruits, et à éviter d'être jeté aux ordures. Or, la compétition se faisant globale, la course doit à présent se disputer sur une piste globale.
(trad. C. Rosson, Le Rouergue/Chambon, 2006, p. 9-10.)

SECTION 4. LES PRÉCARITÉS POSTMODERNES

Apparu aux États-Unis dans les années soixante, le terme « postmoderne » a d'abord été employé **en architecture**, pour marquer la rupture avec le modernisme issu du Bauhaus et consacré par Le Corbusier. Rejetant l'utopie d'une rationalisation fonctionnelle, il désigne un **mélange délibéré des genres, qui se traduit par le collage de styles hétérogènes**, comme on peut en observer des traces dans certains quartiers des « villes nouvelles », sous la signature de Ricardo Bofill. Michael Graves, Philip Johnson se sont fait un nom dans l'architecture postmoderniste, relativement peu développée en France. Dans ce domaine, le rapport au moderne est explicite : rupture avec l'unité moderniste (géométrisation, luminosité et recherche de fonctionnalité) en recourant à un assemblage hétéroclite de composants modernes et prémodernes. Les œuvres postmodernes relèvent donc d'un **anti-modernisme** ; leur caractère composite – elles ne consistent qu'en reprises d'anciens éléments architecturaux – leur vaut parfois l'accusation de néo-conservatisme. Mais, au-delà de ce syncrétisme, auquel le terme « postmoderne » est souvent assimilé de façon générique, existe-t-il un projet propre à la postmodernité ? La généralisation de l'usage du terme « postmoderne » n'a pas simplifié le problème, qui semble se diffracter en autant de questions relatives à des domaines spécifiques. En littérature, la critique américaine a pris l'habitude de désigner par ce terme les **pratiques d'écriture auto-référentielle,** par lesquelles l'auteur ne se contente pas de décrire, mais décrit aussi l'acte de décrire – ainsi quand l'objet d'un roman est de raconter l'écriture du livre. Jusqu'en anthropologie, on parle d'attitude postmoderne lorsque l'ethnologue fait la sociologie de sa propre démarche dans son étude. Dans le champ théorique, la postmodernité est un courant attribué aux philosophes français post-structuralistes (Foucault, Deleuze, Derrida), explicitement thématisé par Lyotard. Elle désigne le développement des **idées contemporaines** dans une aire dépourvue de tout espoir d'accéder à la vérité, consacrant par suite la **destitution des valeurs** et la **fragmentation du sens** (cf. V, 1). Peut-on dès lors définir une unité de ces courants ? Est-il possible de conférer à la notion une caractérisation stable, voire prospective, afin de définir une aire culturelle ? Le postmodernisme a-t-il une consistance propre, ou bien ne désigne-t-il que le nom d'une époque instable, qui chercherait à systématiser sa propension aux fluctuations, aux précarités, aux transitions ?

4.1. Aux confins du moderne et au-delà

Le postmoderne fait suite ; il rompt moins qu'il n'infléchit. En littérature, l'autoréférence et l'écriture fragmentaire n'ont pas attendu la modernité achevée pour se développer. Les auteurs post-structuralistes, souvent regroupés sous le terme « philosophes de la différence », ne comprennent le sens que dans la **dissémination des significations** (cf. V, 1 textes 9 et 10). Mais ils ne manquent pas de pratiquer et de favoriser la réappropriation critique (déconstruction) d'une tradition. Le postmodernisme consiste en un anti-modernisme qui se meut dans la modernité pour en subvertir les données. Cette appellation est donc menacée de n'être que **l'étendard d'une révolution inaccomplie.** Jacques Bouveresse (texte 7) a souligné l'inconséquence qu'il y a à « choisir de ne pas choisir », en quelque sorte, à « se donner pour principe de ne pas avoir de principes », tout en reconnaissant une certaine efficacité (négative) au projet postmoderne. Toujours est-il que le terme est devenu une manière courante de désigner l'absence d'unité de notre culture. Certes la notion apparaît peu précise, ne semble pas propre à désigner une orientation commune. Devant l'évanescence des perspectives postmodernes et la prolifération des ramifications du projet moderne, on est tenté de définir le postmodernisme comme une ultime excroissance de la modernité, qui culmine dans une **culture de l'ambiguïté et de l'exaspération** (cf. V, 3). De nombreux auteurs choisissent d'ailleurs de nommer le rapport de notre époque à la modernité par d'autres préfixes que « post- » : surmodernité, ultramodernité, métamodernité, hypermodernité. Le postmodernisme pourrait donc n'être compris que comme l'exacerbation des contradictions fondatrices de la modernité. La notion de postmoderne est-elle autre chose que le porte-drapeau d'une impatience subversive un peu brouillonne ? L'excès de modernité est-il encore moderne ? Le terme « postmoderne » revêt une acception très générale, désignant la propension de notre temps à légitimer, dans une attitude de tolérance non critique, toutes les valeurs dont se réclament les individus. Puisque la culture de notre époque ne laisse subsister comme norme commune que les sujets, un idéal n'a de valeur qu'en tant qu'il est l'objet de revendications individuelles. Lipovetsky a relevé dans *L'ère du vide* (1983) des points de rupture de notre climat avec le modernisme : **destitution de tout encadrement, fût-il révolutionnaire, discrédit des avant-gardes**. Dans un espace où les contradictions ne sont plus bannies, puisque la cohérence n'est plus un objectif premier, on assiste à la « coexistence pacifique » des opposés (texte 5). Non discriminante, ouverte, flottante, notre aire culturelle peut-elle être active, programmatrice ? Son opposition à la modernité a été explicitée par Jean-François Lyotard : « **incrédulité à l'égard des métarécits** » (*La condition postmoderne* (1979), texte 3). La philosophie des Lumières et ses rêves de paix universelle, toutes les philosophies de l'histoire qui ont conçu l'humanité comme vouée à un destin orienté, le marxisme lui-même et sa quête d'une société sans classes constituaient autant de métarécits qui permettaient de justifier les engagements individuels. Récits en ce qu'ils consistent en la narration d'événements théoriques qui, pour hypothétiques qu'ils fussent, n'en restaient pas moins ordonnés, et validés par cet ordre même.

4.2. Brouillage des repères

Avec la mise à mal de ces récits d'émancipation par les génocides, les revers de la technicité, l'accroissement du déséquilibre Nord-Sud, se trouve menacée la légitimation de nos actions. On assiste donc à une dissolution des hiérarchies théoriques et à une remise en cause des échelles institutionnelles. Il en résulte des conglomérats de systèmes qui se juxtaposent et se conjoignent plus qu'ils ne se superposent et ne se déduisent. Dans une **société de réseaux**, les relations tendent à la fois à se démultiplier et à se fragmenter, s'homogénéisant en l'absence de tout lien fédérateur. Dans l'ordre du discours, les phrases ne sont plus conçues comme des propositions justiciables d'une analyse sémantique, mais comme des combinaisons requérant un examen pragmatique, décrivant l'énoncé en fonction de la position du locuteur. Une situation d'incrédulité généralisée entraîne une **dissémination des repères**. Les valeurs, se multipliant, se subjectivisant, risquent de perdre leur statut (cf. V, 1). Par exemple, on ne compte plus les manifestations culturelles ; mais les cultures, en tant qu'ensembles unifiés de normes collectives, semblent perdre de leur vitalité. Le bouleversement de nos représentations correspond sans doute à l'évolution des infrastructures de notre société (cf. Daniel Bell, *The coming of the post-industrial society*, 1973, trad. fr. 1976). L'industrialisation représente l'apogée du modernisme ; la conception centralisée des entreprises opérait une planification de la production. Avec la tertiarisation de l'économie, la substitution de la notion de services à celle de biens, le dépassement du machinisme par la technologie, les structures sociales ont connu de profondes modifications. Le travail n'est plus mesurable à l'aune de la quantité de force qu'il engage, sa division par une spécialisation est sans doute mise à mal par la réorganisation de nos cadres d'activité (cf. II, 3). L'assise financière de l'économie a été largement globalisée par les déréglementations. Les unités de production évoluent : la fabrication de tous les composants a rarement lieu au même endroit, sous la bannière d'un même label. Même si chacune reste relativement spécifiée, les compétences requises de la part des employés se diversifient. Les distinctions sociales, loin de disparaître, sont masquées par la démocratisation de nombreux biens (confort ménager, automobile, télécommunications). En même temps que les modes de vie connaissent une certaine uniformisation du fait de la rapidité de circulation de l'information, du fait de la constitution de réseaux de plus en plus efficaces, les pratiques constitutives de l'individualité peuvent se différencier. **La société postmoderne semble mêler et subvertir les cadres de référence comme l'esprit postmoderne brouille les frontières entre les disciplines.** Ainsi, la réalisation de complexes intégrés révoque la séparation traditionnelle des tâches réservant la construction de bâtiments à l'architecte, laissant à l'urbaniste la gestion des aires, des axes, des interstices. La *postmodern dance* fragmente ses œuvres sous forme de performances et multiplie les références aux arts de la scène tels l'opéra et le théâtre. Cette remise en cause des repères semble moins procéder d'une destitution délibérée que d'un brouillage généralisé.

4.3. Une relocalisation dispersive

À défaut de circonscrire définitivement la postmodernité, on peut en repérer les manifestations typiques : **dissolution des hiérarchies, perte des repères fondamentaux, discrédit des avant-gardes, dispersion des valeurs**. La postmodernité répugne toutefois à se laisser appréhender comme une époque avérée produisant de nouvelles formes de légitimation. Le postmodernisme ne se laisse appréhender que par des traits comme la dissémination, l'esthétisation, la tribalisation. La dissémination exprime une crise de la raison, qui n'est plus considérée comme l'instance souveraine de l'esprit, élément de cohésion et facteur d'autolégitimation. L'esthétisation est le corrélat d'une crise de l'ontologie : face au mystère de la réalité, les théories de la présence s'effacent devant celles des apparences, des reflets, des simulacres. Si la raison n'est plus souveraine (cf. I, 4), si elle rencontre des limitations, elle demeure l'élément régulateur des activités de l'esprit. Mais notre époque paraît avoir fait son deuil de tout accès à l'Être et à la Vérité. La phénoménologie, définie au début du XXe siècle comme étude du perçu et du vécu par opposition à la recherche de leurs fondements conçus comme antérieurs et extérieurs, se mue certes toutefois en ontologie des apparences. La philosophie analytique adopte une posture pragmatique et se donne pour objectif l'explicitation des conditions linguistiques de la pensée et du discours. L'herméneutique reconnaît que le sens préexiste ; elle a pour intention d'en expliciter les variations, les diffractions et d'en mieux comprendre les développements historiques. La raison, le sujet et le réel sont donc interrogés et destitués de leurs prérogatives classiques. C'est que la pensée n'adopte plus le cadre d'un horizon universel. Là où la modernité s'imposait comme facteur d'unification et d'homogénéisation, **les tendances postmodernes conduisent à la mise en valeur des différences et des particularismes**. Les rapports entre les individus et entre les sociétés ne sont plus conçus en vertu d'idéaux, de projets, mais dans la conjugaison de liens traditionnels et technologiquement développés. Michel Maffesoli avait de longue date souligné le renouvellement du phénomène de tribalisation (*Le temps des tribus*, 1988). Il insiste désormais sur le rôle du local, de l'émotionnel, de l'imaginaire et d'une mythologie de la fragmentation. Remettant en cause les idées reçues d'individualisme et de globalisation, il souligne les phénomènes de dispersion et d'effusion collectives que connaissent nos sociétés (texte 10). Le lieu fait lien, mais les liaisons se démultiplient, fragmentent l'espace au point de créer un territoire virtuel de mise en correspondance des sites. Au lieu de stabiliser les identités, la relocalisation à laquelle nous assistons procède d'une remise en cause des situations de proche en proche précarisées. **La mise en relation de tous les lieux peut conduire à une déréalisation du monde.**

4.4. L'exacerbation des manifestations

Les postures postmodernes tendent à se redéfinir en permanence indépendamment de tout sens ultime. Il en résulte des phénomènes sociaux aux aspects hétéroclites : il n'y a **plus homogénéité entre le sens de l'ensemble (la société) et celui que se prêtent les éléments** (les individus et les groupes qu'ils constituent). L'action politique doit prendre acte de sa dépendance à l'égard des multiples tendances qu'elle ne contrôle pas (texte 8). Il est significatif que Vaclav Havel se réfère toutefois à une réalité et à une finalité absolues : l'action collective ne peut se départir des cadres de la pensée moderne. Les institutions ne sont pas ébranlées, mais concurrencées par les phénomènes postmodernes. L'investigation rationnelle ne se donne plus, lorsqu'elle a les prétentions théoriques de la lucidité, d'objectif de reconstruction et de régénération de la société. La **réflexion** contemporaine conduit souvent à une attitude **pragmatique** ou encore **sceptique**, voire **cynique**. Pour l'être humain, les conditions pratiques de l'action ne semblent que peu modifiées par rapport à la situation des Modernes, dont les moralistes actuels reprennent d'ailleurs les acquis. La description que fait Musil de l'homme sans qualités, animé de multiples capacités mais inapte à identifier l'une ou l'autre comme sienne (texte 1) donne une image du sujet postmoderne. L'individu postmoderne paraît diffracté dans ses multiples facettes et ne plus être en mesure de s'identifier à son (ses ?) engagements(s). Pour caractériser l'auteur et le lecteur postmodernes, Umberto Eco (texte 6) fait référence à une perte de naïveté : face à une écriture délibérément élaborée pour être appréhendée à plusieurs niveaux, il convient d'adopter une posture ironique, qui comporte l'avantage de permettre la participation de tous, et le risque d'une participation différenciée en fonction des individualités. On tend moins à sortir du moderne par rupture que par excès : l'individualisme est comme une exubérance de la subjectivité, le langage est comme une déflexion de la raison, le simulacre comme une excroissance de l'objet. La postmodernité serait donc une **ère de transgression, de surexposition, de passage à la limite** (texte 4). Jean Baudrillard parle d'« extase permanente » pour caractériser la potentialisation, le redoublement, l'apogée des choses. Le mouvement s'abolit dans l'accélération généralisée, la vitesse ne s'inscrit plus comme différence dans une société de l'urgence (cf. V, 3, texte 10). On assiste moins à une remise en cause de la finalité par la prise de conscience des déterminations qu'à la recherche effrénée d'un sens, fut-il caché ; d'où la réhabilitation du hasard. Notre époque consacre la société du spectacle, dans laquelle les représentations ont pris toute la place, s'imposant sans plus de référence à un modèle (Guy Debord, texte 2). L'accélération des transports et le développement des figurations animées conduisent à une confusion généralisée : la puissance de la vitesse projette les objets sur l'écran de pilotage, en même temps que le conducteur se trouve projeté par ce mouvement dans un paysage déréalisé (cf. VII, 2 texte 4). **Surreprésentation, intensification, course à l'excès**, voilà des éléments caractéristiques de notre époque. Dans la confusion généralisée par laquelle toutes choses tendent à s'excéder elles-mêmes, les individus se désubjectivisent alors que les objets gagnent un pouvoir de séduction accru. « **Règne des objets** » pourrait être une caractérisation de la postmodernité, qui consacrerait à ce titre une **inversion de la modernité**, dans la mesure où celle-ci se définissait par l'intention, de la part du sujet autonome, de maîtriser la nature. Y ferait écho l'injonction de rester jeune et spontané, inversion du mot d'ordre par lequel Kant définissait les Lumières modernes : « sois réfléchi et mature » (cf. I, 4, texte 4).

4.5. Une transition vers l'hypermoderne ?

Le postmodernisme restant inaccompli, on dira qu'il ne saurait jamais être que parcellaire, à moins qu'il n'en soit qu'à ses débuts. Dira-t-on qu'il doit être conçu à la manière postmoderne : de façon ténue, incomplète, presque flottante ? On peut aussi souligner la difficulté éprouvée par le postmoderne à effectuer la rupture dont il se réclame, et s'attacher à se (re)définir en continuité avec la modernité. Plusieurs auteurs (Sébastien Charles, François Ascher, Robert Castel, Gilles Lipovetsky lui-même – texte 11 –) caractérisent désormais l'**époque contemporaine** comme « **hypermoderne** » : ère de l'excès, de l'extrême, de l'urgence, de la concurrence, de la mobilité. Le libéralisme mondialisé, la surveillance exacerbée, l'hyperindividualisme sont les caractères de sociétés animées par le **fantasme d'une visibilité intégrale, du tout-démocratique, de la technicité accomplie**. Le postmoderne aurait été un état transitoire, maintenant dépassé. Dans cette perspective, il aurait marqué l'étape – la fin du XXe siècle au cours de laquelle on avait pris la transition pour une rupture. On constate aujourd'hui la permanence des tendances modernes, fussent-elles exacerbées, au point de parler, comme François Ascher, de « troisième modernité ». Suite à l'émancipation de l'individu, le développement des sciences et la définition de l'État de droit, la Révolution industrielle a conduit à la **généralisation du capitalisme, de la technologie, de l'État providence**. La troisième phase de ce processus produit une reconfiguration des orientations modernes en conjuguant et en reliant les individualités, les rationalités, les productivités (texte 12). Les tendances de la modernité subsistent, mais sont démultipliées par leur mise en réseau, si bien qu'on pourrait décrire nos sociétés au moyen de l'image de l'hypertexte. Le refus de l'avenir moderne s'était traduit par l'aspiration à la jouissance immédiate de la vie au jour le jour. Désormais on assiste au **retour de l'ambition d'anticiper, de prévoir, de maîtriser**. L'ironie postmoderne paraît ensuite laisser place à des phénomènes de surdétermination ; il s'agit moins de prendre de la distance que d'obtenir plusieurs assurances. Du coup le réel se trouve enfermé, encadré par l'évaluation des possibles. Enfin le présent est appréhendé de façon rationnelle, avec une volonté de maîtrise absolue qui conduit, lorsqu'elle s'exprime de façon prospective, à l'inquiétude face au futur chargé d'incertitudes et de risques. De telles caractérisations n'excèdent pas le projet moderne, mais paraissent le démultiplier indéfiniment.

Ainsi, on éprouve des difficultés à caractériser le postmoderne comme période. Notre monde est celui de l'urgence, des temps qui s'accélèrent, tentés de tout ramener au présent. Les valeurs et les théories qui caractérisent nos sociétés sont rendues instables et comme émoussées, effilées par les changements qui animent nos sociétés : dès lors, leur valeur descriptive risque d'être éphémère, comme liquéfiée. En constatant que la postmodernité réunit des déterminations diverses et opposées, on risque de retomber dans les présentations qui se contentent sommairement d'en faire un syncrétisme. Notre temps conjoint de multiples aspirations opposées, sinon contradictoires : mais cela ne définit pas suffisamment notre époque. **Frivolité et anxiété, euphorie et vulnérabilité, hypertechnicité et écologisme, désenchantement et bricolage religieux, obsession d'hygiène et de santé, multiplication des pathologies, porno envahissant et uniformisation rassurante des pratiques sexuelles.** Chaque tendance d'aujourd'hui semble rencontrer son opposé, comme si notre temps ne pouvait s'accomplir dans une seule forme d'esprit. On peut dès lors se demander si le terme « postmoderne » est autre chose que l'étiquette que nous mettons sur nos incertitudes. Procédant de tendances à jamais inaccomplies, la **postmodernité** apparaît **précaire** : d'une part dans ses caractérisations par lesquelles elle entend qualifier nos comportements et organisations, d'autre part aussi en ce qu'elle a pu se révéler transitoire. Les sociétés actuelles sont friandes d'éphémère, mais se plaisent à revisiter le passé, en construisant des mémoires à tout bout de champ. On aboutit à une rationalisation de la consommation, de nombre de pratiques sociales. En parallèle, le culte du hasard, une mystique de pacotille se développent. On s'inscrit dans une conquête effrénée d'efficacité, qui peut être incompatible avec la recherche du bonheur ; cela produit une accélération des temps dont sont exclus ceux qui n'ont que trop de temps. **La modernité est poussée à ses limites, sans pouvoir être appréhendée de l'extérieur.** Les instances fondatrices du projet moderne sont remises en cause sans qu'on leur en substitue d'autres. On se situe donc **plutôt** dans le **paroxysme** de la modernité **que** dans son **dépassement**. Pour une époque qui s'ouvre aux futurs (champs indéterminés) tout en effaçant son avenir (un projet donateur de sens) ; elle ne se montre toutefois pas prête à cette démultiplication du possible : notre temps semble donc être celui de la conscience des risques et de l'inquiétude (Taguieff, texte 9). Époque qui bute sur elle-même, âge de dépassement inaccompli, moment d'exacerbation : mouvement qui s'emballe de ne plus avoir d'extérieur. Époque qui ne peut dire son nom, ou qui ne peut se reconnaître de nom unique, tant elle se caractérise par la démultiplication et la dispersion.

Textes

– Texte 1 –

■ Robert von Musil, *L'homme sans qualités* (1933)

Quand tu le vois, tu ne peux lui imaginer aucune profession, et néanmoins il n'a pas non plus l'air d'un homme qui n'a pas de profession. Et maintenant, songe un peu quel il est : un homme qui sait toujours ce qu'il doit faire ; qui peut regarder une femme dans les yeux ; qui peut engager quand il veut une réflexion efficace sur n'importe quoi ; qui sait boxer. Il est doué, énergique, sans préjugés, courageux,

endurant, téméraire et réfléchi… Je ne vais pas examiner toutes ses qualités dans le détail, laissons-les-lui, car en fin de compte, il ne les possède pas ! Elles ont fait de lui ce qu'il est, elles ont déterminé son orientation, et pourtant elles ne lui appartiennent pas. Quand il est en colère, quelque chose rit en lui. Quand il est triste, il prépare quelque plaisanterie. Quand quelque chose le touche, il l'écarte. Toute mauvaise action finira par lui apparaître bonne sous un certain rapport. Ce ne sera jamais qu'après en avoir entrevu les relations possibles qu'il osera juger d'une cause. Pour lui, rien n'est stable. Tout est susceptible de changement, tout n'est qu'élément d'un ensemble, ou d'innombrables ensembles, eux-mêmes faisant probablement partie d'un super-ensemble dont cependant il ne sait rien. De sorte que chacune de ses réponses n'est qu'un fragment de réponse, chacun de ses sentiments un point de vue, et que ce qui importe pour lui dans une chose, ce n'est pas ce qu'elle est, mais une manière d'être accessoire, une quelconque addition.
(Trad. Philippe Jacottet, © Éd. du Seuil, 1956, rééd. coll. « Points », 1995, p. 81-82.)

– Texte 2 –

■ Guy Debord, *La société du spectacle* (1967)
Toute la vie des sociétés dans lesquelles règnent les conditions modernes de production s'annonce comme une immense accumulation de *spectacles*. Tout ce qui était directement vécu s'est éloigné dans une représentation.
Les images qui se sont détachées de chaque aspect de la vie fusionnent dans un cours commun, où l'unité de cette vie ne peut plus être rétablie. La réalité considérée *partiellement* se déploie dans sa propre unité générale en tant que pseudo-monde *à part*. La spécialisation des images du monde se retrouve, accomplie, dans le monde de l'image autonomisé, où le mensonger s'est menti à lui-même. Le spectacle en général [...] est le mouvement autonome du non-vivant.
Le spectacle se présente à la fois comme la société même, comme une partie de la société, et comme *instrument d'unification*. En tant que partie de la société, il est expressément le secteur qui concentre tout regard et toute conscience. Du fait même que ce secteur est *séparé*, il est le lieu du regard abusé et de la fausse confiance ; et l'unification qu'il accomplit n'est rien d'autre qu'un langage officiel de la séparation généralisée.
Le spectacle n'est pas un ensemble d'images, mais un rapport social entre des personnes médiatisé par des images.
Le spectacle ne peut être compris comme l'abus d'un monde de la vision, le produit des techniques de diffusion massive des images. Il est bien plutôt une *Weltanschauung* devenue effective, matériellement traduite. C'est une vision du monde qui s'est objectivée.
(Buchet-Chastel, rééd. Champ Libre, 1971, p. 9-10.)

– Texte 3 –

■ Jean-François Lyotard, *La condition postmoderne* (1979)
La science est d'origine en conflit avec les récits. À l'aune de ses propres critères, la plupart de ceux-ci se révèlent des fables. Mais pour autant qu'elle ne se réduit pas à énoncer des régularités utiles et qu'elle cherche le vrai, elle se doit de légitimer ses règles de jeu. C'est alors qu'elle tient sur son propre statut un discours de légitima-

tion, qui s'est appelé philosophie. Quand ce métadiscours recourt explicitement à tel ou tel grand récit, comme la dialectique de l'Esprit, l'herméneutique du sens, l'émancipation du sujet raisonnable ou travailleur, le développement de la richesse, on décide d'appeler « moderne » la science qui s'y réfère pour se légitimer. C'est ainsi par exemple que la règle du consensus entre le destinateur et le destinataire d'un énoncé à valeur de vérité sera tenue pour acceptable si elle s'inscrit dans la perspective d'une unanimité possible des esprits raisonnables : c'était le récit des Lumières, où le héros du savoir travaille à une bonne fin éthico-politique, la paix universelle. On voit sur ce cas qu'en légitimant le savoir par un métarécit, qui implique une philosophie de l'histoire, on est conduit à se questionner sur la validité des institutions qui régissent le lien social : elles aussi demandent à être légitimées. La justice se trouve ainsi référée au grand récit, au même titre que la vérité.

En simplifiant à l'extrême, on tient pour « postmoderne » l'incrédulité à l'égard des métarécits. Celle-ci est sans doute un effet du progrès des sciences ; mais ce progrès à son tour la suppose. À la désuétude du dispositif métanarratif de légitimation correspond notamment la crise de la philosophie métaphysique, et celle de l'institution universitaire qui dépendait d'elle. La fonction narrative perd ses foncteurs, le grand héros, les grands périls, les grands périples et le grand but. Elle se disperse en nuages d'éléments langagiers narratifs, mais aussi dénotatifs, prescriptifs, descriptifs, etc., chacun véhiculant avec soi des valences pragmatiques *sui generis*. Chacun de nous vit aux carrefours de beaucoup de celles-ci. Nous ne formons pas de combinaisons langagières stables nécessairement, et les propriétés de celles que nous formons ne sont pas nécessairement communicables. […]

Il y a beaucoup de jeux de langage différents, c'est l'hétérogénéité des éléments. Ils ne donnent lieu à une institution que par plaques, c'est le déterminisme local.

Les décideurs essaient pourtant de gérer ces nuages de socialité sur des matrices d'input/output, selon une logique qui implique la commensurabilité des éléments et la déterminabilité du tout. Notre vie se trouve vouée par eux à l'accroissement de la puissance. Sa légitimation en matière de justice sociale comme de vérité scientifique serait d'optimiser les performances du système, l'efficacité. L'application de ce critère à tous nos jeux ne va pas sans quelque terreur, douce ou dure : Soyez opératoires, c'est-à-dire commensurables, ou disparaissez.

Cette logique du plus performant est sans doute inconsistante à beaucoup d'égards, notamment à celui de la contradiction dans le champ socio-économique : elle veut à la fois moins de travail (pour abaisser les coûts de production) et plus de travail (pour alléger la charge sociale de la population inactive). Mais l'incrédulité est désormais telle qu'on n'attend pas de ces inconsistances une issue salvatrice, comme le faisait Marx.
(© Éditions de Minuit, p. 7-8.)

– Texte 4 –

■ Jean Baudrillard, *Les stratégies fatales* (1983)

Le réel ne s'efface pas au profit de l'imaginaire, il s'efface au profit du plus réel que le réel : l'hyperréel. Plus vraie que le vrai : telle est la simulation.

La présence ne s'efface pas devant le vide, elle s'efface devant un redoublement de présence qui efface l'opposition de la présence et de l'absence.

Le vide lui non plus ne s'efface pas devant le plein, mais devant la répétition et la saturation – plus plein que le plein, telle est la réaction du corps dans l'obésité, du sexe dans l'obscénité, son abréaction au vide.

Le mouvement ne disparaît pas tant dans l'immobilité que dans la vitesse et l'accélération – dans le plus mobile que le mouvement si on peut dire, et qui porte celui-ci à l'extrême tout en le dénuant de sens.
La sexualité ne s'évanouit pas dans la sublimation, la répression et la morale, elle s'évanouit bien plus sûrement dans le plus sexuel que le sexe : le porno. L'hypersexuel contemporain de l'hyperréel.
Plus généralement les choses visibles ne prennent pas fin dans l'obscurité et le silence – elles s'évanouissent dans le plus visible que le visible : l'obscénité. […]
La détermination ne s'efface pas au profit de l'indétermination, mais au profit d'une hyperdétermination – redondance de la détermination dans le vide.
La finalité ne disparaît pas au profit de l'aléatoire, mais au profit d'une hyperfinalité, d'une hyperfonctionnalité : plus fonctionnel que le fonctionnel, plus final que le final – hypertélie.
(© Éditions Grasset, p. 14-15.)

– Texte 5 –

■ Gilles Lipovetsky, *L'ère du vide. Essais sur l'individualisme contemporain* (1983)
La culture post-moderne est décentrée et hétéroclite, matérialiste et psy, porno et discrète, novatrice et rétro, consommative et écologiste, sophistiquée et spontanée, spectaculaire et créative, et l'avenir n'aura sans doute pas à trancher en faveur de l'une de ces tendances mais au contraire développera les logiques duales, la coprésence souple des antinomies. […]
Le post-modernisme n'a pour objet ni la destruction des formes modernes ni la résurgence du passé, mais la coexistence pacifique des styles, la décrispation de l'opposition tradition-modernité, le desserrement de l'antinomie local-international, la déstabilisation des engagements rigides pour la figuration ou l'abstraction, bref la décontraction de l'espace artistique parallèlement à une société où les idéologies dures ne prennent plus, où les institutions marchent à l'option et à la participation, où les rôles et identités se brouillent, où l'individu est flottant et tolérant. Il est trop réducteur d'y reconnaître l'éternelle stratégie du capital avide de commercialisation rapide ou même une figure du « nihilisme passif », comme l'a écrit un critique contemporain. Le post-modernisme est l'enregistrement et la manifestation du procès de personnalisation qui, incompatible avec toutes les formes d'exclusion et de dirigisme, substitue le libre choix à l'autorité des contraintes pré-tracées, le cocktail fantaisiste à la raideur de la « juste ligne ». L'intérêt du post-modernisme tient en ce qu'il révèle que l'art moderne, le premier pourtant à avoir adopté l'ordre des logiques ouvertes, restait encore tributaire d'une ère dirigiste du fait des valeurs avant-gardistes finalisées sur le seul futur. L'art moderne était une formation de compromis, un être « contradictoire » fait de « terrorisme » futuriste et de personnalisation souple. Le post-modernisme a pour ambition de résoudre cet antagonisme en détachant l'art de son encadrement disciplinaire-avant-gardiste, en instituant des œuvres régies par le seul procès de personnalisation. Ce faisant, le post-modernisme obéit au même destin que nos sociétés ouvertes, post-révolutionnaires, ayant pour objectif d'augmenter sans cesse les possibilités individuelles de choix et de combinaisons. En substituant l'inclusion à l'exclusion, en légitimant tous les styles de toutes les époques, la liberté créatrice n'est plus sommée de se plier au style international, elle voit ses sources d'inspiration, ses jeux de combinaisons s'accroître indéfiniment : « L'éclectisme est la tendance

naturelle d'une culture libre de ses choix. » Au début du siècle, l'art était révolutionnaire et la société conservatrice ; cette situation s'est renversée au fur et à mesure de l'ankylose de l'avant-garde et des bouleversements de la société engendrés par le procès de personnalisation. De nos jours la société, les mœurs, l'individu lui-même bougent plus vite, plus profondément que l'avant-garde : le postmodernisme est la tentative de réinsuffler un dynamisme à l'art en assouplissant et démultipliant ses règles de fonctionnement à l'image d'une société déjà flexible, optionnelle, réduisant les relégations.
(© Éditions Gallimard, p. 14, 137-138, rééd. coll. « Folio Essais », 1989, p. 18, 175-176.)

– Texte 6 –

■ Umberto Eco, *Apostille au nom de la rose* (1983)
Vient un moment où l'avant-garde (le moderne) ne peut pas aller plus loin, parce que désormais elle a produit un métalangage qui parle de ses impossibles textes (l'art conceptuel). La réponse post-moderne au moderne consiste à reconnaître que le passé, étant donné qu'il ne peut être détruit parce que sa destruction conduit au silence, doit être revisité : avec ironie, d'une façon non innocente. [...] Ironie, jeu métalinguistique, énonciation au carré. De sorte que si, avec le moderne, ne pas comprendre le jeu, c'est forcément le refuser, avec le postmoderne, on peut ne pas comprendre le jeu et prendre les choses au sérieux. Ce qui est d'ailleurs la qualité (le risque) de l'ironie.
(Trad. Myriem Bouzaher, © Grasset, coll. « Biblio Essais », 1985, p. 77, 78-79.)

– Texte 7 –

■ Jacques Bouveresse, *Rationalité et cynisme* (1984)
Tout comme la méfiance à l'égard de l'ordre ne peut être que systématique, l'engagement en faveur des manifestations du désordre ne peut être qu'indifférencié et total. Aucun principe normatif ne permet en effet de distinguer entre celles qui doivent être approuvées et encouragées, parce qu'elles peuvent être considérées comme annonciatrices d'un ordre meilleur, et celles qui doivent être admises parce qu'elles font partie des réactions d'hostilité que suscite fatalement n'importe quelle espèce d'ordre. Une sélection est bel et bien effectuée en pratique ; mais elle ne peut relever que du décisionnisme plus ou moins aveugle, et non d'un principe de légitimité quelconque. L'anarchisme dont il s'agit a, dans la plupart des cas, une morale. Mais, puisqu'un des acquis définitifs de la conscience postmoderne semble être que cette morale ne peut être celle de l'émancipation d'un sujet susceptible d'être considéré comme une victime de l'ordre existant, elle fait simplement partie des inconséquences caractéristiques sur lesquelles les maîtres à penser de la postmodernité évitent en général soigneusement de s'expliquer. [...]
Les qualificatifs du type « post- » ont généralement pour but de caractériser un état de la culture et de la société dans lequel un certain type de fondement est dorénavant reconnu comme illusoire, sans que le genre de modification concrète que l'on peut attendre de la prise de conscience de cette situation nouvelle soit pour l'instant très évident ou très significatif.
(© Éditions de Minuit, p. 117 et 125.)

– Texte 8 –

■ Vaclav Havel, *Allocution à l'Académie des sciences morales et politiques* (1992)

En repensant à mon impatience politique, je dois nécessairement constater que l'homme politique d'aujourd'hui et de demain – permettez-moi d'utiliser le concept d'« homme politique postmoderne » – doit apprendre à attendre, dans le meilleur et dans le plus profond sens du mot. [...] Cette attente doit traduire un certain respect pour le mouvement intrinsèque et le déroulement de l'Être, pour la nature des choses, leur existence et leur dynamique autonomes qui résistent à toute manipulation violente ; cette attente doit s'appuyer sur la volonté de donner à tout phénomène la liberté de révéler son propre fondement, sa vraie substance. Le comportement de l'homme politique postmoderne ne doit plus procéder d'une analyse impersonnelle, mais d'une vision personnelle. Au lieu de se fonder sur l'orgueil, il doit se nourrir de l'humilité. [...]

Mon impatience à l'égard du rétablissement de la démocratie avait quelque chose de rationaliste, du temps des Lumières. J'avais voulu faire avancer l'Histoire de la même manière qu'un enfant tire sur une plante pour la faire pousser plus vite.

Je crois qu'il faut apprendre à attendre comme on apprend à créer. Il faut semer patiemment les graines, arroser avec assiduité la terre où elles sont semées et accorder aux plantes le temps qui leur est propre.

On ne peut duper une plante, pas plus qu'on ne peut duper l'Histoire. Mais on peut l'arroser. Patiemment, tous les jours. Avec compréhension, avec humilité, certes, mais aussi avec amour.

(In *Pour une politique postmoderne*, trad. Jan Rubes, éditions de l'Aube, 1999, p. 9 et 11.)

– Texte 9 –

■ Pierre-André Taguieff, *L'effacement de l'avenir* (2000)

La vision optimiste du progrès implique distance et hauteur, position de surplomb vis-à-vis du réel présent, elle désactualise le regard, elle l'infinitise en un sens. Cette dimension « idéaliste » [...] disparaît avec le progressisme métaphysique. Mais cet optimisme supposait l'impuissance de la volonté. C'est pourquoi, avec l'évanouissement de l'image triomphaliste du progrès [...], un espace s'ouvre à la volonté et à l'action libre, un espace peuplé de possibles, que des choix peuvent ordonner. Mais le même espace est aussi celui de l'immaîtrisable, de l'imprévisible, des effets pervers.

Peut-être devons-nous supposer que nous vivons à l'époque d'un grand passage, un changement de posture vis-à-vis de l'avenir : le passage de la *confiance* dans l'avenir à la responsabilité à l'égard du futur. Dans la religion moderne du progrès, les humains se sentaient dépendre de l'avenir, à la pensée duquel ils s'abandonnaient avec confiance. À l'âge de l'inquiétude postmoderne, c'est l'avenir qui paraît dépendre des humains, ce qui leur donne un surcroît de souci. Aussi peut-on soutenir [...] que nous subissons les effets du passage d'une société de confiance et d'espoir sans limites à une société de peur et de responsabilité infinie, en quête cependant de limites que nulle tradition n'est plus susceptible de fixer. [...]

L'horizon postprogressiste est constellé d'une multiplicité de possibles. [...] Nul possible ne peut dès lors être érigé en destin unique, ni figé en mouvement inévitable, irrésistible, inéluctable.
(© Galilée, p. 474-75, 476, 477.)

– Texte 10 –

Michel Maffesoli, *Notes sur la postmodernité. Le lieu fait lien* (2003)
Si une définition, provisoire, de la postmodernité devait être donnée, ce pourrait être : « *La synergie de phénomènes archaïques et du développement technologique.* » [...] On peut constater le retour au local, l'importance de la tribu et le bricolage mythologique. [...] Le lieu fait lien. Un lien qui n'est pas abstrait, théorique, rationnel. Un lien qui ne s'est pas constitué à partir d'un idéal lointain, mais se fonde, organiquement, sur la possession commune de valeurs enracinées : langue, coutumes, cuisine, postures corporelles.
Enracinement dynamique étant cause et effet de la fragmentation institutionnelle. Les diverses institutions sociales, devenues de plus en plus abstraites et désincarnées, ne semblent plus en prise avec l'exigence réaffirmée de proximité. D'où l'émergence d'un néo-tribalisme postmoderne reposant sur le – toujours et à nouveau – besoin de solidarité et de protection caractérisant tout ensemble social. Dans les jungles de pierre que sont les mégapoles contemporaines, la tribu joue le rôle qui était le sien dans la jungle *stricto sensu*. [...]
Si l'on s'accorde, à titre d'hypothèse, sur un local tribal générant des petites mythologies, quel pourrait être son substrat épistémologique ? Empiriquement, il semble que l'Individu, l'Histoire et la Raison laissent, peu ou prou, la place à la fusion affectuelle s'incarnant au présent autour d'images communielles. [...]
Ce n'est plus l'autonomie : je suis ma propre loi, qui prévaut, mais bien l'hétéronomie : ma loi, c'est l'autre.
(Institut du monde arabe/Le félin, 2003, p. 30-36.)

– Texte 11 –

Gilles Lipovetsky, *Les temps hypermodernes* (2004)
L'expression « postmoderne » était ambiguë, maladroite, pour ne pas dire floue. Car c'est bien sûr une modernité d'un nouveau genre qui prenait corps [...]. D'où les réticences légitimes qui se sont manifestées à l'endroit du préfixe « post ». Il y a vingt ans, le concept « postmoderne » donnait de l'oxygène, il suggérait le nouveau, une bifurcation majeure. Il fait maintenant vaguement désuet. Le cycle postmoderne s'est déployé sous le signe de la décompression « cool » du social ; nous avons de nos jours le sentiment que les temps se durcissent à nouveau. [...] Comme si l'on était passé de l'ère « post » à l'ère « hyper ». Une nouvelle société de modernité voit le jour. Il ne s'agit plus de sortir du monde de la tradition pour accéder à la rationalité moderne mais de moderniser la modernité elle-même, rationaliser la rationalisation, c'est-à-dire, de fait, détruire les archaïsmes et les routines bureaucratiques, mettre fin aux rigidités institutionnelles et aux entraves protectionnistes, délocaliser, privatiser, aiguiser la concurrence. [...]
Ce qui définit l'hypermodernité ce n'est pas exclusivement l'autocritique des savoirs et des institutions modernes mais aussi la mémoire revisitée, la remobilisation des croyances traditionnelles, l'hybridation individualiste du passé et du

moderne. Non plus seulement la déconstruction des traditions mais leur réemploi sans imposition institutionnelle, leur réaménagement perpétuel en accord avec le principe de la souveraineté individuelle.
(In *Les temps hypermodernes*, © 2004, Grasset & Fasquelle, p. 71, 78, 143, rééd. coll. « Le Livre de Poche », 2006, p. 50, 55, 95-96.)

– Texte 12 –

François Ascher, *Le mangeur hypermoderne. Une figure de l'individu éclectique* (2005)

Nous entrons dans une société plus moderne dans laquelle les individus, les rationalités, les différenciations sociales, les formes économiques, les modes de régulation sont multiples. La configuration sociétale n'est plus un ensemble fixe, que l'on pourrait projeter sur un seul plan, mais un ensemble de configurations qui forment un espace social, un volume social devrait-on même dire, à multiples dimensions. L'individu lui-même est multidimensionnel ; il revêt des personnalités variées selon les circonstances ; sa rationalité s'exerce de façons diverses selon les contextes ; il entretient des relations sociales différentes suivant les activités auxquelles il participe. […]

Métaphoriquement, nous pouvons dire que nous vivons de plus en plus dans une société structurée et fonctionnant comme un hypertexte. Les individus sont comme des mots nœuds ; les champs sociaux du travail, de la famille, du quartier sont comme une série de textes différents. Les individus existent et agissent dans plusieurs champs sociaux-textes ; dans chacun de ceux-ci, ils fonctionnent et font sens différemment. Ils passent de l'un à l'autre, du travail à la famille par exemple soit en se déplaçant physiquement, soit en télécommuniquant. Ils peuvent se comporter d'autant plus différemment dans chaque champ que les finalités et les règles d'actions sont différentes et que les champs sont séparés les uns des autres. […] La société peut donc être analysée comme structurée de façon matricielle.
(Odile Jacob, 2005, p. 14 et 15.)

6
Le monde comme horizon

Section 1. Cosmopolitisme et internationalisme
    1.1. Cosmopolitisme et naturalisme antiques
    1.2. Les projets de paix perpétuelle
    1.3. Des philosophies de l'histoire aux internationales militantes
    1.4. La lente progression du droit international
    1.5. L'instauration d'une justice pénale internationale

    Textes
    1. Polybe, *Histoires* (vers 170 avant J.-C.)
    2. Marc Aurèle, *Pensées* (vers 170)
    3. Abbé de Saint-Pierre, *Projet pour rendre la paix perpétuelle en Europe* (1713)
    4. Emmanuel Kant, *Idée d'une histoire universelle du point de vue cosmopolitique* (1784)
    5. G. W. F. Hegel, *La raison dans l'histoire. Introduction à la philosophie de l'histoire* (1822-1828)
    6. Marx et Engels, *L'idéologie allemande* (1845)
    7. Statut du Tribunal militaire international militaire de Nuremberg, articles 6, 7 et 8 (8 août 1945)
    8. Pascal Bruckner *Le vertige de Babel* (1992)
    9. Jacques Derrida, *Spectres de Marx* (1993)
    10. Mireille Delmas-Marty, *Pour un droit commun* (1994)
    11. Statut de la Cour pénale internationale, adopté à Rome le 17 juillet 1998
    12. Michael Hardt et Antonio Negri, *Empire* (2000)
    13. Pierre Hassner, *La terreur et l'Empire* (2003)
    14. Ulrich Beck, *Qu'est-ce que le cosmopolitisme ?* (2004)

Section 2. Religions et civilisations
    2.1. Diversité des religions
    2.2. Temporel et spirituel : religion et politique
    2.3. Rationalisation de la croyance et sécularisation de la société

    Textes
    1. Exode, III, 1-2, 13-14, IV, 10-12
    2. Matthieu, V, 1-11
    3. Le Coran, sourate XVII, 9-10, 25-26, 33-36
    4. Ibn Khaldûn, *Discours sur l'histoire universelle* (1382)
    5. Ludwig Feuerbach, *L'essence du christianisme* (1841)
    6. Dostoïevski, *Les frères Karamazov* (1880)
    7. Max Weber, *L'éthique protestante et l'esprit du capitalisme* (1904-1920)
    8. Mircéa Eliade, *Le sacré et le profane* (1957-1965)
    9. Fernand Braudel, *Grammaire des civilisations* (1963)
    10. Marcel Gauchet, *Le désenchantement du monde* (1985)

11. Gilles Kepel, *La revanche de Dieu* (1991)
12. Samuel P. Huntington, *Le choc des civilisations* (1996)
13. Danièle Hervieu-Léger, *Le pèlerin et le converti* (1999)
14. Olivier Roy, *Le croissant et le chaos* (2007)

Section 3. Régulation de l'ordre mondial et gouvernance
3.1. De l'ordre interétatique à l'ordre international
3.2. La contestation de l'ordre mondial comme ordre marchand
3.3. De la régulation à la gouvernance
3.4. La régulation face à ses ambiguïtés

Textes
1. Woodrow Wilson, « Message au Congrès américain », *Programme en quatorze points* (8 janvier 1918)
2. Charte des Nations unies, extraits des chapitres Ier, VI et VII (1945)
3. David Held, *Un nouveau contrat mondial. Pour une gouvernance sociale-démocrate* (2005)

Section 4. Problèmes de la mondialisation
4.1. La violence mondialisée
4.2. Des risques globaux
4.3. La contestation de la mondialisation au nom de ses méfaits

Textes
1. Olivier Roy, *Les illusions du 11 septembre. Le débat stratégique face au terrorisme* (2002)
2. Ulrich Beck, *La société du risque. Sur la voie d'une autre modernité* (2001)
3. Charte pour l'environnement, adoptée le 28 février 2005 par le Parlement réuni en Congrès et promulguée le 1er mars 2005 par le président de la République
4. Ignacio Ramonet, « Désarmer les marchés », éditorial du *Monde diplomatique* de décembre 1997 – considéré comme un texte fondateur par l'association ATTAC (extrait)

SECTION 1. COSMOPOLITISME ET INTERNATIONALISME

En Occident, tout le monde est conscient d'une communauté de tous les hommes. La terre paraît accessible dans presque toutes ses parties, les menaces qu'elle subit du fait des humains sont « globales », toutes les cultures paraissent avoir une diffusion planétaire, nous avons une image, même schématique, de l'union des États. Certes, les critiques à l'endroit des organisations censées incarner l'unité de la société internationale sont vives. L'intérêt de la progression du droit interétatique n'est pas manifeste aux yeux de tous. L'évolution des institutions politiques et juridiques internationales apparaît à la fois comme une nécessité évidente et comme une insuffisance chronique. Les organisations interétatiques constituent comme une communauté officielle qui est en quelque sorte concurrencée par la « société civile internationale », comprenant des ONG, les réseaux altermondialistes, qui expriment des élans de revendications traversant les frontières étatiques. Pour comprendre le caractère indispensable et imparfait des instances internationales, on peut revenir à leurs lointaines origines. Le terme « cosmopolitique » renvoie à l'**appartenance de l'homme** à l'ensemble de la nature, **à l'univers** considéré comme un tout. Il s'exprime dans l'Antiquité sous la forme d'un naturalisme. À l'âge classique, il se traduit par les projets de cadre juridique interétatique. Mais, tandis que le cosmopolitisme procède de la prise de conscience ou de l'établissement d'un **lien naturel ou juridique entre les hommes**, l'internationalisme entend se prévaloir d'une liaison spontanée de tous les individus, laquelle n'attendrait que le cadre de son développement. Enfin, le mondialisme contemporain apparaît comme le résultat d'une communication universelle d'identités appauvries. Le cosmopolitisme procède toujours d'un effort de construction, **le mondialisme consiste en le constat d'une délocalisation galopante**, tandis que l'internationalisme est une attitude polémique, selon laquelle la réunion des hommes dans une communauté est moins favorisée qu'empêchée par les institutions existantes. **Le mondialisme constitue une négation de l'universalisme** (Bruckner, texte 8), tandis que **cosmopolitisme et internationalisme en sont des applications**. Enfin, si l'Empire réunit les humains de différentes conditions sous la bannière d'une même autorité ; constitue-t-il une forme d'universalisme ou bien s'oppose-t-il radicalement à tout humanisme ? Il convient d'interroger le type de lien qui justifie les perspectives d'universalisation qui ont été élaborées au cours de notre histoire pour mieux comprendre notre situation internationale.

1.1. Cosmopolitisme et naturalisme antiques

Diogène aurait répondu à qui lui demandait son lieu de naissance : « Je suis **citoyen du monde** ». Chez les cyniques, le cosmopolitisme est comme une philosophie de l'exil : par son appartenance à la nature, le citoyen du monde peut migrer sans en être affecté. La prodigalité de la nature ou des dieux permet à l'existence humaine de se rendre indépendante des vicissitudes trop souvent meurtrières de l'organisation politique. Chez les Stoïciens, le cosmopolitisme se rattache à une théorie de la nature : la raison universelle irradie toutes choses et assure les conditions d'une communicabilité universelle, dans le cadre d'un ensemble qu'on peut se figurer comme un organisme. Les corps participent tous d'un même flux divin ; une hiérarchie se trouve toutefois établie entre eux, en fonction de leur dynamisme. Les âmes animées de tendances sont ainsi supérieures aux corps seulement doués de cohésion. La nature est également un principe normatif : vivre conformément à la nature, c'est accomplir son unité d'être rationnel. C'est, grâce à la vertu, se conformer à une loi commune et participer d'un gouvernement commun (Marc Aurèle, texte 2). La nature a fait de nous des parents, en nous donnant des aspirations à nous unir qui se déploient en cercles concentriques jusqu'à concerner la totalité des hommes. Les Stoïciens ont développé une doctrine de la liaison universelle qui conduit à concevoir notre sociabilité comme naturelle, en continuité avec notre appartenance au monde. Ils consacraient théoriquement la propension – fréquente dans l'Antiquité – à **comprendre l'être humain dans un flux de forces qui le dépassent et le font dépendre d'un cosmos ordonné**. Le stoïcisme en a fait une morale, un art de vivre qui est aussi un art d'être en communauté. Cette parenté de l'homme et de Dieu fonde aussi chez les premiers chrétiens la démarche apostolique : l'apôtre est envoyé dans le monde entier pour prodiguer un message universel. Avec le développement des voyages à des fins pacifiques (et plus seulement de conquête et d'administration), cette appartenance à une communauté unie par une inspiration commune se trouve mise en pratique. Au Moyen Âge, les ordres monastiques constituaient un réseau d'hospitalité qu'a relayé le développement des universités. L'Europe de la Renaissance connaît la migration constante des savants et artistes. Mais le cosmopolitisme est mis à mal par le schisme de la réforme et par la constitution d'États monarchiques centralisés qui développent des prétentions coloniales.

1.2. Les projets de paix perpétuelle

Avec les temps modernes et l'avènement des États-nations, **le cosmopolitisme** change de sens : il ne peut plus s'exprimer par une tendance de l'âme irriguée par un courant universel. Il **devient volonté politique d'instituer une instance supranationale**. Le projet de paix perpétuelle que fait paraître en 1713 l'abbé Charles-Irénée Castel de Saint-Pierre est novateur. Il rompt avec les méditations morales et théologiques sur la paix, avec les réflexions sur les conditions générales de la paix et de la guerre juste. Il propose d'instituer une diète européenne : les souverains de l'Europe chrétienne sont appelés à s'unir de façon permanente, de telle sorte que leurs différends soient réglés *a priori* par le débat ou l'arbitrage. Cette société devrait se doter d'institutions stables qui assurent la pérennité de la paix : les nations européennes seront liées politiquement au moyen de la représentation (texte 3). L'abbé de Saint-Pierre part d'une situation et conçoit les moyens de la conserver pacifiquement. Son projet, plus juridique que philosophique, s'appuie sur le principe de non-ingérence. Rousseau a largement contribué à la postérité de l'abbé de Saint-Pierre par son *Jugement sur le projet de paix perpétuelle* (publié en 1782), qui est balancé : s'il n'existe pas d'occupation morale plus digne, ce projet de paix est toutefois irréalisable. Car la notion de souveraineté s'oppose à l'établissement d'une union interétatique : chaque prince se voulant indépendant de toute autorité, aucun ne consentira à s'en remettre à l'arbitrage d'une instance supérieure. Rousseau de conclure que l'état social ne régit que les rapports entre individus scellés par le contrat ; les peuples vivent entre eux dans un état de nature où règne le bon vouloir des princes, qui s'exprime souvent comme un appétit de puissance. L'entreprise de Kant dans l'*Idée d'une histoire universelle* *du point de vue cosmopolitique* (1784) est précisément de **concevoir une constitution entre États**, seul moyen d'administrer universellement – c'est-à-dire parfaitement – le droit. Cette société internationale est posée **comme** problème et comme objectif ultime : il s'agit d'un **idéal régulateur**. L'action des collectivités humaines est appelée à le réaliser aussi lentement qu'inéluctablement (texte 4). Le projet kantien s'inscrit dans une conception finaliste de l'histoire, et s'efforce d'interpréter rationnellement le tableau d'ensemble de l'action des hommes, en dépit de leurs intérêts opposés.

1.3. Des philosophies de l'histoire aux internationales militantes

Une philosophie de l'histoire se caractérise par l'identification du but du devenir humain, mais aussi des facteurs qui le feront advenir. Les individus et les groupes humains se proposent des objectifs qui correspondent à des finalités rationnelles qui les dépassent mais qu'ils réalisent comme malgré eux. Déjà, chez Adam Smith (*Des causes de la richesse des nations*, 1776), l'image de la main invisible traduit le phénomène de composition des intérêts : c'est en poursuivant leurs intérêts propres – qui peuvent être antagonistes – que les agents économiques réalisent l'intérêt commun. Par exemple, en cherchant à se démarquer de leurs concurrents, des commerçants se répartissent sur le territoire de leur pays de façon à couvrir au mieux les besoins de la population. Kant utilise l'image du bois courbé : un arbre croissant isolé au milieu d'un champ développe ses branches en tous sens, avec des torsions qui ne s'expliquent pas : dans une forêt, figurant l'état social, les arbres poussant à proximité les uns des autres grandissent de façon droite et ordonnée. Ces « ruses » qui attribuent quelque chose comme une volonté au marché ou à la raison, permettent de penser la liaison entre les actions individuelles et un résultat collectif qui se réalise par les volontés singulières en même temps que contre elles. Hegel, à qui l'on doit le nom de cette notion et sa théorisation, soutient qu'il existe un lien entre les désirs individuels et l'Idée universelle qui gouverne le monde (texte 5). **Les philosophies de l'histoire reposent sur l'affirmation d'un ordre rationnel du cours de l'histoire du monde, même si celui-ci demeure caché** à ceux qui en sont les acteurs. C'est ce que critique Marx : l'affirmation d'un développement autonome des événements est stérile, en ce sens qu'elle suppose à l'œuvre des forces sur lesquelles nous n'avons pas de prise et par conséquent ne permet pas d'orienter notre action. Le premier travail de Marx lecteur de Hegel est de contester l'identification de l'historique au logique qu'opère le système hégélien, en replaçant l'homme, par son travail de transformation de la nature, à l'origine du développement historique. Si les hommes ne savent pas l'histoire qu'ils font, l'histoire n'est faite par personne d'autre que par les hommes (texte 6). Et les hommes n'agissent que sous l'effet déterminant de leurs conditions matérielles d'existence. Dès lors, s'il importe de comprendre l'histoire, c'est pour préparer sa transformation (« les philosophes n'ont fait qu'interpréter diversement le monde, ce qui importe, c'est de le transformer » 11e des *Thèses sur Feuerbach*). C'est parce qu'ils sont animés d'une conscience commune née d'une expérience partagée de l'aliénation au travail que les ouvriers pourront s'unir (« prolétaires de tous pays, unissez-vous » conclut le *Manifeste du parti communiste*). **L'internationale devrait constituer la forme suprême du pouvoir ouvrier à l'échelle planétaire.** La première est créée par Marx à Londres en 1864 sous le nom d'Association Internationale des Travailleurs (AIT) ; elle s'appuie sur la solidarité des travailleurs dans leur lutte émancipatrice et sur leur fraternité au sein de l'association. Le prestige de cette Internationale fut plus important que ses forces effectives, ses structures centralisatrices conduisant à des scissions. La seconde Internationale, créée en 1889 au congrès de Paris, consiste en une fédération de partis et de groupes nationaux autonomes, dont elle coordonne l'action lors de Congrès qui ont lieu tous les trois ans. Le mouvement des travailleurs se compose de syndicats, d'associations ouvrières, puis de grands partis nationaux. Le vote des crédits de la guerre par les socialistes d'Allemagne et de France en 1914 met un coup d'arrêt au mythe internationaliste. L'internationale socialiste, après la Première Guerre mondiale, abandonne la stratégie révolutionnaire au profit du parlementarisme. La fondation de la troisième internationale (ou *Komintern*) s'efforce de retrouver l'esprit de la première ; mais il faut préserver les acquis de la révolution dans le pays où elle a réussi. Dès lors, le mouvement internationaliste s'organise par la subordination des partis communistes nationaux au parti soviétique. La quatrième Internationale, fondée en 1933 par Trotski, perpétue la vocation d'union planétaire ; mais son audience reste limitée. L'internationale situationniste, née en 1957 de la contestation de l'académisme artistique, a propagé une critique radicale de *La société du spectacle* (titre du livre de Guy Debord paru en 1967, cf. V, 4 texte 2) : refusant toute instance de médiation et de représentation, elle a d'abord inspiré, ensuite critiqué l'action étudiante de mai 1968, puis fut conduite à la dissolution en 1972. Actuellement, **les réseaux altermondialistes sont** également **confrontés à une difficulté institutionnelle** : ou bien ils refusent toute coordination et centralisation, et ils manquent à consacrer leur audience ; ou bien ils acceptent de s'inscrire dans le paysage politique et ils trahissent dès lors leur inspiration.

1.4. La lente progression du droit international

Le droit international développé depuis le début du XXe siècle peut être inscrit dans la postérité des projets de paix perpétuelle. Le développement de la société des États s'est accompagné d'une régulation des relations interétatiques, d'abord coutumière, puis codifiée. Avec la **Société des Nations**, en 1919, naît la première **organisation internationale à vocation universelle visant à garantir la paix par un mécanisme de sécurité collective**. En dépit de l'échec de la SDN, ses objectifs et ses structures (assemblée générale, conseil de sécurité, secrétaire général) ont été repris par la Charte de San Francisco, qui institue en 1945 l'**Organisation des Nations Unies**. Les organisations internationales interétatiques se sont ramifiées et multipliées, entraînant la distinction de plusieurs branches du droit international : aux domaines traditionnels (paix et guerre, mer, relations diplomatiques) se sont ajoutés de nouveaux thèmes (espace, droits de l'homme, développement, environnement). Dépourvu d'instance de coercition (si ce n'est par l'utilisation de la force dans le cadre du chapitre VII de la Charte et par la mise en œuvre de l'organe de règlement des différends de l'OMC), **le droit international dépend** donc **du consentement des États**. Toutefois, le développement de ses normes et le respect, dans la plupart des cas, des obligations contractées conduit à exercer sur les acteurs du droit une pression non négligeable, car on ne doit pas méconnaître que la condamnation de l'agissement illicite d'un État par ses partenaires et par l'opinion a une portée morale, voire politique. La résolution 2625 (XXV) adoptée en 1970 par l'Assemblée Générale des Nations Unies, les énoncés de l'acte d'Helsinki proclamés en 1975 à l'issue de la première Conférence sur la Sécurité et la Coopération en Europe constituent des recueils des principes du droit international. Les principaux sont : l'égalité souveraine des États, le non-recours à la menace et à l'emploi de la force, le droit des peuples à disposer d'eux-mêmes, l'intégrité territoriale des États, le règlement pacifique des différends, la non-ingérence dans les affaires intérieures, le respect des droits de l'homme, la coopération entre États, l'exécution de bonne foi des engagements. Certes, les États s'efforcent de contourner leurs obligations à travers « une politique juridique extérieure » plus soucieuse de sauvegarder les intérêts nationaux que de se montrer cohérente. Certes, les instances multilatérales sont dominées par les États qui disposent du plus grand pouvoir de pression économique. Sans doute, nombre des traités conclus entre États sont inégalitaires, semblant contrevenir par là au premier principe du droit international. Bien sûr, les pays souscrivent des engagements en fonction de leur stratégie propre plutôt qu'en fonction de la valeur de ceux-ci. Malheureusement, les espoirs de codification ambitieuse, comme le projet conduit dans les années 1990 par la Commission de Droit International, qui avait pour objet d'instituer une responsabilité des États pour violation des normes impératives (notamment le respect de l'humanité), ont conduit à des échecs. Pourtant, les remises en cause des organisations internationales multilatérales sont aussi l'effet des attentes considérables dont elles sont l'objet. De plus, si les traités sont inégalitaires, ils imposent au moins des obligations réciproques aux parties, et sont préférables au jeu cynique des influences. Il est donc possible que **les États contribuent par leur politique juridique à instaurer un droit qu'ils n'ont pas voulu.** Enfin, il ne faut pas conclure hâtivement à l'échec du droit international. **Son rythme est lent** ; deux siècles ont séparé la formulation du projet et sa mise en œuvre timide. Nous sommes loin de la paix perpétuelle, mais nous nous rapprochons des conditions de son élaboration commune. À court terme, les organisations non gouvernementales et les réseaux altermondialistes constituent une remise en cause de l'ordre international constitué. À longue échéance, il n'est pas exclu qu'ils influencent l'évolution du droit international, voire participent à son élaboration (Derrida, texte 9).

1.5. L'instauration d'une justice pénale internationale

La recherche d'une responsabilité des personnalités morales se heurte à la difficulté de définir des sanctions pénales applicables à des entités collectives et à celle de sanctionner la collectivité dans son ensemble pour des actes dont ne sont initialement responsables que quelques commanditaires. **La justice pénale internationale s'est** donc **orientée vers la responsabilité individuelle.** Depuis longtemps, la coutume avait admis pour la société interétatique des infractions internationales (la piraterie, la traite des esclaves, le trafic de stupéfiants, le terrorisme) ; mais les États conservaient le monopole de l'action répressive. Les prémices d'une justice pénale internationale ont été posées par le traité de Versailles (qui prévoit que les criminels de guerre seront jugés par des tribunaux militaires, notamment pour crime contre la paix). Mais la cour allemande de Leipzig discrédita ce premier pas vers une justice internationalisée. Ce sont les statuts des tribunaux de Nuremberg et de Tokyo qui consacrent en

1945 la responsabilité pénale internationale des individus agissant en tant qu'agents publics de l'État (texte 7). Les principes de Nuremberg ont été repris par l'Assemblée Générale des Nations Unies, qui a notamment adopté en 1948 la Convention pour la prévention et la répression du crime de génocide, et en 1949 les quatre Conventions de Genève, relatives à la protection des victimes des conflits armés et des non-combattants dans ces conflits. La Convention concernant le génocide mentionne une cour criminelle internationale, dont la Commission du Droit International des Nations Unies est chargée de réfléchir au statut (délaissé en 1957, le projet renaît en 1990). Suite à la sensibilisation de l'opinion publique à la « purification ethnique » menée en Croatie et en Bosnie-Herzégovine, le Conseil de Sécurité met en place en 1993, au titre de son pouvoir de maintien de la paix, un tribunal pénal international chargé de la répression des infractions graves au droit humanitaire commises sur le territoire de l'ex-Yougoslavie. En 1995, il réitère l'opération pour les crimes commis au Rwanda en 1994. Ces TPI *ad hoc* ont eu le statut d'organes subsidiaires du Conseil de Sécurité. Leur compétence est assez large ; elle s'appuie sur les chefs d'inculpation déjà retenus dans le statut du tribunal de Nuremberg, dans la jurisprudence duquel ces tribunaux peuvent puiser. Le texte instituant une **Cour Pénale Internationale permanente** a été adopté à Rome en **juillet 1998**, après une gestation longue et difficile. De nombreuses dispositions du texte ménagent la souveraineté des États ; elles ont motivé la déception des ONG et des États les plus engagés. L'article 12 tempère le principe de la compétence obligatoire en posant les conditions alternatives de territorialité ; les articles 16 et 20 posent la complémentarité de la Cour avec les juridictions nationales ; l'article 124 permet aux États de décliner la compétence de la Cour pour les crimes de guerre (texte 11). Depuis l'entrée en vigueur de son statut le 11 avril 2002, **la Cour doit encore faire la preuve de son efficacité** en universalisant son audience (notamment en recueillant l'adhésion des États-Unis et des pays arabes) et en réprimant les violations les plus graves des droits de l'homme. Appelée à juger les auteurs présumés de crimes choquant la conscience de l'humanité (génocide, crimes contre l'humanité et crime d'agression), la CPI est d'ores et déjà dotée d'un potentiel symbolique qui en fait une avancée décisive du droit international, même si son activité, ne portant que sur des affaires africaines, semble encore lente et peu lisible. Certaines exactions font insulte à l'humanité elle-même ; elles sont jugées menacer non seulement le bien-être, mais encore la paix du monde. Le seul fait qu'elles soient commises conduit à désespérer de l'humain. Mais les réactions qu'elles suscitent, même si elles ne constituent en aucune façon une réparation des crimes perpétrés, prouvent les capacités d'indignation, sinon de mobilisation, de nombreux hommes. On peut de la sorte espérer, dans l'attente d'outils efficaces de prévention, le développement de symboles perpétuant le rêve immémorial d'une humanité apaisée. C'est en ce sens que Mireille Delmas-Marty plaide pour le développement d'un droit interétatique qui, en s'appuyant sur des logiques non standards, ménage la diversité des systèmes juridiques existants (texte 10). Sans doute **le droit international** progresse-t-il très lentement ; mais il **permet** déjà **de donner consistance à d'antiques rêves cosmopolites**. Pour Ulrich Beck (texte 14), le cosmopolitisme s'incarne aujourd'hui dans les mouvements altermondialistes qui nourrissent l'espoir de dépasser la modernité, la postmodernité : il s'agit, en remettant en cause l'ordre international interétatique, de le faire évoluer à terme, processus dans lequel l'Europe a un rôle essentiel à jouer.

L'internationalisme, supposant un lien direct entre les hommes, paraît confiné au rôle, certes non négligeable, de contre-pouvoir. La force du cosmopolitisme juridique, c'est de s'en remettre à une évolution historique qu'il ne détermine pas : il ne constitue qu'un idéal régulateur. Le monde peut certes connaître une autre forme d'unification, qui relève moins d'un projet que d'un constat : c'est l'hégémonie de la puissance. Le pouvoir politique prend parfois la forme d'une domination, imposée par la force, au-delà des frontières d'un territoire circonscrit. L'historien grec Polybe, au temps de la république (IIe siècle avant J.-C.), relate l'exceptionnelle extension du pouvoir romain, phénomène universel inégalable, ce qui ne le met pourtant pas à l'abri d'un revers de puissance (texte 1). L'*imperium* est d'abord ce pouvoir du chef des armées, dont procèdent les conquêtes militaires, qui témoignent aux yeux des Romains de la faveur des dieux. La détention de ce pouvoir fonde, plus tard, la sacralisation de la magistrature suprême sous la forme du culte de l'Empereur. La *pax romana* conjugue l'affirmation de l'autorité politique romaine et l'administration relativement souple des territoires. Aujourd'hui, la puissance occidentale, couronnée par le pouvoir des États-Unis, utilise l'économie et le droit international pour régir un monde de paix, tout en imposant sa suprématie par les armes. L'Empire intègre, arrange et gère les différences (Hardt et Negri, texte 12) ; il règne dans la division. Pourtant, tout Empire apparaît comme une entité politique supra-humaine, qui a la fragilité de sa puissance ; or, celle-ci est d'autant plus menacée qu'elle s'étend. Le pouvoir ne saurait être conçu comme unilatéral : c'est la dissymétrie qui assure la victoire ; l'asymétrie, source de résistances, mine la puissance de l'intérieur. La question est donc de savoir quelle dose de multilatéralisme, de concertation, les États-Unis admettront au sein de l'ordre qu'ils ont institué (Pierre Hassner, texte 13). Il n'est pas d'Empire universel : **contrairement au cosmopolitisme, qui consiste en un partage du pouvoir, l'ordre impérial est destiné à voir son hégémonie contestée**. L'Empire engendre en son sein l'opposition de la multitude (cf. Hardt et Negri, *Multitude*, 2004) ; c'est qu'il consiste toujours en une souveraineté de fait, puisqu'il est toujours débiteur à l'égard du droit dont il se revendique pour perpétuer sa domination. Dès lors, ou bien il cherche à renforcer son pouvoir et se soumet aux oppositions qui risquent de le détruire, ou bien il évolue en épousant les conceptions cosmopolitiques qui pourront l'humaniser et le relativiser. Il n'est pas de puissance politique universelle : les forces humaines doivent se conjuguer, par conséquent se déterminer mutuellement, si elles veulent étendre leur portée et assurer leur prospérité.

Textes

– Texte 1 –

■ Polybe, *Histoires* (vers 170 avant J.-C.)

Se pourrait-il qu'on soit assez borné, assez indifférent pour refuser de s'intéresser à la question de savoir comment et grâce à quel gouvernement l'État romain a pu, chose sans précédent, étendre sa domination à presque toute la terre habitée et cela en moins de cinquante-trois ans ? […]

Les Romains, eux, ont forcé non pas quelques contrées, mais presque tous les peuples de la terre à leur obéir, si bien qu'il n'est personne aujourd'hui qui puisse leur résister et que, dans l'avenir, nul ne peut espérer les surpasser. […] La Fortune a dirigé pour ainsi dire tous les événements dans une direction unique et

elle a contraint toutes les affaires humaines à s'orienter vers un seul et même but. […]
Lorsqu'un régime, après s'être tiré de plusieurs grands périls, atteint à une suprématie fondée sur une puissance incontestée, il est bien évident que, à mesure que la prospérité se répand parmi la population, les gens se mettent à mener plus grand train, que les citoyens se disputent avec plus d'âpreté les magistratures et les autres fonctions. Puis, quand cette évolution a pris une certaine ampleur, le déclin s'annonce, provoqué par la passion du pouvoir, le discrédit attaché à l'obscurité, par le goût du luxe et l'insolent étalage de la richesse.
(I, préface et VI, VIII, 9, trad. D. Roussel, © Gallimard, coll. « Bibliothèque de la Pléiade », 1970, p. 1, 2, 5 et 519-520.)

– Texte 2 –

■ Marc Aurèle, *Pensées* (vers 170)

Si la pensée nous est commune, la raison qui fait de nous des êtres raisonnables, nous est aussi commune ; et s'il en est ainsi, la raison, qui ordonne ce qui est à faire ou non, nous est commune ; par conséquent, la loi aussi est commune ; s'il en est ainsi, nous sommes des citoyens ; donc, nous avons part à un gouvernement, et par conséquent, le monde est comme une cité. […]
Comme sont les membres du corps dans un organisme unifié, ainsi sont les êtres raisonnables dans des individus distincts ; ils sont faits pour une unique action d'ensemble. […]
Tous les êtres qui ont part à une nature intellectuelle commune tendent à se ressembler. Car plus un être est élevé, plus il est disposé à se mêler et à se confondre avec les êtres qui lui sont apparentés. De fait, déjà chez les bêtes on trouve des essaims, des troupeaux, des élevages de jeunes, des amours. […] Chez les êtres raisonnables, l'on voit des gouvernements, des amitiés, des familles, des sociétés. […]
En me souvenant que je suis une partie d'un tout de ce genre, je serai content de tout ce qui arrive. En tant que j'ai de l'affinité pour les parties du même genre, je ne ferai rien d'hostile à la société ; bien plutôt je rechercherai mes semblables, je dirigerai tous mes efforts vers l'utilité commune […]. Cela fait, il est nécessaire de mener une vie heureuse : de même que l'on jugerait heureuse la vie d'un citoyen, s'il la passe en activités utiles à ses concitoyens et s'il aime ce que lui attribue la cité.
(IV, 4, VII, 13, IX, 9, X, 6, trad. E. Bréhier, revue par J. Pépin, © Gallimard, coll. « Bibliothèque de la Pléiade » ou « Tel », 1962, p. 1160, 1191, 1214, 1223.)

– Texte 3 –

■ Abbé de Saint-Pierre, *Projet pour rendre la paix perpétuelle en Europe* (1713)

Articles fondamentaux
I. Les Souverains présents par leurs Députés soussignés sont convenus des articles suivants. Il y aura dès ce jour à l'avenir une Société, une Union permanente et perpétuelle entre les Souverains soussignés, et s'il est possible entre tous les Souverains Chrétiens, dans le dessein de rendre la paix inaltérable en Europe […] Les

Souverains seront perpétuellement représentés par leurs Députés dans un Congrès ou Sénat perpétuel dans une Ville libre.

II. La Société Européenne ne se mêlera point du gouvernement de chaque État, si ce n'est pour en conserver la forme fondamentale, et pour donner un prompt et suffisant secours aux Princes dans les Monarchies, aux Magistrats dans les Républiques, contre les Séditieux et les Rebelles. [...]

IV. Chaque Souverain se contentera pour lui et pour ses Successeurs du Territoire qu'il possède actuellement. [...]

VII. Les Députés travailleront continuellement à rédiger tous les Articles du Commerce en général, et des différents Commerces entre les Nations particulières, de sorte cependant que les Lois soient égales et réciproques pour toutes les Nations, et fondées sur l'équité. [...]

VIII. Nul souverain ne prendra les armes et ne fera aucune hostilité que contre celui qui aura été déclaré ennemi de la Société Européenne ; mais s'il a quelque sujet de se plaindre de quelqu'un des Membres ou quelque demande à lui faire, il fera donner par son Député son Mémoire au Sénat dans la Ville de Paix, et le Sénat prendra soin de concilier les différents par ses Commissaires Médiateurs, ou s'ils ne peuvent être conciliés, le sénat les jugera par Jugement Arbitral à la pluralité des voix pour la provision, et aux trois quarts pour la définitive.

Le Souverain qui prendra les armes avant la déclaration de Guerre de l'Union, ou qui refusera d'exécuter un Règlement de la Société, ou un Jugement du Sénat, sera déclaré ennemi de la Société, et elle lui fera la Guerre, jusqu'à ce qu'il soit désarmé, et jusqu'à l'exécution du Jugement et des Règlements.

X. Les Membres et les Associés de l'Union contribueront aux frais de la Société, et aux subsides pour la sûreté à proportion chacun de leurs revenus et des richesses de leurs Peuples, et les contingents de chacun seront réglés d'abord par provision à la pluralité, et ensuite aux trois quarts des voix, après que les Commissaires de l'Union auront pris sur cela dans chaque État les instructions et les éclaircissements nécessaires. [...]

XII. On ne changera jamais rien aux onze Articles fondamentaux ci-dessus exprimés, sans le consentement *unanime* de tous les Membres : mais à l'égard des autres Articles, la Société pourra toujours aux trois quarts des voix y ajouter, ou y retrancher pour l'utilité commune.
(Fayard, 1986, p. 161-62, 164, 168, 180, 182, 192, 194.)

– Texte 4 –

■ Emmanuel Kant, *Idée d'une histoire universelle du point de vue cosmopolitique* (1784)

Cinquième proposition
Le plus grand problème pour l'espèce humaine, celui que la nature contraint l'homme à résoudre, est d'atteindre une société civile administrant universellement le droit. [...]

Sixième proposition
Ce problème est en même temps le plus difficile, celui que l'espèce humaine résoudra en dernier. [...] l'homme est un animal qui, lorsqu'il vit parmi d'autres individus de son espèce, *a besoin d'un maître*. Car il abuse à coup sûr de sa liberté à l'égard de ses semblables ; et même s'il souhaite, en tant que créature raisonnable, une loi qui

mette des bornes à la liberté de tous, son inclination animale et égoïste le conduit cependant à s'en excepter lui-même lorsqu'il le peut. Il a donc besoin d'un *maître* qui brise sa volonté particulière et le force à obéir à une volonté universellement valable, afin que chacun puisse être libre. Mais où prend-il ce maître ? Nulle part ailleurs que dans l'espèce humaine. Mais ce maître est, tout comme lui, un animal qui a besoin d'un maître. De quelque façon qu'il s'y prenne, on ne voit pas comment il peut se procurer un chef de la justice publique qui soit juste lui-même, qu'il le cherche dans une personne individuelle ou dans une société de plusieurs personnes sélectionnées à cet effet. Car chacune d'elle abusera toujours de sa liberté si elle n'a personne au-dessus d'elle pour exercer à son égard une puissance légale. Mais le chef suprême doit être juste *par lui-même*, et cependant être un homme. Cette tâche est donc la plus difficile de toutes ; à vrai dire, sa solution parfaite est impossible : le bois dont l'homme est fait est si courbe qu'on ne peut rien y tailler de bien droit. La nature nous contraint à ne faire que nous approcher de cette Idée [...]. Que cette Idée soit également celle qui est mise en œuvre le plus tardivement provient en outre du fait qu'il faut pour y parvenir des concepts exacts de la nature d'une constitution possible, une grande expérience exercée par de nombreux voyages à travers le monde, et, par-dessus tout, une bonne volonté préparée à accepter cette constitution ; trois éléments, toutefois, qu'on ne peut trouver réunis que très difficilement [...].

Septième proposition
Le problème de l'édification d'une constitution civile parfaite est lié au problème de l'établissement d'une relation extérieure légale entre les États, et ne peut être résolu sans ce dernier. À quoi bon travailler à une constitution civile légale entre individus particuliers, c'est-à-dire à l'organisation d'une communauté ? La même insociabilité, qui contraignait les hommes à travailler à cette constitution, est à son tour la cause du fait que toute communauté dans les relations extérieures, c'est-à-dire en tant qu'État en rapport avec d'autres États, jouit d'une liberté sans frein et que, par suite, un État doit s'attendre à subir de la part d'un autre exactement les mêmes maux qui pesaient sur les individus particuliers et les contraignaient à entrer dans un état civil conforme à la loi. La nature s'est donc à nouveau servie du caractère peu accommodant des hommes, et même du caractère peu accommodant des grandes sociétés et des corps politiques que forme cette espèce de créature, afin de forger, au sein de leur antagonisme inévitable, un état de calme et de sécurité. C'est dire que, par le truchement des guerres, de leur préparation excessive et incessante, par la détresse qui s'ensuit finalement à l'intérieur de chaque État, même en temps de paix, la nature pousse les États à faire des tentatives au début imparfaites, puis, finalement, après bien des désastres, bien des naufrages, après même un épuisement intérieur exhaustif de leurs forces, à faire ce que la raison aurait aussi bien pu leur dire sans qu'il leur en coûtât d'aussi tristes expériences, c'est-à-dire à sortir de l'absence de loi propre aux sauvages pour entrer dans une société des Nations dans laquelle chaque État, même le plus petit, pourrait attendre sa sécurité et ses droits, non de sa propre force ou de sa propre appréciation du droit, mais uniquement de cette grande Société des Nations, c'est-à-dire d'une force unie et de la décision légale de la volonté unifiée.
(In *Œuvres philosophiques*, trad. L. Ferry, © Éditions Gallimard, coll. « Bibliothèque de la Pléiade », vol. II, p. 193 et 195-197, cf. trad. S. Piobetta, coll. « GF », 1990, p. 76 et 77-79.)

– Texte 5 –

■ G. W. F. Hegel, *La raison dans l'histoire. Introduction à la philosophie de l'histoire* (1822-1828)

Rien ne s'est fait sans être soutenu par l'intérêt de ceux qui y ont collaboré. [...] *Rien de grand ne s'est accompli dans le monde sans passion*. Mais *l'histoire universelle* ne commence avec *aucune fin consciente* comme cela se produit dans les *sociétés particulières* où le simple instinct de la vie en commun a déjà pour fin consciente d'assurer la vie, la propriété, etc. [...] La *fin générale* avec laquelle commence l'histoire, est de donner satisfaction au *concept* de l'Esprit. Mais cette fin n'existe qu'*en soi*, c'est-à-dire comme *nature* : c'est un désir inconscient, enfoui dans les couches les plus profondes de l'intériorité, et toute l'œuvre de l'histoire universelle consiste, ainsi qu'il a déjà été dit, dans l'effort de le porter à la conscience. L'homme fait son apparition comme *être naturel* se manifestant comme volonté naturelle : c'est le côté subjectif, besoin, désir, passion, intérêt particulier, opinion et représentation subjectives. Cette masse immense de désirs, d'intérêts et d'activités constitue les *instruments* et les moyens dont se sert l'Esprit du Monde pour parvenir à sa fin, l'élever à la conscience et la réaliser. Car son seul but est de se trouver, devenir à soi, de se contempler dans la réalité.

(Trad. K. Papaioannou, © Éditions Plon, coll. « 10/18 », 1965, p. 108-109 et 109-110.)

– Texte 6 –

■ Marx et Engels, *L'idéologie allemande* (1845)

Un mode de production ou un stade industriel déterminé est toujours lié à un mode déterminé de coopération ou à un stade social bien défini, qui est lui-même une « force productive » ; que la quantité de forces productives accessibles aux hommes détermine l'état social, de sorte que « l'histoire de l'humanité » doit être étudiée et traitée en liaison avec l'histoire de l'industrie et du commerce. [...]

Seul le développement universel des forces productives permet un commerce *universel* des hommes. C'est pourquoi on voit surgir simultanément la concurrence générale chez tous les peuples, le phénomène de la masse « déshéritée » faisant dépendre chacun d'eux des bouleversements qui se produisent chez les autres. À la place des individus provinciaux, cette évolution a fait apparaître des individus réellement universels, dont l'horizon est *l'histoire mondiale*. [...]

Avec l'extension mondiale des activités, les différents individus ont été de plus en plus asservis à une puissance qui leur est étrangère (oppression qu'ils prenaient parfois pour une brimade de l'Esprit du monde), à une puissance qui est devenue de plus en plus massive, pour apparaître finalement comme *marché mondial*. [...] Première forme spontanée de la coopération *historique et mondiale* des individus, la dépendance universelle se change, par suite de la révolution communiste, en contrôle et maîtrise consciente de ces puissances qui, nées de l'interaction des hommes, les ont dominés et leur en ont jusqu'à présent imposé.

(Trad. M. Rubel, in *Œuvres, Philosophie III*, © Éditions Gallimard, coll. « Bibliothèque de la Pléiade », 1982, p. 1060, 1066, 1070.)

– Texte 7 –

■ **Statut du Tribunal militaire international militaire de Nuremberg, articles 6, 7 et 8 (8 août 1945)**

Article 6 : Le Tribunal établi par l'accord [du 8 août 1945 entre les alliés] pour le jugement et le châtiment des grands criminels de guerre des pays européens de l'Axe sera compétent pour juger et punir toutes personnes qui, agissant pour le compte des pays européens de l'Axe, auront commis, individuellement ou à titre de membres d'organisations, l'un quelconque des crimes suivants.

Les actes suivants, ou l'un quelconque d'entre eux, sont les crimes soumis à la juridiction du Tribunal et entraînent une responsabilité individuelle :

(a) les Crimes contre la Paix : c'est-à-dire la direction, la préparation, le déclenchement ou la poursuite d'une guerre d'agression, ou d'une guerre en violation des traités, assurances ou accords internationaux, ou la participation à un plan concerté ou à un complot pour l'accomplissement de l'un quelconque des actes qui précèdent ;

(b) les Crimes de Guerre : c'est-à-dire les violations des lois et coutumes de la guerre. Ces violations comprennent, sans y être limitées, l'assassinat, les mauvais traitements et la déportation pour travaux forcés, ou pour tout autre but, des populations civiles dans les territoires occupés, l'assassinat ou les mauvais traitements des prisonniers de guerre ou des personnes en mer, l'exécution des otages, le pillage des biens publics ou privés, la destruction sans motif des villes et des villages ou la dévastation que ne justifient pas les exigences militaires ;

(c) les Crimes contre l'Humanité : c'est-à-dire l'assassinat, l'extermination, la réduction à l'esclavage, la déportation et tout autre acte inhumain commis contre toutes populations civiles, avant ou pendant la guerre, ou bien les persécutions pour des motifs politiques, raciaux ou religieux, lorsque ces actes et persécutions, qu'ils aient constitué ou non une violation du droit interne du pays où ils sont perpétrés, ont été commis à la suite de tout crime rentrant dans la compétence du Tribunal, ou en liaison avec ce crime.

Article 7 : La situation officielle des accusés, soit comme chefs d'État, soit comme hauts fonctionnaires, ne sera considérée ni comme une excuse absolutoire ni comme un motif de diminution de la peine.

Article 8 : Le fait que l'accusé ait agi conformément aux instructions de son gouvernement ou d'un supérieur hiérarchique ne le dégagera pas de sa responsabilité, mais pourra être considéré comme un motif de diminution de la peine, si le Tribunal décide que la justice l'exige.

(In Jean-Paul Bazelaire et Thierry Cretin, *La justice pénale internationale*, © PUF, 2000, p. 122-124.)

– Texte 8 –

Pascal Bruckner *Le vertige de Babel* (1992)

Le mondialisme n'est rien moins que cosmopolite ; s'il peut tout digérer, c'est qu'il commence par annuler les cultures qu'il vide de l'intérieur, dépèce et décharne pour les restituer ensuite, embaumées comme des momies dans leur sarcophage, tuant à la fois leur profondeur et leur singularité. Il est une pompe aspirante qui avale rites, folklores, légendes, comme si le divertissement hollywoodien était l'aboutissement de toutes les histoires de la planète. [...] Or cette manière de nier les différences entre les peuples est le piège du mondialisme qui est le vertige de la totalité quand le

cosmopolitisme est le goût du pluriel. [...] Le mondialisme moderne nie les différences entre les cultures au nom d'un universel pauvre : celui des loisirs et de la consommation. C'est pourquoi il échoue à réconcilier les hommes. [...]
Le vrai cosmopolitisme, à rebours de cette bouillie babélienne, est enraciné dans la profondeur de plusieurs mémoires, de multiples particularités. Il ne pratique pas le survol au-dessus de toutes les mers, de tous les hauts lieux, ne butine pas un trait ici ou là, il s'incarne. [...] Transiter d'une civilisation à l'autre est l'équivalent d'une mue qui implique peine et travail, et n'a rien à voir avec le glissement feutré du *jet* reliant tous les points de la planète. [...] Il y aura toujours des autres : la division des races, des langues et des credos entrave à jamais le rêve d'une communication parfaite et d'une transparence de l'humanité à elle-même.
(Arléa, 1994, rééd. 1999, p. 20, 21, 23, 27, 31, 38, 42-45.)

– Texte 9 –

■ Jacques Derrida, *Spectres de Marx* (1993)

Malgré une heureuse perfectibilité, malgré un indéniable progrès, les institutions internationales souffrent au moins de deux limites. La première et la plus radicale des deux tient au fait que leurs normes, leur charte, la définition de leur mission dépendent d'une certaine culture historique. [...] Une autre limite se lie étroitement à la première : ce droit international et prétendument universel reste largement dominé, dans sa mise en œuvre, par des États-nations particuliers. [...]
De même que le concept des droits de l'homme s'est lentement déterminé au cours des siècles à travers bien des séismes socio-politiques, de même le droit international devrait étendre et diversifier son champ jusqu'à y inclure, si du moins il doit être conséquent avec l'idée de la démocratie et des droits de l'homme qu'il proclame, le champ économique et social *mondial*, au-delà de la souveraineté des États et des États-fantômes [i.e. les mafias]. Malgré l'apparence, ce que nous disons ici n'est pas simplement anti-étatiste : dans des conditions données et limitées, le super-État que pourrait être une institution internationale pourra toujours limiter les appropriations et les violences de certaines forces socio-économiques privées. [...] Une « nouvelle internationale » se cherche à travers ces crises du droit international, elle dénonce déjà les limites d'un discours sur les droits de l'homme qui restera inadéquat, parfois hypocrite, en tout cas formel et inconséquent avec lui-même tant que la loi du marché, la « dette extérieure », l'inégalité du développement techno-scientifique, militaire et économique maintiendront une inégalité effective aussi monstrueuse que celle qui prévaut aujourd'hui, plus que jamais, dans l'histoire de l'humanité. [...]
La « nouvelle Internationale », ce n'est pas seulement ce qui cherche un nouveau droit international à travers ces crimes. C'est un lien d'affinité, de souffrance et d'espérance, un lien encore discret, presque secret, comme autour de 1848, mais de plus en plus visible – on en a plus d'un signe. C'est un lien intempestif et sans statut, sans titre et sans nom, à peine public même s'il n'est pas clandestin, sans contrat, « *out of joint* », sans coordination, sans parti, sans patrie, sans communauté nationale, sans co-citoyenneté, sans appartenance commune à une classe. Ce qui s'appelle ici, sous le nom de nouvelle Internationale, c'est ce qui rappelle à l'amitié d'une alliance sans institution entre ceux qui, même s'ils ne croient plus désormais ou n'ont jamais cru à l'internationale socialiste-marxiste, à la dictature du prolétariat, au rôle messiano-eschatologique de l'union universelle de prolétaires de tous les pays, continuent à s'inspirer de l'un au moins des esprits de Marx

ou du marxisme et pour s'allier, sur un nouveau mode, concret, réel, même si cette alliance ne prend plus la forme du parti ou de l'internationale ouvrière mais celle d'une sorte de contre-conjuration, dans la critique de l'état du droit international, des concepts d'État et de nation, etc. : pour renouveler cette critique et surtout pour la radicaliser.
(© Éditions Galilée, p. 138, 139-140, 141-142.)

– Texte 10 –

■ Mireille Delmas-Marty, *Pour un droit commun* (1994)
Singularité et égale appartenance, telles seraient les composantes de l'humanité comprise comme pluralité d'êtres uniques. L'expression de « crimes contre l'humanité » désignerait toute pratique délibérée, politique, juridique, médicale ou scientifique, comportant soit la violation du principe de singularité (exclusion pouvant aller jusqu'à l'extermination de groupes humains réduits à une catégorie raciale, ethnique ou génétique, ou, à l'inverse, fabrication d'êtres identiques), soit celle du principe d'égale appartenance à la communauté humaine (pratiques discriminatoires, telles que l'apartheid, création de « surhommes » par sélection génétique et de « sous-hommes » par croisement d'espèces).
Par l'interdit suprême du crime contre l'humanité, c'est bien le droit commun de l'humanité qu'on s'efforce d'inventer. Effort toujours recommencé, bornes toujours à reconstruire car si « rien n'est plus commun que les bonnes choses », c'est de les discerner qu'il est ici question. Et leur proximité même nous en éloigne et les rend presque invisibles [...].
À partir des droits de l'homme, il devient possible d'imaginer un « droit des droits » qui permettrait de rapprocher, et non d'unifier, les différents systèmes. Les rapprocher en une harmonie faite tout à la fois de leur subordination à un ordre supranational et de leur coordination selon des principes communs. Comme autant de nuages portés par un même souffle s'ordonneraient peu à peu tout en gardant leur propre rythme, leurs propres formes.
(© Éditions du Seuil, p. 281 et 284.)

– Texte 11 –

■ Statut de la Cour pénale internationale, adopté à Rome le 17 juillet 1998
Article 1er : Il est créé une Cour pénale internationale (« la Cour ») en tant qu'institution permanente, qui peut exercer sa compétence à l'égard des personnes pour les crimes les plus graves ayant une portée internationale, au sens du présent Statut. Elle est complémentaire de juridictions criminelles nationales [...].
Article 5 : La compétence de la Cour est limitée aux crimes les plus graves qui touchent l'ensemble de la communauté internationale. En vertu du présent Statut, la Cour a compétence à l'égard des crimes suivants :
a) le crime de génocide ;
b) les crimes contre l'humanité ;
c) les crimes de guerre ;
d) le crime d'agression [...].
Article 11 : La Cour n'a compétence qu'à l'égard des crimes relevant de sa compétence commis après l'entrée en vigueur du présent Statut.

Article 16 : Aucune enquête ni aucune poursuite ne peut être engagée ni menée en vertu du présent Statut pendant les douze mois qui suivent la date à laquelle le Conseil de sécurité a fait une demande en ce sens à la Cour dans une résolution adoptée en vertu du chapitre VII de la Charte des Nations Unies ; la demande peut être renouvelée par le Conseil dans les mêmes conditions.
Article 20 : 3. Quiconque a été jugé par une autre juridiction pour un comportement [relevant de l'incrimination de crime de génocide, crime contre l'humanité, crime de guerre] ne peut être jugé par la Cour que si la procédure devant l'autre juridiction :
a) avait pour but de soustraire la personne concernée à sa responsabilité pénale pour des crimes relevant de la compétence de la Cour ; ou
b) n'a pas été au demeurant menée de manière indépendante ou impartiale...
Article 124 : un État qui devient partie au présent Statut peut déclarer que, pour une période de sept ans à partir de l'entrée en vigueur du Statut à son égard, il n'accepte pas la compétence de la Cour en ce qui concerne les crimes de guerre lorsqu'il est allégué qu'un crime a été commis sur son territoire ou par ses ressortissants. Il peut à tout moment retirer cette déclaration.
(In *La Cour pénale internationale*, *Le statut de Rome* commenté par W. Bourdon, © Éditions du Seuil, 2000, p. 29, 36, 74, 90, 109, 296.)

– Texte 12 –

Michael Hardt et Antonio Negri, *Empire* (2000)

Le dispositif général de l'autorité impériale consiste en trois phases distinctes : une première d'intégration, une seconde de différenciation et une troisième de gestion. [...] L'Empire ferme les yeux sur les différences, il est absolument neutre dans son accueil et obtient l'intégration universelle en mettant de côté les différences ingérables qui pourraient donner lieu à un conflit social. [...] La loi de l'indifférence intégrante est un fondement universel au sens où elle s'applique également à tous les sujets qui existent et peuvent exister sous la férule de l'Empire. [...] L'Empire ne fortifie pas ses frontières pour repousser les autres : il attire au contraire ceux-ci à l'intérieur de son ordre pacifique, comme un tourbillon puissant. Frontières supprimées, différences effacées ; l'Empire est une sorte d'espace lisse au travers duquel glissent les subjectivités sans résistance substantielle ni conflit. [...] La solution « impériale » ne sera ni de nier ni d'atténuer ces différences, mais plutôt de les affirmer et de les arranger dans un dispositif d'autorité efficace. « Diviser pour conquérir » n'est donc pas vraiment la formulation correcte de la stratégie impériale. Le plus souvent, l'Empire ne crée pas de divisions, mais reconnaît les différences existantes ou potentielles, les célèbre et les gère dans le cadre d'une économie d'autorité. Le triple mot d'ordre de l'Empire est ainsi intégrer, différencier et gérer.
(Trad. D.A. Canal, Exils, 2000, rééd. 10/18, 2004, p. 248-251.)

– Texte 13 –

Pierre Hassner, *La terreur et l'Empire* (2003)

Le phénomène central est le droit absolu que s'arrogent actuellement les États-Unis de juger souverainement du Bien et du Mal, notamment en ce qui concerne l'emploi de la force, et de s'exempter avec une bonne conscience totale des règles qu'ils proclament et appliquent pour les autres. [...] On peut dire que l'après-guerre est dominé, sur le plan international, par l'opposition des interventionnistes et des souverainistes. Pour les États-Unis, cette opposition est facilement résolue : ils sont radicalement souverainistes pour eux-mêmes et radicalement interventionnistes envers les autres. C'est la définition d'une mentalité impériale. [...] Les Américains sont tentés de réduire l'asymétrie en adoptant les méthodes de leurs adversaires. Légitime s'il s'agit de descendre du ciel de la technologie sur la terre de la guérilla et du contre-espionnage, cette réaction est dangereuse si elle ne préserve pas la différence essentielle entre les sociétés libérales et les autres.

Les États-Unis sont tentés de maintenir et de consolider l'asymétrie constitutive de la situation impériale, alors que celle-ci ne peut se maintenir qu'assortie d'une dose de réciprocité, même partiellement apparente ou factice, dans les obligations et les délibérations. L'empire ne peut se consolider qu'avec une dose de multilatéralisme, qui elle-même présuppose, à l'intérieur d'une hégémonie inévitable, une dose de multipolarité.

(*La violence et la paix II*, Seuil, 2003, p. 203-204.)

– Texte 14 –

Ulrich Beck, *Qu'est-ce que le cosmopolitisme ?* **(2004)**

L'européanisation, c'est lutter pour trouver des réponses institutionnelles à la barbarie de la modernité européenne – et donc tourner le dos à la postmodernité, qui justement ne le voit pas. L'Europe cosmopolitique est la *critique institutionnalisée de la voie européenne en elle-même*. Ce processus est inachevé et inachevable. On peut même aller jusqu'à dire que la succession : Lumières, postmodernité, modernité cosmopolitique n'en est que le début. [...]

L'Europe nous enseigne que l'évolution politique du monde de l'État et des théories de l'État n'est pas achevée.

Le déclin de l'ordre fondé sur les États nationaux a un autre visage : il offre des possibilités nouvelles de donner forme à un pseudo-État européen cosmopolitique face à la mondialisation, au terrorisme transnational et aux conséquences politiques de la catastrophe climatique. Face à l'accumulation menaçante des problèmes mondiaux qui ne peuvent être résolus par les États nationaux, le politique ne pourra retrouver sa crédibilité qu'en faisant un saut quantique de l'État national à l'État cosmopolitique. C'est bien de cela qu'il est question, de manière exemplaire, avec l'Europe cosmopolitique : à l'ère de la globalisation des problèmes que les hommes ressentent comme une urgence dans leur quotidien, il faut reconquérir une crédibilité par des formes de coopération entre États et des stratégies de coopération de portée intermédiaire, c'est-à-dire régionale, en y adaptant les théories politiques.

(Trad. A. Duthoo, Aubier, 2006, p. 332 et 335-336.)

SECTION 2. RELIGIONS ET CIVILISATIONS

La déflagration des attentats du 11 septembre 2001 a souvent été interprétée comme un choc sismique procédant de l'opposition de l'islamisme à l'Occident. Cette lecture renvoie à la thèse d'un **choc des civilisations** (Huntington, texte 12), qui procède à l'assimilation sans doute hâtive de la notion de civilisation à celle d'aire religieuse. **Les civilisations sont des ensembles culturels**

conçus dans leur plus large extension, dont chacun constitue un système social structuré par des valeurs fondamentales. On peut porter sur elles un regard laïc, mais il faut reconnaître que c'est autour des religions que se sont constituées les grandes civilisations. En tant que continuités historiques, elles fournissent une grille de lecture des évolutions de nos sociétés. Le terme de civilisation a d'abord été utilisé pour désigner le processus par lequel on se civilise (analysé par Norbert Elias dans *Le procès de civilisation*, 1939) ; mais il exprime vite (au XIXe siècle) la fierté de l'Occident à l'égard de lui-même. Dès lors, la question de la valeur respective des civilisations, et celle de la supériorité de l'Occident, se posaient de façon cruciale. La première conséquence de cette interrogation était la conception d'une fin de la domination européenne. Ainsi Valéry (cf. V, 3 texte 6) anticipe-t-il la domination asiatique de l'Europe. Au-delà, étaient posées les prémisses d'une invalidation de l'entreprise coloniale, qui reposait sur le projet de « civiliser » les populations non occidentales. Sans doute **les civilisations n'ont pas entre elles cette imperméabilité qui est celle des religions.** En tant que vision globale du monde reposant sur l'élaboration d'un rapport spécifique à l'absolu, une religion ne saurait s'accommoder de représentations concurrentes. Car toute **religion** est d'abord caractérisée par la position d'une transcendance, à travers des **dogmes auxquels les fidèles doivent adhérer**. Il en résulte une distinction entre les activités révélant une intervention divine (sacrées) et celles qui ne procèdent que d'actes humains (profanes). Dans les religions monothéistes s'instaure une relation personnelle de l'individu au dieu : la **foi, le plus souvent encadrée par des conduites normées qui définissent un culte.** La religion a aussi pour fonction de relier les individus : le culte d'une divinité se traduit par l'**accomplissement de rites** par les fidèles. De ces éléments découle une partition du monde entre lieux, temps, projets profanes et sacrés, ces derniers habités par la transcendance. Cette hiérarchisation des structures de l'action humaine permet au fidèle d'organiser ses entreprises dans un monde ordonné et finalisé (Eliade, texte 8). Le sacré donne sens au monde et par suite à l'existence individuelle qu'il anime par sa capacité à susciter effroi et attirance. En réitérant les schèmes de la fondation du monde, le fidèle structure son parcours temporel. Mais les religions sont diverses, évoluent, s'opposent.

2.1. Diversité des religions

Le polythéisme gréco-romain était marqué par une anthropologisation : les dieux intervenaient dans les affaires du monde, contractaient des relations avec les êtres humains. La révélation d'un Dieu unique, absolu, transcendant, à un peuple défini comme élu en vertu de l'alliance passée avec cet être suprême caractérise le judaïsme. Lorsque les descendants d'Abraham, d'Isaac et de Jacob revinrent d'Égypte vers la terre promise, la Palestine, Moïse reçut sur le mont Sinaï les tables de la loi. **Le judaïsme est la religion de la transcendance**, bien exprimée par l'image du buisson ardent, et celle de l'intervention de Dieu en faveur de son peuple (Exode, texte 1). Suite à l'affrontement des communautés judaïques au début de notre ère et à la destruction du Temple de Jérusalem en 70 par les Romains, la grande diaspora entraîna le développement du culte synagogal. Les communautés juives se propagèrent en Orient, en Europe, puis en Amérique, maintenant vivante la foi en un Dieu absolu et protecteur de son peuple : « écoute Israël, le Seigneur notre Dieu, l'Éternel est un ». La persécution dont furent victimes les juifs a pu contribuer à renforcer la conscience qu'ils ont d'eux-mêmes comme peuple élu. **Le christianisme se caractérise originellement par la croyance au messie annoncé par les prophètes**, en la personne de Jésus, le Christ, l'oint du Seigneur. Une des originalités du christianisme tient à la **doctrine de la Trinité** qui, à travers les instances du Père, du fils et du Saint-Esprit, exprime le Dieu créateur, son incarnation et sa résurrection comme mystères et l'inspiration des disciples qui, à partir de la Pentecôte, purent compléter la révélation par leur prédication. La doctrine chrétienne se fonde sur les paroles du Christ réunies dans les Évangiles et sur celles des apôtres. La hiérarchie de l'Église catholique place à son sommet le Pape, représentant du Christ sur la terre et évêque de Rome, autorité suprême pour le dogme et la foi. Le catholicisme s'est propagé rapidement malgré les mystères sur lesquels il repose, qui ne furent bien acceptés qu'en vertu d'une liturgie soigneusement codifiée. Le catholicisme se veut universel, mais sa propagation a donné lieu à des scissions : la première est le schisme d'Orient et d'Occident, au Ve siècle (l'Église d'Orient, fidèle à la langue grecque, se disant gardienne de l'orthodoxie, se séparant de l'Église latine, fidèle au Pape). La **Réforme** (au XVIe siècle) prend racine dans l'individualisme de la Renaissance et s'efforce de développer une **relation à Dieu moins dépendante des institutions** ecclésiastiques. Les églises réformées admettent la primauté de la Tradition sur les commentaires théologiques des Pères de l'Église, et ont une doctrine de la grâce de Dieu révélée par le Christ. **L'islam, fondé par Mahomet au VIIe siècle pour réunir les musulmans (les soumis, les croyants), repose sur cinq piliers** : la **profession de foi** (pas d'autre divinité qu'Allah, Mahomet est son prophète) ; la **prière canonique**, rituelle, cinq fois par jour, après ablutions ; **le jeûne** de 29 jours, chaque année lunaire, commémorant le mois au cours duquel fut révélé le Coran ; **l'aumône**, à l'origine charitable et volontaire, devenue comme une taxe au profit des pauvres ; **le pèlerinage** à La Mecque, qui doit être fait une fois par tout musulman, sous réserve de ses possibilités. La révélation de Mahomet est inséparable de la fondation d'une communauté que les sourates du Coran règlent par des préceptes juridiques souvent précis (texte 3). Religion de la pureté de la relation à Dieu, l'islam s'est rapidement propagé autour de la Méditerranée, développant sous la dynastie des Omeyyades une culture florissante et relativement tolérante. Religion de la communauté unie des fidèles (laquelle, en tant que maison des croyants, s'oppose au reste du monde), l'islam s'est vite divisé entre les Chiites, partisans d'Ali, gendre de Mahomet, qui refusent l'élection des califes instaurée par les sunnites, majoritaires, qui admettent que la Sunna (voie, mode de vie du prophète) a une valeur équivalente à celle du Coran. Religion de l'union sans concessions à Dieu, l'islam souffre de la diversité des pratiques qui sont adoptées en son nom, en raison de l'absence d'institutions hiérarchisées. Religion de l'intériorité, de la guerre intérieure contre sa propre impiété (le Jihad), l'islam se mue parfois en religion de combat contre l'infidélité des impies. Quoiqu'en progression constante, l'islam a une image très contrastée dans le monde, notamment en raison de l'intégrisme qui s'en prévaut. **Les grands monothéismes s'excluent d'autant plus vigoureusement qu'ils se fondent sur une révélation exclusive et que chacun prétend réinterpréter le(s) précédent(s).** L'hindouisme, le confucianisme constituent des pratiques religieuses riches, diverses, qui font souvent prévaloir, à l'inverse des grands monothéismes, la recherche d'une sagesse par l'expérience cultuelle sur l'adhésion parfois purement formelle à un dogme. Le bouddhisme offre l'exemple intéressant d'une foi qui n'est pas fondée sur des conventions, mais qui consiste en une expérience spirituelle appuyée sur une analyse rationnelle. Voie spirituelle qui doit mener, par purification de l'esprit, à l'éveil, au nirvana, cessation du désir et de l'attachement, extinction de la soif d'existence et abolition de tout trouble et de toute souffrance. Dans la mesure où il ne reconnaît ni Dieu éternel et créateur, ni âme immortelle, on a pu contester au bouddhisme son statut de religion ; il n'en développe pas moins une pratique spirituelle ritualisée qui vise un au-delà du monde matériel, et constitue une compréhension globale du monde. Le rôle respectif du dogme et des cultes engage donc une conséquence pour le rapport au monde des croyants : il semble que l'engagement temporel, voire politique, des fidèles sera d'autant plus prégnant qu'il sera fondé sur un dogme déterminé.

2.2. Temporel et spirituel : religion et politique

À partir de la révélation d'un dieu unique créateur et rédempteur, la tradition judaïque fonde une communauté politique sur une alliance religieuse. Le christianisme s'efforce d'emblée de poser une **séparation du temporel et du spirituel**, exprimée par la formule « rendre à César ce qui est à César et à Dieu ce qui est à Dieu ». La conversion de l'empereur Constantin en 312 ne conduit pas à la fusion du pouvoir politique et du pouvoir religieux, mais donne une dimension institutionnelle au problème : les deux puissances entrent officiellement en concurrence. Saint Augustin, dans *La cité de Dieu* (cf. V, 2, texte 2) définit une histoire orientée de l'humanité en fonction de la gloire de Dieu : au-delà des vicissitudes qui agitent la cité terrestre, le devenir spirituel de la communauté des croyants dessine la cité de Dieu. Cette distinction n'abolit pas la difficulté : la cité des hommes doit, autant que faire se peut, évoluer à l'image de la cité céleste. L'édification d'un droit canon (qui codifie les relations au sein de la communauté ecclésiastique), l'institution des ordres monastiques, les croisades témoignent bien d'une inscription dans l'ordre temporel du pouvoir spirituel. La théorie des deux glaives constitue une transcription, au VIe siècle, de la distinction des deux cités : Dieu seul détient la puissance suprême, mais il confie en ce monde matériel le soin de faire advenir l'ordre divin à deux pouvoirs : **au pontife, l'autorité absolue en matière religieuse, au roi, le pouvoir inconditionné sur ses sujets**. Là encore, l'effort de distinction ne peut empêcher la rivalité, car aucune puissance ne peut admettre de voir l'ordre de son pouvoir limité. Ainsi la querelle des investitures est l'occasion pour le Pape Grégoire VII d'affirmer sa supériorité au XIe siècle. L'opposition des royaumes à Rome vient au cours des siècles suivants : à l'autorité personnelle exercée par le suzerain sur un patrimoine, la population protégée, tend à se substituer une hiérarchie juridico-administrative qui confère la souveraineté sur un territoire dont les habitants sont de plus en plus définis par leurs droits et leurs devoirs. Au terme de l'émancipation des royaumes terrestres, les guerres de religion au XVIe siècle traduisent l'inextricable liaison du temporel au spirituel, puisque les grandes familles revendiquent le pouvoir au nom de leur confession. Le compromis d'Augsbourg (*cujus regio, eius religio*, 1555) restera une solution imparfaite. Le protestantisme n'obtient droit de cité en France qu'avec l'édit de Nantes, promulgué en 1598 par Henri IV. Il faudra les luttes contre l'intolérance puis la Révolution pour distendre les liens de la religion catholique avec le pouvoir, même si la volonté de destituer le clergé de ses privilèges en lui imposant une « constitution civile » s'est révélée inefficace. Le concordat napoléonien consacre le pluralisme religieux et cantonne la religion catholique à un rôle moral et d'enseignement. Ce n'est qu'au XXe siècle que se trouvent consacrés en France les efforts pour rendre indépendantes les institutions politiques à l'égard de la religion. Par la séparation de l'Église et de l'État, la IIIe République entendait aussi intervenir dans l'organisation de l'Église, en instituant les associations cultuelles. La loi de 1905 associait à l'origine les **deux conceptions de la laïcité** qui ont marqué l'histoire de France : la laïcisation de combat qui entend **légiférer sur les institutions religieuses** et la séparation neutre qui se contente d'**instaurer l'indépendance des instances politiques** à l'égard de toute confession. L'absence d'application du second volet de la loi (qui aurait inscrit les membres du clergé dans le droit commun des associations), l'affectation des lieux de culte à l'usage confessionnel pour lequel ils ont été conçus, puis la constitution, en 1923-24, des associations diocésaines (conformes à la hiérarchie voulue par le Vatican) a fait prévaloir la logique de la neutralité. Aujourd'hui, on assiste en France au développement de nombreuses formes de spiritualités et à la montée de l'islam (8 % des croyants). La défense de la neutralité ne peut plus reposer sur l'affirmation de l'unité politique ; elle risque en effet d'apparaître comme une volonté de perpétuation des prérogatives historiques du catholicisme. L'État est convié à un nouveau rôle : il ne s'agit plus de réduire les prétentions d'une religion dominante, mais d'organiser les aspirations concurrentes de religions coexistantes. **La laïcité suppose désormais non seulement la réaffirmation des principes fondamentaux de l'État de droit, mais encore la représentation des différents cultes.** La question de la laïcité est sans doute compliquée par le fait que l'engagement pour l'autonomie de l'État, garant des « progrès de l'esprit humain », s'est souvent transformé en « foi laïque » ; les manifestations collectives de la souveraineté de l'État empruntent d'ailleurs parfois leur sacralité aux rites religieux.

2.3. Rationalisation de la croyance et sécularisation de la société

La tension entre engagement rituel et soumission à un corps de doctrine immuable a pu s'exprimer théoriquement par le contraste entre religion naturelle et religion révélée. Cette dernière procède de l'adhésion à des dogmes identifiés dans l'écriture ou par son interprétation, le plus souvent encadrée par une institution. Par opposition à cette révélation, **la religion naturelle consiste à trouver dans les ressources de l'esprit humain les moyens de remonter à l'architecte de l'univers**. **Le théisme** des philosophes du XVIIIe siècle consiste à concevoir par les Lumières de la raison l'Être suprême qui se manifeste plus de façon immanente et indirecte dans la création que de façon transcendante et directe par des révélations et inspirations. Chez Rousseau, par exemple (cf. *La profession de foi du Vicaire savoyard*, dans *L'Émile*, 1762), l'existence nécessaire de Dieu est discernée dans le spectacle de la nature ; on peut s'adresser à Dieu mais le prier reviendrait à remettre en cause l'ordre du monde établi par sa sagesse. Ce théisme **ne prend pas en compte la dimension sotériologique de la religion**. Toute doctrine religieuse est une doctrine du salut ; il s'agit non seulement d'interpréter le monde tel qu'il s'offre à notre observation, mais aussi l'univers dans ses dimensions cachées : la mort, le devenir de l'humanité, le mal. Le sermon sur la montagne exprime le rôle consolateur de la religion (texte 2). La compréhension religieuse du monde ne peut donc rester en tout point rationnelle. « Je crois parce que c'est absurde » déclarait déjà dans l'Antiquité Tertullien. Kierkegaard souligne à partir de l'analyse du sacrifice d'Abraham l'aspect irrationnel de la foi : c'est par la confiance en l'absolu que l'individu peut transcender les catégories de l'existence et faire prévaloir le singulier sur le général. Ainsi l'aspiration à l'absolu révélé et la systématisation s'opposent-elles comme deux tendances essentielles de la spiritualité religieuse. **Au cours des temps modernes, la rationalisation accrue de la croyance s'est finalement traduite par une démythification du religieux.** Max Weber (texte 7) montre que les doctrines de Luther et surtout de Calvin ont introduit un changement radical dans l'existence du croyant. Celui-ci n'est plus chargé d'interpréter le monde pour informer sa quête de salut, puisqu'il se voit assigner un destin imprescriptible. Paradoxalement, le protestant sera conduit à œuvrer dans les affaires temporelles pour se sauver. Dieu ayant déjà réglé la question du destin des âmes, il déserte le monde. Le chrétien réformé se retrouve donc seul face à son activité : son engagement à remplir assidûment les devoirs de sa vocation devient pour lui le substitut de la quête du salut. Lors des XVIe et XVIIe siècles, **la rationalisation des représentations refoule les forces invisibles dans l'intimité de notre esprit. Certes la foi peut subsister ; mais elle est** plus **personnelle** qu'inscrite dans des rites. La religion reste subjective, dès lors que ses fonctions sociales sont devenues caduques. Les collectivités humaines ont dû se penser dans l'indépendance à l'égard de la divinité. Le déisme cantonne Dieu à la création et à l'ordonnancement général de l'univers. Au XIXe siècle, les fondateurs des sciences humaines (Marx, Freud, Durkheim), les philosophes (Feuerbach [texte 5], Schopenhauer, Nietzsche) destituent la religiosité de ses fondements, en la rapportant à nos besoins fondamentaux. On en retient la sentence nietzschéenne : « Dieu est mort » (cf. *Le gai savoir*, § 343). Enfin la foi est contestée dans son rôle de consolation morale, lorsque Dostoïevski (texte 6) présente son objection à la théodicée (doctrine montrant que les imperfections du monde sont compensées par les grandeurs de la création, confirmant que Dieu n'est pas responsable de notre malheur). L'un des *Frères Karamazov* considère la souffrance des enfants comme injustifiable : elle restera à jamais incommensurable aux biens dont on peut louer le créateur. Au procès de Dieu, celui qui allègue la souffrance de jeunes innocents constitue un témoin à charge non révocable. Sans condamner Dieu, le sujet humain peut refuser d'accréditer les hypothèses trop peu charitables sur lesquelles repose la foi. Marcel Gauchet (texte 10) généralise la notion wébérienne de désenchantement et souligne la sécularisation de l'ensemble des activités sociales. Pourtant, divers aspects d'un « retour du religieux » ont été relevés depuis les années 1970. De nombreux groupes se réclamant du judaïsme, du christianisme, de l'islam revendiquent une capacité de restructuration de la société. Gilles Kepel (texte 11) souligne que ces groupes s'inscrivent dans le cadre rationaliste de la modernité ; ils ne cherchent pas à surmonter la contradiction entre une société aux fondements laïques et leur projet. Ils manifestent de grandes divergences au sein d'une même religion. Nos sociétés contemporaines sont encore le siège d'un engouement pour les formes orientales de religiosité et voient prospérer des mouvements sectaires. Les attitudes religieuses sont de moins en moins structurées par un dogme et des pratiques ; elles sont dévolues, dans un monde laïcisé, à la conscience personnelle. Danièle Hervieu-Leger (texte 13) parle de « bricolage » pour les caractériser. **Le sentiment religieux, ayant** perdu un élément essentiel de sa définition (sa fonction sociale), se développe sous des formes fragmentaires. Deux tendances se télescopent : à longue échéance, se perpétue un processus de rationalisation, de différenciation, d'individualisation, qui s'accompagne d'une perte de l'influence sociale de la religion. Dans un horizon plus restreint, on assiste à une redistribution des croyances qui conduit à une instrumentalisation de la religion par la politique. Ce chiasme peut aussi bien être réinterprété comme un renouveau des religions que comme une ultime phase de désenchantement de nos sociétés.

Les religions, en tant que visions globales et éléments structurants des sociétés, ont constitué le trait principal des grandes civilisations. La **notion de civilisation** a toutefois avant tout un intérêt méthodologique : elle fournit plus un **outil d'analyse rétrospective** à l'historien qu'un moyen de prospection pour les relations internationales. Braudel avait défendu l'intérêt d'une perspective globale, à long terme, en histoire (texte 9) ; il en avait aussi souligné le danger, celui d'une reconstruction spéculative artificielle. D'ailleurs, il est difficile de déterminer l'échelle exacte d'une civilisation. Peut-on par exemple circonscrire les limites de la civilisation occidentale ? Doit-on inversement ramener la notion de civilisation à la dimension d'une dynastie, dont la durée est de un ou deux siècles ? C'est ce que fait au XIVe siècle Ibn Khaldûn, qui présente dans ses *Prolégomènes* connus sous le titre de *Discours sur l'histoire universelle* (1382) une vision des civilisations comme se succédant les unes aux autres dans un cycle de croissance et de décadences (texte 4). Si elles sont réduites dans leur dimension, les civilisations sont conçues dans leur opposition. Le « paradigme civilisationnel » proposé par Huntington (texte 12) se veut prospectif : il affirme que le XXIe siècle sera celui du conflit des valeurs attachées à des croyances, faisant suite au conflit des idéologies (XXe siècle) et à celui des nations (XIXe siècle). Ce faisant, il suppose que les civilisations constituent des entités stables et permanentes, et qu'elles sont, comme les religions, absolument extérieures les unes aux autres. Mais les religions elles-mêmes ont connu une fragmentation de leurs pratiques qui ne permet plus de les présenter comme des entités homogènes. Cette tendance à la diversification est sans doute encore plus flagrante pour les civilisations : la croissance des migrations, l'accélération de l'histoire et la relativisation des mémoires collectives ont pour conséquence l'**hétérogénéité interne des civilisations**. L'antagonisme majeur entre l'Occident et le monde musulman, censé fournir une lecture globale de notre monde, suppose un islam théologiquement et politiquement unifié, qu'il faut au contraire constater divisé et déchiré (Olivier Roy, texte 14). La pertinence du « paradigme civilisationnel » proposé par Huntington est donc très limitée : la simplification de laquelle il procède ne saurait fournir une analyse adéquate de la réalité ni permettre une prospection efficace. Au contraire, il apparaît plus comme une justification idéologique de la lutte contre certains régimes politiques par les États-Unis que comme un modèle théorique probant. **Religions et civilisations sont** donc **des réalités nuancées, dynamiques, contrastées** : elles ne peuvent aujourd'hui fournir un cadre d'interprétation suffisamment fructueux que de façon rétrospective, à une échelle globale qui ne saurait être applicable à l'analyse pondérée du monde contemporain.

Textes

– Texte 1 –

■ Exode, III, 1-2, 13-14, IV, 10-12

Moïse faisait paître le troupeau de son beau-père Jéthro, prêtre de Madiân. Il mena le troupeau au-delà du désert et parvint à la montagne de Dieu, à l'Horeb. L'ange du Seigneur lui apparut dans une flamme de feu, du milieu du buisson. Il regarda : le buisson était en feu et le buisson n'était pas dévoré. [...]
Moïse dit à Dieu : « Voici ! Je vais aller vers les fils d'Israël et je leur dirai : le Dieu de vos pères m'a envoyé vers vous. S'ils me disent : quel est son nom ? que leur dirai-je ? » Dieu dit à Moïse : « JE SUIS QUI JE SERAI. » Il dit : « Tu parleras ainsi aux fils d'Israël : JE SUIS m'a envoyé vers vous. » [...].
Moïse dit au Seigneur : « Je t'en prie, Seigneur, je ne suis pas doué pour la parole, ni d'hier, ni d'avant-hier, ni depuis que tu parles à ton serviteur. J'ai la bouche lourde et la langue lourde. » Le Seigneur lui dit : « Qui a donné une bouche à l'homme ? Qui rend muet ou sourd, voyant ou aveugle ? N'est-ce pas moi, le Seigneur ? Et maintenant va, Je suis avec ta bouche et je t'enseignerai ce que tu devras dire. »
(Traduction œcuménique de la Bible, Société biblique française, © Éditions du Cerf, 2003, p. 80-81.)

– Texte 2 –

■ Matthieu, V, 1-11

À la vue des foules, Jésus monta dans la montagne. Il s'assit, et ses disciples s'approchèrent de lui. Et, prenant la parole, il les enseignait :
« Heureux les pauvres de cœur : le Royaume des cieux est à eux.
Heureux les doux : ils auront la terre en partage.
Heureux ceux qui pleurent : ils seront consolés.
Heureux ceux qui ont faim et soif de la justice : ils seront rassasiés.
Heureux les miséricordieux : il leur sera fait miséricorde.
Heureux les cœurs purs : ils verront Dieu.
Heureux ceux qui font œuvre de paix : ils seront appelés fils de Dieu.
Heureux ceux qui sont persécutés pour la justice : le royaume des cieux est à eux.
Heureux êtes-vous lorsque l'on vous insulte, que l'on vous persécute et que l'on dit faussement contre vous toute sorte de mal à cause de moi. Soyez dans la joie et l'allégresse, car votre récompense est grande dans les cieux : c'est ainsi en effet qu'on a persécuté les prophètes qui vous ont précédés. »
(Traduction œcuménique de la Bible, Société biblique française, © Éditions du Cerf, 2003, p. 1400.)

– Texte 3 –

■ Le Coran, sourate XVII, 9-10, 25-26, 33-36

Oui, ce Coran conduit dans une voie très droite.
Il annonce aux croyants qui font le bien
la bonne nouvelle d'une grande récompense ;
il annonce également
que nous préparons un châtiment douloureux

pour ceux qui ne croient pas à la vie future. [...]

Votre Seigneur connaît parfaitement
ce qui est en vous.
Si vous êtes justes,
il est alors celui qui pardonne
à ceux qui reviennent repentants vers lui.

Donne à tes proches parents ce qui leur est dû,
ainsi qu'au pauvre et au voyageur ;
mais ne sois pas prodigue. [...]

Lorsqu'un homme est tué injustement,
nous donnons à son proche parent
le pouvoir de le venger.
– que celui-ci ne commette pas
d'excès dans le meurtre –
Oui, il sera secouru.

Ne touchez à la fortune de l'orphelin,
Jusqu'à ce qu'il ait atteint sa majorité,
que pour le meilleur usage.

Tenez vos engagements,
car les hommes seront interrogés
sur leurs engagements.

Donnez une juste mesure, quand vous mesurez
pesez avec la balance la plus exacte.
C'est un bien, et le résultat en est excellent.

Ne poursuis pas ce dont tu n'as aucune connaissance.
Il sera sûrement demandé compte de tout :
de l'ouïe, de la vue et du cœur.
(Trad. D. Masson, © Éditions Gallimard, coll. « Bibliothèque de la Pléiade », 1967, rééd. coll. « Folio », 1981, p. 341, 343, 344-345.)

– Texte 4 –

Ibn Khaldûn, *Discours sur l'histoire universelle* (1382)

Quand l'humanité a achevé son organisation sociale et que la civilisation est devenue un fait, la nécessité se fait sentir aux hommes d'avoir un « frein » qui les contrôle et les sépare, car l'agressivité et l'injustice sont dans la nature animale de l'homme. Les armes défensives, destinées à écarter les animaux stupides, appartiennent à tous les hommes : elles ne suffisent pas à les protéger contre leur propre agressivité. Il faut quelque chose d'autre, qui ne peut venir de l'extérieur, étant donné que les animaux n'ont pas autant de perceptions et d'inspirations que l'homme. Il faut que ce soit un homme qui exerce l'influence de modérateur. Il faut qu'il ait assez d'autorité et de pouvoir, pour empêcher les hommes de se battre. Telle est l'origine de la royauté. [...]

À chacune de ses périodes successives, la dynastie ne cesse de s'écrouler davantage, pour finir par menacer ruine. Elle reste exposée aux attaques extérieures. Tout adversaire décidé peut s'emparer d'elle. Sinon, elle disparaît peu à peu, comme une lampe qui, faute d'huile, s'éteint. [...]
Le but de la civilisation, c'est la culture et le luxe. Une fois ce but atteint, la civilisation se gâte et décline, suivant ainsi l'exemple des êtres vivants. [...] On n'est un homme que dans la mesure où l'on peut se procurer l'utile en repoussant le nuisible. Or, le sédentaire ne peut s'en occuper lui-même. Il est, soit trop faible, à cause de sa sécurité, soit trop vain, parce qu'il a été élevé dans le bien-être et dans le luxe.
(*Al-Muqaddima*, trad. V. Monteil, Beyrouth, Commission libanaise pour la traduction des chefs-d'œuvre, 1967-1968, troisième éd. « Sinbad », Actes Sud, 1997, p. 69 et 462 et 592.)

– Texte 5 –

■ Ludwig Feuerbach, *L'essence du christianisme* (1841)

L'opposition du divin et de l'humain est une opposition illusoire, elle n'est autrement dit rien d'autre que l'opposition entre l'essence humaine et l'individu humain, et par suite l'objet et le contenu de la religion chrétienne sont eux aussi humains de part en part.
La religion, du moins la religion chrétienne, est le rapport de l'homme avec lui-même, ou plus exactement avec son être, mais un rapport avec son être qui se présente comme un être autre que lui. L'être divin n'est rien d'autre que l'être humain, ou plutôt, que l'être de l'homme, débarrassé des bornes de l'homme individuel, c'est-à-dire réel et corporel, puis objectivé, c'est-à-dire contemplé et adoré comme un être propre, mais autre que lui et distinct de lui : c'est pourquoi toutes les déterminations de l'être divin sont des déterminations de l'être humain.
(Trad. L. Althusser, in *Manifestes philosophiques*, © PUF, 1960, p. 72-73.)

– Texte 6 –

■ Dostoïevski, *Les frères Karamazov* (1880)

Je veux voir de mes yeux la biche dormir près du lion, la victime embrasser son meurtrier. C'est sur ce désir que reposent toutes les religions, et j'ai la foi. Je veux être présent quand tous apprendront le pourquoi des choses. Mais les enfants, qu'en ferai-je ? Je ne peux résoudre cette question. Si tous doivent souffrir afin de concourir par leur souffrance à l'harmonie éternelle, quel est le rôle des enfants ? On ne comprend pas pourquoi ils devraient souffrir, eux aussi, au nom de l'harmonie. Pourquoi serviraient-ils de matériaux destinés à la préparer ? Je comprends bien la solidarité du péché et du châtiment, mais elle ne peut s'appliquer aux petits innocents, et si vraiment ils sont solidaires des méfaits de leurs pères, c'est une vérité qui n'est pas de ce monde et que je ne comprends pas. [...] D'ailleurs, que vaut cette harmonie qui comporte un enfer ? Je veux le pardon, le baiser universel, la suppression de la souffrance. Et si la souffrance des enfants sert à parfaire la somme des douleurs nécessaires à l'acquisition de la vérité, j'affirme d'ores et déjà que cette vérité ne vaut pas un tel prix. [...] C'est par amour pour l'humanité que je ne veux pas de cette harmonie. Je préfère garder mes souffrances non rachetées et mon indignation persistante, *même si j'avais tort !* D'ailleurs, on a surfait

cette harmonie ; l'entrée coûte trop cher pour nous. J'aime mieux rendre mon billet d'entrée. Je ne refuse pas d'admettre Dieu, mais très respectueusement je lui rends mon billet.
(Trad. Henri Mongault, © Éditions Gallimard, coll. « Bibliothèque de la Pléiade », 1952, p. 264-265.)

– Texte 7 –

■ **Max Weber,** *L'éthique protestante et l'esprit du capitalisme* (1904-1920)

La Réforme ne représenta pas tant l'*abolition* du pouvoir de l'Église sur la vie des fidèles que la substitution d'une *nouvelle* forme de domination à l'ancienne. En l'occurrence, le remplacement d'un pouvoir très accommodant, peu contraignant dans les faits à cette époque, et qui, a bien des égards, n'était guère plus que formel, par une réglementation sérieuse et infiniment pesante des conduites de vie dans leur ensemble, qui investit toutes les sphères de la vie domestique et de la vie publique de la manière la plus exhaustive qu'on puisse imaginer […].

La conviction qu'il n'est qu'un moyen de vivre qui agrée à Dieu : non le dépassement de la moralité intramondaine dans l'ascèse monastique, mais l'accomplissement exclusif des devoirs intramondains qui découlent pour chaque individu de la position qui est la sienne et qui constituent par là même sa « vocation » […].

Pour ce qui était la grande affaire de leur vie, la question du salut éternel, les hommes du temps de la Réforme en étaient réduits à suivre la voie solitaire qui les conduisait à un destin fixé de toute éternité. Nul ne pouvait leur venir en aide […].

Dans l'histoire des religions, le grand processus de *désenchantement* du monde qui débuta avec les prophéties du judaïsme ancien et conduisit à rejeter – ainsi que le fit la pensée scientifique grecque – tous les moyens *magiques* du salut comme autant de superstitions et de sacrilèges, trouvaient ici son aboutissement […].

Le « désenchantement » du monde : l'abandon de la *magie* comme instrument du salut ne fut pas poussé aussi loin dans la piété catholique que la religiosité puritaine (et avant elle dans le seul judaïsme). Le catholique avait à sa disposition la *grâce du sacrement* de son Église pour compenser ses propres déficiences : le prêtre était un magicien qui accomplissait le miracle de la transmutation et qui avait entre ses mains un pouvoir décisif. On pouvait se tourner vers lui dans le repentir et la pénitence, il donnait l'expiation, l'espoir de la grâce, la certitude du pardon et *délivrait* ainsi de la *tension* immense que le destin inéluctable du calviniste était d'endurer dans sa vie, sans que rien ne le tempère. Ce dernier ne connaissait pas ces consolations aimables et humaines et ne pouvait pas davantage espérer compenser des moments de faiblesse et de légèreté en redoublant de bonne volonté le reste du temps, comme le catholique et le luthérien. Le Dieu du calvinisme n'exigeait pas des siens un certain nombre de « bonnes œuvres », mais une sainteté par les œuvres faite *système* […].

Les courants baptistes en arrivèrent, à l'instar […] des calvinistes de stricte observance, à une dévalorisation radicale de tous les sacrements en tant qu'instruments de salut et menèrent ainsi à son terme le « désenchantement » religieux du monde, jusque dans ses ultimes conséquences. Seule la « lumière intérieure » de la révélation perpétuée autorisait une véritable compréhension des révélations bibliques de Dieu.
(Trad. Isabelle Kalinowski, © Éditions Flammarion, coll. « Champs », 2000, p. 72-73, 135, 165, 166-167, 190-191, 242.)

– Texte 8 –

Mircéa Eliade, *Le sacré et le profane* (1957-1965)

L'homme religieux assume un mode d'existence spécifique dans le monde, et, malgré le nombre considérable des formes historico-religieuses, ce mode spécifique est toujours reconnaissable. Quel que soit le contexte historique dans lequel il est plongé, l'*homo religiosus* croit toujours qu'il existe une réalité absolue, le sacré, qui transcende ce monde-ci, mais qui s'y manifeste et, de ce fait, le sanctifie et le rend réel. Il croit que la vie a une origine sacrée et que l'existence humaine actualise toutes ses potentialités dans la mesure où elle est religieuse, c'est-à-dire : participe à la réalité. Les dieux ont créé l'homme et le Monde, les Héros civilisateurs ont achevé la Création, et l'histoire de toutes ces œuvres divines et semi-divines est conservée dans les mythes. En réactualisant l'histoire sacrée, en imitant le comportement divin, l'homme s'installe et se maintient auprès des dieux, c'est-à-dire dans le réel et le significatif.

Il est facile de voir tout ce qui sépare ce mode d'être dans le monde de l'existence d'un homme areligieux. Il y a avant tout ce fait : l'homme areligieux refuse la transcendance, accepte la relativité de la « réalité », et il lui arrive même de douter du sens de l'existence.

(© Éditions Gallimard, coll. « Folio », p. 171-172.)

– Texte 9 –

Fernand Braudel, *Grammaire des civilisations* (1963)

On n'atteint donc une civilisation que dans le temps long, la longue durée, en saisissant un fil qu'on ne finit plus de dérouler ; en fait, ce qu'au cours d'une histoire tumultueuse, souvent orageuse, un groupe d'hommes aura conservé et transmis, de génération en génération, comme son bien le plus précieux. [...] Cette histoire au long souffle, cette télé-histoire, cette navigation hauturière conduite à travers la pleine mer du temps, et non plus comme le sage cabotage au long des côtes jamais perdues de vue – cette démarche historique, quel que soit le nom ou l'image dont on l'affuble, a ses avantages et ses inconvénients. Ses avantages : elle oblige à penser, à expliquer en termes inhabituels et à se servir de l'explication historique pour comprendre son propre temps. Ses inconvénients, voire ses dangers : elle peut tomber dans les généralisations faciles d'une philosophie de l'histoire, en somme d'une histoire plus imaginée que reconnue ou prouvée.

(Artaud, 1987, p. 67-68.)

– Texte 10 –

Marcel Gauchet, *Le désenchantement du monde* (1985)

L'originalité radicale de l'Occident moderne tient toute à la réincorporation au cœur du lien et de l'activité des hommes de l'élément sacral qui les a depuis toujours modelés du dehors. Si fin de la religion il y a, ce n'est pas au dépérissement de la croyance qu'elle se juge, c'est à la recomposition de l'univers humain-social non seulement en dehors de la religion, mais à partir et au rebours de sa logique religieuse d'origine.

[...] *désenchantement du monde*. L'expression a chez Weber une acception strictement définie – « l'élimination de la magie en tant que technique de salut ». En la

reprenant dans un sens beaucoup plus large – l'épuisement du règne de l'invisible – nous ne pensons pas la dénaturer. Car [...] la désertion des enchanteurs, la disparition du peuple des influences et des ombres sont le signe de surface d'une révolution autrement plus profonde dans les rapports entre ciel et terre, révolution au travers de laquelle il y va décisivement de la reconstruction du séjour des hommes à part de la dépendance divine. [...] On n'annonce pas une fois de plus et pour rien la mort en quelque sorte physique des dieux et la disparition de leurs fidèles. On met en évidence le fait que la Cité vit d'ores et déjà sans eux, y compris ceux de ses membres qui continuent de croire en eux. Ils survivent ; c'est leur puissance qui meurt.
(© Éditions Gallimard, p. I-II, II-III et 292-293.)

– Texte 11 –

Gilles Kepel, *La revanche de Dieu* (1991)

Entre 1975 et 1990, les mouvements de réaffirmation de l'identité religieuse ont accompli une mutation considérable [...].

L'apparition de ces mouvements s'est produite dans un contexte d'épuisement des certitudes nées des progrès accomplis par les sciences et les techniques depuis les années cinquante [...].

Les mouvements chrétiens, juifs ou musulmans que nous avons observés [...] s'emploient d'abord à nommer la confusion et le désordre du monde que perçoivent leurs adeptes, en revivifiant un vocabulaire et des catégories de pensée religieuse, appliqués à l'univers contemporain. Puis ils élaborent des projets de transformation de l'ordre social pour le rendre conforme aux injonctions ou aux valeurs de la Bible, du Coran ou des Évangiles, seules garantes, selon leur interprétation, de l'avènement d'un monde de Justice et de Vérité.

Ils présentent un grand nombre de caractéristiques communes. La disqualification d'une laïcité qu'ils font remonter à la philosophie des Lumières les unit. Ils voient, dans l'émancipation orgueilleuse de la raison par rapport à la foi, la cause première de tous les maux du XXe siècle, le début d'un processus qui mènerait aux totalitarismes nazi ou stalinien.

Cette remise en cause radicale des fondements de la modernité sécularisée est prononcée par ses propres enfants qui ont eu accès à l'instruction d'aujourd'hui. Ils ne voient aucune contradiction entre leur maîtrise des sciences et des techniques et leur soumission à une foi qui échappe aux logiques de la raison [...].
(© Éditions du Seuil, rééd. coll. « Points », 2003, p. 259-260.)

– Texte 12 –

Samuel P. Huntington, *Le choc des civilisations* (1996)

Considérer que le monde est formé de sept ou huit civilisations [...] donne un schéma clair pour comprendre le monde et pour distinguer ce qui est important de ce qui ne l'est pas parmi les multiples conflits qui ont lieu, pour prédire les évolutions futures et pour fournir des repères aux politiques. [...] L'approche en termes de civilisation, par exemple, soutient que :
– les forces d'intégration dans le monde sont bien réelles et équilibrent les tendances naissantes à l'affirmation culturelle et à la prise de conscience civilisationnelle ;
– le monde, en un sens, est dual, mais la distinction centrale oppose l'actuelle civilisation dominante, l'Occident, et toutes les autres, lesquelles cependant ont bien

peu en commun. En résumé, le monde est divisé en une entité occidentale et une multitude d'entités non occidentales ;
– les États-nations sont et demeureront les acteurs majeurs en matière internationale, mais leurs intérêts, leurs alliances et leurs conflits les uns avec les autres sont de plus en plus influencés par des facteurs culturels et civilisationnels ;
– le monde est anarchique, en butte aux conflits tribaux et nationaux, mais les conflits qui représentent les dangers les plus grands pour la stabilité opposent des États ou des groupes appartenant à différentes civilisations.
– Le paradigme civilisationnel développe une grille de lecture relativement simple pour comprendre le monde à la fin du XXe siècle. Aucun paradigme, toutefois, n'est valide pour toujours. Le modèle politique hérité de la guerre froide a été utile et pertinent pendant quarante ans, mais il est devenu obsolète à la fin des années quatre-vingt. À un moment donné, le paradigme civilisationnel connaîtra le même sort […].
L'Occident est dominant aujourd'hui et restera numéro un en termes de puissance et d'influence au XXIe siècle. Cependant, des changements graduels, inexorables et fondamentaux se produisent dans l'équilibre entre civilisations, et la puissance de l'Occident, relativement aux autres civilisations, continuera à décliner. La primauté de l'Occident a commencé à s'éroder finira par disparaître tout simplement, une partie de son influence revenant, en fonction de facteurs régionaux, à d'autres civilisations et à leurs États phares. C'est au sein de la civilisation asiatique que s'accroîtra le plus la puissance, la Chine apparaissant de plus en plus comme la société apte à défier l'Occident pour acquérir une influence globale. Ces évolutions dans la répartition de la puissance entre civilisations entraînent et entraîneront le renouveau et l'affirmation culturelle grandissante des sociétés non occidentales et le rejet accru de la culture occidentale […].
Par définition, les guerres civilisationnelles sont des guerres locales entre des groupes locaux disposant de ramifications plus larges : par là, elles engendrent des identités civilisationnelles parmi les participants.
Ce processus est particulièrement vérifié dans le cas des musulmans. Une guerre civilisationnelle peut avoir son origine dans des conflits familiaux, claniques ou tribaux, mais parce que les identités à l'intérieur du monde musulman tendent à être en U, les protagonistes musulmans d'un tel type de conflit chercheront, dès que les combats se prolongent, à en appeler à l'islam, comme ce fut le cas avec un laïque antifondamentaliste de la trempe de Saddam Hussein […].
L'idée selon laquelle les peuples non occidentaux devraient adopter les valeurs, les institutions et la culture occidentales est immorale dans ses conséquences. La puissance quasi universelle des Européens à la fin du XIXe siècle et la domination des États-Unis au XXe siècle ont contribué à l'expansion mondiale de la civilisation européenne. La domination européenne n'est plus. L'hégémonie américaine n'est plus totale parce qu'elle n'est plus nécessaire pour protéger les États-Unis contre la menace militaire soviétique, comme ce fut le cas pendant la guerre froide. La culture est liée à la puissance. Si les sociétés non occidentales sont une nouvelle fois appelées à être façonnées par la culture occidentale, cela ne pourra résulter que de l'expansion, du développement et de l'influence croissante de la puissance occidentale. L'impérialisme est la conséquence logique de la prétention à l'universalité. De plus, l'Occident, civilisation arrivée à maturité, n'a plus le dynamisme économique ou démographique lui permettant d'imposer sa volonté à d'autres sociétés. Par ailleurs, toute tentative allant dans ce sens est contraire au principe d'autodétermination et à la démocratie, qui sont des valeurs occidentales. Les civilisations asiatiques et musulmanes affirmant de plus en plus les prétentions à

l'universalité de leurs cultures, les Occidentaux vont être amenés à se préoccuper davantage des liens entre universalisme et impérialisme.
(© Samuel P. Huntington, 1996, Trad. J.-L. Fidel *et alii*, © Odile Jacob, 1997, éd. de poche, 2000, p. 37, 109, 401-402, 468-469.)

– Texte 13 –

Danièle Hervieu-Léger, *Le pèlerin et le converti* (1999)
Cette modernité religieuse s'organise à partir d'une caractéristique majeure, qui est la tendance générale à l'individualisation et à la subjectivisation des croyances religieuses. Toutes les enquêtes confirment que ce double mouvement travaille à la fois les formes de l'expérience, de l'expression et de la sociabilité religieuses. Elle se marque depuis longtemps dans la distorsion entre les croyances affichées et les pratiques obligatoires qui lui sont en principe associées. Il existe, dans toutes les religions, des « croyants non pratiquants ». Ceux-ci forment même, en Europe, le gros des troupes de ceux qui se déclarent « catholiques » ou « protestants ». Le découplage de la croyance et de la pratique constitue le premier indice de l'affaiblissement du rôle des institutions gardiennes des règles de la foi. Mais l'aspect le plus décisif de cette « dérégulation » apparaît surtout dans la liberté que s'accordent les individus de « bricoler » leur propre système croyant, hors de toute référence à un corps de croyances institutionnellement validé.
(Flammarion, coll. « Champs », p. 43.)

– Texte 14 –

Olivier Roy, *Le croissant et le chaos* (2007)
Loin d'étayer la thèse dominante du clash des civilisations et de la confrontation entre le monde musulman et l'Occident, les conflits et les recompositions affectent d'abord le monde musulman lui-même et s'opèrent sur des lignes de partage fort peu idéologiques : au vieux front du refus qui unit islamisme et nationalisme arabe contre Israël et l'Occident s'oppose un clivage grandissant entre chiites et sunnites qui met cette fois les régimes arabes conservateurs dans le même camp qu'Israël et pourrait redessiner la carte du Moyen-Orient. [...]
La vision d'un monde musulman unifié sous la bannière de l'islam et montant à l'assaut de l'Occident ne fait pas sens. Ce que l'on voit, c'est au contraire, pour le moment du moins, une présence accrue de troupes occidentales dans le monde musulman (de l'Afghanistan au Liban en passant par l'Irak), des conflits qui opposent d'abord des musulmans entre eux, et enfin un fossé qui s'accroît entre chiites et sunnites, privant l'Iran du bénéfice d'apparaître comme l'avant-garde du front du refus contre Israël et l'Occident et modifiant en profondeur les alliances et les confrontations au Moyen-Orient, plus divisé et affaibli que jamais.
(Hachette, 2007, p. 14-15 et 187-188.)

SECTION 3. RÉGULATION DE L'ORDRE MONDIAL ET GOUVERNANCE

Il n'y a pas de « société » internationale, contrairement aux sociétés nationales (française, américaine...) qui présentent des caractéristiques propres, aisément identifiables en termes culturels, politiques, sociaux... Pourtant, on parle volontiers d'un « ordre international » – souvent dit « westphalien » du nom des traités de Westphalie qui ont mis fin en 1648 à la guerre de Trente ans – qui mettrait en scène des États souverains aux relations dépendantes à la fois de leur puissance respective et de tentatives récurrentes de civilisation de celle-ci au nom de normes juridiques plus ou moins acceptées (du « droit des gens » du XVIIe siècle au droit international aujourd'hui).

Depuis la fin de la Seconde Guerre mondiale, et plus encore depuis la fin de la guerre froide, l'ordre international est devenu plus complexe encore : la mondialisation de l'économie ainsi que de nombreux enjeux (démographiques, environnementaux, de santé publique, de criminalité et de terrorisme...), la montée en puissance du droit international, la constitution d'espaces régionaux intégrés (tel que l'Union européenne) et l'émergence d'un espace public global apportent des éléments nouveaux, parfois complémentaires, souvent contradictoires aux relations internationales entre les États-nations. Si bien que l'on peut parler, à l'instar de James Rosenau, par exemple, d'une « société internationale en voie de constitution », à travers les relations établies entre acteurs étatiques classiques et « acteurs hors souveraineté » : organisations internationales (OI), firmes multinationales (FMN), organisations non gouvernementales (ONG), etc. (cf. *Turbulence in World Politics*, Princeton, Princeton University Press, 1990).

Dès lors, la question posée, celle du monde contemporain, semble se résumer à celle des modalités de régulation des rapports entre cette multitude quantitative et qualitative d'acteurs. Question d'autant plus brûlante que **le marché et sa loi de régulation « faible » ou « molle » ne semblent pas en mesure de répondre à l'ampleur des défis soulevés par la mondialisation quand ils n'entraînent pas tout simplement le monde dans une crise financière et économique d'une portée inédite.**

3.1. De l'ordre interétatique à l'ordre international

Le système de régulation régional, « inventé » par les puissances européennes lors de la signature des traités westphaliens en 1648, s'est progressivement étendu à l'ensemble du monde, notamment à travers la colonisation européenne, jusqu'à devenir **un véritable système mondial combinant « droit international »** (à partir du « droit des gens », du « droit de la guerre » et du « droit dans la guerre » définis dès le XVIIe siècle par des auteurs tels que Hugo Grotius, *Le droit de la guerre et de la paix*, 1625, ou Samuel Pufendorf, *Le droit de la nature et des gens*, 1672) **et exercice brut de la puissance.** Ainsi, au XIXe siècle, le « concert des nations », mis en œuvre à la suite du Congrès de Vienne en 1815 et jusqu'à la Première Guerre mondiale, s'articulait-il autour d'un droit de coexistence pacifique appuyé sur des obligations négatives de chaque État membre : respect de la souveraineté des États, non-ingérence, respect des traités, quasi-absence d'institutions internationales (en dehors de quelques organisations techniques), institution de simples instances d'arbitrage en cas de différends.

Après la Première Guerre mondiale, une autre vision de la régulation internationale a émergé. Proposée par le président américain Woodrow Wilson (cf. texte 1) et relayée, en France par exemple, par des responsables politiques tels qu'Aristide Briand, elle repose sur l'idée de « mettre la guerre hors la loi » grâce à une régulation juridique qui s'impose aux États, notamment à l'occasion de leurs conflits. La Société des nations (SDN, créée en 1919) naît de cet « idéalisme » qui prend appui philosophiquement sur l'idée cosmopolitique de République universelle de Kant (cf. chapitre 6.1.). Mais le refus des États-Unis au nom de l'isolationnisme d'adhérer à la SDN puis la montée en puissance du totalitarisme dans les années 1930 conduiront à l'échec de l'idéalisme. C'est pourtant cette vision qui donne naissance, à l'issue de la Seconde Guerre mondiale, à l'Organisation des Nations Unies. Il s'agit désormais pour ses membres (notamment les vainqueurs de la guerre, membres permanents du Conseil de sécurité) de favoriser une régulation multilatérale par l'intermédiaire d'institutions internationales assurant la paix et le développement (de la même manière en matière financière, l'accord de Bretton Woods en 1944 a-t-il débouché sur la création du Fonds monétaire international et de la Banque mondiale). Des buts communs sont acceptés par les États adhérant aux institutions (buts inscrits dans des déclarations et des chartes, telles que la Charte des Nations Unies en 1945, la Déclaration universelle des droits de l'homme en 1948, la Convention européenne des droits de l'homme en 1950…) : sécurité collective, interdiction de la guerre d'agression, émancipation des peuples colonisés, protection du patrimoine de l'humanité, protection des droits individuels et sociaux, etc. (cf. texte 2).

Mais une approche trop strictement juridique ne suffit pas à décrire la société internationale, celle-ci se construisant aussi à partir des besoins exprimés par les acteurs eux-mêmes. De nombreuses théories issues des sciences sociales (sociologie, science politique, économie…) se sont intéressées à cet aspect des relations internationales. Il s'agit, dans le cadre plus général de la **théorie fonctionnaliste**, de partir non plus des institutions et des règles de droit mais des besoins exprimés par les acteurs et des relations qu'ils définissent eux-mêmes pour établir les logiques de coopération éventuelles et leur extension d'une sphère d'activité à une autre. **C'est l'habitude de coopérer qui crée la coopération, et non la règle de droit – comme le montre de manière exemplaire la construction européenne.** Pour les tenants de « l'interdépendance » (J. Nye & R. Keohane, *Power and Interdependance*, Little, Brown & Co, 1977), le fait notable est la multiplication des interactions entre des acteurs de plus en plus nombreux et de plus en plus différents dans la société internationale (États, OI, ONG, FMN, Églises, mouvements révolutionnaires…). Ces approches montrent que la société internationale n'est pas qu'une extension de la politique des États mais le lieu d'une vie autonome, d'acteurs, puis d'institutions qui ont leur logique propre. Dans le cadre d'une approche plus économique, comme celle par exemple dite du « néo-institutionnalisme », l'imperfection du marché comme mode de régulation (les conditions de la concurrence pure et parfaite ne sont jamais réunies) conduit au constat du besoin d'institutions qui seules peuvent mettre en œuvre des procédures de régulation de l'activité d'acteurs variés (elles permettent en particulier de réduire les coûts liés aux imperfections des marchés). La coopération peut ainsi toujours émerger dans un monde d'agents égoïstes, même en l'absence de tout pouvoir central, car elle apparaît comme une solution toujours meilleure que la défection, comme le montre le fameux dilemme du prisonnier emprunté à la théorie des jeux. Les agents engagés dans le jeu international dans des « parties » sans cesse recommencées (construction européenne, Conseil de sécurité de l'ONU, négociations commerciales de l'Organisation mondiale du commerce...) n'ont pas intérêt à se retirer du jeu, même s'ils sont quelquefois perdants, car la perte serait supérieure en cas de retrait.

3.2. La contestation de l'ordre mondial comme ordre marchand

Si l'ordre mondial n'est plus strictement interétatique, cela ne signifie pas néanmoins qu'il soit simplement marchand. Le parallèle entre la situation internationale et le rapport État/société civile (cf. chapitre 2.1) permet de mieux comprendre la question qui se pose aujourd'hui et le besoin de société internationale tel qu'il s'exprime. Alors que dans le cadre étatique, l'État assure la régulation de la vie économique et sociale (plus ou moins directement, et plus ou moins fortement selon le régime politique et l'époque), **dans la société internationale, une instance correspondant à l'État n'existe pas** ; du fait précisément de la réticence des acteurs étatiques à se voir amputés d'une part de leur souveraineté, et des acteurs non-étatiques qui ne peuvent ou ne veulent jouer un rôle régulateur. **L'espace étroit dans lequel se constitue la société internationale conduit à une régulation faible, de type marchand.** Cette « société civile » internationale apparaît donc essentiellement comme un marché – le marché *stricto sensu* fournissant à la fois un paradigme d'ensemble et le meilleur exemple appliqué d'une régulation « molle » des relations dans la société internationale. L'équilibre se réalise *ex post* par la libre poursuite de leurs intérêts particuliers par les acteurs.

Or, cette vision qui combine à la fois des éléments de libéralisme économique (concurrence, dérégulation financière, libre échange...) et de réalisme politique (capacités d'intervention et d'influence...) ne répond que très partiellement à la question de la régulation telle qu'elle est posée à l'âge de la mondialisation. Elle est ainsi soumise depuis quelques années à de nombreuses critiques, tant sur le plan économique que politique : expression d'une volonté de contrôle plus étroit des marchés financiers (notamment à l'issue des crises financières des années 1990-2000 et surtout depuis la crise financière de 2008 commencée aux États-Unis), d'un contrôle de l'usage de la force tant entre États qu'à l'intérieur d'un État (notamment à l'occasion des interventions militaires dans les conflits de l'ex-Yougoslavie, en Afghanistan ou en Irak), d'une surveillance de la pollution atmosphérique (sommet de la terre à Rio, conférence sur le climat de Kyoto...), d'une justice pénale internationale pour juger de certains crimes (institution des tribunaux pénaux internationaux pour l'ex-Yougoslavie puis pour le Rwanda, et de la Cour pénale internationale à compétence générale), etc. Les différents acteurs de la scène internationale revendiquent ainsi, pour des raisons variées, des modes nouveaux de régulation quand il ne s'agit pas d'une remise en cause plus profonde d'un ordre mondial jugé purement économique et financier – comme c'est le cas pour le mouvement altermondialiste (cf. chapitre 6.4).

3.3. De la régulation à la gouvernance

Pour certains auteurs spécialistes des questions internationales, après le « multilatéralisme par le haut » qui n'a donné réellement sa place dans la société internationale qu'à un nombre limité d'acteurs (États puissants, grandes OI, ONG accréditées...), le temps est venu d'un « **multilatéralisme par le bas** » (R. Cox, *The New Realism. Perspectives on Multilateralism and World Order*, Londres, Palgrave-McMillan, 1997) permettant la juste représentation de l'ensemble des acteurs, y compris des plus faibles. C'est la notion de « partenaires » (*stakeholders* contre *shareholders*) qui est de plus en plus mise en avant par les OI et les ONG. **Les grandes conférences spécialisées des Nations Unies (habitat, femmes, santé...) sont une étape importante dans cette perspective.** Pour d'autres auteurs, tels que David Held par exemple, c'est l'émergence d'un véritable cosmopolitisme démocratique qui permettrait de donner la parole aux acteurs internationaux qui ne l'ont pas en élargissant l'exercice des droits démocratiques (par la création d'une « deuxième chambre » des acteurs sociaux à l'ONU, par la mise en place de référendums internationaux...) (cf. texte 3).

Cette réflexion sur les contours de la société internationale de demain soulève pourtant autant de questions qu'elle semble en résoudre : existence d'un « peuple mondial » comme base d'une « démocratie mondiale », procédures de mise en cause de la responsabilité d'un gouvernement mondial qui n'existe pas, remise en question de la notion de souveraineté... Autant de questions dont on perçoit bien toute la difficulté lorsqu'elles sont abordées ne serait-ce qu'au niveau régional, dans le cadre de la construction européenne par exemple.

Mais **c'est surtout aujourd'hui à travers la notion de gouvernance que se traduit le questionnement sur la régulation au niveau mondial.** Cette notion a émergé au début des années 1990 à partir de celles déjà utilisées en économie de l'entreprise (*corporate governance*) et dans les milieux financiers internationaux (*i.e.* la « bonne gouvernance » souhaitée par la Banque mondiale qui prête aux pays en difficulté en exigeant d'eux un certain nombre de transformations de leur gouvernance économique et politique : transparence des procédures, état de droit...). Elle a donné lieu depuis à de nombreuses contributions de la part des spécialistes des questions internationales et de la science politique, en particulier dans le cadre de l'étude des politiques publiques, ou encore au niveau européen (« la gouvernance à multiples niveaux » qui caractérise les relations entre tous les acteurs du jeu européen : États, Commission, pouvoirs locaux et régionaux...). Elle a également été l'objet de réflexions plus politiques, même si celles-ci ont eu peu d'impact dans l'ensemble : la commission « *Global Governance* » mise en place par Willy Brandt en 1990, à laquelle ont participé des personnalités de tous horizons, dont Jacques Delors pour la France, préconisait une gouvernance mondiale permettant aux différents acteurs de la scène internationale d'agir et d'être reconnus comme pleinement acteurs dans la régulation des problèmes transnationaux. La commission Brandt définit la gouvernance comme « la somme des différentes manières dont les individus et les institutions, publics ou privés, gèrent leurs affaires communes. C'est un processus continu de coopération et d'accommodement entre des intérêts divers et conflictuels. Elle inclut les institutions officielles et les régimes dotés de pouvoirs exécutoires tout aussi bien que les arrangements informels sur lesquels les peuples et les institutions sont d'accord ou qu'ils comprennent comme étant leur intérêt » (*Our Global Neighbourhood*, Oxford, Oxford University Press, 1995, p. 2). Du côté des universitaires, c'est James Rosenau qui dans l'ouvrage qu'il a codirigé avec Ernst O. Czempiel (*Governance without Government : Order and Change in World Politics,* Cambridge, Cambridge

University Press, 1992) a donné la définition la plus accessible de cette notion « fragile » : à leurs yeux, la gouvernance caractérise l'ensemble des mécanismes de régulation existant dans une sphère d'activité donnée, et qui fonctionnent alors même qu'ils n'émanent pas d'une autorité officielle. **La gouvernance apparaît ainsi comme un processus d'ajustement constant des intérêts des acteurs plutôt que comme un résultat précis ou un système fixe de règles** – elle a pu être mise en œuvre pour la première fois avec succès lors de la gestion de la crise du *peso* mexicain en 1994. Elle correspond plus généralement au développement de l'ensemble des théories de « l'espace public » et de la « démocratie procédurale », à partir des travaux de philosophes tels que Jürgen Habermas ou John Rawls par exemple (cf. notamment leur *Débat sur la justice politique*, Paris, éd. du Cerf, 1997 ou encore de J. Rawls, *Le Droit des gens*, Paris, éd. Esprit, 1997). L'accent est mis sur les acteurs et les règles de discussion, et la notion semble bien correspondre à la société internationale hétérogène contemporaine : pas de contrainte des États mais une responsabilité des acteurs non-étatiques, dialogue évolutif concernant l'ensemble des grands problèmes transnationaux, etc.

La notion est pourtant critiquable dans la mesure où elle reste floue : son efficacité est difficile à montrer. Elle prend mal en compte, par exemple, les phénomènes de domination qui se poursuivent dans la société internationale (les règles restent essentiellement fixées par les grands acteurs étatiques : environnement à Kyoto, crises financières…) ou encore les problèmes d'asymétrie entre acteurs dominants et acteurs dépendants (quel que soit leur statut : États, OI, ONG…). Elle reste ainsi définie par les dirigeants des grandes organisations et États, comme le montre le travail le plus achevé en français sur la question, le rapport *Gouvernance mondiale* du Conseil d'Analyse Économique de Pierre Jacquet, Jean Pisani-Ferry et Laurence Tubiana (Paris, La Documentation française, 2002) ou encore l'ouvrage de Pascal Lamy, directeur général de l'OMC, *La démocratie-monde. Pour une autre gouvernance globale* (Paris, Seuil, 2004).

3.4. La régulation face à ses ambiguïtés

Mais au-delà des questions soulevées par la notion de gouvernance, ce sont les modalités mêmes de la régulation telles qu'elles existent aujourd'hui qui posent problème. Les demandes en faveur d'une régulation plus forte, notamment de la part des organisations critiques de la mondialisation, reposent en effet très souvent sur le droit. Or cette demande de droit n'est pas elle-même sans ambiguïté. Elle correspond en effet à la fois à la domination d'une forme juridique anglo-saxonne sur la scène internationale (volonté de normalisation de nombreux aspects de la vie humaine, développement de l'idée de responsabilité, pénalisation accrue des actes, construction d'un statut de la victime…) et à la montée en puissance du multilatéralisme (multiplication des conférences et des sommets qui sont tous censés se terminer par des déclarations finales dont le statut juridique pose souvent plus de problèmes qu'il n'en résout). Cette prolifération de demandes conduit en particulier à ce que certains juristes considèrent comme une « esthétique du flou » (M. Chemillier-Gendreau, *Droit international et démocratie mondiale. Les raisons d'un échec*, Paris, Textuel, 2002) fragilisant la portée et la sûreté de la norme juridique internationale. Les engagements croissants, émanant des

États et d'organisations non étatiques, sont bien souvent plus politiques que juridiques, et conduisent à une modulation des obligations de chacun selon ses intérêts davantage que selon un droit équivalent pour tous (P. Weil, *Écrits du droit international*, PUF, 2000).

Par ailleurs, **les obstacles à la régulation internationale ne manquent pas.** La souveraineté des États apparaît à la fois comme le plus légitime, notamment au regard du droit, et pourtant celui qu'il semble impératif de contourner si l'on veut tendre vers une bonne gouvernance mondiale. Ainsi le développement d'une véritable « **diplomatie morale** », rendu possible par la fin de la guerre froide, heurte-t-il directement un des principes essentiels de la société internationale : la non-ingérence dans les affaires intérieures des États (Charte des Nations Unies, art. 2.7). Les États souverains ne peuvent agir sur le territoire de l'un ou l'autre en dehors des conventions diplomatiques. Lorsque la question de l'ingérence se pose au cours d'une crise grave (guerre du Golfe, ex-Yougoslavie, Afrique centrale, Irak…) entraînant des risques de déstabilisation régionale ou de menace sur les ressources naturelles, les réactions sont de plus en plus rapides de la part des États, sous le couvert des organisations internationales : dénonciation, sanctions commerciales, intervention armée… Toutefois, **les limites de l'ingérence** sont vite atteintes lorsque les enjeux sont moindres ou que la crise est intra-étatique (comme au Kosovo par exemple). La question concerne les ONG lorsqu'il s'agit d'ingérence humanitaire, une des rares nouveautés survenues dans la société internationale des années 1980-1990 (cf. Mario Bettati & Bernard Kouchner, *Le devoir d'ingérence*, Paris, Denoël, 1987). Les ONG par leur action humanitaire transfrontalière et l'interpellation d'une « **opinion internationale** » mobilisée médiatiquement au coup par coup perturbent en effet le jeu classique de l'autorité étatique. Au nom d'une morale humanitaire de l'urgence, elles exercent un pouvoir de censure à l'égard des États et s'octroient un droit d'initiative : elles recensent les abus, conduisent des missions d'enquête, dénoncent les exactions auprès des instances compétentes, suivent le traitement des dossiers, demandent des compensations pour les victimes et des sanctions pour les auteurs… Bref, elles jouent de multiples rôles que les États ou les OI ne veulent ou ne peuvent assurer. Elles incitent ainsi les États à des innovations institutionnelles (les progrès de la justice internationale ces dernières années sont essentiellement dus à la pression exercée par les ONG). Elles vont même parfois jusqu'à capter une partie du pouvoir régalien de sécurité des États, en protégeant des populations. Le **droit d'ingérence** a ainsi été établi à l'initiative de plusieurs ONG en 1987 à Paris (adoption d'une « résolution sur la reconnaissance du devoir d'assistance humanitaire et du droit à cette assistance », volonté de dépasser « la souveraineté sanctuarisée » au nom de la non-assistance à des peuples en danger). Le premier texte officiel a été adopté sans vote par l'Assemblée générale de l'ONU en décembre 1988. Il reconnaît aux ONG un rôle dans l'assistance aux victimes de situations d'urgence (c'est le « droit d'accès aux victimes »). En 1990, la même Assemblée générale adopte une résolution sur la mise en place des « couloirs d'urgence » pour acheminer vivres et médicaments. En 1991, la résolution 688 du Conseil de Sécurité adopte la proposition française qui prévoit explicitement le droit d'intervention dans les affaires intérieures d'un État pour des raisons humanitaires. Il s'agit là d'une quasi-révolution, même si de nombreuses incertitudes continuent de peser sur ce texte (statut des acteurs intervenants, rôle des grandes puissances, question de la souveraineté maintenue de l'État…), et même si ces dernières années, à l'occasion des interventions américaines en Afghanistan et en Irak, le concept a été malmené.

On peut également comprendre les difficultés de la **justice pénale internationale** (cf. section 6.1) : tribunaux pénaux internationaux de La Haye pour l'ex-Yougoslavie et de Arusha pour le Rwanda, et Cour pénale internationale permanente instituée par le traité de Rome de juillet 1998 pour l'ensemble des « crimes internationaux » (crimes de guerre, crimes contre l'humanité, génocides et crimes d'agression), comme une résistance de l'exercice d'un pouvoir régalien traditionnellement attaché à la souveraineté. Elle n'a pu réellement exister jusqu'ici que dans le cadre national (telles que, par exemple, les procédures nationales espagnole et britannique contre le général Pinochet) ou dans des circonstances exceptionnelles et limitées (Nuremberg et Tokyo après la Seconde Guerre mondiale, La Haye et Arusha aujourd'hui). Ainsi, par exemple, l'émission d'un mandat d'arrêt international contre le chef de l'État soudanais, Omar el-Béchir, en mars 2009 n'a-t-elle pas débouché sur son arrestation pour le moment.

On peut ainsi estimer que si l'avenir de la société internationale passe incontestablement par davantage de régulation, il n'en reste pas moins que cet aspect quantitatif ne saurait aller sans sa contrepartie qualitative, c'est-à-dire une définition précise des acteurs qui entrent en jeu, des « matières » de la régulation et des principes qui les régissent (économie, environnement, humanitaire, justice...), ainsi que la naissance d'un embryon de « démocratie mondiale » afin que l'ensemble des citoyens des États se sentent impliqués dans la régulation de ce qui tend à devenir de plus en plus une part incontournable de leur vie quotidienne.

Textes

– Texte 1 –

■ Woodrow Wilson, « Message au Congrès américain », *Programme en quatorze points* (8 janvier 1918)

C'est donc le programme de la paix du monde qui constitue notre programme. Et ce programme, le seul possible selon nous, est le suivant :

1. Des conventions de paix, au grand jour, préparées au grand jour...

2. Liberté absolue de la navigation sur mer, en dehors des eaux territoriales...

3. Suppression, autant que possible, de toutes les barrières économiques et établissement de conditions commerciales égales pour toutes les nations...

4. Échange de garanties suffisantes que les armements de chaque pays seront réduits au minimum compatible avec la sécurité intérieure.

5. Arrangement librement débattu de toutes les revendications coloniales, basé sur la stricte observation du principe que... les intérêts des populations en jeu pèseront d'un même poids que les revendications équitables du gouvernement dont le titre sera à définir.

6. Évacuation du territoire russe tout entier et règlement de toutes questions concernant la Russie... en vue de donner à la Russie toute latitude sans entrave ni obstacle, de décider, en pleine indépendance, de son propre développement politique et de son organisation nationale.

7. Il faut que la Belgique soit évacuée et restaurée...

8. Le territoire français tout entier devra être libéré et les régions envahies devront être restaurées ; le tort causé à la France par la Prusse en 1871 en ce qui concerne l'Alsace-Lorraine, préjudice qui a troublé la paix du monde pendant près de cinquante ans, devra être réparé afin que la paix puisse de nouveau être assurée dans l'intérêt de tous.

9. Une rectification des frontières italiennes devra être opérée, conformément aux données clairement perceptibles du principe des nationalités.

10. Aux peuples d'Autriche-Hongrie, dont nous désirons voir sauvegarder et assurer la place parmi les nations, devra être accordée au plus tôt la possibilité d'un développement autonome.

11. La Roumanie, la Serbie et le Montenegro devront être évacués ; les territoires occupés devront être restitués ; à la Serbie devra être assuré un libre et sûr accès à la mer.

12. Aux régions turques de l'Empire ottoman actuel devront être garanties la souveraineté et la sécurité ; mais, aux autres nations qui sont maintenant sous la domination turque on devra garantir une sécurité absolue d'existence et la pleine possibilité de se développer d'une façon autonome ; quant aux Dardanelles, elles devront rester ouvertes...

13. Un État polonais indépendant devra être créé, qui comprendra les territoires habités par des populations indiscutablement polonaises, auxquelles on devra assurer un libre accès à la mer.

14. Il faut qu'une association générale des nations soit constituée... ayant pour objet d'offrir des garanties mutuelles d'indépendance politique et d'intégralité territoriale aux petits comme aux grands États.

– Texte 2 –

■ Charte des Nations unies, extraits des chapitres Ier, VI et VII (1945)

Chapitre Ier. Buts et principes

Article 1
Les buts des Nations unies sont les suivants :
1. Maintenir la paix et la sécurité internationales et à cette fin : prendre des mesures collectives efficaces en vue de prévenir et d'écarter les menaces à la paix et de réprimer tout acte d'agression ou autre rupture de la paix, et réaliser, par des moyens pacifiques, conformément aux principes de la justice et du droit international, l'ajustement ou le règlement de différends ou de situations, de caractère international, susceptibles de mener à une rupture de la paix ;
2. Développer entre les nations des relations amicales fondées sur le respect du principe de l'égalité de droits des peuples et de leur droit à disposer d'eux-mêmes, et prendre toutes autres mesures propres à consolider la paix du monde ;
3. Réaliser la coopération internationale en résolvant les problèmes internationaux d'ordre économique, social, intellectuel ou humanitaire, en développant et en encourageant le respect des droits de l'homme et des libertés fondamentales pour tous, sans distinction de race, de sexe, de langue ou de religion ;
4. Être un centre où s'harmonisent les efforts des nations vers ces fins communes.

Article 2
L'Organisation des Nations unies et ses Membres, dans la poursuite des buts énoncés à l'Article 1, doivent agir conformément aux principes suivants :

1. L'Organisation est fondée sur le principe de l'égalité souveraine de tous ses Membres.
2. Les Membres de l'Organisation, afin d'assurer à tous la jouissance des droits et avantages résultant de leur qualité de Membre, doivent remplir de bonne foi les obligations qu'ils ont assumées aux termes de la présente Charte.
3. Les Membres de l'Organisation règlent leurs différends internationaux par des moyens pacifiques, de telle manière que la paix et la sécurité internationales ainsi que la justice ne soient pas mises en danger.
4. Les Membres de l'Organisation s'abstiennent, dans leurs relations internationales, de recourir à la menace ou à l'emploi de la force, soit contre l'intégrité territoriale ou l'indépendance politique de tout État, soit de toute autre manière incompatible avec les buts des Nations Unies.
5. Les Membres de l'Organisation donnent à celle-ci pleine assistance dans toute action entreprise par elle conformément aux dispositions de la présente Charte et s'abstiennent de prêter assistance à un État contre lequel l'Organisation entreprend une action préventive ou coercitive.
6. L'Organisation fait en sorte que les États qui ne sont pas Membres des Nations Unies agissent conformément à ces principes dans la mesure nécessaire au maintien de la paix et de la sécurité internationales.
7. Aucune disposition de la présente Charte n'autorise les Nations Unies à intervenir dans des affaires qui relèvent essentiellement de la compétence nationale d'un État ni n'oblige les Membres à soumettre des affaires de ce genre à une procédure de règlement aux termes de la présente Charte ; toutefois, ce principe ne porte en rien atteinte à l'application des mesures de coercition prévues au Chapitre VII.

Chapitre VI. Règlement pacifique des différends

Article 33
1. Les parties à tout différend dont la prolongation est susceptible de menacer le maintien de la paix et de la sécurité internationales doivent en rechercher la solution, avant tout, par voie de négociation, d'enquête, de médiation, de conciliation, d'arbitrage, de règlement judiciaire, de recours aux organismes ou accords régionaux, ou par d'autres moyens pacifiques de leur choix.
2. Le Conseil de sécurité, s'il le juge nécessaire, invite les parties à régler leur différend par de tels moyens.

Article 34
Le Conseil de sécurité peut enquêter sur tout différend ou toute situation qui pourrait entraîner un désaccord entre nations ou engendrer un différend, afin de déterminer si la prolongation de ce différend ou de cette situation semble devoir menacer le maintien de la paix et de la sécurité internationales.

Article 35
1. Tout Membre de l'Organisation peut attirer l'attention du Conseil de sécurité ou de l'Assemblée générale sur un différend ou une situation de la nature visée dans l'Article 34.
2. Un État qui n'est pas Membre de l'Organisation peut attirer l'attention du Conseil de sécurité ou de l'Assemblée générale sur tout différend auquel il est partie, pourvu qu'il accepte préalablement, aux fins de ce différend, les obligations de règlement pacifique prévues dans la présente Charte.

3. Les actes de l'Assemblée générale relativement aux affaires portées à son attention en vertu du présent Article sont soumis aux dispositions des Articles 11 et 12.

Article 36
1. Le Conseil de sécurité peut, à tout moment de l'évolution d'un différend de la nature mentionnée à l'Article 33 ou d'une situation analogue, recommander les procédures ou méthodes d'ajustement appropriées.
2. Le Conseil de sécurité devra prendre en considération toutes procédures déjà adoptées par les parties pour le règlement de ce différend.
3. En faisant les recommandations prévues au présent Article, le Conseil de sécurité doit aussi tenir compte du fait que, d'une manière générale, les différends d'ordre juridique devraient être soumis par les parties à la Cour internationale de Justice conformément aux dispositions du Statut de la Cour.

Article 37
1. Si les parties à un différend de la nature mentionnée à l'Article 33 ne réussissent pas à le régler par les moyens indiqués audit Article, elles le soumettent au Conseil de sécurité.
2. Si le Conseil de sécurité estime que la prolongation du différend semble, en fait, menacer le maintien de la paix et de la sécurité internationales, il décide s'il doit agir en application de l'Article 36 ou recommander tels termes de règlement qu'il juge appropriés.

Article 38
Sans préjudice des dispositions des Articles 33 à 37, le Conseil de sécurité peut, si toutes les parties à un différend le demandent, faire des recommandations à celles-ci en vue d'un règlement pacifique de ce différend.

Chapitre VII. Action en cas de menace contre la paix, de rupture de la paix et d'acte d'agression

Article 39
Le Conseil de sécurité constate l'existence d'une menace contre la paix, d'une rupture de la paix ou d'un acte d'agression et fait des recommandations ou décide quelles mesures seront prises conformément aux Articles 41 et 42 pour maintenir ou rétablir la paix et la sécurité internationales.

Article 40
Afin d'empêcher la situation de s'aggraver, le Conseil de sécurité, avant de faire les recommandations ou de décider des mesures à prendre conformément à l'Article 39, peut inviter les parties intéressées à se conformer aux mesures provisoires qu'il juge nécessaires ou souhaitables. Ces mesures provisoires ne préjugent en rien les droits, les prétentions ou la position des parties intéressées. En cas de non-exécution de ces mesures provisoires, le Conseil de sécurité tient dûment compte de cette défaillance.

Article 41
Le Conseil de sécurité peut décider quelles mesures n'impliquant pas l'emploi de la force armée doivent être prises pour donner effet à ses décisions, et peut inviter les Membres des Nations Unies à appliquer ces mesures. Celles-ci peuvent comprendre l'interruption complète ou partielle des relations économiques et des communications ferroviaires, maritimes, aériennes, postales, télégraphiques,

radioélectriques et des autres moyens de communication, ainsi que la rupture des relations diplomatiques.

Article 42
Si le Conseil de sécurité estime que les mesures prévues à l'Article 41 seraient inadéquates ou qu'elles se sont révélées telles, il peut entreprendre, au moyen de forces aériennes, navales ou terrestres, toute action qu'il juge nécessaire au maintien ou au rétablissement de la paix et de la sécurité internationales. Cette action peut comprendre des démonstrations, des mesures de blocus et d'autres opérations exécutées par des forces aériennes, navales ou terrestres de Membres des Nations Unies.

Article 43
1. Tous les Membres des Nations Unies, afin de contribuer au maintien de la paix et de la sécurité internationales, s'engagent à mettre à la disposition du Conseil de sécurité, sur son invitation et conformément à un accord spécial ou à des accords spéciaux, les forces armées, l'assistance et les facilités, y compris le droit de passage, nécessaires au maintien de la paix et de la sécurité internationales.
2. L'accord ou les accords susvisés fixeront les effectifs et la nature de ces forces, leur degré de préparation et leur emplacement général, ainsi que la nature des facilités et de l'assistance à fournir.
3. L'accord ou les accords seront négociés aussitôt que possible, sur l'initiative du Conseil de sécurité. Ils seront conclus entre le Conseil de sécurité et des Membres de l'Organisation, ou entre le Conseil de sécurité et des groupes de Membres de l'Organisation, et devront être ratifiés par les États signataires selon leurs règles constitutionnelles respectives.

Article 44
Lorsque le Conseil de sécurité a décidé de recourir à la force, il doit, avant d'inviter un Membre non représenté au Conseil à fournir des forces armées en exécution des obligations contractées en vertu de l'Article 43, convier ledit Membre, si celui-ci le désire, à participer aux décisions du Conseil de sécurité touchant l'emploi de contingents des forces armées de ce Membre.

Article 45
Afin de permettre à l'Organisation de prendre d'urgence des mesures d'ordre militaire, des Membres des Nations Unies maintiendront des contingents nationaux de forces aériennes immédiatement utilisables en vue de l'exécution combinée d'une action coercitive internationale. Dans les limites prévues par l'accord spécial ou les accords spéciaux mentionnés à l'Article 43, le Conseil de sécurité, avec l'aide du Comité d'état-major, fixe l'importance et le degré de préparation de ces contingents et établit des plans prévoyant leur action combinée.

Article 46
Les plans pour l'emploi de la force armée sont établis par le Conseil de sécurité avec l'aide du Comité d'état-major.

Article 47
1. Il est établi un Comité d'état-major chargé de conseiller et d'assister le Conseil de sécurité pour tout ce qui concerne les moyens d'ordre militaire nécessaires au Conseil pour maintenir la paix et la sécurité internationales, l'emploi et le commandement des forces mises à sa disposition, la réglementation des armements et le désarmement éventuel.

2. Le Comité d'état-major se compose des chefs d'état-major des membres permanents du Conseil de sécurité ou de leurs représentants. Il convie tout Membre des Nations Unies qui n'est pas représenté au Comité d'une façon permanente à s'associer à lui, lorsque la participation de ce Membre à ses travaux lui est nécessaire pour la bonne exécution de sa tâche.

3. Le Comité d'état-major est responsable, sous l'autorité du Conseil de sécurité, de la direction stratégique de toutes forces armées mises à la disposition du Conseil. Les questions relatives au commandement de ces forces seront réglées ultérieurement.

4. Des sous-comités régionaux du Comité d'état-major peuvent être établis par lui avec l'autorisation du Conseil de sécurité et après consultation des organismes régionaux appropriés.

Article 48

1. Les mesures nécessaires à l'exécution des décisions du Conseil de sécurité pour le maintien de la paix et de la sécurité internationales sont prises par tous les Membres des Nations Unies ou certains d'entre eux, selon l'appréciation du Conseil.

2. Ces décisions sont exécutées par les Membres des Nations Unies directement et grâce à leur action dans les organismes internationaux appropriés dont ils font partie.

Article 49

Les Membres des Nations Unies s'associent pour se prêter mutuellement assistance dans l'exécution des mesures arrêtées par le Conseil de sécurité.

Article 50

Si un État est l'objet de mesures préventives ou coercitives prises par le Conseil de sécurité, tout autre État, qu'il soit ou non Membre des Nations Unies, s'il se trouve en présence de difficultés économiques particulières dues à l'exécution desdites mesures, a le droit de consulter le Conseil de sécurité au sujet de la solution de ces difficultés.

Article 51

Aucune disposition de la présente Charte ne porte atteinte au droit naturel de légitime défense, individuelle ou collective, dans le cas où un Membre des Nations Unies est l'objet d'une agression armée, jusqu'à ce que le Conseil de sécurité ait pris les mesures nécessaires pour maintenir la paix et la sécurité internationales. Les mesures prises par des Membres dans l'exercice de ce droit de légitime défense sont immédiatement portées à la connaissance du Conseil de sécurité et n'affectent en rien le pouvoir et le devoir qu'a le Conseil, en vertu de la présente Charte, d'agir à tout moment de la manière qu'il juge nécessaire pour maintenir ou rétablir la paix et la sécurité internationales.

– Texte 3 –

■ David Held, *Un nouveau contrat mondial. Pour une gouvernance sociale-démocrate* (2005)

Une société politique sociale-démocrate se donnera donc pour but la création d'une capacité, réelle et représentative, de délibération, d'administration et de régulation au niveau mondial et régional pour compléter celle qui existe déjà à l'échelle nationale et locale. Cela comporte les exigences suivantes.

1) La formation d'une assemblée dotée d'autorité de tous les États et institutions, soit par réforme de l'Assemblée générale des Nations unies, soit en complément à cette dernière. Elle centrera son attention sur les problèmes mondiaux les plus graves et les plus directement liés à l'espérance de vie et aux chances dans la vie : santé et maladie, production et distribution de l'alimentation, dette des pays en développement, mouvements brusques d'énormes masses de capitaux d'un bout du monde à l'autre, réchauffement du climat, risques de guerre nucléaire, chimique et bactériologique. Dans ces domaines, il lui faudra créer un cadre juridique constitué des normes et des institutions propres à assurer durablement la règle de droit, les principes démocratiques et les conditions minimales de déploiement de l'activité humaine […]. En toute cohérence avec cette vision, il faudra se doter – dans le cadre d'un Conseil de sécurité sociale et économique d'institutions capables de se saisir, à leur propre initiative, de situations d'urgence posant directement une question de vie ou de mort. Si les différents niveaux de gouvernance non mondiaux venaient à faillir à leur tâche de protection des hommes dans des circonstances de ce genre, l'intervention directe du niveau mondial serait justifiée. Bien sûr, toutes choses égales par ailleurs, la décision politique et son application resteraient autant que possible entre les mains des intéressés les plus directs, conformément au principe d'inclusivité et de subsidiarité.

Il ne serait certainement pas facile de se mettre d'accord sur les principes de référence d'une telle assemblée mondiale, bien qu'on ne manque pas de modèles possibles […]. Ses fondements comme ses règles de fonctionnement doivent recueillir une très large adhésion et ne peuvent donc s'élaborer que dans le cadre de la construction d'un consensus entre tous les intéressés : une Convention constitutionnelle mondiale réunissant les États, les organisations internationales gouvernementales ou non, les groupes de citoyens et les mouvements sociaux. Un processus mondial de consultation et de délibération organisé à différents niveaux représente le meilleur espoir de créer un cadre légitime pour une gouvernance mondiale à la fois viable et responsable devant les hommes.

2) La création, là où c'est possible (par exemple en Amérique latine et en Afrique), de parlements et de structures de gouvernance régionaux, et le renforcement du rôle de ces institutions là où elles existent déjà (Union européenne) afin que leurs décisions soient désormais reconnues et acceptées comme des sources indépendantes et légitimes de régulation régionale et internationale.

3) L'ouverture des organisations interétatiques fonctionnelles (telles que l'OMC, le FMI et la Banque mondiale) à l'examen public et à la fixation publique de son ordre du jour. Non seulement ces organismes doivent être transparents dans leurs activités, mais ils doivent être ouverts à la surveillance des citoyens (peut-être par le biais de corps d'inspection élus ou de forums délibératifs fonctionnels, représentatifs chacun des divers intérêts de son domaine de compétence) et responsables devant des assemblées régionales et mondiales telles que définies aux points un et deux ci-dessus.

4) La création de nouveaux mécanismes et organisations dans les domaines tels que l'environnement ou les affaires sociales, où les institutions multilatérales interétatiques sont aujourd'hui trop faibles ou dépourvues du pouvoir de faire appliquer leurs décisions […]. La création de nouvelles structures mondiales de gouvernance ayant pour tâche de s'occuper de pauvreté, de protection sociale et autres questions de ce genre est vitale pour compenser la puissance et l'influence des institutions centrées sur le marché, comme l'OMC et le FMI.

5) L'amélioration de la transparence et de la responsabilité des organisations nationales et transnationales de la société civile, afin de traiter le problème de

l'influence potentiellement perturbatrice de ceux qui sont en mesure de « crier plus fort que tout le monde » et celui du manque de clarté dans les relations entre les acteurs non étatiques et les institutions multilatérales interétatiques et autres organismes politiques d'importance majeure […]. Il faudra procéder à des expérimentations pour trouver les moyens, d'une part, de perfectionner les codes internes de conduite et modes de fonctionnement des organisations non étatiques et, de l'autre, de promouvoir leur représentation auprès des institutions multilatérales interétatiques et autres grands organismes qui élaborent les politiques publiques mondiales. En outre, pour éviter que la représentation des citoyens des pays développés à l'échelle mondiale ne soit doublement inéquitable (par le biais de leurs gouvernements et par celui de leurs ONG), on s'attachera particulièrement à soutenir les ONG des pays en développement.

6) La pratique de référendums supranationaux (au niveau régional ou mondial) dans les cas où l'établissement de l'ordre des priorités sur certains problèmes mondiaux ne trouve pas de solution consensuelle. On peut imaginer toutes sortes de procédures, par exemple par échantillonnage représentatif des populations ou par la constitution de groupes plus étroitement ciblés de personnes particulièrement concernées par un domaine donné de politique publique, ou encore par consultation des auteurs de ces politiques, notamment des députés des parlements nationaux, ou encore par combinaison de plusieurs de ces méthodes.

7) Le développement de capacités de police et de répression, notamment pour le maintien et l'imposition de la paix, afin de traiter les risques de sécurité les plus graves à l'échelle régionale et mondiale […]. Il faut trouver la parade à cette réalité que, face aux violations les plus flagrantes des droits de l'homme et à l'ignorance délibérée de ses besoins vitaux, « les traités, sans l'épée, ne sont que des mots » (Hobbes). On peut imaginer par exemple qu'une proportion donnée des armées nationales serait en permanence à la disposition de la force de paix des Nations unies, ou que soit créée une force internationale permanente indépendante, recrutée directement par volontariat individuel dans tous les pays et entraînée dans une académie militaire internationale.

À long terme, la social-démocratie mondiale exige que se développent des pouvoirs politiques et des capacités administratives indépendants, au niveau des régions et du monde. Cela ne signifie pas que le pouvoir politique et les capacités administratives des États doivent être réduits, Il s'agirait bien plutôt d'enraciner solidement et de développer les institutions politiques à ces niveaux « plus élevés » comme supplément nécessaire à celles qui existent à l'échelon de l'État […]. Ce concept politique se fonde sur la conviction que les États-nations sont toujours porteurs de sens, mais aussi qu'il faut des niveaux de gouvernance plus larges pour traiter les questions transnationales et planétaires. Il s'agit, tout en confortant la transparence et la réactivité de la vie politique locale et nationale, de créer des assemblées représentatives et délibératives à l'échelle du monde ; autrement dit, d'établir un ordre politique fait de villes et de nations, mais aussi de régions et de réseaux mondiaux, dans la transparence et la démocratie.

Voici donc ce qu'exige à long terme sur le plan institutionnel, la social-démocratie mondiale :

– gouvernance à plusieurs couches et autorité répartie ;

– un réseau de forums démocratiques, du local au planétaire ;

– renforcer la transparence, la responsabilité et l'efficacité des grandes institutions multilatérales fonctionnelles ; construire de nouveaux organismes de ce type là où existe le besoin démontrable d'une coordination des pouvoirs publics et d'une capacité administrative plus poussées ;

– améliorer la transparence, la responsabilité et la possibilité d'expression des acteurs non étatiques ;
– usage de divers mécanismes pour connaître les préférences des populations, tester leur cohérence et alimenter en informations la volonté publique ;
– établissement d'une force de coercition internationale efficace et responsable, à mettre en jeu en dernier ressort pour la défense du droit international humanitaire.
(Trad. R. Bouyssou, © Presses de Sciences Po, 2005, p. 191-197.)
NB : les notes de bas de page n'ont pas été reproduites.

SECTION 4. PROBLÈMES DE LA MONDIALISATION

Les événements du 11 septembre 2001 et les guerres qui ont suivi ont semble-t-il ouvert une nouvelle ère des relations internationales si ce n'est de l'histoire mondiale. Par leur ampleur et leur portée symbolique, cet acte terroriste et ceux qui ont été commis depuis par les groupes liés à la nébuleuse Al-Qaida ont suscité une large prise de conscience par rapport à la mondialisation du phénomène terroriste autrefois circonscrit à des contextes sinon à des territoires limités. Par ailleurs, la guerre d'Afghanistan, et surtout celle d'Irak, menées en grande partie au nom de la lutte contre le terrorisme, ont mis en lumière un nouveau lien entre celui-ci et la guerre. Le terrorisme et les nouveaux conflits qu'il implique apparaissent ainsi comme une forme de mondialisation de risques longtemps balisés.

Cette prise de conscience de la **mondialisation d'un certain nombre de risques** n'est pas pour autant la seule à avoir émergé ces dernières années. Depuis une vingtaine d'années, les questions environnementales, sanitaires ou alimentaires ont fait l'objet d'une attention grandissante tant de la part des pouvoirs publics que d'une opinion publique internationale encore embryonnaire mais déjà très active – tout particulièrement à travers les grandes organisations non gouvernementales (ONG) qui tentent de la représenter ou de la structurer au gré de préoccupations et de la défense de causes variées.

Au-delà de ces préoccupations grandissantes face à des risques globalisés, une réaction s'est également peu à peu organisée contre la mondialisation économique et financière à partir des années 1990, mêlant un discours anticapitaliste traditionnel au souci plus contemporain des modalités d'un développement plus harmonieux et plus égalitaire dans le monde.

Cet ensemble de phénomènes, de nature très différente, constitue ce que l'on qualifiera **d'envers de la mondialisation.** Ils participent pleinement à la globalisation à l'œuvre dans tous les domaines de l'activité humaine tout en nourrissant nombre des critiques qui peuvent lui être adressées.

4.1. La violence mondialisée

Le caractère international de certaines organisations criminelles ou terroristes ne date pas de l'épisode contemporain de la mondialisation. Les liens entre les mafias sur divers continents ou la capacité de réseaux terroristes à agir dans plusieurs pays ont été amplement démontrés depuis la fin de la Seconde Guerre mondiale (cf. F. Falletti & F. Debove, *Planète criminelle. Le crime, phénomène social du siècle ?*, PUF, 1998). Pourtant, la fin de la guerre froide puis le 11 septembre 2001 semblent avoir ouvert une nouvelle époque dans l'utilisation de la violence au niveau mondial. Phénomène dont la concomitance avec la mondialisation des échanges et l'ouverture des sociétés en même temps que des marchés doivent être interrogés.

La fin de la guerre froide a d'abord conduit à une reconfiguration des formes et des acteurs de la violence criminelle et terroriste. Ainsi, par exemple, le tarissement des flux financiers venant des deux grandes puissances et de leurs alliés en direction de mouvements de guérilla a-t-il conduit à la nécessité pour ceux-ci de chercher de nouveaux moyens de financer leur activité. La volonté de contrôler les richesses nationales de leurs pays a entraîné un renouveau des guerres civiles et des actions de prédation, en Afrique tout particulièrement. Les mouvements mafieux ont trouvé dans ce contexte de nouveaux débouchés à leurs activités (drogue, armes, prostitution...) et se sont davantage encore affranchis des frontières étatiques à l'intérieur desquelles ils exerçaient ces activités. Les mouvements de libération nationale, de guérilla et terroristes, se sont quant à eux fortement criminalisés pour pouvoir alimenter leur lutte (Afghanistan, Colombie...). Des zones « de non-droit » ou « grises », lieux de convergence de ces trafics, se sont développées partout dans le monde (Triangle d'Or en Asie du Sud-Est, Cordillère des Andes, zones tribales afghano-pakistanaises, Somalie, Soudan...) et parfois jusqu'au cœur même des sociétés occidentales, notamment dans les grandes villes (cf. J.-C. Rufin, *L'empire et les nouveaux barbares*, Paris, éd. Lattès, 2001, nouvelle édition revue et augmentée). La mondialisation a elle-même permis, grâce à l'augmentation des échanges, au développement des outils permettant des transactions financières toujours plus rapides et complexes, au dynamisme des paradis fiscaux, à l'amélioration des techniques de communication..., une démultiplication de l'activité criminelle. Le FMI estime ainsi aujourd'hui le chiffre d'affaires total des activités criminelles internationales à environ 1 000 milliards de dollars dont pratiquement la moitié proviendrait du trafic de drogue.

Or, il semble que malgré l'internationalisation des trafics et des menaces terroristes comme le démontrent les attentats perpétrés par les groupes rattachés au réseau Al-Qaida (11 septembre, Madrid, Londres...), la mise en commun des moyens de lutte et des informations s'avère plus lente. La souveraineté des États apparaît comme un obstacle aussi bien à la transparence des transactions financières qu'à la poursuite des actes criminels de la même manière et avec la même efficacité partout dans le monde. Aujourd'hui, les États concernés coopèrent de plus en plus dans le cadre d'organisations internationales spécialisées (Interpol, Europol, PNUCID pour la drogue, OTAN pour le terrorisme...) ou sur des bases bilatérales, mais les contraintes géopolitiques qui pèsent sur eux (notamment l'approvisionnement en matières premières et énergétiques) les empêchent souvent d'agir avec la plus grande efficacité (ainsi en est-il, par exemple, du cas devenu classique depuis 2001, du financement d'une large partie du terrorisme islamique, dans sa version salafiste notamment, par des fonds venus d'Arabie saoudite, par ailleurs premier fournisseur mondial de pétrole).

Le 11 septembre et ses suites ont entraîné une nouvelle phase de la mondialisation de la violence politique. Le lien établi, notamment par le président américain George W. Bush à travers la notion de « guerre totale contre le terrorisme », entre le terrorisme, celui d'Al-Qaida notamment qui semble particulièrement bien adapté aux conditions mêmes de la mondialisation actuelle (pas de base étatique, fonctionnement en réseau aux ramifications indépendantes, utilisation des moyens de communication modernes...), et la problématique de la guerre (renouvellement du questionnement sur la « guerre juste » à partir de la notion de « guerre préventive » défendue par l'Administration américaine – cf. M. Walzer, *De la guerre et du terrorisme*, Paris, Bayard Centurion, 2004) rend plus aléatoire et plus difficile l'appréhension des formes nouvelles de la violence politique. **La guerre contre le terrorisme, outre qu'elle déroge aux lois et conditions de la guerre traditionnelle, semble en effet avoir remplacé la guerre froide comme toile de fond des relations internationales.** Les États-Unis, puissance dominante, qualifiée parfois « d'hyperpuissance » (cf. H. Védrine, *Face à l'hyperpuissance*, Paris, Fayard, 2003), organisant désormais leurs relations et leurs actions autour du fait terroriste : action directe contre l'organisation terroriste et les pays qui la soutiennent (Afghanistan), listes de pays (États-voyous, « Axe du mal »…) en fonction de leur potentiel terroriste (prolifération d'armes nucléaires, bactériologiques ou chimiques), action pour abolir les causes du terrorisme (Irak, conflit israélo-palestinien…), constitution de coalitions « de la bonne volonté » avec les pays acceptant la même logique de guerre totale contre le terrorisme (cf. texte 1)… Les différents conflits ouverts ou potentiels apparaissent dès lors uniquement à travers ce prisme : ceux qui entrent dans la préoccupation de la guerre contre le terrorisme et ses causes (Afghanistan, Irak), et les autres qui apparaissent désormais comme plus périphériques ou secondaires par rapport à cet objectif (République démocratique du Congo, Soudan…). L'exemple de la focalisation du débat sur le droit ou le devoir d'ingérence autour de l'action américaine en Irak montre combien les conditions mêmes de la compréhension des phénomènes de la violence politique, sous la forme terroriste ou de la guerre, ont été profondément modifiées depuis quelques années.

4.2. Des risques globaux

C'est avec la menace sur l'environnement que la notion de risque global est devenue une réalité et un sujet d'intérêt pour les médias, les décideurs et l'opinion publique. Si le risque est une notion ancienne, que l'on connaît, calcule voire maîtrise bien dans certains domaines de la vie humaine, il n'en va pas de même pour celle de « risque global » qui est apparue récemment. Ainsi, par exemple, le risque de la mort est-il maîtrisé par le contrat social chez Hobbes ou le risque de la damnation est-il l'objet de toutes les attentions et assurances dans l'Église. Le risque moderne est quant à lui un risque socialisé, notamment à partir de la Révolution industrielle, dès lors qu'il résulte de l'action (productive notamment) de l'homme. La naissance de l'assurance sociale (cf. la loi sur les accidents du travail de 1898 qui marque l'avènement du risque socialisé en France) permet d'étendre le principe même de l'assurance et de l'actualisation du risque en en mutualisant le coût.

Avec le risque global, à partir de l'exemple écologique, on change à la fois de dimension et de problématique. Le risque est désormais tel, en particulier dans ses conséquences, qu'il n'est plus gérable par les mécanismes classiques de l'assurance. Comment en effet mesurer la réalité d'un risque écologique ? De même, comment imputer la responsabilité alors que les effets d'un phénomène écologique peuvent se faire sentir sur plusieurs générations ? Et d'ailleurs qui peut être tenu pour responsable tant les causes peuvent être multiples ou elles-mêmes liées au développement scientifique et technologique – au-delà de l'environnement, les débats sur la bioéthique ou encore les crises sanitaires ou alimentaires fournissent des exemples de plus en plus nombreux de cette redéfinition du risque (cf. texte 2). Une des conséquences les plus directes de cette transformation de la nature et de la forme du risque est le transfert de la gestion de ceux-ci, des experts, notamment des scientifiques, vers le politique qui doit faire face à des décisions de plus en plus difficiles à prendre et à assumer compte tenu de la complexité des données et de la grande incertitude dans laquelle il fait ses choix. **La survenance de risques globaux démontre en effet que les scientifiques ne sont plus capables de les vaincre alors même qu'ils les ont souvent créés.** Il appartient donc aux citoyens et aux politiques de dire quel doit être le seuil d'acceptabilité de risques parmi lesquels il faut choisir. C'est cette incertitude croissante notamment face à l'accroissement des risques scientifiques qui a présidé à l'introduction dans le droit des États d'une approche selon le « **principe de précaution** » (cf. texte 3). Ainsi le principe de précaution témoigne-t-il de cette nouvelle responsabilité politique face aux risques, notamment vis-à-vis des générations futures, mais aussi d'une méfiance grandissante vis-à-vis de la science et de la technique, non seulement inefficaces dans la prévision des risques mais de plus en plus dangereuses en raison de ceux, nouveaux, qu'elles font naître.

C'est également pour faire face aux nouveaux risques que la communauté internationale valorise depuis une vingtaine d'années de nouvelles approches quant à l'utilisation des ressources naturelles notamment. Cette nouvelle approche trouve son expression dans la notion de « **développement durable** » visant à autoriser un mode de développement harmonieux, répondant à la fois aux besoins du présent sans mettre en danger la capacité des générations futures à répondre à leurs propres besoins. Cette notion a été popularisée à partir du rapport Brundtland présenté en 1987 à l'ONU et reprise dans l'Agenda 21 adopté lors du Sommet de la terre à Rio en 1992 ; ce programme enjoignant les États à mettre en place un ensemble de mesures touchant de nombreux champs de l'activité humaine (démographie, consommation, santé…) et de nombreux publics ciblés (femmes, enfants, agriculteurs, ONG…) afin de préserver les ressources de la planète (énergie, diversité biologique, atmosphère, terres agricoles, mer…). Malgré des divergences quant à sa définition (ainsi par exemple la traduction anglaise du terme donne-t-elle la mesure de l'ambiguïté qu'elle soulève : *sustainable development*) et sa surutilisation par les médias comme par les gouvernements nationaux, le développement durable semble avoir déjà eu quelques effets positifs : une sensibilisation grandissante aux risques et aux enjeux environnementaux, sanitaires, alimentaires, démographiques…, l'adoption de législations nationales conformes à des normes communes (le principe pollueur-payeur par exemple), la mise en place relativement rapide au niveau international de normes obligatoires (par exemple l'entrée en vigueur en 2005 du Protocole de Kyoto adopté en 1997 sur la limitation du rejet des gaz à effet de serre, et ce malgré le refus des États-Unis de valider cet accord et d'en appliquer les recommandations jusqu'en 2008).

4.3. La contestation de la mondialisation au nom de ses méfaits

La mondialisation économique et financière, liée en partie à une accélération de la diffusion de nouvelles technologies de l'information et de la communication (Internet, téléphonie mobile, révolution numérique…), est un phénomène controversé. Non tant qu'il s'agisse de savoir si nous vivons la première mondialisation, ou si un phénomène comparable a déjà eu lieu (S. Berger, *Notre première mondialisation*, Le Seuil, 2003), mais plutôt parce que **les analyses sur ce qui est en jeu et son déroulement divergent.** Les tenants de la mondialisation voient avant tout dans les processus d'unification du monde et de généralisation du modèle libéral-capitaliste, la possibilité d'un accroissement de richesses et de l'accès pour le plus grand nombre à celles-ci. D'autres, plus circonspects mais néanmoins favorables, y voient l'occasion de définir les règles d'une meilleure gouvernance permettant de résoudre des questions auxquelles les seuls États souverains ne peuvent plus faire face (cf. *supra* et P. Lamy, *La démocratie-monde*, Le Seuil, 2004). Les derniers enfin voient avant tout dans la mondialisation l'extension de règles économiques, voire politiques, qui nuisent aux aspirations à la justice et à une redistribution équitable des richesses. C'est dans ce dernier ensemble que l'on trouve l'essentiel des « altermondialistes », terme chapeau regroupant désormais l'ensemble des opposants aux processus mêmes de la mondialisation (ouverture des marchés, financiarisation de l'économie, dérégulation…) et les partisans d'une « autre mondialisation » (cf. M. Hardt & A. Negri, *Empire*, Paris, Exils, 2000, trad. fr. D.-A. Canal). Ceux-ci se réclament d'ailleurs facilement d'un « mondialisme » (parfois successeur de l'internationalisme du mouvement ouvrier, parfois dans la droite ligne du cosmopolitisme classique) dessinant les traits d'un monde fondé sur des règles éthiques, sociales et environnementales (cf. A. Sen, *Un nouveau modèle économique : développement, justice, liberté*, Paris, Odile Jacob, 2000, trad. fr. M. Bessières).

Le mouvement altermondialiste est né dans les années 1990, dans un monde débarrassé de l'hypothèque communiste longtemps concurrente du système libéral-capitaliste, de la contestation coordonnée de plusieurs groupes opposés à la libéralisation des échanges dans le cadre du GATT (Accord général sur le commerce et les tarifs) puis de l'Organisation mondiale du commerce (OMC) à partir de 1994. Les crises financières à répétition des années 1980 et surtout 1990 (Mexique, Amérique latine, Asie du Sud-Est, Russie…) ont également mis en évidence, aux yeux des contestataires de la mondialisation, le rôle croissant joué par les institutions financières internationales nées des accords de Bretton Woods en 1944 (le FMI et la Banque mondiale) dans les politiques nationales et régionales de « stabilisation » et « d'assainissement » (cf. J. E. Stiglitz, *La grande désillusion*, Paris, Fayard, 2002, trad. fr. P. Chemla). **C'est contre ces institutions commerciales et financières que se cristallise un ensemble de mobilisations particulièrement médiatisées lors des grands sommets internationaux** (OMC, G7/G8, Forum économique de Davos…). La première manifestation de ce mouvement altermondialiste a ainsi eu lieu en novembre 1999 lors d'une réunion de l'OMC à Seattle. La qualité de l'organisation, notamment due à l'utilisation des nouvelles technologies, reposant sur des associations nord-américaines bien structurées, et la réaction parfois violente des autorités d'accueil des sommets a contribué à la large médiatisation du mouvement. Les interventions sont alors devenues plus systématiques et mieux coordonnées jusqu'à mobiliser plus d'un millier d'organisations à travers le monde, afin de diffuser un message clair et commun. Enfin, **cette mobilisation rencontre un grand succès dans l'opinion publique, occidentale en particulier, en raison de la crise de la participation politique traditionnelle.** Les formes nouvelles ou atypiques de participation qu'offre le mouvement altermondialiste (pétitions, campagnes ciblées, manifestations, forums régionaux, forum mondial de Porto Alegre ou de Mumbai...) semblent plaire à des populations qui se sentent de plus en plus étrangères aux modes conventionnels de la participation (élection, partis...) (cf. X. Crettiez & I. Sommier (dir.), *La France rebelle*, Paris, Michalon, 2002).

Au sein de la nébuleuse altermondialiste, on peut distinguer plusieurs types d'approches qui sont celles d'acteurs eux aussi parfois différents. Ainsi, certains syndicats, mouvements paysans ou encore régionalistes s'affichent-ils ouvertement souverainistes ou protectionnistes, trouvant dans l'écho médiatique du mouvement altermondialiste un vecteur d'intervention. D'autres organisations (ONG, associations environnementalistes, petits partis...) se revendiquent, quant à elles, d'une forme d'internationalisme. Cette dichotomie ne recoupe d'ailleurs que partiellement la distinction que l'on peut faire entre le discours, très politique, de certains groupes prônant la rupture avec le capitalisme, et celui, plus orienté vers des résultats concrets et ciblés, de ceux qui acceptent volontiers la participation au système de consultation et de concertation mis en place par les organisations internationales en marge des grands sommets officiels (dans les forums d'ONG par exemple). La même différence d'approche se retrouve dans l'utilisation ou non de la violence pour se faire entendre : certains groupes (le groupe anglais *Black Block*, par exemple) ne reculent pas devant la violence, renvoyant à une forme traditionnelle d'activisme anarchisant, alors que d'autres proposent une forme d'« expertise citoyenne » (c'est le cas notamment de l'organisation française ATTAC – cf. texte 4). Aussi une esquisse typologique des acteurs de l'altermondialisme doit-elle combiner ces critères, laissant apparaître la grande diversité si ce n'est l'hétérogénéité du mouvement, plus criante encore lorsque l'on s'intéresse aux différences idéologiques qui l'alimentent (gauchisme radical, christianisme social, développementalisme, écologie politique, anarchisme, souverainisme...).

Pourtant, au-delà de ces nombreuses différences, l'altermondialisme semble en mesure de présenter sinon un corpus du moins un ensemble commun de revendications et de thématiques. Le premier thème avancé est le **refus de toute « marchandisation » du monde** ; en fait le rejet des théories dominantes (libéralisation, déréglementation, ouverture des marchés, politique de l'offre) des institutions économiques et financières internationales dès lors qu'elles entendent les appliquer à des domaines qui jusqu'ici y échappaient au moins en partie : santé, éducation, culture, environnement... Un second thème, plus classique, renvoie **à la fracture Nord-Sud**, avec des revendications telles que l'annulation de la dette des pays pauvres ou, de manière plus novatrice, la mise en place d'une taxation des transactions financières pour permettre de financer des programmes d'aide aux pays défavorisés dominés dans le commerce international (par exemple la fameuse Taxe Tobin proposée par ATTAC – cf. texte 4) ou des mesures en faveur d'un « commerce équitable » (matières premières, agriculture...). Le troisième thème est celui de **la démocratisation de la mondialisation** qui doit permettre aux citoyens de participer aux décisions au niveau international, dans les organisations internationales notamment (cf. section 6.3.) et de renouveler les modalités de la décision publique sur les grands sujets d'intérêt commun, tels que l'environnement par exemple.

Les ambiguïtés et les divergences au sein du mouvement altermondialiste semblent néanmoins conduire aujourd'hui à un essoufflement de son activité. La difficulté de transformer un mouvement de contestation en force de proposition, voire en force capable d'élaborer un projet alternatif cohérent à la mondialisation actuelle, est de plus en plus apparente à mesure que le mouvement se manifeste. Le slogan « un autre monde est possible » proposé comme titre du projet altermondialiste n'a pas encore permis de voir à quoi pourrait ressembler ce monde alternatif. Cette difficulté est sans doute liée aussi à un élément plus fondamental encore qui mine intrinsèquement le projet altermondialiste lui-même : la lecture très unilatérale qu'il propose du phénomène de la mondialisation. **La contestation tous azimuts de la mondialisation empêche en effet souvent les tenants de l'altermondialisation de voir à quel point des processus qualifiés de « libéraux »** – sans parfois distinguer ce qui relève du capitalisme, de l'économie de marché ou des blocages étatiques... – **ont produit des effets contrastés selon les populations et les régions du monde concernées.**

Si la mondialisation n'est certainement pas l'idéal du « tous gagnants » (cf. P.R. Krugman, *La mondialisation n'est pas coupable. Vertus et limites du libre échange*, Paris, La Découverte, 1998 [1996], trad. A. Saint-Girons), elle n'apparaît assurément pas non plus comme un phénomène où tout le monde est perdant – en particulier dans le cas des classes moyennes des pays du Sud. Cette faille au cœur du discours altermondialiste qui refuse d'être qualifié d'antimondialiste est sans doute bien plus responsable de ses difficultés actuelles (comme en témoigne le relatif échec du mouvement depuis le sommet de Mumbai lors du Forum social mondial de 2004 ou encore lors de la conférence de l'OMC à Cancun en 2003) que les nombreuses divergences mentionnées plus haut. Si l'on y ajoute la question de la violence et plus généralement des formes de l'action, ainsi qu'un contexte international moins attentif en raison des tensions dues au terrorisme depuis le 11 septembre 2001, on comprend mieux pourquoi aujourd'hui l'un des thèmes qui ont le plus de succès lors des forums altermondialistes est désormais celui de l'avenir du mouvement et son débouché politique.

Textes

– Texte 1 –

■ Olivier Roy, *Les illusions du 11 septembre. Le débat stratégique face au terrorisme* (2002)

Washington a toujours déclaré depuis le 11 septembre que la construction d'une coalition n'était pas un préalable à la conduite des opérations. Mais, pour des raisons tant politiques que techniques, il est préférable d'organiser une telle coalition : isoler les pays hostiles, coordonner la quête du renseignement, disposer de bases logistiques, obtenir la présence de troupes au sol qui peuvent accepter un taux de pertes supérieur à celui de l'armée américaine. La rivalité entre le Département d'État et le Pentagone relève plus ici du partage des tâches que de divergences de vue. Il faudrait d'ailleurs nuancer l'idée selon laquelle les militaires du Pentagone seraient hostiles à une coopération avec les Européens au motif qu'elle leur ferait perdre du temps ou qu'elle obérerait la rationalité strictement opérationnelle de la définition des cibles au profit de considérations politiques et diplomatiques. Les faucons et les isolationnistes du Pentagone sont avant tout les civils de cette administration, à commencer par le secrétaire d'État à la Défense, Donald Rumsfeld, et son numéro deux, Paul Wolfowitz.

Mais les militaires eux-mêmes ont une vision plus nuancée, mélange à la fois de considérations techniques et de corporatisme professionnel. Selon le général W. Clark, commandant en chef des forces de l'Otan en Europe lors de la guerre du Kosovo, les blocages dans la conduite des opérations ne venaient pas de la lourdeur du processus de décision de l'Otan, ni même de l'hétérogénéité des langues, des armes, des chaînes de commandement ou des cultures militaires, mais bien de la bureaucratie du Pentagone. Nul doute que le renforcement de l'unilatéralisme américain ne fera qu'accentuer cette dimension interne : la quête d'une impossible rationalisation et coordination des agences, des instances de décision et des bureaucraties, à commencer par l'armée.

Toujours est-il que le 11 septembre a mis en évidence la fragilité des alliances existantes (Europe et Turquie mises à part). Les terroristes sont originaires très souvent de pays considérés comme des alliés de longue date des Américains. Le cas le plus typique est celui de l'Arabie saoudite. Le directeur du Policy Planning Staff, Richard Haas, a, au cours du premier trimestre 2002, utilisé à plusieurs reprises les termes de *limited partners* et non d'alliés pour parler de l'Arabie saoudite et du Pakistan.

Mais cette flexibilité des alliances vaut aussi pour les menaces. La Chine, considérée par l'administration Bush, lors de son arrivée aux commandes, comme la menace type du XXIe siècle, a cessé de l'être au soir du 11 septembre. Pourtant, il n'y a pas ici rupture avec la doctrine de l'administration. L'idée de rassembler des coalitions ponctuelles sur une menace précise concernant les intérêts américains est bien antérieure au 11 septembre : elle était déjà à l'œuvre lors de la guerre du Golfe, où la Syrie, régulièrement dénoncée comme protégeant des terroristes, s'est retrouvée dans la coalition alliée. Cette idée correspond bien à l'unilatéralisme affirmé par l'administration Bush dès son arrivée au pouvoir.

(Coédition Le Seuil – La République des idées, 2002, p. 21-22.)

– Texte 2 –

■ Ulrich Beck, *La société du risque. Sur la voie d'une autre modernité* (2001)

Le démantèlement des fondements écologiques et naturels de la vie causé par l'industrialisation libère une dynamique de développement social et politique sans précédent historique, qui nous échappe encore totalement, et dont les conséquences nous contraignent à repenser les rapports entre nature et société. Cette thèse nécessite quelques éclaircissements théoriques. [...]

La signification des considérations développées précédemment se résume au constat suivant : on assiste à *la fin de l'opposition entre nature et société*. Ou encore : il devient impossible d'appréhender la nature *indépendamment* de la société, et impossible d'appréhender la société *indépendamment* de la nature. Les théories de la société forgées au XIXe siècle (ainsi que leurs variantes du XXe) pensaient fondamentalement la nature comme du donné, du dévolu aux contraintes duquel il fallait se plier ; dans le même temps, on la considérait toujours comme l'Autre, quelque chose de fondamentalement différent, une *non*-société. C'est le processus d'industrialisation lui-même qui a aboli ces représentations, c'est lui qui les a *historiquement falsifiées*. À la fin du XXe siècle, la « nature » n'est plus *ni* prédéterminée *ni* donnée, elle est devenue un produit historique, un équipement *interne* du monde civilisé en butte aux destructions et aux menaces des conditions naturelles de sa reproduction. Or, cela signifie que les destructions de la nature, intégrées dans la circulation universelle de la production industrielle, cessent d'être de « simples » destructions de la nature pour devenir partie intégrante de la dynamique sociale, économique et politique. La sociétisation de la nature a pour corollaire inattendu une *sociétisation des destructions et des menaces portant sur la nature*, sa transformation en contradictions et en conflits économiques, sociaux et politiques : les dommages infligés aux conditions naturelles de la vie se muent en menaces médicales, sociales et économiques globales pour l'homme – ce qui implique des exigences radicalement nouvelles pour les institutions sociales et politiques de la société mondiale hyperindustrialisée.

C'est justement cette transformation des menaces civilisationnelles qui affectaient la nature en menaces sociales, économiques et politiques mettant en danger le système qui constitue un défi réel pour le présent et l'avenir, c'est elle qui justifie la notion de société du risque. Tandis que la notion de société industrielle classique repose sur l'opposition de la nature et de la société (au sens où on l'entendait au XIXe siècle), la notion de société (industrielle) du risque prend pour point de départ une « nature » intégrée à la civilisation, et elle suit la métamorphose des dommages qui lui sont infligés à travers les différents systèmes sociaux partiels. Quant à savoir ce que l'on entend par « dommages » dans le contexte de cette seconde nature industrialisée, voilà qui fait l'objet – comme nous l'avons montré – de définitions scientifiques, antiscientifiques et sociales. On a étudié cette controverse en suivant le fil d'Ariane de l'apparition des *risques liés à la modernisation*, et de la prise de conscience de leur existence. Cela signifie que les « risques liés à la modernisation » représentent l'arrangement notionnel, la catégorie mentale qui permet d'appréhender socialement les dommages et les destructions infligées à une nature indissociable de la civilisation, de déterminer leur importance et leur urgence, et de choisir la façon dont on les refoule et/ou celle dont on les gère. Ils constituent la « seconde morale » scientificisée dans le cadre de laquelle on traite de façon socialement « légitime » c'est-à-dire en prétendant à l'efficacité – les dommages infligés à une nature industriellement exploitée qui a cessé d'être nature. La conséquence principale d'un tel phénomène est la suivante : dans le cadre de la modernité avancée, il est justement devenu impossible de comprendre la société et tous ses systèmes partiels – économie, politique, famille, culture – indépendamment de la nature. Les problèmes d'environnement ne sont *pas* des problèmes qui se jouent dans les « environs », ce sont incontestablement – dans leur genèse comme dans leur forme – des problèmes *sociaux*, des *problèmes de l'homme*, qui touchent à son histoire, à ses conditions de vie, à son rapport au monde et à la réalité, à son organisation économique, culturelle et politique. Il faut aller jusqu'à considérer la « nature interne » du monde civilisé transformée par l'industrialisation comme le modèle du *non-environnement*, comme un environnement *intérieur* face auquel toutes les capacités de distanciation et d'exclusion que nous cultivons tant se révèlent *impuissantes*. À la fin du XXe siècle, le modèle est le suivant : la nature *est* la société, la société est également « nature ». Continuer aujourd'hui à parler de la nature comme d'une non-société, c'est parler dans les catégories d'un siècle révolu, incapables désormais de saisir la réalité qui est la nôtre.

(Trad. L. Bernardi, © Éditions Aubier, 2001 [1986], p. 146-148 [l'italique est un choix de l'auteur].)

– Texte 3 –

■ Charte pour l'environnement, adoptée le 28 février 2005 par le Parlement réuni en Congrès et promulguée le 1er mars 2005 par le président de la République

« Le peuple français,

« Considérant,

« Que les ressources et les équilibres naturels ont conditionné l'émergence de l'humanité ;

« Que l'avenir et l'existence même de l'humanité sont indissociables de son milieu naturel ;

« Que l'environnement est le patrimoine commun des êtres humains ;

« Que l'homme exerce une influence croissante sur les conditions de la vie et sur sa propre évolution ;

« Que la diversité biologique, l'épanouissement de la personne et le progrès des sociétés humaines sont affectés par certains modes de consommation ou de production et par l'exploitation excessive des ressources naturelles ;

« Que la préservation de l'environnement doit être recherchée au même titre que les autres intérêts fondamentaux de la Nation ;

« Qu'afin d'assurer un développement durable, les choix destinés à répondre aux besoins du présent ne doivent pas compromettre la capacité des générations futures et des autres peuples à satisfaire leurs propres besoins ;

« Proclame :

« *Art. 1er*. – Chacun a le droit de vivre dans un environnement équilibré et respectueux de la santé.

« *Art. 2*. – Toute personne a le devoir de prendre part à la préservation et à l'amélioration de l'environnement.

« *Art. 3*. – Toute personne doit, dans les conditions définies par la loi, prévenir les atteintes qu'elle est susceptible de porter à l'environnement ou, à défaut, en limiter les conséquences.

« *Art. 4*. – Toute personne doit contribuer à la réparation des dommages qu'elle cause à l'environnement, dans les conditions définies par la loi.

« *Art. 5*. – Lorsque la réalisation d'un dommage, bien qu'incertaine en l'état des connaissances scientifiques, pourrait affecter de manière grave et irréversible l'environnement, les autorités publiques veillent, par application du principe de précaution et dans leurs domaines d'attributions, à la mise en œuvre de procédures d'évaluation des risques et à l'adoption de mesures provisoires et proportionnées afin de parer à la réalisation du dommage.

« *Art. 6*. – Les politiques publiques doivent promouvoir un développement durable. À cet effet, elles concilient la protection et la mise en valeur de l'environnement, le développement économique et le progrès social.

« *Art. 7*. – Toute personne a le droit, dans les conditions et les limites définies par la loi, d'accéder aux informations relatives à l'environnement détenues par les autorités publiques et de participer à l'élaboration des décisions publiques ayant une incidence sur l'environnement.

« *Art. 8*. – L'éducation et la formation à l'environnement doivent contribuer à l'exercice des droits et devoirs définis par la présente Charte.

« *Art. 9*. – La recherche et l'innovation doivent apporter leur concours à la préservation et à la mise en valeur de l'environnement.

« *Art. 10*. – La présente Charte inspire l'action européenne et internationale de la France. »

– Texte 4 –

■ Ignacio Ramonet, « Désarmer les marchés », éditorial du *Monde diplomatique* de décembre 1997 – considéré comme un texte fondateur par l'association ATTAC (extrait)

La taxation des revenus financiers est une exigence démocratique minimale. Ces revenus devraient être taxés exactement au même taux que les revenus du travail. Ce n'est le cas nulle part, en particulier dans l'Union européenne.

La liberté totale de circulation des capitaux déstabilise la démocratie. C'est pourquoi il importe de mettre en place des mécanismes dissuasifs. L'un d'entre eux est la taxe Tobin, du nom du Prix Nobel américain d'économie qui la proposa dès 1972. Il s'agit de taxer, de manière modique, toutes les transactions sur les marchés des changes pour les stabiliser et, par la même occasion, pour procurer des recettes à la communauté internationale. Au taux de 0,1 %, la taxe Tobin procurerait, par an, quelque 166 milliards de dollars, deux fois plus que la somme annuelle nécessaire pour éradiquer la pauvreté extrême d'ici au début du siècle.

De nombreux experts ont montré que la mise en œuvre de cette taxe ne présente aucune difficulté technique. Son application ruinerait le credo libéral de tous ceux qui ne cessent d'évoquer l'absence de solution de rechange au système actuel.

Pourquoi ne pas créer, à l'échelle planétaire, l'organisation non gouvernementale Action pour une taxe Tobin d'aide aux citoyens (Attac) ? En liaison avec les syndicats et les associations à finalité culturelle, sociale ou écologique, elle pourrait agir comme un formidable groupe de pression civique auprès des gouvernements pour les pousser à réclamer, enfin, la mise en œuvre effective de cet impôt mondial de solidarité.

7
Science et société

Section 1. Sciences et pouvoir
    1.1. Une science impliquée
    1.2. Des principes autonomes
    1.3. Positivisme et scientisme
    1.4. Critiques de l'hégémonie scientifique
    1.5. Les sciences dans la cité
    1.6. Une scientificité ouverte

    Textes
    1. Simon Laplace, *Essai philosophique sur les probabilités* (1814)
    2. Auguste Comte, *Cours de philosophie positive* (1842)
    3. Claude Bernard, *Introduction à l'étude de la médecine expérimentale* (1865)
    4. Karl Popper, *Conjectures et réfutations* (1963)
    5. Robert Blanché, *La science actuelle et le rationalisme* (1967)
    6. Paul Feyerabend, *Contre la méthode. Esquisse d'une théorie anarchiste de la connaissance* (1975)
    7. Jean-Marc Levy-Leblond, *L'esprit de sel* (1981)
    8. Ilya Prigogine et Isabelle Stengers, *La nouvelle alliance. Métamorphose de la science* (1986)
    9. Michel Henry, *La barbarie* (1987)
    10. Bruno Latour, *La science en action* (1989)
    11. Alan Chalmers, *La fabrication de la science* (1990)
    12. Étienne Klein et Marc Lachièze-Rey, *La quête d'unité* (1995)

Section 2. Technique et écologie
    2.1. La science s'associant la technique
    2.2. Du primat de la technique à sa critique
    2.3. Émergence de l'écologie
    2.4. Formes de l'écologie
    2.5. Transformations techniciennes de notre monde
    2.6. Une nouvelle morale ?
    2.7. Le principe de précaution

    Textes
    1. D'Alembert et Diderot, *Encyclopédie ou dictionnaire raisonné des sciences, des arts et des métiers* (1751)
    2. Gilbert Simondon, *Du mode d'existence des objets techniques* (1958)
    3. Hans Jonas, *Le principe responsabilité. Une éthique pour la civilisation technologique* (1979)
    4. Paul Virilio, *L'horizon négatif* (1984)
    5. Ulrich Beck, *La société du risque. Sur la voie d'une autre modernité* (1986)
    6. *Notre avenir à tous* (Rapport Bruntland – 1987)

7. Michel Serres, *Le contrat naturel* (1990)
8. Luc Ferry, *Le nouvel ordre écologique. L'arbre, l'animal et l'homme* (1992)
9. François Ewald, *Le retour du malin génie. Esquisse d'une philosophie de la précaution* (1997)
10. Philippe Kourilsky et Geneviève Viney, *Le principe de précaution. Rapport au Premier ministre* (1999)
11. Bruno Latour, *Politiques de la nature* (1999)
12. Olivier Godard, « Une précaution proportionnée », *Traité des nouveaux risques* (2002)

Section 3. Information et communication
3.1. Différentes dimensions de la communication
3.2. Hiérarchie des modes de communication
3.3. Les images et l'expression
3.4. Les sciences cognitives
3.5. La société de communication
3.6. L'apport des technologies de l'information et de la communication

Textes
1. Alan M. Turing, *Machines à calculer et intelligence* (1950)
2. Michel Serres, *Hermès II, L'interférence* (1972)
3. Jean-Pierre Changeux, *L'homme neuronal* (1983)
4. Lucien Sfez, *Critique de la communication* (1988)
5. Régis Debray, *Cours de médiologie générale* (1991)
6. Régis Debray, *Vie et mort de l'image. Une histoire du regard en Occident* (1992)
7. Daniel Andler, *Calcul et représentation* (1992)
8. Dominique Wolton, *Penser la communication* (1997)
9. Gérard Leclerc, *La société de communication* (1999)
10. Armand Mattelart, *Histoire de la société de l'information* (2001)
11. Loi n° 2004-575 du 21 juin 2004 pour la confiance dans l'économie numérique
12. Dominique Wolton, *Il faut sauver la communication* (2005)

Section 4. Les perplexités de la bioéthique
4.1. Le champ des problèmes
4.2. Le rôle du législateur
4.3. Un consensus de principe
4.4. Des positions antagonistes
4.5. Vers une nouvelle éthique ?

Textes
1. Hugo Tristram Engelhardt, *The foundations of bioethics* (1986-1996)
2. Jacques Testart, *L'œuf transparent* (1986)
3. Gilbert Hottois, *Le paradigme bioéthique. Une éthique pour la technoscience* (1990)
4. François Dagognet, *Entretien avec Roger-Pol Droit* (1993)
5. Lucien Sève, *Pour une critique de la raison bioéthique* (1994)
6. Déclaration universelle sur le génome humain adoptée par l'Unesco le 11 novembre 1997
7. Jean-Paul Thomas, *La bioéthique à l'épreuve de la finitude* (1999)

8. Jacques Testart, *Le vivant manipulé* (2003)
9. Dominique Lecourt, *Humain, posthumain : la technique et la vie* (2003)
10. Textes issus des lois n° 94-653, relative au respect du corps humain (29 juillet 1994), n° 94-654, relative au don et à l'utilisation des éléments et produits du corps humain, à l'assistance médicale à la procréation et au diagnostic prénatal (29 juillet 1994) et n° 2004-800, relative à la bioéthique (6 août 2004)
11. Mark Hunyadi, *Je est un clone* (2004)
12. Catherine Labrousse-Riou, *L'humain en droit : réalité, fiction, utopie ?* (2006)

SECTION 1. SCIENCES ET POUVOIR

Nous avons vécu le triomphe de la rationalité scientifique. Après plusieurs vagues d'industrialisation, les sciences expérimentales ont façonné les paysages dans lesquels s'inscrit notre société ; seuls des ingénieurs paraissent détenir la maîtrise des appareillages au sein desquels nous nous mouvons. Les termes de « savant », « expert » ou « chercheur » sont spontanément associés aux sciences, à leurs laboratoires et expériences aussi fascinants qu'impénétrables. D'audacieux théoriciens prétendent être en passe de nous livrer bientôt les ultimes clefs de la compréhension de l'univers. **La science en un sens ne saurait être remise en cause : sa valeur est prouvée par son efficacité,** laquelle est indubitablement attestée par les transformations que ses techniciens ont imposées à notre monde. Les sciences de la nature ont naguère fait l'objet d'une confiance générale ; on a pu se représenter que ses spécialistes pourraient un jour ou l'autre apporter solution à tous les problèmes. **Pourtant, on appréhende également souvent l'activité scientifique dans un climat d'inquiétude.** Les journaux se font l'écho de découvertes annoncées avant d'être assurées ; des experts n'hésitent pas à remettre en cause publiquement les résultats avancés par d'autres chercheurs. L'affaire Sokal, qui a publié un canular dans une revue de renom, atteste la fragilité, sinon du savoir scientifique, du moins du mode de diffusion des informations entre les savants. Le génie génétique menace de donner à l'homme un pouvoir de prédétermination de l'humain. L'épistémologie contemporaine, de tendance constructiviste, permet de prendre conscience des doutes qui subsistent dans l'esprit des plus savants. Concernant la science du XXe siècle, on a plusieurs fois parlé de crise des fondements. Il convient de **comprendre l'ambiguïté constitutive de notre attitude à l'égard de la science, qui apparaît lourde de menaces autant que riche de promesses.** Il faut alors préciser de quel type de validité s'autorisent les sciences, pour évaluer le crédit qu'on peut leur accorder. Dans quelle mesure relèvent-elles d'un type de savoir autonome ? Dans quelle mesure leurs applications techniques peuvent-elles confirmer ou remettre en cause leur position hégémonique ? En quoi l'évolution des théories scientifiques a-t-elle conduit à une redéfinition du type de connaissance qu'elles constituent ? Les doutes nés des dommages provoqués par les techniques conduisent-ils à une réévaluation de leurs fondements scientifiques ? Les sciences peuvent-elles être conçues indépendamment des relations sociales dans lesquelles et par lesquelles elles s'instituent ? **Quelle est l'autorité d'une science immergée dans la société ?**

1.1. Une science impliquée

Le savoir scientifique s'est constitué essentiellement lors de la période moderne. L'Antiquité n'a connu qu'une séparation très sommaire entre les disciplines de recherche et n'a développé que peu d'expérimentations. En Grèce ancienne, les « amis du savoir » (les philosophes) étaient des moralistes autant que des physiciens. C'est dans la mesure où leur connaissance était spéculative qu'ils pouvaient cultiver une indépendance par rapport au pouvoir. Déjà pour Platon, la philosophie doit connaître des applications politiques. À défaut de devenir roi, le philosophe pourra entreprendre de former le roi à la philosophie. Platon s'est lui-même essayé à infléchir le politique lors de deux voyages à Syracuse, deux échecs dont le dernier s'est soldé par sa vente comme esclave. Dès que les sciences ont pu avoir des applications (balistiques, notamment), elles ont intéressé le pouvoir, qui a cherché à les utiliser, et même a vu son intérêt à les susciter pour mieux les orienter. C'est **au cours de la période moderne** que **s'est progressivement instaurée la subordination de la recherche à l'État**. Après que les scientifiques ont fait preuve de leur efficacité dans le domaine militaire, architectural, industriel, il est devenu d'usage de les solliciter pour définir les principes de projets collectifs. Il est difficile de concevoir une science pure. Certes, les calculs sur des espaces à plusieurs dimensions illustrent la spéculation pour elle-même. Mais il semble inhérent à l'activité scientifique d'utiliser ses productions pour interpréter le monde et agir sur lui, comme le montre le recours à une géométrie non-euclidienne pour modéliser l'espace courbe de la théorie de la relativité. **Aucune connaissance n'est isolée de ses implications : en même temps qu'elle transforme le monde, la science épouse et modifie un milieu social.** Même si elle se présente volontiers comme neutre et objective, ses promoteurs sont toujours mus par un engagement affectif ou politique (Levy-Leblond, texte 7). Si le savoir s'évalue à l'aune de ses applications, aucune théorie ne peut être séparée d'un intérêt pragmatique. Il faudra dès lors statuer sur ses prétentions à connaître le réel.

1.2. Des principes autonomes

Pourtant, **la connaissance scientifique** semble s'être constituée essentiellement par le biais d'une revendication d'autonomie de ses fondements. Elle **est** en effet **censée reposer sur des principes qui valent par eux-mêmes, justifiés par leur évidence propre**. L'un des premiers est le principe de causalité, à partir duquel s'établit la visée explicative des théories. « Les mêmes causes produisent les mêmes effets ». Cette formulation renvoie à l'objet de l'interprétation scientifique : identifier des lois constantes, non soumises à des variations locales. La nature est ainsi conçue comme un ordre stable : cette régularité va permettre la prévision. Le savoir en science a une finalité prospective. « Il n'y a pas d'effet sans cause » : cette formulation exclut de rencontrer dans la nature un élément qui ne ressortisse pas de la législation homogène de la rationalité. L'application de ce principe de causalité peut donc être généralisée à l'ensemble de ce qui est. L'univers est régi par des lois qui permettent de le soumettre intégralement aux interprétations et aux prévisions scientifiques. Laplace (texte 1) imagine, pour transcrire ce **déterminisme universel**, un esprit qui ne connaîtrait aucune limitation : disposant de tous les éléments et de toutes les lois de leur évolution, il serait capable de prévoir avec certitude les états postérieurs du système considéré. Ce qui sous-tend l'évidence de cette déclaration de principe, c'est l'**exclusion de tous les événements irrationnels, obéissant à quelque volonté imprévisible**. La scientificité s'institue donc à l'encontre de l'explication par les causes finales, ressortissant de l'animisme (croyance selon laquelle les phénomènes matériels sont régis par des orientations spirituelles). Placée sous la bannière du déterminisme laplacien, la science est forte des succès de la mécanique et de l'astronomie, qui ont reçu une formalisation accomplie dans les *Principes mathématiques de philosophie naturelle* (1687) de Newton. Depuis Galilée, l'interprétation de la nature est ordonnée à l'expérimentation : c'est par la mathématisation de ce qu'on observe et la généralisation du modèle que l'on peut comprendre la variation des phénomènes. Il s'agit de soumettre le donné à un schéma rationnel qui est idéal et reproductible. Le principe d'homogénéité du normal et du pathologique, adopté par Claude Bernard, offre une grille d'interprétation qui n'exclut pas l'intervention expérimentale sur les malades, comme cela avait pu être le cas auparavant, comme cela perdurera pour les aliénés. Ainsi **les sciences de la nature ne sont pas expérimentales parce qu'elles sont construites à partir d'expériences, mais parce qu'elles instituent la possibilité d'expérimenter leurs résultats.** Le modèle expérimental a été explicité par Claude Bernard : observation, comparaison et jugement (texte 3). Par l'intention comparatiste, l'expérimentation est un mode d'interrogation, un examen informé qui pourra être réitéré pour être vérifié. Déployant ses connaissances comme une diversification d'effets, l'activité scientifique vise donc avant tout l'efficacité. Son attention est polarisée par ses objets, qu'elle définit exclusivement dans les relations d'interaction qu'ils entretiennent. Les sciences de la nature ont pu se prévaloir de tant de succès – notamment en tant que bases théoriques de la Révolution industrielle du XIXe siècle qu'il est apparu souhaitable de traiter toutes questions par le biais de leur positivité.

1.3. Positivisme et scientisme

La science constitue le modèle de l'esprit positif, qui se borne par construction à l'explicitation des rapports entre des entités observables. Le positivisme se définit comme la volonté de soumettre toutes choses à une appréhension d'esprit positif visant la formulation de lois rationnelles. Auguste Comte estime que cette aspiration à la positivité scientifique doit couronner le développement humain en faisant suite à l'âge polythéiste animiste, et à l'âge métaphysique formaliste, pour donner aux productions de l'esprit leur effectivité et leur réalité (texte 2). Afin de constituer le dernier âge de l'humanité, le positivisme déploie ses conséquences dans l'ensemble des branches du savoir. Il désigne donc l'effort pour donner à la méthode scientifique un champ d'application le plus étendu possible. Comte s'est ainsi employé à édifier un *Système de politique positive* (1851-1857) fondé sur des principes exclusivement rationnels. Cet optimisme prospectif est sans doute à l'origine du **scientisme** qui **postule que la science suffira à l'édification de tout savoir** : il considère les procédés de la science aptes à donner solution à tous les problèmes que pourra rencontrer l'esprit humain. L'esprit positif est propre aux sciences de la nature ; l'esprit positiviste est une disposition qui s'efforce d'étendre l'application des méthodes expérimentales (mais s'expose à être démentie par les faits), tandis que le scientisme est un acte de foi en les possibilités futures de la science. Le triomphe des sciences expérimentales au cours de la période moderne a conduit à voir en elles le produit le plus achevé de notre culture. Pourtant le scientisme réduit la créativité humaine, en postulant que l'esprit n'aura à résoudre que des questions qui lui viendront de l'extérieur. Il suppose aussi que les procédés de la science sont indéfiniment valides. Le scientisme n'est plus le fait que de quelques chercheurs optimistes. Mais le prestige de la science est tel qu'il ne conduit que rarement à remettre en question l'esprit positif. Dans sa volonté d'étendre les applications de la science, notre époque est encore positiviste. Mais, en voyant le plus souvent dans la science la panacée des productions culturelles, ne faisons-nous pas encore preuve d'une confiance trop naïve ? La remise en cause de la scientificité au nom des menaces que peuvent recéler ses applications ne participe-t-elle pas du même mythe d'un savoir homogène et tout-puissant ?

1.4. Critiques de l'hégémonie scientifique

L'attitude scientifique est une attention aux objets, à leurs rapports constants, qui répond à une intention de formalisation. La science ne saisit que les aspects généralisables et mathématisables des choses ; **elle s'est constituée par exclusion de la sensibilité.** Elle proscrit l'intériorité, l'affectivité, la vie même, et ne saurait constituer une culture, si cette dernière est caractérisée par un rapport de l'esprit à lui-même dans l'esthétique, le politique, le religieux. Aux yeux de Michel Henry (texte 9), l'alignement de nos représentations sur une norme scientifique ne conduit pas seulement à réduire notre culture à un de ses aspects, mais encore à détruire l'activité culturelle elle-même. La barbarie inhérente aux temps modernes, culminant à notre époque, consiste en effet à empêcher tout rapport de la vie à elle-même. À travers sa recherche d'efficacité, le développement de ses applications technologiques et médiatiques, la science a produit une hégémonie de la technique à laquelle nous nous soumettons, faute d'interroger notre subjectivité. La science a donc étendu son pouvoir de transformation des choses sur les esprits ; ce faisant, elle en a étouffé les ressources culturelles, en les rendant incapables de se donner d'autre mesure que l'efficacité. C'est que, par ses applications techniques, la science a toujours eu partie liée avec le pouvoir politique. De nos jours, souligne Paul Feyerabend, l'État démocratique moderne est encore le meilleur allié de l'esprit positiviste. Alors que nos institutions se sont rendues indépendantes de toute autre forme de connaissance (mythique, religieuse), elles apportent leur caution exclusive aux sciences « dures » (texte 6). L'interprétation expérimentale de la nature est au fondement de tous les programmes d'enseignement de nos démocraties occidentales. **Dans le développement de nos facultés, nous privilégions la conception sur l'imagination : nous visons l'application technique plutôt que l'invention intellectuelle.** La méthode analytique de la science est sclérosante : elle nous cantonne à notre tradition, n'a aucune fonction d'innovation, ne développe qu'une partie du potentiel de notre esprit. En sciences comme dans les autres domaines de production de nos représentations, le seul précepte qui peut subsister, selon Feyerabend, est « tout est bon ». La seule règle définitivement stable, c'est celle de l'absence de règle. Si on admet que les individus peuvent cautionner les idéologies qu'ils souhaitent, on devra leur accorder la possibilité de choisir les formes de représentation qu'ils préfèrent, ce que l'hégémonie de la science ne permet pas. Ces critiques ont le mérite d'attirer l'attention sur la domination exercée par la pensée scientifique sur nos esprits, et sur sa collusion avec les structures mêmes du pouvoir. Mais elles méconnaissent la diversité des sciences et stigmatisent à outrance leurs procédés d'élaboration sociale qui en font des institutions.

1.5. Les sciences dans la cité

Depuis le XVIIe siècle, les savoirs expérimentaux se sont spécifiés pour devenir des disciplines propres : chimie au XVIIIe, biologie au XIXe siècle. **Aujourd'hui, les domaines de recherche se multiplient, paraissant de plus en plus**

hétérogènes les uns aux autres. Cet éclatement des connaissances conduit à leur reconnaître différents statuts. Ainsi, alors même que la physique s'est constituée par exclusion de l'intervention de causes finales, les sciences de la vie n'ont cessé de débattre de l'éventuelle intervention d'un principe vital, entité immatérielle permettant de décrire l'étonnante organisation du vivant. Certes, depuis la découverte du code génétique (conséquence de l'identification de la structure de l'ADN par Watson et Crick, 1953), l'adaptation de la partie au tout, au sein de l'organisme, a pu recevoir une explication d'ordre mécanique. Depuis Darwin, les notions de mutation et de sélection tentaient de définir les conditions matérielles de l'évolution. Aujourd'hui encore, nombre de chercheurs cultivent l'idée qu'une activité autonome n'a pu être donnée aux structures vivantes que par un principe non matériel. Il semble donc que ces reproches d'excès de pouvoir adressés à la connaissance scientifique prennent plus pour cible une science idéale que les savoirs positifs tels qu'ils se construisent. La communauté des chercheurs n'est pas unie ; les frontières entre la science « pure » et les incertitudes humaines sont malaisées à déterminer. **La science se construit dans la cité terrestre et participe de ses faiblesses.** Les chercheurs ne sont pas les promoteurs isolés d'un savoir pur dont seuls les utilisateurs seraient responsables (Levy-Leblond, texte 7). Dès sa production, le savoir scientifique est impliqué, parce qu'il est financé, parce qu'il obéit à une passion de conquête. Il n'est donc plus possible de se faire du savant l'image d'un expérimentateur objectif qui s'efforcerait par ses résultats d'apporter sa pierre à l'édifice stable et croissant sans cesse de la connaissance. À partir de la remise en cause de la distinction fondamentale des sujets et des objets, Bruno Latour (cf. V, 3 texte 13) analyse les travaux scientifiques dans leur activité même, qui a des implications sociales et ne saurait plus rester indépendante de l'intervention politique. Mais, plutôt que d'opposer science pure et processus sociaux au moins en partie irrationnels, il s'agit de **prendre conscience de l'imbrication des savoirs.** Les pratiques conjoignent de nombreuses dimensions qu'il est toujours pour le chercheur difficile d'associer. On distingue par exemple le plus souvent les institutions et les activités de connaissance qu'elles abritent ; pourtant, la constitution du savoir procède de déplacements dans le périmètre même des formes sociales. Il importe donc d'élaborer des outils d'analyse qui épousent les pratiques d'élaboration des produits de la science, en développant des études de terrain. La compréhension de l'interaction d'objets hybrides sous forme de constellations en mouvement ne vise pas la dénonciation de telle ou telle instance de pouvoir, mais cherche à faire émerger de nouvelles instances de réflexion et de décision. La recherche en sociologie des sciences doit associer l'ensemble des acteurs de la technoscience, sans séparer la science ni de ses applications, ni de ses procédures complexes de constitution (texte 10). À terme, ce renouvellement de la démarche épistémologique, en permettant à tous de mesurer le caractère composite des savoirs scientifiques, est appelé à décloisonner les réflexions et à « faire entrer les sciences en démocratie ».

1.6. Une scientificité ouverte

L'éclatement des investigations scientifiques a conduit, en raison de l'hétérogénéité croissante des théories, à abandonner le projet classique visant leur unification. Les interprétations des mêmes phénomènes s'opposent entre elles, non seulement parce qu'elles invalident l'état antérieur des connaissances sur la question, mais encore parce qu'il arrive que soient développées plusieurs théorisations qui se contredisent. Dès lors, le rêve d'unité théorique, lorsqu'il engendre des fantasmes scientistes ou métaphysiques, est un idéal douteux, masquant la diversité de la recherche (Klein et Lachièze-Rey, texte 12). Au cours du XXe siècle, on a profondément modifié la conception moderne des sciences comme modèle de vérité. Si les résultats expérimentaux sont vrais, ils devraient être irréfutables. Puisque ce n'est pas le cas, leur révision affecte la scientificité dans son ensemble : ne sont-ce pas ces mêmes méthodes, récusées dans certaines de leurs applications, que nous utilisons pour élaborer les nouvelles théorisations ? Karl Popper, préoccupé d'établir une distinction cruciale entre les sciences véritables et les doctrines usurpant ce titre pour bénéficier du prestige des connaissances scientifiques, élabora une conception faillibiliste des théories expérimentales (texte 4). Dans cette perspective, le critère de scientificité réside dans la capacité de s'exposer à une réfutation lors de tests susceptibles de falsifier les propositions théoriques. **La vérité scientifique n'est plus définie comme permanence, mais comme validité provisoire : faculté de résister à des démentis expérimentaux.** Une loi n'est valide que si elle est non encore falsifiée. Les propositions qui excluent d'être remises en cause par les phénomènes observés, comme nombre de théories psychologiques, ne ressortissent pas du domaine **des sciences exactes**. Celles-ci **font de leur faillibilité même leur principale force**. Si la science progresse, c'est qu'elle ne procède pas d'un savoir absolu, qui n'aurait pas à construire sa certitude au moyen de procédures de vérification. Les mathématiques mêmes semblent avoir perdu leur statut de vérités inébranlables. Gödel a établi en 1931 l'impossibilité d'une démonstration de la consistance d'un système (c'est-à-dire l'assurance qu'il n'engendrera aucune incohérence) à l'intérieur de ce système. Une telle preuve requerrait une structure de niveau supérieur, et ainsi de suite : le théorème d'incomplétude en reconnaît l'impossibilité. **Les fondements des sciences entrent donc en débat.** En vertu des relations identifiées par Heisenberg, la mesure de la position des microparticules modifie leur niveau d'énergie, et par suite intervient sur leur mouvement : nous ne pouvons avoir qu'une connaissance probable de leur position (Blanché, texte 5). La remise en cause du déterminisme a résulté de la question de savoir s'il existait de l'indétermination dans les choses, ou si celle-ci relevait de notre connaissance. La physique quantique était-elle imparfaite, comme le pensait Einstein (« Dieu ne joue pas aux dés ») ou bien fallait-il, selon l'interprétation dite de « l'école de Copenhague », renoncer à l'idée d'entités stables, obéissant à des lois constantes ? Cette dernière perspective a généralement emporté l'adhésion des physiciens, même s'il faut souligner que les inégalités de Heisenberg déterminent une inconnaissabilité. Dès lors, l'indétermination concerne moins la connaissance que le réel. La réalité profonde des choses nous échappe, car les entités étudiées par la microphysique attestent que nos objets de connaissance dépendent des moyens par lesquels nous les appréhendons. L'expérimentateur en mécanique quantique devient acteur ; il n'est plus seulement le spectateur des réactions qu'il observe, mais les produit dans une certaine mesure (Prigogine et Stengers, texte 8). On pourrait presque parler d'observation participante, expression utilisée en sciences humaines pour désigner l'intervention de l'expérimentateur sur la situation qu'il examine. Les phénomènes étudiés depuis les années soixante-dix par la théorie du chaos semblent donner une place prépondérante au désordre : turbulences (en milieu aérien ou liquide), perturbations dans des variations dues à de nombreux paramètres. Pourtant, on tente d'appréhender leurs variations extrêmement sensibles à travers des prévisions. Bien qu'elles soient régies par des équations non linéaires (qui admettent une pluralité, souvent une infinité de solutions), ces variations obéissent à des lois. Certes, leur interprétation conduit à des résultats statistiques, donnant une certitude de probabilité.

Les sciences contemporaines en viennent donc moins à récuser qu'à relativiser le principe du déterminisme laplacien. Il serait hâtif de conclure à l'indétermination du réel, puisque l'analyse des théories scientifiques conduit plutôt à admettre que **l'être des choses reste inaccessible à nos modélisations**. L'attitude constructiviste, rapportant la science à ses procédés de constitution, non pas aux objets qu'elle se donne, est généralement jugée remettre en cause l'existence de la réalité. Pourtant, le renouvellement des théories, leur conception comme phénomènes sociaux dénués de toute immunité théorique ne conduisent pas à faire du monde une fiction. Le faillibilisme n'est pas incompatible avec une reconnaissance d'objectivité de la science (Chalmers, texte 11). **Le réel, considéré désormais comme lointain, voire « voilé », est susceptible d'approches diverses et renouvelables : nous prenons acte de la relativité de nos certitudes.** La science participe de la fragilité des productions humaines au point d'être décrite selon les mêmes schèmes (intéressement, faillibilité, intervention de l'observateur) que nos autres connaissances. L'épistémologie contemporaine ne fait que consacrer la dépendance du réel à l'égard de nos conceptions : multiples, révisables, relatives à des objectifs discutables. Se développe une conception humanisée de l'activité scientifique ; le savant est appréhendé comme un être social, construisant des modèles contestables d'un objet dont la réalité lui échappe. La science reste une intention rigoureuse de cohérence, d'efficacité et de prévision dans la compréhension toujours incomplète des phénomènes. Mieux comprendre cet effort dans la relativité de ses réalisations permet de tempérer les attitudes qui, en sacralisant son pouvoir, lui avaient une impunité imméritée, tout comme celles qui, aujourd'hui, considérant certains de ses effets, sont promptes à le destituer de toute autorité.

Textes

– Texte 1 –

■ Simon Laplace, *Essai philosophique sur les probabilités* (1814)

Tous les événements, ceux mêmes qui par leur petitesse semblent ne pas tenir aux grandes lois de la nature, en sont une suite aussi nécessaire que les révolutions du soleil. Dans l'ignorance des liens qui les unissent au système entier de l'univers, on les a fait dépendre des causes finales, ou du hasard, suivant qu'ils arrivaient et se succédaient avec régularité, ou sans ordre apparent, mais ces causes imaginaires ont été successivement reculées avec les bornes de nos connaissances, et disparaissent entièrement devant la saine philosophie, qui ne voit en elles que l'expression de l'ignorance où nous sommes des véritables causes.

Les événements actuels ont avec les précédents une liaison fondée sur le principe évident, qu'une chose ne peut commencer d'être, sans une cause qui la produise. Cet axiome, connu sous le nom de *principe de la raison suffisante*, s'étend aux actions mêmes que l'on juge indifférentes. La volonté la plus libre ne peut sans un motif déterminant leur donner naissance : car si, toutes les circonstances de deux positions étant exactement semblables, elle agissait dans l'une et s'abstenait dans l'autre, son choix serait en effet sans cause […].

Nous devons donc envisager l'état présent de l'univers comme l'effet de son état antérieur, et comme une cause de celui qui va suivre. Une intelligence qui pour un instant donné connaîtrait toutes les forces dont la nature est animée et la situation respective des êtres qui la composent, si d'ailleurs elle était assez vaste pour soumettre ces données à l'analyse, embrasserait dans la même formule les mouvements des plus grands corps de l'univers et ceux du plus léger atome : rien ne serait incertain pour elle, et l'avenir, comme le passé, serait présent à ses yeux. L'esprit humain offre, dans la perfection qu'il a su donner à l'Astronomie, une faible esquisse de cette intelligence. Ses découvertes en Mécanique et en Géométrie, jointes à celles de la pesanteur universelle, l'ont mis à portée de comprendre dans les mêmes expressions analytiques les états passés et futurs du système du monde. En appliquant la même méthode à quelques autres objets de ses connaissances, il est parvenu à ramener à des lois générales les phénomènes observés, et à prévoir ceux que des circonstances données doivent faire éclore. Tous ces efforts dans la recherche de la vérité tendent à le rapprocher sans cesse de l'intelligence que nous venons de concevoir, mais dont il restera toujours infiniment éloigné.
(© Éditions Christian Bourgois, 1986, p. 32-33.)

– Texte 2 –

■ Auguste Comte, *Cours de philosophie positive* (1842)

La principale propriété intellectuelle de l'état positif consistera certainement en son aptitude spontanée à déterminer et à maintenir une entière cohérence mentale, qui n'a pu encore exister jamais à un pareil degré, même chez les esprits les mieux organisés et les plus avancés. […]

Notre intelligence, faisant à jamais prévaloir, envers les plus hautes recherches, cette même sagesse universelle que les exigences de la vie active nous rendent spontanément familière à l'égard des plus simples sujets, aura systématiquement renoncé partout à la détermination chimérique des causes essentielles et de la nature intime des phénomènes, pour se livrer exclusivement à l'étude progressive de leurs lois effectives, dans l'intention permanente, d'ailleurs spéciale ou générale, d'y puiser les moyens d'améliorer le plus possible l'ensemble de notre existence réelle, soit privée, soit publique. Le caractère purement relatif de toutes nos connaissances étant ainsi habituellement reconnu, nos théories quelconques, sous la commune prépondérance naturelle du point de vue social, seront toujours uniquement destinées à constituer, envers une réalité qui ne saurait jamais être absolument dévoilée, des approximations aussi satisfaisantes que puisse le comporter, à chaque époque, l'état correspondant de la grande évolution humaine. […]

Ni la philosophie métaphysique, qui consacre spontanément l'égoïsme, ni même la philosophie théologique, qui subordonne la vie réelle à une destination chimérique n'ont jamais pu faire directement le point de vue social, comme le fera, par sa nature, cette philosophie nouvelle, qui le prend nécessairement pour base universelle de la systématisation finale. […]

Quand une véritable éducation aura convenablement familiarisé les esprits modernes avec les notions de solidarité et de perpétuité que suggère spontanément, en tant de cas, la contemplation positive de l'évolution sociale, on sentira profondément l'intime supériorité morale d'une philosophie qui rattache directement

chacun de nous à l'existence totale de l'humanité envisagée dans l'ensemble des temps et des lieux.
(« Soixantième leçon », in *Science et politique*, © « Agora-Pocket », 2003, p. 206, 207-208, 222, 223.)

– Texte 3 –

■ Claude Bernard, *Introduction à l'étude de la médecine expérimentale* (1865)

Il y a dans toute connaissance expérimentale trois phases : observation faite, comparaison établie et jugement motivé. La méthode expérimentale ne fait pas autre chose que porter un *jugement* sur les faits qui nous entourent, à l'aide d'un *criterium* qui n'est lui-même qu'un autre fait disposé de façon à contrôler le jugement et à donner *l'expérience*. Prise dans ce sens général, l'expérience est l'unique source des connaissances humaines. L'esprit n'a en lui-même que le sentiment d'une relation nécessaire dans les choses, mais il ne peut connaître la forme de cette relation que par l'expérience.
Il y aura donc deux choses à considérer dans la méthode expérimentale : 1° l'art d'obtenir des faits exacts au moyen d'une investigation rigoureuse ; 2° l'art de les mettre en œuvre au moyen d'un raisonnement expérimental afin d'en faire ressortir la connaissance de la loi des phénomènes. Le raisonnement expérimental s'exerce toujours et nécessairement sur deux faits à la fois, l'un qui lui sert de point de départ : *l'observation* ; l'autre qui lui sert de conclusion ou de contrôle : *l'expérience*. [...] L'investigateur doit être lui-même distingué en *observateur* et en *expérimentateur* ; non suivant qu'il est actif ou passif dans la production des phénomènes, mais suivant qu'il agit ou non sur eux pour s'en rendre maître.
(© Éditions Flammarion, coll. « Champs », 1984, p. 41-42.)

– Texte 4 –

■ Karl Popper, *Conjectures et réfutations* (1963)

Diverses considérations m'ont conduit, au cours de l'hiver 1919-1920, à certaines conclusions que j'aimerais à présent formuler.
1) Si ce sont des confirmations que l'on recherche, il n'est pas difficile de trouver, pour la grande majorité des théories, des confirmations ou des vérifications.
2) Il convient de ne tenir réellement compte de ces confirmations que si elles sont le résultat de *prédictions qui assument un certain risque* ; autrement dit, si, en l'absence de la théorie en question, nous avions dû escompter un événement qui n'aurait pas été compatible avec celle-ci – un événement qui l'eût réfutée.
3) Toute « bonne » théorie scientifique consiste à proscrire : à interdire à certains faits de se produire. Sa valeur est proportionnelle à l'envergure de l'interdiction.
4) Une théorie qui n'est réfutable par aucun événement qui se puisse concevoir est dépourvue de caractère scientifique. Pour les théories, l'irréfutabilité n'est pas (comme on l'imagine souvent) vertu mais défaut.
5) Toute mise à l'épreuve véritable d'une théorie par des *tests* constitue une tentative pour en démontrer la fausseté *(to falsify)* ou pour la réfuter. Pouvoir être testée c'est pouvoir être réfutée, mais cette propriété comporte des degrés : certaines théories se prêtent plus aux tests, s'exposent davantage à la réfutation que les autres, elles prennent, en quelque sorte, de plus grands risques.

6) On ne devrait prendre en considération les preuves qui apportent confirmation *que dans les cas où elles procèdent de tests authentiques subis par la théorie en question* ; on peut donc définir celles-ci comme des tentatives sérieuses, quoique infructueuses, pour invalider *(to falsify)* telle théorie (j'emploie désormais pour les désigner le terme de « preuves corroborantes »).

7) Certaines théories, qui se prêtent véritablement à être testées, continuent, après qu'elles se sont révélées fausses, d'être soutenues par leurs partisans – ceux-ci leur adjoignent une quelconque hypothèse auxiliaire, à caractère *ad hoc* permettant de soustraire la théorie à la réfutation. Une telle démarche demeure toujours possible, mais cette opération de sauvetage a pour contrepartie de ruiner ou, dans le meilleur des cas, d'oblitérer partiellement la scientificité de la théorie ; j'ai appelé par la suite ce type de sauvetage théorique « *coup de pouce conventionnaliste* » ou « *stratagème conventionnaliste* »).

On pourrait résumer ces considérations ainsi : le critère de la scientificité d'une théorie réside dans la possibilité de l'invalider, de la réfuter ou encore de la tester.
(Trad. M.I. et M.B. de Launay, © Éditions Payot, 1985, p. 64-65.)

– Texte 5 –

■ **Robert Blanché**, *La science actuelle et le rationalisme* (1967)

Par la mécanique quantique, ce n'étaient pas seulement nos notions usuelles d'espace et de temps qui étaient remises en question, mais des notions de caractère franchement intellectuel, des principes liés aux catégories de cause et de substance. […]

L'atomicité de l'action entraîne, quand on descend à son niveau, l'indissociabilité des propriétés géométriques et des propriétés dynamiques. Les célèbres inégalités de Heisenberg (1927), selon lesquelles l'accroissement de précision dans l'une des deux grandeurs conjuguées s'accompagne nécessairement d'une diminution de précision dans la mesure de l'autre, sont une expression de cette interdépendance. Elles ont pour effet de rendre impossible la prévision précise et certaine de l'évolution d'un système mécanique à l'échelle microphysique et de dissiper ainsi, du moins à cette échelle, le rêve laplacien d'un déterminisme rigoureux. […]

Ainsi se dissocie l'ancienne formule du déterminisme. Au lieu d'avoir, comme jadis, le déterminisme de l'événement, nous avons maintenant le déterminisme de la probabilité de l'événement. Une formule tertiaire se substitue à la formule binaire, par dédoublement de son second terme. À la place des lois régissant l'évolution dans le temps d'un objet individuel, nous avons des lois plus complexes qui régissent l'évolution dans le temps des probabilités relatives à cet objet. S'il n'y a plus, en microphysique, de lois des phénomènes, la légalité néanmoins y subsiste pour régir leur probabilité.
(© PUF, p. 51, 52, 65, 1973, p. 55, 56, 69.)

– Texte 6 –

■ **Paul Feyerabend**, *Contre la méthode. Esquisse d'une théorie anarchiste de la connaissance* (1975)

La science est indiscrète, bruyante, insolente ; elle n'est essentiellement supérieure qu'aux yeux de ceux qui ont opté pour une certaine idéologie, ou qui l'ont acceptée sans avoir jamais étudié ses avantages et ses limites. Et comme c'est à chaque individu d'accepter ou de rejeter des idéologies, il s'ensuit que la séparation de l'État et de l'Église doit être complétée par la séparation de l'État et de la Science : la plus récente, la plus agressive et la plus dogmatique des institutions religieuses. Une telle séparation est sans doute notre seule chance d'atteindre l'humanité dont nous sommes capables, mais sans l'avoir jamais pleinement réalisée.

L'idée que la science peut, et doit, être organisée selon des règles fixes et universelles est à la fois utopique et pernicieuse. […] Une telle idée est préjudiciable à la science, car elle néglige les conditions physiques et historiques complexes qui influencent en réalité le changement scientifique. […]

L'État et la Science travaillent en étroite liaison. D'immenses sommes sont dépensées pour le progrès des idées scientifiques. Des disciplines bâtardes qui n'ont pas une seule découverte à leur crédit, comme la philosophie des sciences, profitent du boom de la science. Même les relations humaines sont traitées de manière scientifique, comme le montrent les programmes d'éducation, les propositions de réforme des prisons, l'entraînement de l'année. Presque toutes les matières scientifiques sont obligatoires dans nos écoles.

(Trad. B. Jurdant et A. Schlumberger, © Éditions du Seuil, 1979, rééd. coll. « Points », 1988, p. 332, 339.)

– Texte 7 –

■ Jean-Marc Levy-Leblond, *L'esprit de sel* (1981)

« La science est neutre »

[…] La science est souvent considérée comme neutre au regard de ses applications. Ses découvertes pourraient être utilisées indifféremment à des fins bonnes ou mauvaises : l'énergie nucléaire, dit-on, peut servir à produire de l'énergie dans les centrales, comme à détruire gens et biens avec les bombes. Le contenu de la connaissance scientifique serait étranger à toute considération morale ou sociale, et les scientifiques innocents des applications faites de leurs travaux. La responsabilité en incomberait uniquement au pouvoir politique ou à la société dans son ensemble, qui les laisserait mettre en œuvre.

Mais…

Les scientifiques, si prompts à refuser la responsabilité des conséquences néfastes de leurs travaux – ils parlent alors de « détournement », à des fins militaires par exemple –, ne refusent pas les éloges et la reconnaissance dont on les gratifie pour les applications bénéfiques. C'est pourtant la même science et les mêmes scientifiques qui sont impliqués dans la construction des bombes comme des centrales, dans la création des armes bactériologiques comme des vaccins, dans la diffusion de la pollution chimique comme des engrais.

Pour que la science puisse être neutre, il faudrait qu'elle soit source de connaissances pures, origine absolue, vierge de toute influence extérieure. Tel n'est pas le cas : le contexte social détermine la production scientifique de manière essentielle, surtout à notre époque où l'ampleur des travaux de recherche nécessite des investissements financiers et humains considérables. Le choix, au niveau de la politique scientifique, des priorités de la recherche, conditionne, par l'attribution de crédits et de personnel, la possibilité ou non de développement dans les différents secteurs.

De même que la science n'échappe pas à l'influence directe des conditions sociales, les scientifiques ne sont pas isolés du reste de la société, et ne constituent pas une communauté idéale mue par le seul souci du progrès de la connaissance. Certes, l'ampleur quasi industrielle de nombreux domaines actuels de la recherche scientifique réduit la plupart de ceux qui y participent à un rang subordonné, où leur liberté de choix et leur responsabilité personnelle sont des plus réduites. [...] Mais, justement, cette perte d'autonomie laisse le champ libre aux décisions prises par les « patrons » de l'institution scientifique, membre des divers comités de décisions officiels, où leur rôle politique ne peut plus être dissocié de leur travail scientifique. [...]

« La science est objective »
On célèbre couramment l'objectivité de la science, qui fournirait des vérités absolues, indépendantes des contingences de leur découverte, dont la validité échapperait à tout critère historique, à tout jugement de valeur. Du même coup, le savant est présenté comme le modèle de l'individu objectif, qui, pour découvrir la vérité, ferait abstraction de sa subjectivité et mènerait son travail débarrassé de tout préjugé politique, de toute préférence philosophique, de toute inclination passionnelle.
Mais...
Dans la mesure même où la science est recherche, quête de l'inconnu, elle fait une large place, dans ce qu'elle a de meilleur et de plus noble, à l'invention, à l'imagination, à la liberté de l'esprit. Les grandes découvertes ne sont pas décryptage d'un texte déjà écrit en une langue jusque-là inconnue, mais création d'idées et de concepts. Y participent toutes les ressources de l'individu ou du groupe, éminemment liées au contexte culturel, philosophique, esthétique dans lequel il vit. Le savant ne peut laisser l'idéologie à la porte de son laboratoire. [...]
L'intérêt même pour la science ne se réduit pas à l'aspiration mesquine vers l'objectivité du savoir et sa sécurité. Il y a dans le désir de savoir, tant chez le scientifique professionnel dans son laboratoire que chez le profane friand de vulgarisation scientifique, l'expression de véritables passions et de fantasmes profonds. Quand la cosmologie se penche sur l'origine de l'univers, la biologie sur l'origine de la vie, l'anthropologie sur l'origine de l'homme, les sciences ne font à leur manière que reprendre une interrogation fondamentale de l'humanité [...] : la science y rejoint la métaphysique et la mystique. [...]
Dans la mesure où elle est quête active, et non contemplation passive, la science ne peut prétendre être objective. Elle est, avant tout, l'expression d'un projet social. [...] C'est parce que nos sociétés ont adopté devant le monde une attitude bien particulière. se posant précisément en « sujet » devant une nature considérée comme un « objet », qu'est née la science. Son but, Descartes le dit clairement, est de « nous rendre comme maîtres et possesseurs de la nature ». [...] La quête est en réalité conquête, et la recherche scientifique, comme les grandes explorations, vise, après la connaissance du monde, son appropriation.
(© Librairie Arthème Fayard, 1981, rééd. Seuil, coll. « Points », 1996, p. 199-211.)

– Texte 8 –

Ilya Prigogine et Isabelle Stengers, *La nouvelle alliance. Métamorphose de la science* (1986)
L'idéal de l'omniscience s'incarne dans la science des trajectoires, et dans le démon de Laplace qui les contemple un instant et les calcule pour l'éternité. Mais les trajectoires qui paraissent si réelles sont des idéalisations : nous ne les observons

jamais telles quelles car il faudrait une observation de précision infinie. [...] D'habitude, il importe peu que la trajectoire ne soit définie qu'approximativement ; le passage à la limite reste concevable et la trajectoire continue à se profiler comme limite vers laquelle tend une série de nos observations. Nous avons rencontré deux types d'obstacle infranchissable à ce passage à la limite, c'est le désordre, le chaos des trajectoires pour les systèmes « à stabilité faible » et la cohérence des mouvements quantiques que détermine la constante de Planck. Parce que des trajectoires divergentes se trouvent en un mélange aussi intime que l'on veut, ou parce que, au contraire, elles sont trop solidaires, la définition d'un état ponctuel unique perd son sens, la trajectoire n'est plus seulement une idéalisation mais une idéalisation inadéquate.

[...] La nature des arguments théoriques [...] des descriptions physiques manifeste le double rôle d'acteur et de spectateur, qui nous est désormais assigné. Même en théorie dynamique des systèmes à stabilité faible, ou en mécanique quantique, nous continuons à faire référence aux notions de point dans l'espace et de trajectoires, mais c'est pour préciser aussitôt en quoi il s'agit d'idéalisations inadéquates.
(© Éditions Gallimard, 1979, p. 272, 278, 295-296, rééd. coll. « Folio », 1986, p. 362-363, 369-370, 392.)

– Texte 9 –

Michel Henry, *La barbarie* (1987)

La science, telle que nous l'entendons aujourd'hui, est la science mathématique de la nature qui fait abstraction de la sensibilité. Mais la science ne peut faire abstraction de la sensibilité que parce qu'elle fait d'abord abstraction de la vie, c'est celle-ci qu'elle rejette de sa thématique et que, procédant de la sorte, elle méconnaît totalement. Il faut bien comprendre la raison de cette méconnaissance et pourquoi, dès qu'elle réalise son projet d'établir une connaissance objective de la nature, la science écarte la qualité sensible et n'en tient plus aucun compte. [...]

Quand le savoir qui règle l'action est celui de la science, il en résulte : 1) que la nature de ce savoir a totalement changé, n'étant plus la vie mais une conscience d'objet et, qui plus est, cette forme de savoir objectif en laquelle on a fait abstraction des sens en même temps que l'existence des qualités sensibles dans le monde qu'il connaît 2) que ce savoir n'est plus en lui-même l'action et ne coïncide plus avec elle 3) qu'il n'est pas non plus le savoir de l'action, une connaissance objective de celle-ci, et cela parce que l'action n'est en soi rien d'objectif et ne saurait l'être. Un tel savoir est justement devenu le savoir d'une objectivité, c'est-à-dire d'un processus naturel d'ailleurs réduit par la science à ses paramètres idéaux abstraits, aux déterminations physico-mathématiques du monde de la science galiléenne.
(© Éditions Grasset, 1987, p. 71, 74, 89.)

– Texte 10 –

Bruno Latour, *La science en action* (1989)

Le sort des faits et des machines est entre les mains de longues chaînes d'acteurs qui les transforment ; leurs qualités sont donc la conséquence, et non la cause, de cette action collective. [...]

Nous ne sommes jamais confrontés à la science, mais à une gamme d'*associations* plus ou moins forte ou faible d'humains et de non-humains ; aussi, comprendre *ce que sont* les faits et les machines c'est comprendre *qui* sont les humains.

Plus le contenu *de* la science et de la technologie est ésotérique, plus elles s'étendent loin à l'extérieur ; ainsi, ce que l'on désigne par « science et technologie » n'est qu'un sous-ensemble des technosciences.

L'irrationalité est une accusation qui est toujours portée par celui qui construit un réseau contre quelqu'un qui se dresse sur son chemin ; ainsi, il n'existe pas de grand partage entre esprits, mais seulement des réseaux plus longs ou plus courts que d'autres ; les faits durs ne sont pas la règle mais l'exception, étant donné qu'ils ne sont nécessaires que dans un très petit nombre de cas pour détourner les autres de leur chemin.

L'histoire des technosciences est en grande partie l'histoire des ressources rassemblées le long des réseaux pour accélérer l'inscription, la mobilité, la fiabilité, la capacité de combinaison et la cohésion des traces qui rendent possible l'action à distance.
(*Introduction à la sociologie des sciences*, trad. M. Biezunski, revue par l'auteur, La découverte, 1989, rééd. Gallimard, 1995, coll. « Folio », p. 629-630.)

– Texte 11 –

Alan Chalmers, *La fabrication de la science* (1990)

Les sciences naturelles se proposent d'étendre et d'améliorer nos connaissances générales sur le fonctionnement du monde naturel. La validité des tentatives que nous faisons dans ce sens peut être évaluée en confrontant nos théories au monde par les techniques d'observation et d'expérimentation les plus rigoureuses dont nous disposons. S'il n'y a pas de méthode ou de normes universelles pour cette poursuite du savoir, et s'il est toujours possible qu'elle soit détournée de son but par l'interférence d'autres intérêts correspondant à des objectifs différents, ce but peut être atteint, et l'est d'ailleurs souvent. Le monde est tel qu'il est, indépendamment de la classe sociale, de la race ou du sexe de ceux qui cherchent à le comprendre, et la valeur scientifique des théories qui constituent les efforts que nous faisons pour les définir devrait également être indépendante de ces facteurs. Malgré le caractère social de toute pratique scientifique, des méthodes et des stratégies pour la construction d'une connaissance de la nature objective, bien que faillible et impossible à prouver, ont été mises au point dans la pratique et couronnées de succès.
(Trad. M.-B. Foster, La découverte, 1991, p. 137.)

– Texte 12 –

Étienne Klein et Marc Lachièze-Rey, *La quête d'unité* (1995)

La physique d'aujourd'hui, loin d'être unifiée, apparaît morcelée, diversifiée, et le succès des tentatives d'identifications actuelles n'est pas garanti ; peut-être n'avons-nous jamais été aussi loin d'une vision du monde globalement unifiée. [...] Doit-on, devant ce constat, renoncer à chercher une unité sous-jacente aux phénomènes ? Ce serait renoncer à la physique même. Par ses constructions systématiques, la raison scientifique appelle et espère l'unité. Elle voudrait cristalliser en système. Mais paradoxalement, l'unification ne mène pas à l'unité. Elle met en place un tissu qui n'est jamais complètement tissé, donnant seulement accès à des unités partielles. Mais ces étapes provisoires sont la pâte même de la science, et

son combustible principal. Elles ne manquent jamais d'offrir de nouvelles et perpétuelles raisons de continuer, par exemple de meilleures compréhensions, de nouvelles théories, des formulations neuves.
La physique contemporaine a remporté de remarquables succès. Elle est donc exposée aux risques qui accompagnent souvent les succès : prompte à annoncer son prochain achèvement, elle s'offre volontiers aux dérives de la métaphysique. Elle ne demeurera vivace que si elle renonce à nourrir le fantasme d'une réconciliation parfaite avec la réalité, étayé sur la religion d'une unité enfin retrouvée.
(Albin Michel, 1995, rééd. Le livre de poche, 2000, p. 217 et 218.)

SECTION 2. TECHNIQUE ET ÉCOLOGIE

Les techniques ont façonné notre monde, les technologies l'imprègnent. Il est devenu difficile de distinguer les objets produits par l'activité humaine de ceux qui en sont indépendants ; de la sorte, la définition de la nature comme indépendante de notre intervention semble invalidée. Pourtant, nous sommes loin de la conception antique, qui l'appréhendait dans son animation comme une totalité vivante. Dès lors qu'elle est définie comme l'existence d'objets conformément à des lois, nous pouvons entreprendre, par la connaissance de ces lois, la maîtrise de ses composants. C'est d'abord comme nécessaire limitation des effets néfastes de nos techniques que s'impose l'attitude de respect à l'égard de notre milieu. **Si notre action contrevient à l'équilibre de notre environnement, il faudrait choisir entre l'usage de moyens qui nous sont devenus essentiels et la sauvegarde de la nature.** C'est ce à quoi, dans notre majorité, nous ne pouvons nous résoudre. Car nous passer des techniques, ce serait nous priver de leurs avantages. Pourtant, à ne pas leur imposer de limitations, on s'expose au risque de remettre en cause les conditions mêmes de leur exercice, au moins par épuisement des ressources naturelles. Dans quelle mesure décide-t-on de limiter notre pouvoir de transformation du monde ? Inversement, jusqu'où peut-on aller dans la définition d'une valeur de la biosphère ? L'anthropocentrisme moderne, qui a présidé au développement des techniques de production à grande échelle, doit-il être récusé en bloc ? **Sur quels fondements peut-on établir la protection des êtres vivants ? À quelles conditions notre environnement peut-il être compris comme un tout ?** Faut-il établir les relations entre les hommes et les êtres naturels en termes de droit ? Les productions technologiques nous imposent désormais de ne plus nous contenter des connaissances scientifiques avérées, dans la mesure où nous avons à gérer collectivement les risques qu'elles entraînent. Cela conduit-il à réviser nos principes d'appréhension de l'incertain, en faisant prévaloir le principe de précaution ? Comment redéfinir nos activités de production de façon à les inscrire dans le cadre d'un développement défini comme durable ? Doit-on finalement en venir à la révision des modalités de mise en œuvre de notre savoir ?

2.1. La science s'associant la technique

Remettre en cause l'action de l'homme sur la nature suppose de se placer en quelque façon à l'extérieur de notre milieu. Car si on considère notre espèce comme partie intégrante du règne vivant, douter de nos capacités revient aussi à récuser des éléments naturels. Dans l'Antiquité, l'homme se concevait comme partie au service du tout, ensemble équilibré et harmonieux. Les techniques étaient séparées d'une science qui, ayant pour objectif de saisir l'ordre du monde dans sa perfection, se prétendait détachée de toute fonction utilitaire. En outre, les interventions sur la nature sont considérées comme lui apportant compléments plutôt que dérangements. Corrélativement, la technicité reste dépréciée, de statut inférieur à l'activité contemplative : l'artisan ne peut qu'imiter imparfaitement les arrangements naturels, tandis que le théoricien en saisit l'agencement d'ensemble. Le renversement de ces représentations s'opère **à partir de la mathématisation de l'univers**, qui établit un privilège de la raison. **Les êtres observables ne sont plus saisis dans l'animation qu'ils manifestent, mais dans la régularité par laquelle s'explique leur mouvement.** L'humanisme avait promu au XVIe siècle une valorisation de l'homme, qui pourra commencer à se prévaloir de refuser les déterminations naturelles. Bacon, héraut de la science moderne, en explicite par anticipation les pouvoirs. Il lie étroitement la valeur des connaissances à leur puissance. « On ne peut vaincre la nature qu'en lui obéissant » (*Novum Organon*, II, 3, 1620, PUF, 1986, p. 101) : on doit, pour produire des effets pouvant avoir des conséquences intéressantes, se conformer aux principes naturels et en suivre les opérations au moyen d'expériences. Notre savoir scientifique vise le développement de notre empire sur les choses : il ne saurait plus être séparé de la technique qui en exprime tout l'intérêt. Dès lors, c'est la conception d'un ordre stable du monde qui va servir de caution à sa transformation : obéir à la nature ne saurait conduire à lui nuire. Descartes accomplit dans le *Discours de la méthode* (1637) la révolution théorique qui correspond à l'avènement de la science moderne. **La nature est intégralement mécanisée, c'est-à-dire avant tout vidée de contenus inaccessibles.** L'ensemble des forces matérielles auxquelles elle se réduit assure sa transparence, sinon sa disponibilité à la raison. Le théoricien se donne désormais un but de conquête, cherchant à « se rendre comme maître et possesseur de la nature » (cf. V, 3 texte 1).

2.2. Du primat de la technique à sa critique

Certes, à partir du XVIIe siècle les savants font eux-mêmes des expériences, devenant chercheurs. Mais la technique n'est pas encore considérée comme une instance d'invention. Les arts, ensembles des connaissances humaines qui font intervenir une production, restent hiérarchisés : les arts mécaniques ne jouissent pas du prestige des arts libéraux, qui visent à identifier des règles pour les ouvrages de l'esprit (texte 1). Le projet de l'*Encyclopédie* vise précisément la réhabilitation des techniques en réunissant dans un même ouvrage l'ensemble des producteurs d'inventions de façon à permettre leur collaboration. Un *dictionnaire* rassemble les *métiers,* les *arts* et les *sciences,* en faisant une large place à des planches (plus des deux tiers) qui décrivent des procédés de fabrication. **En même temps qu'à une réunification du savoir, les auteurs de l'*Encyclopédie* entendent procéder à une revalorisation des opérations de production matérielle** : bien qu'elles supposent des efforts physiques, elles ont une utilité directe, puisque leur résultat consiste en objets. Les conditions d'organisation et de rendement des manufactures sont prises en compte. Les propos des encyclopédistes semblent préparer les révolutions industrielles ; l'ingénierie voit son importance reconnue, avant d'être consacrée par ses succès dans le domaine des textiles, de la sidérurgie, puis de la locomotion. Les progrès qu'ont permis d'effectuer successivement la machine à vapeur, le moteur à explosion, l'électricité puis l'électronique ont fait de la technique une puissance omniprésente ne paraissant s'accommoder d'aucune limitation. Heidegger a justement rapporté l'intervention sur le milieu à la faculté dont elle procède : la raison (*La question de la technique* (1937) in *Essais et conférences*, Gallimard, 1958). **La technique dispose de la nature, elle l'« arraisonne », semblant confisquer ses propriétés en la soumettant.** Ce sont les ultimes perfectionnements de la technicité qui nous en livrent le sens essentiel. Entre un moulin à aubes et une centrale électrique, toute la différence est que le premier dépend du cours de la rivière, tandis que le barrage fait dépendre de lui le cours d'eau, en transformant radicalement le paysage.

2.3. Émergence de l'écologie

Au XXe siècle, sont apparues de nombreuses occasions de remettre en cause la valeur intrinsèque de la technique. Les deux guerres mondiales ont marqué les esprits par l'usage monstrueux d'armes chimiques. L'utilisation de l'énergie nucléaire à des fins militaires et civiles provoque de nombreuses inquiétudes, en raison des dégâts terribles de la radioactivité. Des accidents industriels graves, comme la marée noire provoquée en 1967 par le naufrage du « Torrey Canyon », la fuite de dioxine de l'usine de Ceveso (1976), la médiatisation, en Allemagne, du phénomène des pluies acides en Bohème, à partir de 1983, conduisent à **une sensibilisation de l'opinion publique** qui va culminer avec **l'accident nucléaire de Tchernobyl (1986).** Certes, l'étude des êtres vivants dans leur relation avec leur environnement avait été fondée au XIXe siècle : en 1866, Ernst Haeckel crée le terme « écologie », peu après apparaît celui de « biosphère », désignant l'ensemble des espèces vivantes. En 1935, est forgé le terme « écosystème » pour décrire l'ensemble des interactions physico-chimiques entre des êtres vivants et leur lieu de vie. **L'écologie procède d'une approche globalisante : elle considère qu'on ne peut isoler un organisme de son milieu, puisque vivre consiste avant tout pour lui à échanger avec l'extérieur.** Les bases de la prise de conscience écologique sont posées par Rachel Carson (*Le printemps silencieux,* 1963), en France par René Dumont (*Avant que nature meure,* 1965, devenu plus tard *La nature dénaturée*). La critique de notre civilisation technicienne dénonce d'abord les dégradations manifestes de l'environnement, comme celles qui affectent les abords des centres industriels ou les littoraux. **Il s'agit de récuser l'attitude moderniste qui reposait sur la séparation de l'homme et de la nature.** L'écologie a donc des raisons premières : lutter contre les dégradations de l'environnement et renouveler les énergies pour prévenir l'épuisement des ressources de la terre. Mais il faut en outre comprendre nos interventions techniques par rapport à un ensemble de conditions dues aux cycles naturels. Le barrage d'Assouan, construit sur le Nil pour en réguler les eaux et produire de l'électricité, est un exemple resté célèbre pour ses effets néfastes indirects : perte des engrais naturels, des barrières charroyées par le fleuve, destruction des chaînes alimentaires, surgissement d'une épidémie, salification de l'eau douce. Il s'agit donc d'appliquer notre compréhension cyclique des relations entre les éléments naturels à notre propre intervention. Rapporter nos techniques à l'ensemble de leur milieu d'application conduit à prôner leur auto-limitation.

2.4. Formes de l'écologie

Ainsi l'écologie replace l'action humaine dans la globalité de son support : la terre, qui apparaît alors nourricière (le satellite a permis de la visualiser comme un vaisseau). Cette attitude a pourtant **deux orientations principales**, selon qu'elle vise à freiner l'élan de notre pouvoir ou à le remettre en cause au nom de la protection de l'entité qui en est victime. Dans le premier cas, par exemple, on s'efforcera de substituer aux cycles ouverts de notre consommation (qui rejettent les déchets du traitement des matières premières) des cycles fermés (qui réutilisent les résidus de notre production). Dans le second cas, on va critiquer l'attitude même de consommation, en sapant sa légitimité. **Sous le premier aspect, il s'agit seulement de réduire les dégâts ; sous le second, il faut aussi récuser les fondements de notre activité**. Cette distinction retrouve celle qui s'établit entre l'**écologie de surface**, s'inscrivant dans la perspective moderne de conquête de la nature, et l'**écologie profonde**, qui entend rétablir une priorité de la nature en lui accordant des droits (Luc Ferry, texte 8). On peut aussi comprendre l'évolution de la pensée de Michel Serres comme le passage de l'une à l'autre de ces conceptions. Dans *Le parasite* (1980), l'argument central résidait dans l'appel à une maîtrise de notre maîtrise. Un parasite doit préserver les conditions de l'exercice de son action, en ménageant en quelque sorte son hôte. Dans *Le contrat naturel* (1990, texte 7), il s'agit d'instituer un pacte de justice qui permette d'équilibrer en droit l'ensemble de nos échanges avec notre milieu. Afin de couper court à l'exercice abusif de nos prérogatives unilatérales, il convient de rétablir la prééminence de notre milieu nourricier. Récuser le terme d'environnement, qui relève de l'anthropocentrisme : il suppose que les éléments sont à notre disposition. Appréhender le monde d'un point de vue global, total et organique : la nature nous contient et nous nourrit grâce aux relations qu'elle habite. **La difficulté qui consiste à conférer des droits à une entité qui ne peut les formuler ni par suite s'en prévaloir est levée en considérant la préexistence de notre milieu, ses dimensions englobantes, son caractère organique.** Pour Luc Ferry (texte 8), cette attitude d'attribution de droits aux êtres naturels est dangereuse non seulement dans son extension (des animaux aux végétaux et même aux minéraux), mais encore dans la disposition antihumaniste qu'elle révèle. Elle procède enfin d'une contradiction, dans la mesure où elle attribue des droits à des êtres qui ne peuvent les revendiquer, c'est-à-dire se constituer comme sujets. L'écologie profonde doit donc être tempérée par un débat. L'écologie ne peut d'ailleurs s'inscrire en politique que dans la mesure où elle-même ne s'oppose pas directement à la technicité, mais tend à en relativiser les effets. De la sorte, elle peut s'intégrer dans un programme qui porte sur l'ensemble des déterminations de notre action collective, en tentant de réguler notre production sans la renier en bloc.

2.5. Transformations techniciennes de notre monde

Cela conduit à repérer et à dénoncer les effets pernicieux de notre technicité. Car notre façon de vivre est empreinte des modes par lesquels nous élaborons savamment notre rapport au réel. D'abord, les objets techniques habitent notre monde en l'imprégnant d'un sens qui nous est familier. Intermédiaires entre le naturel et l'humain, les machines constituent des choses mixtes dont la réalité opératoire est de l'artificiel animé autant que du « naturel suscité »

(Simondon, texte 2). **Le développement de la technicité conduit à nous mettre en relation avec des réalités hybrides qui peuvent être jugées remettre en cause la distinction fondamentale entre sujets et objets.** Notre monde procède d'un primat de la circulation, des prothèses, du codage, dans lequel s'instaure un culte du gigantisme, de la violence, de l'éphémère (cf. Jean Chesnaux, *La Modernité*, La Découverte, 1983, p. 5-31). Nos représentations dépendent des opérations qui structurent notre activité, en particulier de notre inscription dans l'espace au moyen de la vitesse. Par exemple, la perception de la réalité que nous avons en voiture inverse l'ordre de nos représentations : au lieu d'être le spectateur qui regarde des entités se mouvoir dans un cadre fixe, défini au plus proche par notre sensibilité, au plus loin par l'horizon, le voyageur est projeté au lieu où se porte son regard, faisant de l'horizon un point de fuite en négatif. Nous réévaluons les objets en les dépassant. Paul Virilio (texte 4) va jusqu'à y voir un « état de guerre au monde ». Sans doute manifestons-nous **une tendance à la déréalisation, en analysant le monde à travers des déplacements, des situations éphémères**, comme si nous projetions sur la réalité notre propre position de conduite. On peut relier cette « dromoscopie » (film de la course, illusion motrice) à un certain effacement des repères : en situation de « dromocratie », chacun construit son parcours, les hiérarchies subsistent entre ceux qui ont accès à des moyens de déplacement plus rapides que les autres. Mais elles sont masquées, aplanies par le mouvement généralisé qui fait du monde mon voyage. C'est dire que **les techniques nous habitent autant que nous les utilisons**. Sans doute le développement prodigieux de la technologie informatique conduit-il à modifier également nos modalités de perception : l'écran fragmente les objets en même temps qu'il les rend disponibles. Ainsi nous risquons de quitter peu à peu les formes élémentaires de rapport à un espace qui nous englobe et définit les orientations de nos gestes. Dès lors la technicité pourrait être accusée de nous faire oublier les conditions naturelles de notre perception. Il serait alors requis de les retrouver au moyen d'un effort culturel pour nous défaire de l'emprise des techniques.

2.6. Une nouvelle morale ?

Désormais **confrontés à des risques globaux, nous sommes soumis par la puissance de nos technologies à une menace potentielle : la capacité de destruction de notre espèce**. Dans la possibilité d'anéantissement de l'humanité que recèlent les techniques chimiques, nucléaires et les biotechnologies, Hans Jonas (texte 3) voit l'occasion d'une nouvelle prise de conscience morale. La valeur inconditionnée de l'existence humaine est moins identifiée dans l'individu que dans l'ensemble des hommes : tout, plutôt que la disparition de notre espèce. L'impératif éthique nous impose moins l'idée d'une fin déterminée que la poursuite nécessaire de fins, quelles qu'elles soient, pourvu qu'elles ne mettent pas terme à toute activité humaine. C'est par l'intermédiaire de l'excès de nos moyens que se manifeste alors le commandement moral. La conception kantienne du devoir comme loi universelle *a priori* est inversée : il ne s'agit pas de soumettre nos penchants à une obligation, mais de discipliner notre activité pour qu'elle puisse se perpétuer. Dès lors, c'est sur notre pouvoir qu'il faut exercer un pouvoir. Cette exigence ne nous apparaît pas comme imposée de l'extérieur, mais comme une conséquence de nos propres opérations de transformation du monde. Pourtant, cette tâche doit se donner à tous comme une nécessité impérative, puisque sa réalisation suppose qu'elle soit partagée. **La technologie nous fait connaître l'ère des risques qui ne peuvent être appréhendés que d'une façon écologique, c'est-à-dire globale, puisqu'ils concernent notre communauté dans son ensemble.** La notion de **développement durable**, qui impose au progrès technique de ne pas affecter les ressources des générations futures, a été formulée dans le Rapport de la Commission mondiale sur l'environnement et le développement de l'ONU, présidée par Gro Harlem Brundtland. Ce concept a été mis en valeur lors du sommet de Rio, en 1992 ; il peut être considéré comme un corollaire du principe responsabilité ; en effet, bien que ne s'appliquant pas exclusivement aux destructions massives, il vise à **réguler notre action présente en fonction du futur de l'humanité**. (Rapport Brundtland, texte 6). Ces principes fondamentaux sont difficiles à mettre en œuvre. D'autant que l'effort pour atteindre le risque zéro est vain ; la règle d'abstention, qui commande de ne pas s'engager dans une entreprise si elle comporte des risques de dommages, est inefficace. En outre, elle peut être inversée, et commander d'agir tous azimuts pour empêcher l'action en cause. Olivier Godard critique fermement ces dispositions radicales dans le *Traité des nouveaux risques* (Gallimard, coll. « Folio », 2002, chap. 2, p. 82-115). Une autre perspective consiste à alléguer que seule l'hypothèse la moins favorable permet de se préparer à toutes les éventualités. Il conviendrait alors de tenir le pire non seulement pour possible, mais pour certain. De la sorte, la menace sera considérée comme crédible et aura une chance d'être évitée (cf. Jean-Pierre Dupuy, *Pour un catastrophisme éclairé*, Seuil, 2002). Le catastrophisme n'a de valeur qu'en ce qu'il nous permet de nous prémunir, afin d'éviter que les mesures de précaution n'estompent le danger de la menace. La pondération des dispositions prises à titre de précaution impose de les circonscrire précisément.

2.7. Le principe de précaution

Longtemps le risque a été vécu comme le corrélat d'une attitude individuelle ou comme une expression de notre dépendance à l'égard de l'ordre naturel. De plus en plus, le risque est appréhendé comme le produit de notre intervention technique. Dès lors, **la société du risque fait prévaloir l'avenir sur le passé et rend nécessaire la gestion collective des aléas de nos productions** (Beck, texte 5). Les sociétés industrielles ont développé différentes attitudes pour se prémunir contre le risque : le principe de **prévoyance** repose sur la responsabilité (chacun est appelé à répondre des conséquences potentiellement néfastes de son action, en souscrivant une assurance) ; le principe de **prévention** repose sur notre capacité à éviter les effets indésirables de notre action. Le principe de **précaution** commande de ne pas attendre de disposer de certitudes scientifiques sur les dommages potentiels de notre action pour se prémunir contre eux (Ewald, texte 9). Le principe de précaution, né en droit international de l'environnement (au cours des années 1980, consacré par la déclaration de Rio qui a clos le « Sommet de la terre » en 1992) a un champ d'application limité : les risques écologiques, sanitaires, alimentaires. Il se formule comme **une anticipation de la prévention : l'absence de certitudes scientifiques ne doit pas retarder l'adoption de mesures visant à empêcher l'apparition de dommages**. Mettre en œuvre une attitude de précaution, cela revient à solliciter des scientifiques la constatation du déficit de leurs connaissances relativement à nos capacités d'action, et s'en remettre au nom de la communauté à d'autres instances de décision. Deux écueils doivent être évités dans la mise en œuvre du principe de précaution : le cantonner aux domaines des probabilités tellement fortes qu'elles en rendent les risques certains (ce qui revient à annuler son effet) ; l'élargir au champ des présomptions si ténues qu'elles relèvent de l'opinion (ce qui revient à démultiplier inconsidérément ses conséquences) (Godard, texte 12). Il convient d'identifier, scientifiquement même si c'est sans certitude, les risques encourus. Une fois cette étape d'évaluation franchie, la décision d'action ou d'abstention (de diffusion ou d'interdiction) fera l'objet de procédures telles que celles décrites par Philippe Kourilsky et Geneviève Viney (rapport au Premier ministre, 1999, texte 10). Ces procédures destituent la communauté scientifique de son monopole de décision : avec les « expertises du deuxième cercle », les « conférences de consensus » ou « de citoyens », le groupe des décideurs s'élargit au point d'englober potentiellement tous les membres de la communauté. Ainsi notre rapport à la technologie s'est-il considérablement modifié au cours des dernières décennies ; non seulement la technicité n'apparaît plus digne d'une confiance globale, mais encore le soupçon sur l'innocuité des techniques est comme distribué sur l'ensemble de nos interventions, pour autant qu'elles comportent des effets dommageables scientifiquement évalués comme incertains. Il convient alors de **mettre en œuvre des procédures collectives de décision qui permettent d'éviter les dommages ; en tant qu'elles associent experts, citoyens et responsables politiques, elles sont propres à stimuler l'esprit démocratique.**

Ainsi, la technique moderne est d'abord conçue comme une application du savoir rationnel ; on transforme la nature après l'avoir expliquée. Seulement, l'efficacité et les succès de notre intervention ont conduit à la développer de façon hégémonique. Dès lors, les objets techniques disposent d'une constitution propre, qui ne saurait se réduire à la fonction d'intermédiaire entre l'humain et la matière. Les objets techniques mêlent le naturel et l'artificiel, ne se bornent pas à occuper l'espace, mais le constituent. Le développement considérable de notre technologie nous donne envers la planète un pouvoir de nuisance contre lequel il est devenu urgent de lutter ; envers nous-mêmes une capacité de destruction contre laquelle il convient de se prémunir. Bruno Latour propose, une fois remise en cause la distinction nature/société, de « faire entrer les sciences en démocratie », c'est-à-dire de soumettre leur intervention à des processus de décision collective ; cela reviendrait à instituer un « Parlement des choses », où seraient représentés par des citoyens les intérêts de la réalité (Latour, texte 11). Cette solution évite la sacralisation de la nature que l'hypothèse « Gaia » tend à substituer à la valorisation inconditionnée de notre action. Sans attendre la mise en œuvre de dispositions radicales, il est permis de **repenser nos modes de production, de considérer la croissance moins en fonction de la quantité et de la propriété des produits de consommation, mais d'après la fonctionnalité et la disponibilité des biens d'usage.** On peut espérer un décentrement de l'attention depuis la possession vers la mutualisation, depuis l'appropriation vers la mise à disposition. En outre, les remises en cause de la rationalité scientifique tant à travers le danger de ses applications qu'en vertu des limites de ses capacités de prévision conduisent à la révision de nos procédures de décision : les conférences de citoyens peuvent donner l'espoir d'une réflexion au cours de laquelle la spécialisation des connaissances ne serait plus dotée d'un privilège, et où les décisions seraient ordonnées à la propension à considérer l'humanité dans sa solidarité.

Textes

– Texte 1 –

■ D'Alembert et Diderot, *Encyclopédie ou dictionnaire raisonné des sciences, des arts et des métiers* (1751)

On peut en général donner le nom d'Art à tout système de connaissances qu'il est permis de réduire à des règles positives, invariables. [...] Comme il y a des règles pour les opérations de l'esprit ou de l'âme, il y en a aussi pour celles du corps, c'est-à-dire pour celles qui bornées aux corps extérieurs, n'ont besoin que de la main seule pour être exécutées. De là la distinction des arts en libéraux et en mécaniques, et la supériorité qu'on accorde aux premiers sur les seconds. Cette supériorité est sans doute injuste à plusieurs égards. [...] La force du corps ayant été le premier principe qui a rendu inutile le droit que tous les hommes avaient d'être égaux, les plus faibles, dont le nombre est toujours plus grand, se sont joints ensemble pour la réprimer. Ils ont donc établi par le secours des lois et des différentes sortes de gouvernements, une inégalité de convention dont la force a cessé d'être le principe. [...] Les arts mécaniques, dépendant d'une opération manuelle, et asservis, qu'on me permette ce terme, à une espèce de routine, ont été abandonnés à ceux d'entre les hommes que les préjugés ont placés dans la classe la plus inférieure. L'indigence qui a forcé ces hommes à s'appliquer à un pareil travail, plus souvent que le goût et le génie ne les y ont entraînés, est devenue ensuite une raison pour les mépriser, tant elle nuit à tout ce qui l'accompagne. À l'égard des opérations libres de l'esprit elles ont été le partage de ceux qui se sont crus sur ce point les plus favorisés de la nature. Cependant l'avantage que les arts libéraux ont sur les arts mécaniques, par le travail que les premiers exigent de l'esprit, et par la difficulté d'y exceller, est suffisamment compensé par l'utilité bien supérieure que les derniers nous procurent pour la plupart. [...]

Distribution des Arts en libéraux et en mécaniques. En examinant les productions des *arts* on s'est aperçu que les unes étaient plus l'ouvrage de l'esprit que de la main, et qu'au contraire d'autres étaient plus l'ouvrage de la main que de l'esprit. Telle est *en partie* l'origine de la prééminence que l'on a accordée à certains *arts* sur d'autres, et de la distribution qu'on a faite des *arts* en *arts libéraux* et en *arts mécaniques.* Cette distinction, quoique bien fondée, a produit un mauvais effet, en avilissant des gens très estimables et très utiles, et en fortifiant en nous je ne sais quelle paresse naturelle, qui ne nous portait déjà que trop à croire que donner une application constante et suivie à des expériences et à des objets particuliers, sensibles et matériels, c'était déroger à la dignité de l'esprit humain ; et que de pratiquer ou même d'étudier les *arts mécaniques*, c'était s'abaisser à des choses dont la recherche est laborieuse, la méditation ignoble, l'exposition difficile, le commerce déshonorant, le nombre inépuisable, et la valeur minutielle. [...] Préjugé qui tendait à remplir les villes d'orgueilleux raisonneurs et de contemplateurs inutiles, et les campagnes de petits tyrans ignorants, oisifs et dédaigneux.

(Discours préliminaire et article « art », Briasson, Tome 1, 1751, p. XIJ-XIIJ, 714, © Éditions Flammarion, coll. « GF », textes présentés par A. Pons, tome 1, 1986, 106-107, 108-109, 248-249.)

– Texte 2 –

■ Gilbert Simondon, *Du mode d'existence des objets techniques* (1958)

L'objet technique, pensé et construit par l'homme, ne se borne pas seulement à créer une médiation entre homme et nature ; il est un mixte stable d'humain et de naturel, il contient de l'humain et du naturel ; il donne à son contenu humain une structure semblable à celle des objets naturels, et permet l'insertion dans le monde des causes et des effets naturels de cette réalité humaine. La relation de l'homme à la nature, au lieu d'être seulement vécue et pratiquée de manière obscure, prend un statut de stabilité, de consistance, qui fait d'elle une réalité ayant ses lois et sa permanence ordonnée. L'activité technique, en édifiant le monde des objets techniques et en généralisant la médiation objective entre homme et nature, rattache l'homme à la nature selon un lien beaucoup plus riche et mieux défini que celui de la réaction spécifique de travail collectif. Une convertibilité de l'humain en naturel et du naturel en humain s'institue à travers le schématisme technique. [...] C'est à travers l'opération que la prise de connaissance s'effectue, mais *opératoire* n'est pas synonyme de *pratique* ; l'opération technique n'est pas arbitraire, ployée en tous sens au gré du sujet selon le hasard de l'utilité immédiate ; l'opération technique est une opération pure qui met en jeu les lois véritables de la réalité naturelle ; l'artificiel est du naturel suscité, non du faux ou de l'humain pris pour du naturel.
(Aubier, 1958, rééd. 1989, p. 245 et 255-256.)

– Texte 3 –

■ Hans Jonas, *Le principe responsabilité*. Une éthique pour la civilisation technologique (1979)

Le Prométhée définitivement déchaîné, auquel la science confère des forces jamais encore connues et l'économie son impulsion effrénée, réclame une éthique qui, par des entraves librement consenties, empêche le pouvoir de l'homme de devenir une malédiction pour lui. La promesse de la technique moderne s'est inversée en menace. [...] La soumission de la nature destinée au bonheur humain a entraîné par la démesure de son succès, qui s'étend maintenant également à la nature de l'homme lui-même, le plus grand défi pour l'être humain que son faire ait jamais entraîné. Tout en lui est inédit, sans comparaison possible avec ce qui précède, tant du point de vue de la modalité que du point de vue de l'ordre de grandeur : ce que l'homme peut faire aujourd'hui et ce que par la suite il sera contraint de continuer à faire, dans l'exercice irrésistible de ce pouvoir, n'a pas son équivalent dans l'expérience passée. [...]

Qu'est-ce qui peut servir de boussole ? L'anticipation de la menace elle-même ! C'est seulement dans les premières lueurs de son orage qui nous vient du futur, dans l'aurore de son ampleur planétaire et dans la profondeur de ses enjeux humains, que peuvent être découverts les principes éthiques, desquels se laissent déduire les nouvelles obligations correspondant au pouvoir nouveau. Cela, je l'appelle « heuristique de la peur ». Seule la prévision de la déformation de l'homme nous fournit le concept de l'homme qui permet de nous en prémunir. Nous savons seulement *ce qui* est en jeu, dès lors *que* nous savons que cela est en jeu. [...]

L'existence de l'humanité, cela veut dire simplement que des hommes vivent ; qu'ils vivent bien, c'est le commandement qui vient après. Le fait brut qu'ils existent comme tels devient pour ceux à qui on n'avait pas demandé leur avis auparavant un commandement : qu'ils doivent encore exister ultérieurement. Ce

« premier commandement », qui reste de soi anonyme, est contenu, sans être mentionné, dans tous les autres (à moins que ceux-ci n'aient fait du non-être leur affaire). [...] Dans sa propre absence de fondement (car il ne pouvait pas y avoir de commandement d'inventer de tels êtres), le commandement qui a fait irruption de fait institue la « chose au monde » fondamentale pour autant naturellement pas encore la chose unique qui oblige désormais l'humanité, une fois qu'elle s'est mise à exister effectivement, même si c'est un hasard aveugle qui l'a fait apparaître au sein de la totalité des choses. C'est là la « cause » originaire de toutes les choses qui puissent jamais faire l'objet de la responsabilité communément humaine.

La nouveauté éthique de notre situation peut encore être illustrée par une autre confrontation, à savoir celle avec la maxime de Kant « Tu dois, donc tu peux ». La responsabilité est un corrélat du pouvoir de sorte que l'ampleur et le type du pouvoir déterminent l'ampleur et le type de la responsabilité. Si le pouvoir et son exercice courant croissent au point d'atteindre certaines dimensions, ce n'est pas seulement la taille mais également la nature qualitative de la responsabilité qui se transforme de telle sorte que les actes du pouvoir engendrent le *contenu* du devoir, que donc celui-ci est essentiellement une réponse à ce qui arrive. Cela retourne la relation habituelle du devoir et du pouvoir (*Können*). N'est plus premier ce que l'homme peut être et ce qu'il doit faire (le commandement de l'idéal) et qu'ensuite il peut ou qu'il ne peut pas, mais est premier ce qu'il fait déjà *de facto*, parce qu'il le peut et l'obligation découle du faire : elle lui est signifiée par le *fatum* causal de ses actes. Kant disait : « Tu dois, donc tu peux. » Nous devons dire aujourd'hui : « Tu dois, car tu fais, car tu peux », autrement dit ton pouvoir exorbitant est déjà à l'œuvre.

(Trad. J. Greish, éditions du Cerf, 1997, p. 13-14, 142, 177-178, rééd. Flammarion, coll. « Champs », 1998, p. 15, 16, 196, 246-247.)

– Texte 4 –

■ Paul Virilio, *L'horizon négatif* (1984)

La vitesse métamorphose les apparences, dans l'entreprise accélérée du voyage, un simulacre s'opère qui renouvelle celui du trompe-l'œil, comme un embu le fond du paysage remonte à la surface, les objets inanimés s'exhument de l'horizon et viennent tour à tour imprégner le vernis du pare-brise, la perspective s'anime, le point de fuite devient un point d'assaut projetant ses traits, ses lignes sur le voyeur-voyageur, l'objectif de la poursuite devient un foyer qui darde ses rayons sur l'observateur ébloui, fasciné par l'avancée des paysages. [...]

Dans la rapidité du déplacement le voyeur-voyageur se trouve dans une situation qui est à l'opposé de celle de l'usager des salles obscures, *c'est lui qui est projeté*, acteur et spectateur du drame de la projection il joue dans l'instant du trajet, sa propre fin. [...]

État de guerre à l'état de fait, la célérité provoque la défaite des faits ; alors, comme un être cher que l'on oublierait au cours d'un long voyage, le monde s'absente, après la nostalgie des images du passé, nous sombrons dans celle d'un monde présent devenu purement imaginaire. [...]

La révolution du transport a ainsi provoqué l'industrialisation de l'entreprise artisanale des apparences, *fabrique de vitesse* et donc de lumière et d'images, celle-ci est soudain devenue *projection cinématographique de la réalité*, fabrication du monde, d'un monde d'images factices, *montage de séquences dromoscopiques où l'optique de l'illusion motrice renouvelle l'illusion d'optique*.

(Galilée, 1984, p. 143, 145, 161 et 163-164.)

– Texte 5 –

■ Ulrich Beck, *La société du risque. Sur la voie d'une autre modernité* (1986)

Lorsqu'il s'agit de définir des risques, *la science* perd *le monopole de la rationalité*. [...]

Pour transposer une formule bien connue : sans la rationalité sociale, la rationalité scientifique reste *vide*, sans la rationalité scientifique, la rationalité sociale reste *aveugle*. [...]

Chacun est cause et effet à la fois, et *personne* ne peut donc être cause de quoi que ce soit. Les causes se dissolvent dans l'interchangeabilité générale des acteurs et des circonstances, des réactions et des contre-réactions. C'est ce qui assure à la pensée du système évidence sociale et popularité.

Cette situation est un révélateur exemplaire de la véritable signification biographique de la pensée du système : *on peut* très *bien faire quelque chose* et *continuer à le faire sans en être tenu pour personnellement responsable*. [...]

Dans la société du risque, le passé perd sa fonction déterminante pour le présent. C'est l'avenir qui vient s'y substituer, et c'est alors quelque chose d'inexistant, de construit, de fictif, qui devient la « cause » de l'expérience et de l'action présentes. [...] Nous abordons l'avenir sur le mode de la « variable projetée », nous en faisons une « cause projetée » de l'action présente (personnelle et politique) dont la valeur et la signification sont directement proportionnelles au degré d'indécidabilité et au contenu de la menace. C'est cette projection que nous devons esquisser pour déterminer et organiser notre action présente.

(Trad. L. Bernardi, © Éditions Aubier, 2001, p. 52, 55, 59, 61-62.)

– Texte 6 –

Notre avenir à tous (Rapport Brundtland – 1987)

Le développement durable est un développement qui répond aux besoins du présent sans compromettre la capacité des générations futures de répondre aux leurs. Deux concepts sont inhérents à cette notion :
– le concept de « besoins », et plus particulièrement des besoins essentiels des plus démunis, à qui il convient d'accorder la plus grande priorité, et
– l'idée des limitations que l'état de nos techniques et de notre organisation sociale impose sur la capacité de l'environnement à répondre aux besoins actuels et à venir.

Ainsi, les objectifs du développement économique et social sont définis en fonction de la durée, et ce dans tous les pays – développés ou en développement, à économie de marché ou à économie planifiée. Les interprétations pourront varier d'un pays à l'autre, mais elles devront comporter certains éléments communs et s'accorder sur la notion fondamentale de développement durable et sur un cadre stratégique permettant d'y parvenir.

Le développement implique une transformation progressive de l'économie et de la société. Cette transformation, au sens le plus concret du terme, peut, théoriquement, intervenir même dans un cadre sociopolitique rigide. Cela dit, il ne peut être assuré si on ne tient pas compte, dans les politiques de développement, de consi-

dérations telles que l'accès aux ressources ou la distribution des coûts et avantages. Même au sens le plus étroit du terme, le développement durable présuppose un souci d'équité sociale entre les générations, souci qui doit s'étendre, en toute logique, à l'intérieur d'une même génération.
(en anglais http://www.un-documents.net/ocf-02.htm#I
en français http://fr.wikisource.org/wiki/Rapport_Brundtland/Chapitre_2)

– Texte 7 –

Michel Serres, *Le contrat naturel* (1990)

Qu'est-ce que la nature ? D'abord l'ensemble des conditions de la nature humaine elle-même, ses contraintes globales de renaissance ou d'extinction. [...] Elle conditionne la nature humaine qui, désormais, la conditionne à son tour. La nature se conduit comme un sujet.
Dans sa vie même et par ses pratiques, le parasite confond couramment l'usage et l'abus ; il exerce les droits qu'il se donne en nuisant à son hôte, quelquefois sans intérêt pour soi ; il le détruirait sans s'en apercevoir. [...] Toujours abusif, le parasite. [...]
J'entends par contrat naturel la reconnaissance, exactement métaphysique, par chaque collectivité, qu'elle vit et travaille dans le même monde global que toutes les autres. [...]. Virtuel et non signé, [...] le contrat naturel reconnaît un équilibre entre notre puissance actuelle et les forces du monde. De même que le contrat social reconnaissait quelque égalité entre les signataires humains de son accord, que les divers contrats de droit cherchent à équilibrer les intérêts des parties, de même que le contrat savant s'oblige à rendre en raison ce qu'il reçoit en information, de même le contrat naturel reconnaît d'abord l'égalité nouvelle entre la force de nos interventions globales et la globalité du monde. La chose qui stabilise nos rapports ou celle que mesure la science demeure locale, découpée, limitée ; le droit et la physique la définissent. Elle grandit aujourd'hui aux dimensions de la Terre. [...] Le contrat naturel nous amène à considérer le point de vue du monde en sa totalité.
(François Bourin-Julliard, 1990, rééd. Flammarion, coll. « Champs », 1992, p. 64-65 et 78-79.)

– Texte 8 –

Luc Ferry, *Le nouvel ordre écologique. L'arbre, l'animal et l'homme* (1992)

D'une manière générale, on peut observer que partout où les débats théoriques sur l'écologie ont pris forme philosophique cohérente, ils se sont structurés en trois courants bien distincts. [...]
Le premier [...] part de l'idée qu'à travers la nature, c'est encore et toujours l'homme qu'il s'agit de protéger, fût-ce de lui-même, lorsqu'il joue les apprentis sorciers. L'environnement n'est pas doté ici d'une valeur intrinsèque. Simplement, la conscience s'est fait jour qu'à détruire le milieu qui l'entoure, l'homme risque bel et bien de mettre sa propre existence en danger et, à tout le moins, de se priver des conditions d'une vie bonne sur cette terre. C'est dès lors à partir d'une position qu'on peut dire « humaniste », voire *anthropocentriste*, que la nature est prise, sur un mode seulement *indirect*, en considération. Elle n'est que ce qui *environne* l'être humain, la périphérie, donc, et non le centre. À ce titre, elle ne

saurait être considérée comme un sujet de droit, comme une entité possédant une valeur absolue en elle-même.

La seconde figure franchit un pas dans l'attribution d'une signification morale à certains êtres non humains. Elle consiste à prendre au sérieux le principe « utilitariste » selon lequel il faut non seulement rechercher l'intérêt propre des hommes, mais de manière plus générale tendre à diminuer au maximum la somme des souffrances dans le monde ainsi qu'à augmenter autant que faire se peut la quantité de bien-être. Dans cette perspective, très présente dans le monde anglo-saxon où elle fonde l'immense mouvement dit de « libération animale », tous les êtres susceptibles de plaisir et de peine doivent être tenus pour des sujets de droit et traités comme tels. À cet égard, le point de vue de l'anthropocentrisme se trouve déjà battu en brèche, puisque les animaux sont désormais inclus, au même titre que les hommes, dans la sphère des préoccupations morales.

La troisième forme est celle [...] de la nature comme telle, y compris sous ses formes végétale et minérale. [...] Michel Serres, dont on peut cependant douter que les thèses soient comprises en France pour ce qu'elles sont : une authentique croisade à l'américaine contre l'anthropocentrisme au nom des droits de la nature. Car c'est bien de cela qu'il s'agit dans cette dernière version de l'écologie où l'ancien « contrat social » des penseurs politiques est censé faire place à un « contrat naturel » au sein duquel l'univers tout entier deviendrait sujet de droit : ce n'est plus l'homme, considéré comme centre du monde, qu'il faut au premier chef protéger de lui-même, mais bien le cosmos comme tel, qu'on doit défendre contre les hommes. L'écosystème la « biosphère » est dès lors investi d'une valeur intrinsèque bien supérieure à celle de cette espèce, somme toute plutôt nuisible, qu'est l'espèce humaine. [...]

L'antimodernisme radical cède à la fascination des modèles politiques autoritaires, le scientisme moral conduit de façon inéluctable au dogmatisme, la divinisation de la nature implique un rejet de la culture moderne, suspecte d'engendrer le déracinement des hommes, l'éloge de la diversité se fait volontiers hostile à l'espace public républicain, etc. [...]

L'homme peut décider d'accorder un certain respect à des entités non humaines, à des animaux, à des parcs nationaux, à des monuments ou à des œuvres de culture : ces derniers restent toujours, qu'on le veuille ou non, des *objets et non des sujets de droit*. En d'autres termes : le projet d'une éthique normative antihumaniste est une contradiction en soi.

(© 1992, Grasset et Fasquelle, p. 30-33, 242, 244.)

– Texte 9 –

François Ewald, *Le retour du malin génie. Esquisse d'une philosophie de la précaution* (1997)

Le paradigme de la *responsabilité* fait moins appel à la contrainte qu'à la liberté. Les obligations légales à l'égard des autres se résument dans la règle du « ne pas nuire à autrui ». La vertu y occupe une grande place sous la forme de la *prévoyance* (envers soi-même) et de la *bienfaisance* (envers autrui).

Le paradigme de la *solidarité*, notre État providence, étend la part des obligations légales. [...] Multiplication des droits sociaux, reconnaissance d'une sorte de droit général à indemnisation face à tout événement. [...] Impératif de *prévention* : prévention des maladies (découverte pasteurienne), prévention des cri-

mes (politique de défense sociale), prévention des accidents (sciences de la sécurité), prévention de la misère et de l'insécurité sociale (assurances sociales) [...].
Le nouveau paradigme témoigne d'un rapport profondément bouleversé à une science qu'on interroge moins pour les savoirs qu'elle propose que pour les doutes qu'elle insinue [...].
La précaution réintroduit, au sens propre, la décision en politique, et dans les pratiques de la responsabilité. [...] Cela ne veut pas dire que l'expertise scientifique soit inutile, mais qu'elle ne déchargera pas le politique de la souveraineté de sa décision [...].
La précaution nous fait sortir de l'âge des sociétés assurantielles : l'indemnisation n'a plus de sens, la seule attitude rationnelle étant d'éviter la réalisation d'une menace aux conséquences irréversibles. La précaution est une attitude de protection plus que d'indemnisation.
(In *Le principe de précaution dans la conduite des affaires humaines*, Olivier Godard (dir.), MSH et INRA, 1997, p. 99-100, 123, 124.)

– Texte 10 –

Philippe Kourilsky et Geneviève Viney, *Le principe de précaution. Rapport au Premier ministre* (1999)

Les dix commandements de la précaution
I. Tout risque doit être défini, évalué et gradué.
II. L'analyse des risques doit comparer les différents scénarios d'action et d'inaction.
III. Toute analyse de risque doit comporter une analyse économique qui doit déboucher sur une étude coût/bénéfice (au sens large) préalable à la prise de décision.
IV. Les structures d'évaluation des risques doivent être indépendantes mais coordonnées.
V. Les décisions doivent, autant qu'il est possible, être révisables et les solutions adoptées réversibles et proportionnées.
VI. Sortir de l'incertitude impose une obligation de recherche.
VII. Les circuits de décision et les dispositifs sécuritaires doivent être non seulement appropriés mais cohérents et efficaces.
VIII. Les circuits de décision et les dispositifs sécuritaires doivent être fiables.
IX. Les évaluations, les décisions et leur suivi, ainsi que les dispositifs qui y contribuent, doivent être transparents, ce qui impose l'étiquetage et la traçabilité.
X. Le public doit être informé au mieux et son degré de participation ajusté par le pouvoir politique.
(Odile Jacob, 2000, p. 56.)

– Texte 11 –

Bruno Latour, *Politiques de la nature* (1999)
À partir du moment où vous acceptez de redéfinir la vie publique comme composition progressive du monde commun, vous ne pouvez plus exercer ce pouvoir à l'abri des « lois indiscutables de la nature ». À des lois, il faut un Parlement. « Pas

de réalité sans représentation. » Personne ne vous demande d'abandonner tout pouvoir mais, simplement, de l'exercer *comme un pouvoir*, avec toutes ses précautions, ses lenteurs, ses procédures, et surtout, ses contre-pouvoirs. S'il est vrai que le pouvoir absolu corrompt absolument, alors celui qui permettait de définir sous les auspices de la nature le monde commun vous corrompait plus que tout autre. N'est-il pas temps de vous délivrer de cet absolutisme en vous élevant à la dignité des représentants dont chacun doit apprendre à douter ? [...] Pourquoi ne pas essayer de mettre fin à l'état de nature, à l'état de guerre des sciences ? Quel risque courrons-nous à essayer une politique sans la nature ? Le monde est jeune, les sciences récentes, l'histoire à peine commencée, quant à l'écologie elle débute à peine : pourquoi aurions-nous fini d'explorer les institutions de la vie publique ? »
(La Découverte, 1999, rééd. 2004, p. 292-293 et 300.)

– Texte 12 –

Olivier Godard, « Une précaution proportionnée », *Traité des nouveaux risques* (2002)

Définies avec précision, *prudence* et *précaution* se distinguent nettement : le principe de précaution ne consiste pas à faire montre de davantage de prudence dans la prévention, voire à devenir précautionneux, mais à se saisir de façon précoce de risques potentiels [...].
La répétition de phénomènes de même nature permet la construction de bases de données statistiques sur la longue durée, moyennant un investissement dans le recueil systématique des informations. Cela facilite le calcul du risque et permet de mettre en place des politiques de prévention à l'échelle de la collectivité [...].
Classification des risques et des principes qui leur sont applicables :
Risques inconnaissables (risque de développement) : principe d'exonération ;
Risques suspectés : principe de précaution ;
Risques avérés : principe de prévention ;
Risques réalisés : principes de réparation [...].
Il revient aux autorités publiques d'organiser un État-précaution (cadre de recherche, d'expertise, de consultation et régime de régulation) ; il leur revient également d'apprécier et de pondérer l'ensemble des aspects jugés pertinents pour faire la part du risque qui peut être accepté, marquer la limite de l'inacceptable et choisir les mesures de précaution en conséquence. [...] L'organisation d'une traçabilité des actes d'expertise et du processus de décision doit également faciliter le contrôle par les citoyens et par chaque partie intéressée de ce qui est fait par les experts et par les pouvoirs publics.
(© Éditions Gallimard, coll. « Folio actuel », 2002, p. 124, 125, 127, 129, 137.)

SECTION 3. INFORMATION ET COMMUNICATION

Nous vivons l'ère de la communication hégémonique : nous ne concevons plus de signification isolée, qui ne soit pas transmise à d'autres, qui ne soit pas diffusée dans un réseau. Grâce à des techniques de miniaturisation, de programmation, de concaténation de plus en plus précises, **un nombre sans cesse croissant d'informations se transmet dans nos sociétés**. Cela ne veut pas nécessairement dire que nous produisons plus de sens. Les technologies de l'information ont donné une impulsion considérable à nos échanges. L'interrogation sur la circulation des représentations parmi les humains est récente : si on commence à communiquer au XVIIe siècle, suite au développement des techniques d'imprimerie, en raison de la nécessité qu'on éprouve de partager les savoirs, ce n'est qu'**au XXe siècle**, avec l'apparition du phonographe, du téléphone, de la radio et de la télévision que **la communication prend une dimension globale**. Se multiplient alors les réflexions sur les médias. Si l'usage d'un outil de liaison entre les individus, comme le téléphone, fait rarement l'objet de remise en cause, les moyens de diffusion à large échelle sont souvent diabolisés. On leur reproche de simplifier les informations, voire de les détourner, d'uniformiser les modes de pensée, voire d'abêtir les esprits. Les technologies nouvelles menacent de nous faire confondre moyens et fins, en encourageant **une communication qui se prend elle-même pour objet**. Plus l'information circule, moins elle a de chances de présenter de l'intérêt, c'est-à-dire d'être informative. Un des paradoxes de la communication, c'est qu'il conviendrait de ne pas s'en préoccuper, comme de tout bon outil. Inversement, on peut admettre que l'intérêt pour la communication trahit quelque dysfonctionnement. L'ordinateur est devenu le principal moyen d'échange et de diffusion d'information, via Internet. **La mise en réseau des informations conduit-elle à une démocratisation du savoir ou bien à une remise en cause des distinctions fondatrices de nos échanges ?** Sa fabrication a résulté du perfectionnement des tentatives de formalisation de nos processus cognitifs. Le traitement mathématique et technologique de l'information suppose sa modélisation, qui l'appréhende sous la forme d'unités. Les performances techniques autorisées par l'informatique parviennent-elles à simuler ou reconstituer les procédures du calcul intelligent ? Doit-on en retour considérer que les opérations de nos raisonnements sont supportées par des réseaux matériels assimilables à ces structures de computation ? Finalement, faisons-nous jamais autre chose que communiquer ? Y a-t-il des représentations qui ne relèvent pas de l'information ? L'hégémonie de la communication nous interroge sur la constitution de nos idées, sur l'évolution de notre rapport au monde, sur la nature même de notre société.

3.1. Différentes dimensions de la communication

Communiquer consiste à transmettre une information, c'est-à-dire une connaissance élémentaire, au moyen d'un signe : réalité matérielle qui vaut pour autre chose, qui représente. Un signe déclenche une opération, symbolise une notion, ou exprime un sens. Il est le vecteur essentiel de la communication, en ce qu'il supporte l'information. **Informer, c'est structurer et organiser des données, ce qui suppose qu'elles soient saisies selon un code qui en permet l'analyse.** Cette dernière peut être computative (à des fins de programmation) ou conceptuelle (vouée à l'interprétation). Appréhender une communication en termes d'information, c'est se référer à la possibilité de la décomposer en unités. En revanche, **communiquer, c'est mettre en commun, c'est s'inscrire dans une situation d'échange qui suppose un partage entre des interlocuteurs en interaction**. Au sens le plus large, la communication désigne toute forme de circulation – de biens, de sens, d'individus – entre des personnes ; elle se confond avec la vie en société. Au sens restreint, seul pris en compte ici, elle définit ceux des échanges qui empruntent le canal d'une technique. La discussion n'est pas toujours apparue comme une forme de communication. Celle-ci intervient comme une technique pour vaincre une résistance :

la rhétorique se propose de briser l'opposition de l'interlocuteur, les télécommunications se donnent pour objectif de réduire la distance matérielle entre les individus. L'intérêt pour la communication relève de l'attention portée à une technique : il procède d'abord d'un souci technologique. Les théories de la communication sont nées de l'effort pour améliorer les performances des médias utilisés (le télégraphe, le téléphone notamment). On distingue en outre différentes formes sociales de la communication : interpersonnelle (entre des individus), institutionnelle (entre des représentants de groupes régis par des lois) et médiatique (mettant en relation des « masses » au moyen de techniques d'information propres à la société industrielle). Mc Luhan (*Pour comprendre les médias*, Hurtubise, 1964, trad. fr. Seuil, 1968) différencie les médias chauds et les médias froids. Les premiers prolongent un seul des sens et en donnent une « haute définition » (véhiculent beaucoup d'informations). Ils laissent peu d'espaces à remplir par le public et découragent par conséquent sa participation. La chaleur d'un médium dépend donc du pouvoir de rayonnement de sa source émettrice. **Les médias chauds tendent à faire dépendre le contenu qu'ils véhiculent de leur propre nature : « le message, c'est le médium » (Mc Luhan).** À l'inverse, plus un médium est froid, plus il fait intervenir les personnes dans la situation de communication. La description de la communication selon ses facteurs (l'émetteur, le récepteur, le canal, le code, le message et le thème) issue de Jakobson (*Essais de linguistique générale*, 1960, trad. fr. 1963) permet d'en isoler les dimensions mais ne doit pas faire oublier la complexité des situations les plus élémentaires, qui combinent des fonctions liées simultanément à plusieurs facteurs. Les interlocuteurs élaborent par leurs échanges le sens des messages, qui ne dépend pas seulement du codage propre à une langue transparente aux significations qu'elle véhicule. **Comprendre la communication suppose de décrire des situations combinant des phénomènes d'interaction, d'anticipation et de rétroaction.** La communication interpersonnelle a été étudiée notamment par l'école de Palo Alto, fondée par Bateson, qui aboutit à la création en 1959 du *Mental Research Institute*. Son approche est globale, structurale, constructiviste ; elle analyse les énoncés dans leur contexte et la pluralité de leurs dimensions, soulignant les paradoxes qui peuvent conduire à des situations pathogènes (« on ne peut pas ne pas communiquer » ; « ne pense pas à ce que je t'interdis ») que Watzlawick et ses successeurs s'efforcent d'interpréter et de traiter en substituant une compréhension systémique, circulaire, synchronique, à une explication individuelle, linéaire, diachronique.

3.2. Hiérarchie des modes de communication

On peut supposer que l'origine de la communication est visuelle : la première forme de signe est sans doute le geste. Pour désigner des objets extérieurs au contexte immédiat, on aura recours au mime, qui pourra se muer en dessin si l'on suit les contours de la forme évoquée : sa fixation sur un support matériel donne naissance aux images. Cette représentation visuelle est plus simple, mais toutefois moins performante que la désignation verbale : le mot a cette supériorité de désigner non seulement ce qui n'est pas présent mais aussi ce qui n'est pas, ainsi que tout ce qui est. Par les premières formes de fixation de la parole au moyen de l'écriture, les organisations humaines définissent leur accès à l'inaccessible, au divin : l'écriture vient consacrer les paroles destinées à régir la collectivité de façon transcendante. La communication entre les hommes est instaurée en vertu d'un principe unique, extérieur à eux, l'indicible source de tout ce qui est digne d'être dit (Debray, texte 5). Ce n'est qu'avec la révolution des techniques de transmission de ses représentations que l'esprit change d'ordre de valeurs. **Le développement des techniques d'imprimerie caractérise l'époque moderne, qui se définit comme diffusion du savoir et orientation vers une libération universelle.** L'électronique vient bouleverser notre culture en rendant possible la propagation extrêmement rapide des images. **La prééminence du visuel dans nos civilisations risque d'uniformiser nos conceptions du monde en même temps qu'elle remet en cause la hiérarchie de nos valeurs.** La médiologie, promue par Régis Debray, se propose de comprendre nos représentations en fonction du médium que nous utilisons et de la manière dont nous en faisons usage. Il ne s'agit pas tant de soumettre le sens aux signes qui le véhiculent que de rapporter les formes principales de nos échanges à leurs outils. Ce faisant, on n'hésite pas à rétablir une hiérarchie de droit entre les moyens de communication. L'écriture sollicite d'emblée l'esprit qui ne lui prête que rarement une attention calligraphique. Le langage est habité par le sens, qui apparaît d'abord non réductible à une quantité d'information. L'expression verbale n'est pas un codage qui renverrait par désignation à des objets. La sémantique, théorie de la signification, consiste en une analyse logique des concepts. Celle-ci suppose toujours l'acte d'une pensée qui, en les interprétant, leur confère une vérité. Le texte sollicite un esprit qui, par une réflexion patiente, en élabore l'unité et la portée. L'intérêt s'est développé au xxe siècle pour la communication orale ; de nombreux messages ne prennent sens qu'en fonction du contexte dans lequel ils sont émis. **L'analyse des situations d'interlocution a conduit la pragmatique à saisir les messages dans leur pouvoir de transformer la réalité.** Un certain nombre d'expressions performatives permettent de produire l'état de choses qu'elles désignent : salut, déclaration, vœu, promesse, malédiction, injure, bénédiction (Austin, *Quand dire, c'est faire*, 1955, trad. fr. Seuil, 1970). Au delà, toute profération verbale a une capacité d'agir sur les représentations des interlocuteurs ; exprimer quelque chose, c'est toujours en quelque façon transformer, sinon son objet, au moins la manière de l'appréhender. Le langage n'est donc pas seulement véhicule, mais aussi créateur d'informations. **La valeur de la communication est aussi attachée à ce qu'elle échappe à la précision, à la détermination.** La communication peut d'ailleurs être considérée comme un paradigme d'interprétation des relations entre les hommes et les choses et entre les hommes entre eux, sur le modèle leibnizien de l'entr'expression des éléments spirituels de l'univers : Michel Serres utilise ainsi la notion de communication, d'abord au sens de la théorie des fluides, pour mettre en lumières les échanges et les réseaux dont se compose notre réalité (texte 2). Communiquer devient synonyme d'interagir ; rien n'échappe plus à l'interférence des choses qui exprime l'ordre de nos théorisations. Mais, par opposition à cette généralisation de la notion, on peut en analyser les différentes formes.

3.3. Les images et l'expression

La transmission de données visuelles paraît immédiate, simple, irréfutable : ce qu'on montre est vu ; le sens devient transparent dans la figuration ; il ne requiert pas de traduction puisque la langue des images est universelle. Si ce qui est vu est intégralement perçu dès qu'on le voit, alors toutes les représentations tendent à se valoir ; le monde n'est plus rendu selon sa profondeur de réalité. Avec **la multiplication des images**, dans leur présence simultanée, se **produit un éclatement de l'information**, une désarticulation du donné (Debray, texte 6). Pourtant, lorsqu'au VIIIe siècle, l'Église byzantine condamne l'idolâtrie, elle reconnaît bien aux images un pouvoir de figuration et de captation. La conception paulinienne du Christ comme image de Dieu le père leur conférait un crédit conceptuel. Ce qui était reproché aux représentations saintes, c'est de détourner à leur profit la vénération pour le sacré, alors que le divin, source de vérité, est l'inaccessible en soi. Lorsque le Concile de Nicée II consacre en 787 les arguments que Jean Damascène avait présentés en faveur des images, il procède à la réhabilitation des figurations par leur relativisation : l'icône représente le dieu en tant qu'humain. Elle est porteuse d'un savoir, dans la mesure où l'incarnation qui la sous-tend peut être décelée au moyen d'une transfiguration. Ces figures peuvent faire l'objet de culte pour autant qu'elles sont habitées par une grâce invisible. **L'iconoclasme jette l'anathème sur les idoles qui prétendent saturer le regard par leur visibilité.** Certes l'image est toujours idole en puissance : donnée selon un plan qui correspond à une unité de perception (un visage, un buste, un corps), sa prégnance engendre l'illusion que l'objet représenté est saisi en lui-même. Les nouvelles technologies de l'image ne semblent guère affecter le statut de la visualisation : toute image est virtuelle, au sens où elle est partielle et partiale, relative à une sensibilité perceptive, tout en menaçant, par la stabilisation de l'attention qu'elle mobilise, de faire oublier sa virtualité. La réhabilitation des icônes indique le biais par lequel les représentations usuelles peuvent être valorisées : en étant saisies dans leur caractère fragmentaire, leur fragilité. **L'image est intéressante non dans ce qu'elle montre, mais dans ce qui sollicite le regard** en ne le saturant pas. Dès lors, on comprendra que les figurations tirent leur valeur de l'interprétation qui en déchiffre le pouvoir expressif, en en faisant une lecture qui les apparente à un texte. À l'heure de la généralisation des images, l'analyse de leur réception, l'apprentissage de leur lecture restent trop peu développés.

3.4. Les sciences cognitives

La transmission d'informations a pu faire l'objet d'une modélisation (Weaver et Shannon, *Théorie mathématique de la communication,* 1949, trad. fr. 1975). Une fois l'information appréhendée comme quantité abstraite mesurable indépendamment de la signification du message, on établit que le degré d'information est inversement proportionnel à sa probabilité d'apparition. Cette formalisation participe du même esprit que les tentatives faites au même moment pour permettre un traitement de l'information par les machines. Les programmes de recherche développés par A.M. Turing ont été à l'origine de l'invention des ordinateurs. Il s'agissait de **traiter l'information comme un item susceptible de calcul**, ce qui a conduit à adopter la base deux, les deux valeurs 0 et 1 correspondant à l'état ouvert ou fermé d'une liaison électronique. Initialement, l'enjeu était de perfectionner des programmes de calcul pour les rendre plus performants. Les chercheurs ont vite renversé la perspective, en prenant pour modèle les opérations de l'esprit humain pour les automatiser (Turing, texte 1). On assiste alors à l'assimilation des processus de connaissance à des opérations formelles, qui donne naissance aux sciences cognitives. **Bien que le niveau des processus mentaux soit posé comme autonome par rap-**

port à son support physique, **le cognitivisme pose la correspondance entre une donnée représentationnelle et son substrat matériel** (Andler, texte 7). Les états mentaux peuvent être décrits en termes de comput ; leur fonction est comprise par rapport à un système de relations formalisables. Leur analyse permettrait de modéliser les comportements ; ce qui suppose d'identifier le cerveau à un ordinateur. La pensée serait assimilable à un calcul, ses modulations ne nous restant mystérieuses qu'en vertu de leur extraordinaire complexité. Cette tentative de reconstruction des opérations mentales repose sur leur description en termes d'interactions entre des objets. Notre appareil cérébral ne serait qu'un système de calcul extrêmement perfectionné. En ce sens, l'hypothèse matérialiste développée par Jean-Pierre Changeux (texte 3) constitue le postulat implicite des sciences cognitives. Même si les connexions de nos cellules nerveuses semblent utiliser tout leur matériel comme vecteur d'informations, d'où il résulte une capacité de programmation maximale, pensée et conscience sont réduites à un ensemble d'états physiques. Le scientisme de cette position alimente les fantasmes cognitivistes dont le principal est l'intelligence artificielle. Il s'agit, en renouant avec l'attitude originelle d'automatisation de l'information, de produire des machines capables de simuler des comportements adaptatifs. En combinant des programmes qui s'appliquent leur résultat à eux-mêmes, on parvient à des performances remarquables en matière de réalisations d'objectifs : des machines peuvent se corriger en distribuant leurs opérations dans un nombre considérable de cas. Pourtant jamais des automates intelligents n'ont encore fait grève ni ri ; bref, l'informatisation n'entraîne pas une auto-affection : **notre puissance de reconstruction des comportements humains ne conduit pas à identifier le sujet vivant avec la machine, mais à mieux apprécier leurs différences** qui, pour être ténues, n'en restent pas moins radicales. Si le traitement automatique de l'information n'a pu produire la moindre réaction humaine, il a néanmoins accompli une révolution dans le domaine de la communication.

3.5. La société de communication

Au XXe siècle, les modalités de relations sociales ont connu des bouleversements dus à la maîtrise de techniques de transmissions hertziennes puis électroniques. Depuis la fin du XIXe siècle, les grands journaux s'adressent à un très large public. Mais la radiodiffusion et la télévision ont conduit à développer une attitude de consommation passive de l'information. La presse peut être sollicitée, consultée, maniée à loisir. Mais, devant un appareil de télévision, le spectateur dépend étroitement de l'émission, celle-ci délivrant l'information en continu. **Instruments de pouvoir et de propagande, les grands médias tendent à définir leurs productions en fonction de leur récepteur.** Obéissant à cette logique de la demande, ils mettent trop peu l'information en débat. Dans la mesure où ils ne s'adressent qu'à un interlocuteur fictif et le plus souvent passif, ils ne constituent pas des modes de communication. Notre société habitée par les technologies de l'information ne cesse de s'interroger sur la communication. La répétition technologique des mêmes messages, la multiplication des sources produisent ce que Lucien Sfez appelle **le tautisme : l'enfermement dans la redondance de contenus triviaux** (texte 4). Dans le bruit qui résulte de la **déflagration continue des communications**, se produit une confusion des deux principaux modes de liaison de la partie au tout : la représentation

(présentation du global dans le local) et l'expression (effort pour atteindre le global par le local). Les médias contemporains s'imposent aux individus, en leur faisant croire qu'ils répondent à leurs désirs et besoins. Sfez engage à l'exercice d'une patiente réflexion, propre à réintroduire de la distinction entre expression et représentation, de façon à retrouver l'activité locale qui seule peut nous empêcher d'être victimes de la surabondance d'informations. Il s'agit bien de veiller à ce que, de toutes les technologies, le manipulateur reste l'utilisateur. Entre Internet et l'usage élémentaire d'un ordinateur de bureau, s'insinue la même différence qu'entre la télévision (dont les programmes cherchent à capter notre attention) et le recours au magnétoscope ou au lecteur DVD (on choisit son film, il faut se servir du support matériel) : dans le dernier cas, la technique nous sollicite par son usage même. Elle peut donc contribuer à la culture, puisqu'elle est utilisée comme le véhicule d'une information soumise aux individus. Pourtant, le plus souvent la communication tient lieu de culture : la multiplication des données, le décuplement de leur audience deviennent les seuls critères de valorisation des messages. L'extraordinaire développement des moyens de transmission des données conduit aujourd'hui à un décentrement de l'attention, à une confusion du local avec le global, à l'illusion d'un village planétaire. Cette idéologie masque les défauts d'une économie dont le modèle reste ancien ainsi que les inégalités d'accès aux réseaux, qui relient les détenteurs d'information entre eux (Mattelart, texte 10). La communication-monde, le réseau global, la démocratisation par la maîtrise des technologies constituent des représentations abusives, simplificatrices, idéologiques.

3.6. L'apport des technologies de l'information et de la communication

Les innovations apportées par les technologies de la communication conduisent-elles à une révolution dans les relations entre individus ? Ceux-ci vont-ils trouver en elles un instrument de libération ou d'aliénation ? Les nouvelles technologies ont stimulé la croissance en augmentant la productivité du travail, mais elles ont conduit dans les années 1990 à la formation d'une bulle spéculative. Elles ont facilité les relations à distance ; mais leur défaillance paralyse des séries considérables d'opérations et elles introduisent une barrière entre ceux qui en ont l'usage et ceux qui en sont exclus. Enfin, elles véhiculent en majorité des contenus publicitaires et pornographiques ; elles facilitent la communication illicite. La Loi pour la confiance en l'économie numérique (texte 11) dispose que la communication publique en ligne, espèce de la communication par voie électronique, est libre. Cette **liberté peut être limitée en cas d'atteinte aux libertés publiques ou aux fins de préservation de l'ordre public**. Surtout, la loi responsabilise les prestataires : alors qu'auparavant seul l'auteur d'un document en ligne pouvait en répondre devant les tribunaux, il appartient désormais aux hébergeurs et fournisseurs d'accès de retirer un contenu s'ils ont eu connaissance d'activités ou d'informations illicites. Le délai de prescription de trois mois ne court qu'à partir du moment où un article est retiré. La loi fournit un premier encadrement attendu à l'usage du réseau, riche de menaces autant que de promesses. Le développement d'Internet est à penser en continuité avec l'intervention des autres médias : ils ne remplacent pas les interactions humaines, ne facilitent pas nécessairement l'accès à des contenus nouveaux, ne dispensent pas d'une réflexion politique sur l'utilisation qu'on en fait. Les formes contemporaines de la communication contribuent à redéfinir les comportements privés ainsi que le lien social. Nul doute que les liaisons entre les individus sont devenues de plus en plus nombreuses ; nous conduiront-elles à réaliser le fantasme d'une transparence communicationnelle des individus les uns aux autres ? À une situation de visibilité généralisée, grâce à la transmission instantanée d'images, gagnerions-nous en liberté ? Parviendrions-nous par là à mieux vivre nos singularités ? D'abord, ce serait méconnaître que le fantasme de la transparence engendre son lot d'opacités (Leclerc, texte 9). En outre, un accroissement du nombre de communications risque de rendre les individus plus dépendants les uns des autres et leurs comportements plus uniformes. **Réduction des distances, culture de l'universelle proximité, valorisation de l'immédiateté et de la spontanéité : les individus perdant intériorité et réflexion, pourraient progressivement se soumettre à une modélisation de leurs attitudes** (Debray, texte 6). La société de l'information est une société de l'immédiateté (Mattelart, texte 10), du brouillage des repères, de la remise en cause de la distinction entre le privé et le public (Leclerc, texte 9). L'intervention de plus en plus importante des technologies dans la vie quotidienne ne cesse de solliciter les personnes et peut conduire à éprouver leur autonomie. C'est pourquoi il convient de se garder aussi bien d'idéaliser la communication, que de la conspuer, d'y voir la source de tous nos maux. Il importe de ramener les moyens de transmission d'informations à leur juste place, celle d'instruments (Wolton, texte 8). Les nouvelles technologies nous confrontent à des défis sociaux : elles risquent d'accentuer les inégalités face au savoir, et d'appauvrir les contenus de communication. Il faut donc essayer de vérifier que l'usage que nous en faisons est ordonné à un partage effectif des connaissances. Envahis par les technologies de l'information et de la communication, nous finissons par les prendre en grippe, par en faire des boucs émissaires : nous en venons à oublier la dimension humaine de la communication, dans une attitude de déni démocratique (Wolton, texte 12). Il importe donc de **récuser la fragmentation et l'accélération des informations pour ramener la communication à sa dimension humaine**, la seule propre à perpétuer et enrichir son sens.

Textes

– Texte 1 –

■ Alan M. Turing, *Machines à calculer et intelligence* (1950)

Essayer d'imiter un esprit humain adulte nous oblige à beaucoup réfléchir au processus qui l'a conduit à cet état. Nous pouvons en relever trois composantes :
a) l'état initial de l'esprit, à la naissance,
b) l'éducation à laquelle il a été soumis,
c) un autre type d'expérience, que nous ne rangeons pas sous le terme éducation, à laquelle il a été confronté.

Au lieu d'essayer de produire un programme qui simule l'esprit adulte, pourquoi ne pas plutôt essayer d'en produire un qui simule celui de l'enfant ? [...] Il est probable que le cerveau de l'enfant est une sorte de calepin : un mécanisme plutôt petit et beaucoup de feuilles blanches. Notre espoir est qu'il y ait un si petit mécanisme dans le cerveau de l'enfant qu'il soit aisément programmable.

Nous avons ainsi distingué deux parties dans notre problème. Le programme de l'enfant et le processus éducatif. [...] Il existe un rapport évident entre ce processus et l'évolution si l'on établit les relations :

Structure de la machine-enfant = matériel héréditaire
Changements dans la machine-enfant = mutations
Sélection naturelle = jugement de l'expérimentateur
On peut espérer que ce processus sera plus rapide que l'évolution. La survie du plus adapté est une méthode lente pour mesurer les avantages. L'expérimentateur faisant preuve d'intelligence devrait pouvoir l'accélérer. Celui-ci n'est pas restreint à des mutations aléatoires. S'il peut trouver la raison d'une faiblesse, il peut probablement trouver le type de mutation qui l'améliorera.
(In *Sciences cognitives. Textes fondateurs (1943-1950)*, trad. A. Pélissier, © PUF, 1995, p. 279-280.)

– Texte 2 –

■ Michel Serres, *Hermès II, L'interférence* (1972)

Je suis parti de la communication, entendue au sens de la théorie physique des phénomènes de propagation. Elle amène à considérer ce qu'on appelait autrefois les fluides. Ceux-ci paraissent essentiels aux anciennes physiques et à la philosophie de jadis et naguère. [...] Les choses solides impures ou pures, portent, inscrites sur elles, une information que la théorie entière concourt à déchiffrer, où elles s'entre-informent, comme autrefois, les atomes de la nature s'entrexprimaient. Ce langage informel de l'interobjectivité nous amène à une philosophie de la nature, où la *tabula rasa* est moins le paradigme de l'entendement que celui de la chose même. Restait à faire varier les objets du monde, pour retrouver en tous lieux l'inscription, l'échange, l'émission et la réception, de ce logos muet qui est l'énigme même où nous sommes plongés. [...] L'échange, comme loi de l'univers théorique, le transport des concepts et leur complication, l'intersection et le recouvrement des domaines, la conférence indéfinie du sens dans la spéculation non référentiée, miment dès lors, représentent, expriment, reproduisent, je ne sais, le tissu même où sont plongés les objets, que sont les choses mêmes, le réseau mondial diaboliquement complexe de l'entre-information. La communication s'imposait à nouveau au terme d'un circuit reconduisant la théorie.
(Minuit, 1972, p 14 et 15.)

– Texte 3 –

■ Jean-Pierre Changeux, *L'homme neuronal* (1983)

Tant au niveau de l'anatomie macroscopique du cortex qu'à celui de son architecture microscopique, aucune réorganisation « qualitative » ne fait passer du cerveau « animal » au cerveau « humain ». Il y a évolution *quantitative* et continue [...] de la complexité des réseaux de neurones qui composent la machine cérébrale [...].
Le cerveau de l'homme est capable de développer des stratégies de manière autonome. Anticipant les événements à venir, il construit ses propres programmes. Cette faculté d'auto-organisation constitue un des traits les plus saillants de la machine cérébrale humaine, dont le produit suprême est la pensée [...].
Percept, image de mémoire et concept constituent des formes ou des états divers d'unités matérielles de représentation mentale, que nous regrouperons sous le terme général d'« objets mentaux » [...].
Les opérations sur les objets mentaux, et surtout leurs résultats, seront « perçus » par un *système de surveillance* composé de neurones très divergents, comme ceux

du tronc cérébral, et leurs réentrées. Ces enchaînements et emboîtements, ces « toiles d'araignée », ce système de régulations fonctionneront *comme un tout.* Doit-on dire que la conscience « émerge » de tout cela ? Oui, si l'on prend le mot « émerger » au pied de la lettre, comme lorsqu'on dit que l'iceberg émerge de l'eau. Mais il nous suffit de dire que la conscience *est* ce système de régulations en fonctionnement. L'homme n'a dès lors plus rien à faire de l'« Esprit », il lui suffit d'être un Homme Neuronal.

(© Fayard, rééd. Hachette, coll. « Pluriel », 2002, p. 89, 51, 87, 161, 168, 210, 211.)

– Texte 4 –

■ Lucien Sfez, *Critique de la communication* (1988)

On ne parle jamais autant de communication que dans une société qui ne sait plus communiquer avec elle-même, dont la cohésion est contestée, dont les valeurs se délitent, que des symboles trop usés ne parviennent plus à unifier. Société centrifuge, sans régulateur […].

On se parle de plus en plus, mais on se comprend de moins en moins. De là, deux mouvements repérables dans toutes les pratiques : localisation et connexion. Localiser, c'est-à-dire analyser, discerner, chercher le bon angle d'attaque qu'on finit par trouver, provisoirement, par les moyens les plus perfectionnés. Relier ensuite, car les diverses localisations sont toujours dispersées : effort prodigieux de communication. En somme, Dieu, l'Histoire, ce dieu laïcisé, les anciennes théologies fondatrices des grandes figures symboliques, telles que l'Égalité, la Nation, la Liberté, ont disparu en tant que moyens d'unification. Or ces figures permettaient d'y voir plus clair, de se situer dans le monde, d'agir sciemment. C'est dans ce creux laissé par leur faillite que naît la communication, comme une entreprise désespérée de relier des analyses spécialisées, des milieux cloisonnés à l'extrême. Comme une nouvelle théologie, celle des temps modernes, fruit de la confusion des valeurs et des fragmentations imposées par la technologie […].

Représentation, elle est un moyen utile de relier des éléments stochastiques, atomisés, pour obtenir le lien puissant qu'exige la vie en société : hiérarchies, liaisons verticales et horizontales, représentation de représentations par signes et signaux. *Expression*, elle est liaison interne et participation totale. Si certaines étapes et hiérarchies sont requises pour nouer entre eux des éléments qui, par définition, sont déjà des totalités, c'est à convoquer des niveaux spécifiques de liaison, pour des domaines particuliers […].

On voit bien, pour une politique généralisée de la communication, comment peuvent jouer ces deux modes de liaison. D'un côté, une représentation qui multiplie les signes et signes de signes, pour tenter de rejoindre le réel concret des individus et des groupes, érige des sujets représentés, avec leurs découpages territoriaux et sociaux, et s'emporte bientôt d'elle-même vers une mécanique de séparation, vers une déréalisation totale. Les signes tendent à se substituer aux choses qu'ils représentent et à former ainsi une entité abstraite, valant pour elle-même. Et cela à chaque niveau de représentation. À force de liaisons réglées, ce qui devrait être lié les éléments de la société tombe en dehors du mécanisme du lien. La société fonctionne, certes, mais en dehors des sujets, qui restent alors atomisés. La politique de la boule de billard, comme la communication vue sous l'angle linéaire et mécaniste, tend vers la constitution de *token symbols* ou signes pris comme réalités atomistiques.

De l'autre, une vision expressive de la communication répare ces divisions en présentant une liaison d'un autre type : une liaison symbolique. Convoquant culture, traditions, mémoires du passé sous l'espèce d'images « significatives », c'est vers l'interprétation qu'elle tend. Ces images sont, en effet, ambiguës, polysémiques, et plus elles le sont, plus l'identification des individus et groupes avec elles sera possible. C'est une liaison par interprétation de contexte qui est ainsi requise. À la substitution des signes aux choses et à leur réification, on oppose alors un retour aux choses mêmes, c'est-à-dire à leur signification : vision holistique. Chacun, individu ou groupe, est requis par une totalité où il se trouve pris, à laquelle il se rattache à l'intérieur. Grandes fêtes de la communication sociale, sacralisation du lien qui vient, à point nommé, remédier à l'éclatement des signes [...].

Expression et représentation s'opposent donc en tout point. Mais, précisément, aujourd'hui une confusion s'opère. Malaise. Maladie même, que je nomme tautisme.

Le tautisme, c'est la confusion des deux genres. On croit être dans l'expression immédiate, spontanée, là où règne en maîtresse la représentation. Délire. Je crois exprimer le monde, ce monde de machines qui me représentent et qui en fait s'expriment à ma place. Circularité et inversion : les mises en scène télévisées, je me les approprie comme miennes. J'ai l'illusion d'y être, d'en être, alors qu'il n'y a que découpages et choix préalables à mon regard. À tel point que je finis par prêter à la machine sociale, télévisuelle ou informatique, mes propres facultés. Les lui ayant déléguées, elles me reviennent comme si leur origine était ailleurs, dans le ciel technologique.

(© Éditions du Seuil, 1988, coll. « Points Essais », 1992, p. 28, 29, 32, 94-95, 95-96, 108.)

– Texte 5 –

■ Régis Debray, *Cours de médiologie générale* (1991)

Prenant « l'esprit humain » au stade de l'écriture, j'ai donné à la longue période s'étendant jusqu'à l'imprimerie le nom de *logosphère*. Âge théologique, ostensiblement. L'écriture est de Dieu : hiéroglyphe, au sens fort. Dieu dicte, l'homme note et dicte à son tour. On lit avec les lèvres, et en groupe. Les grandes religions fixent par l'écrit une révélation orale. Une et non pas deux. La Bible dit tout sur tout. Le Coran aussi. D'où la sainteté du Langage (l'unicité sacralise), et la toute-puissance théologique de la Parole indiquée par la notion du Logos ou Verbe éternel. À la fois souffle et Raison, le Principe suprême est une Parole perdue et recueillie dans un corps fermé de textes référentiels, support d'une tradition orale aux mille facettes. L'esprit humain n'invente pas. Il transmet une vérité reçue.

La période de la typographie, que j'ai indiquée comme *graphosphère* : subordination de l'image au texte, apparition de l'auteur (et de l'artiste) comme garant de vérité, abondance des références écrites, liberté d'invention. On lit avec les yeux. Âge métaphysique, si l'on veut.

L'âge de l'électron, qui fait descendre le livre de son piédestal symbolique, comme *vidéosphère* (malgré le rôle accru de l'*auditus*). Le visible en effet y fait autorité, en contraste avec l'omnipotence antérieurement reconnue aux grands Invisibles (Dieu, l'Histoire ou la Raison).

(© Éditions Gallimard, p. 387.)

– Texte 6 –

■ Régis Debray, *Vie et mort de l'image. Une histoire du regard en Occident* (1992)

Les images, contrairement aux mots, sont accessibles à tous, dans toutes les langues, sans compétence ni apprentissage préalables. Et la programmation informatique unit tous les étages de la Tour de Babel, Pékin, New York et Le Cap. Mais une fois l'écran éteint, reste à accéder aux regards intérieurs qui ordonnancent chaque univers visible. Cet accès, seul le langage et les traductions symboliques peuvent le ménager. Or l'universelle promotion des icônes et le sacre planétaire de l'œil qui s'en déduit est de moins bon augure qu'on ne croit pour la communication mondiale des esprits [...].

De quoi va-t-on parler entre nous si le réel est le même pour tous ? Et si la langue aussi devient unique, trouvera-t-on encore le goût de se parler d'un bout de la terre à l'autre ? [...]

Aujourd'hui, notre réel, c'est une médiavision du monde, dispositif qui dispose de nous, doté d'une force d'entraînement planétaire.

Dématérialisation des supports par l'enregistrement électromagnétique ? Déréalisation du réel extérieur. Miniaturisation des appareillages et des constituants ? Rétrécissement des majuscules, réduction des discours logiques en micro-récits. Cadrage des représentations ? Formatage correspondant du représentatif. Gros plan normal ? Personnalisation normalisée des collectifs. Instantanéité des transmissions hertziennes ? Disparition de la profondeur de temps. Décomposition de l'image en pixels ? Éclatement pointilliste de l'information. Montage « cut » ou en mosaïque ? Désarticulation logique des faits. La culture du détail, de la bribe, du morcelé, l'effritement des anciennes dialectiques de la totalité, la substitution partout du fractal au global, qu'on résume parfois par le « déclin des grands récits », ne doivent pas peu à la dislocation optique des objets comme des œuvres d'art, par les appareils de prise de vue, le montage cinéma, le zoom télévisuel, le cliquage informatique, etc. Chacune des procédures conduit à une conduite, et l'ensemble de ces conduites fait un certain type de Cité. Pas de causalité linéaire, certes, mais mise en boucle générale [...].

Quand tout se voit, rien ne vaut. L'indifférence aux différences croît avec la réduction du valable au visible. La semblance comme idéal porte dans ses flancs un virus ravageur de ressemblance. Tous les idéaux particuliers, à la queue leu leu, s'alignent sur la portion de l'humanité dotée de la plus forte visibilité sociale. Il s'ensuit que la langue du plus riche devient celle de tout le monde, et la loi du plus fort ma règle suprême. Une vidéosphère omniprésente aurait le cynisme pour vertu, le conformisme pour ressort et pour horizon un nihilisme achevé. Aussi bien l'instinct de survie chez l'espèce, et la simple recherche du plaisir chez les individus comme chez les nations en viendront-ils, tôt ou tard, à limiter les prérogatives de l'image. Pour couper court à l'asphyxie et à la détresse, on redonnera alors du jeu aux invisibles espaces du dedans – via la poésie, la gageure, la lecture, l'écriture, l'hypothèse ou le rêve.

(© Éditions Gallimard, 1992, p. 386-390, 394, rééd. collection « Folio », 1997, p. 493-494, 496-497, 503.)

– Texte 7 –

■ Daniel Andler, *Calcul et représentation* (1992)
Le cognitivisme, dont voici les trois propositions principales :
1. Le complexe esprit/cerveau est susceptible d'une double description, matérielle ou physique au sens large (la physique intervenant en réalité par le biais des neurosciences), et informationnelle ou fonctionnelle ; ces deux niveaux sont largement indépendants, et le rapport qui s'établit entre eux est à l'image de celui qui lie un ordinateur en tant que système physique à la description du même appareil en tant que système de traitement de l'information.
2. Au niveau informationnel, le système cognitif de l'homme est caractérisé par ses *états* internes ou mentaux et par les *processus* qui conduisent d'un état au suivant. Ces états sont *représentationnels* : ils sont dotés d'un contenu renvoyant à des entités externes (on dit aussi qu'ils sont *sémantiquement évaluables*).
3. Les états ou *représentations* internes sont des formules d'un langage interne ou « mentalais » proche des langages formels de la logique. Les processus sont eux que la logique qualifie d'*effectifs* : ils sont principiellement réductibles à un petit nombre d'opérations primitives dont l'exécution par une machine va de soi (elle n'exige aucune « interprétation ») ; ils s'identifient donc à l'ensemble des « recettes » – procédures descriptibles sans ambiguïté et réalisables en un nombre fini d'étapes élémentaires, de l'ordre du réflexe.
La première définit le fonctionnalisme [...], les deux dernières caractérisent l'aspect « computo-représentationnel. »
(« Les sources », in *Introduction aux sciences cognitives*, © Éditions Gallimard, coll. « Folio essais », p. 13-14.)

– Texte 8 –

■ Dominique Wolton, *Penser la communication* (1997)
Le défi essentiel reste celui de l'*être ensemble*, de la cohésion sociale, et non celui de l'affirmation des droits individuels. [...] En aucun cas la mondialisation des techniques de communication ne constitue l'incarnation de l'idéal de l'universalisme. Il n'y a plus de lien direct entre communication et émancipation. Il ne suffit plus de communiquer instantanément d'un bout à l'autre du monde pour mieux se comprendre et se tolérer [...].
Il n'y a pas de communication sans règles ni interdits, sans ratages ni échecs. C'est pour cela qu'il est inutile de lui demander de faire le bonheur individuel, d'instaurer une société portant son nom ou de croire que l'essor de la communication instrumentale favorise proportionnellement la communication humaine. Aucune technique n'assume finalement l'intersubjectivité, ne garantit l'accès à l'autre et ne peut faire oublier que l'enjeu de la communication est moins la découverte de la *ressemblance*, que la gestion des *dissemblances*.
La communication réussie ne conduit pas au domaine du « même », mais à celui du « différent ». Et cet horizon de *l'altérité* et de *l'incommunication* constitue probablement la définition, la beauté de la communication, limitant d'autant les images un peu simples d'un monde de ressemblance. [...] La communication n'est pas le tout de l'expérience humaine. Sortir de la communication, la relativiser, ne retire rien à sa grandeur, car elle est une des plus belles valeurs de notre culture, liée à l'individu, à la raison et à la liberté.
(© Éditions Flammarion, coll. « Champs », p. 350 et 358.)

– Texte 9 –

Gérard Leclerc, *La société de communication* (1999)

Dans la mesure même où la société de communication prétend devenir une société de la transparence, elle valorise *ipso facto* les zones d'ombre qui persistent malgré tout, les secrets qui se nichent – réellement ou fantasmatiquement – dans certains milieux politiques, culturels, professionnels… D'où, corrélativement, une montée en puissance de ceux qui prétendent dévoiler à l'intention du grand public les secrets inavouables, les vices cachés, les tares occultes. La société de communication est ainsi paradoxalement une société de l'opacité : une opacité d'autant plus précieuse et recherchée qu'elle se fait rare. […] La confidentialité et l'exclusivité ; l'urgence, le scoop et la priorité : deux façons pour la société de conjurer l'information totale, la communication absolue, sous l'apparence de la mener jusqu'à leur terme. Le privilège de certains est le corrélat de l'ignorance de tous ; l'information de l'élite est l'autre face de l'ignorance de la majorité. Le temps d'avance (le scoop, l'exclusivité, la confidentialité) est la preuve que la victoire sur l'espace remportée par la société du direct et de l'ubiquité n'a pas fait disparaître les frontières à la communication totale entre les hommes. […] Si le réseau Internet soulève tant d'espoirs, mais aussi tant de crainte et quelquefois de scandale, c'est d'abord parce qu'il instaure la société de l'ubiquité au plan des messages entre particuliers, et qu'il met fin à la dissymétrie entre les émetteurs et les récepteurs de messages.
(PUF, 1999, p. 210, 212, 213.)

– Texte 10 –

Armand Mattelart, *Histoire de la société de l'information* (2001)

La communication sans fin et sans limite s'institue en héritière du progrès sans fin et sans limite. À défaut de mémoire, on assiste au retour en grâce d'une eschatologie à connotation religieuse puisée aux sources des prophéties sur l'avènement de la noosphère. […] Le millénarisme technoglobal fait de tous les ressortissants de la planète des candidats à une énième version de la modernisation. Le monde est distribué entre lents et rapides. La vitesse devient l'argument d'autorité qui fonde un monde sans lois, où s'abolit la chose politique. […] La désinvolture à l'égard de la longue durée qui sévit dans les discours sur l'« âge de l'information » n'a d'égale que celle entretenue par les discours sur l'« âge global ». On fait comme si le mouvement d'unification du monde était apparu récemment. L'analyse rétrospective porte au mieux sur une période d'une ou deux décennies. La dictature du temps court fait que l'on attribue un brevet de nouveauté, et donc de changement révolutionnaire, à ce qui témoigne en réalité des évolutions structurelles et des processus en cours depuis longtemps. […] Le défaut d'une propédeutique de l'appropriation des technologies numériques va de pair avec la fascination pour l'objet technique et la carence d'une réflexion sur l'histoire de l'utopie pédagogique qui n'a pas attendu les nouvelles technologies de la communication interactive et multimédia.
(La découverte, 2001, p. 109-112, rééd. 2003, p. 111-113.)

– Texte 11 –

Loi n° 2004-575 du 21 juin 2004 pour la confiance dans l'économie numérique

Art. 1. La communication au public par voie électronique est libre.

L'exercice de cette liberté ne peut être limité que dans la mesure requise, d'une part, par le respect de la dignité de la personne humaine, de la liberté et de la propriété d'autrui, du caractère pluraliste de l'expression des courants de pensée et d'opinion et, d'autre part, par la sauvegarde de l'ordre public, par les besoins de la défense nationale, par les exigences de service public, par les contraintes techniques inhérentes aux moyens de communication, ainsi que par la nécessité, pour les services audiovisuels, de développer la production audiovisuelle.

Art. 2. On entend par communications électroniques les émissions, transmissions, ou réceptions de signes, de signaux, d'écrits, d'images ou de sons, par voie électromagnétique.

Art. 3. On entend par communication au public en ligne toute transmission, sur demande individuelle, de données numériques n'ayant pas un caractère de correspondance privée, par un procédé de communication électronique permettant un échange réciproque d'informations entre l'émetteur et le récepteur.

On entend par courrier électronique tout message, sous forme de texte, de voix, de sons ou d'image, envoyé par un réseau public de communication, stocké sur un serveur du réseau ou dans l'équipement terminal du destinataire, jusqu'à ce que ce dernier le récupère.

Art. 6. Les personnes dont l'activité est d'offrir un accès à des services de communication au public en ligne informent leurs abonnés de l'existence de moyens techniques permettant de restreindre l'accès à certains services ou de les sélectionner et leur proposent au moins un de ces moyens.

Les personnes physiques ou morales qui assurent, même à titre gratuit, pour mise à disposition du public par des services de communication au public en ligne, le stockage de signaux, d'écrits, d'images, de sons ou de messages de toute nature fournis par des destinataires de ces services ne peuvent pas voir leur responsabilité civile engagée du fait des activités ou des informations stockées à la demande d'un destinataire de ces services si elles n'avaient pas effectivement connaissance de leur caractère illicite ou de faits et circonstances faisant apparaître ce caractère ou si, dès le moment où elles ont eu cette connaissance, elles ont agi promptement pour retirer ces données ou en rendre l'accès impossible.

– Texte 12 –

Dominique Wolton, Il faut sauver la communication (2005)

La communication est promue comme valeur marchande mais insuffisamment comme valeur humaniste et démocratique. Elle est toujours l'objet d'une certaine ambivalence : valorisée depuis un demi-siècle, elle est dans le même temps caricaturée, rapportée à l'idée de manipulation ou de technique de vente. [...]. La communication est donc à la fois désirée et suspectée car elle révèle nos difficultés dans le rapport au monde. [...].Pourquoi vouloir une société ouverte et croire simultanément que tout ce qui est communication est synonyme de mensonge ? Pourquoi la communication devient-elle une sorte de *bouc émissaire* de tous les défauts d'une société plus visible ? C'est le même mécanisme que pour l'individu : je t'aime, moi non plus. Je veux communiquer, je me méfie. *Maudire la communication, c'est finalement se maudire soi-même.* [...] Si la modernité est le sacre du présent, la communication, avec la reconnaissance de l'autre et l'organisation de la cohabitation, est le moyen de réintroduire le *temps* dont nous avons besoin. L'enjeu n'est pas d'opposer le fonctionnel au normatif, car les deux sont indispensables à la vie individuelle et collective. Nous nous sommes battus pour des socié-

tés plus ouvertes et démocratiques. Nous y sommes. Et voilà que l'on caricature la communication, qui fut une valeur recherchée, pour la rendre responsable de tous les maux de la société ouverte. *Critiquer continuellement la communication est une forme de masochisme démocratique.*
(Flammarion, 2005, rééd. coll. « Champs », 2007, p. 162, 163, 168 et 169.)

SECTION 4. LES PERPLEXITÉS DE LA BIOÉTHIQUE

La « bioéthique » fait désormais partie de notre quotidien. Les questions soulevées par les innovations biotechnologiques se sont multipliées ; leur sédimentation lors de débats constitue désormais un champ du savoir. La bioéthique est consacrée par des institutions, des textes de référence et des périodiques. On reconnaît communément que la médecine est à la veille de bouleverser notre conception de l'homme ; qu'il faudrait formuler une nouvelle morale, spécifiquement destinée à répondre aux problèmes entraînés par le pouvoir que l'humanité aura acquis de se transformer elle-même. À travers une compréhension de plus en plus grande des processus de fécondation (depuis la procréation médicalement assistée jusqu'au clonage), les biologistes visent **une maîtrise supposée dangereuse des processus vitaux**. Ainsi **l'homme, en passe de produire l'homme**, réaliserait dans un geste prométhéen le rêve de Faust et de Frankenstein : mythe de la connaissance suprême, violation d'un interdit fondamental frappant le pouvoir de créer le vivant. Bientôt adviendrait inéluctablement ce qui a toujours été désigné comme malédiction. Cette vision, portée par les ressorts de la fiction (Michel Houellebecq, *Les particules élémentaires*, Albin Michel, 1998), reçoit la caution d'essayistes notoires (Francis Fukuyama, *La fin de l'homme. Les conséquences de la révolution biotechnique*, La Table Ronde, 2002). Pourtant, depuis 1978, année de naissance du premier enfant conçu in vitro, le Comité Consultatif National d'Éthique pour les sciences de la vie et de la santé (CCNE, créé en 1983, un an après la naissance d'un « bébé-éprouvette » en France), l'Union Européenne, en créant le Groupe Européen d'Éthique des Sciences et des Nouvelles Technologies (GEE, institué en 1997 pour remplacer le Groupe de Conseillers pour l'Éthique et la Biotechnologie, 1991) et l'Unesco, en instituant un Comité International de Bioéthique (CIB, 1993) ont organisé des débats, adopté des résolutions. Une convention « Droits de l'Homme et Biomédecine », dite « Convention d'Oviedo » a été adoptée en 1997 dans le cadre du Conseil de l'Europe ; elle est entrée en vigueur en 1999. **Ces institutions ont permis de trancher de façon consensuelle nombre de grandes questions ; des positions officielles ont été adoptées.** On peut remettre en cause les procédures qui ont conduit à leur adoption. La composition des collèges de réflexion éthique et leurs modalités de décision sont donc aussi à interroger. Les divergences entre les pays, entre les positions spirituelles et philosophiques, subsistent face à des enjeux majeurs. Les problèmes bioéthiques s'inscrivent-ils dans la continuité des difficultés rencontrées par notre tradition morale ? Comment des positions philosophiques classiques peuvent-elles aborder et résoudre les questions inédites soulevées par les technologies de la biologie ? Quelle conception de l'être humain sous-tend les textes en vigueur ? Tant pour comprendre les pouvoirs de la science que pour conjurer les fantasmes technophobes, il importe d'analyser les dimensions des questions bioéthiques.

4.1. Le champ des problèmes

Sans doute les problèmes d'éthique biomédicale ont leur source dans les techniques de procréation médicale assistée (PMA). Mais le champ des interrogations s'est considérablement étendu ; d'abord parce que ces techniques se sont multipliées et diversifiées : diagnostic prénatal, don de gamètes, d'embryon, congélation de gamètes, d'œufs humains, thérapie génique, création de micro-organismes. Les capacités d'intervention, lors de la fécondation, risquent-elles de nous donner les moyens de **sélectionner les caractères de l'embryon à naître ?** De plus, les autres biotechnologies n'ont cessé de se développer : intervention sur le patrimoine génétique, transplantation d'organes. En outre, on fait volontiers entrer dans l'aire bioéthique des questions posées par l'euthanasie, les manipulations de la personnalité, les expérimentations sur l'être humain. Ces interrogations sont ancestrales ; elles sont cependant renouvelées par des innovations technologiques qui leur donnent une acuité inédite parce qu'elles accroissent notre pouvoir d'intervention. Si les problèmes soulevés par les technologies biomédicales ne sont pas nouveaux, les solutions qu'on peut leur apporter semblent pouvoir être puisées dans le corpus des doctrines classiques. Ils concernent en effet la conception de l'être humain, les limites que l'on assigne à nos capacités techniques (Hottois, texte 3). Pourtant, de nouvelles possibilités techniques posent des questions inédites. L'évolution considérable des techniques de greffe d'organe, rendant par exemple possible la transplantation de cellules nerveuses d'embryons à des vieillards, et même la substitution du matériel génétique d'un être vivant au noyau de la cellule de l'œuf avant son développement semblent **remettre en cause notre conception de l'intégrité de l'individu** ; ce peut être aussi autant d'occasions de **la reformuler** avec plus de précisions. La multiplication des possibilités thérapeutiques permet de prolonger la vie, tandis que le diagnostic génétique permet d'identifier des pathologies entraînant tardivement la mort comme la chorée de Huntington, sans effet avant la quarantaine, âge autour duquel elle est incurable. Le rapport de l'individu à sa mort est sans doute à redéfinir, pour tenir compte de ce qu'elle lui est devenue moins illisible. Peut-on sélectionner des caractères d'un futur enfant ? Peut-on établir un droit de propriété sur tout ou partie d'un potentiel génétique ? Le séquençage du génome conduit à faire de nos attributs génétiques les supports d'enjeux financiers (même si une directive européenne impose la non-brevetabilité des gènes, il est possible de breveter des tests s'appliquant à des gênes). Est-il acceptable de breveter des séquences génomiques avant d'avoir identifié les applications technologiques auxquelles elles pourraient conduire (comme on le fait aux États-Unis) ? Peut-on s'arroger le droit de modifier les caractéristiques génétiques d'une plante, d'un animal, d'un homme ? L'unité de la personne humaine est-elle mise à mal par la transplantation d'organes ou de cellules ? Le sera-t-elle par le clonage ? Faut-il accorder aux individus un droit sur leur mort ? Ces questions semblent avoir toujours hanté l'imagination des hommes, soit qu'elles nourrissent des récits fantastiques (on songe aux clones du *Meilleur des mondes* d'Aldous Huxley), soit qu'elles rencontrent des entreprises de sinistre mémoire (l'eugénisme du IIIe Reich allemand).

4.2. Le rôle du législateur

Le législateur peut donc s'appuyer sur **des principes** qui ne sont pas de formulation récente. C'est qu'ils **concernent la conception de l'individu** en tant que fondement de nos collectivités **et ses limites essentielles** : le début de la vie et sa fin. La France s'est dotée en 1994, après la Grande-Bretagne et l'Allemagne, d'une législation qui a été, après de longs débats parlementaires, précisée en 2004. La loi (texte 10) rappelle le principe d'intégrité de la personne, dont le corps est inviolable par autrui et indisponible pour elle-même. Elle interdit la sélection des personnes ; leurs caractéristiques génétiques ne peuvent être exploitées qu'à des fins médicales, de recherche scientifique ou dans le cadre d'une enquête judiciaire. La PMA est encadrée : réservée à un couple formé d'une femme et d'un homme vivants, en âge de procréer, mariés ou vivant ensemble ; l'éventuel donneur est dégagé de toute responsabilité à l'égard de l'enfant. La révision de la loi, dont l'objectif initial était de donner aux chercheurs quelque latitude pour leurs initiatives, a été l'occasion d'interdire et de pénaliser le clonage, de créer l'Agence de biomédecine, d'instituer un devoir d'information des jeunes sur le don d'organes, de redéfinir les conditions de recours à la PMA. La loi de 2004, qui est en cours de révision, ouvre de façon très encadrée la recherche sur les embryons dits « surnuméraires » ; elle étend en outre les indications de DPI, élargit le recours à la PMA en facilitant le recours à un tiers donneur. La nouvelle rédaction de la loi, prévue pour 2009, devrait aller dans ce sens d'une libéralisation tempérée des pratiques. Les innovations pour les chercheurs restent modestes, eu égard au droit en vigueur dans les autres pays. Elles consistent en l'autorisation de recherche sur les embryons congelés ne faisant plus l'objet d'un projet parental (sous des conditions strictes contrôlées par l'agence de biomédecine) et la possibilité d'importer des tissus et cellules à des fins de recherche, pour autant que les conditions de leur production ont été conformes à la loi française. **Le législateur essaye** donc **d'encadrer par des dispositions juridiques et pénales les nouvelles technologies, pour les rendre compatibles avec les principes fondamentaux du respect de la personne humaine.** Il s'est donc agi d'autoriser les pratiques biotechnologiques sans contrevenir aux grands textes formulant les droits de l'homme. Les juristes considèrent le plus souvent que les législations relatives à la bioéthique s'inscrivent dans la continuité du traitement des problèmes de morale et de déontologie déjà rencontrés par l'humanité. Le législateur a pérennisé les grands principes de définition de l'humanité en les confrontant à des techniques inédites. L'inviolabilité du corps, la soumission de toute pratique thérapeutique au consentement du patient ont de longue date été posés à titre de principe. Ils figurent dans le « Code de Nuremberg » établissant la déontologie de l'expérimentation médicale. De nombreux juristes voient dans ce texte la première formulation de règles bioéthiques, écrites sous l'inspiration des Déclarations des Droits de l'Homme. Cette continuité des principes se retrouve dans le consensus dont les membres de différents comités d'éthique ont fait état.

4.3. Un consensus de principe

Nous ne vivons pas dans une tradition religieuse unifiée, ni dans l'application d'une loi morale qui ferait l'unanimité, mais comme le rappelle Engelhardt *(The*

Fondations of Bioethics, Oxford University Press, 1986) dans le pluralisme. Pourtant, il identifie lui-même deux dimensions de l'éthique : un niveau non confessionnel, pauvre en contenu, qui peut parvenir à quelques conclusions morales universelles ; à un niveau second s'opposent de façon doctrinale et concurrentielle des conceptions de la vie bonne, des vices et des vertus. On pourrait ainsi opposer une éthique négative, par laquelle s'imposent des règles générales concernant ce qu'il convient de récuser, alors même que nos éthiques « engagées » promeuvent des représentations opposées du bien défini positivement. La plupart des dossiers sur lesquels se prononcent les comités de bioéthique engagent des risques que l'ensemble des doctrines morales et des confessions religieuses sont prêtes à éviter. Pourtant, au sein même des débats apparaissent de vives dissensions sur les raisons pour lesquelles on doit prohiber une pratique. C'est que les principes sont habituellement adoptés pour leur valeur supposée, plus qu'en considération de leurs conséquences. Les normes apparaissent insuffisantes en elles-mêmes, elles paraissent constituer des critères négatifs qui appellent des compléments. Par exemple, le principe de permission, dérivé du principe kantien d'autonomie, tend à soumettre toute pratique les concernant à l'autorisation des personnes. Il est déontologique, tandis que le principe du bienfait, qui ordonne toute action à la recherche d'un avantage, est plutôt téléologique, d'où résultent des conflits (texte 1). **Il reste toutefois plus aisé de s'accorder sur les objectifs à poursuivre que sur la nature des choses. D'où le succès du conséquentialisme**. Les discussions concernant les technologies biomédicales ont tendance à passer outre les questions portant directement sur les fondements philosophiques propres à engendrer des conflits. On statue sur des cas, en essayant de mettre des normes en commun : de la sorte, on parvient à un large consensus. Les débats s'inscrivent dans le cadre d'une **éthique procédurale, dont l'activité relève moins de l'application de règles que de l'interprétation de phénomènes singuliers**, en confrontant les perspectives pour définir des points de convergence. Certes, les comités d'éthique ont été la cible de reproches : leur composition a été remise en cause (bien qu'ils entendent rassembler des personnalités appartenant aux principales familles philosophiques et spirituelles). S'ils réunissent en majorité des chercheurs spécialistes, cela ne revient-il pas à les instituer juge et partie ? Pourquoi ne pas faire participer de simples citoyens aux débats, voire organiser des consultations populaires, comme en Suisse ? Le consensus dont les institutions se félicitent cache-t-il des divergences entre des intérêts fondamentaux ? Serait-il destiné à étouffer le débat public ? Au delà, la diversité des législations ne recouvre-t-elle pas une inéluctable divergence entre des conceptions de l'homme ? On oppose en particulier fréquemment une approche anglo-saxonne, pragmatique et libérale, à une approche latine, morale et limitative. Des différences notoires existent entre les législations : ainsi les lois espagnole et britannique autorisent-elles les recherches sur les « pré-embryons » (jusqu'à 14 jours). La communauté internationale s'est inquiétée du danger de l'hétérogénéité des pratiques et des lois entre les différents pays industrialisés. Il en a résulté des tentatives d'élaboration de positions communes, dont la Déclaration universelle sur le génome humain (texte 6) est sans doute le plus ample aboutissement. Son objet même, le génome, n'est pas défini : il peut aussi bien désigner l'ensemble des gènes d'un individu que le matériel génétique spécifique à notre espèce. Il renvoie explicitement à la notion d'humanité, qu'il entend protéger contre les risques technologiques et idéologiques que les connaissances en génétique pourraient entraîner. La Déclaration pose le droit de sécurité (5a), le droit de « ne pas savoir » (5c), le droit de ne pas faire l'objet de discriminations fondées sur les caractéristiques génétiques (6), le droit à la confidentialité des données individuelles (7). Ce texte solennel bannit le clonage comme « contraire à la dignité humaine ». C'est environ un an après cette déclaration qu'une équipe de chercheurs sud-coréens a annoncé avoir interrompu son expérience réussie de clonage d'un embryon humain. L'exploitation du génome à des fins pécuniaires est prohibée (4) par le texte, qui reste prudent en limitant cette recommandation aux gènes « dans leur état naturel » : il ne statue pas sur les droits déposés sur des modifications génétiques. Cette déclaration œcuménique a été souvent saluée, mais elle n'est pas juridiquement contraignante pour les États qui l'ont ratifiée.

4.4. Des positions antagonistes

Le texte rédigé par le CIB, comme la Convention d'Oviedo et la législation française, obéit à des principes simples. Il s'agit de reconnaître d'abord l'impératif de **respect de l'individu et de ses droits**. Mais il faut aussi admettre la **liberté de la recherche médicale**, que la déclaration rattache à « la liberté de pensée » (12b), d'autant que les progrès qu'elle autorise sont généralement au service de l'humanité (12a). Il conviendrait donc de permettre à chacun de bénéficier des technologies médicales dans la sauvegarde de sa dignité inaliénable. Le principe de toutes les recommandations d'ordre juridique pourrait se résumer à la formule suivante : cherchant à autoriser toutes les innovations de la biologie génétique pour autant qu'elles ne contreviennent pas à la définition traditionnelle de l'être humain, elles sont conduites à en déterminer les conditions de moralité. Pourtant, à l'arrière-plan de cette attitude de prudence consensuelle, on peut identifier deux positions antinomiques : l'une privilégie le respect de la personne ; l'autre s'attache avant tout aux prérogatives de la recherche. Gilbert Hottois (texte 3) caractérise la **position « humaniste »** comme « le choix de la conservation d'une **relation homme-nature** » définie de façon **intemporelle**, et l'**option « expérimentaliste »** comme « le choix de **l'essai de tout le possible technoscientifique** ». Ces deux attitudes conduisent respectivement à interdire toute recherche sur l'embryon humain, personne potentielle ; ou à permettre les essais à vocation non thérapeutique, au motif qu'ils portent sur un matériau biologique comme un autre. Le législateur français a tranché de façon mesurée, puisque les recherches sur l'embryon sont interdites à des fins d'expérimentation. Mais elles peuvent être autorisées, selon la nouvelle rédaction de la loi, si elles ont un but médical, si l'on ne dispose pas de méthode alternative, en cas d'abandon du projet parental, avec l'accord des deux parents. (L.2151-5 CSP). On peut s'interroger sur la capacité des pays à faire respecter des législations différentes ; par exemple, qui attestera que des cellules importées ont bien été produites conformément à la loi française ? Que dire du juge britannique qui autorise Madame Blade à disposer des gamètes de son mari défunt pour se faire inséminer dans un autre pays, dans la mesure où la loi anglaise ne le lui permet pas ? L'attitude humaniste est louable, mais difficile à maintenir sur toutes les questions ; elle pourrait en effet conduire à se priver de découvertes thérapeutiques. Si son ambition ultime est d'éviter toute atteinte à la dignité humaine, elle est vouée à l'échec, puisque cela supposerait que tous les chercheurs s'y conforment. Il reste concevable de défendre cette posture à titre individuel, comme l'a fait Jacques Testart en 1986, dans un ouvrage resté célèbre *(L'œuf transparent,* texte 2) : ce qu'il appelle « éthique de la non-recherche » devrait conduire les biologistes à cesser d'élargir (et non d'approfondir) leurs recherches sur la procréation. Connu pour être un de ceux qui avaient permis les premières fécondations in vitro de mammifères, il avait attiré l'attention publique sur les dangers afférents au diagnostic prénatal (DPN). Plus exactement, il soulignait que le DPN pratiqué in vivo comportait peu de risques de sélection des caractères de l'enfant, en raison de l'obstacle physique et psychologique que représente l'avortement. En revanche, le DPI (diagnostic préimplantatoire), pratiqué in vitro avant le transfert d'embryon, peut nourrir chez les parents la tentation de sélectionner le sexe ou d'autres caractères de leur futur enfant, puisqu'il permet une destruction sans conséquences de l'embryon. Le législateur a instauré des garde-fous contre ce risque : le DPN est destiné à la détection de pathologies graves et le DPI n'est autorisé qu'à titre exceptionnel.

4.5. Vers une nouvelle éthique ?

Des deux positions en présence, la position « expérimentaliste » paraît largement moins représentée, dans la mesure où, comme le souligne Lecourt (texte 9), **le discours dominant est inhibiteur pour les scientifiques**. C'est que les arguments des humanistes sont faciles à saisir : d'une part le développement des techniques d'assistance médicale à la procréation risque de conduire à un eugénisme larvé (Testart, textes 2 et 8), d'autre part la sélection des caractères et le clonage remettent en cause la définition de l'homme. Se prononcer en faveur des biotechnologies serait donc assimilé à une attitude anti-humaniste. Cela ne veut pourtant pas dire que l'on ne croit pas en l'homme, mais cela signifie qu'on refuse de l'enfermer dans une définition préétablie. Car derrière la définition « humaniste » de l'individu, remarque Lecourt (texte 9), se cachent des croyances, des mœurs, des institutions. À l'intersection de ces ferments essentiels de notre société, se trouve le nœud du sexe, de la famille et de la procréation. En nous invitant à prendre l'éthique née de nos nouvelles capacités biotechnologiques comme un champ d'exploration, Lecourt nous invite à défaire ce lien. Grâce aux techniques d'assistance à la procréation, la reproduction peut déjà être dissociée de la sexualité. Certaines mœurs permettent de séparer pratiques sexuelles et vie familiale. Le lien, qui nous apparaît souvent comme essentiel, entre la famille et la procréation, déjà relativisé par l'adoption, peut être remis en cause, dès lors que c'est la cellule éducative qui est considérée comme fondatrice pour l'enfant, et non plus la famille au sens biologique du terme. **La bioéthique** apparaît donc comme une **mine d'interrogations dont les conséquences peuvent être riches d'enseignements sociaux et politiques**. Dagognet considère que toutes les technologies sont libératrices tant qu'elles sont soumises au libre choix des individus (texte 4). Pourtant, il ne manque pas de s'opposer à l'éventualité de donner aux parents la possibilité de choisir le sexe de leur futur enfant ; il en appelle à prohiber les innovations qui nous privent de l'exercice de nos libertés, et à développer toutes celles qui nous donnent des libertés nouvelles. Le problème se retrouve avec la difficulté de distinguer les techniques libératrices de celles qui recèlent des dimensions aliénantes. Les techniques biomédicales ne concernent pour lors qu'une part restreinte de la population mondiale. De surcroît, il n'est pas sûr qu'elles portent une atteinte si directe à notre intégrité. La Déclaration sur le génome humain (texte 6) souligne le rôle de l'interaction des dispositions génétiques avec le milieu. D'une part, les pathologies monogéniques sont sans doute en proportion extrêmement limitée : comme la plupart de nos dispositions, nos maladies sont polygéniques. D'autre part, la valeur de nos caractères n'est pas fixée une fois pour toutes : peu de dispositions restent totalement indépendantes du milieu. Même ce qui apparaît comme une tare, l'hémophilie, pourrait devenir un avantage, par exemple en cas de voyages interplanétaires. D'où tenons-nous pour évident qu'un individu ayant le même génotype que moi (mon clone) serait mon double, mon identique ? Cette situation inédite pourrait, au lieu de provoquer l'effroi, inciter à réfléchir à une nouvelle propriété : la conscience de se savoir avoir été voulu même (Hunyadi, texte 11). **Les nouvelles possibilités médicales nous ouvrent de la sorte à une meilleure compréhension de notre humanité, en nous conduisant à réfléchir sur la conception que nous en avons.** Car le droit apparaît subordonné au fait (Labrousse-Riou, texte 12) ; les innovations technologiques seraient dès lors propres à susciter des réflexions novatrices à même de définir des principes pour une nouvelle civilisation (Seve, texte 5).

Jusqu'alors, les principes fondamentaux de la liberté des personnes ont été réaffirmés face aux avancées technologiques. En prohibant le clonage reproductif (visant à créer un organisme de même potentiel génétique qu'un individu existant), et même pour la France le clonage à vocation thérapeutique (produisant par exemple des organes de remplacement), on entérine l'interdiction qu'a toujours connue notre espèce de se produire elle-même. Certes, l'homogénéisation des règles continue de poser problème. Bien que la loi française et les conventions européennes interdisent l'utilisation des tests génétiques par des assurances ou par un employeur, il sera difficile d'empêcher les assureurs privés et les entreprises américaines de recourir à cette pratique. En même temps qu'à la prise de conscience des caractéristiques fondamentales de l'être humain, c'est à une mondialisation des connaissances et des moyens de lutter contre les atteintes à la dignité humaine que nous engage urgemment l'émergence des technologies biomédicales. Leurs conséquences nous invitent à **redéfinir**, si ce n'est à récuser, **nos conceptions traditionnelles de l'être humain et de sa dignité**.

Textes

– Texte 1 –

■ Hugo Tristram Engelhardt, *The foundations of bioethics* (1986-1996)

Ni le principe de permission ni celui de bienfaisance n'est justifié en fonction de ses conséquences. Ils révèlent plutôt des aspects inéluctables de la conduite personnelle. En ce sens, ils constituent des principes déontologiques : leur justesse n'est pas définie en fonction de, ni même justifiée par leurs conséquences. Toutefois, des règles concrètes de bienfaisance ont toutes les chances d'être téléologiques, en ce qu'elles sont justifiées par leurs conséquences. En revanche, les applications concrètes du principe de permission engagent, même si elles ont des conséquences négatives pour la liberté. Le principe de permission, qui est justifié par l'éthique du respect mutuel, ne s'intéresse pas à la liberté en tant que valeur, mais aux personnes comme origines de l'autorité morale séculière générale. Il n'est pas finaliste ou conséquentialiste (c'est-à-dire théologique). La moralité séculière générale entérine les accords entre médecin et patient en vertu du principe de permission, indépendamment de leurs conséquences. Par opposition, une réglementation définissant la distribution de soins médicaux sur le fondement de leur bienfaisance serait invalidée si elle ne réussissait pas à fournir plus d'avantages que des solutions alternatives.

Ainsi les deux principes conduisent-ils à des sphères du discours moral divergentes : l'une d'orientation déontologique, l'autre téléologique. Cette divergence peut être source de tensions morales et de conflits insolubles.

(Oxford University Press, 1986, second edition 1996, p. 119, trad. G. Delaby et C. Giolito)

– Texte 2 –

■ Jacques Testart, *L'œuf transparent* (1986)

Par l'artifice de la FIVETE, nous avons seulement autorisé la rencontre de cellules naïves en créant des chemins détournés, puis nous avons rendu l'œuf mystérieux au mystère de la matrice. La proposition qui monte, d'un contrôle préalable d'identité, est d'une nature neuve et sournoise. Mesdames et messieurs les géniteurs, la FIVETE va bientôt vous offrir des œufs à la carte avec sexe et conformité aux normes garanties par le laboratoire. Encore un peu de progrès et vos petits seront choisis comme au chenil, couleur du poil et longueur des pattes, aptitude à la santé et forme des oreilles. [...]

Je crois que le moment est venu de faire une pause, c'est le moment d'autolimitation du chercheur. Le chercheur n'est pas l'exécuteur de tout projet naissant dans la logique propre de la technique. Placé au creuset de la spirale des possibles il devine avant quiconque où va la courbe, ce qu'elle vient apaiser, mais aussi ce qu'elle vient trancher, censurer, renier. Moi, « chercheur en procréation assistée », j'ai décidé d'arrêter. [...]

Prétendre à une éthique de la non-recherche, c'est refuser la conception simpliste du bien-fondé d'un enchaînement automatique des recettes. C'est aussi le projet ambitieux de comprendre ce qu'on a déjà fait et une tentative pour théoriser ce qu'on doit faire encore. C'est donc ressentir la nécessité comme charnelle de participer à une réflexion multidisciplinaire sur le sens de la production scientifique.

(Flammarion, coll. « Champs », p. 30-31, 33, 35.)

– Texte 3 –

■ Gilbert Hottois, *Le paradigme bioéthique. Une éthique pour la technoscience* (1990)

Si l'on considère la question « Que devons-nous faire de l'homme ? » d'une manière tout à fait générale et formelle, on peut distinguer trois directions de réponse qu'il est indispensable de décrire d'abord comme telles, avant d'en retenir une et de tenter de la préciser. Ces trois voies sont :

a) le choix de l'essai de tout le possible technoscientifique ;
b) le choix du renoncement global et de la conservation de l'homme-nature ;
c) la voie moyenne de l'essai de certains possibles technoscientifiques en fonction de critères à déterminer. [...]

En réalité, l'homme est voué à la voie moyenne qui est aussi la résultante oscillant entre les deux limites extrêmes. Mais cette voie moyenne ouvre sur une incertitude fondamentale : le service « humaniste » de la technoscience ne risque-t-il pas de conduire hors de l'essence de l'homme et donc de perdre celui-ci ? Or l'homme est irremplaçable pour une double raison étroitement entrelacée : l'homme a de la valeur en soi et (ou plutôt : parce que) l'homme est la source de toute valeur. Par l'homme, et par l'homme seulement, ce que l'on appelle le devoir, la morale, la capacité éthique existent dans l'univers. [...]

Tentons d'illustrer ceci à propos d'un problème particulier : l'expérimentation non directement thérapeutique sur l'embryon humain. Il existe à ce propos deux attitudes extrêmes : la première assimile l'embryon – quel qu'il soit – à une personne, potentielle ou non, lui accorde, en des termes plus ou moins voilés, une transcendance verticale, intemporelle, qui le rapporte à un autre plan ontologique que celui de la nature en devenir, et projette ainsi l'homme – quant à sa spécificité, la différence anthropologique – hors évolution, dissociant la solidarité anthropocosmique au profit d'une autonomisation ou d'une absolutisation de l'anthropologique qui débouche toujours sur une théologie reconnue comme telle ou camouflée dans des formes séculières. [...]

La seconde attitude extrême tend à ne voir dans l'embryon qu'un matériau biologique dont la seule différence avec d'autres embryons de mammifères tient dans la présence, l'absence ou la configuration de quelques molécules. Cette attitude, qui va rarement jusqu'au bout de sa logique, commet l'erreur inverse de la précédente. Elle ignore la spécificité de la phase anthropologique de l'évolution, aligne l'homme – embryonnaire sans doute mais potentiellement tout l'homme – sur les autres espèces vivantes, échoue à prendre au sérieux la différence anthropologique du sein de laquelle l'homme se rapporte à l'univers en évolution. Cette attitude fait comme si l'homme ne nouait aux choses qu'un rapport technoscientifique, ou comme si seul ce rapport technoscientifique était à prendre en considération. Elle oublie ou marginalise – comme imaginaire, inopérante, archaïque, etc. complètement la relation symbolique aux choses et aux êtres.

Un embryon d'homme n'est jamais un matériau biologique quelconque, même lorsqu'il s'agit d'un embryon surnuméraire, tout simplement parce que c'est un embryon d'homme et que cette détermination n'est pas épuisée par la physique, la chimie et la biologie.

(© De Boeck Wesmael, Bruxelles, p. 123, 142 et 177-178.)

– Texte 4 –

François Dagognet, *Entretien avec Roger-Pol Droit* (1993)

Cessons de condamner les nouvelles techniques médicales, sous le faux prétexte qu'elles risquent de nous conduire à je ne sais quelle apocalypse ! Il y a là beaucoup de confusion et de fausses terreurs. Il y a surtout une grave méprise concernant la relation entre ces techniques et la liberté. On croit qu'elles ôtent à l'homme des libertés. C'est exactement l'inverse : elles lui en donnent de nouvelles.

Arrêtons de dire : « la technique va préconiser la suppression de tous les malformés ». Cela n'a évidemment aucun sens, et il n'en a jamais été question. La décision suprême doit toujours revenir à l'individu. Si une personne projette de se marier avec quelqu'un qui est atteint d'une maladie mortelle et transmissible, il est normal que cette personne soit avertie de l'acte qu'elle va commettre. La médecine ne l'empêchera pas. Chacun peut refuser un traitement, ou les précautions protectrices. Les techniques médicales n'ont ni l'intention ni les moyens de tout commander. Elles ne décideront jamais à votre place. Mais elles mettent clairement chacun face à ses choix.

Ce qui est condamnable, ce ne sont pas les techniques et les informations qu'elles fournissent, c'est le refus d'informer ! Nous ne devons rien écarter de ce qui nous rend libre d'accepter ou de refuser en toute connaissance de cause. Vouloir mettre à l'écart ce genre d'informations est signe d'obscurantisme. Cela revient en effet à vouloir soumettre les humains aux hasards aveugles de la vie.
(© *Le Monde*, 2 novembre 1993, p. 2.)

– Texte 5 –

Lucien Sève, *Pour une critique de la raison bioéthique* (1994)
Inverser la tendance à toujours davantage creuser l'abîme entre ce que le genre humain sait faire et ce que les hommes sont mis en mesure de maîtriser, voilà l'urgence. Ce qu'a d'infiniment précieux à mon sens le meilleur de la bioéthique, c'est ce geste de réappropriation collective qui s'y amorce tout à la fois en direction d'une science biologique en train de révolutionner notre image de nous-mêmes, de pratiques biomédicales propres à bouleverser nos vies, de puissances économiques décidément trop insoucieuses de notre humanitude. C'est aussi la portée universelle qu'elle confère à cette tentative de réappropriation, en se tenant pour comptable de tout homme et de tout l'homme, en s'installant d'emblée à l'échelle internationale, en visant aux plus larges ententes par-delà des clivages désuets, mais dans le respect de différences vivaces. Et c'est l'élément hautement plausible de réponse qu'elle propose à la question : quelle humanité voulons-nous être ?, en donnant un sens très fort à la dignité de chaque personne et du genre humain dans son entier. Suivant sa pente en montant, elle peut être, non moins qu'une écologie raisonnée, l'exemple communicatif de ces nouvelles initiatives sociales où se fraient les voies vers une civilisation du prochain âge.
(Odile Jacob, 1994, p. 362-363.)

– Texte 6 –

Déclaration universelle sur le génome humain adoptée par l'Unesco le 11 novembre 1997
1) Le génome humain sous-tend l'unité fondamentale de tous les membres de la famille humaine, ainsi que la reconnaissance de leur dignité et de leur diversité. Dans un sens symbolique, il est le patrimoine de l'humanité.
2) a) Chaque individu a droit au respect de sa dignité et de ses droits, quelles que soient ses caractéristiques génétiques.
b) Cette dignité impose de ne pas réduire les individus à leurs caractéristiques génétiques et de respecter leur caractère unique et leur diversité.
3) Le génome humain, par nature évolutif, est sujet à des mutations. Il renferme des potentialités qui s'expriment différemment selon l'environnement naturel et social de chaque individu, en ce qui concerne notamment l'état de santé, les conditions de vie, la nutrition et l'éducation.
4) Le génome humain en son état naturel ne peut donner lieu à des gains pécuniaires.
5) a) Une recherche, un traitement ou un diagnostic, portant sur le génome d'un individu, ne peut être effectué qu'après une évaluation rigoureuse et préalable des risques et avantages potentiels qui leur sont liés et en conformité avec toutes autres prescriptions prévues par la législation nationale.

b) Dans tous les cas, le consentement préalable, libre et éclairé de l'intéressé(e) sera recueilli. Si ce(tte) dernier(e) n'est pas en mesure de l'exprimer, le consentement ou l'autorisation seront obtenus conformément à la loi, guidé par son intérêt supérieur.

c) Le droit de chacun de décider d'être informé ou non des résultats d'un examen génétique et de ses conséquences devrait être respecté.

d) Dans le cas de la recherche, les protocoles de recherche doivent être soumis, de plus, à une évaluation préalable, conformément aux normes ou lignes directrices nationales et internationales applicables en la matière.

6) Nul ne doit faire l'objet de discriminations fondées sur ses caractéristiques génétiques, qui auraient pour objet ou pour effet de porter atteinte à ses droits et à ses libertés fondamentales et à la reconnaissance de sa dignité.

7) La confidentialité des données génétiques associées à une personne identifiable, conservées ou traitées à des fins de recherche ou dans tout autre but, doit être protégée dans les conditions prévues par la loi. [...]

10) Aucune recherche concernant le génome humain ni ses applications, en particulier dans les domaines de la biologie, de la génétique et de la médecine, ne devrait prévaloir sur le respect des droits de l'homme, des libertés fondamentales et de la dignité humaine des individus ou, le cas échéant, des groupes d'individus.

11) Des pratiques qui sont contraires à la dignité humaine, telles que le clonage à des fins de reproduction d'êtres humains, ne doivent pas être permises. Les États et les organisations internationales compétentes sont invités à coopérer afin d'identifier de telles pratiques et de prendre, au niveau national ou international, les mesures qui s'imposent, conformément aux principes énoncés dans la présente Déclaration.

12) a) Chacun doit avoir accès aux progrès de la biologie, de la génétique et de la médecine, concernant le génome humain, dans le respect de sa dignité et de ses droits.

b) La liberté de la recherche, qui est nécessaire au progrès de la connaissance, procède de la liberté de pensée. Les applications de la recherche, y compris celles en biologie, en génétique et en médecine, concernant le génome humain, doivent tendre à l'allégement de la souffrance et à l'amélioration de la santé de l'individu et de l'humanité tout entière.

(In *Le droit international de la bioéthique*, © PUF, coll. « Que sais-je ? », 1998, p. 11-12.)

– Texte 7 –

Jean-Paul Thomas, *La bioéthique à l'épreuve de la finitude* (1999)

Les biotechnologies sont traversées par un rêve d'immortalité que la bioéthique prend à son compte sans vergogne. L'omniprésence d'un tel rêve devient évidente avec les techniques de clonage, où se joue l'aveu de cette obsession. La dénégation sur laquelle se construit la bioéthique est celle du lien impossible à défaire de l'éthique et du questionnement métaphysique sur notre condition de mortel. L'individu, isolé et mortel, qui attend de la science qu'elle le délivre de l'angoisse d'avoir à mourir, tel est l'envers de la bioéthique.

Deux conséquences peuvent être tirées de ce constat. L'une concerne le fil directeur d'une appréciation éthique de l'emploi des biotechnologies. Il n'est pas d'autre principe éthique que celui du respect des personnes. Mais la prise en

compte de notre finitude affine nos critères, pour autant qu'elle nous donne à penser les limites de notre maîtrise technique. [...]
La seconde conséquence de cet ordinaire déni de la finitude sur lequel s'édifie la bioéthique, ou plus exactement la conséquence du dévoilement de cette occultation concerne le champ immense de l'accompagnement des mourants. [...]
Les techniques biomédicales suscitent parfois une hostilité dénuée de fondement. La recheche scientifique elle-même devient suspecte. Ces aberrations répondent à une surestimation scientiste des pouvoirs de la science. La science n'effectue aucun miracle. La médecine scientifique soigne et soulage, mais ne fait disparaître ni la maladie ni la mort ni les conflits entre les personnes.
(In *La bioéthique est-elle de mauvaise foi ?*, Forum Diderot, PUF, 1999, p. 39-43.)

– Texte 8 –

Jacques Testart, *Le vivant manipulé* (2003)
Des modifications peuvent et doivent être apportées à l'état naturel pour améliorer la vie des hommes. [...]
Ce qui est nouveau : d'une part, la sélection des espèces domestiques fait place à leur modification, puisqu'il ne s'agit plus d'un processus lent pour conserver les êtres vivants les plus utiles, mais d'un bouleversement instantané pour produire dans la plante ou l'animal des caractères empruntés à d'autres êtres vivants et qui ne se seraient jamais manifestés spontanément. D'autre part, notre propre espèce est l'objet de technologies révolutionnaires pour substituer des manipulations cellulaires à des comportements ancestraux, dans le but de « maîtriser » la procréation, et cette maîtrise pourrait se déplacer jusqu'à la sélection de nos futurs enfants, selon des critères proposés par la génétique.
[...] S'il est vrai que la recherche scientifique a su révéler certains aspects de l'architecture des êtres vivants, entre autres le génome, les connaissances ne sont pas à la hauteur de la complexité qu'on devine dans le fonctionnement des machines vivantes et dans les relations qu'elles entretiennent.
C'est à cause de cette ignorance et pour d'autres raisons (éthique, organisation sociale, enjeux démocratiques) qu'on ne peut pas se résigner à l'agression technologique incontrôlée surtout quand « le jeu n'en vaut pas la chandelle » parce que les conséquences réelles sont largement inconnues et vraisemblablement irréversibles (clonage humain, plantes transgéniques, tri des embryons, etc.).
(© Éditions Sand, p. 6-7.)

– Texte 9 –

Dominique Lecourt, *Humain, posthumain : la technique et la vie* (2003)
Le clonage reproductif appliqué à l'homme constituerait [...] un extraordinaire succès de l'intelligence humaine. Un succès qui contribuera à soustraire un peu plus l'homme à la fatalité des contraintes naturelles.
Ce ne sont pourtant pas ces aspects émancipateurs de l'aventure scientifique et technologique que les opinions publiques occidentales, du moins en Europe et spécialement en France, sont invitées à retenir. La tonalité des discours qui s'adressent aux simples citoyens au sujet des biotechnologies est bien plutôt celle de l'alarme.

Pour éclairé qu'il se veuille, le catastrophisme règne dans les hauts lieux qui s'emploient à façonner l'opinion publique. Des pêcheurs en eau trouble en cultivent un sens beaucoup moins éclairé et se livrent à des actes de vandalisme pur et simple contre les laboratoires et de violences nues contre les chercheurs. […]

Les sciences du vivant nous montrent aujourd'hui qu'il n'existe pas, qu'il n'a jamais existé dans l'être humain un noyau biologique intangible qu'on puisse baptiser « nature » pour l'ériger en référence absolue donc intangible des systèmes normatifs qui structurent nos sociétés, par le droit et la politique. […]

Ce qui n'est presque jamais envisagé, ce serait de profiter de ces techniques pour remettre le sexe à la juste place qui devrait être la sienne chez l'être humain. Source de plaisirs admirablement divers à la convenance des uns et des autres, pourquoi donc le sexe serait-il supposé receler le secret de l'être – c'est-à-dire du devenir – de chacun et de chacune ? On ne prévoit pas non plus de profiter de ces techniques pour redéfinir et redynamiser l'institution de la famille autour d'une autre pratique de l'individuation et d'une autre conception de l'existence des sexes et des générations. Il serait alors sans doute possible s'il n'est pas trop tard de rectifier les dégâts de la « libération sexuelle » telle qu'elle a été pratiquée par la génération d'après-68 ; au lieu de considérer l'éthique comme une doctrine, au demeurant introuvable, voyons-y un champ d'explorations ! […]

Notre tâche éthique aujourd'hui comme hier, n'est-elle pas d'organiser ces émotions et ces idées de telle façon que nos capacités de penser et d'agir, de ressentir donc aussi et de nous émouvoir s'accroissent autant pour nous-mêmes que pour les autres ? À condition, du moins que nous nous remémorions toujours que dans ce jeu très grave mais aussi très exaltant, qu'une part de « nous-mêmes » appartient aux autres, cela pourrait constituer une promesse d'une plus grande liberté pour tous.

(© PUF, p. 21-22, 47, 110, 124.)

– Texte 10 –

Textes issus des lois n° 94-653, relative au respect du corps humain (29 juillet 1994), n° 94-654, relative au don et à l'utilisation des éléments et produits du corps humain, à l'assistance médicale à la procréation et au diagnostic prénatal (29 juillet 1994) et n° 2004-800, relative à la bioéthique (6 août 2004)

Code civil
L.16. La loi assure la primauté de la personne, interdit toute atteinte à la dignité de celle-ci et garantit le respect de l'être humain dès le commencement de sa vie.
L.16-1. Chacun a le droit au respect de son corps.
Le corps humain est inviolable.
Le corps humain, ses éléments et ses produits ne peuvent faire l'objet d'un droit patrimonial.
L.16-3. Il ne peut être porté atteinte à l'intégrité du corps humain qu'en cas de nécessité médicale pour la personne ou à titre exceptionnel dans l'intérêt thérapeutique d'autrui.
Le consentement de l'intéressé doit être recueilli préalablement hors le cas où son état rend nécessaire une intervention thérapeutique à laquelle il n'est pas à même de consentir.

L.16-4. Nul ne peut porter atteinte à l'intégrité de l'espèce humaine.
Toute pratique eugénique tendant à l'organisation de la sélection des personnes est interdite.
Sans préjudice des recherches tendant à la prévention et au traitement des maladies génétiques, aucune transformation ne peut être apportée aux caractères génétiques dans le but de modifier la descendance de la personne.
Est interdite toute intervention ayant pour but de faire naître un enfant génétiquement identique à une autre personne vivante ou décédée.
L.16-6. Aucune rémunération ne peut être allouée à celui qui se prête à une expérimentation sur sa personne, au prélèvement d'éléments de son corps ou à la collecte de produits de celui-ci.
L.16-7. Toute convention portant sur la procréation ou la gestation pour le compte d'autrui est nulle.
L.16-8. Aucune information permettant d'identifier à la fois celui qui a fait don d'un élément ou d'un produit de son corps et celui qui l'a reçu ne peut être divulguée. Le donneur ne peut connaître l'identité du receveur ni le receveur celle du donneur. En cas de nécessité thérapeutique, seuls les médecins du donneur et du receveur peuvent avoir accès aux informations permettant l'identification de ceux-ci.
L.16-10. L'examen des caractéristiques génétiques d'une personne ne peut être entrepris qu'à des fins médicales ou de recherche scientifique.
Le consentement exprès de la personne doit être recueilli par écrit préalablement à la réalisation de l'examen, après qu'elle a été dûment informée de sa nature et de sa finalité. Le consentement mentionne la finalité de l'examen. Il est révocable sans forme et à tout moment.

Code de la santé publique
L.1211-2. Le prélèvement d'éléments du corps humain et la collecte de ses produits ne peuvent être pratiqués sans le consentement préalable du donneur. Ce consentement est révocable à tout moment.
L'utilisation d'éléments ou de produits du corps humain à une fin médicale ou scientifique autre que celle pour laquelle ils ont été prélevés ou collectés est possible, sauf opposition exprimée par la personne sur laquelle a été opéré ce prélèvement ou cette collecte, dûment informée au préalable de cette autre fin.
L.1211-4. Aucun paiement, quelle qu'en soit la forme, ne peut être alloué à celui qui se prête au prélèvement d'éléments de son corps ou à la collecte de ses produits.
L.2141-1. L'assistance médicale à la procréation s'entend des pratiques cliniques et biologiques permettant la conception in vitro, le transfert d'embryons et l'insémination artificielle, ainsi que toute technique d'effet équivalent permettant la procréation en dehors du processus naturel.
L.2141-2. L'assistance médicale à la procréation est destinée à répondre à la demande parentale d'un couple.
L.2151-2. La conception in vitro d'embryon ou la constitution par clonage d'embryon humain à des fins de recherche est interdite.
L.2151-4. Est également interdite toute constitution par clonage d'un embryon humain à des fins thérapeutiques.
L.2151-5. La recherche sur l'embryon humain est interdite.
Une recherche ne peut être conduite que sur les embryons conçus in vitro dans le cadre d'une assistance médicale à la procréation qui ne font plus l'objet d'un projet parental. Elle ne peut être effectuée qu'avec le consentement écrit préalable du

couple dont ils sont issus, ou du membre survivant de ce couple, par ailleurs dûment informés des possibilités d'accueil des embryons par un autre couple ou d'arrêt de leur conservation. [...] Le consentement des deux membres du couple est révocable à tout moment et sans motif.
L.2151-6. L'importation de tissus ou de cellules embryonnaires ou fœtaux aux fins de recherche est soumise à l'autorisation préalable de l'Agence de biomédecine. Cette autorisation ne peut être accordée que si ces tissus ou ces cellules ont été obtenus dans le respect des principes fondamentaux prévus par les articles 16 à 16-8 du code civil.

– Texte 11 –

Mark Hunyadi, *Je est un clone* (2004)
Dans le clonage, il y a donc bien instrumentalisation, mais une instrumentalisation radicale ou ontologique qui fait de l'être-tel du clone l'expression déterminée du désir d'autrui. D'un point de vue biologique et formel, cette instrumentalisation ne constitue pas par elle-même une entrave à l'exercice de l'autonomie en tant que telle. Mais ce point de vue biologique-formel est, justement, un point de vue à la troisième personne, qui qualifie la situation de l'extérieur ; or, dès que l'on adopte celui de la première personne, il n'est plus du tout sûr qu'une telle dépendance ontologique radicale à l'égard d'autrui ne constitue pas en réalité une entrave elle aussi radicale à l'exercice d'une autonomie véritable. [...]
Le même tel qu'il est intentionné produit malgré tout le sentiment d'avoir été voulu même. Biologiquement dépossédé de soi, il se sent parce qu'il se sait étranger à lui-même, la biotechnologie le construit autre à lui-même et littéralement l'aliène. Le soupçon nous en a été donné par le sentiment de déficit ontologique que devrait éprouver un individu qui se saurait avoir été voulu copié à l'identique : si un tel sentiment de déficit pouvait apparaître alors *même* que l'altérité biologique était assurée malgré l'identité du patrimoine génétique, c'est que *l'altérité biologique n'est pas le tout de l'altérité* : l'altérité biologique ne parvient pas à garantir l'altérité véritable, l'altérité de soi.
(Seuil, 2004, 84-85, 128-130.)

– Texte 12 –

Catherine Labrousse-Riou, *L'humain en droit : réalité, fiction, utopie ?* (2006)
Stigmatiser les ruptures radicales entre un temps et un autre, faire du passé table rase ou se croire autocréateur, né de rien et de personne, est une utopie, même s'il est des ruptures salutaires, des reconversions nécessaires et des évolutions évidentes. Le droit n'échappe pas à cette tension. [...] Face à des faits nouveaux, le droit le plus souvent s'adapte par extension de ses règles, par interprétation de leur finalité et par intégration de ses concepts des choses qui naissent à la vie juridique ou s'y transforment ; le droit change en surface sans changement notable de ses structures. Mais il s'adapte autant par soumission aux faits scientifiques et techniques que par réaction due aux revendications et aux plaintes des laissés pour compte ; il montre alors l'envers du décor et relativise l'idée du progrès. Parfois

mais plus rarement il lui faut inventer des concepts nouveaux, entériner ceux qui lui viennent du monde extérieur pour les soumettre à ses propres fins. [...]
Si l'imaginaire d'une posthumanité est peut-être prémonitoire, si elle mobilise des énergies intellectuelles fécondes en innovation, ce n'est pas le fait du juriste ni son affaire et s'il est possible d'observer en quoi le droit change il est bien hasardeux de dire si les humains, dans la fabrication ou l'application du droit, changent ou même si le droit et les sciences réunis les font vraiment changer. On voit bien ce qui change mais de là à dire en quoi l'on change, il y a un pas difficile à franchir en droit.
(In *Écrits de bioéthique*, PUF, 2007, p. 407-408.)

Sujets d'épreuves de culture générale des instituts d'études politiques

1. INSTITUT D'ÉTUDES POLITIQUES DE PARIS

Les examens d'entrée en première année et en deuxième année comprennent « une épreuve d'ordre général permettant de déceler les qualités de réflexion, de composition et de style du candidat » : au choix, une dissertation ou un commentaire de texte (4 heures) :

1987

■ **Dissertation :**
Confrontez ces deux définitions du progrès :
« Le progrès, c'est la liberté en action » Édouard de Laboulaye,
« Le progrès n'est jamais que le développement de l'ordre » Auguste Comte.

■ **Commentaire de texte :**
La politique n'a guère changé et ne changera guère. C'est que la structure de l'homme est toujours la même et ce qu'en disait Platon est encore vrai aujourd'hui. Toujours une tête, et la même, et toujours apte aux mêmes combinaisons. Toujours une poitrine, et la même, lieu d'explosion, centre de colère et de courage. Quand le moteur s'emporte, la sagesse supérieure est réduite au rôle d'exécutant, au mieux elle sauve les projets fous. C'est ainsi que le cœur usurpe, et nous l'éprouvons dix fois par jour. Convenons maintenant que le ventre porte et soutient tout cela, et qu'en un sens il gouverne tout ; car faute de nourriture, il n'y a plus ni courage ni pensée pour personne. En sorte que la pensée, si souvent et si promptement dominée par la colère, doit aussi compter avec la peur, qui est du ventre.

L'homme étant ainsi, et pour toujours ainsi, nous n'en avons pas fini avec les difficultés, et jamais nous n'en aurons fini. Le projet le plus raisonnable n'ira jamais tout seul. L'économique, qui est du ventre, nous tiendra toujours serrés.

Toujours le besoin plaidera contre l'enthousiasme : si l'enthousiasme l'emporte, c'est l'enthousiasme alors qui plaidera contre la raison. Mais la raison, de son côté, ne peut gouverner passablement ses difficiles voisins que si d'abord elle les accepte, ainsi la pire injustice est celle de la raison, quand et assez exactement, trois figures d'injustes, celui qui n'est que besoin et appétit, celui qui n'est que fureur, et celui qui n'est que raison. Cette vue est très simplifiée, mais on peut partir de là. La connaissance de soi et des autres n'est pas tellement avancée.

D'où je puis deviner trois politiques, éternelles [...]. Trois politiques. Car il y a celle de la raison toute pure, qui abonde en projets, mais qui par peur de mépriser les autres, ne fait rien. Il y a la politique de la colère, qui fait toujours plus qu'elle ne veut, qui tue et se tue ; mais que d'honneur et que de bonheur ! Car il est beau d'entreprendre et d'oser ; cela enivre. Et partis, vous les distinguerez dans un syndicat, dans un gouvernement, dans un peuple, dans tout un homme. La vraie paix est dans l'homme, et entre ces trois personnages tête, poitrine et ventre, dont il est composé. Et parce que tous trois ont leurs fortes raisons, il faut négocier la paix, et pas seulement la formuler ; et la négociation durera toujours [...]. Il est toujours vrai que s'il y avait des vertus pures, il n'y aurait plus de vertu. Le fait est qu'il faut manger, mais non pas trop, et qu'il faut partir en guerre pour quelque chose, mais non pas trop ; et enfin honorer l'esprit en ses pénibles victoires, car c'est là qu'il est esprit. C'est pourquoi l'équilibre, le difficile équilibre, est ce qui m'intéresse dans un homme ; et non point la bavure. Bavure d'amour, bavure de gloire, bavure de raison, c'est tout un. Et celui qui a mené passablement la difficile négociation avec lui-même, au lieu de sottement s'ignorer et de sottement s'adorer, c'est celui-là que j'enverrai négocier pour nos biens et pour nos vies. Nous y serons presque si l'on enseignait la structure de l'homme au lieu d'enseigner à la tête, comme on fait si aisément et si inutilement. (Alain.)

1988

■ Dissertation :
Pour avoir des droits, doit-on en être digne ?

■ Commentaire de texte :
Le champ où la liberté a toujours été connue, non comme un problème certes, mais comme un fait de la vie quotidienne, est le domaine politique. Et même aujourd'hui, que nous le sachions ou non, la question de la politique et le fait que l'homme possède le don de l'action doit toujours être présente à notre esprit quand nous parlons du problème de la liberté ; car l'action et la politique, parmi toutes les capacités et possibilités de la vie humaine, sont les seules choses dont nous ne pourrions même pas avoir l'idée sans présumer au moins que la liberté existe, et nous ne pouvons toucher à une seule question politique sans mettre le doigt sur une question où la liberté humaine est enjeu. La liberté, en outre, n'est pas seulement l'un des nombreux problèmes et phénomènes du domaine politique proprement dit comme la justice, le pouvoir ou l'égalité ; la liberté, qui ne devient que rarement – dans les périodes de crise ou de révolution – le but direct de l'action politique, est réellement la condition qui fait que des hommes vivent ensemble dans une organisation politique. Sans elle la vie politique comme telle serait dépourvue de sens. La *raison d'être* de la politique est la liberté, et son champ d'expérience est l'action.

Cette liberté, que nous prenons comme allant de soi dans toute théorie politique et que même ceux qui louent la tyrannie doivent encore prendre en compte, est l'opposé même de la « liberté intérieure », cet espace intérieur dans lequel les hommes peuvent échapper à la contrainte extérieure et se *sentir* libres. Ce sentiment interne demeure sans manifestation externe, et de ce fait, par définition, ne relève pas de la politique. Quelle que puisse être sa légitimité, et si éloquemment qu'on ait pu le décrire dans l'antiquité tardive, il est historiquement un phénomène tardif, et il fut à l'origine le résultat d'une retraite hors du monde dans laquelle des expériences mondaines furent transformées en expériences intérieures au moi. Les expériences de la liberté intérieure sont dérivées en cela qu'elles présupposent toujours un repli hors du monde, où la liberté était refusée, dans une intériorité à laquelle nul autre n'a accès. […]

Par conséquent, en dépit de la grande influence que le concept d'une liberté intérieure non politique a exercée sur la tradition de la pensée, il semble qu'on puisse affirmer que l'homme ne saurait rien de la liberté intérieure s'il n'avait d'abord expérimenté une liberté qui soit une réalité tangible dans le monde. Nous prenons conscience d'abord de la liberté ou de son contraire dans notre commerce avec d'autres, non dans le commerce avec nous-mêmes. (Hannah Arendt.)

1989

■ Dissertation :
Est-il juste de définir l'utopie comme un rêve inutile ?

■ Commentaire de texte :
Il n'y aurait qu'à jouir de ces beaux fruits de l'art historique et nulle objection ne s'élèverait contre leur usage, si la politique n'en était tout influencée. Le passé, plus ou moins fantastique, ou plus ou moins organisé après coup, agit sur le futur avec une puissance comparable à celle du présent même. Les sentiments et les ambitions s'excitent de souvenirs de lectures, de souvenirs de souvenirs, bien plus qu'ils ne résultent de perceptions et de données actuelles. Le caractère réel de l'histoire est de prendre part à l'histoire même. L'idée du passé ne prend un sens et ne constitue une valeur que pour l'homme qui se trouve en soi-même une passion de l'avenir. L'avenir, par définition, n'a point d'image. L'histoire lui donne les moyens d'être pensé. Elle forme pour l'imagination une table de situations et de catastrophes, une galerie d'ancêtres, un formulaire d'actes, d'expressions, d'attitudes, de décisions, offerts à notre instabilité et à notre incertitude, pour nous aider à devenir. Quand un homme ou une assemblée, saisis de circonstances pressantes ou embarrassantes, se trouvent contraints d'agir, leur délibération considère bien moins l'état même des choses en tant qu'il ne s'est jamais présenté jusque-là, qu'elle ne consulte ses souvenirs imaginaires. Obéissant à une sorte de loi de moindre action, répugnant à créer, à répondre par l'invention à l'originalité de la situation, la pensée hésitante tend à se rapprocher de l'automatisme ; elle sollicite les précédents et se livre à l'esprit historique qui l'induit à se souvenir d'abord, même quand il s'agit de disposer pour un cas tout à fait nouveau. L'histoire alimente l'histoire. (Paul Valéry.)

1990

■ Dissertation :
Qu'est-ce qu'une éducation réussie ?

■ Commentaire de texte :
Je n'ignore pas cette croyance fort répandue : les affaires de ce monde sont gouvernées par la fortune et par Dieu ; les hommes ne peuvent rien y changer, si grande soit leur sagesse ; il n'existe même aucune sorte de remède ; par conséquent, il est tout à fait inutile de suer sang et eau à vouloir les corriger, et il vaut mieux s'abandonner au sort. Opinion qui a gagné du poids en notre temps, à cause des grands bouleversements auxquels on assiste chaque jour, et que nul n'aurait jamais pu prévoir. Si bien qu'en y réfléchissant moi-même, il m'arrive parfois de l'accepter. Cependant, comme notre libre arbitre ne peut disparaître, j'en viens à croire que la fortune est maîtresse de la moitié de nos actions, mais qu'elle nous abandonne à peu près l'autre moitié. Je la vois pareille à une rivière torrentueuse qui dans sa fureur inonde les plaines, emporte les arbres et les maisons, arrache la terre d'un côté, la dépose de l'autre ; chacun fuit devant elle, chacun cède à son assaut, sans pouvoir dresser aucun obstacle. Et bien que sa nature soit telle, il n'empêche que les hommes, le calme revenu, peuvent prendre certaines dispositions, construire des digues et des remparts, en sorte que la nouvelle crue s'évacuera par un canal ou causera des ravages moindres. Il en est de même de la fortune : elle fait la démonstration de sa puissance là où aucune vertu ne s'est préparée à lui résister ; elle tourne ses assauts où elle sait que nul obstacle n'a été construit pour lui tenir tête. Si maintenant vous considérez l'Italie, siège et berceau de ces bouleversements, vous verrez que c'est une campagne sans digues et sans remparts d'aucune sorte, car si elle était protégée par une solide vertu, comme le sont l'Allemagne, l'Espagne, la France, l'inondation n'aurait pas produit de si grands ravages ; sans doute n'aurait-t-elle pas eu lieu.

Je ne veux rien ajouter sur les moyens d'endiguer la fortune en général. Mais si j'en viens au particulier, je vois tel prince être aujourd'hui heureux et demain ruiné sans avoir entre-temps changé de politique. Cela vient d'abord, me semble-t-il, des raisons longuement exposées ci-dessus : ce prince s'appuie totalement sur la fortune, et il tombe quand elle tourne. Ensuite celui qui sait adapter sa conduite aux circonstances sera plus sûrement heureux que son collègue qui n'a pas appris cet art. Chaque homme vise aux mêmes buts, qui sont les honneurs et la richesse mais ils emploient pour les atteindre des moyens variés : l'un la prudence, l'autre la fougue, l'un la violence, l'autre l'astuce ; celui-ci la patience, celui-là la promptitude et toutes ses méthodes sont bonnes en soi. (Machiavel.)

1991

■ Dissertation :
Faut-il respecter toutes les cultures ?

■ Commentaire de texte :
Le gouvernement arbitraire d'un prince juste et éclairé est toujours mauvais. Ses vertus sont la plus dangereuse et la plus sûre des séductions : elles accoutument insensiblement un peuple à aimer, à respecter, à servir son succes-

seur quel qu'il soit, méchant et stupide. Il enlève au peuple le droit de délibérer, de vouloir ou ne vouloir pas, de s'opposer même à sa volonté, lorsqu'il ordonne le bien ; cependant ce droit d'opposition, tout insensé qu'il est, est sacré : sans quoi les sujets ressemblent à un troupeau dont on méprise la réclamation, sous prétexte qu'on le conduit dans de gras pâturages. En gouvernant selon son bon plaisir, le tyran commet le plus grand des forfaits. Qu'est-ce qui caractérise le despote ? Est-ce la bonté ou la méchanceté ? Nullement ; ces deux notions n'entrent pas seulement dans sa définition. C'est l'étendue et non l'usage de l'autorité qu'il s'arroge. Un des grands malheurs qui pût arriver à une nation, ce serait deux ou trois règnes d'une puissance juste, douce, éclairée, mais arbitraire : les peuples seraient conduits par le bonheur à l'oubli complet de leurs privilèges, au plus parfait esclavage. Je ne sais si jamais un tyran et ses enfants se sont avisés de cette redoutable politique ; mais je ne doute aucunement qu'il ne leur eût réussi. Malheur aux sujets en qui on anéantit tout ombrage sur leur liberté, même par les voies les plus louables en apparence. Ces voies n'en sont que plus funestes pour l'avenir. C'est ainsi que l'on tombe dans un sommeil fort doux, mais dans un sommeil de mort, pendant lequel le sentiment patriotique s'éteint, et l'on devient étranger au gouvernement de l'État. (Diderot.)

1992

■ Dissertation :
Un compromis est-il toujours préférable à un conflit ?

■ Commentaire de texte :
Je me résume, Messieurs. L'homme n'est esclave ni de sa race, ni de sa langue, ni de sa religion, ni du cours des fleuves, ni de la direction des chaînes de montagnes. Une grande agrégation d'hommes, saine d'esprit et chaude de cœur, crée une conscience morale qui s'appelle une nation. Tant que cette conscience morale prouve sa force par les sacrifices qu'exige l'abdication de l'individu au profit d'une communauté, elle est légitime, elle a le droit d'exister. Si des doutes s'élèvent sur ses frontières, consultez les populations disputées. Elles ont bien le droit d'avoir un avis sur la question. Voilà qui fera sourire les transcendants de la politique, ces infaillibles qui passent leur vie à se tromper et qui, du haut de leurs principes supérieurs, prennent en pitié notre terre à terre. « Consulter les populations, fi donc ! Quelle naïveté ! Voilà bien ces chétives idées françaises qui prétendent remplacer la diplomatie et la guerre par des moyens d'une simplicité enfantine. » – Attendons, Messieurs ; laissons passer le règne des transcendants ; sachons subir le dédain des forts. Peut-être, après bien des tâtonnements infructueux, reviendra-t-on à nos modestes solutions empiriques. Le moyen d'avoir raison dans l'avenir est, à certaines heures, de savoir se résigner à être démodé. (Ernest Renan.)

1993

■ Dissertation :
L'idée de droit à la vie a-t-elle un sens ?

■ Commentaire de texte :

La plupart des erreurs relatives au beau naissent de la fausse conception du XVIIIe siècle relative à la morale. La nature fut prise dans ce temps-là comme base, source et type de tout bien et de tout beau possibles. La négation du péché originel ne fut pas pour peu de chose dans l'aveuglement général de cette époque. Si toutefois nous consentons à en référer simplement au fait visible, à l'expérience de tous les âges et à la *Gazette des tribunaux,* nous verrons que la nature n'enseigne rien, ou presque rien, c'est-à-dire qu'elle *contraint* l'homme à dormir, à boire, à manger, et à se garantir, tant bien que mal, contre les hostilités de l'atmosphère. C'est elle aussi qui pousse l'homme à tuer son semblable, à le manger, à le séquestrer, à le torturer ; car, sitôt que nous sortons de l'ordre des nécessités et des besoins pour entrer dans celui du luxe et des plaisirs, nous voyons que la nature ne peut conseiller que le crime. C'est cette infaillible nature qui a créé le parricide et l'anthropophagie, et mille autres abominations que la pudeur et la délicatesse nous empêchent de nommer. C'est la philosophie (je parle de la bonne), c'est la religion qui nous ordonne de nourrir des parents pauvres et infirmes. La nature (qui n'est pas autre chose que la voix de notre intérêt) nous commande de les assommer. Passez en revue, analysez tout ce qui est naturel, toutes les actions et les désirs du pur homme naturel, vous ne trouverez rien que d'affreux. Tout ce qui est beau et noble est le résultat de la raison et du calcul. Le crime, dont l'animal humain a puisé le goût dans le ventre de sa mère, est originellement naturel. La vertu, au contraire, est *artificielle,* surnaturelle, puisqu'il a fallu, dans tous les temps et chez toutes les nations, des dieux et des prophètes pour l'enseigner à l'humanité animalisée, et que l'homme, *seul,* eût été impuissant à la découvrir. Le mal se fait sans effort, *naturellement,* par fatalité ; le bien est toujours le produit d'un art. (Charles Baudelaire.)

1994

■ Dissertation :

Le pouvoir des images contrarie-t-il la liberté de penser ?

■ Commentaire de texte :

J'avoue que je ne m'accommode pas bien de l'expression dont se servent des hommes pourtant avisés : tel peuple (que l'on conçoit en train d'élaborer sa liberté légale) n'est pas mûr pour la liberté, les serfs d'un propriétaire terrien ne sont pas encore mûrs pour la liberté ; et ainsi de même : les hommes en général ne sont pas encore mûrs pour la liberté de croire. Mais suivant une telle hypothèse la liberté ne surgira jamais. Car on ne peut pas mûrir pour la liberté si l'on n'a pas été préalablement mis en liberté (on doit être libre pour se servir utilement de ses forces dans la liberté). Les premières tentatives seront sans doute grossières et généralement liées à un état plus pénible et plus périlleux que si l'on se trouvait sous les ordres, mais aussi sous la prévoyance d'autrui ; seulement on ne mûrit jamais pour la raison autrement que par ses propres tentatives (qu'on doit être libre d'entreprendre). Je ne suis pas opposé à ce que ceux qui détiennent le pouvoir entre leurs mains, contraints par les circonstances, renvoient encore loin et même très loin l'affranchissement de ces trois chaînes. Mais ériger en principe que la liberté en général ne vaut rien pour ceux qui se sont trouvés soumis à eux, et que l'on soit autorisé de les en écarter pour toujours, c'est là une atteinte aux droits régaliens (droits attachés à la souveraineté) de la divinité elle-même, qui a créé l'homme pour la liberté. Évidemment il est plus commode de gouverner dans l'État, la famille et l'Église, quand on peut faire aboutir un pareil principe. Mais est-ce plus juste ? (Kant.)

1995

■ **Dissertation :**
La recherche de l'égalité a-t-elle des limites ?

■ **Commentaire de texte :**
La vraie vie, la vie enfin découverte et éclaircie, la seule vie par conséquent réellement vécue, c'est la littérature ; cette vie qui, en un sens, habite à chaque instant chez tous les hommes aussi bien que chez l'artiste. Mais ils ne la voient pas, parce qu'ils ne cherchent pas à l'éclaircir. Et ainsi leur passé est encombré d'innombrables clichés qui restent inutiles parce que l'intelligence ne les a pas « développés ». Notre vie, et aussi la vie des autres. Le style pour l'écrivain, aussi bien que la couleur pour le peintre, est une question non de technique mais de vision. Il est la révélation qui serait impossible par des moyens directs et conscients, de la différence qualitative qu'il y a dans la façon dont nous apparaît le monde, différence qui, s'il n'y avait pas l'art, resterait le secret éternel de chacun. Par l'art seulement nous pouvons sortir de nous, savoir ce que voit un autre de cet univers qui n'est pas le même que le nôtre, et dont les paysages nous seraient restés aussi inconnus que ceux qu'il peut y avoir dans la lune. Grâce à l'art, au lieu de voir un seul monde, le nôtre, nous le voyons se multiplier, et, autant qu'il y a d'artistes originaux, autant nous avons de mondes à notre disposition, plus différents les uns des autres que ceux qui roulent dans l'infini et, bien des siècles après qu'est éteint le foyer dont il émanait, qu'il s'appelât Rembrandt ou Vermeer, nous envoient encore leur rayon spécial. (Marcel Proust.)

1996

■ **Dissertation :**
Qu'est-ce qui fait la grandeur d'un pays ?

■ **Commentaire de texte :**
Nous ne nous tenons jamais au temps présent. Nous anticipons l'avenir comme trop lent à venir, comme pour hâter son cours, ou nous rappelons le passé pour l'arrêter comme trop prompt, si imprudents que nous errons dans des temps qui ne sont point nôtres, et ne pensons point au seul qui nous appartient, et si vains que nous songeons à ceux qui ne sont rien, et échappons sans réflexion le seul qui subsiste. C'est que le présent d'ordinaire nous blesse. Nous le cachons à notre vue parce qu'il nous afflige, et s'il nous est agréable, nous regrettons de le voir échapper. Nous tâchons de le soutenir par l'avenir, et pensons à disposer les choses qui ne sont pas en notre puissance pour un temps où nous n'avons aucune assurance d'arriver.

Que chacun examine ses pensées. Il les trouvera toutes occupées au passé ou à l'avenir. Nous ne pensons presque point au présent, et si nous y pensons ce n'est que pour en prendre la lumière pour disposer de l'avenir. Le présent n'est jamais notre fin. Le passé et le présent sont nos moyens ; le seul avenir est notre fin. Ainsi nous ne vivons jamais, mais nous espérons de vivre, et nous disposant toujours à être heureux il est inévitable que nous ne le soyons jamais. (Pascal.)

1997

■ Dissertation :
Une majorité exprime-t-elle une force ou un droit ?

■ Commentaire de texte :
La machine, qui semble une force tout aristocratique par la centralisation des capitaux qu'elle suppose, n'en est pas moins, par le bon marché et la vulgarisation de ses produits, un très puissant agent du progrès démocratique ; elle met à la portée des plus pauvres une foule d'objets d'utilité, de luxe même et d'art, dont ils ne pouvaient approcher. La laine, grâce à Dieu, a descendu partout au peuple et le réchauffe. La soie commence à le parer. Mais la grande et capitale révolution a été l'indienne. Il a fallu l'effort combiné de la science et de l'art pour forcer un tissu rebelle, ingrat, le coton, à subir chaque jour tant de transformations brillantes, puis transformé ainsi, le répandre partout, le mettre à la portée des pauvres. Toute femme portait jadis une robe bleue ou noire qu'elle gardait dix ans sans la laver, de peur qu'elle ne s'en allât en lambeaux. Aujourd'hui, son mari, pauvre ouvrier, au prix d'une journée de travail, la couvre d'un vêtement de fleurs. Tout ce peuple de femmes qui présente sur nos promenades une éblouissante iris de mille couleurs, naguère était en deuil.

Ces changements qu'on croit futiles, ont une portée immense. Ce ne sont pas là de simples améliorations matérielles, c'est un progrès du peuple dans l'extérieur et l'apparence, sur lesquels les hommes se jugent entre eux ; c'est, pour ainsi parler, l'égalité visible. Il s'élève par-là à des idées nouvelles qu'autrement il n'atteignait pas ; la mode et le goût sont pour lui une initiation dans l'art. Ajoutez, chose plus grave encore, que l'habit impose à celui même qui le porte ; il veut en être digne, et s'efforce d'y répondre par sa tenue morale.

Il ne faut pas moins, en vérité, que ce progrès de tous, l'avantage évident des masses, pour nous faire accepter la dure condition dont il faut l'acheter, celle d'avoir, au milieu d'un peuple d'hommes, un misérable petit peuple d'hommes-machines qui vivent à moitié, qui produisent des choses merveilleuses, et qui ne se reproduisent pas eux-mêmes, qui n'engendrent que pour la mort, et ne se perpétuent qu'en absorbant sans cesse d'autres populations qui se perdent là pour toujours. (Jules Michelet.)

1998

■ Dissertation :
L'ordre et la sécurité : est-ce la même chose ?

■ Commentaire de texte :
Mieux vaudrait n'avoir aucune idée de Dieu qu'une idée indigne de lui ; car si l'une est incroyance, l'autre est insolence, et la superstition, sans nul doute, est

un blâme à la divinité. Plutarque à ce propos dit très justement : « Je préférerais certes de beaucoup qu'on dise que Plutarque n'a pas existé, plutôt que de dire qu'il y eut un certain Plutarque, lequel dévorait ses enfants dès leur naissance », comme les poètes le racontent de Saturne. Et plus l'insolence est grande à l'égard de Dieu, plus elle est dangereuse à l'égard des hommes. L'athéisme laisse à l'homme le bon sens, la philosophie, la charité naturelle, les lois et l'honneur, qui peuvent tous, à défaut de religion, lui servir de guides vers une moralité extérieure ; mais la superstition les détrône tous pour ériger dans leurs âmes une monarchie absolue. C'est pourquoi l'athéisme n'a jamais troublé les États car il rend les hommes prudents pour eux-mêmes, puisqu'ils n'ont point d'au-delà, et l'on constate que les époques qui inclinent à l'athéisme, comme celle d'Auguste, furent des époques paisibles. Mais la superstition a causé la ruine de bien des États, et elle introduit un nouveau *Primum mobile* (premier moteur), qui entraîne toutes les sphères du gouvernement. (Bacon (1561-1626).)

1999

■ Dissertation :
Dans quelle mesure peut-on dire du temps qu'il est « libre » ?

■ Commentaire de texte :
Rien n'est aussi dangereux que la certitude d'avoir raison. Rien ne cause autant de destruction que l'obsession d'une vérité considérée comme absolue. Tous les crimes de l'histoire sont des conséquences de quelque fanatisme. Tous les massacres ont été accomplis par vertu, au nom de la religion vraie, du nationalisme légitime, de la politique idoine, de l'idéologie juste ; bref au nom du combat contre la vérité de l'autre, du combat contre Satan. Cette froideur et cette objectivité qu'on reproche si souvent aux scientifiques, peut-être conviennent-elles mieux que la fièvre et la subjectivité pour traiter certaines affaires humaines. Car ce ne sont pas les idées de la science qui engendrent les passions. Ce ne sont pas les passions qui utilisent la science pour soutenir leur cause. La science ne conduit pas au racisme et à la haine. C'est la haine qui en appelle à la science pour justifier son racisme. On peut reprocher à certains scientifiques la fougue qu'ils apportent parfois à défendre leurs idées. Mais aucun génocide n'a encore été perpétré pour faire triompher une théorie scientifique. À la fin de ce XXe siècle, il devrait être clair pour chacun qu'aucun système n'expliquera le monde dans tous ses aspects et tous ses détails. Avoir contribué à casser l'idée d'une vérité intangible et éternelle n'est peut-être pas l'un des moindres titres de gloire de la démarche scientifique. (François Jacob (né en 1920).)

2000
Entrée en deuxième année

■ Dissertation :
Pourquoi l'injustice mobilise-t-elle les hommes plus que la justice ?

■ Commentaire de texte :
Au vrai, toute création de l'esprit est d'abord « poétique » au sens propre du mot ; et dans l'équivalence des formes sensibles et spirituelles, une même

fonction s'exerce, initialement, pour l'entreprise du savant et pour celle du poète. De la pensée discursive ou de l'ellipse poétique, qui va plus loin et de plus loin ? Et de cette nuit originelle où tâtonnent deux aveugles-nés, l'un équipé de l'outillage scientifique, l'autre assisté des seules fulgurations de l'intuition, qui donc plus tôt remonte, et plus chargé de brève phosphorescence ? La réponse n'importe. Le mystère est commun. Et la grande aventure de l'esprit poétique ne le cède en rien aux ouvertures dramatiques de la science moderne. Des astronomes ont pu s'affoler d'une théorie de l'univers en expansion, il n'est pas moins d'expansion dans l'infini moral de l'homme – cet univers. Aussi loin que la science recule ses frontières, on entendra courir encore la meute chasseresse du poète. Car si la poésie n'est pas, comme on l'a dit, « le réel absolu », elle en est bien la plus proche convoitise et la plus proche appréhension, à cette limite extrême de complicité où le réel dans le poème semble s'informer lui-même.

Par la pensée analogique et symbolique, par l'illumination lointaine de l'image médiatrice, et par le jeu de ses correspondances, sur mille chaînes de réactions et d'associations étrangères, par la grâce enfin d'un langage où se transmet le mouvement même de l'Être, le poète s'investit d'une surréalité qui ne peut être celle de la science. Est-il chez l'homme plus saisissante dialectique et qui de l'homme engage plus ? Lorsque les philosophes eux-mêmes désertent le seuil métaphysique, il advient au poète de relever là le métaphysicien ; et c'est la poésie alors ; non la philosophie, qui se révèle la vraie « fille de l'étonnement », selon l'expression du philosophe antique à qui elle fut la plus suspecte. (Saint-John Perse (1887-1975).)

2000
Entrée en première année

■ Dissertation :
Qu'est-ce qui s'accélère dans l'histoire ?

■ Commentaire de texte :
Telle est la nature des hommes sans exception, qu'ils ont plaisir à être émus non seulement de joie, mais même, et au plus haut point, de n'importe quelles passions tristes. De là vient que les tragédies trouvent place dans les théâtres non moins que les comédies. De là aussi que dans les temps anciens l'on allait voir dans les jeux publics des hommes et des bêtes féroces s'entre-déchirer. De là vient enfin qu'un prédicateur qui excite ses auditeurs à la colère et à la haine contre d'autres hommes, et surtout contre des puissants, que les hommes de la plus basse condition ont par eux-mêmes coutume d'envier, ou contre ceux dont ils diffèrent de religion, et qu'ils haïssent déjà comme cause des guerres : quoiqu'il ne dise rien de remarquable ni de bon, et que souvent même nul ne comprenne rien à la question dont il dispute, pourvu seulement qu'il parle avec assurance, avec chaleur, avec abondance, et qu'il mêle à son discours toutes sortes d'injures en style commun ou plaisant ou extraordinaire, il est écouté avec plus d'ardeur par une foule dévote, il en est plus aimé et plus loué que bien d'autres, de loin plus éloquents, mais qui l'exhortent moins à la haine des vices d'autrui qu'à la correction des siens propres. Ceux-ci en effet lui proposent ce qui lui déplaît, et celui-là seulement ce qui lui plaît. Et sans doute c'est une grande consolation pour une multitude qui n'est pas mauvaise, mais ignorante, de pouvoir quelquefois pieusement s'émouvoir, pieusement se mettre

en colère, et pieusement mépriser les plus puissants : tout ce qu'elle fait à l'instigation d'un homme, ou à son exemple, elle le tient en effet pour un acte de piété. Elle entend dire par ses disciples combien de livres il écrit, et combien de victoires il remporte dans ses disputes contre toutes sortes d'adversaires : elle ne peut douter qu'il ne soit très savant, car elle ne sait rien discerner des choses dont il s'agit. Et ainsi la violence même de ses sermons, son audace à blâmer les gens les plus considérables, elle les considère comme inspirées par une intégrité rare et par un zèle digne des prophètes. C'est pourquoi elle fait de lui son premier guide et conseiller, si d'aventure elle se trouve en cas, ou de résister aux puissants, ou d'entrer en lutte contre les adversaires de sa religion ; et tout ce qu'il aura eu dessein de lui persuader, elle est toujours prête à l'exécuter avec ardeur. (René Descartes.)

2001
Entrée en deuxième année

■ Dissertation :
Y a-t-il des limites à la tolérance ?

■ Commentaire de texte :
À mesure que l'instruction descend dans ces classes inférieures, celles-ci découvrent la plaie secrète qui ronge l'ordre social irréligieux. La trop grande disproportion des conditions et des fortunes a pu se supporter tant qu'elle a été cachée ; mais aussitôt que cette disproportion a été généralement aperçue, le coup mortel a été porté. Recomposez, si vous le pouvez, les fictions aristocratiques ; essayez de persuader au pauvre, lorsqu'il saura bien lire et ne croira plus, lorsqu'il possédera la même instruction que vous, essayez de lui persuader qu'il doit se soumettre à toutes les privations, tandis que son voisin possède mille fois le superflu : pour dernière ressource il vous le faudra tuer. Quand la vapeur sera perfectionnée, quand, unie au télégraphe et aux chemins de fer, elle aura fait disparaître les distances, ce ne seront plus seulement les marchandises qui voyageront, mais encore les idées rendues à l'usage de leurs ailes. Quand les barrières fiscales et commerciales auront été abolies entre les divers États, comme elles le sont déjà entre les provinces d'un même État ; quand les différents pays en relations journalières tendront à l'unité des peuples, comment ressusciterez-vous l'ancien mode de séparation ? La société, d'un autre côté, n'est pas moins menacée par l'expansion de l'intelligence qu'elle ne l'est par le développement de la nature brute. Supposez les bras condamnés au repos en raison de la multiplicité et de la variété des machines ; admettez qu'un mercenaire unique et général, la matière, remplace les mercenaires de la glèbe et de la domesticité : que ferez-vous du genre humain désoccupé ? Que ferez-vous des passions oisives en même temps que l'intelligence ? La vigueur du corps s'entretient par l'occupation physique ; le labeur cessant, la force disparaît ; nous deviendrions semblables à ces nations de l'Asie, proie du premier envahisseur, et qui ne se peuvent défendre contre une main qui porte le fer. Ainsi la liberté ne se conserve que par le travail, parce que le travail produit la force : retirez la malédiction prononcée contre les fils d'Adam, et ils périront dans la servitude. (François René de Chateaubriand (1768-1848).)

2001
Entrée en première année

■ Dissertation :
En quoi consiste ma dignité ?

■ Commentaire de texte :
Quoi ! ne faut-il donc aucun spectacle dans une république ? Au contraire, il en faut beaucoup. C'est dans les républiques qu'ils sont nés, c'est dans leur sein qu'on les voit briller avec un véritable air de fête. À quels peuples convient-il mieux de s'assembler souvent et de former entre eux les doux liens du plaisir et de la joie, qu'à ceux qui ont tant de raison de s'aimer et de rester à jamais unis ? Nous avons déjà plusieurs de ces fêtes publiques ; ayons-en davantage encore, je n'en serai que plus charmé. Mais n'adoptons point ces spectacles exclusifs qui renferment tristement un petit nombre de gens dans un antre obscur ; qui les tiennent craintifs et immobiles dans le silence et l'inaction ; qui n'offrent aux yeux que cloisons, que pointes de fer, que soldats, qu'affligeantes images de la servitude et de l'inégalité. Non, peuples heureux, ce ne sont pas là vos fêtes. C'est en plein air, c'est sous le ciel qu'il faut vous rassembler et vous livrer au doux sentiment de votre bonheur. Que vos plaisirs ne soient efféminés ni mercenaires, que rien de ce qui sent la contrainte et l'intérêt ne les empoisonne, qu'ils soient libres et généreux comme vous, que le soleil éclaire vos innocents spectacles ; vous en formerez un vous-même, le plus digne qu'il puisse éclairer. Mais quels seront enfin les objets de ces spectacles ? Qu'y montrera-t-on ? Rien, si l'on veut. Avec la liberté, partout où règne l'affluence, le bien-être y règne aussi. Plantez au milieu d'une place un piquet couronné de fleurs, rassemblez-y le peuple, et vous aurez une fête. Faites mieux encore : donnez les spectateurs en spectacle ; rendez-les acteurs eux-mêmes ; faites que chacun se voie et s'aime dans les autres, afin que tous en soient mieux unis.
(Jean-Jacques Rousseau (1712-1778).)

2002
Entrée en deuxième année

■ Dissertation :
La vérité scientifique constitue-t-elle une arme contre le fanatisme ?

■ Commentaire de texte :
C'est tout d'abord à des personnes que revient l'autorité. Seulement l'autorité des personnes n'a pas son fondement ultime dans un acte de soumission et d'abdication de la raison, mais dans un acte d'acceptation et de reconnaissance : nous reconnaissons que l'autre nous est supérieur en jugement et en perspicacité, que son jugement nous devance, qu'il a prééminence sur le nôtre. De même l'autorité ne se concède pas proprement, mais s'acquiert et doit nécessairement être acquise par quiconque veut y prétendre. Elle repose sur la reconnaissance, par conséquent sur un acte de la raison même qui, consciente de ses limites, accorde à d'autres une plus grande perspicacité. Ainsi comprise dans son vrai sens, l'autorité n'a rien à voir avec l'obéissance aveugle à un ordre donné. Non, l'autorité n'a aucune relation directe avec l'obéissance : elle repose sur la reconnaissance. Certes, il faut de l'autorité pour pouvoir donner

des ordres et se faire obéir. Mais ceci n'est que la conséquence de l'autorité que quelqu'un possède. De même l'autorité anonyme et impersonnelle du supérieur hiérarchique, résultant de l'ordre dans lequel s'insère le commandement, ne naît pas en définitive de cet ordre, mais ne fait que le rendre possible. Son fondement véritable est ici aussi un acte de liberté et de raison ; laquelle confère fondamentalement une certaine autorité au supérieur, pour autant qu'il voit les choses de plus haut, ou parce qu'il est plus expert, donc, ici aussi, parce qu'il en sait davantage. Ainsi la reconnaissance de l'autorité est toujours liée à l'idée que ce que dit l'autorité n'est pas arbitraire ni irrationnel, mais peut être compris dans son principe. (Hans-Georg Gadamer (1900-2002).)

2002
Entrée en première année

■ Dissertation :
Pourquoi la démocratie est-elle toujours exposée au péril ?

■ Commentaire de texte :
La crise contemporaine de la civilisation occidentale peut être décrite comme identique au paroxysme de la crise de l'idée de progrès au sens plein et emphatique du terme. Cette idée, je le répète, est constituée des éléments suivants : le développement de la pensée humaine dans sa totalité est un développement progressif ; l'émergence de la pensée moderne depuis le XVIIe siècle marque certainement un progrès sans réserve sur toute pensée antérieure ; il y a un parallélisme fondamental et nécessaire entre progrès intellectuel et progrès social ; un progrès intellectuel et social infini est en fait possible ; une fois que l'humanité a atteint un certain stade de développement, il existe un seuil solide au-dessous duquel il n'est guère possible de descendre. Tous ces éléments ont été mis en doute, je crois, par nous tous. Pour ne mentionner qu'un point, le plus massif peut-être, je dirais que l'idée de progrès était liée à celle de conquête de la nature, l'homme se transformant en maître et possesseur de la nature afin d'améliorer la condition de l'homme. Les moyens pour atteindre ce but furent la nouvelle science. Nous connaissons tous les immenses succès de la nouvelle science et de la technologie qui en est issue, et nous pouvons tous constater l'énorme accroissement de la puissance de l'homme. L'homme moderne est un géant, comparé à l'homme d'autrefois. Mais il nous faut aussi noter qu'il n'y a aucun progrès équivalent en sagesse et en bonté. L'homme moderne est un géant dont nous ne savons pas s'il est meilleur ou pire que l'homme d'autrefois. De plus, ce développement de la société moderne a culminé avec la conception selon laquelle l'homme n'est pas capable, de manière digne de confiance, de distinguer le bien et le mal – le fameux « jugement de valeur ». On ne peut rien dire de sérieux sur l'usage correct de cet immense pouvoir. L'homme moderne est un géant aveugle. (Léo Strauss (1899-1973).)

2003
Entrée en deuxième année

■ Dissertation :

La compréhension des images nécessite-t-elle une éducation ?

■ Commentaire de texte :

Qu'un État universel englobe la terre et l'humanité entières, il s'ensuit qu'il n'est pas une entité politique et l'appeler État est une simple façon de parler. Si l'unité de l'humanité et de la terre entières se réalisait effectivement sur une base relevant uniquement de l'économie et de la technique des communications, il n'y aurait d'unité sociale à ce stade qu'au titre où les locataires d'un même bâtiment, les abonnés du gaz reliés à une même usine ou les voyageurs d'un même car constituent une unité sociale. Tant que cette unité demeurerait celle de l'économie ou des communications, il lui serait même impossible, faute d'adversaire, de s'ériger en parti de l'économie et des transports. Si elle prétendait aller au-delà et former une unité à un niveau supérieur, culturel, idéologique ou autre, absolument non politique toutefois, nous aurions une société coopérative de consommation et de production à la recherche de sa position d'équilibre indifférent entre les deux pôles de l'éthique et de l'économique. Cette unité ne connaîtrait ni État ni empire, ni république ni monarchie, ni aristocratie ni démocratie, ni protection ni obéissance, elle aurait perdu tout caractère politique.

On en vient alors à se demander à quels hommes va échoir le pouvoir énorme lié à une centralisation mondiale de l'économie et de la technique. Il n'est nullement possible d'écarter cette question en exprimant l'espoir que tout ira alors de soi, que les choses s'administreront elles-mêmes, et qu'un gouvernement de l'homme par l'homme sera superflu parce que les hommes seront alors totalement libres ; car la question qui précisément se pose est de savoir ce qu'ils feront de leur liberté. (Carl Schmitt (1888-1985).)

2003
Entrée en première année

■ Dissertation :

Faut-il être cultivé pour exercer son jugement ?

■ Commentaire de texte :

Chaque fois que l'art languit, on le renvoie à la nature, comme on mène un malade aux eaux. La nature hélas ! n'y peut mais : il y a quiproquo. Je consens qu'il soit bon parfois que l'art se remette au vert, et s'il pâlit d'épuisement, qu'il quête dans les champs, dans la vie, quelque regain de vigueur. Mais les Grecs nos maîtres savaient bien qu'Aphrodite ne naît point d'une fécondation naturelle. La beauté ne sera jamais une production naturelle ; elle ne s'obtient que par une artificielle contrainte. Art et nature sont en rivalité sur la terre. Oui, l'art embrasse la nature, il embrasse toute la nature, et l'étreint ; mais se servant du vers célèbre il pourrait dire : J'embrasse mon rival, mais c'est pour l'étouffer.

L'art est toujours le résultat d'une contrainte. Croire qu'il s'élève d'autant plus haut qu'il est plus libre, c'est croire que ce qui retient le cerf-volant de monter, c'est sa corde. La colombe de Kant, qui pense qu'elle volerait mieux sans cet air qui gêne son aile, méconnaît qu'il lui faut, pour voler, cette résistance de l'air où pouvoir appuyer son aile. C'est sur de la résistance, de même, que l'art doit pouvoir s'appuyer pour monter. Je parlais des trois unités dramatiques, mais ce que je dis à présent est vrai tout aussi bien pour la peinture, pour la sculpture, la musique et la poésie. L'art n'aspire à la liberté que dans les périodes malades ; il voudrait être facilement. Chaque fois qu'il se sent vigoureux, il cherche la lutte et l'obstacle. Il aime faire éclater ses gaines, et donc il les choisit serrées. N'est-ce pas dans les périodes où déborde le plus la vie, que tourmente le besoin des formes les plus strictes, les plus pathétiques génies ? De là, l'emploi du sonnet, lors de la luxuriante Renaissance, chez Shakespeare, chez Ronsard, Pétrarque, Michel-Ange même ; l'emploi des tierces rimes chez Dante ; l'amour de la fugue chez Bach ; cet inquiet besoin de la contrainte de la fugue dans les dernières œuvres de Beethoven. Que d'exemples citer encore ! Et faut-il s'étonner que la force d'expansion du souffle lyrique soit en raison de sa compression ; ou que ce soit la pesanteur à vaincre qui permette l'architecture ?

Le grand artiste est celui qu'exalte la gêne, à qui l'obstacle sert de tremplin. C'est au défaut même du marbre que Michel-Ange dut, raconte-t-on, d'inventer le geste ramassé du Moïse. C'est par le nombre restreint des voix dont pouvoir à la fois disposer sur la scène que, contraint, Eschyle dut d'inventer le silence de Prométhée lorsqu'on l'enchaîne au Caucase. La Grèce proscrivit celui qui ajouta une corde à la lyre. L'art naît de contrainte, vit de lutte, meurt de liberté. (André Gide (1869-1951).)

2004
Entrée en deuxième année

■ **Dissertation :**
Qu'est-ce qu'avoir le sens de la diplomatie ?

■ **Commentaire de texte :**
Qui dit religion disait depuis toujours antécédence de ce qui fait sens, intrinsèque autorité de ce qui vient d'avant et de plus haut, donc donation – donation qui, dans le cas des trois monothéismes, est à la fois révélation et tradition –, donc soumission principielle à ce qui véhicule cette réception primordiale, le Livre, l'Écriture, la Parole. Ce qui vaut, c'est ce qui vous est offert, d'une offre qui précède toute recherche ou toute requête que vous pourriez formuler. Or ce qui détermine aujourd'hui les consciences à se tourner vers les religions le justifie, à l'opposé, au titre d'une légitime demande. Il est entendu qu'il n'y a aucune signification préétablie dans laquelle vous devriez entrer ou à laquelle vous devriez vous plier ; mais vous avez personnellement, et pour vous poser en tant que personne, à vous enquérir du mystère du monde et des justifications de votre existence. Ce qui fait désormais l'âme du comportement religieux, c'est la quête et non la réception, c'est le mouvement de l'appropriation au lieu de la dévotion inconditionnelle. L'authenticité de l'inquiétude prend le pas sur la fermeté de la conviction comme forme exemplaire du croire, jusque dans les confessions établies.

Aussi bien est-il exclu que cette demande qui ne s'ignore pas pour telle, et qui revendique son caractère individuel, ambitionne d'atteindre une vérité substantielle. Son objet n'est pas le vrai, mais le sens et, pour être tout à fait précis, non pas l'objectivité du vrai, mais la nécessité objective du sens pour une subjectivité. (Marcel Gauchet (1998).)

2004
Entrée en première année

■ Dissertation :
Qu'est-ce que faire preuve de courage politique ?

■ Commentaire de texte :
Le Japonais en colère sourit, l'occidental rougit et frappe du pied ou bien pâlit et parle d'une voix sifflante. Il ne suffit pas que deux sujets conscients aient les mêmes organes et le même système nerveux pour que les mêmes émotions se donnent chez tous deux les mêmes signes. Ce qui importe c'est la manière dont ils font usage de leur corps, c'est la mise en forme simultanée de leur corps et de leur monde dans l'émotion. L'équipement psycho-physiologique laisse ouvertes quantités de possibilités et il n'y a pas plus ici que dans le domaine des instincts une nature humaine donnée une fois pour toutes. L'usage qu'un homme fera de son corps est transcendant à l'égard de ce corps comme être simplement biologique. Il n'est pas plus naturel ou pas moins conventionnel de crier dans la colère ou d'embrasser dans l'amour que d'appeler table une table. Les sentiments et les conduites passionnelles sont inventés comme les mots. Même ceux qui, comme la paternité, paraissent inscrits dans le corps humain sont en réalité des institutions. Il est impossible de superposer chez l'homme une première couche de comportements que l'on appellerait « naturels » et un monde culturel ou spirituel fabriqué. Tout est fabriqué et tout est naturel chez l'homme, comme on voudra dire, en ce sens qu'il n'est pas un mot, pas une conduite qui ne doive quelque chose à l'être simplement biologique – et qui en même temps ne se dérobe à la simplicité de la vie animale, ne détourne de leur sens les conduites vitales, par une sorte d'échappement et par un génie de l'équivoque qui pourraient servir à définir l'homme. Déjà la simple présence d'un être vivant transforme le monde physique, fait apparaître ici des « nourritures », ailleurs une « cachette », donne aux stimuli un sens qu'ils n'avaient pas. À plus forte raison la présence d'un homme dans le monde animal. Les comportements créent des significations qui sont transcendantes à l'égard du dispositif anatomique, et pourtant immanentes au comportement comme tel puisqu'il s'enseigne et se comprend. (Maurice Merleau-Ponty.)

2005
Entrée en deuxième année

■ Dissertation :
Peut-on contrôler la recherche scientifique ?

■ Commentaire de texte :

L'antinomie fondamentale de l'ordre politique, dont tous les régimes apparaissent comme des solutions imparfaites, c'est la volonté de concilier la diversité des tâches, l'inégalité des pouvoirs et des prestiges, avec une participation de tous les hommes à la communauté. Il n'y a pas de société qui n'essaie de réaliser cette participation de tous à la vie politique, mais il n'y en a pas non plus qui puisse assurer à tous l'égalité dans la tâche accomplie ou dans le prestige accordé. Toutes les sociétés et tous les régimes sont un effort pour concilier la hiérarchie avec l'égalité, la hiérarchie de pouvoir avec l'égale dignité humaine.

Les sociétés humaines ont cherché à résoudre cette contradiction dans deux directions. L'une consiste à consacrer, à sanctifier l'inégalité sociale, à mettre chacun dans une catégorie déterminée et à faire accepter par tous l'inégalité essentielle des places occupées : la forme extrême en est le système des castes. L'autre solution consiste à affirmer l'égalité politique des hommes dans la démocratie et à pousser le plus loin possible l'égalisation sociale et économique.

Ces deux solutions sont imparfaites. La solution hiérarchique aboutit rapidement à exclure de l'humanité les hommes situés dans les castes inférieures. La solution démocratique comporte une permanente hypocrisie, car aucune société n'a jamais pu égaliser ni les tâches, ni les revenus, ni les prestiges des individus. L'ordre de l'égalité est inévitablement un ordre formel que chaque pouvoir établi essaie d'exalter tout en dissimulant les inégalités réelles.

Toutes les sociétés démocratiques sont hypocrites et elles ne peuvent pas ne pas l'être. À notre époque, on ne peut établir de régime autoritaire qu'au nom de la démocratie, parce que tous les régimes modernes sont fondés sur le principe égalitaire. On n'établit un pouvoir absolu qu'en prétendant libérer les hommes. (Raymond Aron, *Dix-huit leçons sur la société industrielle*, 1962)

2005
Entrée en première année

■ Dissertation :
Sur quoi fonder une communauté politique ?

■ Commentaire de texte :
La première leçon de la critique, par Freud, de l'hystérie de Charcot[1], fut de nous convaincre qu'il n'existe pas de différence essentielle entre les états de santé et de maladie mentales ; que de l'un à l'autre se produit, tout au plus, une modification dans le déroulement d'opérations générales que chacun peut observer pour son propre compte ; et que, par conséquent, le malade est notre frère, puisqu'il ne se distingue pas de nous sinon par une involution – mineure dans sa nature, contingente dans sa forme, arbitraire dans sa définition, et, en droit au moins temporaire – d'un développement qui est fondamentalement celui de toute existence individuelle. Il était plus confortable de voir dans le malade mental un être d'une espèce rare et singulière, le produit objectif de fatalités externes ou internes, telles que l'hérédité, l'alcoolisme ou la débilité.

---
1. Charcot, illustre médecin de l'hôpital de la Salpêtrière au XIXe siècle et professeur de Freud, attribuait l'hystérie à une prédisposition naturelle. Il revient à Freud d'avoir établi le rôle décisif de l'histoire du malade dans le processus de la maladie.

De même, pour que l'académisme pictural pût dormir sur ses deux oreilles, il ne fallait pas que le Greco fût un être sain, apte à récuser certaines manières de représenter le monde, mais un infirme dont les figures élongées attestaient seulement une malformation du globe oculaire… Dans ce cas comme dans l'autre, on consolidait dans l'ordre de la nature des modes de la culture qui, s'ils avaient été reconnus pour tels, auraient aussitôt déterminé la particularité d'autres modes auxquels une valeur universelle était accordée. En faisant de l'hystérique ou du peintre novateur des anormaux, on s'offrait le luxe de croire qu'ils ne nous concernaient pas et qu'ils ne mettaient pas en cause, du seul fait de leur existence, un ordre social, moral, ou intellectuel accepté. (Claude Levi-Strauss, *Le Totémisme aujourd'hui*, 1965)

2006
Entrée en seconde année

■ Dissertation :
Y a-t-il de l'indiscutable en politique ?

Commentaire de texte :
L'égalité d'instruction que l'on peut espérer d'atteindre, mais qui doit suffire, est celle qui exclut toute dépendance, ou forcée, ou volontaire. Nous montrerons, dans l'état actuel des connaissances humaines, les moyens faciles de parvenir à ce but, même pour ceux qui ne peuvent donner à l'étude qu'un petit nombre de leurs premières années, et, dans le reste de leur vie, quelques heures de loisir. Nous ferons voir que par un choix heureux, et des connaissances elles-mêmes, et des méthodes de les enseigner, on peut instruire la masse entière d'un peuple de tout ce que chaque homme a besoin de savoir pour l'économie domestique, pour l'administration de ses affaires, pour le libre développement de son industrie et de ses facultés, pour connaître ses droits, les défendre et les exercer ; pour être instruit de ses devoirs, pour pouvoir les bien remplir, pour juger ses actions et celles des autres d'après ses propres lumières, et n'être étranger à aucun des sentiments élevés ou délicats qui honorent la nature humaine ; pour ne point dépendre aveuglément de ceux à qui il est obligé de confier le soin de ses affaires ou l'exercice de ses droits ; pour être en état de les choisir et de les surveiller, pour n'être plus la dupe de ces erreurs populaires qui tourmentent la vie de craintes superstitieuses et d'espérances chimériques ; pour se défendre contre les préjugés avec les seules forces de sa raison ; enfin, pour échapper aux prestiges du charlatanisme, qui tendrait des pièges à sa fortune, à sa santé, à la liberté de ses opinions et de sa conscience, sous prétexte de l'enrichir, de le guérir et de le sauver. (Condorcet, *Esquisse d'un tableau historique des progrès de l'esprit humain*, 1795.)

2006
Entrée en première année

■ Dissertation :
Faut-il avoir peur des crises ?

■ Commentaire de texte :

Le mépris qu'on a pour les arts mécaniques semble avoir influé jusqu'à un certain point sur leurs inventeurs eux-mêmes. Les noms de ces bienfaiteurs du genre humain sont presque tous inconnus, tandis que l'histoire de ses destructeurs, c'est-à-dire des conquérants, n'est ignorée de personne. Cependant c'est peut-être chez les artisans qu'il faut aller chercher les preuves les plus admirables de la sagacité de l'esprit, de sa patience et de ses ressources. J'avoue que la plupart des arts n'ont été inventés que peu à peu et qu'il a fallu une longue suite de siècles pour porter les montres, par exemple, au point de perfection où nous les voyons. Mais n'en est-il pas de même dans les sciences ? Combien de découvertes qui ont immortalisé leurs auteurs, avaient été préparées par les travaux des siècles précédents, souvent même amenées à leur maturité, au point de ne demander plus qu'un pas à faire ? Et pour ne point sortir de l'horlogerie, pourquoi ceux à qui nous devons la fusée des montres, l'échappement et la répétition, ne sont-ils pas aussi estimés que ceux qui ont travaillé successivement à perfectionner l'algèbre ? D'ailleurs, si j'en crois quelques philosophes que le mépris de la multitude pour les arts n'a point empêchés de les étudier, il est certaines machines si compliquées, et dont toutes les parties dépendent tellement l'une de l'autre, qu'il est difficile que l'invention en soit due à plus d'un seul homme. Ce génie rare dont le nom est enseveli dans l'oubli, n'eût-il pas été bien digne d'être placé à côté du petit nombre d'esprits créateurs qui nous ont ouverts dans les sciences des routes nouvelles ? (D'Alembert, *Discours préliminaire à l'Encyclopédie*, 1751, Flammarion, coll. « GF », 1986, p. 108)

2007
Entrée en seconde année

■ Dissertation :

Prendre la parole, est-ce prendre le pouvoir ?

■ Commentaire de texte :

Le premier stade de l'émergence du sentiment de l'injustice au-dessus de la vengeance coïncide avec le sentiment d'indignation, lequel trouve son expression la moins sophistiquée dans le simple cri : c'est injuste ! Il n'est pas difficile de rappeler les situations typiques préservées par nos souvenirs d'enfance, lorsque nous avons émis ce cri : distribution inégale de parts entre frères et sœurs, imposition de punitions (ou de récompenses) disproportionnées et, peut-être plus que tout, promesses non tenues. Or ces situations typiques anticipent la répartition de base entre justice sociale, justice pénale, justice civile régissant échanges, accords et traités.

Que manque-t-il à ces accès d'indignation pour satisfaire à l'exigence morale d'un véritable sens de la justice ? Essentiellement, l'établissement d'une distance entre les protagonistes du jeu social – distance entre le tort allégué et la représaille hâtive –, distance entre l'imposition d'une première souffrance par l'offenseur et celle d'une souffrance supplémentaire appliquée par la punition. Plus fondamentalement, ce qui manque à l'indignation c'est une claire rupture du lien initial entre vengeance et justice. De fait, c'est cette même distance qui faisait déjà défaut à la prétention des avocats de représailles immédiates à exercer directement la justice. Personne n'est autorisé à se faire justice soi-même ; ainsi parle la règle de justice. Or c'est au bénéfice d'une telle distance qu'un tiers, une tierce partie, est requise entre l'offenseur et sa victime, entre crime et châtiment. Un tiers comme garant de la juste distance entre deux actions et deux agents. (Paul Ricœur, Le juste 2, (2001), Éd. Esprit, 2001, p. 257-258)

2007
Entrée en première année

■ Dissertation :
Y a-t-il de bons préjugés ?

■ Commentaire de texte :
L'essentiel, à mes yeux, est que la démocratie s'institue et se maintient dans la dissolution des repères de la certitude. Elle inaugure une histoire dans laquelle les hommes font l'épreuve d'une indétermination dernière, quant au fondement du Pouvoir, de la Loi et du Savoir, et au fondement de la relation de l'un avec l'autre, sur tous les registres de la vie sociale (partout où la division s'énonçait autrefois, notamment la division entre les détenteurs de l'autorité et ceux qui leur étaient assujettis, en fonction de croyances en une nature des choses ou en un principe surnaturel). C'est ce qui m'incite à juger que se déploie dans la pratique sociale, à l'insu des acteurs, une interrogation dont nul ne saurait détenir la réponse et à laquelle le travail de l'idéologie, vouée toujours à restituer de la certitude, ne parvient pas à mettre un terme. Et voilà encore qui me conduit, non pas à trouver l'explication, mais du moins à repérer les conditions de la formation du totalitarisme. Dans une société où les fondements de l'ordre politique et de l'ordre social se dérobent, où l'acquis ne porte jamais le sceau de la pleine légitimité, où la différence des statuts cesse d'être irrécusable, où le droit s'avère suspendu au discours qui l'énonce, où le pouvoir s'exerce dans la dépendance du conflit, la possibilité d'un dérèglement de la logique démocratique reste ouverte. Quand l'insécurité des individus s'accroît, en conséquence d'une crise économique, ou des ravages d'une guerre, quand le conflit entre les classes et les groupes s'exaspère et ne trouve plus sa résolution symbolique dans la sphère politique, quand le pouvoir paraît déchoir au plan du réel, en vient à apparaître comme quelque chose de particulier au service des intérêts et des appétits de vulgaires ambitieux, bref se montre dans la société, et que du même coup celle-ci se fait voir comme morcelée, alors se développe le phantasme du peuple-un, la quête d'une identité substantielle, d'un corps social soudé à sa tête, d'un pouvoir incarnateur, d'un État délivré de la division. (Claude Lefort, *Essais sur le politique*, « Points », Seuil, Essais.)

2008
Entrée en première année

■ Dissertation :
La science répond-elle au désir de savoir ?

■ Commentaire de texte :
On doit nommer les faux amis de la raison les déments qui veulent que la raison procède par les voies de la déraison.

La raison ne procède pas par la voie de l'autorité. Comme elle n'admet de celui qui enseigne aucune intimidation, chantage ni menace, comme elle ne reçoit aucun exercice de force, aucun excès de pouvoir, aucun pouvoir, commandement, abus ni coup d'État, elle ne suppose de celui qui est enseigné aucune lâcheté. C'est donc trahir la raison, c'est faire déraisonner la raison que de vouloir assurer le triomphe de la raison par les moyens de l'autorité.

La raison ne procède pas de l'autorité gouvernementale. C'est donc trahir la raison que de vouloir assurer le triomphe de la raison par des moyens gouvernementaux. C'est manquer à la raison que de vouloir établir un gouvernement de la raison. Il ne peut y avoir, il ne doit y avoir ni ministère, ni préfecture, ni sous-préfecture de la raison, ni consulat, ni proconsulat de la raison. La raison ne peut pas, la raison ne doit pas commander au nom d'un gouvernement. Faire ou laisser opérer par un préfet des perquisitions dans la chambre d'une institutrice, quand même le préfet serait un préfet républicain, quand même l'institutrice ne serait pas une institutrice républicaine, ce n'est pas attenter à la liberté seulement, c'est attenter à la raison. La raison ne demande pas, la raison ne veut pas, la raison n'accepte pas qu'on la défende ou qu'on la soutienne ou qu'on agisse en son nom par les moyens de l'autorité gouvernementale. En aucun sens la raison n'est la raison d'État. Toute raison d'État est une usurpation déloyale de l'autorité sur la raison, une contrefaçon, une malfaçon. (Charles Peguy, *De la raison* in *Notre jeunesse* Folio/Essais)

2. AUTRES INSTITUTS D'ÉTUDES POLITIQUES

Six instituts d'études politiques ont regroupé à partir de 2008 leur concours d'entrée en première année : Aix-en-Provence, Lille, Lyon, Rennes, Strasbourg, Toulouse.

L'épreuve de questions contemporaines (3 h), consiste en une dissertation portant sur l'un des deux thèmes mis au programme de l'année.

Thèmes 2008 :
L'environnement
Les identités

Sujets 2008 (au choix) :
Une politique de l'environnement est-elle possible ?
Affirmer les identités, est-ce nécessairement affirmer les différences ?

Thèmes 2009
La guerre
Le libéralisme

Aix-en-Provence
Entrée en deuxième année

Dissertation de culture générale (3 heures).

2005
Existe-t-il encore une nation française ?

2006
Que pensez-vous de cette opinion du philosophe chrétien russe Nicolas Berdaiev (ou Berdaieff) (1874-1948) : « La démocratie est indifférente au Bien et au Mal » (Un nouveau Moyen-Âge, Plon, 1927, p. 243) ?

2007
L'Égalité républicaine face au défi des discriminations positives.

2008
La fonction fait l'homme.

Entrée en quatrième année
Dissertation de culture générale (3 heures).

2007
La représentation et le contrôle sont-ils de nouveaux enjeux pour la démocratie ?

2008
Culture et mondialisation : uniformisation, globalisation, diversité ?

Bordeaux
Entrée en première année
Composition sur un thème d'actualité, à partir d'un dossier, comprenant un ou plusieurs documents, permettant de déceler les qualités de compréhension, de réflexion et de rédaction argumentée du candidat (3 heures).

2003
Documents sur l'évolution de l'Union européenne.

2004
Documents sur les enjeux de la laïcité.

2005
Documents sur les peurs contemporaines.

2006
Documents sur l'évolution de la place du travail dans la société contemporaine.

2007
Documents sur le combat et l'engagement des femmes en politique, hier et aujourd'hui.

2008
Documents sur les relations entre école et inégalités sociales en France.

Entrée en deuxième année

Dissertation de culture générale sur un thème d'actualité, relatif aux problèmes politiques, économiques et sociaux, permettant de déceler les qualités de réflexion, de composition et de style des candidats (3 heures).

2003
Éducation et répression.

2004
« Gouverner, c'est contraindre » (Georges Pompidou, Le nœud gordien, 1974).

2005
Dire non.

2006
Le pouvoir de la rue.

2007
La culture est-elle une affaire d'État ?

2008
« La misère est un château fort sans pont-levis » (Albert Camus).

Entrée en troisième année

Dissertation de culture générale sur un thème d'actualité, relatif aux problèmes politiques, économiques et sociaux, permettant de déceler les qualités de réflexion, de composition et de style des candidats (4 heures).

2003
Nos sociétés ont-elles besoin de héros ?

2004
Les révolutions ont-elles un avenir ?

2005
La mémoire est-elle la force des peuples ?

2006
Le conflit a-t-il un sens ?

2007
L'urgence.

2008
L'âge.

Lille
Entrée en première année des filières franco-britannique, franco-allemande et franco-espagnole

Épreuve de culture générale sur un thème d'actualité relatif aux problèmes politiques, économiques et sociaux (3 heures).

2002
Masculin/Féminin.

2003
Un petit État peut-il avoir une politique étrangère ?

2004
La France est-elle différente ?

2005
Solidarité internationale et mondialisation.

2006
Commentez cette citation de Victor Hugo : « Ne soyons plus Anglais ni Français ni Allemands. Soyons européens. Ne soyons plus européens, soyons hommes. – Soyons l'humanité. – Il nous reste à abdiquer un dernier égoïsme : la patrie ». (*Choses vues*, 1849-1885).

2007
Bien mourir.

2008
Les changements, en France, depuis cinquante ans.

Entrée en deuxième année

Épreuve de culture générale sur un thème d'actualité relatif aux problèmes politiques, économiques et sociaux (3 heures).

1997
Devoir de mémoire et droit à l'oubli.

1998
« Tu verras, Régis, un jour nous serons heureux d'avoir eu vingt ans dans les années soixante. »

1999
« La vraie démocratie, ce n'est pas reconnaître des égaux, c'est d'en faire. » (Léon Gambetta.) Que vous inspire cette réflexion ?

2000

« On ne peut gouverner un peuple sans le faire rêver. » (Jacques Attali, *La vie éternelle*, 1989.) Commentez cette phrase.

2001

Le suffrage universel est-il garant de la démocratie ?

2002

La souveraineté nationale dans le monde d'aujourd'hui.

2003

L'égalité des sexes dans la société française.

2004

Les frontières de l'Europe.

2005

L'égalité des chances.

2006

Commentez cette citation de Claude Lévi-Strauss : « Cultures : pour qu'elles persistent dans leur diversité, il faut qu'il existe entre elles une certaine imperméabilité ». (*Le regard éloigné*, 1983).

2007

La laïcité.

2008

L'École forme-t-elle encore des citoyens ?

Entrée en quatrième année

2005

La fin des idéologies.

2006

Les classes moyennes.

2007

Que signifie paraître ?

2008

« Nous ne croyons pas ce que nous savons. » (Jean-Pierre Dupuy, *Pour un catastrophisme éclairé*, Paris, Seuil, 2002, p. 142).

3. PROPOSITION DE COMMENTAIRE DU TEXTE DE HANNAH ARENDT (PARIS, 1988)

L'objet du texte est la liberté. L'auteur traite des rapports entre liberté et politique, entre liberté intérieure et liberté extérieure. Il s'agit pour elle de renverser la relation habituellement admise entre liberté de conscience et liberté politique. L'importance de la liberté pour la politique est d'abord mise en exergue. Est ensuite présentée une genèse de la liberté, qui montre que le sentiment intérieur de la liberté est dérivé de l'expérience première d'une liberté exercée en commun. C'est cette liberté politique effective qui est enfin présentée comme fondatrice pour l'action humaine. L'enjeu de ce texte est d'exhiber le rôle déterminant de la politique pour les valeurs humaines. Les facultés de l'homme entraînent-elles son association avec les autres en des communautés, ou bien les formes de son action politique déterminent-elles l'émergence de ses propriétés ?

I. La liberté est au fondement de la politique : l'action commune vise la liberté.

A. Le domaine de la liberté est celui de la politique. Toute question politique concerne donc la liberté humaine, et inversement. L'identité du champ de ces deux notions invite à préciser leurs relations.

B. La politique suppose la liberté, au moins à titre d'hypothèse intellectuelle, puisque toute communauté, y compris tyrannique, entend en favoriser l'exercice. On peut en déduire que la liberté humaine ne saurait être réduite à ce statut d'hypothèse théorique.

C. L'action politique, c'est-à-dire le fait que les hommes s'organisent dans une communauté pour régler leurs affaires communes, vise la liberté. Cela fait de cette dernière le but, la condition et la justification essentielle de la politique.

II. La liberté intérieure est dérivée de la situation commune qui rend l'action libre possible.

A. Historiquement, la liberté absolue mise en exergue par les Stoïciens, dans le monde hellénistique et sous l'Empire, est un sentiment refuge répondant à une situation d'oppression. Il s'agit d'une libération imaginaire de la contrainte.

B. La liberté intérieure est donc un phénomène tardif, second, médiatisé. Il suppose en effet l'expérience d'une privation de la liberté, l'aspiration personnelle à échapper aux contraintes extérieures : loin de constituer une libération, cette démarche a pu être lue comme un renoncement.

C. La liberté proprement humaine réside dans l'expérience fondatrice de l'exercice en commun d'une liberté partagée : dans l'espace public de la discussion, du débat, se révèle cette capacité de décision informée. Le libre arbitre ne préexiste pas à la pratique commune du traitement des difficultés collectives, mais en résulte.

III. L'homme n'a pas une individualité qui se compose avec d'autres en société, mais l'humanité s'éprouve et se constitue dans l'action, en communauté.

A. La question de la liberté est donc par excellence la question politique. Nos démocraties font de la liberté le premier des droits fondamentaux qu'elles reconnaissent. Mais un régime politique peut remettre en question cette prérogative fondamentale.

B. Hannah Arendt souligne d'ailleurs que la liberté est désormais appréhendée dans le champ politique comme un problème. C'est que sa position permet de rendre compte de la dépendance des individus à l'égard de la politique, mais risque de rendre difficile la remise en cause du pouvoir par des facultés qui en dépendent.

C. C'est que le propos du texte doit être essentiellement compris comme une genèse de la liberté. La dépendance de la liberté intérieure à l'égard de l'exercice effectif de la liberté politique est originellement constitutive mais nullement définitive. Au contraire, la liberté de conscience une fois advenue doit permettre une critique assidue du pouvoir politique.

Ainsi, le sentiment intérieur d'une liberté de conscience apparaît historiquement dérivé : second, médiatisé, conditionné. C'est l'action commune dans le champ politique qui est première et fondatrice pour la liberté de penser. Pourtant, cette dernière n'est pas irrémédiablement conditionnée. Tout au contraire, la conscience de ce que la liberté se révèle dans le cadre de la communauté doit l'engager à ne pas cesser de défendre ses conditions d'émergence, à vérifier que chaque communauté la garantit à titre de droit fondamental.

4. PROPOSITION DE TRAITEMENT DU SUJET (PARIS, 1998) : « L'ORDRE ET LA SÉCURITÉ : EST-CE LA MÊME CHOSE ? »

La question porte sur l'assimilation de deux notions, qui peuvent être données comme objectifs de nos communautés politiques. Le terme « ordre » s'applique à toute relation intelligible, structurée, qui fonctionne correctement ; il peut avoir une valeur méliorative (« le bon ordre des choses ») mais aussi une valeur dépréciative (il renvoie à une hiérarchie trop rigide). Il qualifie en outre le rang tenu dans cette hiérarchie, et la prescription susceptible de « remettre à sa place » qui s'en écarte. « Sécurité » désigne l'état d'esprit de qui se sent éloigné du danger : qu'il s'agisse d'une absence de menace ressentie ou d'une absence de risque réel.

L'ordre est une relation qui s'applique à une pluralité, une collectivité : elle est stable, intelligible, conçue comme théoriquement réglée, tandis que la sécurité est un sentiment ressenti individuellement, ou s'appliquant à une entité unifiée (un territoire), c'est une impression volatile, voire relative au jugement de chacun. Dans quelles mesures la rigidité d'une structure sociale peut-elle garantir ou menacer la sécurité des personnes ?

Ou bien la sécurité ne peut résulter que de l'ordre (et celui-ci suffit à la produire), mais dans ce cas on ne peut expliquer que des relations parfaitement stables génèrent des sentiments d'insécurité et conduisent parfois à ce qu'on appelle des situations explosives ; ou bien la sécurité ne peut résulter seulement de l'ordre, mais alors il faut savoir comment on peut la produire, et si elle doit être déclarée compatible avec du désordre.

I. Il semble que la sécurité dans nos sociétés ne peut être assurée que par le renforcement d'une structure de règles stables.

A. Au niveau social, des rapports de force constants et fortement hiérarchisés sont seuls à même de garantir l'efficacité des rapports entre les individus. La hiérarchie ne peut jamais être une menace, tant qu'elle est respectée.

L'ordre rigide assure la lisibilité de toutes les relations sociales, et leur permet de se perpétuer sereinement.

B. Au niveau politique, la plus grande rigueur d'application des principes assure la durabilité du gouvernement public, et la sécurité de ceux qu'il régit. On devra donner la forme la plus centralisée au pouvoir politique, et la constitution devra rendre difficile ses révisions.

C. Au niveau international, seules des relations réglées par des traités et des organisations durables peuvent assurer la stabilité des relations entre les États et la sécurité de leurs frontières. Telle fut la volonté des fondateurs de la SDN puis de l'ONU de perpétuer une sécurité collective au moyen d'un ordre mondial pacifié par des règles communes.

L'ordre est le moyen de la sécurité. C'est même son seul moyen, tant que le désordre politique est jugé n'entraîner que l'insécurité. Pourtant, la perpétuation de l'ordre comme moyen exclusif d'une politique s'épuise dans l'effort illusoire de produire un « ordre nouveau ».

II. L'ordre comme ensemble de règles inflexibles ne peut assurer qu'une sécurité provisoire, parce qu'il empêche toute évolution, tout progrès.

A. Toute détermination abusive des rapports sociaux à travers des codes intangibles conduit à leur transgression. Toute volonté de réprimer les mouvements sociaux est vouée, à terme, à l'échec. Le durcissement des conflits conduit le plus souvent à la révolte. Les forces démocratiques semblent irrépressibles.

B. Ainsi les partis uniques ont toujours nourri la résistance intérieure. Les politiques totalitaires ont menacé l'intégrité des citoyens, pour lesquels l'ordre ne peut s'imposer à n'importe quel prix, en particulier celui de leur sécurité. Une fois que « l'ordre règne », a-t-on affaire à un autre régime que celui de la terreur ?

C. L'absence de flexibilité conduit à remettre en cause la valeur des organisations internationales. L'application de principes intangibles sans négociation entérine des frustrations, et conduit à dénoncer la définition de l'ordre mondial.

L'ordre conçu comme inflexible peut conduire à l'insécurité, dans la mesure où il nourrit les frustrations et les ressentiments de ceux à qui il s'impose. C'est que l'ordre ne peut se réduire à la sécurité : il doit, pour être accepté par tous, être juste.

III. La sécurité ne dépend de l'ordre que dans la mesure où cet ordre comporte une flexibilité qui autorise son adaptation et son progrès.

A. L'ordre social doit certes se définir par une forme de rigidité, mais elle doit admettre des limites : ainsi de la liberté individuelle, sans laquelle il n'y aurait pas de sécurité éprouvée. La viabilité des négociations est garantie par un cadre de droit stable mais adaptable.

B. Les constitutions les plus durables sont les plus souples : celles qui permettent l'alternance, des formes de pouvoir partagé (coalition, cohabitation), et une latitude de modification, pour s'adapter aux évolutions rapides des rapports des hommes au monde et entre eux.

C. Au niveau international, les organisations doivent trouver les moyens de se légitimer, par l'assouplissement de leurs principes, par la redéfinition des procédures de décision. Il s'agit d'affirmer l'ordre international en lui conférant plus de latitude d'adaptation aux diverses situations des États.

Ainsi, l'ordre rencontre des limites lorsqu'il porte atteinte aux individus, lorsqu'il s'oppose aux évolutions des forces sociales. Le bon régime est celui qui, dans l'instabilité de leur relation, parvient à garantir aux personnes leur sécurité : à la sécurité comprise comme exercice de rapports sereins, l'ordre ne suffit pas. Il manque un jeu, une force, une vie qui ne puisse être réglée, mais qui anime les règles.

À assimiler l'ordre et la sécurité, on confond – il s'agit bien d'une confusion – la règle et son application, la situation globale et le sentiment personnel. La politique ne peut s'assigner un seul objectif, dont l'unicité garantirait la réalisation à tout prix. Sous le nom d'ordre serait alors travestie une aspiration sécuritaire qui assimilerait tout mouvement à un désordre. Serait ainsi défini un immobilisme voué à l'échec par l'oppression qu'il produit, génératrice d'oppositions, de résistances, de révoltes : bref de désordre. Il faut donc remettre la sécurité à sa place : un bien ou un droit que les individus peuvent revendiquer comme condition de leur liberté. La liberté est la règle, sa restriction est une exception ordonnée au maintien de la liberté. L'ordre doit donc être compris non comme répressif (supposé préexistant à toutes institutions, celles-ci auraient pour vocation de le « rétablir ») ; mais comme préventif (objet d'une institution consensuelle) : les lois doivent prévenir tout désordre en le comprenant : en réprimer les excès et en reconnaître les vertus potentielles.

5. PROPOSITION DE COMMENTAIRE DU TEXTE D'ANDRÉ GIDE (PARIS, 2003)

Le texte a pour thème l'art. S'opposant à la vision commune de l'artiste comme être libre et libéré, Gide soutient que la création d'une œuvre procède essentiellement de l'affrontement de contraintes. Après avoir montré que l'art a un rapport de rivalité avec la nature, il présente de façon illustrée sa conception de l'art comme dépassement de résistances. Il précise à terme son propos en donnant des exemples de contraintes fortuites, et en lui donnant une formulation brève : « l'art naît de contrainte, vit de lutte, meurt de liberté ».

Ou bien l'art ne procède que de l'affrontement de contraintes, et il devrait n'apparaître dans son résultat que comme la trace de cette pénible technique de dépassement de résistances, ce qui n'est pas le cas ; ou bien l'art procède d'une autre source que cet effort résolu, ce dont atteste la grâce des grandes œuvres, et il faut expliquer comment ces manifestations heureuses sont compatibles avec la vision gidienne, faite de technicité et de pénibilité, de la création artistique.

I. L'art ne représente la nature que par faiblesse, facilité ou stratégie.

A. Par intermittence, pour se remettre d'efforts trop titanesques, l'art revient à la nature comme à une source où il peut être libre de puiser, à condition que cette facilité soit provisoire.

B. Car la beauté n'est pas d'origine matérielle. Elle résulte de la fécondation forcée de la matière par un élément spirituel qui la transforme. Il la force, la prend pour ce qu'elle n'est pas. Il ne l'étreint que pour la transfigurer.

C. Ainsi l'art ne peut en rester à l'amour de la nature. Sa fonction est de s'en détacher, d'en faire sa propre création, ce qui revient à la dénaturer. De la sorte, l'essence première de la nature peut être regardée comme ayant été un obstacle, que la mission de l'art a été de surmonter.

II. La création artistique procède de l'affrontement et du dépassement d'une contrainte.

A. Ce n'est que par illusion que la liberté est présentée comme une condition de l'art. Le cerf-volant et la colombe ne voleraient pas sans la résistance de l'art et le moyen qui les attache à la terre : ils ne s'élèveraient pas dans le vide ou bien quitteraient le champ de tout regard.

B. Non seulement l'art procède de la rencontre d'obstacles, mais il a pour vocation de les chercher. Car son dépassement de la contrainte apparaîtra d'autant plus inspiré, prodigieux, génial, que cette contrainte aura été forte, irrépressible.

C. L'art ne se réduit sans doute pas à la lutte avec des contraintes ; pourtant l'affrontement de résistances en est la condition nécessaire. Sans doute la beauté pure, la création pure ne nous sont-elles pas accessibles en elles-mêmes. Gide nous fait prendre conscience du rôle essentiel des contraintes, seuls moyens par lesquels l'art et la beauté s'expriment et nous sont lisibles.

III. L'art affronte des contraintes conventionnelles, sociales, naturelles.

A. Les conventions esthétiques ne sont pas seulement des codifications stériles : elles sont d'autant plus fructueuses pour la création qu'elles sont pesantes. L'art se montrerait donc le plus conscient de lui-même lorsqu'il s'impose les codes les plus rigoureux.

B. Les normes sociales et politiques sont aussi des contraintes que les artistes gagnent plus à subvertir en leur obéissant qu'à les transgresser de front. Si tout art est dépassement d'une résistance sociale, alors toutes les grandes œuvres constituent des engagements politiques.

C. Le matériau naturel n'est-il pas lui aussi une contrainte ? La représentation de la nature est sans doute moins une licence qu'une façon particulière de dépasser une résistance. Les manifestes réalistes énoncent non pas le projet de copier la nature, mais d'en produire une nouvelle représentation plus saisissante.

À terme, si l'art apparaît comme un rival de la nature, c'est en ce double sens qu'il entend la dépasser et qu'il ne peut s'en passer comme moyen. Plus que le dépassement de la nature, c'est celui d'une contrainte qui est essentiel à l'art. Si les grandes œuvres sont celles qui font oublier le labeur et la technicité qui ont présidé à leur création, la peine de la lutte constitue le seul biais à la disposition de l'artiste pour exprimer la beauté qui dans sa pureté n'est pas tout à fait de ce monde.

6. PROPOSITION DE TRAITEMENT DU SUJET (PARIS, 2006) : « FAUT-IL AVOIR PEUR DES CRISES ? »

Une crise, c'est d'abord un trouble qui témoigne du fonctionnement perturbé affectant un processus. État anormal, situation de tension, voire d'exception, la crise est un moment « critique », décisif, propre à séparer le bon du mauvais, de façon à lever l'indistinction supposée à l'origine du problème. Les crises sont ponctuelles ; elles révèlent des insuffisances et font espérer les corriger. Car les crises sont à l'origine de transformations qui peuvent paraître salutaires. Pourtant, les crises peuvent provoquer de graves mutations, et conduire à des bouleversements profonds. En ce qu'elles peuvent affecter les principes de notre potentiel, les crises sont sources de risques, de péril, de destruction. L'ambiguïté de la crise tient à son caractère indécidable : ce n'est qu'*a posteriori* qu'elle se sera révélée salutaire ou dévastatrice. Dès lors, ou bien on adopte une attitude de crainte, d'anticipation et de prévoyance, au risque de la crispation et de la sclérose de notre propre développement. Ou bien on adopte une position d'indifférence ou de passivité à l'égard des crises, au risque de méconnaître les dangers dont elles sont porteuses. On parle de crise essentiellement dans trois domaines : celui de la santé, celui de l'économie, celui de la civilisation. Si la crise permet de se débarrasser de défaillances, elle menace toujours de déclin, voire d'extinction. Il s'agira donc de déterminer dans quelle mesure les crises concernent le fond de notre être, les fondamentaux de notre système, les fondements de notre civilisation, de savoir si le choc qu'elles imposent est salutaire, si les instances qu'elles éprouvent peuvent s'en relever renforcées. L'aspect momentané des crises renvoie à la question du rythme de développement des processus concernés. Si la crise est d'autant plus grave qu'elle était imprévisible, comment ne pas en avoir peur ? Mais si, en un autre sens, la crise est un phénomène cyclique inévitable, à quoi peut bien servir d'en avoir peur ?

I. Certes, il convient de prévenir les menaces que font peser les crises sur les processus de notre développement.

A. À titre de pathologies, se traduisant par un affaiblissement, un malaise, des douleurs, des menaces qu'un organisme éprouve comme concernant sa propre existence, les crises ne peuvent que susciter la crainte et un effort pour les éviter.

B. Due à une surproduction, un surinvestissement, une surévaluation de la monnaie, les crises économiques traduisent l'inadaptation d'un élément du système ; elles précèdent les périodes de dépression. Il faut les conjurer par des anticipations adaptées.

C. Les cultures rassemblent les êtres humains et permettent aux sociétés de prospérer. Une crise de civilisation ne peut qu'interroger l'humanité dans ses fondements, ébranler ses principes, menacer de décadence, de désordre et de perdition.

Mais si les crises gagnent à être surmontées, c'est qu'elles recèlent des aspects favorables.

II. Pourtant, les crises mineures peuvent être salutaires et bénéfiques, en ce qu'elles renforcent notre puissance d'action.

A. Pour l'organisme, une crise peut permettre l'évacuation d'humeurs ou de bactéries ; elle peut être l'occasion de régénération d'un organe ou, au moins, d'interventions de soins. Elle serait d'autant plus grave qu'elle serait retardée.

B. La théorie des cycles fait de la fluctuation de la rentabilité des affaires un élément constitutif du capitalisme. Cycles de production (Kitchin), d'investissement (Juglar), voire d'innovations (Kondratief) font des crises des étapes normales de la vie économique.

C. Si les civilisations ont un développement lent, une inertie qui est due à leur ampleur, alors elles ne peuvent qu'être affectées de crises graves ; lors de la mort d'une civilisation, l'humanité perd quelque chose d'elle-même.

Si les crises ne doivent pas susciter l'affolement, elles doivent néanmoins être prévenues.

III. Si bien qu'une vigilance avisée devrait permettre d'armer notre force de croissance de mécanismes de prévention des crises.

A. Les crises-pathologies risquent d'être fatidiques, tandis que les crises-guérisons sont salutaires. Notre développement devrait intégrer des moyens de prévention et de dépassement des crises, ce qui est possible psychologiquement, mais non biologiquement.

B. Si les cycles courts (Kitchin) et majeurs (Juglar) concernent des fluctuations normales d'un système en constante recherche de son équilibre, que des mécanismes comme le multiplicateur budgétaire permettent de compenser, les crises monétaires ou boursières sont porteuses de risques systémiques qui conduisent à redouter leur ampleur.

C. Il est difficile pour une civilisation d'intégrer à ses principes les moyens d'effectuer ses propres mutations. Il est pourtant souhaitable qu'idéalement, le développement de l'humanité, conçu comme unifié, ne connaisse plus que des inflexions civilisationnelles.

Ainsi, si les crises peuvent faire peur, elles doivent aussi être surmontées. Il est légitime de nourrir des craintes à l'égard des menaces qu'elles recèlent, mais ces appréhensions doivent être tempérées et utilisées pour élaborer des moyens d'aborder de nouvelles crises. « Tout État libre où les grandes crises n'ont pas été prévues est à chaque orage en danger de périr » remarquait Rousseau à propos des constitutions. L'Etat n'a plus seulement des fonctions sécuritaires, mais aussi des fonctions sociales et économiques ; le propos peut donc être appliqué à toutes les crises politiques. Déjà la crise de développement individuel, conçue sur le mode médical, permet de répondre à la question de savoir dans quelle mesure une crise peut affecter les fondements de notre évolution. Les crises psychologiques, existentielles, qui correspondent à des étapes de la vie peuvent être préparées, afin de réduire leurs dommages. En revanche, les crises qui correspondent à des pathologies dans leur dimension strictement organiques ne peuvent que continuer de susciter la peur : si elles pouvaient être prévenues, elles seraient évitées. Au niveau économique, les cycles courts peuvent être compensés par une politique budgétaire appropriée. Mais les crises monétaires, boursières ou dues à des cycles longs font craindre la remise en cause des fondamentaux. Pour ces crises graves, il apparaît toujours difficile de prévoir des mécanismes de régulation *a priori*. C'est pourquoi il est toujours difficile de leur assigner des limites ; des voix alarmistes sont promptes à annoncer des crises de civilisation. Ces dernières remettent en cause les grands systèmes culturels autour desquels l'humanité s'organise. Sans pouvoir accepter leur mort, l'humanité ne peut non plus se contenter de rêver la perpétuation d'un modèle unique. Elle est donc réduite à conjurer ses craintes en s'accommodant des mutations de ses structures, afin d'en réduire la violence.

Index des notions

11 septembre 258, 287, 288, 293, 294

A

Absolutisme 103, 121, 130, 144, 211
Absurde 187, 195
Accélération 218, 231, 233, 236, 264, 337
Altermondialiste 275, 291, 292, 293
Anarchisme 37, 305, 311
Animalité 7, 15, 26, 250
Anthropocentrisme 8, 316, 319, 328
Antiquité 8, 101, 120, 129, 163, 185, 200, 243, 244, 259, 302
Autonomie 11, 23, 39, 44
Autorité 9, 11

B

Besoin 251, 253
Bien 22, 23, 164, 185
Bourgeoisie 75, 147
Bureaucratie 294

C

Capitalisme 74, 75
Causalité 303, 308, 311
Certitude 22, 27, 46
Christianisme 186, 260, 261, 263, 267, 292
Classicisme 89, 214
Clonage 345, 346, 347, 349, 350, 351, 355, 356, 358, 359
Cognitivisme 335, 342
Communauté 35, 63, 71, 243, 244, 250, 260
Communisme 246, 253
Conflit 270
Conscience 21, 22, 27, 28, 29, 30, 35, 40, 263
Constitution 245, 251
Construction européenne 158
Cosmopolitisme 276
Crime contre l'humanité 49, 56, 247
Crise 185

Culture 87

D

Décision 50, 345
Désenchantement du monde 268, 269
Développement durable 290
Devoir 21, 22, 25, 29, 32
Dieu 34, 40, 186, 205, 259, 262, 265, 267, 334
Dignité 7, 21, 349, 351
Discussion 51, 57, 148, 277, 331, 386
Dissémination 228, 229, 230
Domination 56, 105, 147, 167, 174
Droit international 273

E

Encyclopédie 214, 317, 323
Enfant 9, 15, 17
Engagement 17, 303, 313
Éphémère 190, 218, 233, 320
Espace public 174
Esthétique 214, 218
État culturel 91
État de nature 64, 113, 120
État-providence 115
États souverains 273
Éthique 24, 30, 57, 347, 350, 351, 352, 353
Europe 244, 259
Événement 208, 209, 311
Exclusion sociale 167
Existentialisme 7, 10, 16
Expérience 304, 307, 310

F

Falsifiabilité 307, 310
Fin de l'histoire 66, 194, 202, 211, 212
Fondation 47, 48, 49, 53, 122, 200, 246, 259, 260

G

Génétique 256, 302, 306, 346, 348, 349, 351, 355, 356, 359
Guerre 101, 244, 251, 254

H

Hiérarchie 80, 155, 190, 333, 377, 387

I

Idéal 12, 188, 245, 249, 252
Idéalisme 274
Idées (platoniciennes) 48, 185, 191
Identité 20, 26, 33, 34, 35, 37, 38
Idéologie 106
Image 89, 333, 334, 341
Individu 64, 130
Inégalités 166
Ingérence 244, 247, 273, 278, 289
Intérêt(s) 24, 245, 253
Interprétation 193, 200, 205, 209, 340
Islam 260, 262, 263, 264, 271, 272

J

Judaïsme 259, 263, 268
Justice pénale internationale 247, 254, 275, 279

L

Laïcité 262, 270
Langage 11, 18, 47
Libéralisme 103, 122, 146, 253, 275
Liberté 16, 37, 143, 207, 251
Lumières 9, 54, 213, 229, 235, 262

M

Marxisme 74
Matérialisme 335, 338
Médias 289, 290, 331, 332, 335, 336
Mercantilisme 72
Métaphysique 10, 27, 187
Méthode 48, 53, 200, 201, 203, 204, 209
Minorité 54, 176, 177
Monarchomaques 121
Mondialisation 273, 275, 287, 290
Monopole de la violence légitime 112, 113
Mort de Dieu 263
Mort de l'homme 7, 52
Moyen Âge 48, 64, 70, 71, 80, 88, 89, 102, 185, 244

N

Nationalisme 105
Nature 15, 213, 219, 243, 303, 316, 318, 319, 327
Néolibéralisme 76
Nihilisme 185, 187, 190, 193, 195

O

Objectivité 55, 201, 202, 203, 308, 313
Organisations internationales 246, 273, 278, 285, 288, 292
Origine 47, 48, 216, 220

P

Pacte social 65
Paix 244, 246, 247, 250, 254
Pédagogie 7, 9, 11
Personnage 21, 208, 214
Personnalité 21, 23, 31, 34, 35, 36
Personne 21, 23, 39, 347, 357
Peuple 101, 123, 143, 144
Physiocrates 73
Pluralisme 113, 149, 156, 166, 172, 181, 190, 262, 348
Positivisme 202, 304
Pouvoir 103, 302
Pragmatique 51, 229, 333
Précaution 296, 316, 321, 328, 329, 330
Principe de précaution 290, 296, 316, 321, 329
Progrès 8, 217, 220, 238, 262
Prolétariat 75, 147
Propriété 81
Puissance 261, 271

R

Réalité 49, 54, 55, 58, 230, 235, 307
Récit 201, 203, 204, 209, 210, 225, 235
Réforme 8, 260, 263, 268
Relativisme 50, 185, 188, 189, 190, 264
Renaissance 8, 35, 88, 101
Représentation 251
République 101, 143
Réseau 24, 229, 230
Responsabilité 17, 30, 32, 197, 214, 238, 247, 324, 325
Révolte 187, 189
Révolution française 103, 131, 145, 153
Révolution industrielle 74

Risque 289, 318, 321, 322, 326, 329, 330
Ruse de la raison 245, 253

S

Sacré 259, 269, 332
Sagesse 22, 53, 260
Savoir absolu 14, 49, 52, 307
Scientisme 174, 304, 335
Sens 10, 185, 189
Socialisme 147
Souveraineté 103, 111, 144, 154, 244, 247, 251, 255, 278
Spectacle 93, 231, 234, 246
Stoïcisme 244

Structuralisme 10, 189
Suffrage universel 147

T

Technologie 305, 306, 319, 330, 331, 335, 336, 342, 344, 346, 353
Terre (globe) 213, 222, 223, 319
Terrorisme 287
Totalitarisme 104, 148
Tradition 11, 216, 217

V

Vérité 49, 51, 54, 186, 307, 309, 311
Vitalisme 202, 206, 306
Volonté générale 122, 123

Index des auteurs

A

Adorno (Theodor Wiesengrund) 49
Affichard (Joëlle) 167
Althusser (Louis) 10, 106
Anderson (Benedict) 157
Apel (Karl-Otto) 149
Aquin (saint Thomas d') 64, 72, 81, 129, 134
Arendt (Hannah) 80, 83, 96, 105, 114, 132
Aristote 71-72, 76, 80, 84, 88, 101, 106, 129, 143, 164
Attali (Jacques) 385
Augustin (saint) 35, 36, 40, 201, 205, 261
Austin 333

B

Bacon (Francis) 186, 213, 216
Balandier (Georges) 214, 218
Barhes (Roland) 10
Barrès (Maurice) 155
Baudelaire (Charles) 90, 214
Baudrillard (Jean) 231, 235
Bayart (Jean-François) 180
Beck (Ulrich) 294
Bell (Daniel) 229
Berger (Suzanne) 291
Bergson (Henri) 199
Bernard (Claude) 304, 310
Bernstein (Edouard) 75
Bettati (Mario) 278
Bèze (Théodore de) 121
Blanc (Louis) 82
Blanché (Robert) 311
Blanqui (Louis Auguste) 147
Bloch (Marc) 204
Bodin (Jean) 111, 113, 116, 121, 144
Boileau (Nicolas) 216
Bonald (Louis de) 123

Bossuet (Jacques Bénigne) 201
Boudon (Raymond) 52
Bouveresse (Jacques) 228, 237
Budé 7
Burke (Edmund) 131, 132, 137

C

Calvin (Jean) 81, 263
Camus (Albert) 187, 195
Carson (Rachel) 318
Changeux (Jean-Pierre) 335, 338
Chateaubriand (François René, vicomte de) 371
Chemillier-Gendreau (Monique) 277
Chesnaux (Jean) 320
Churchill (Winston) 143
Cicéron 7, 21, 35, 102
Cioran (Emil Michel) 187, 194
Clausewitz (Carl von) 101
Comte (Auguste) 38, 202
Condorcet (Marie Jean Antoine Nicolas de Caritat, marquis de) 378
Constant (Benjamin) 123, 127, 146
Crettiez (Xavier) 292
Czempiel (Ernst O.) 276

D

Dagognet (François) 350, 353
Dante (Durante Alighieri, dit) 375
Darwin (Charles) 306
Debord (Guy) 231, 234, 246
Debove (Frédéric) 287
Debray (Régis) 333-334, 340-341
Deleuze (Gilles) 31, 228
Delmas-Marty (Mireille) 248, 256
Derrida (Jacques) 189, 196, 255
Descartes (René) 48, 53, 88, 186, 313

Diderot (Denis) 323
Diogène (Le Cynique) 243
Dostoïevski (Fedor M.) 25, 263, 267
Droit (Roger-Pol) 353
Dubet (François) 167
Dumont (Louis) 63, 64, 70
Dumont (René) 318
Dupuy (Jean-Pierre) 321
Durkheim (Émile) 63, 68

E

Eco (Umberto) 231
Ehrenberg (Alain) 38, 45
Einstein (Albert) 307
Eliade (Mircéa) 259, 269
Elias (Norbert) 38, 43, 69, 111
Engelhardt (Hugo Tristam) 347
Engels (Friedrich) 75, 147
Érasme (Didier) 7-8, 14
Eschyle 168
Etchegoyen (Alain) 25
Ewald (François) 321, 328

F

Falletti (François) 287
Febvre (Lucien) 204
Ferry (Luc) 327
Feuerbach (Ludwig) 263, 267
Feyerabend (Paul Kurt) 305, 311
Fichte (Johann Gottlieb) 155, 158
Finley (Moses) 121
Fontenelle (Bernard Le Bovier de) 216-217, 221
Foucauld (Jean-Baptiste de) 167
Foucault (Michel) 38, 115, 228
Fourier (Charles) 82, 147
Freinet (Célestin) 10, 17
Freud (Sigmund) 199
Fukuyama (Francis) 211, 345
Furet (François) 204, 209

G

Gadamer (Hans-Georg) 188, 195
Galilée (Galileo) 303
Gauchet (Marcel) 128, 133
Gautier (Théophile) 90
Gellner (Ernest) 156, 157
Gide (André) 375

Godard (Olivier) 321-322
Goethe (Johann Wolfgang von) 25
Grotius (Hugo) 112, 130, 273
Guizot (François) 146

H

Habermas (Jürgen) 83, 86, 149, 158, 162, 277
Haeckel (Ernst) 318
Hamilton (Alexander) 145
Hansen (Mögens Herman) 144
Hardt (Michael) 291
Havel (Vaclav) 231
Hayek (Friedrich von) 120, 148
Hegel (Georg Wilheim Friedrich) 66, 82, 113, 118, 123, 124, 128, 132
Heidegger (Martin) 10, 318
Heisenberg (Werner Karl) 307, 311
Held (David) 276, 284
Henry (Michel) 305, 314
Herder (Johann) 155, 175
Hérodote 200
Hervieu-Léger (Danièle) 263, 272
Hésiode 80, 163
Hobbes (Thomas) 64-65, 103, 112-113, 122, 124-125, 130, 133, 135, 144, 289
Horkheimer (Max) 49-50
Hotman (François) 121
Hottois (Gilbert) 349, 352
Houellebecq (Michel) 345
Hume (David) 65, 103
Huntington (Samuel P.) 264, 346
Huxley (Aldous) 346

J

Jacob (François) 369
Jacquet (Pierre) 277
Jakobson (Roman) 332
Jay (John) 145
Jefferson (Thomas) 131
Jonas (Hans) 320, 324
Joutard (Philippe) 12, 19

K

Kant (Emmanuel) 89, 94, 131, 155, 164-166, 169, 176, 274, 325
Kepel (Gilles) 263, 270
Keynes (John Maynard) 76, 79, 115
Kouchner (Bernard) 278

Index des auteurs

Kourilsky (Philippe) 322
Krugman (Paul R.) 293
Kymlicka (Will) 177

L

La Bruyère (Jean de) 216
La Fontaine (Jean de) 216
Laboulaye (Édouard) 361
Lacan (Jacques) 10-11, 18
Laïdi (Zaki) 189, 196
Lamy (Pascal) 277, 291
Lang (Jack) 91
Languet (Hubert) 121
Laplace (Simon) 303
Latour (Bruno) 314, 322
Le Goff (Jacques) 70
Lecourt (Dominique) 350
Lefort (Claude) 132, 148, 152
Leibniz (Gottfried Wilheim) 36, 48, 52, 54
Lénine (Vladimir Ilitch Oulianov, dit) 147
Levi-Strauss (Claude) 10
Levy-Leblond (Jean-Marc) 303, 306
Lipovetsky (Gilles) 25, 38, 229, 232
Llosa (Mario Vargas) 157
Locke (John) 65, 67, 81, 84, 103, 112, 122, 126, 130, 144
Luther (Martin) 8, 263
Lyotard (Jean-François) 218, 228

M

Mabillon (Dom Jean) 201
Machiavel (Nicolas) 102, 107, 112, 144
Madison (James) 145
Maffesoli (Michel) 230
Maistre (Joseph de) 123, 132
Malraux (André) 91
Malthus (Thomas Robert) 74
Mandeville (Bernard de) 73
Manent (Pierre) 102
Marc Aurèle 244
Marx (Karl) 66, 74, 75, 78, 82, 85, 86, 124, 132, 147, 165
Maupassant (Guy de) 37
Maurras (Charles) 155, 160
Mc Luhan (Marshall) 332
Méda (Dominique) 83, 87
Merleau-Ponty (Maurice) 10, 376

Mesure (Sylvie) 52
Michaux (Henri) 37, 42
Michelet (Jules) 201, 203
Mill (James) 74
Mill (John Stuart) 74-75, 165, 170, 175, 179
Monnet (Jean) 158
Montaigne (Michel Eyquem de) 35-36
Montchrétien (Antoine de) 72
Montesquieu (Antoine de) 65, 103, 113, 144, 145
Montesquieu (Charles-Louis de Secondat, baron de) 117, 130, 132, 150
Morin (Edgar) 50
Mosca (Gaetano) 148
Musil (Robert von) 231
Musset (Alfred de) 36, 41

N

Negri (Antonio) 291
Newton (Isaac) 303
Nietzsche (Friedrich) 24, 187, 199
Nora (Pierre) 199, 210
Nozick (Robert) 120

O

Ockham (Guillaume d') 129
Ostrogorski (Moïsei) 104

P

Pareto (Vilfrede) 148
Pascal (Blaise) 216, 220
Paugam (Serge) 167
Perrault (Charles) 216
Pestalozzi (Johann Heinrich) 9
Pétrarque (Francesco di ser Petracco, di Petrarca)) 35
Pirandello (Luigi) 23
Pisani-Ferry (Jean) 277
Platon 88, 92, 129, 149, 164, 168
Plessis-Mornay (Philippe du) 121
Popper (Karl) 115, 119
Prigogine (Ilya) 307
Proudhon (Joseph) 82
Proust (Marcel) 88
Pufendorf (Samuel) 112, 130, 273

Q

Quesnay (François) 73
Quinet (Edgar) 203

399

R

Ramonet (Ignacio) 297
Rawls (John) 149, 165, 166, 170, 277
Renan (Ernest) 154, 155, 159
Renaut (Alain) 44
Ricardo (David) 74, 77
Ricœur (Paul) 204, 380
Rimbaud (Arthur) 23
Robin (Armand) 43
Ronsard (Pierre de) 375
Rosanvallon (Pierre) 104, 116, 143, 146, 167
Rosenau (James) 273, 276
Rousseau (Jean-Jacques) 65, 72, 103, 106, 108, 113, 122-123, 126, 131, 145, 151, 175, 178
Roy (Olivier) 293
Rufin (Jean-Christophe) 288

S

Saint-John Perse (Alexis Léger, dit) 370
Saint-Pierre (Charles-Irénée Castel) 244
Saint-Simon (Louis de Rouvroy duc de) 82
Sandel (Michael) 166
Sartori (Giovanni) 148
Sartre (Jean-Paul) 10, 16
Say (Jean-Baptiste) 74, 75
Schmitt (Carl) 105, 110, 148
Schnapper (Dominique) 157, 161
Schopenhauer (Arthur) 187
Schumpeter (Joseph) 148
Scott (Dunn) 129
Sen (Amartya) 291
Serres (Michel) 319
Sfez (Lucien) 335
Shakespeare (William) 88, 93
Shannon (Claude Elwood) 334
Sieyès (Emmanuel Joseph, dit l'abbé) 146, 154
Sismondi (Gustav) 75
Smith (Adam) 65, 72, 73, 74, 77, 81, 83, 85, 103, 122
Sommier (Isabelle) 292
Sophocle 129
Spencer (Herbert) 63
Spinoza (Baruch) 112, 130

Stendhal (Henri Beyle, dit) 36
Stengers (Isabelle) 307
Stevenson (Robert Louis Balfour) 37
Stiglitz (Joseph Eugene) 291
Stirner (Johann Kaspar Schmidt, dit Max) 37
Strauss (Leo) 129

T

Taguieff (Pierre-André) 238
Taylor (Charles) 175, 179
Testart (Jacques) 349
Thomas (Saint) 64, 81
Thucydide 101
Tocqueville (Alexis de) 83, 109, 114, 146, 148, 151
Todorov (Tzvetan) 197, 200
Tolstoï (Léon) 203, 208
Tönnies (Ferdinand) 63, 67
Touraine (Alain) 167, 181
Trotski (Léon) 246
Tubiana (Laurence) 277
Turgot (Anne Robert Jacques) 73
Turing (Alan Mathison) 334

V

Valéry (Paul) 90, 95
Védrine (Hubert) 289
Vinci (Léonard de) 89
Viney (Geneviève) 322
Virilio (Paul) 325
Voltaire (François Marie Arouet, dit) 23, 202
Von Hayek (Friedrich) 115
Von Mises (Ludwig) 115

W

Walras (Léon) 75
Walzer (Michael) 155, 166, 172, 289
Weaver (Warren) 334
Weber (Max) 64, 69, 72, 106, 113, 118
Weil (Prosper) 278
Wieviorka (Michel) 167
Wilde (Oscar) 90
Wilson (Woodrow) 279
Wolton (Dominique) 342

Table des matières

Présentation	3
1 – L'homme en questions	5
Section 1. Humanisme et éducation	7
1.1. Sens de l'humanisme	7
1.2. L'esprit de la Renaissance	8
1.3. Rousseau et l'attention à l'enfant	8
1.4. La pédagogie entre les Lumières et l'éducation nouvelle	9
1.5. Les humanismes en débat	10
1.6. Une éducation sans valeurs ?	11
Textes	13
1. Sophocle, *Antigone* (vers 440 av. J.-C.)	13
2. Érasme, *Le plan des études* (1512)	14
3. Jean-Jacques Rousseau, *Discours sur l'origine de l'inégalité parmi les hommes* (1754)	15
4. Jean-Jacques Rousseau, *L'Émile ou De l'éducation* (1762)	15
5. Jean-Paul Sartre, *L'existentialisme est un humanisme* (1946)	16
6. Maurice Merleau-Ponty, *Sens et Non-sens* (1947)	17
7. Hannah Arendt, *La crise de l'éducation* (1958)	17
8. Célestin Freinet, *Les invariants pédagogiques* (1964)	17
9. Jacques Lacan, *Écrits* (1966)	18
10. Philippe Joutard et Claude Thélot, *Réussir l'école. Pour une politique éducative* (1999)	19
11. LOI n° 2005-380, du 23 avril 2005, d'orientation et de programme pour l'avenir de l'école	19
12. Jean-Marie Schaeffer, *La fin de l'exception humaine* (2007)	20
Section 2. Moralité et subjectivité	20
2.1. Le problème de la connaissance de soi	21
2.2. La moralité comme valeur	22
2.3. L'opacité à soi-même	23
2.4. Le sujet comme acteur	24
2.5. Le jeu des responsabilités	24
Textes	26
1. Cicéron, *Les devoirs* (44 av. J.-C.)	26
2. René Descartes, *Méditations métaphysiques* (1641)	27
3. Jean-Jacques Rousseau, *Les confessions* (vers 1766)	28
4. Emmanuel Kant, *Fondements de la métaphysique des mœurs* (1785)	29
5. Arthur Rimbaud, *Lettres à Paul Demeny* (1871)	29
6. Max Weber, « La profession et la vocation de politique » (1919)	30
7. Luigi Pirandello, *On ne sait jamais tout* (1924)	31

8. Gilles Deleuze, *Logique du sens* (1969)	31
9. Gilles Lipovetsky, *Le crépuscule du devoir* (1992)	32
10. Alain Etchegoyen, *Le temps des responsables* (1993)	32
11. Marcel Gauchet, *La condition historique* (2003)	33
12. Ruwen Ogien, *L'éthique aujourd'hui. Maximalistes et minimalistes* (2007)	33

Section 3. Individu et libéralisme ... 34
    3.1. Des personnes non individualisées ... 34
    3.2. Genèse moderne de la notion ... 35
    3.3. Les risques d'une scission intérieure ... 36
    3.4. L'individu et la société ... 37
    3.5. Les avatars du libéralisme ... 38

    Textes ... 40

1. Saint Augustin, *Les confessions* (vers 397-400)	40
2. Montaigne, *De ménager sa volonté* (vers 1586)	40
3. Alfred de Musset, *La nuit de décembre* (1835)	41
4. Robert Louis Stevenson, *Le cas étrange du Dr Jekyll et de Mr Hyde* (1886)	42
5. Henri Michaux, *La nuit remue* (1932)	42
6. Norbert Elias, *La société des individus* (1939)	43
7. Armand Robin, *Ma vie sans moi* (1970)	43
8. Pierre Rosanvallon, *Le libéralisme économique. Histoire de l'idée de marché* (1979 et 1989)	43
9. Pierre Manent, *Histoire intellectuelle du libéralisme* (1987)	44
10. Alain Renaut, *L'ère de l'individu* (1989)	44
11. Alain Ehrenberg, *Le culte de la performance* (1991)	45
12. Lucien Jaume, *L'individu effacé ou le paradoxe du libéralisme français* (1997)	46

Section 4. La rationalité et ses doutes ... 47
    4.1. La formulation de principes rationnels ... 48
    4.2. Le rationalisme absolu ... 48
    4.3. Critiques de la raison ... 49
    4.4. La rationalité relativisée ... 50
    4.5. Conceptions pragmatiques et cognitivistes ... 51

    Textes ... 53

1. René Descartes, *Règles pour la direction de l'esprit* (vers 1630)	53
2. René Descartes, *Discours de la méthode* (1637)	53
3. Leibniz, *La monadologie* (1714)	54
4. Emmanuel Kant, *Réponse à la question : qu'est-ce que les lumières ?* (1784)	54
5. G. W. F. Hegel, *Principes de la philosophie du droit* (1821)	55
6. Max Horkheimer, *Éclipse de la raison* (1947)	55
7. Jürgen Habermas, *Morale et communication* (1983)	56
8. Paul Feyerabend, *Adieu la raison* (1987)	58
9. Edgar Morin, *Introduction à la pensée complexe* (1990)	58
10. Sylvie Mesure et Alain Renaut, *La guerre des dieux. Essai sur la querelle des valeurs* (1996)	59
11. Raymond Boudon, *Raison, bonnes raisons* (2003)	59

2 – L'organisation du lien social ... 61

Section 1. La société ... 63
    1.1. Communauté et société ... 63
    1.2. La société avant l'individu ... 64

    1.3. La constitution de la société civile 64
    Textes 67
        1. John Locke, *Traité du gouvernement civil* (1690) 67
        2. Ferdinand Tönnies, *Communauté et société* (1887) 67
        3. Émile Durkheim, *De la division du travail social* (1893) 68
        4. Max Weber, *Économie et société* (1921) 69
        5. Norbert Elias, *La dynamique de l'Occident* (1939) 69
        6. Jacques Le Goff, *Pour un autre Moyen Âge* (1977) 70
        7. Louis Dumont, *Essais sur l'individualisme* (1983) 70

Section 2. L'économie 71
    2.1. L'économie dans sa forme primitive 71
    2.2. Naissance de l'économie politique 72
    2.3. L'économie comme modèle de la vie sociale 73
    2.4. Critique de l'économie politique 74
    2.5. L'économie comme adaptation au capitalisme 75
    Textes 76
        1. Aristote, *La Politique* (vers 340 av. J.-C.) 76
        2. Adam Smith, *Recherches sur la nature et les causes de la richesse des nations* (1776) ... 77
        3. David Ricardo, *Principes de l'économie politique* (1817) 77
        4. Karl Marx, *Salaire, prix et profit* (1865) 78
        5. John Maynard Keynes, *Théorie générale de l'emploi, de l'intérêt et de la monnaie* (1936) ... 79

Section 3. Le travail 79
    3.1. Le travail sans valeur 80
    3.2. L'invention du travail 81
    3.3 Le travail entre aliénation et émancipation 82
    3.4. Droit au travail et droit du travail 82
    Textes 84
        1. Aristote, *La Politique* (vers 340 av. J.-C.) 84
        2. John Locke, *Deuxième traité du gouvernement civil* (1690) 84
        3. Adam Smith, *Recherches sur la nature et les causes de la richesse des nations* (1776) ... 85
        4. Karl Marx, « Notes de lecture », *Économie et philosophie* (1844) 85
            Karl Marx, *Le Capital* (1867) 86
        5. Jürgen Habermas, *Écrits politiques* (1990) 86
        6. Dominique Méda, *Le travail, une valeur en voie de disparition* (1995) .. 87

Section 4. L'art 87
    4.1. L'art comme représentation du monde 88
    4.2. L'autonomisation de l'art 89
    4.3. L'art comme transgression 89
    4.4. L'éclatement de l'art 90
    4.5. Art et pouvoir 91
    Textes 92
        1. Platon, *La République* (vers 375 av. J.-C.) 92
        2. William Shakespeare, *Comme il vous plaira* (vers 1600) 93
        3. Emmanuel Kant, *Critique de la faculté de juger* (1790) 94
        4. Paul Valéry, « La conquête de l'ubiquité », *Pièces sur l'art* (1928) 95
        5. Hannah Arendt, *La Crise de la culture* (1961) 96

3 – Les fondements de l'ordre politique 99

Section 1. La politique 101
1.1. Politique des Anciens et ordre théologico-politique 101
1.2. Le moment machiavélien 102
1.3. Au risque de l'absolutisme 103
1.4. Réaliser la promesse démocratique 103
1.5. L'impasse totalitaire 104
1.6. Une crise de la politique : la fin des idéologies ? 105

Textes 106
   1. Aristote, *Les Politiques* (vers 340 av. J.-C.) 106
   2. Nicolas Machiavel, *Discours sur la Première Décade de Tite-Live* (1513) ... 107
   3. Jean-Jacques Rousseau, *Du contrat social* (1762) 108
   4. Alexis de Tocqueville, *De la démocratie en Amérique* (1835-1840) ... 109
   5. Carl Schmitt, *La notion de politique* (1932) 110

Section 2. L'État 111
2.1. La monopolisation de la contrainte légitime 112
2.2. De la réduction de l'incertitude à la production de l'universel 112
2.3. Ordre bureaucratique et risque totalitaire 113
2.4. L'État comme « instituteur du social » 114
2.5. Constitution et crise de l'État-providence 115

Textes 116
   1. Jean Bodin, *Les six livres de la République* (1576) 116
   2. Charles-Louis de Secondat, baron de Montesquieu, *De l'esprit des lois* (1748) ... 117
   3. G. W. F. Hegel, *Principes de la philosophie du droit* (1821) 118
   4. Max Weber, *Le Savant et le Politique* (1919) 118
   5. Karl Popper, *La société ouverte et ses ennemis* (1962) 119
      Friedrich von Hayek, *Droit, législation et liberté* (1973) 120
      Robert Nozick, *Anarchie, État et Utopie* (1974) 120

Section 3. Le contrat social 120
3.1. L'idée de contrat 120
3.2. Du contrat social 121
3.3. Contre le contrat social 123

Textes 124
   1. Thomas Hobbes, *Le Citoyen* (1642) 124
   2. Thomas Hobbes, *Léviathan* (1651) 125
   3. John Locke, « Des fins de la société politique et du gouvernement », *Le second traité du gouvernement* (1690) ... 126
   4. Jean-Jacques Rousseau, *Discours sur l'origine et les fondements de l'inégalité parmi les hommes* (1754) ... 126
      Jean-Jacques Rousseau, *Du contrat social* (1762) 126
   5. Benjamin Constant, « De la souveraineté du peuple », *Principes de politique* (1815) ... 127
   6. G. W. F. Hegel, *Principes de la philosophie du droit* (1821) 128

Section 4. Du droit naturel aux droits de l'homme 128
4.1. Le droit naturel ancien 129
4.2. Le droit naturel moderne 129
4.3. Les droits de l'homme 130

Table des matières

4.4. La critique des droits de l'homme	131
4.5. Les générations de droits	132
Textes	133
1. Saint Thomas d'Aquin, *Somme théologique* (1266-1273)	133
2. Thomas Hobbes, *Léviathan* (1651)	135
3. Déclaration des Droits de l'Homme et du Citoyen du 26 août 1789	136
4. Edmund Burke, *Réflexions sur la révolution de France* (1790)	137
5. Déclaration universelle des droits de l'homme, adoptée par l'Assemblée générale des Nations unies le 10 décembre 1948 (extrait)	138

4 – La construction de l'espace politique et social — 141

Section 1. La démocratie — 143

1.1. Naissance de la démocratie	143
1.2. Souveraineté et représentation	144
1.3. Régime politique et état social	146
1.4. Démocratie formelle et démocratie réelle	147
1.5. L'incertitude démocratique	148
Textes	149
1. Platon, *La République* (vers 375 av. J.-C.)	149
2. Charles-Louis de Secondat, baron de Montesquieu, *De l'esprit des lois* (1748)	150
3. Jean-Jacques Rousseau, *Du contrat social* (1762)	151
4. Alexis de Tocqueville, *De la démocratie en Amérique* (1835-1840)	151
5. Claude Lefort, *Essais sur le politique. XIXe-XXe siècles* (1986)	152

Section 2. La nation — 153

2.1. Nation ethnique ou nation civique	154
2.2. De la nation au nationalisme	156
2.3. La nation dans l'ère post-nationale	157
Textes	158
1. Johann Gottlieb Fichte, *Discours à la nation allemande* (1807-1808)	158
2. Ernest Renan, *Qu'est-ce qu'une nation ?* (1882)	159
3. Charles Maurras, « Patriotisme et nationalisme : définitions », *Mes idées politiques* (1937)	160
4. Dominique Schnapper, *La communauté des citoyens. Sur l'idée moderne de nation* (1994)	161
5. Jürgen Habermas, « Tirer la leçon des catastrophes », *Après l'État-nation. Une nouvelle constellation politique* (1998)	162

Section 3. La justice sociale — 162

3.1. Justice et égalité	163
3.2. Théories classiques de la justice	163
3.3. Théories modernes de la justice	164
3.4. La théorie de la justice de John Rawls	165
3.5. Les nouvelles dimensions de la justice sociale	166
Textes	168
1. Platon, *La République* (vers 375 av. J.-C.)	168
2. Emmanuel Kant, « Du rapport de la théorie avec la pratique dans le droit politique », *De ce proverbe : « Cela est bon en théorie, mais ne vaut rien en pratique »* (1793)	169
3. John Stuart Mill, « Du lien qui unit la justice et l'utilité », *L'utilitarisme* (1861)	170

    4. John Rawls, « L'idée principale de la théorie de la justice », *Théorie de la justice* (1971) 170
    5. Michael Walzer, « L'égalité complexe », *Sphères de justice. Une défense du pluralisme et de l'égalité* (1983) 172

Section 4. Le multiculturalisme 173
    4.1. Le raisonnement multiculturaliste 174
    4.2. Différence, reconnaissance et authenticité 175
    4.3. Minorités 176
    4.4. Identité et culture 177

    Textes 178
        1. Jean-Jacques Rousseau, *Les rêveries du promeneur solitaire* (1776) 178
        2. John Stuart Mill, *De la liberté* (1859) 179
        3. Charles Taylor, *Les sources du moi. La formation de l'identité moderne* (1989) 179
        4. Jean-François Bayart, *L'illusion identitaire* (1996) 180
        5. Alain Touraine, *Pourrons-nous vivre ensemble ? Égaux et différents* (1997) 181

5 – Valeurs et histoire 183

Section 1. Entre universalisme et nihilisme 185
    1.1. Les Idées comme modèles immuables 185
    1.2. Les valeurs comme horizon 186
    1.3. Le perspectivisme de Nietzsche 187
    1.4. Nihilisme et révolte 187
    1.5. Une situation historicisée 188
    1.6. Dispersion contemporaine du sens 189
    1.7. Un relativisme prospectif 190

    Textes 191
        1. Platon, *La République* (vers 375 av. J.-C.) 191
        2. Francis Bacon, *Du progrès et de la promotion des savoirs* (1605) 191
        3. Nietzsche, *Fragments posthumes* (1886-1888) 192
        4. Raymond Polin, *La création des valeurs* (1944) 194
        5. Jean-Paul Sartre, *Cahiers pour une morale* (1948) 194
        6. E. M. Cioran, *Précis de décomposition* (1949) 194
        7. Albert Camus, *L'homme révolté* (1951) 195
        8. Hans-Georg Gadamer, *Vérité et méthode* (1960) 195
        9. Jacques Derrida, « La structure, le signe et le jeu dans le discours des sciences humaines » (1966) 196
        10. Zaki Laïdi, *Un monde privé de sens* (1994) 196
        11. Tzvetan Todorov, « Les valeurs : unité ou pluralité ? » (1997) 197
        12. Daryush Shayegan, *La lumière vient de l'occident* (2001) 197
        13. Paul Ricœur, *Projet universel et multiplicité des héritages* (2004) 198

Section 2. Mémoire, histoire et sens de l'histoire 198
    2.1. Fragilité de la mémoire 199
    2.2. Naissance de l'histoire 200
    2.3. Les philosophies de l'histoire 201
    2.4. Critiques de l'historicisme 202
    2.5. Mutations du travail de l'historien 203

    Textes 205
        1. Thucydide, *La guerre du Péloponnèse* (vers 400 av. J.-C.) 205

2. Saint Augustin, *La cité de Dieu* (412-427)	205
3. La Popelinière, *L'idée de l'histoire accomplie* (1599)	206
4. G. W. F. Hegel, *Encyclopédie des sciences philosophiques* (1817-1830)	206
5. Jules Michelet, *Préface à L'histoire de France* (1869)	207
6. Léon Tolstoï, *La Guerre et la Paix* (1869)	208
7. Karl Popper, *Misère de l'historicisme* (1945)	208
8. Michel Foucault, *L'archéologie du savoir* (1969)	209
9. François Furet, *De l'histoire-récit à l'histoire-problème* (1975)	209
10. Pierre Nora, *Les lieux de mémoire*, tome 1, *La République* (1984)	210
11. Francis Fukuyama, *La fin de l'histoire ?* (1989)	211
12. Tzvetan Todorov, *Les abus de la mémoire* (1995)	211
13. Krzysztof Pomian, *Sur l'histoire* (1999)	212

Section 3. Le crépuscule de la modernité 212
    3.1. Caractérisations de la modernité 213
    3.2. Le moderne insaisissable ? 214
    3.3. La modernité à jamais 215
    3.4. La querelle des Anciens et des Modernes 216
    3.5. Une rupture toujours à reconduire 217
    3.6. Une modernité fragilisée 217

    Textes 219

1. René Descartes, *Discours de la méthode* (1637)	219
2. Blaise Pascal, *Préface pour le traité du vide* (vers 1650)	220
3. Jean de La Bruyère, *Discours sur Théophraste* (1688)	220
4. Bernard le Bovier de Fontenelle, *Digression sur les Anciens et les Modernes* (1688)	221
5. Charles Baudelaire, *Le peintre de la vie moderne* (1863)	222
6. Paul Valéry, *La crise de l'esprit* (1919)	222
7. Hannah Arendt, *Condition de l'homme moderne* (1958)	223
8. Jürgen Habermas, *La modernité : un projet inachevé* (1980)	224
9. Georges Balandier, *Le détour. Pouvoir et modernité* (1985)	224
10. Peter Sloterdijk, *La mobilisation infinie* (1989)	225
11. Antoine Compagnon, *Les cinq paradoxes de la modernité* (1990)	225
12. Anthony Giddens, *Les conséquences de la modernité* (1990)	225
13. Bruno Latour, *Nous n'avons jamais été modernes. Essai d'anthropologie symétrique* (1991)	226
14. Zygmunt Bauman, *La vie liquide* (2005)	227

Section 4. Les précarités postmodernes 227
    4.1. Aux confins du moderne et au-delà 228
    4.2. Brouillage des repères 229
    4.3. Une relocalisation dispersive 230
    4.4. L'exacerbation des manifestations 231
    4.5. Une transition vers l'hypermoderne ? 232

    Textes 233

1. Robert von Musil, *L'homme sans qualités* (1933)	233
2. Guy Debord, *La société du spectacle* (1967)	234
3. Jean-François Lyotard, *La condition postmoderne* (1979)	234
4. Jean Baudrillard, *Les stratégies fatales* (1983)	235
5. Gilles Lipovetsky, *L'ère du vide. Essais sur l'individualisme contemporain* (1983)	236
6. Umberto Eco, *Apostille au nom de la rose* (1983)	237
7. Jacques Bouveresse, *Rationalité et cynisme* (1984)	237
8. Vaclav Havel, *Allocution à l'Académie des sciences morales et politiques* (1992)	238

9. Pierre-André Taguieff, *L'effacement de l'avenir* (2000) 238
10. Michel Maffesoli, *Notes sur la postmodernité. Le lieu fait lien* (2003) 239
11. Gilles Lipovetsky, *Les temps hypermodernes* (2004) 239
12. François Ascher, *Le mangeur hypermoderne. Une figure de l'individu éclectique* (2005) 240

6 – Le monde comme horizon 241

Section 1. Cosmopolitisme et internationalisme 243

1.1. Cosmopolitisme et naturalisme antiques 243
1.2. Les projets de paix perpétuelle 244
1.3. Des philosophies de l'histoire aux internationales militantes 245
1.4. La lente progression du droit international 246
1.5. L'instauration d'une justice pénale internationale 247

Textes 249
1. Polybe, *Histoires* (vers 170 avant J.-C.) 249
2. Marc Aurèle, *Pensées* (vers 170) 250
3. Abbé de Saint-Pierre, *Projet pour rendre la paix perpétuelle en Europe* (1713) 250
4. Emmanuel Kant, *Idée d'une histoire universelle du point de vue cosmopolitique* (1784) 251
5. G. W. F. Hegel, *La raison dans l'histoire. Introduction à la philosophie de l'histoire* (1822-1828) 253
6. Marx et Engels, *L'idéologie allemande* (1845) 253
7. Statut du Tribunal militaire international militaire de Nuremberg, articles 6, 7 et 8 (8 août 1945) 254
8. Pascal Bruckner *Le vertige de Babel* (1992) 254
9. Jacques Derrida, *Spectres de Marx* (1993) 255
10. Mireille Delmas-Marty, *Pour un droit commun* (1994) 256
11. Statut de la Cour pénale internationale, adopté à Rome le 17 juillet 1998 256
12. Michael Hardt et Antonio Negri, *Empire* (2000) 257
13. Pierre Hassner, *La terreur et l'Empire* (2003) 257
14. Ulrich Beck, *Qu'est-ce que le cosmopolitisme ?* (2004) 258

Section 2. Religions et civilisations 258

2.1. Diversité des religions 259
2.2. Temporel et spirituel : religion et politique 261
2.3. Rationalisation de la croyance et sécularisation de la société 262

Textes 265
1. Exode, III, 1-2, 13-14, IV, 10-12 265
2. Matthieu, V, 1-11 265
3. Le Coran, sourate XVII, 9-10, 25-26, 33-36 265
4. Ibn Khaldûn, *Discours sur l'histoire universelle* (1382) 266
5. Ludwig Feuerbach, *L'essence du christianisme* (1841) 267
6. Dostoïevski, *Les frères Karamazov* (1880) 267
7. Max Weber, *L'éthique protestante et l'esprit du capitalisme* (1904-1920) 268
8. Mircéa Eliade, *Le sacré et le profane* (1957-1965) 269
9. Fernand Braudel, *Grammaire des civilisations* (1963) 269
10. Marcel Gauchet, *Le désenchantement du monde* (1985) 269
11. Gilles Kepel, *La revanche de Dieu* (1991) 270
12. Samuel P. Huntington, *Le choc des civilisations* (1996) 270
13. Danièle Hervieu-Léger, *Le pèlerin et le converti* (1999) 272
14. Olivier Roy, *Le croissant et le chaos* (2007) 272

Section 3. Régulation de l'ordre mondial et gouvernance	273
3.1. De l'ordre interétatique à l'ordre international	273
3.2. La contestation de l'ordre mondial comme ordre marchand	275
3.3. De la régulation à la gouvernance	275
3.4. La régulation face à ses ambiguïtés	277
Textes	279
1. Woodrow Wilson, « Message au Congrès américain », *Programme en quatorze points* (8 janvier 1918)	279
2. Charte des Nations unies, extraits des chapitres Ier, VI et VII (1945)	280
3. David Held, *Un nouveau contrat mondial. Pour une gouvernance sociale-démocrate* (2005)	284
Section 4. Problèmes de la mondialisation	287
4.1. La violence mondialisée	287
4.2. Des risques globaux	289
4.3. La contestation de la mondialisation au nom de ses méfaits	290
Textes	293
1. Olivier Roy, *Les illusions du 11 septembre. Le débat stratégique face au terrorisme* (2002)	293
2. Ulrich Beck, *La société du risque. Sur la voie d'une autre modernité* (2001)	294
3. Charte pour l'environnement, adoptée le 28 février 2005 par le Parlement réuni en Congrès et promulguée le 1er mars 2005 par le président de la République	296
4. Ignacio Ramonet, « Désarmer les marchés », éditorial du *Monde diplomatique* de décembre 1997 – considéré comme un texte fondateur par l'association ATTAC (extrait)	297
7 – Science et société	299
Section 1. Sciences et pouvoir	302
1.1. Une science impliquée	302
1.2. Des principes autonomes	303
1.3. Positivisme et scientisme	304
1.4. Critiques de l'hégémonie scientifique	305
1.5. Les sciences dans la cité	305
1.6. Une scientificité ouverte	306
Textes	308
1. Simon Laplace, *Essai philosophique sur les probabilités* (1814)	308
2. Auguste Comte, *Cours de philosophie positive* (1842)	309
3. Claude Bernard, *Introduction à l'étude de la médecine expérimentale* (1865)	310
4. Karl Popper, *Conjectures et réfutations* (1963)	310
5. Robert Blanché, *La science actuelle et le rationalisme* (1967)	311
6. Paul Feyerabend, *Contre la méthode. Esquisse d'une théorie anarchiste de la connaissance* (1975)	311
7. Jean-Marc Levy-Leblond, *L'esprit de sel* (1981)	312
8. Ilya Prigogine et Isabelle Stengers, *La nouvelle alliance. Métamorphose de la science* (1986)	313
9. Michel Henry, *La barbarie* (1987)	314
10. Bruno Latour, *La science en action* (1989)	314
11. Alan Chalmers, *La fabrication de la science* (1990)	315
12. Étienne Klein et Marc Lachièze-Rey, *La quête d'unité* (1995)	315

Section 2. Technique et écologie 316
   2.1. La science s'associant la technique 316
   2.2. Du primat de la technique à sa critique 317
   2.3. Émergence de l'écologie 318
   2.4. Formes de l'écologie 319
   2.5. Transformations techniciennes de notre monde 319
   2.6. Une nouvelle morale ? 320
   2.7. Le principe de précaution 321

   Textes 323
      1. D'Alembert et Diderot, *Encyclopédie ou dictionnaire raisonné des sciences, des arts et des métiers* (1751) 323
      2. Gilbert Simondon, *Du mode d'existence des objets techniques* (1958) 324
      3. Hans Jonas, *Le principe responsabilité. Une éthique pour la civilisation technologique* (1979) 324
      4. Paul Virilio, *L'horizon négatif* (1984) 325
      5. Ulrich Beck, *La société du risque. Sur la voie d'une autre modernité* (1986) 326
      6. Notre avenir à tous (Rapport Brundtland – 1987) 326
      7. Michel Serres, *Le contrat naturel* (1990) 327
      8. Luc Ferry, *Le nouvel ordre écologique. L'arbre, l'animal et l'homme* (1992) 327
      9. François Ewald, *Le retour du malin génie. Esquisse d'une philosophie de la précaution* (1997) 328
      10. Philippe Kourilsky et Geneviève Viney, *Le principe de précaution. Rapport au Premier ministre* (1999) 329
      11. Bruno Latour, *Politiques de la nature* (1999) 329
      12. Olivier Godard, « Une précaution proportionnée », *Traité des nouveaux risques* (2002) 330

Section 3. Information et communication 330
   3.1. Différentes dimensions de la communication 331
   3.2. Hiérarchie des modes de communication 332
   3.3. Les images et l'expression 333
   3.4. Les sciences cognitives 334
   3.5. La société de communication 335
   3.6. L'apport des technologies de l'information et de la communication 336

   Textes 337
      1. Alan M. Turing, *Machines à calculer et intelligence* (1950) 337
      2. Michel Serres, *Hermès II, L'interférence* (1972) 338
      3. Jean-Pierre Changeux, *L'homme neuronal* (1983) 338
      4. Lucien Sfez, *Critique de la communication* (1988) 339
      5. Régis Debray, *Cours de médiologie générale* (1991) 340
      6. Régis Debray, *Vie et mort de l'image. Une histoire du regard en Occident* (1992) 341
      7. Daniel Andler, *Calcul et représentation* (1992) 342
      8. Dominique Wolton, *Penser la communication* (1997) 342
      9. Gérard Leclerc, *La société de communication* (1999) 343
      10. Armand Mattelart, *Histoire de la société de l'information* (2001) 343
      11. Loi n° 2004-575 du 21 juin 2004 pour la confiance dans l'économie numérique . 343
      12. Dominique Wolton, *Il faut sauver la communication* (2005) 344

Section 4. Les perplexités de la bioéthique 345
   4.1. Le champ des problèmes 346
   4.2. Le rôle du législateur 347
   4.3. Un consensus de principe 347

4.4. Des positions antagonistes	349
4.5. Vers une nouvelle éthique ?	350
Textes	351
1. Hugo Tristram Engelhardt, *The foundations of bioethics* (1986-1996)	351
2. Jacques Testart, *L'œuf transparent* (1986)	352
3. Gilbert Hottois, *Le paradigme bioéthique. Une éthique pour la technoscience* (1990)	352
4. François Dagognet, *Entretien avec Roger-Pol Droit* (1993)	353
5. Lucien Sève, *Pour une critique de la raison bioéthique* (1994)	354
6. Déclaration universelle sur le génome humain adoptée par l'Unesco le 11 novembre 1997	354
7. Jean-Paul Thomas, *La bioéthique à l'épreuve de la finitude* (1999)	355
8. Jacques Testart, *Le vivant manipulé* (2003)	356
9. Dominique Lecourt, *Humain, posthumain : la technique et la vie* (2003)	356
10. Textes issus des lois n° 94-653, relative au respect du corps humain (29 juillet 1994), n° 94-654, relative au don et à l'utilisation des éléments et produits du corps humain, à l'assistance médicale à la procréation et au diagnostic prénatal (29 juillet 1994) et n° 2004-800, relative à la bioéthique (6 août 2004)	357
11. Mark Hunyadi, *Je est un clone* (2004)	359
12. Catherine Labrousse-Riou, *L'humain en droit : réalité, fiction, utopie ?* (2006)	359
Sujets d'épreuves de culture générale	361
Index des notions	393
Index des auteurs	397

Armand Colin Éditeur
21, rue du Montparnasse, 75006 Paris
11018515 - (IV) - (1,2) - Amber 90° - BTT
Dépôt légal : mars 2012

Achevé d'imprimer sur les presses de
Snel
Z.I. des Hauts-Sarts - Zone 3
Rue Fond des Fourches 21 – B-4041 Vottem (Herstal)
Tél +32(0)4 344 65 60 - Fax +32(0)4 286 99 61
Mars 2012 – 57356

Imprimé en Belgique